OS SENTIDOS DA PAIXÃO

Sérgio Cardoso • Marilena Chaui • Jorge Coli • Luzilá Gonçalves Ferreira • Maria Rita Kehl • Michel Lahud • Gérard Lebrun • Paulo Leminski • Luiz Renato Martins • Olgária Matos • Renato Mezan • Katia Muricy • Benedito Nunes • Hélio Pellegrino • José Américo Motta Pessanha • Renato Janine Ribeiro • Sergio Paulo Rouanet • José Miguel Wisnik

OS SENTIDOS DA PAIXÃO

Organização
Adauto Novaes

COMPANHIA DE BOLSO

Grafia atualizada segundo o Acordo Ortográfico da Língua Portuguesa de 1990, que entrou em vigor no Brasil em 2009.

Capa
Jeff Fisher

Revisão
Adriana Moretto
Marcelo Donizete de Brito Riqueti

Dados Internacionais de Catalogação na Publicação (CIP)
(Câmara Brasileira do Livro, SP, Brasil)

Os sentidos da paixão / organização Adauto Novaes. — São Paulo : Companhia das Letras, 2009.

Vários autores.
ISBN 978-85-359-1486-3

1. Paixões 2. Paixões (Filosofia) I. Novaes, Adauto.

09-04896 CDD-152.4

Índices para catálogo sistemático:
1. Paixão : Perspectivas filosóficas : Psicologia 152.4
2. Paixões : Psicologia 152.4

2009

EDITORA SCHWARCZ LTDA.
Rua Bandeira Paulista, 702, cj. 32
04532-002 — São Paulo — SP
Telefone: (11) 3707-3500
Fax: (11) 3707-3501
www.companhiadasletras.com.br

SUMÁRIO

Apresentação
POR QUE TANTA PAIXÃO?

Em 1985, o Núcleo de Estudos e Pesquisas da Fundação Nacional de Arte começou a promover cursos livres sobre cultura e arte no Brasil. O primeiro — "Cultura brasileira: tradição/contradição" — teve êxito além do esperado, o que levou o NEP a organizar outros cursos voltados para temas atuais, de um ponto de vista novo.

Em 1986, a Funarte preparou "Os Sentidos da Paixão", com a participação de nomes importantes da inteligência brasileira. Promovido inicialmente no Rio e em São Paulo, e no ano seguinte em Curitiba (com apoio do Sesc) e na Universidade de Brasília, o curso toma agora a forma de livro.

Insinuando que se trata de mais um modismo intelectual, pergunta-se por que um curso sobre as paixões hoje. A própria pergunta já revela um sentido: o pensamento objetivo ignora o sujeito da paixão e não reconhece que ela pode ser também sujeito do conhecimento. Descreve os afetos "como se descreve a fauna de um país distante" sem perceber que o homem está todo inteiro nas suas paixões, como disse Fourier.

Pensar a paixão é, pois, uma exigência. Com um saber apaixonado, o curso descreveu o movimento das paixões, desfez a ideia de que elas são apenas um acontecimento — simples complemento do mundo — ou fonte de prazer e angústia, alegria e tristeza, e demonstrou, enfim, que elas podem ser também afirmação de liberdade.

O primeiro momento do curso consistiu, pois, numa crítica à maneira banal de lidar com as paixões, à história oficial que ora glorifica os feitos do poder (paixão que procura dar uma visão nobre do terror), ora condena os afetos, através de um moralismo ressentido. Um a um, do amor ao ódio, do medo à esperança, passando pela glória, inveja, ciúme, amizade e liberdade foram sendo desvendados os fios de silêncio que as enredam.

Busca-se, agora, uma explicação para o grande interesse despertado pelo tema da paixão. Entre as hipóteses possíveis — "carência latente", "falas que mexem com a libido" etc. — preferimos três que nos parecem mais pertinentes.

As pessoas estão mais interessadas na reflexão do que propriamente na paixão. Ou melhor, buscam o trabalho do pensamento através da paixão, que é uma forma bem diferente dos modelos clássicos. Através da paixão, critica-se a visão intelectualista do pensamento; com a paixão, pode-se realizar uma reflexão por inteiro, uma vez que "espírito e corpo são uma só e mesma coisa".

Ora, ao estruturar o curso "Os Sentidos da Paixão" a partir das grandes obras e dos grandes personagens passionais da história da arte, o Núcleo de Estudos e Pesquisas da Funarte queria afirmar que, através da arte, do pensamento e da paixão pode-se pensar ideia e corpo não como uma relação de comando e obediência, mas como expressão recíproca e autônoma. Seguimos a trilha de Espinosa, que diz: "Nem o corpo pode determinar o espírito a pensar, nem o espírito pode determinar o corpo ao movimento, ao repouso ou a qualquer outra coisa".

Pensamos que esta escolha — isto é, trazer a reflexão política para os domínios da arte e da paixão — é responsável pelo grande interesse pelo tema — assunto de debates nas TVs, rádios e jornais. Ao organizar o curso desta maneira, estávamos desfazendo, na prática, um equívoco sempre presente que opõe a paixão à razão, e criticamos, ao mesmo tempo, um pensamento de tipo positivista, que desconhece o inconsciente, e sua contrapartida, o irracionalismo, que cria um verdadeiro império dos movimentos irracionais para a sociedade. Daí a opção de discutir as paixões no interior das próprias paixões.

A paixão é o campo das nossas ações cotidianas e, por isso, todos temos uma ideia, ainda que difusa e deslizante, do que seja paixão. Mas a tradição nos leva a pensá-la de forma banal e grosseira. Basta ver os meios de comunicação de massa: quando não reduzem as paixões ao império de uma delas (a amorosa) tratam de desqualificá-las pela superficialidade. Com a indústria da cultura, observamos que há um deslocamento para o espaço público de temas que até pouco tempo estavam circunscritos ao domínio do privado ou a grupos fechados. O mercado cultural apropria-se de algumas ideias de paixão dando a elas um caráter difuso e homogêneo para que possam ser consumidas como objeto. A racionalidade do mercado traz em si a lógica da dominação dos sentidos. É uma violação comercial das paixões que transforma o sentido em não-sentido. O resultado mais imediato é que, no plano individual, a paixão amorosa, por exemplo, torna-se uma raridade. A crítica de Adorno, na "Dialética negativa", vai nesse sentido: "As transformações universalmente conhecidas dos comportamentos eróticos dos jovens indicam a decomposição do indivíduo, que não tem mais a força necessária para a paixão — força do eu — e muito menos precisa dela porque a organização social que a integra encarrega-se de afastar as resistências manifestas que antigamente inflamavam as paixões e porque transfere o controle para o indivíduo, que deve adaptar-se a qualquer preço". Ora, no mundo onde a paixão é tratada de maneira rarefeita e simplificada, um curso teórico sobre os sentimentos só pode provocar desejo de discussão.

Na construção dos grandes modelos teóricos e políticos que, na sua positividade, procuram dar respostas totalizantes às interrogações da sociedade, não há lugar para o sujeito da paixão. Sob o argumento de que todas as questões humanas já estão contidas na concepção metafísica da história, as paixões passam a ser, também, coisa abstrata e geral. A teoria política tornou-se um conjunto de normas e ideias intemporais, válidas para todos os momentos e circunstâncias e, portanto, separadas dos impulsos afetivos do pensamento e da ação. A busca do sujeito da paixão, a partir da crise dos grandes modelos explicativos e políticos, é um dado novo.

Procuramos mostrar, enfim, que, ao reconhecermos as particularidades das paixões, tentamos abrir um espaço à invenção do saber, ou melhor, a novos saberes que correspondem às experiências afetivas.

Com a palavra os conferencistas.

Adauto Novaes

Núcleo de Estudos e Pesquisas

OS SENTIDOS DA PAIXÃO

O CONCEITO DE PAIXÃO

Gérard Lebrun

Lemos nos *Novos ensaios* de Leibniz: "Prefiro dizer que as paixões não são contentamentos ou desprazeres nem opiniões, mas tendências, ou antes, modificação da tendência, que vêm da opinião ou do sentimento, e que são acompanhadas de prazer ou desprazer".[1] Essa definição da paixão está em conformidade com nossos hábitos de espírito. *Paixão*, para nós, é sinônimo de *tendência* — e mesmo de uma tendência bastante forte e duradoura para dominar a vida mental. Ora, é digno de nota que esse significado da palavra *paixão* traga em sua franja o sentido etimológico de *passividade* (*paschein*, *pathos*), sentido lembrado por Descartes no começo do *Tratado das paixões*: "Tudo o que se faz ou acontece de novo é geralmente chamado pelos filósofos de *paixão* relativamente ao sujeito a quem isso acontece, e de *ação* relativamente àquele que faz com que aconteça".

Aqui, Descartes recorda brevemente a definição aristotélica do *agir* e do *padecer*. Esses dois conceitos são inseparáveis, mas cada um deles designa uma potência bem distinta. *Padecer* é inferior a *agir* por dois motivos. Em primeiro lugar, é próprio do agente encerrar em si mesmo um poder de mover ou mudar, do qual a ação é a atualização; o ajuste está naquilo que faz ocorrer uma forma. Diz-se paciente, ao contrário, àquele que tem a causa de sua modificação em outra coisa que não ele mesmo. A potência que caracteriza o paciente não é um poder-operar, mas um poder-tornar-se, isto é, a suscetibilidade que fará com que nele ocorra uma forma nova. A potência passiva está então em receber a forma. Em termos aristotélicos, deve ser lançada à conta da *matéria*. Em segundo lugar, padecer consiste essencialmente em *ser movido* — ao passo que o agente, na medida em que sua atividade própria está em comunicar uma forma, não é essencialmente mutável. Ocorre, decerto, que ele deve mover-se para agir sobre o paciente, mas não como agente. É porque também ele é um ser que contém matéria. O paciente como tal é que é, por natureza, um ser mutável, caracterizado pelo movimento.

Nessa inferioridade do padecer, encontra-se assim a desqualificação, própria dos clássicos gregos, da mobilidade relativamente à imobilidade. É por conter matéria, isto é, indeterminação, que um ser se move. O fato de ter que mudar (de lugar ou de quantidade ou de qualidade) para receber uma nova determinação mostra que ela não possui todas as qualidades de uma só vez, e que a aparição dessas depende da intervenção de um agente exterior. Ora, este último aspecto é fundamental para a determinação do *pathos*. É reagindo a uma ofensa que eu sinto raiva. Sinto medo ao imaginar um perigo iminente que possa me prejudicar ou destruir. A paixão é sempre provocada pela presença ou imagem de algo que me leva a reagir, geralmente de improviso. Ela é então o sinal de que eu vivo na dependência permanente do Outro. Um ser autárcico não teria paixões. Pode-se imaginar um deus irritado ou um deus amoroso? É verdade que os poemas homéricos estão cheios dessas histórias. Mas é justamente por isso que Platão denunciava sua nocividade. Os poetas, afinal, "são grandes mentirosos", acrescenta Aristóteles.

Portanto não existe paixão, no sentido mais amplo, senão onde houver mobilidade, imperfeição ontológica. Se assim for, a paixão é um dado do mundo sublunar e da existência humana. Devemos contar com as paixões. Devemos até aprender a tirar proveito delas. Não é de espantar, então, que o tratado das paixões de Aristóteles faça parte da *Retórica*, que analisa as paixões de modo a permitir ao orador suscitá-las ou pacificá-las em seus ouvintes. Saber jogar com impulsos emotivos pertence à técnica oratória — e é provável que os retores tenham sido os primeiros a atribuir ao *pathos* este sentido, a que hoje chamaríamos psicológico. O estudo dos efeitos que o discurso produz sobre os homens é que faz com que o *pathos* perca o seu sentido mais amplo de *fenômeno passivo* (sentido que igualmente convém às percepções sensíveis, como dirá Descartes) para vir a designar as percepções da alma. O objetivo do orador, e, mais ainda, o do poeta, não consiste apenas em convencer através de argumentos. É necessário também que ele toque a mola dos afetos, e utilize os movimentos da alma que prolongam certas emoções. Desta forma, é preciso então saber a propósito de que objeto determinado e por que disposição determinada do autor se realizam estas variações afetivas. "Entendo por *paixões*", diz Aristóteles na *Retórica*, "tudo o que faz variar os juízos, e de que se seguem sofrimento e prazer".[2] Assim, sinto cólera quando sinto desejo de me vingar de uma manifestação de desprezo, de uma humilhação ou insulto. Sinto ódio quando, a qualquer preço, desejo a destruição de alguém, mesmo que eu não seja testemunha do mal que esse alguém sofre.

Esses movimentos da alma são um dado da natureza humana e não se trata de extirpá-los nem de condená-los. Com efeito, não é em razão dos *pathé* que sentimos, diz Aristóteles, que somos julgados bons ou maus: isto seria absurdo, pois eles estão inscritos em nosso aparelho psíquico, e não podemos deixar de senti-los. Ninguém se encoleriza intencionalmente. Ora, a qualificação bom/mau supõe que aquele que assim julga escolheu agir assim. Um homem não escolhe as paixões. Ele não é, então, responsável por elas, mas somente pelo modo como faz com que elas se submetam à sua ação. É desse modo que os outros o julgam sob o aspecto ético, isto é, apreciando seu caráter. Só pode ser, aliás, dessa forma. Pois um juízo ético seria simplesmente impossível se não houvesse como regular as paixões. A excelência ética (*arétè*) — que traduziremos muito imperfeitamente por *virtude* — só pode ser determinada pelo modo de reagir às paixões e, mais precisamente, pelo modo como um homem pode temperá-las. Sempre que eu ajo de modo a revelar meu caráter, meu comportamento emotivo entra sempre em jogo, pois os outros não dispõem de outro critério para me julgar. Sem as paixões, também não haveria uma escala de valores éticos. Sem as paixões, ou antes, sem a possibilidade que nós temos de *dosá-las*. Pois as paixões e as ações são movimentos e, como tais, contínuas, isto é, grandezas que podem ser divididas sempre em partes menores e em graus menores, de tal forma que, quando ajo, me é sempre possível fixar a intensidade passional exata apropriada à situação. Sem dúvida, essa escala passional é limitada. Há um grau além do qual nenhum ser humano pode suportar uma emoção e um grau de apatia abaixo do qual não há como descer (a ausência absoluta do medo só existe para um deus ou para um animal). Entre esses dois limites há uma gama na qual se pode estabelecer a conduta *correta* ou *média*, a saber, a que nos permite evitar dois tipos de reações estereotipadas. No caso da raiva, por exemplo, a conduta correta (variável segundo as circunstâncias) estará tão afastada da suscetibilidade extrema que me faz arrebatar-me à menor suspeita de ofensa quanto da insensibilidade extrema (ou vileza) que me faria tolerar palavras ou atos contrários à minha dignidade. Percebe-se assim que o homem "virtuoso" não é aquele que renunciou às suas paixões (como seria possível?), nem o que conseguiu abrandá-las ao máximo. O homem virtuoso ou "bom" é o que aprimora sua conduta de modo a medir da melhor maneira possível e em todas as circunstâncias o quanto de paixão seus atos comportam *inevitavelmente*. Isto não quer dizer que haja uma disposição para as ações ou reações que seriam sempre *objetivamente médias*. Se assim fosse, a "virtude" do combatente consistiria em tomar o partido médio entre a fuga e o ataque, em escolher um local de combate que fosse o menos perigoso possível... Ora, a coragem, para Aristóteles, não tem nada em comum com esta semipoltronaria: o soldado corajoso é aquele que se arrisca ao máximo e que aceita a morte em nome da cidade.

Afirmaremos então que as paixões oferecem ao homem a ocasião de manifestar o domínio de si mesmo? Isso não seria exato. O *virtuoso* não experimenta a necessidade de dominar-se. É o *egkratés* que deve dominar-se sem trégua, o que adquiriu controle suficiente de si mesmo para não ceder ao impulso de maneira irrefletida, mas que sofre por ter de agir assim. Esse apenas aprendeu a refrear as paixões. O virtuoso, ao contrário, age corretamente, mas em *harmonia* com suas paixões, porque ele as dominou de uma vez por todas. Não só aprendeu a agir de modo conveniente, mas a sentir o *pathos* adequado. Enquanto eu precisar esforçar-me para resistir ao que minhas paixões trazem de excessivo, ainda não as domei. Ainda não sou "virtuoso", ou seja, "forte" no sentido de Nietzsche (que dissimulou sua dívida para com a *Ética a Nicômaco*).

Essas análises de Aristóteles, que acabo de recortar em linhas gerais, hoje são um pouco desconcertantes para nós. Há particularmente algo que nos parece estranho: que a paixão seja compreendida como uma tendência implantada na natureza humana, mas eminentemente suscetível a ser *educada*. Certamente, Aristóteles não deixa de observar que "o desejo do agradável é insaciável e se alimenta de tudo", e que ele crescerá sem medida se não for reprimido desde a mais tenra infância. "O desejo é infinito por natureza e a maioria passa a vida tentando saciá-lo".[3] Todavia, a educação é mais do que a simples repressão dos desejos. Ela deve levar os "homens bem-nascidos" a *dominar* suas paixões, isto é, a torná-los aptos a utilizá-las adequadamente. No homem bem-educado, o *pathos* não é uma força que colocará permanentemente obstáculos à alma razoável: ele está a serviço do *logos* e em consonância com ele. A boa educação faz de mim um ser tão perfeitamente "condicionado" que as paixões estão permanentemente à minha disposição. Sem dúvida, o homem é um ser afável, mas essa passividade não o torna joguete das tendências contra as quais ele jamais cessaria de lutar. Se assim nos representamos as paixões, é porque o cristianismo nos fez acreditar na Queda e no Inferno. Contra esse fundo, a "virtude" só pode significar uma batalha contínua contra minhas pulsões e a "lei" a que devo obedecer. Esquece-se então de que a "virtude" pode ser determinada como simples questão de bom gosto e de equilíbrio das paixões em função das circunstâncias.

Análise exageradamente otimista da condição humana? Digamos antes: análise alheia a uma mentalidade impregnada de cristianismo. E isso, ao menos por dois motivos: em primeiro lugar, Aristóteles não fala nunca de uma lei moral que me proíba de praticar um ato qualquer. Aqui, a regulação ética não é exercida através de uma lei judaico-cristã, mas pela opinião de um espectador prudente, que aprovará/desaprovará minha conduta e avaliará se eu soube usar convenientemente minhas paixões. Não é a uma lei que eu devo referir minha conduta, mas à opinião moderada dos outros. Ora, os outros não sondam minhas entranhas nem meu coração; não me julgam com base no que sinto, mas na minha maneira de reagir ao que sinto. O homem não é portanto (ainda) aquele que, no segredo de si mesmo, consegue a todo momento a vitória sobre si mesmo; é aquele cujas paixões, à vista de todos, são proporcionais à causa que as produz e à situação que as suscita. Não se trata de alguém obediente, mas elegante. E não é exagero dizer-se que nesse sentido a ética aristotélica é mais um tratado de *savoir-vivre* do que um tratado de moral, na acepção que se nos tornou familiar. Um segundo aspecto permite-nos destacar a inatualidade de Aristóteles. Para ele, não existe uma razão *pura* prática, como para Kant. O pensamento, por si mesmo, não é motor, e uma ação não poderia ser a *simples* execução de um mandamento da razão. O que me leva a agir é o pensamento *enquanto dirigido para um fim*. Ora, é sempre uma pulsão (*oréxis*) que estabelece o fim; o primeiro motor de uma ação é sempre o objeto de uma pulsão. "A faculdade que move a alma é aquela chamada de *oréxis*".[4] Dessa forma não há qualquer conduta que seja capaz de inibir totalmente as paixões. Toda conduta, inclusive a que se conforma ao *logos*, deve servir-se das paixões. Esse tema, por excelência, opõe o aristotelismo a toda filosofia ou a toda religião que conceba a moralidade como submissão incondicional a um *logos* — e particularmente ao estoicismo (o qual, como se sabe, exerceu influência sobre Kant). "O estoicismo", escreveu um de seus intérpretes, "combateu com virulência toda especial a tese aristotélica segundo a qual as paixões são dadas na natureza humana e constituem preciosos auxiliares da razão — indispensáveis para a conduta correta da vida, quando mantidas em seu justo limite."[5] Ora, para combater tal tese, é necessário sustentar que um juízo teórico (ou que uma injunção da prática *pura* da razão) seja suficiente para determinar uma ação e que um ser razoável afetado de passividade seja capaz de perseguir um objetivo sem ser motivado por uma pulsão. Não é proibido pensar que tal proeza seja possível, e que *virtuoso* seja sinônimo de *racional*: não é escândalo ser estoico ou kantiano. Contudo, é necessário tomar consciência do que essa opção implica quanto à interpretação que então se dá, *a priori*, da *paixão* — um obstáculo a ser transposto, uma força que deve ser vencida.

Ora, não é essa a única análise possível da "finitude" humana, ou melhor, da não-autarcia do homem (para evitar a ressonância cristã da palavra "finitude"). Podemos, igualmente, vivê-la da maneira descrita por Aristóteles. Sem dúvida, devemos aprender a viver em conformidade com o *logos*, mas sem esquecer que as paixões continuam sendo a matéria de nossa conduta — e que só a propósito de *seres passionais* se pode falar em *conduta razoável* (se deixarmos Deus de lado). Paixão e razão são inseparáveis, assim como a matéria é inseparável da obra e o mármore da estátua. Desse ponto de vista, ninguém é mais aristotélico do que Hegel, na *Estética*, quando ele se esforça por distinguir o que os gregos entendiam por *pathos* e os modernos entendem por *paixão*. "A palavra *pathos* é de difícil tradução, pois paixão implica algo de insignificante, baixo — como quando dizemos que um homem não deve sucumbir às paixões. Aqui, tomamos o termo *pathos* em plano mais elevado, sem qualquer nuance de censura ou de egoísmo. Assim é, por exemplo, que o amor sagrado de Antígona por seu irmão consiste em um *pathos*, no sentido grego da palavra. [...] Orestes mata a mãe, não sob o império de uma dessas pulsões internas da alma, a qual chamaríamos de *paixão*; o *pathos* que o conduz a esta ação é bem pensado e refletido [...] Deve-se limitar o *pathos* às ações humanas e pensá-lo como o conteúdo racional essencial presente no 'eu' humano, preenchendo e penetrando a alma inteira".[6] "Nada de grande se fez sem paixão." Nessas famosas palavras de Hegel, *paixão* não tem o sentido que lhe damos na expressão "crime passional". A "paixão" de que se trata não é um impulso que nos leva, *malgrado nosso*, a praticar uma ação. Ela é o que dá estilo a uma personalidade, uma unidade a todas as suas condutas. A paixão, continua Hegel, torna profundos os heróis shakespearianos. O *pathos* que os anima pode ser simples, como acontece com o amor entre Julieta e Romeu, mas nem por isso tem a monotonia de uma ideia fixa. Trata-se antes da tonalidade específica de suas condutas, da tensão que unifica seus atos — sem importar que situação estejam enfrentando. Em suma, a "paixão" é então constitutiva de um personagem — mas sem transformá-lo num maníaco, num "apaixonado", no sentido em que são apaixonados, nos romances de Balzac, o avaro, o pródigo ou o devasso. Stendhal é um dos analistas da paixão assim compreendida. Ou, no cinema, Visconti, no filme *Senso*. Aqui, o diretor tem tal maestria em fazer com que o espectador se torne cúmplice de sua heroína que esta tragédia de desgarramento amoroso jamais produz o efeito de uma queda ou degradação. Alida Valli simplesmente cumpre seu destino, como uma personagem da tragédia grega: sua paixão e seu caráter são indissociáveis. Essa vibração afetiva, que caracteriza os grandes personagens trágicos, pode levar um indivíduo à perda e também à glória; seja como for, ela escapa à nossa categorização "moral". Também Nietzsche tenta frequentemente revelar-nos esse aspecto, por exemplo neste trecho da *2ª Consideração Intempestiva*, que descreve a "injustiça" e a "cegueira" do *pathos* sem o qual não pode haver grandes realizações: "Que se represente um homem transtornado, arrebatado por uma paixão violenta por uma mulher ou por uma grande ideia: como o seu mundo se transforma. Se olhar para trás, sente-se cego. Se auscultar o que vem dessa direção, só perceberá um ruído surdo e vazio de sentido; mas o que notará jamais lhe pareceu tão verdadeiro, tão próximo, tão colorido, tão luminoso, como se pudesse abarcá-lo com todos os seus sentidos de uma só vez. Todas as suas apreciações são modificadas e desvalorizadas. É o estado de espírito menos equitativo que há no mundo, estreito, injusto com o passado, cego às advertências, um pequeno turbilhão de vida no coração de um mar de trevas e esquecimento".

Cegueira? Desvario? Abstenhamo-nos de julgar em nome de nossas categorias "morais": "...os maiores atos realizam-se num tal excesso de amor".[7] Seria inconveniente pronunciar a palavra sumária "amoralismo" a propósito dessas páginas de Hegel ou Nietzsche. Nenhum deles enaltece a paixão furiosa, nem quer apresentar-nos "Vênus encarniçada sobre sua presa". Cada um deles tenta redescobrir, talvez por afinidade ou vinculação a Goethe — é uma interpretação pagã e, apesar das aparências, antirromântica da paixão.

Até agora, tomei Aristóteles como referencial do paganismo, mas com isso não quero absolutamente insinuar que essa página de Nietzsche seja um eco de Aristóteles. Não esqueço que, aos olhos de Nietzsche, Aristóteles foi um grego da Decadência que privilegiou a parte intelectual da alma, tornando o *orthos logos* um regulador da ação. Resta, contudo, que se compreendam um pouco melhor as tentativas para dar ao *pathos* seu sentido original quando nos referimos a Aristóteles — e isso por um motivo muito preciso. Aristóteles era o pensador de um *logos* que, sem dúvida, não pode ser traduzido com fidelidade pela palavra latina *ratio* — pois esse termo, em nossa semântica instintiva, nos leva à ideia de uma norma válida para cada um em quaisquer circunstâncias, em nome do qual um tribunal, o famoso *tribunal* kantiano, dispensaria justiça com toda a segurança. Não há (ainda) um tribunal aristotélico da razão. Reportem-se às análises das virtudes da *Ética a Nicômaco*. Ali observarão que a excelência ética, isto é, a dosagem passional que define cada virtude, é, em todos os casos, objeto de um difícil ajuste às *circunstâncias*. Requer-se, igualmente, "todo um trabalho" para tornar-se virtuoso. Não é o primeiro que aparece que sabe, em todas as ocasiões, equilibrar seu comportamento passional *como convém*. De onde vem a dificuldade? É que não há uma fórmula universal desse equilíbrio. E aquele que em cada caso e por sua conta consegue atingi-lo não pode basear-se em nenhuma medida que seria válida para todos os homens, todas as condições sociais, para os dois sexos etc. Em suma, para harmonizar as paixões, não se deve contar com uma *Lei* moral: em nome da lei só se pode reprimir.

Se a palavra *paixão* está solidamente associada à da *repressão*, é porque já representamos o *logos* como uma lei, expressa por um mandamento que se dirige a todos, ignorantes ou cultos — por uma injunção tão poderosa que todos os homens (iguais perante Deus e democraticamente iguais) seriam capazes de a compreender pela mesma razão. No fundo, é essa interpretação legislativa do *logos* que nos força a pensar toda a paixão como um fator de desvario e deslize e a considerá-la, de roldão, como suspeita e perigosa. Se é necessário pensar o *logos* como uma lei positiva, então os estoicos estão com a verdade: toda paixão, desde o seu despertar, já infringe a lei que me constitui como um ser razoável, todas as paixões, na sua origem, já me conduzem "para fora de mim mesmo".[8] Essa condenação das paixões se dá sem apelação. Tentemos então medir quanto o conceito de *pathos* se encontra alterado.

O fato de o *pathos* ser tido como um fenômeno *irracional* (*alogon*) não quer dizer que haveria na alma, para os estoicos, uma força capaz de derrotar o *logos*. O desejo, o medo, a cólera, não provêm de uma alma irracional em nós. De onde vêm eles então? E que significa *alogon*, quando Zenão define a paixão como uma "pulsão excessiva" (*ermè pléonazousa*)?[9] Se o *logos* é constitutivo de minha natureza, como pode o *alogon* surgir em minha alma? Através da *representação* (*phantasia*). Percebo alguma coisa, tenho um sentimento de prazer ou de dor — e é a representação que transforma esse fato psicológico em uma *tendência*. Conscientizo-me de que o alimento é apetitoso ou de que a dor é ruim — e essa consciência desperta em mim uma *tendência* a procurar ou a evitar o objeto. Assim, a tendência é sempre precedida de um juízo a respeito do que devo procurar ou evitar. E esse é o tipo de juízo que pode me induzir a erro. Posso imaginar, por exemplo, que não é apenas necessário evitar a dor, mas que ela consiste em um mal absoluto e que deve ser evitada a todo custo. Dessa maneira, nasce a tendência irracional, ou *pathos*, que submete minha conduta ao meu sentimento de prazer ou de dor. Ela não é uma força estranha que me obriga, mas o sintoma de uma fraqueza da alma. Essa tese deve levar-nos a matizar o "intelectualismo" que se costuma imputar aos estoicos. Crisipo não afirma que se deve o *pathos* a um raciocínio falso, mas a um "assentimento fraco". O apaixonado não é simplesmente um estouvado que comete um engano: é um desvairado que deu as costas (*apostrophé*) à razão. Seu erro provém de um desajuste do *logos* em si, pois ele engana-se ao julgar a proporção dos acontecimentos. Sua alma não está em harmonia com a instância que, por natureza, nele deveria dominar e é esse desvio em relação à natureza que explica o caráter excessivamente passivo do *pathos*. Por isso há um só meio de evitar as paixões: extirpá-las, impedindo que a emoção se transforme em uma tendência. Esse é o objetivo da profilaxia estoica. De tanto medir a fragilidade da vida e a precariedade dos bens que não dependem de mim, acabarei por não mais reagir negativamente aos efeitos, permanecendo *apático*, mesmo aos golpes imprevisíveis do destino.

Essa sabedoria não é equivalente a uma anestesia, como se afirmou algumas vezes, e a apatia não consiste, exatamente, em insensibilidade. "O sábio", diz Crisipo, "sofre a dor, mas não é mais tentado por ela: sua alma não se abandona mais a ela."[10] Ele ainda sente a emoção, mas é suficientemente treinado a ponto de não interpretá-la de maneira fantasiosa, jamais se deixando tragar por ela. Ele é como um ator experiente que permanece sempre distante das peripécias do drama que representa. Não se trata mais de saber até que ponto é conveniente deixar que suas paixões se extravasem. Seria absurdo pretender controlar a paixão e modular sua força, pois ela é sempre o sintoma de uma doença e não de uma reação inevitável a uma emoção. Nada se fez enquanto não se impossibilitou a alma de senti-las. A sabedoria é uma cirurgia das paixões.

Compreende-se que Nietzsche se tenha perguntado se os estoicos ainda eram gregos. Os gregos de antes da Decadência viviam *com* as paixões e não *contra* elas; eles não temiam deixar-se testar por elas. "Domínio das paixões, e não enfraquecimento ou extirpação das paixões. Quanto maior é a força do querer, tanto mais liberdade damos às paixões."[11] Nada é mais antiestoico. Aos olhos de Nietzsche, a *apatia* estoica é um remédio cuja utilização é o sintoma da mais profunda fraqueza. Os estoicos, apesar das aparências, são os filósofos da vontade fraca, da vontade incapaz de enfrentar as perturbações da alma. "É preciso destruir as paixões": essa é a decisão ingênua que torna danosos a maioria dos ascetismos. Danosos, não por serem "repressivos", mas porque partem da ideia de que é impossível viver uma paixão sem ser totalmente dominado por ela, e porque são, antes de tudo, sensíveis ao *perigo* da paixão. "Destruir as paixões e os desejos, só por causa de sua tolice e para evitar suas consequências desagradáveis, parece-nos hoje uma manifestação aguda de tolice. Não admiramos mais os dentistas que *extraem* os dentes para evitar que incomodem mais."[12] Se é necessário recusar o ascetismo de tipo estoico, não é pelo fato de pretender refrear as paixões — mas porque concebe destruí-las, já que não consegue suportá-las e dominá-las. Pois descreve como doença o que é, na realidade, um teste de força. "No que se refere ao remédio receitado por todos esses médicos da alma que preconizam uma cura radical e dura, é permitido nos perguntarmos: será nossa vida tão dolorosa e importuna a ponto de ser vantajoso trocá-la por uma maneira estoica e petrificante de viver? Não nos sentimos *suficientemente mal* para precisarmos estar mal ao modo estoico."[13]

Este tema nietzschiano é bem conhecido e não pretendo desenvolvê-lo aqui. É talvez mais interessante perguntar se o conceito de paixão, tal como Nietzsche o reinterpreta, é aquele que em geral temos em mente. Compreendemos a paixão como uma tendência que deve ser domada? Ou como um mal a ser extirpado? À primeira vista, a resposta não deixa dúvidas. É Nietzsche que conta com nossa simpatia. Nos estoicos, vemos no máximo uma filosofia que nos socorre em tempos difíceis. Mas essa sabedoria altiva se nos tornou estranha — não porque seja uma confissão de fraqueza, é verdade, mas porque pensamos que ela conta inteiramente com as forças humanas. Não seria mais razoável tolerar as paixões, nas quais ocorre a junção da alma e do corpo, e incorporá-las a nossa vida, em nosso dia a dia? Todavia, pensando desse modo, talvez estejamos mais próximos do estoicismo do que de Nietzsche ou mesmo de Aristóteles. Isso é fácil de se observar. Basta perguntar-se até que ponto sou responsável por meu comportamento racional. Até que ponto a sociedade tem direito de me pedir satisfação de seus excessos? A essas questões, a *intelligentsia* dá uma resposta *laxista*. Vivemos em uma época em que o crime passional é uma circunstância atenuante. Essa noção, que segundo Foucault foi forjada por hábeis advogados no fim do século XVIII, floresceu graças ao romantismo. Resistiu durante a época vitoriana e incorporou-se aos nossos hábitos. Considera-se que uma pulsão *demasiado forte* diminui minha culpabilidade. Ora, pode-se perguntar se essa ideia é compatível com o reconhecimento da normalidade das paixões. Se minhas paixões são elementos constitutivos de minha saúde mental, contrariamente ao que pensavam os estoicos, e se visamos integrá-las ao nosso comportamento em vez de aniquilá-las, então é necessário admitir que o adulto tido como normal, de agora em diante, é responsável por suas paixões e pelo mau uso que delas venha a fazer por "fraqueza". Por que deveria uma sociedade condoer-se dos "fracos" — a menos que, naturalmente, ela tenha decidido considerá-los doentes? Mas se a paixão é tida como a causa da conduta, como o foco de exame ético através do qual devo mostrar minha força, é impossível considerá-la uma doença que me coloca "fora de mim mesmo", e de recuperar o tema estoico. É preciso escolher entre os estoicos e Aristóteles. É duvidoso que alguém possa escapar a essa escolha.

A grande oposição entre duas filosofias da paixão apareceu mesmo antes do nascimento da noção (moral e jurídica) do sujeito. Uma, *aparentemente* mais condescendente (Aristóteles), que trata a paixão como um elemento do ser humano normal e de sua *práxis*; a outra, mais rigorosa *em aparência* (Platão, o estoicismo), mas que faz uma cisão tão grande entre razão e paixão que precisa reconhecer rapidamente o quanto é limitado o poder da primeira sobre a segunda. Dessa forma, os estoicos sabem perfeitamente o quanto é inútil tentar curar o apaixonado enquanto for presa da sua crise. Ora, no que diz respeito à noção de *responsabilidade*, a primeira opção conduz necessariamente à sua *extensão*, a segunda à sua *restrição*, fato que poderá surpreender o leitor moderno. Ainda que a antropologia de Aristóteles pareça pressupor um "humanismo", é Aristóteles, todavia, que se revela o mais rigoroso quanto à determinação da responsabilidade ética e jurídica. E é o platonismo que se apresenta frequentemente como um ascetismo enfadonho, que afirma que ninguém é voluntariamente mau e que os apaixonados são todos irresponsáveis. Como devemos compreender essas linhas cruzadas? Como a antropologia, que reconhece a solidariedade da alma e do corpo, se concilia com uma moral, no fim das contas, mais severa que a do platonismo? Refletindo sobre este aparente paradoxo, começa-se a compreender por que Aristóteles está bem mais afastado de nós do que podia parecer há pouco e que faz o homem pagar muito caro (sem dúvida, caro demais para nosso gosto) pelo *status* de normalidade que o filósofo outorga às paixões. Decerto elas são inocentes, "inteiramente boas por natureza", como dirá Descartes. Mas isso não é motivo para que a cada vez sejamos inocentados daquilo que delas fazemos. Uma vez que as paixões não são nem mórbidas nem demoníacas, sou ainda mais responsável pelo mau uso que delas possa fazer.

Resta que possa ter sido vítima de uma infância infeliz em que meus pais e mentores tenham permitido que meus apetites se tenham desenvolvido de tal maneira que já não sou capaz de refreá-los. Talvez. Porém, curiosamente, como apontam os intérpretes, Aristóteles jamais evoca as circunstâncias atenuantes que pudessem valorizar minha má educação. O que afirma, em compensação, é que na vida há sempre um momento em que cabe apenas a mim não contrair maus hábitos. Posteriormente, é tarde demais: é como se eu tivesse lançado uma pedra que não posso mais recuperar.[14] Tornei-me "fraco" para sempre, e sou eu quem deve ser responsabilizado por isso.

Consideremos um outro exemplo. Um capitão de navio que se vê sob uma tempestade deve jogar ao mar a carga que prometera conduzir ao porto. Caso contrário, haverá naufrágio. Certamente, esse ato é perdoável. E, todavia, nem diríamos que ele agiu *sob coação*. Trata-se ainda de um ato voluntário. Com efeito, guardemo-nos de fazer restrições à esfera do voluntário. Sem isso, o que faríamos?

Todos poderiam alegar que não estava em suas mãos dominar essa tendência ou amor. Todos poderiam dizer como a Medeia de Eurípides: "Compreendo perfeitamente a infinitude do mal que farei, mas a minha cólera é mais poderosa que meus pensamentos."[15] Ora, não é verdade que a paixão me possa obrigar, propriamente falando, no sentido em que um lutador mais robusto force seu adversário a curvar-se perante ele.

Como distintivo de minha passividade, não é, porém, uma justificativa. Também não é verdade que ela me torna *ignorante* daquilo que faço, pois não podemos brincar com a palavra *ignorância*. Édipo, sem dúvida, ignorava que o viajante que feria fosse seu pai, motivo pelo qual seu parricídio pode ser considerado "involuntário". Mas aquele que age sob o impulso da cólera ou da luxúria é como um homem que comete um crime em estado de embriaguez: cabe-lhe moderar sua paixão, como cabe ao bêbedo não se embriagar. Do mesmo modo, se o "desregrado" perdeu toda norma ética, essa "ignorância" provém da vida que levou. Deve-se enviá-lo à prisão, não a um terapeuta. Em suma, se a paixão é um componente de minha natureza e de minha saúde é porque, em princípio, ela é dominável. O senso comum não perdeu tempo em representá-la como um acesso de loucura, pois aquele que é bastante "fraco" para nunca se deixar levar por ela não é absolutamente um insano. Não é a violência desencadeada pela paixão que caracteriza o desregramento: é a escolha que se faz de um falso bem de uma vez por todas. A maioria desses atos de fraqueza "são praticados a sangue-frio". Não imaginemos os luxuriosos assim como os descreve Platão: "possuídos por um prazer tão violento que os transforma em loucos e faz com que gritem como furiosos".[16] O desregrado não é esse energúmeno. Ele é, antes, conforme Aristóteles, "um homem que busca o prazer, mesmo que não sinta cobiça, pois crê que é necessário tirar proveito de todas as boas ocasiões".[17]

Dessa forma, parece que há na ética de Aristóteles uma correlação entre duas recusas. De um lado, a recusa de se "declarar" guerra às paixões: deve-se aprender a dominá-las e não a reprimi-las. De outro, a recusa em considerar o comportamento passional como involuntário. Quanto a esse aspecto, pode até dizer-se que Aristóteles é mais rigoroso que os estoicos. Estes consideravam a paixão como voluntária, pois decorreria da interpretação que dou da minha emoção e da qual sou a "causa perfeita", assim como de cada um de meus atos. Porém, nota-se ainda nas descrições estoicas que, mesmo que todos os homens tenham uma natureza razoável, nem todos têm a mesma faculdade de se "adaptar às circunstâncias" — e que a interpretação errônea, como observamos, deve-se a um afrouxamento do *logos* em mim, o que por si só já é um fenômeno *mórbido*. Esse tipo de análise impossibilita a separação entre o *passional* e o *patológico*. Para objetá-la, é necessário ver desenhar-se essa distinção na *Ética a Nicômaco*. É preciso não confundir, diz Aristóteles, o intemperante, que pode ceder à tentação repentinamente, com o desregrado, que optou pela busca sistemática do prazer. Ambos são censuráveis, mas apenas o último é incurável. Além do mais — e é isso que realmente importa — essas duas formas de abandono ao *pathos* devem ser cuidadosamente dissociadas da *depravação mórbida*, que revela uma completa ausência da parte superior da alma — e que deve situar-se "para além dos limites da maldade". Esses depravados que vivem em busca de prazeres "além da natureza" não podem ser chamados nem de intemperantes nem de desregrados. "Os que roem as unhas, comem terra, os sodomitas, escapam a qualquer qualificação ética." Sua realidade não se inscreve mais em uma tipologia das paixões, mas se refere ao que, em termos modernos, se chama de patologia mental. "Aquele que tinha fobia a doninhas estava sob a influência de uma doença."[18]

Seria como se, em seus textos, Aristóteles quisesse desatar a dificuldade que encontramos para compreender e mesmo traduzir o termo grego *pathos*. Compreendido como um afeto mórbido que posso vir a controlar, o *pathos* carrega originalmente dois conceitos bem diferentes: o *passional*, que faz surgir a ética, e o *patológico*, que remete ao diagnóstico médico. Sabe-se o quanto a fronteira entre esses dois domínios varia de acordo com as civilizações e as épocas: enquanto Aristóteles considera os sodomitas como doentes, a época clássica irá situá-los entre os "desregrados" — e ainda no século XVIII alguns serão levados ao suplício. Porém, o que nos interessa no momento não são as flutuações dessa linha divisória, mas saber se a paixão, tal como foi concebida pelos escritores clássicos, conserva um sentido externo à sólida manutenção dessa divisão.

Pode-se legitimamente chamar de *passional* um comportamento encarado como semivoluntário? Pode-se legitimamente chamar de *apaixonado* alguém que julgamos, como tal, não ser totalmente responsável? Se respondermos afirmativamente ou se desconsiderarmos os conceitos de "vontade" e de "responsabilidade", renunciaremos de fato à distinção entre *passional* e *patológico*. Julien Sorel e Raskolnikov tornam-se belos casos clínicos. Ora, assistimos atualmente ao obscurecimento dessa linha divisória. Talvez um dos traços mais característicos de nosso século tenha sido o crescente deslocamento de condutas do território da ética para o da terapêutica. Trata-se de um aspecto da modernidade, observou Foucault, distinguir o adulto são e normal, "indagando-lhe o que ainda lhe resta de infantil, quais as loucuras secretas que nele habitam e que crime fundamental desejou praticar".[19] Como, então, salvaguardar a especificidade da paixão? Se se compreender que todo comportamento do indivíduo tem suas raízes nas pulsões, cuja origem e natureza ele ignora, a paixão só pode ser um elemento *estranho* em mim, e não se trata mais de integrá-la na minha vida, mas somente de submetê-la a um tratamento que a enfraquecerá ou exorcizará.

Não estaríamos assim retornando por outras vias à inspiração estoica? Pode-se dizer que a semelhança é pequena, pois nossos atuais médicos da paixão não têm mais como objetivo tornar o indivíduo sábio ou virtuoso, mas simplesmente adaptá-lo à vida, libertando-o de suas inibições e angústias. Resta-nos apenas curar os doentes e tratar deles, é ainda uma antropologia que, animada por esse espírito, escolhe, de início, considerar *patológica* a paixão, independentemente de suas intenções libertadoras. O termo *libertação*, aliás, já atesta que a paixão não me pertence e tem como efeito tornar-me um *alienado*. Sem dúvida, não é mais compreendida como uma irrupção da animalidade ou do demoníaco no homem. Mas estamos seguros de que os tormentos por ela provocados não se originam em nós mesmos, e apenas uma terapêutica seria capaz de encontrar a razão disso tudo. Para compreender o que significa esse declínio da ideia de paixão seria necessário pôr o fenômeno em relação com o deslocamento moderno do "eu" e questioná-la quanto à ideia de responsabilidade social. Esses são temas muito vastos para que sonhemos em abordá-los aqui.

Contentemo-nos com uma observação.

É fato que as sociedades evoluídas veem esboroarem-se as noções de *pecado* e *vício*. Mas será que a mentalidade moderna se tornou mais tolerante para com as paixões? A palavra *tolerância* seria imprópria: trata-se antes de uma neutralização do conceito de paixão. Não consideramos mais as paixões como componentes do caráter de um indivíduo, os quais ele deveria governar, mas como fatores de perturbação do comportamento que ele é incapaz de controlar unicamente através de suas forças. Estamos então, é verdade, menos inclinados a culpabilizar o apaixonado, mas isso porque somos antes levados a considerá-lo doente. A medicina ocupa cada vez mais o lugar da ética; a noção de desvio, o do erro; e a cura, o do castigo. Talvez fosse possível acompanhar, através da literatura, o desenvolvimento desse ascetismo da paixão. Após Balzac e Stendhal, os romancistas continuaram a representar os apaixonados. Mas estes não são mais "monstros sagrados": a inspiração shakespeariana esgotou-se. Tomemos os personagens mais notáveis de Dostoievski ou de Proust. Eles convidam-nos mais a traçar um *diagnóstico* do que uma *qualificação ética*. Não inspiram temor ou piedade, mas antes a curiosidade de decifrar uma conduta que, em grande parte, são incapazes de controlar. Ora, a paixão só tinha sentido pelo modo de reagir que a ela imputávamos e pelo controle a ela imposto. No momento em que o herói perde essa liberdade, não passa de um cliente em potencial para um terapeuta.

Assim, atenua-se a paixão — essa passividade que não excluía a responsabilidade.

A exigência da normalidade continua muito grande — mas a infração da norma é imputada à doença e não a uma vontade má. Essa transformação é característica de uma atitude permissiva? Seria um engano assim o crer, pois uma moral austera pode perfeitamente contentar-se com essa tese de irresponsabilidade do apaixonado. O platonismo é um bom exemplo disso. Afinal de contas, foi Platão quem começou a pôr no mesmo plano *pathamata te kai nosámata* (paixões e doenças),[20] o que pode parecer, à primeira vista, espantosamente permissivo e que descreve o comportamento passional como um caso clínico. Para despertar a desconfiança quanto à ideia confusa de "permissividade", não poderia fazer melhor do que citar este trecho de *Timeu* (86b-d), que, à primeira vista, pode parecer espantosamente "permissivo": "A doença própria da alma é a demência. Mas há duas espécies de demência: uma é a loucura, a outra é a ignorância. Segue-se que, como resultado, todo o afeto que comporta uma ou outra dessas perturbações deve ser chamado de doença, devendo-se admitir que o prazer e a dor excessivos são para a alma a mais grave das doenças. Pois, alegre ao extremo, ao sofrer, pelo efeito da dor, a paixão contrária, o homem é incapaz de ver ou escutar com precisão não importa o que seja, quando despropositadamente se apressa para agarrar um objeto ou desfazer-se de um outro: ele torna-se furioso e inapto ao menor raciocínio. Assim, aquele em quem a semente é farta e corre abundantemente em sua medula, torna-se louco, durante a maior parte de sua vida, por excesso de prazeres e de dores: sua alma está doente e endoidecida pela ação do corpo. No entanto, não o consideramos doente, mas voluntariamente perverso. Todavia, na realidade, a luxúria imoderada é, em grande parte, uma doença da alma provocada pelas propriedades de uma substância que corre no corpo. Da mesma forma, toda vez que esperamos que a impotência domine a volúpia, que reprovamos, dos viciados, como se assim o fossem voluntariamente, cometemos uma injustiça. Ninguém é mau por vontade própria. O homem mau torna-se perverso devido ao efeito de uma disposição maligna do corpo ou de uma educação desregrada".

Os depravados são, antes, doentes a serem curados e não perversos que devem ser punidos. Ninguém é mau voluntariamente. Esses temas permanecem mais do que nunca sedutores. Mas devemos ter consciência de que eles têm uma contrapartida — admiravelmente formulada pelo dr. Knock, o charlatão imortal apresentado por Jules Romains: "Todo homem com saúde é um doente que se ignora".

Será que essa é, por acaso, uma boa nova?

NOTAS

1. Leibniz, *Nouveaux Essais*, II, 21, 9.

2. Aristóteles, *Rhétorique*, II, 1378a 20.

3. Idem, *Politique*, II, 7, cf. *Éthique à Nicomaque*, III, 119b.

4. Idem, *De Anima*, III, 9, 432b-433a, cf. *Éthique à Nicomaque*, VI, 2. 1139a.

5. Max Pohlenz, *Die Stoa* (Göttingen, 1970), I,S. 150.

6. Hegel, *Aesthetik*, XII, S.313-4 (Glökner), trad. francesa S. Jankélévitch, I, p. 272.

7. Nietzsche, 2e *Considération intempestive*, trad. francesa Biaquis (Aubier), pp. 211-3.

8. *Stoicorum Veterum Fragmenta*, von Arnin (Teukner), III, parágrafo 478.

9. Idem, I, parágrafos 205-206.

10. Idem, III, parágrafo 574.

11. Nietzsche, *Wille zur Macht*, 933.

12. Idem, *Götzendamerung*, VIII, S. 101 (Kroner). Trad. francesa Albert, Crépuscule, p. 110.

13. Nietzsche, *Gai Savoir*, parágrafo 326 (trad. francesa Klossowski).

14. Aristóteles, *Éthique à Nicomaque*, III, 114 a 15 e segs.

15. André-Jean Voelke, em seu belo livro *L'Idée de Volonté dans le Stoicisme* (PUF, 1973), observa que se encontra nos estoicos a ideia de que a paixão submeteria o indivíduo a uma constrição: "...a paixão comporta um elemento de constrição e de violência que não se encontra no erro teórico... Os termos *bis*, *biaios* intervêm frequentemente nas descrições da paixão" (p. 86).

16. Platão, Philèhe, 45 e.

17. Aristóteles, *Éthique à Nicomaque*, VII, 1148a 15-20.

18. Idem, ibidem, VII, 1549.

19. Michel Foucault, *Surveiller et Punir*, Gallimard, p. 195.

20. Platão, *República*, IV, 439b.

Tradução de Mônica Fuchs

SOBRE O MEDO

Marilena Chaui

I

O alto celestial que nos vigia, o baixo infernal que nos espia. *Paradiso* das esferas ascendentes, glória já esquecida dos longínquos círculos cadentes, *Inferno*, abandono de toda esperança. A esquerda, "o outro lado do lado", *kelippah*, concha cabalística das trevas, morada feminina; sinistro lado do mau agouro, onde Boheme depositou a mão irada do Senhor e, como no Credo, colocou à sua direita o implacável Juiz dos vivos e dos mortos que há de proferir a sentença final. A encruzilhada sempre fatídica. O fechado, propício à emboscada e o aberto que nos expõe ao nada. Onírico e mítico, ser dos confins inalcançável pela geometria, o espaço é mistério absoluto. Além de cada paisagem somente outra paisagem, além de cada horizonte apenas outro horizonte. Rasteado de sinais, dá medo.

Círculo do retorno eterno, reta do fim do fim. Velho dos Dias, profetiza Daniel, o tempo nos assegura que Verdade é filha sua e Falsidade dissipará, rompendo o selo do Livro dos Segredos do Mundo quando for chegada sua vez e sua hora. "Vigiai e orai, pois é chegado o tempo." Afortunado portador de infortúnio, desfiando o tecido por ele tecido, alvas e longas barbas, foice na mão, dispara célere o Velho Tempo — *tempus edax rerum*, tempo que tudo devora, "hora irrevogável que deu, chora,/ prevê a que há de dar e a que conta,/ que numa mesma hora/ cresces e te ausentas [...]/ fundas toda essa máquina admirada/ numa corda enferma e delicada,/ que como a saúde no mais são,/ se gasta com suas rodas e sua mão [...]/ a cada sol que passa, a cada raio,/ a morte de um contador, o tempo um aio".[1] Chronos-Kronos que destrona a oportunidade benfazeja — propício *kairós* — e a fertilidade promissora — benévolo *aiôn* —, deixa-nos à mercê de Saturno, ontem zodíaco e relógio, hoje cronômetro; campanário sempre. Senhor dos dias, da vida, do esquecimento e da morte, aduladora imagem do progresso, dor irremediável da saudade, o tempo é curandeiro, abismo e treva, "hora dos corvos/ bicando em mim, meu passado/ meu futuro, meu degredo./ Desta hora, sim, tenho medo".[2]

Do que se tem medo? Da morte, foi sempre a resposta. E de todos os males que possam simbolizá-la, antecipá-la, recordá-la aos mortais. Da morte violenta, completaria Hobbes. De todos os entes reais e imaginários que sabemos ou cremos dotados de poder de vida e de extermínio: da natureza desacorrentada, da cólera de Deus, da manha do Diabo, da crueldade do tirano, da multidão enfurecida; dos cataclismos, da peste, da fome e do fogo, da guerra e do fim do mundo. Da roda da Fortuna. Da adversidade. Da repressão, murmuram os pequenos; da subversão, trovejam os grandes. Do que se tem medo? Da morte inglória e infame num mundo aristocrático e agonístico para o qual o supremo valor é a coragem nos campos de batalha. Do que temos medo? Da morte seca e nua como um osso, sem mediação, Terror no despencar da guilhotina, no "suicídio acidental" dos calabouços, no grito abafado dos fornos crematórios. Da morte, senhora absoluta, enfrentada pelo herói hegeliano para descobrir que não era, afinal, a verdadeira morte, pois passou por ela e não morreu, deixando a vitória àquele que realmente tremeu de horror diante dela — o escravo, capaz de construir a liberdade. Da morte mandada, a ser cumprida sem motivo e sem razão, morte absoluta de que é capaz somente o herói da fé, Abraão erguendo o punhal para aniquilar o fruto de sua velhice e esperança, sem nada perguntar.

Temos medo do grito e do silêncio; do vazio e do infinito; do efêmero e do definitivo; do para sempre e do nunca mais. É também nosso o medo de Riobaldo, pois como ele tememos a metamorfose, tanto ou mais do que o Cão. "Aqueles ali eram com efeito os amigos bondosos, se ajudando uns aos outros com sinceridade nos obséquios e arriscadas garantias, mesmo não refugando a sacrifícios para socorros. Mas, no fato, por alguma ordem política, de se dar fogo contra o desamparo de um arraial, de outra gente, gente como nós, com madrinhas e mães — eles achavam questão natural que podiam ir salientemente cumprir por obediência saudável e regra de se espreguiçar bem — o senhor me entende? Eu tinha medo de homem humano."[3]

Temos medo da delação e da tortura, da traição e da censura. Da urdidura cerrada onde a violência captura a linguagem — esforço humano nosso de renúncia à violência — para enredá-la no poderio do censor, na perfídia do delator e na força nua do torturador que, paradoxo horrendo, desintegra a vítima para que dela brote uma palavra íntegra, livre, verdadeira e pura, como se ela lhe pudesse ofertar o dom fantástico que o absolveria ao fazê-la submergir no silêncio da fala traidora. Temos medo da culpa e do castigo; do perigo e da covardia; do que fizemos e do que deixamos de fazer; dos medrosos e dos sem-medo; das alamedas e dos becos onde "até a canção medrosa/ se parte, se transe e cala-se".[4]

Temos medo do esquecimento e de jamais poder deslembrar. Da insônia e de não mais despertar. Do irreparável. Do inominável e do horror à perda do nome próprio, essa "doença mortal" que, um dia, Kierkegaard chamou de desespero humano. Do labirinto de espelhos, fantasmas nossos e os alheios, sonhados sonhos de "ruínas circulares" em noite fatídica quando "o mago se lembrou bruscamente das palavras do deus. Lembrou-se que, de todas as criaturas do orbe, era o fogo a única a saber que seu filho era um fantasma. Teve medo que o filho meditasse sobre esse privilégio anormal e descobrisse, de algum modo, sua condição de simulacro [...]. Numa aurora sem pássaros, o mago viu cingir-se contra os muros o incêndio concêntrico. Por um instante pensou em refugiar-se nas águas, mas depois compreendeu que a morte vinha coroar sua velhice e absolvê-lo dos labores. Caminhou contra as chamas. Não morderam sua carne, o acariciaram e o inundaram, sem calor e sem combustão. Com alívio, humilhação e horror compreendeu que ele também era uma aparência, que um outro o estava sonhando".[5]

Temos medo do ódio que devora e da cólera que corrói,

mas também da resignação sem esperança, da dor sem fim e da desonra. Da mutilação dos corpos e dos espíritos, da Clevelândia, de Auschwitz, do Gulag, do Juqueri. Do abismo entre *O Poço e o Pêndulo*, quando já não tememos olhar o horrendo porque o horror é "que nada houvesse para ver [...] negror da eterna noite".

Temos medo da loucura roubando a placidez das simples coisas mesmas, cortando nosso corpo na dispersão de suas perdidas partes, estranhamento nosso alheio, vozes de lugar nenhum respondendo à nossa que vai a lugar algum, ecos do "coração denunciador" rangendo sob as pranchas do soalho em pancadas compassadas. "Eu ouvia todas as coisas, no céu e na terra. Muitas coisas ouvia. Do inferno. Como, então sou louco? Prestai atenção [...]. Sim, era isso! Um de seus olhos parecia como o do abutre... um olho azul esmaecido que sofria de catarata. Enregelava-me o sangue sempre que caía sobre mim. Pouco a pouco, de mansinho, fui-me decidindo a tirar a vida do velho e libertar-me para sempre daquele olho."[6]

Desde sempre, em toda parte, tem-se medo do feminino, do mistério da fecundidade e da maternidade, "santuário estranho",[7] fonte de tabus, ritos e terrores. "Mal magnífico, prazer funesto, venenosa e enganadora, a mulher é acusada pelo outro sexo de haver trazido sobre a terra o pecado, a infelicidade e a morte."[8] Terror de sua fisiologia cíclica, lunática, asco de suas secreções sangrentas e do líquido amniótico, úmida e cheia de odores, ser impuro, para sempre manchada: Lilith, transgressora lua negra, liberdade vermelha nos véus de Salambô. Rainha da Noite vencida por Sarastro. Perigosa portadora de todos os males, Eva e Pandora; devoradora dos filhos paridos de sua carne, Medeia e Amazona; lasciva, "vagina denteada" ou cheia de serpentes, o que Freud chamou medo da castração e que em todas as culturas é assim representado. Fonte da vida, fertilidade sagrada, mas também noturnas entranhas: "Essa noite, na qual o homem se sente ameaçado de submergir e que é o avesso da fecundidade, o apavora", o medo ancestral do *Segundo Sexo*. Que fez crer impossível a amizade nas e das mulheres e tudo faz para impedi-la. Perdição dos que se deixam enfeitiçar pelo poço sem fundo e lago profundo — Morgana, Circe, Lorelei, Uiara, Iemanjá. Deusa da sabedoria e da caça, imaculada conceição e encarnação de Satã, a proliferação das imagens femininas, medusa, hidra e fênix, é, para usarmos noutro contexto a expressão de Walnice Galvão, o sumidouro das "formas do falso". Capitu. Diadorim.

Temos medo dos vivos e dos mortos. Dos subterrâneos infernais de onde sobem espectros rondando a festa imerecida. "*Macbeth*: Por certo, homem sou que ousa encarar sem pavor o que ao demônio empalideceria. *Lady Macbeth*: ...Imagens vãs que vosso medo cria [...]. Ó estes desvarios, senhor, estes vossos temores, diante do medo real nada são, meros impostores [...]. *Macbeth*: Olhai, vos peço. Vede. Ali. Olá? Que dizes? Hein? Ora! que importa a mim? Se é que tua cabeça podes mover, também podes falar. Principia. Se covas e sepulcros, uma devolução devem fazer dos que lá deixamos, então será nosso túmulo o papo do milhano. *Lady Macbeth*: Foi-se o homem, senhor? Ficou somente o insano? *Macbeth*: Eu o vi, tão certo como estou aqui, senhora... Tudo o que homem pode ousar, ouso. E te enfrento... Toma um corpo qualquer, menos o humano e meus nervos fiéis não temerão, decerto. Quando não, volta à vida e à espada e, no deserto, convida-me a lutar. Se vires que medroso no palácio me escondo, então podes dizer que sou fantoche das crianças. Fora! Fora! Sombra horrenda! Visão irreal!..."

Temos medo da fala mansa do inimigo, mas muito mais, quão mais, do inesperado punhal a saltar na mão há pouco amiga para trespassar nosso aberto peito ou pelas costas nos aniquilar. É então, quem sabe, nesse "medo que esteriliza os abraços"[9] que descobrimos não termos medo disto ou daquilo, de algo ou de alguém, já nem mesmo medo de nossa própria sombra, somente medo do medonho. Susto, espanto, pavor. Angústia, medo metafísico sem objeto, tudo e nada lhe servindo para consumar-se até alçar-se ao ápice: medo do medo. Juntamente com o ódio, o medo, escreveu Espinosa, é a mais triste das paixões tristes, caminho de toda servidão. Quem o sentiu, sabe.

II

> *"Que em presença da morte choraste,*
> *Tu, cobarde, meu filho não és".*
> Gonçalves Dias

Nas sociedades agonísticas, o medo é supremo vício, castigo e abominação. "Medo, não, perdi a vontade de ter coragem", diz Riobaldo. Toma a forma da covardia que, escreve Montaigne, "é a mãe da crueldade", marca de toda tirania. Dos gregos à Renascença, a virtude oposta ao medo é a coragem, particularmente a bravura diante dos perigos da guerra. "Aquele que permanece imperturbável em meio a perigos e que se comporta diante deles como é preciso é mais verdadeiramente corajoso do que aquele que assim procede nas ocasiões seguras. É por sua firmeza diante das coisas que trazem sofrimento que um homem é corajoso." Essas palavras de Aristóteles, que define a coragem como o meio-termo (portanto a virtude) entre as coisas que inspiram confiança e aquelas que inspiram medo, reencontram, noutro contexto, a concepção cartesiana do medo que, escreve Descartes, "é o contrário da ousadia", um frio na alma que paralisa o corpo. "Perturbação e espanto da alma que lhe subtrai o poder de resistir aos males que ela pensa estarem próximos", não chegando sequer a ser uma paixão propriamente dita, mas "um excesso de covardia, de espanto e de receio".

A gesta carolíngia e o ciclo arturiano elaboram o correspondente cristão do herói grego, guerreiro moço, belo e bom a quem se ensina a desejar *Kalós thánatos*, a bela morte, *euklèes thanatós*, a morte gloriosa nos campos de batalha no esplendor da juventude. Amadis, Roland, Galahad, Percival, Bayard, cavaleiros "sem medo e sem mancha", figuras do amor galante e dos torneios, da Demanda do Graal e da nova ordem que lança às brumas o antigo mundo pagão, mantêm o *ethos* da coragem como virtude aristocrática, mas deslocam o imaginário centrado no medo. Para os pagãos, o medo é divindade que se abate sobre os fortes, para sua vergonha, e sobre os fracos, para confirmá-los na desonra. Poderes divinos, Temor e Medo são cultuados para que, à maneira dos Exus, não baixem sobre corpos e espíritos na hora decisiva dos combates onde honra, fama e glória se decidem para sempre. O cavaleiro cristão, porém, vê-se jogado numa liça nova, desconhecida e inimaginável para seus predecessores. Nela, o medo não é o mal. Agora, o Mal faz medo. Erigida como *cultura do medo*, para usarmos a expressão de Delumeau, a cristandade concebe-se como cidadela permanentemente sitiada pelo inimigo do gênero humano: foi parido o Diabo.

Se, enveredando na travessia, Riobaldo conclui que "o diabo não há. Se for..." porque "existe é homem humano", a cristandade, fincando pé no que fora deixado em suspenso — "se for..." — não cessará de elaborar o medo do humano e do divino. Nova, ímpar talvez, nessa elaboração é sua dificuldade teológico-metafísica para construir-se num contexto monoteísta. Escatologia è teodiceia, o cristianismo não pode conferir positividade ao mal sem correr, de um lado, o perigo de atribuir a Deus a origem dos males físicos e morais e, de outro, sem incorrer no dualismo com a posição de um princípio positivo para o bem e um outro, igualmente positivo, para o mal (desde muito cedo, a heresia alojou-se no maniqueísmo). Assim, o mal há de ser o não-ser. Pura privação e negação, o diabo é essa paradoxal não-entidade que só vem ao ser pela mediação de outrem, carecendo que alguém lhe faça a doação de si para que venha à existência e seja combatido pelo cavaleiro cristão. Porque necessita de ancoradouro onde depositar seu nada, o diabo vem ao ser através dos inimigos. Pagãos, judeus, bárbaros, sarracenos, mouros, turcos, negros, bruxas, feiticeiras, magos e hereges — outrora —, deístas, ateus, anabatistas, reformadores e papistas — mais tarde —, materialistas, comunistas, anarquistas — nos séculos por vir —, sempre estiveram destinados a doar-lhe o ser para que figurasse a interminável metamorfose do Anticristo, ameaçando tomar de assalto a Cidade dos Justos e Bons. Cruzados, templários, Santa Inquisição, sus! correi!

eia, avante soldados católicos! Sínodos, "morte ao sectário", a postos, exércitos protestantes! Bellarmino e Beza, satânicos um para o outro, comungam o mesmo medo e preferem a tirania à heresia. No século XVIII, Lisboa, dizimada por terremoto, inicia a reconstrução sob os auspícios dos autos da fé. Cavaleiro da fé, o herói cristão pilha, rapina, estupra e mata *ad majorem Dei gloriam*.

No entanto, ah! obra diabólica, lutando contra o flagelo do gênero humano, o herói da cristandade torna-se, afinal, seu maior inimigo. Para contê-lo será preciso criar inimigo novo. Não será difícil engendrar a nova criatura. Ali esteve sempre à disposição de Satanás, sempre foi sombra necessária ao corpo do herói, temendo-o e sendo por ele temida: a plebe.

Cultura do medo, há de ser também cultura da culpa. Iniciando-se como inimigo externo, o mal insinua-se, sorrateiro, na interioridade do espírito. O pecado, tentação demoníaca, já não precisa de figuras visíveis, nossos devaneios, sonhos e mais secretos desejos cindem nosso ser e o mal chama-se apenas paixão da alma. Emprestamos nosso corpo e nosso espírito para que o diabo seja, restando-nos o medo de nós mesmos. O inferno somos nós.

Se a cultura da culpa desloca o diabo de fora para dentro da consciência, a cultura do medo, alicerçada sobre horror à plebe, opera igual deslocamento. Com a plebe, o medo não aponta apenas para seu contrário — a coragem —, nem apenas exige inimigos externos, mas vem configurar, do lado dos grandes e poderosos, um novo desejo — o de segurança — identificado à ordem e suscitando o pavor quanto a tudo que pareça capaz de destruí-la internamente. Com a plebe, surge o medo do inimigo interno, fantasma da inconfessada percepção da cisão interna à própria sociedade. O inferno são os outros.

Valorização da coragem e desprezo pelo medo, os pilares da moral da valentia erguem um edifício onde coragem é virtude natural dos nobres e obediência, virtude própria da plebe, a que deve ser instigada pelo estímulo ao seu medo natural. Por natureza a plebe é covarde e por natureza seu lote é o medo.

Porque, nas sociedades agonísticas, *tyrannós* se diz daquele que não possui competidores capazes de igualá-lo em destreza, golpe de vista e maestria, o tirano, inigualável, é marcado pelo estigma da solidão. Sem amigos, sem amar nem ser amado, o tirano é acossado pelo medo. Assim, para os grandes, tirano e plebe, o um e os muitos, polos extremos da divisão social, tornam-se figurações preferenciais do vício que os devora, o medo. Acovardados ambos, ela se faz massa rebelde e ele, sanguinário cruel. Bestas ferozes ambos. Destemida, a oligarquia constrói seu duplo medo: acima, medo de quem a suplante em *imperium*; abaixo, medo de quem lhe conteste o poderio.

Graças à moral da valentia, a imaginação da modernidade reconstrói a divisão social de modo a torná-la não apenas suportável, mas sobretudo controlável. Mesmo quando, inaugurando o pensamento político moderno, Maquiavel nega a origem divina, racional ou natural do *imperium*, afirmando que o poder nasce da divisão social instaurada pela oposição entre o desejo dos grandes de oprimir e mandar e o desejo do povo de não ser oprimido nem mandado, ainda aqui a figura heroica do *Príncipe Nuovo* (cuja *virtù* dobra a feminina *fortuna*) ressurge para nela e com ela identificar-se o desejo popular. Este, julga Maquiavel, se deixado a si mesmo, poderá dissolver-se na submissão medrosa ou na licença desenfreada. Sem o Príncipe, a plebe ficaria entregue à voracidade opressora dos grandes ou entregue a si mesma; apavorada ou sediciosa. Apenas como instrumento principesco ganhará segurança e apaziguará o medo.

A imagem aristocrática da plebe será mantida pela burguesia, mesmo quando esta houver deixado as armaduras luzidias àqueles a quem a imaginação "secou o juízo", Quixotes. Entre estes e ela, intercala-se a imagem covarde, medrosa e obediente de Sancho Pança, contra as lanças. No entanto, aristocratas, primeiro, e burgueses, depois, pressentem que o medo plebeu é perigoso. Medrosa e covarde, a plebe é inconstante, pode mudar de lealdade servindo a novos senhores que lhe pareçam mais bravos e poderosos, mais capazes de protegê-la. Não só isso. O medo é companheiro de secretos ódios e, crente na força do número, a plebe poderia perder o temor, derrubando quem ousa governá-la. Assim, tanto a classe dirigente declinante quanto a ascendente encaram o medo que atribuem à plebe como risco permanente de tumulto, sangue, revolta e sedição. Perigo contínuo de subversão da ordem, o medo da plebe engendra um imaginário sociopolítico às avessas: o medo à plebe.

Quando a ética fizer seu percurso protestante, transformando o trabalho em suprema virtude, o vício não mais será a covardia, mas a vadiagem. De medrosa a vadia, a plebe não será menos perigosa, pois, se "mente desocupada é oficina do diabo", a vadiagem plebeia aparece como causa dos entusiasmos sectários. De Munzer aos *diggers*, a plebe entusiasta pretende "virar o mundo de ponta-cabeça". Para contê-la, o ascetismo da nova classe dominante disporá, doravante, de três recursos legais: extermínio ou prisão dos "vagabundos"; recrutamento militar e policial dos plebeus; constituição de forças paramilitares e parapoliciais, formadas pelo lumpesinato. Infundindo-lhe o medo do ócio, os grandes e poderosos continuam a ver a plebe como "temível quando não teme" e, entre as maneiras de conservá-la no temor, além da persuasão à docilidade laboriosa, do uso da força e da morte, usam também a plebe contra si mesma.

III

Sob o impacto do estoicismo romano e do cristianismo, um movimento conceitual e prático modificará a antiga relação grega entre *ethos* e *pathos*. Para os gregos antigos e clássicos, *ethos* é aquilo que se é por natureza (*temperamentum*, dirão os médicos da Renascença; caráter, diriam os estudiosos da *psychê*). *Pathos* é inclinação ou tendência natural do próprio *ethos*, sua visibilidade. Porém, se deixado a si mesmo, o *pathos* poderá tornar-se contrário ao *ethos*, transformando-se em força destrutiva por desmedida. Torna-se contranatureza. Feiura e não vício. *Hybris*. Ao *logos* (palavra, razão de ser) cabia oferecer ao *ethos* a medida, o *metron*, que lhe permitisse reter o *pathos* aquém das fronteiras da contranatureza — tanto acima quanto abaixo da natureza. Com o estoicismo (particularmente em sua versão romana) e com o cristianismo, sobrevém a primeira mudança conceitual. *Ethos* transmuta-se num valor — a virtude — enquanto *pathos* torna-se seu negativo — o vício. Identificada aos poderes da razão para dominar corpo e ânimo, a virtude desenha a figura da natureza humana ideal em que a paixão, identificada ao vício, deve ser combatida porque contranatureza. O primeiro deslocamento assim obtido realiza a passagem do par *ethos-pathos* à oposição entre virtude e vício como oposição entre razão e paixão. Todavia, o percurso estoico e cristão é diverso. Os estoicos afirmam o poder natural da razão para dominar e suprimir a paixão. Os cristãos não podem fazê-lo de imediato, pois, em decorrência do pecado, a razão humana é estultice e a vontade, servidão. Somente pela fé e, portanto, pela graça santificante (que dobra a natureza, segundo Santo Agostinho; ou que auxilia a natureza, conforme São Tomás) a paixão há de ser domada. Signo de uma razão desnaturada, para o estoico, e de uma vontade perversa, para o cristão, a paixão é risco de animalidade.

Para a modernidade, porém, o risco é maior. A razão, luz natural finita, encarregada de guiar a vontade livre, ao esbarrar na paixão não esbarra apenas no perigo da queda na bestialidade. Descobre, com horror, que a paixão deixa à mostra a essência humana como irracionalidade congênita. O deslocamento das paixões para o fundo sombrio da irrazão prepara o deslocamento seguinte, nosso contemporâneo, analisado por Foucault na *História da Loucura na Idade Clássica*: as paixões da alma irão deixando de pertencer à metafísica, à ética e à política para se tornarem, pouco a pouco, objeto de estudo da medicina, da clínica e da psicologia científica. Deixam de ser vício ou virtude, mas também deixam de ser paixões: ficam sob a suspeita de ser doença. Medicalizadas, encontrarão refúgio numa região marginal, supostamente sem compromissos com o real e o verdadeiro, a literatura e as artes. Será preciso aguardar longo tempo até que a filosofia outra vez delas se ocupe.

Antes, porém, que esse movimento chegasse a completar--se, a dissolução da moral da valentia encetava seu curso. Já no século XVI Montaigne efetua uma mudança decisiva. Por natureza e por costume, escreve, temos boas e más inclinações, bons e maus sentimentos sem que virtude e vício se sobreponham inteiramente ao bom e mau naturais ou costumeiros. Virtude e vício dependem da presença ou ausência da razão, "posta pela natureza a nosso serviço, a fim de nos guiar". Fraqueza de ânimo e covardia não são a mesma coisa: a primeira nos vem da Natureza ou do costume; a segunda, da surdez aos conselhos da razão. Por isso o medo, "estranho sentimento", é o que nos torna insensatos pondo "asas em nossos pés" quando não deveríamos fugir, e "pregando-os ao solo" quando a fuga seria necessária. Rouba-nos a coragem e dá ensejo à crueldade. Acidente dotado de causas e fruto da insensatez, o medo não se opõe à valentia, mas à prudência. E, no século XVIII, Rousseau falará na extravagância da valentia, risco para a sociabilidade fundada no contrato. "A mais extravagante e bárbara das opiniões que um dia entrou no espírito humano", lemos na *Carta a D'Alembert*, "ou seja, a de que todos os deveres da sociedade são substituídos pela bravura; que um homem não é mais impostor, velhaco, caluniador e que é civil, humano e polido quando sabe bater-se; que a mentira se transforma em verdade, que o roubo se torna legítimo, a perfídia honesta, a infidelidade louvável, desde que se sustente tudo isso com a espada na mão; que uma afronta é sempre bem reparada por uma cutilada e que nunca agiremos mal com um homem desde que o matemos". A bravura é tão insensata quanto o medo. Insensatez, sabemos, é o termo médico para classificar o irracional como louco. O extravagante.

Sob o signo da sensatez, os ideais agonísticos — glória, fama, honra, coragem e riqueza — transformam-se em paixões que a moral (burguesa, para sermos explícitos) sente-se compelida a suprimir e, simultaneamente, conservar. O percurso dessa curiosa *Aufhebung* é descrito admiravelmente por Hirschman,[10] ao descrever a gradual metamorfose do *ethos* aristocrático em tolice, vício e loucura durante a constituição do pensamento da economia política. Diante das paixões, três atitudes são possíveis: a repressiva ou calvinista, que pretende suprimir o passional; a astuta ou maquiaveliana, que espera transformar as paixões em forças civilizatórias, graças à "astúcia da razão"; e a realista (representada por Bacon e Espinosa), que introduz o "princípio da paixão equivalente contrária". Para esta última atitude, tida como vitoriosa por Hirschman, trata-se de abandonar o impossível — a repressão tanto quanto a mobilização do passional — por uma estratégia que permita combater as paixões mais destrutivas e perigosas por meio de paixões equivalentes e contrárias. A batalha entre as paixões, acreditam os realistas, redundaria no aparecimento de um contrapoder passional, benéfico e natural. Para isso, um terceiro termo vem intercalar-se às paixões, o conceito de interesse. Iniciando sua intervenção no plano ético e psicológico, o interesse tornar-se-á conceito político e, a seguir, voltará a ser o que sempre fora, isto é, conceito econômico explicitado completamente por Adam Smith.

É paradoxal o itinerário do par paixão-interesse. No início, o interesse define o conjunto das paixões "úteis" que poderão vencer as destrutivas. O interesse é paixão, aquela paixão que cumpre dois objetivos fundamentais, quais sejam, a autoconservação do indivíduo e a segurança política ou manutenção da ordem contratual e consensual. No final do itinerário, porém, interesse é um conceito acrescentado à paixão e Adam Smith fala em interesse e paixões. Para que essa mudança ganhasse inteligibilidade seria preciso que soubéssemos o que ocorreu ao antigo par interesse-paixão. Hirschman, porém, acompanha menos os avatares da paixão e muito mais os do interesse como conceito que veio, gradualmente, intercalar-se entre os velhos termos da conhecida dicotomia razão-paixão. Para os teóricos do interesse, este será categoria "isenta da destrutividade da paixão e da ineficácia da razão". Todavia, e isto é crucial (ainda que Hirschman pareça desconsiderá-lo), tão logo a noção de interesse intervenha, é imediatamente assimilada à de *cálculo racional* para o bom uso das paixões e, dessa maneira, desde o início já é possível perceber que o interesse integrava-se à lógica da razão (mercantilista). Cremos ser essa integração o que permite a passagem da expressão inicial, "interesse é paixão", à final, "interesse e paixão". Em outros termos, representada como fundo irracional, a paixão continua não "isenta de destrutividade" e a ela não se opõe a "ineficácia da razão", mas um *novo* conceito de razão que é o interesse. Se a paixão é vista como destrutiva é justamente por aparecer como incapaz daquilo que é a marca da racionalidade do interesse, isto é, saber calcular para alcançar plena satisfação. É na qualidade de razão calculadora que o interesse, ao fim e ao cabo, vem justapor-se à paixão.

Sem dúvida, esse interesse-razão procura ser operatório e operativo selecionando paixões compatíveis aos interesses em jogo. Não abole as paixões, mas, rigorosamente, negocia com elas e as negocia. Nesta perspectiva, não é tanto a relação interesse-paixão que é nova, mas a mudança do conceito de razão sob o signo do interesse. Para que se viesse a falar em interesses privados (lucro e riqueza) e em interesses públicos (a *razão* de Estado) e para que se passasse, como tão bem mostra Hirschman, da fórmula "o interesse nunca mente" a "o interesse governa o mundo", um duplo movimento foi necessário. O primeiro, analisado por Hirschman, é a compatibilização entre interesse e paixão. Mas é requerido também um segundo, não analisado por Hirschman: o de *contabilização* da paixão pelo interesse. Nesse segundo movimento, a paixão vai rumando para a periferia do mundo moral, econômico e político na qualidade de resíduo ou resto irracional da natureza humana. Movimento que encontra sua condição de possibilidade na metamorfose da razão em figura da lógica do capital, absorvendo o interesse. Essa razão, longe de ser ineficaz, faz as contas e, em seu cálculo, cabe à paixão o hospital psiquiátrico, onde a alma faz de conta.

Hirschman localizou Espinosa entre os pensadores realistas, teóricos do jogo das paixões contrárias e equivalentes. Aqui cabem três pequenos reparos. Em primeiro lugar, Espinosa não pensa em paixões contrárias *equivalentes* — não trabalha com a noção de equivalência —, mas em paixões contrárias *mais fortes*, o que é bastante diferente, como veremos. Em segundo lugar, porque não considera a paixão um vício da natureza humana, introduz, como assinala Hirschman, a noção de útil para substituir as noções de bom e mau no trato das paixões, porém, ao fazê-lo, não confere ao útil qualquer estatuto racional, de sorte que as paixões, enigmaticamente, são dotadas de força para decidir. Nesta perspectiva, não é o interesse que decide pela paixão, mas é esta que define o próprio interesse. Em terceiro lugar, a *Medicina Mentis* espinosana não se funda numa razão calculadora das paixões (Espinosa não cessa de demonstrar a impotência dos cálculos racionais face às paixões), mas na diferença entre liberdade e servidão ou atividade e passividade. Se Espinosa é capaz de demonstrar que *os mesmos afetos* podem fazer-nos passivos ou ativos é porque para ele a relação paixão-ação não se funda na oposição vício-virtude, irrazão-razão e, sim, na antiquíssima relação entre *pathos* e *ethos*.

IV

> "A maioria dos que escreveram sobre os afetos e a maneira de viver dos homens parece ter tratado não de coisas naturais que seguem a lei comum da Natureza, mas de coisas que estariam fora da Natureza. Mais ainda. Quase todos parecem conceber o homem como um império em um império. Acreditam, com efeito, que o homem perturba a ordem da Natureza, mais do que a segue, que tem sobre seus atos poder absoluto e que é determinado apenas por si mesmo e não por outras coisas. Procuram, portanto, a causa da impotência

> e da inconstância humanas não na potência comum da Natureza, mas não sei em que vício da natureza humana e por isso passam a lamentá-la, rir-se dela, desprezá-la e, mais amiúde, a detestá-la. E passa por divino aquele que mais eloquente e sutilmente souber censurar a impotência da mente humana."
> Espinosa, *Ethica*

> "Filósofos há que concebem os afetos, em nós conflitantes, como vícios em que caem os homens por sua própria culpa. Por isso costumam ridicularizá-los, deplorá-los, censurá-los e (quando querem parecer mais santos) detestá-los. Acreditam proceder divinamente e elevar-se ao cume da sabedoria prodigalizando todo tipo de louvor a uma natureza humana que em parte alguma existe, machucando com seus ditos aquela que realmente é. Concebem os homens não como são, mas como gostariam que fossem. Por isso quase todos, em lugar de ética escreveram sátira e, em política, quimera conveniente ao país da Utopia ou à Idade de Ouro dos poetas, quando nenhuma instituição era necessária [...]. Tive todo o cuidado em não ridicularizar as paixões humanas, nem lamentá-las ou detestá-las, mas compreendê-las."
> Espinosa, *Tractatus Politicus*

Causa de si, causa necessária e livre de sua essência e existência, causa universal e imanente de todas as coisas, a Substância infinitamente infinita, isto é, Deus ou Natureza Naturante, é constituída por infinitos atributos infinitos em seu gênero, dos quais conhecemos dois: pensamento e extensão. Por sua potência de ser e agir, os atributos, causas imanentes, dão origem à Natureza Naturada ou modificações infinitas (modos infinitos imediatos e mediatos) e finitas (modos finitos do pensamento — ideias — e modos finitos da extensão — corpos). Cada um dos atributos opera livremente, isto é, conforme a necessidade interna ou autônoma de sua potência infinita, produzindo infinitos efeitos infinitos e finitos de mesma natureza que a sua, entre eles, a mente humana, modo finito do pensamento, e o corpo humano, modo finito da extensão. Por sua potência de agir, a Natureza Naturante é imanente à Natureza Naturada que, por sua essência, é imanente à Natureza Naturante. A causa, por ser imanente, não é transitiva e, consequentemente, não se separa de seus efeitos, constituindo-os e neles se exprimindo. Assim como pensamento e extensão operam segundo causalidades autônomas e independentes, assim também seus modos, de sorte que mente e corpo operam segundo causalidades próprias. Ou, como enuncia a proposição 2 do Livro II da *Ethica*, "nem o corpo pode determinar a mente a pensar, nem a mente determinar o corpo ao movimento e ao repouso", afastando relações mecânicas e transitivas entre eles. Diferentes pela essência e pela potência, corpo e mente possuem relações expressivas, uma vez que "a ordem e conexão das ideias é a mesma que a ordem e conexão das coisas" (*Ethica*, II, prop. 7), ou, ainda, "assim como os pensamentos se ordenam e se encadeiam na mente, da mesma maneira as afecções se ordenam e se encadeiam no corpo" (*Ethica*, V, prop. 1).

Assim como se exprimem reciprocamente, corpo e mente, manifestações finitas do infinito o exprimem, isto é, exprimem a Substância que os constitui porque "no mesmo sentido em que se diz que Deus é causa de si, deve-se dizer também que é causa de todas as coisas" (*Ethica*, I, prop. 25, escólio). Ou, como enuncia o corolário dessa mesma proposição, "as coisas singulares não são senão afecções dos atributos de Deus, modos pelos quais os atributos se exprimem de maneira certa e determinada".

Recusando o antropomorfismo (que imagina um deus pessoal, dotado de intelecto onisciente, vontade onipotente, misericórdia e benevolência) e a teologia negativa (que imagina um deus abscôndito, inalcançável para os seres finitos), recusando a teologia política (que precisa de um deus pessoal fundador do direito divino de monarcas e legisladores) e recusando a tradição religioso-metafísica da transcendência (seja sob a imagem da causa eficiente transitiva, seja sob a imagem da causa emanativa), a filosofia espinosana afirma e demonstra a inteligibilidade plena de uma Substância infinitamente complexa cuja atividade livre, necessária, infinita e imanente constitui a Natureza como Indivíduo ou estrutura constituída por essências singulares reais ou indivíduos finitos internamente articulados cuja potência de agir constitui sua essência atual como *conatus*, isto é, esforço para perseverar no ser, pois "nenhuma coisa tem em si algo pelo que possa ser destruída, ou seja, que suprima sua existência, mas, ao contrário, opõe-se a tudo quanto possa suprimir-lhe a existência e por isso esforça-se para perseverar no ser tanto quanto puder e está em si podê-lo" (*Etica*, III, prop. 6, demonstração). Nos modos singulares humanos o *conatus* chama-se *Cupiditas*, Desejo que "é a própria essência do homem enquanto concebida como determinada a fazer algo por alguma afecção nela existente" (*Ethica*, III, Definição dos afetos).

Intrinsecamente indestrutível, individualidade real, essência singular e atual, o *conatus-cupiditas* corpóreo e anímico é um modo finito, e a finitude pode impedi-lo de realizar sua potência de agir quando esta se vê determinada, freada ou bloqueada pela potência de forças exteriores mais numerosas e mais fortes do que ela. Torna-se passivo, pois "somos passivos quando em nós se produz alguma coisa ou alguma coisa se segue de nossa natureza, de que não somos senão causa parcial" (*Ethica*, III, def. 2). Quando, porém, o *conatus* se fortalece internamente e sua potência de agir, intrinsecamente determinada por suas próprias operações, não sucumbe ao poderio de forças externas, efetua-se como atividade, pois "somos ativos quando se produz em nós ou fora de nós alguma coisa de que somos causa adequada, isto é, quando se segue de nossa natureza, em nós ou fora de nós, alguma coisa que pode ser clara e distintamente compreendida apenas pela nossa natureza" (*Ethica*, III, def. 2). Passividade é heteronomia. Espinosa dá-lhe um nome preciso: servidão. Atividade é autonomia e seu nome, liberdade. Os "afetos que travam combate em nós" podem ser causa de servidão tanto quanto de liberdade, porque deles depende que nos deixemos ou não dominar pelo poderio de uma exterioridade adversa e contrária à nossa essência. Se tivermos força corpórea e anímica para a autonomia, seremos causa imanente de nossas ações, de nossos afetos e de nossas ideias e a liberdade será o movimento pelo qual nós, que por natureza somos partes do infinito, passamos a nele tomar parte, dele participando conforme a necessidade de nossa natureza.

A primeira inovação conceitual espinosana concerne à imanência do infinito no finito (por sua potência, a Substância cria os modos e neles se exprime) e à imanência do finito no infinito (pelo *conatus* autônomo, o modo toma parte ou participa da atividade infinita).

A segunda inovação, decorrente da anterior, concerne ao conceito de liberdade como atividade necessária determinada pela essência de um ser autônomo. Pela primeira vez, a liberdade não se confunde com o ato voluntário de escolha nem se opõe à necessidade, mas se realiza como desdobramento interno daquilo que se é naquilo que se faz. Oposta à passividade ou ao constrangimento externo, a liberdade é essência do infinito e conquista do finito quando fortalecido por sua mente (causa adequada de suas ideias), seu corpo (causa adequada de suas afecções) e seu Desejo (causa adequada de seus afetos).

O corpo é estrutura singular determinada por relações proporcionais de movimento e repouso de seus constituintes e por relações (proporcionais ou não) com os demais corpos que o rodeiam e que o afetam e são por ele afetados. As afecções corporais constituem a imaginação e a potência do corpo é imaginar. A mente é ideia de seu corpo e ideia de si mesma, podendo relacionar-se com ele e consigo mesma tanto por meio das imagens corporais quanto por meio de suas próprias operações intelectuais. Sua potência de agir é pensar. Assim como o *conatus-cupiditas* corporal pode ser bloqueado, freado e enfraquecido quando suas afecções são determinadas por forças externas (o poderio das imagens dos outros corpos sobre o nosso), assim também o *conatus-cupiditas* anímico pode ser bloqueado, freado e enfraquecido quando suas operações são determinadas pela confusão e mutilação das imagens de seu corpo e dos corpos exteriores, impedindo-lhe a reflexão. Na imaginação, a mente apenas *tem* ideia de seu corpo, oferecida menos pelo que ele realmente é e muito mais pelo que lhe acontece por suas relações com os demais corpos. Na intelecção, a mente é ideia de seu corpo e, na reflexão, é ideia de si mesma — é consciente de seu corpo tal como realmente é e existe, e é consciente de si tal como realmente é e existe. Corpo e mente, demonstra Espinosa, são realidades complexas ou múltiplas, aptas para a pluralidade simultânea de afecções ou percepções (corpo) e de afetos e ideias (mente). Ser capaz do múltiplo simultâneo, de ser afetado e afetar inúmeros corpos simultaneamente sem deixar-se enfraquecer por eles é a atividade corporal ou a imaginação livre, pois "o corpo humano pode ser afetado de numerosas maneiras pelas quais sua potência de agir é aumentada ou diminuída" (*Ethica*, II, postulado 1). Ser capaz do múltiplo simultâneo, de compreender-se como causa de suas inúmeras ideias e da gênese e conexão necessárias entre elas, de ser consciente de si, de seu corpo, do mundo e da natureza infinita é a atividade anímica ou conhecimento livre, pois, "quanto maior o número de coisas que a alma compreende pela razão e pela ciência intuitiva, tanto menos padece as afecções que são paixões e tanto menos tem medo da morte" (*Ethica*, V, prop. 36).

O segredo da liberdade, e toda a sua dificuldade, reside na passagem da heteronomia passional (afecções passivas do corpo; ideias imaginativas mutiladas da mente) à autonomia corporal e intelectual. Dessa passagem, os afetos são a chave, pois "por afetos entendo as afecções do corpo pelas quais sua potência de agir é aumentada ou diminuída, favorecida ou entravada, assim como as ideias dessas afecções na mente" (*Ethica*, III, def. 3). Ora, "uma afecção corporal e um afeto anímico que são paixões, deixam de sê-lo quando deles formamos uma ideia verdadeira" (*Ethica*, V, prop. 3), e "não há nenhuma afecção do corpo de que não possamos formar uma ideia verdadeira" (*Ethica*, V, prop. 4). Essa transformação não nasce de um poder que a alma exerceria sobre o corpo (já vimos que um não tem poder sobre o outro), mas sim de sua capacidade para compreender a necessidade das afecções corporais cuja causa adequada é o próprio corpo e para compreender a necessidade dos afetos e das ideias cuja causa adequada é a própria mente, pois, "quanto mais conhecemos as coisas como necessárias, tanto maior é a potência da alma para pensar" (*Ethica*, V, prop. 6, dem.). E, assim, "quem tem um corpo apto para um grande número de coisas possui uma alma cuja maior parte é eterna" (*Ethica*, V, prop. 39), eternidade não sendo imortalidade além-túmulo (Espinosa é mortalista), mas identidade entre ser, existir e agir em ato. Quando somos como existimos e como agimos, somos eternos. A eternidade — identidade da essência, da existência e da potência —, conhecimento da necessidade autônoma do corpo e da alma na relação com o todo da Natureza Naturada, consigo mesmo e com a Natureza Naturante, recebe em Espinosa o nome de dois afetos: *amor* intelectual de Deus e *glória*, ou contentamento pleno. Momento em que reconhecemos nossa participação no infinito e no qual o amor do infinito "é o mesmo amor de Deus, com que ama a si mesmo, *não enquanto é infinito*, mas enquanto se exprime" na essência finita da alma e do corpo. "Donde resulta que Deus, ao amar-se a si mesmo, ama os homens, isto é, o amor de Deus por si e pelos homens não é senão o amor com que amamos os homens e a Natureza inteira" (*Ethica*, V, prop. 36, corolário). Nisso, conclui Espinosa, reside nossa felicidade e liberdade e esse amor infinito do finito é indestrutível. Chama-se sabedoria.

Modificação finita do pensamento infinito que lhe é imanente, modificação finita da extensão infinita que lhe é imanente, alma e corpo possuem cada qual sua própria causalidade, o corpo produzindo efeitos corporais e a alma, efeitos anímicos. A primeira consequência dessa autonomia das causalidades é a ruptura espinosana em face das teorias tradicionais, clássicas e cristãs, da paixão e da ação. Para a tradição (que se prolonga nos filósofos modernos, salvo Espinosa), passivo e ativo são termos reversíveis: passivo é o termo sobre o qual recai a ação de um outro; ativo é o termo que faz recair sua ação sobre outro. Para a tradição, as paixões da alma são ações do corpo e as paixões do corpo, ações da alma. Entre os termos cimenta-se uma relação hierárquica, pois um deles, o ativo, é imaginado como poder de mando sobre o outro, passivo ou subordinado. Não sem motivo, a tradição define a virtude como império da vontade, guiada pelo intelecto ou santificada pela graça, sobre as paixões. Dessa concepção afasta-se a teoria espinosana. Não há reversibilidade nem hierarquia na relação corpo-alma, o que se passa num deles exprime-se no outro, não havendo relação causal entre eles. Somos, assim, passivos de corpo e alma ou ativos de corpo e alma. Pela primeira vez, desde o advento do cristianismo, uma filosofia capta corpo e alma com iguais fraquezas e iguais forças, não mais cabendo ao corpo a tarefa sombria de destruição do espírito, nem a este o trabalho de reprimir e dominar o corpo. Passivo ou ativo por inteiro, nosso ser mergulha na passividade quando somos causa inadequada de nossa existência e potência (isto é, "quando em nós se produz algo de que somos apenas causa parcial") e conquista a atividade quando somos causa adequada de nossa existência (isto é, "quando em nós ou fora de nós se produz algo de que somos causa determinada apenas por nossa própria natureza"). Atividade é desdobramento da causa eficiente interna que se exprime em seus efeitos, neles e com eles se efetua.

A autonomia do *conatus-cupiditas* corpóreo e anímico, opondo-se à heteronomia passional, leva Espinosa a definir a atividade como liberdade e a passividade como servidão, afastando as imagens da vontade livre e do livre-arbítrio imaginados como capacidade para escolher entre o bem e o mal, capacidade que, no cristianismo, manifesta-se pelo pecado, pela culpa e pela dor. Que seres tristes e temerosos, indaga Espinosa, puderam imaginar que nossa força — a liberdade — se exprimiria pela máxima fraqueza — a queda? Como puderam confundir ação e paixão? Nesta somos habitados e possuídos pela exterioridade confusamente imaginada como se nos fosse interior, como se fôssemos o que não somos e não fôssemos o que somos. As coisas exteriores, potências de agir e padecer como nós, ao serem imaginadas como causas finais do desejo, tendem a encobrir a causalidade eficiente imanente do desejo que, ignorando-se como causa, toma-se por efeito das causas exteriores e deixa-se determinar inteiramente por elas. Eis como nascem as imagens da tentação e da trangressão, de poderes externos que nos arrastam para o mal. E porque nesse imaginário a vontade é posta como faculdade livre da alma, sua queda atesta sua fraqueza, de sorte que, no mesmo movimento, nascem as imagens da obediência e da submissão a poderes benévolos-justiceiros que ao bem nos hão de conduzir. Quando a interiorização da culpa e da obediência tiverem feito seu percurso, o desejado, que antes fora posto como causa externa do desejo, será imaginado como perversão interior, exigindo o advento da *recta ratio*, capaz de frear e reprimir uma natureza essencialmente pecaminosa e autodestrutiva. A paixão engendra, assim, seus próprios fantasmas: deuses, diabos, bens, males, tiranos externos e internos a suplicar a tirania da razão. Urdindo uma trama secreta entre Deus e o Diabo pela mediação de uma vontade que se descobre livre porque capaz de desejar o mal, a imaginação tece a imagem da liberdade, isto é, sua negação. Seu contraponto será também uma imagem, a da necessidade confundida com a figura da autoridade que decreta proibições e interdições. Imagem teológico-política, dissolve o infinitamente infinito num poder antropomórfico destinado a punir transgressões e recompensar submissões. Ao infinitamente infinito imaginado como *imperium* corresponde a imagem do finito impotente, mas, ao mesmo tempo, imitador do infinito poder, *imperium in imperio*.

Essa trama imaginativa não é aberrante. Possui causas naturais que é preciso compreender em lugar de ridicularizar, lamentar ou detestar. Suas causas são paixões determinadas: o ódio ao corpo imaginante e à alma pensante e o medo supersticioso que reforça o poderio de autoridades frágeis porque escoradas em paixões tristes, ambição, logro e insaciável sede de dominação. Desvendando a gênese natural e necessária das imagens passionais da liberdade, servidão, necessidade e dominação, a ética espinosana dos afetos é, simultaneamente, crítica dos fundamentos das autoridades teológica, política e moral. A questão ética volta-se para a gênese dos afetos, suas diferenças intrínsecas e seus efeitos diferenciados. De onde nascem os afetos? Quais nos tornam passivos e nos fazem servos? Quais são ativos e exercício da liberdade? Não sendo vícios nem virtudes, são afecções de nosso corpo e sentimentos de nossa alma, forças de existir e de agir que podem ser freadas ou impulsionadas por forças externas, como podem desenvolver-se por si mesmas, graças à causalidade interna imanente ou adequada. Porque são forças, demonstra Espinosa, os afetos jamais serão vencidos por ideias ou vontades, mas apenas por outros mais fortes e contrários, a razão, como tal, sendo impotente para domá-los e dirigi-los, a menos que a atividade racional seja, ela também, experimentada como afeto. Compreender os afetos é, pois, alcançar sua origem, saber quais são primitivos e quais derivados, quais são fortes e quais fracos, o que os diferencia, aproxima e distancia, o que os conserva e o que os destrói.

Três são os afetos originários, demonstra o Livro III da *Ethica*: o desejo, a alegria e a tristeza. O desejo (*cupiditas*) é a própria essência do homem enquanto concebida como determinada a fazer algo por uma afecção nela existente. Não envolve a consciência, diz Espinosa, senão quando conhecemos ou imaginamos conhecer a causa de nossos apetites. Quando a causa é imaginária (isto é, depositada no desejado e não no desejante), o desejo é paixão; quando a causa é real (isto é, o próprio desejante) o desejo é ação. Dele nascem emulação, gratidão, inveja, vingança, crueldade, temor, audácia, pusilanimidade, consternação, modéstia, ambição, lubricidade, avareza, benevolência, generosidade, orgulho. Alegria e tristeza não são estados d'alma, são modos de ser ou existir. A alegria (*laetitia*) é passagem de uma perfeição menor a outra maior, sentimento de que nossa capacidade ou aptidão para existir e agir aumentam em decorrência de uma causa externa, na paixão, e de uma causa interna, na ação. Dela nascem amor, amizade, contentamento, glória, esperança, irrisão, segurança, estima, misericórdia. Como o desejo, a alegria pode ser paixão ou ação, desde que sua gênese seja imaginária ou real, ignorada ou conhecida, externa ou interna. Caso inteiramente diverso é o da tristeza. Tristeza (*tristitia*) é passagem de uma perfeição maior a outra menor, sentimento da diminuição de nossa aptidão para existir e agir. Porque diminuição da força do *conatus* corpóreo e anímico, a tristeza só pode ter causas exteriores sendo por isso intrínseca e necessariamente paixão, jamais ação. Dela nascem ódio, medo, desespero, humildade, remorso, inveja, abjeção, despeito, comiseração, vergonha, arrependimento.

A alma é ideia de seu corpo. O que é uma paixão da alma? "Um afeto chamado paixão da alma (*anima pathema*) é uma ideia confusa pela qual a alma afirma a força de existir de seu corpo ou de partes deste, força ora maior, ora menor. Ideia confusa cuja presença determina a alma a pensar em algo de preferência a outra coisa" (*Ethica*, III, Definição geral dos afetos).

A alma é ideia de si e de seu corpo. O que é uma ação da alma? "Quanto mais perfeição (isto é, quanto mais realidade) algo possui, tanto mais age e menos padece; e inversamente, quanto mais age, mais perfeito (ou real) é" (*Ethica*, V, prop. 40).

Perfeição ou realidade maior ou menor, força de existir do corpo, ora maior, ora menor. Com essas noções Espinosa desenvolve a teoria da paixão e da ação segundo graus de força ou de intensidade. Assim, uma paixão é mais forte do que outra quando aumenta a capacidade de existir de nosso corpo e de nossa alma, força não se confundindo com estados de agitação corporal ou psíquica, com violência das emoções. Ódio, medo, inveja, ambição e remorso são, talvez, as emoções mais violentas e agitadas que experimentamos, mas, porque são paixões nascidas da tristeza, são também os afetos mais enfraquecedores do *conatus*. Ontologicamente, portanto, as paixões mais fortes virão da alegria enquanto as mais fracas se originarão da tristeza. As ações, por seu turno, sendo perfeição ou realidade maiores, serão mais fortes do que as paixões de alegria. A liberdade nasce desse e nesse movimento de passagem das paixões tristes às alegres e das paixões de alegria às ações suscitadas pelo desejo e pela alegria. Passagem da heteronomia à autonomia, a perfeição ou realidade é fortalecimento da força do corpo (imaginar sem tristeza) e da alma (pensar sem tristeza), à medida que nosso corpo torna-se capaz de múltiplas afecções simultâneas e nossa alma capaz de múltiplas ideias simultâneas, conhecendo a necessidade interna que as articula. Capacidade para o múltiplo simultâneo, a liberdade é força para coexistirmos com os demais seres humanos e com a Natureza, sem sermos por eles subjugados e sem precisarmos subjugá-los para viver. Por isso, escreve Espinosa no *Tratado teológico-político* e no *Tratado político*, a democracia é o mais natural dos regimes políticos porque nela realiza-se o desejo de todo ser humano de governar e não ser governado, o que só pode ocorrer se todos forem iguais e livres. A liberdade, força para o plural simultâneo, é presença a si e aos outros sem o medo da morte recíproca.

V

> "Tanto é o medo que ensandece os homens."
> Espinosa, *Tractatus Theologico-Politicus*

> "Se numa Cidade os cidadãos não tomam das armas porque estão aterrados pelo medo, não se pode dizer que aí exista paz e sim mera ausência de guerra. A paz não é pura ausên-

> cia de guerra, mas virtude originada da força d'alma no respeito às leis [...]. Uma Cidade onde a paz é efeito da inércia dos súditos tangidos como rebanho e feitos apenas para servir merece antes o nome de solidão do que de Cidade."
> Espinosa, *Tractatus politicus*

Paixão triste, o medo é e sempre será paixão, jamais transformando-se em ação do corpo e da alma. Sua origem e seus efeitos fazem com que não seja paixão isolada, mas articulada a outras formando verdadeiro *sistema do medo*, determinando a maneira de sentir, viver e pensar dos que a ele estão submetidos.

Embora nascido durante a experiência imaginativa da irremediável contingência dos acontecimentos, não é ele próprio fruto da contingência ou do acaso, mas determinado por causas necessárias que, ignoradas, não cessam de alimentá-lo. Não nasce, porém, da ignorância nem será suprimido pelo verdadeiro saber (racionalista, Espinosa não é filósofo intelectualista). Nasce de nossa própria condição finita. Somos parte finita da Natureza, diz o Livro IV da *Ethica*, e nunca deixaremos de sê-lo. Finitos, estamos rodeados e envolvidos por outras partes da Natureza cujo número e cuja potência superam de longe nosso *conatus*, conseguindo, por isso, amedrontá-lo. O medo nasce de outras paixões e pode ser minorado (nunca suprimido) por outros afetos contrários e mais fortes do que ele, como também pode ser aumentado por paixões mais tristes do que ele. Ainda que o conhecimento do verdadeiro não o suprima e que a ignorância não o cause, é nela e dela que ele vive e prospera. Nessa perspectiva, o sistema do medo, conjunto ou campo passional, produz "teorias", espécies de esconjuros efêmeros, cuja fragilidade, sempre renovada, prolonga o pavor.

O sistema do medo origina-se tanto nas conexões necessárias entre certas paixões quanto nas imagens corporais que, envolvendo as ideias imaginativas na mente, urdem um tecido de relações e causalidades abstratas que pretendem oferecer-se como explicação dos acontecimentos, como interpretação dos afetos e como conhecimento do real. Embora a gênese das imagens esteja nas afecções corpóreas (ou maneira pela qual o corpo se percebe e percebe os demais corpos quando afetado por eles ou quando os afeta), na mente as ideias imaginativas envolvidas pelas imagens corporais desconhecem essa gênese e fabricam uma outra, como se as ideias imaginativas houvessem nascido sem relação com as imagens corporais. Esse desligamento ou separação — isto é, abstração, no sentido etimológico do termo — entre imagens e ideias imaginativas, desarticulando corpo e alma, produz encadeamentos confusos, mutilados e invertidos entre causas e efeitos e substitui o aparecer — as imagens — pelo parecer persuasivo — as ideias imaginativas. O campo imaginário, ao atribuir a causas exteriores o que são efeitos de causas interiores, relaciona imagens por semelhança, contiguidade espacial e sucessão temporal, opera com analogias e inventa uma causalidade nova e inexistente, isto é, a causa final. Finalismo, relações extrínsecas entre causa e efeito, conexões analógicas, constituem o que Espinosa designa com a expressão *ordem comum* da *Natureza*, onde os corpos se encontram, se separam, concordam ou entram em conflito sem que saibamos realmente como e porque isso acontece. Na ordem comum da Natureza, a ordem necessária e livre é encoberta, e a imaginação confunde necessário e contingente, possível e arbitrário, duração e tempo, posse e liberdade, inédito e milagre, apetite humano e atividade substancial, causalidade eficiente e causa final, força e transgressão, felicidade e obediência. Ao sentimento da finitude ou da fragilidade humana diante do universo, a imaginação oferece consolo, mas suas explicações, engendrando deuses e demônios, são tão frágeis que, voltando-se contra nós, ampliam o medo e o desamparo.

Precário, o conhecimento consolador assim obtido tende a esfacelar-se quando abalado por todo e qualquer acontecimento inesperado que o contradiga. Todavia, a frágil montagem imaginária, porque nascida de afetos e alimentada por paixões, desemboca em duas alternativas contrárias quando ameaçada por acontecimentos que a negam. Ora pode desfazer-se, produzindo absoluto desamparo e aumento do medo diante do inexplicável que supúnhamos explicado e conhecido. Ora pode manter-se, apesar de todas as provas empíricas de suas falhas, como se assim erguesse fortaleza inexpugnável contra o medo. No primeiro caso, a medos antigos, que a imaginação desejava sepultados e encontra renascidos, vêm acrescentar-se medos novos, homens e mundo balouçando ao sabor da fortuna caprichosa. No segundo caso, porém, algo terrível começa a suceder, outro medo, insidioso e secreto, inicia trabalho opressivo. Com efeito, a permanência das explicações antigas, apesar de seus enganos agora percebidos, não resulta da obstinação, mas indica a emergência de uma figura que, prometendo a paz e segurança, tangerá o rebanho amedrontado: a autoridade nascida da ambição e das cisões do corpo social. Este, que surgira para minorar o medo imperante nas relações intersubjetivas e naturais anteriores à vida em sociedade, torna-se fonte de medo.

Transformando a explicação imaginativa em doutrina e esta em ortodoxia, punindo com morte e exclusão toda tentativa para substituí-la ou modificá-la, os que são movidos por ambição dominam os que são movidos pelo medo. Cumplicidade entre o orgulho e a soberba de uns e a abjeção e humildade de outros, ambição e pusilanimidade dão-se as mãos, selando um pacto que envolverá céu e terra. Porque imaginam a liberdade como poder exercido sobre coisas e humanos e sobretudo como posse de bens, o maior deles sendo a posse do corpo e do espírito de outrem, os que ambicionam a dominação convertem a montagem imaginativa em máquina imaginária a serviço da opressão, forçando a fraqueza dos dominados a acreditar nas imagens antigas, mesmo e sobretudo quando contrariadas ou negadas pelas novas. Duplica-se o medo: tem-se medo do novo, acontecido, e tem-se medo da heterodoxia, punida. À incompreensão da Natureza vem juntar-se o medo dos homens, dos suplícios e castigos infligidos aos dissidentes e da perda de favores e recompensas ofertados aos coniventes. Mas, do lado dos poderosos, também há medo: têm medo da desobediência, da revolta, da perda de prestígio e do lugar do poder. Medo dos que possam refutá-los. Medo sobretudo dos iguais, dos que possam rivalizar com eles, fabricando máquina imaginária mais potente que a sua porque mais persuasiva. Se, do lado dos que se deixaram dominar ou a isto foram forçados, o inexplicável aterroriza, paralisa todo esforço de compreensão e de ação, por seu turno, a máquina doutrinária estabelecida, mantida pela força ou pela palavra, faz estiolar a tentativa de oposição. Ao medo das coisas e dos homens vem acrescentar-se o medo do pensamento e da ação. Do lado dos dominadores, o medo da revolta e dos rivais, acrescentando ao desejo de governar a Natureza e os homens, recebe novo acréscimo passional: o ódio dela e deles, a ela e a eles, corrupta ela e corrompidos eles "por não serem o que [seus senhores] gostariam que fossem". Ao ódio dos poderosos vem juntar-se o ódio dos despojados numa luta sem tréguas, silenciosa às vezes, ruidosa outras vezes, na tentativa incessante de pôr fim ao medo fazendo medo.

Não rir, não chorar, mas compreender. O que é, pois, o sistema do medo?

No Livro III da *Ethica*, dedicado à origem e natureza dos afetos, Espinosa oferece, após a dedução e demonstração das causas e efeitos afetivos, um quadro com a definição dos afetos, partindo do desejo, da alegria e da tristeza. No interior desse quadro, encontramos um conjunto de paixões cuja articulação, pensamos, constitui o sistema do medo.

"A esperança (*spes*) é uma alegria instável nascida da ideia de uma coisa futura ou passada de cujo desenlace duvidamos em certa medida."

"O medo (*metus*) é uma tristeza instável nascida da ideia de uma coisa futura ou passada de cujo desenlace duvidamos em certa medida."

"Segue-se dessas definições que não há esperança sem medo, nem medo sem esperança. Aquele que está suspenso na esperança e duvida que advenha algo esperado, começa a imaginar algo que exclua a existência do esperado e, por conseguinte, passa da alegria instável à tristeza. Quem está suspenso na esperança tem medo de vê-la frustrada. Aquele, ao contrário, que é vítima do medo, isto é, duvida que advenha algo odiado, imagina alguma coisa que exclua a existência do temido e, por conseguinte, alegra-se na esperança de que não ocorrerá."

"A segurança (*securitas*) é a alegria nascida de uma coisa passada ou futura sobre a qual já não existe dúvida."

"O desespero (*desperatio*) é a tristeza nascida de uma coisa passada ou futura sobre a qual já não existe dúvida."

"A segurança, portanto, nasce da esperança e o desespero, do medo, quando já não existem dúvidas sobre a ocorrência de algo. Isto decorre de que o homem imagina algo passado como estando presente ou imagina a existência daquilo que o fazia duvidar do desenlace. Assim, mesmo sem ter certeza sobre as coisas singulares, podemos não duvidar que ocorram ou deixem de ocorrer e essa ausência de dúvida é a causa da segurança ou do desespero."

"O contentamento (*gaudium*) é a alegria acompanhada da ideia de algo passado acontecido inesperadamente."

"O remorso (*conscientiae morsus*) é a tristeza acompanhada da ideia de algo passado acontecido inesperadamente."

Além dos vínculos entre alegria, esperança, segurança e contentamento, de um lado, e entre tristeza, medo, desespero e remorso, de outro, um outro vínculo é essencial no surgimento desses afetos, qual seja, a relação com a imagem da duração, isto é, o tempo como sucessão descontínua, contingente e arbitrária dos eventos. Medo e esperança estão referidos ao passado e ao futuro, sobre os quais pesam dúvidas; desespero e segurança, ao passado e ao futuro, quando sobre eles não pesarem dúvidas; contentamento e remorso, ao passado inesperado. Dessa maneira, o presente é um vazio (o evento foi ou será) preenchido pelos afetos e a ausência de dúvida, no caso da segurança e do desespero, salienta Espinosa, não é o mesmo que presença da certeza: a imaginação traz para o presente o passado e o futuro, excluindo imagens de tudo quanto possa impedir essa presença, de sorte que somente no contentamento e no remorso estamos diante do já consumado. Mas Espinosa afirma: o evento foi *inesperado*.

O que há de rigorosamente *patético* no sistema do medo é sua gênese no seio da Fortuna, temporalidade caprichosa, quando nada podemos fazer senão esperar ou temer o que virá, chorar ou bendizer o que foi. Mais do que em qualquer outro afeto, no medo ficamos expostos à imagem de nossa impotência. Essa imagem não produz apenas a mais terrível das paixões — a flutuação do ânimo (*fluctuatio animi*) — que nos faz experimentar, simultaneamente, temor, regozijo, desespero, esperança e remorso, "balançando como vagas num mar revolto", mas é ainda origem da servidão suprema, que Espinosa chama de superstição.

No prefácio do *Theologico-politicus*, Espinosa escreve: "se os homens pudessem governar suas vidas seguindo uma deliberação segura, ou se a Fortuna lhes fosse sempre favorável, jamais sucumbiriam à superstição. Porém, amiúde reduzidos à angústia, já não sabem que resolução tomar e, arrastados por apetite desmedido pelos bens incertos da Fortuna, oscilando miseravelmente entre o medo e a esperança, têm o ânimo inclinado à mais extrema credulidade. Quando em dúvida, o mais leve impulso os faz pender ora num sentido, ora noutro, sua mobilidade crescendo quando suspensa entre o medo e a esperança, enquanto nos momentos de confiança tornam-se "jactanciosos e inflados". Se, nos dias de prosperidade, não ouvem conselho algum, nos dias de adversidade ouvem tudo quanto se lhes diga, por mais "inepto, absurdo ou vão". Qualquer coisa lhes serve de motivo para esperar o retorno da boa Fortuna ou para deixá-los abismados em terríveis temores. Basta que lhes venham à lembrança ocasiões passadas que imaginam semelhantes à presente, para que nisso vejam bons ou maus presságios e, "ainda que mil vezes enganados", não cessam de buscar no pretérito o conhecimento do porvir. E quando não conseguem encontrar na memória auxílio, correm a procurá-lo nas entranhas dos animais, no voo dos pássaros, no rodopiar das estrelas e dos planetas. Declarando a razão cega e vã, confiando em adivinhos, que tomam por profetas divinamente inspirados, imaginam conjurar o pavor apelando para signos indicativos de potências desconhecidas e atentas ao curso de nossas vidas. Porque o que temem ou esperam parece-lhes independer deles mesmos, imaginam entidades caprichosas de cuja cólera ou benevolência tudo dependeria. Passando dos signos indicativos a signos imperativos, fazem apelo a um poder arbitrário e transcendente. É essa crença numa potência distante e separada, capaz de bens e males incompreensíveis e prodigiosos, é essa posição do desejo fora de si, essa alienação no sentido rigoroso do termo, que Espinosa chama de superstição. "Tão grande é o medo que ensandece os homens. A origem da superstição, que a alimenta e conserva, é, pois, o medo." A religião, seu fardo. A tirania teológica e política, seu preço.

O medo não é louco. Mas enlouquece o ânimo e extravia a alma. A superstição, sim, é louca. Não é loucura pelo esforço imaginativo para dar sentido à Fortuna e ao que é vivido como não-senso. É louca por ambição desmedida e por insatisfação perene da *cupiditas* que põe "a felicidade onde não estamos e nunca estamos onde nós a pomos". Não é do ponto de vista do saber ou da ignorância que Espinosa a descreve e avalia, pois de nada vale erigir a razão em juiz que pretenda ser sensato num mundo experimentado como insensato. A superstição é descrita como maneira de viver, existência entristecida que, na busca de alívio para o medo, dá ensejo ao desespero que, por seu turno, buscando alento, abre as comportas da servidão. Passando do medo à religião e desta à tirania teológico-política, a superstição apenas alimenta sua causa, imaginando suprimir seus efeitos, as imagens da Fortuna e da Natureza misteriosas. É o mistério que dá medo e enlouquece. A superstição cria e conserva os *arcana*: *arcana Naturae* e *arcana Dei*, mistérios da Natureza e de Deus, de onde nascem os arcana *imperii*, os segredos do poder. Agora, sim, a superstição imagina-se um saber. Ignorância vestida de conhecimentos, a superstição julga-se saber secreto reservado aos iniciados, espalhando medo e loucura.

Natural — pois é de nossa natureza sentir medo —, a superstição dura apenas enquanto perdurar sua causa. Inconstante — pois não temos sempre o mesmo medo e a mesma esperança das mesmas coisas —, só perdura enquanto durar o que lhe deu origem. Para torná-la constante e confiável, diz o *Theologico-politicus*, alguns, valendo-se da angústia de muitos, apresentam-se como intermediários entre os homens e as altas potências insondáveis e entre eles e as potências subterrâneas desconhecidas: sacerdotes e reis, no princípio como mediadores, e mais tarde como representantes dos altos e baixos poderes, apoderam-se do corpo, do ânimo e da mente de homens apavorados. No entanto, porque a visibilidade da política parece colocá-la nas vizinhanças e ao alcance dos demais homens, enquanto a religião, mais distante porque mais próxima dos deuses, parece rumar para a invisibilidade, aqueles que sabem que "não há meio mais eficaz para dominar a multidão do que a superstição", induzem, "sob a capa da piedade, a adorar os reis como se fossem deuses ou a odiá-los como flagelo do gênero humano". A teologia detém, pois, os segredos da política. Para que a adoração não vire ódio e, atingindo o rei, acabe atingindo o poder religioso, sacerdotes e teólogos "cercam a religião de cultos e aparatos próprios a lhe darem maior peso junto à opinião e maior respeito aos espíritos", não hesitando em censurar, prender, interrogar, torturar e matar todo aquele que ouse refutá-la pelo livre pensamento e pela ação ético-política autônoma. Por seu turno, os detentores do poder político, captados pela sedução teológica, procuram cercar sua própria autoridade com o halo da divindade. Não porque, em determinadas épocas, o governo dos homens seja posto como direito divino de alguns — tal direito é episódico e mero efeito de uma divinização mais profunda e secreta da autoridade política, obtida graças ao cerimonial, ao segredo, às leis da censura, à disposição de exércitos e fortalezas, ao uso da prisão, tortura e morte dos opositores.

Num jogo de espelhos infindável, o medo à Natureza se espelha no medo à Fortuna que se reflete no medo à divindade que repõe o medo à Natureza através do medo às autoridades humanas. O medo do divino, invisível ou visualizado pelos ritos, sob os efeitos da divisão social e política, cria na imaginação religiosa o medo ao teólogo e, neste, o medo da heterodoxia e dos rivais. O medo ao humano, sob os efeitos da divisão social e política, cria na imaginação política dos dominados o medo ao governante e, neste, o medo à plebe. Fundada no medo recíproco, nasce a Cidade como "rebanho tangido e feito para servir". Solidão.

Filha do medo, por ele e nele parida, a superstição é tentativa desesperada e delirante para encontrar uma unidade imaginária, capaz de recobrir e reconciliar uma realidade apreendida como imediatamente fragmentada no espaço e no tempo, feita de forças múltiplas e contrárias. A abstração imaginativa despedaça o real, paralisa todo esforço para deliberar e agir. Desamparados, diante da impossibilidade de dominar "as circunstâncias de suas vidas" e da impossibilidade de saber se "a Fortuna lhes será sempre favorável", os homens buscam a unidade que lhes pareça assegurar continuidade aos acontecimentos, controle a Natureza irada, pacifique governantes coléricos, garanta esperanças e conjure medos. Essa unidade procurada não pode, evidentemente, pertencer à mesma dimensão que a do mundo fragmentado e dilacerado, mas precisa transcendê-lo, a fim de manter coesas as partes isoladas e contrárias. Essa coesão só pode ser obtida pela potência extraordinária de um querer e de um olhar capazes de varrer num só lance a totalidade do tempo, do espaço, do visível e do invisível. Destarte, a fragmentação experimentada com angústia pela imaginação apaixonada, desemboca numa unificação também imaginária, cuja morada, *asylum ignorantiae*, diz a *Ethica*, é a vontade providencial de um soberano divino. Graças a esse poder, que é uno porque transcendente, o curso das coisas parece assegurado e o destino de cada um, salvaguardado. No entanto, a salvaguarda é precária. Porque esse poder é imaginário, permanece desconhecido e rodeado de mistérios, desprovido de necessidade inteligível e, por conseguinte, a imagem de Deus torna-se um amálgama incompreensível, pois a onipotência de sua vontade, lugar onde se alojaria a necessidade de seu agir, faz com que seja também arbitrária. Secretas são suas razões. Misteriosa sua onisciência. Assim, para ser tido como onipotente, o poder divino deve ser tido como insondável e ilocalizável, duplicando, então, o mistério do mundo que o exigira. A partir do momento em que a arbitrariedade do poder divino é tomada como prova de sua onipotência, os homens são obrigados a conjurar a ameaça que criaram para si próprios, justamente quando tentavam proteger-se. Torna-se-lhes indispensável encontrar mecanismos que possam garantir a constância do favor divino (o que explica a proliferação dos rituais e da arte divinatória), ou então, parece-lhes inevitável terem de se abandonar cegamente aos desígnios inescrutáveis da Providência, sem ousar interferir em seu curso, confiando em uma vontade soberana que tudo prevê (o que explica a crença na predestinação, outro nome para a Fortuna incerta).

Essa representação parece baixar do céu à terra. O mesmo desejo de submissão a um poder uno e soberano, porque transcendente à fragmentação dos conflitos que dilaceram a sociedade e a política, produz entre os homens uma relação que os conduzirá, ao fim e ao cabo, a submeterem-se ao poder misterioso dos governantes. Com o advento dos *arcana imperii* — segredos do poder ou "razão de Estado" — os homens, afinal, "combatem para a servidão como se esta fora a salvação". Na realidade, porém, e Espinosa não se cansa de repeti-lo, essa representação subiu da terra ao céu. Os conflitos entre os homens, deixando-os imersos no medo de serem vencidos pelas forças exteriores, sejam estas figuradas por coisas ou por outros homens, leva-os a criar uma teia de relações cuja origem ignoram e que só parece adquirir sentido se possuir como fonte uma autoridade suprema. *Rector Naturae ac Societatis*, regente misterioso da Natureza e da Sociedade.

Espinosa não procura demonstrar a existência de uma prioridade da formulação religiosa do poder frente à sua formulação propriamente política. É o teólogo quem usa essa suposta prioridade para justificar sua própria presença e intervenção no social. Espinosa, no entanto, também não procura demonstrar que a prioridade religiosa seria uma prioridade às avessas, o político sendo anterior ao religioso. Na verdade, procura mostrar que são formulações *simultâneas*, e a política teocrática oferece-se como manifestação exemplar dessa simultaneidade. O interesse da compreensão da atividade supersticiosa consiste, justamente, em permitir alcançar a gênese da autoridade transcendente e do esforço para localizá-la em alguma parte para que sirva de referencial ao conhecimento e à ação. Contudo, a prioridade da política é levada em conta pelo filósofo quando se trata de explicar a religião como instituição: "Nunca a religião poderia adquirir força de lei senão pela vontade dos que têm direito de governar. E Deus só exerce um reinado particular sobre os homens por intermédio da autoridade política". Assim como a natureza não cria povos, mas homens que a Lei instituirá como povo, escreve Espinosa, também a superstição não cria a religião, mas ficções instáveis e temerosas que a Lei estabilizará, conformando a instituição religiosa à instituição política. Nessa medida, a forma assumida pela religião exprime a política de uma sociedade e, vice-versa, a forma assumida pela política exprime a natureza da religiosidade. E, quando ambas se mostram irreconciliáveis é possível desvendar uma das contradições internas onde é narrada a história do perecimento de uma sociedade que se supunha edificada sobre a coincidência dos *arcaria dei* e *arcaria imperii*.

Se a tirania é o fruto amargo do medo, estende-se dos indivíduos à sociedade e, desta, retorna àqueles. Cada qual, imaginando-se "um império em um império", tiraniza seus próximos como se deixa tiranizar pelos déspostas. O sistema do medo, porque flutua entre esperança e desespero, desencadeia outras paixões tristes: a ambição de uns exige a humildade de outros; o orgulho e a soberba de uns força a autocomiseração e a inveja de outros; a crueldade de uns incita a pusilanimidade e a abjeção de outros. A teia imaginária da tristeza tece com a desconfiança uma tecelagem de ódios onde cada fio se entrelaça aos demais para encobrir a solidão e o terror, a divisão intolerável em cujo interior efetua-se um desejo que, fossem outras as circunstâncias, teria ensejado o nascimento da democracia e da liberdade: o desejo que, "por natureza, todos os homens têm de governar e não serem governados".

Ora, esse desejo natural, que tirania, monarquia e oligarquia são impotentes para realizar, dele oferecendo a imagem perversa do "império em um império", não cessa, contudo, de espreitar a sociedade e a política. Sua presença tácita se faz sentir na imagem da plebe medrosa, covarde e perigosa. Assim, da plebe *com* medo somos levados por Espinosa ao polo contrário, isto é ao medo suscitado *pela* plebe. É no *Tractatus politicus* que a reviravolta conceitual espinosana melhor se deixa apanhar, conduzindo-nos da tradição (sua e nossa) da plebe ignorante e sediciosa à plebe que "mereceria governar em vez de ser governada".

Embora longo, o § 27 do capítulo VII do *Tractatus politicus* merece ser lido: "Talvez este texto seja acolhido com riso por aqueles que restringem apenas à plebe (*ad solam plebem*) vícios inerentes a todos os mortais: a plebe é desmedida; é perigosa quando não treme; é servo humilde e dominador insolente; para ela não há verdade, nem é capaz de julgar. Mas a natureza é uma só e comum a todos. Contudo, nós nos deixamos enganar pelo poderio e pelo refinamento e, como consequência, dois homens agindo da mesma maneira, costumamos dizer que tal ação é permitida impunemente para um deles e proibida para o outro, pois, embora os atos sejam semelhantes, seus agentes são desiguais. A insolência é própria dos que são dominadores. Se uma designação anual para um posto político é suficiente para encher um homem de insolência, que ocorrerá quando nobres aspirem a honras perpétuas? Mas sua arrogância vem adornada com fausto, prodigalidades, com uma certa harmonia dos vícios, com uma espécie de estupidez sapiente e elegante imoralidade, de tal maneira que os vícios que, se considerados separadamente, aparecem em todo o seu horror e ignomínia, são vistos pelo vulgo e pelos imbecis como dotados de certo brilho. É o vulgo que é desmedido; é ele que é temível quando não treme, pois, servidão e liberdade nunca vão de par. Não é surpreendente, enfim, que para a plebe não haja verdade e que seja incapaz de julgar quando os mais altos negócios do Estado são tratados secretamente, ficando reduzida a conjecturar a partir de alguns indícios que não foi possível dissimular. Com efeito, é uma virtude muito rara poder suspender o juízo. Portanto, querer tratar todos os negócios públicos às escondidas do povo e, ao mesmo tempo, exigir que não emita juízos falsos, não interprete enviesadamente os acontecimentos, é rematado disparate. Se a plebe fosse capaz de moderação, de suspensão do juízo para coisas mal conhecidas, de julgar corretamente a partir de parcos indícios, então *mereceria governar e não ser governada*. Mas, dissemos, a natureza é a mesma em todos. A dominação enche a todos de insolência; são temíveis quando não tremem; em toda parte, a verdade é deformada pelos que estão tomados de cólera ou pelos que foram reduzidos à covardia, sobretudo quando um só ou uns poucos dominam e julgam segundo o direito ou o verdadeiro, mas tendo em vista as fortunas em jogo".

O texto espinosano se desdobra em três movimentos: no primeiro, passa da descrição da plebe tal como vista pelo dominante para a descrição do vulgo; no segundo, mostra como aquilo que é atribuído à plebe são determinações próprias do vulgo; e, no terceiro, reencontra tais determinações como definidoras do ser dos dominantes. Essas passagens são efetuadas pela manutenção do mote: a natureza é uma só, comum a todos e a mesma em todos. Resta saber por que Espinosa julga que suas palavras terão o riso por acolhida.

Que é essa natureza comum a todos e a mesma em todos? Referindo-se a ela, o texto fala em insolência, engodo, ambição, ignomínia, brilho da estupidez. A Natureza — a mesma em todos — é paixão e mais especificamente, aqui, põe em cena paixões constitutivas do desejo de dominação. Delas, a proposição 32 do Livro III da *Ethica* nos diz que: "cada um. esforça-se tanto quanto estiver em seu poder para que os outros amem o que ele ama e odeiem o que ele odeia [...]. Este esforço para fazer com que cada um aprove o que amamos ou odiamos é simplesmente ambição; vemos assim que cada um, por natureza, deseja que os outros vivam segundo suas ideias e, como todos têm o mesmo desejo, acontece que incomodam uns aos outros; e porque todos querem ser os primeiros, louvados e amados por todos, daí resulta ódio mútuo".

Acompanhemos, porém, a trajetória de Espinosa. Seu texto provocará riso, escreve ele. Quem rirá? Toda a tradição e todos os contemporâneos que atribuem *apenas* à plebe (*ad solam plebem*) os vícios comuns a *todos* os mortais, pois um dos lugares-comuns mais persistentes na história do pensamento político é a definição da plebe como ignorante, sediciosa e viciosa. É curioso que a palavra "vício" irrompa numa escrita que recusa tratar "os afetos e a maneira de viver dos homens" como vícios de nossa natureza. Mas a palavra surge como índice e sinal de alerta: rirão os que falam em vícios humanos. Assim, desde o primeiro instante, Espinosa demarca a diferença entre seu discurso e os herdados e contemporâneos. Parecendo estender os vícios a todos os mortais, retira da plebe o estigma de ser a única viciosa, precisando do medo para não ceder aos perigosos efeitos da ausência de virtude, verdade e siso que supostamente a definiriam. Ora, a natureza é comum e a mesma em todos. Se as paixões são nossa "maneira humana de viver", não há como distinguir plebe e grandes. Nesse momento, porém, Espinosa introduz um "contudo", iniciando a virada da análise ao passar à relação sociopolítica fundada no logro: "nós nos deixamos enganar". Donde a conclusão: insolentes são os grandes. Se, ao iniciar o texto, vemos a plebe com o olhar dos poderosos, agora nós os vemos com os olhos dela.

Novamente um "mas" vem mudar o curso da análise. Se a plebe vê a insolência dos grandes, como pode admirá-los e deixar-se enganar por eles? O "mas", no entanto, vem seguido da descrição da arrogância dos poderosos disfarçada em luxo, elegância e estupidez sapiente, "vistos pelo vulgo e pelos imbecis". Já não se trata da plebe e sim do vulgo, figura que a tradição e o século XVII identificaram à ignorância, à grosseira, à incultura e, no caso de Espinosa, à imbecilidade e superstição.

Ora, enquanto plebe e grandes estão referidos à divisão social e política, o conceito de vulgo possui extensão maior, aplicando-se a qualquer um. Assim, com o vulgo, a diferença sociopolítica é substituída por uma generalidade passional semelhante à da superstição. O supersticioso, vimos, põe-se a serviço do medo porque é desmedido: deseja imoderadamente os bens incertos da Fortuna e não consegue governar sua vida com deliberação segura. Submete-se a tudo e a todos, desde que lhe prometam a satisfação turbulenta de seus apetites. Voraz, o vulgo é um insatisfeito permanente, estupidificado entre a submissão e a insolência. A passagem sutil da plebe ao vulgo, efetuada pelo texto espinosano, é passagem daquele que *se deixa enganar* (pelo brilho) àquele que *deseja ser enganado* (por ambição). É o vulgo, pois, que é temível quando não treme, perigoso quando não teme. Da plebe ao vulgo passamos de "atos semelhantes" para "agentes desiguais". No plano imediato, as ações do povo e as do vulgo podem ser iguais, mas seu sentido é diverso porque diversa é sua origem. Porém, essa desigualdade dos agentes na igualdade de seus atos implica ainda uma outra consequência, na qual o lugar do dominante se define com maior nitidez, pois uma coisa é o julgamento da plebe, outra, o do dominante.

Há dois pesos e duas medidas na avaliação dos atos, mas a posição da plebe e a do dominante não se equivalem. O povo aceita a disparidade dos pesos e medidas como *constatação* e *justificativa* de desigualdades imediatamente percebidas. Do lado do dominante, porém, a disparidade *não justifica, mas produz e conserva* a desigualdade. Ora, visto que o julgamento concerne ao justo e ao verdadeiro, mas o critério do direito sendo implicitamente determinado "pelas fortunas em jogo", tal critério não pode ter sido fornecido pelo povo, mas pelo dominante. É este que é temível quando não treme, perigoso quando não teme.

O mote — a natureza é a mesma de todos — opera ainda em outro registro. Se a plebe, ignorando tudo quando se passa no plano do poder, possuindo apenas vagos indícios do que ali transcorre, afastada dos centros de deliberação e de decisão, ainda assim pudesse julgar corretamente, então mereceria governar em lugar de ser governada. Invertendo as supostas deficiências da plebe, quando refletida no olhar do dominante, fazendo-as aparecer como comportamentos específicos do próprio dominante, Espinosa torna palpável uma forma particular do exercício do poder, isto é, a existência da opressão através do logro e do segredo.

No entanto, algo mais profundo está sendo dito. Noutro trecho do *Tractatus politicus*, Espinosa fizera da deliberação e da decisão coletivas formas de preservação do corpo político. Ainda que demoradas, por ser o espírito dos homens "muito obtuso e lento", as discussoes públicas são necessárias, escreve Espinosa, porque permitem chegar a decisões que não estavam "prontas de antemão na cabeça de alguns". Essa ideia da política como deliberação pública e como invenção prática nos leva a perceber que o mote — a natureza é a mesma em todos — indica que *os governantes estão na mesma situação em que se encontram os governados e que somente a ambição do poder* explica que ocultem sua ignorância atribuindo a si mesmos uma clarividência e uma competência que estão longe de possuir. Neste caso, a frase de Espinosa permite uma releitura: a plebe *merece governar, em vez de ser governada.*

Por que, então, a plebe é temerosa? Porque religião e teologia, de um lado, tiranos, reis e oligarcas, de outro, manipulando a imaginação social elaboram um imaginário político no qual, escreve Espinosa noutra parte do *Politicus*, "todos ignoram a quem cabe verdadeiramente a soberania", deixando-a alojar-se num polo separado, transcendente, secreto e arbitrário. Deus, no reino celeste, os dominantes, no reino terrestre, ganham poder justamente de sua separação, transcendência, segredo e arbitrariedade. Arcanos da servidão.

A plebe tem medo porque, nascido do medo, o poder misterioso faz medo e dá medo. Todavia, por que se tem medo da plebe? Se ela é ignorante e covarde, se é facilmente enganável, se ofusca pelo brilho e oprime pela ambição, não há por que temê-la. E, no entanto, o imaginário político, tanto o antigo quanto o moderno, valendo-se da imagem da plebe volúvel e ignara não cessa de construir a imagem da plebe sediciosa e anárquica que precisa temer para não fazer tremer. Por que esse medo?

É no exame dos limites intrínsecos à tirania que Espinosa, indiretamente, nos oferece a resposta.

Porque não analisa a política com as categorias do moralista e do jurista e, sobretudo, porque pensa a política empregando o conceito de causa eficiente imanente, Espinosa não admite que o advento do direito civil e da lei (ou da república) instaure uma ruptura face ao direito natural, isto é, ao *conatus*. Pelo contrário, o direito civil e a vida política resultam do fortalecimento do *conatus* que não pode realizar-se satisfatoriamente no estado de natureza ou numa vida pré-política. O direito civil se origina do direito natural e o exprime como seu efeito imanente. Ora, o *conatus*, ou direito natural, é a potência de agir individual que se estende até onde puder ser exercida. O *direito*, natural tanto quanto civil, é *poder*, e um direito, demonstra Espinosa, se exerce se e apenas se tiver poder para ser exercido. A potência da Cidade, escreve Espinosa, depende de seu direito, mas este depende de seu poder para exercê-la. Em outras palavras, o direito da Cidade é medido por seu poder para exercê-lo. Consequentemente, se a Cidade for tirânica, ela o será porque os dirigentes têm poder para tanto e prosseguirão tiranicamente enquanto o tiverem.

Ora, o poder político tem a peculiaridade de distribuir-se de maneira geométrica ou proporcional, isto é, um regime político será tanto mais poderoso quanto mais o poder soberano for proporcionalmente maior ao de cada um dos cidadãos e à soma de seus poderes individuais. Ao contrário, o regime será tanto mais fraco (terá menos poder e menos direito) quanto mais um ou alguns de seus membros o igualarem em direito e poder, confundindo-se com a soberania e com a lei. Se a democracia é o mais forte dos regimes políticos, a tirania é o mais fraco deles, pois nela é nula a proporção entre o direito-poder do dirigente e o direito-poder dos governados. Eis por que, se estes últimos não podem lamentar a existência do tirano, pois o deixaram adquirir o poder, o tirano, por sua vez, não poderá lamentar se os tiranizados adquirirem poder para derrubá-lo. A instabilidade da tirania, também encontrada na monarquia e nos regimes oligárquicos, é a origem do medo à plebe. Tiranos, reis e oligarcas sabem que a plebe pode adquirir força para derrubá-los. Esse saber engendra efeitos necessários: o esforço para manter a plebe dispersa e desorganizada, dividindo-a internamente; recursos variados (da religião ao suplício) para provocar-lhe medo e mantê-la temerosa, convencendo-a de sua covardia e impotência congênitas; censura da opinião e do pensamento para impedi-la de julgar os governantes; presença de cerimônias e ritos que teatralizam e reiteram a distância entre ela e os governantes. Estes, além disso, empenham-se em persuadi-la de que as leis não são apenas legítimas e sim também boas para todos, de sorte que quem tentar aboli-las terá contra si não somente os poderosos, mas ainda a massa dos vulgos enfurecidos.

No entanto, escreve Espinosa, é impossível manter indefinidamente a plebe sob o medo. Embora o poder e o direito dos governantes estendam-se até onde tiverem potência para exercê-los, o direito natural dos governados marca o limite desse exercício: o *conatus*, a menos que irremediavelmente enfraquecido, reage ao medo da morte. Quando leis produzirem indignação e furor populares, a plebe, temendo a destruição, não temerá os poderosos e, perdendo o medo, fará medo. Quando dela se exigir que ame o que odeia, respeite o que despreza, tolere o que abomina, destrua o que estima, nada conterá seu furor. Nesta perspectiva, alguns, lemos no *Theologico-politicus*, julgarão honroso e necessário desafiar as leis, mesmo que o preço seja prisão, suplício, exílio e, quiçá, a morte. Ora, indaga Espinosa, "o que há de ser mais pernicioso para a república do que ter por inimigos e conduzir à morte homens aos quais nada se tem a censurar ou condenar senão sua força de ânimo, fazendo com que o suplício se torne espetáculo de coragem, para ignomínia dos governantes? [...] Julgando glorioso e não infame lutar pela liberdade, que exemplo darão aos melhores de seus concidadãos? Certamente serão imitados pelos que não são complacentes nem aduladores".

A integridade das vítimas é o que as transforma em vítimas, pois são "culpadas não somente de opiniões dissidentes, mas de não terem sabido dissimulá-las". Assim, são os cidadãos mais preciosos para si que a república sacrifica. Contudo, não é apenas nesse sacrifício que a república perde o que constituiria sua força real, mas também no efeito produzido pelo suplício infligido aos seus melhores. Estes sentem-se honrados em enfrentar os castigos e a morte em nome do que acreditam. Mas, diante do martírio, que resta àqueles que presenciam as atrocidades cometidas pelo poder? "Tudo o que os assistentes podem concluir de tal suplício é que é preciso imitar os condenados ou, então, por prudência, fingir aplaudir os carrascos." Semeando a revolta ou alimentando a dissimulação, a república prepara a sua própria morte. E Espinosa prossegue. Quando a autoridade política é plenamente reconhecida, nunca será diminuída pelos antagonismos porque está em condições de acolhê-los, pois vive neles e deles. As leis que forem instituídas visando ao controle do saber, da opinião e das ações são inoperantes. Mais do que isto. São instituídas justamente quando o poder político já perdeu o reconhecimento e a eficácia. Nessa medida, longe de indicarem força dos governantes, são sintomas de que o corpo político, como tal, está falido e, embora possa perpetuar-se indefinidamente, não mais existe. Agonizante, prolonga a agonia através do medo, pois no medo foi parido. Mas seu fim está consumado, visto que primeiro alguns e depois a plebe perderam o medo. Espinosa conclui: numa democracia os homens simplesmente concordam em agir em comum, o que não significa pensar da mesma maneira. Justamente porque um pensamento coletivo é impossível, a menos que a democracia também seja tirania, "os homens decidem dar força de decreto às decisões que obtiverem maior sufrágio, reservando-se tacitamente a autoridade para revogá-las sempre que perceberem outras melhores". Os verdadeiros sediciosos são, pois, aqueles que, em uma sociedade livre, querem suprimir a liberdade de pensamento e de expressão porque não conseguem *destruí-la*. Não é porque o Estado deve ser *Um* que a liberdade deve ser mantida, mas exatamente ao contrário, porque reconhece e assume que tal unidade é impossível é que é livre.

O jogo de espelhos da imaginação permanece no fundo da cena histórica. Se por democracia entender-se uma coletivização do agir e do pensar, uma identificação de todos com todos, uma indiferenciação que recusa o movimento incessante e cada vez diferente dos conflitos sociais e políticos, então a boa sociedade democrática reflete-se num estranho espelho: sua imagem é a da forma perfeita da boa e bela tirania, tirania extraordinária, pois não parece possuir qualquer agente capaz de promovê-la, visto que todos estão no poder. Talvez agora uma pergunta de Espinosa, no *Theologico-politicus*, que traduzia seu espanto, ressoe em nós de maneira assustadora: não é incrível, perguntava ele, que sem estar sob a dominação direta de um outro, os homens fiquem suspensos à palavra desse outro invisível, a ponto de podermos dizer, rigorosamente, que pertencem a esse Outro, estão *alterius juris* sem que potência alguma pareça exercer o poder?

Com isso, Espinosa nos deixa uma questão: a revolta não seria sedição? É possível recuperar ou instaurar a liberdade insurgindo-se contra o medo às leis? Questão árdua, pois implica encontrar não no limite intrínseco à tirania, mas nos próprios cidadãos a gênese do fim do medo. Como, porém, dar fim ao medo se, paixão triste, é enfraquecedora e não finda por si mesma? De onde tirar forças para que, em lugar do ódio nascido do medo, desponte a esperança da Cidade livre?

A *Ethica* nos oferece uma primeira pista.

Diferentemente das outras paixões, demonstra o Livro IV, medo e esperança são afetos irredutíveis do ponto de vista metafísico. Marcas de nossa finitude, medo e esperança não podem ser suprimidos sem que com sua supressão desapareça a própria essência humana. A multiplicidade e força das potências exteriores, a temporalidade imaginativa que fragmenta a duração, os embates passionais são constitutivos de nossa vida e deles não podemos escapar. Cataclismas sempre são possíveis na Natureza. Tirania e opressão sempre são possíveis na sociedade. O inesperado sempre espreita os acontecimentos. Porém, medo e esperança não possuem sempre a mesma força ou intensidade e a pergunta, agora, não é tanto: "como suprimir o medo?", e sim: "quando o medo pode ser enfraquecido?". O conhecimento verdadeiro do bom e do mau, do útil e do nocivo, do justo e do injusto, repete o Livro IV, não possui o menor poder sobre nossos afetos, não conseguindo (como desejaria o otimismo intelectualista) dominá-los, freá-los ou modificá-los. Todavia, longe dessa constatação proclamar a falência do intelecto e da razão, leva a repensá-los em sua verdadeira natureza e potência.

Apenas uma paixão mais forte e contrária destrói outra, mais fraca e contrária. No entanto, diferentemente dos que suporão, com Adam Smith e a economia política, nem o cálculo interessado nem o interesse calculador podem decidir esse combate, pois a lógica das paixões desconhece razão, cálculo e interesse, o *conatus-cupiditas* não sendo identidade entre esforço de autopreservação e escolha do melhor. Sob esse aspecto, aliás, o prefácio do *Theologico-politicus* é taxativo: sob o medo, os homens desprezam a razão, a prudência e o cálculo. Como dissera Montaigne, ganham asas nos pés, quando deveriam imobilizar-se, e ficam paralisados, quando deveriam fugir. A potência do corpo, demonstra a *Ethica*, está em poder afetar outros corpos e ser por eles afetado de múltiplas maneiras simultâneas. A potência da mente, em poder gerar e encadear internamente múltiplas ideias simultâneas. Sob o medo, a potência do corpo e da mente para o múltiplo é substituída pela obssessão do ânimo, minuciosamente trabalhada por Espinosa nos Livros III e IV da *Ethica*. No entanto, mesmo na obssessão, o *conatus-cupiditas* esforça-se "para excluir a coisa que causa medo e presentificar aquela que causa esperança". Trata-se, pois, de fortalecer uma paixão da alegria: a esperança. E o melhor fortalecimento para ela será "perceber que as coisas necessárias são mais fortes do que as contingentes". Fortalecer a esperança é dar-lhes segurança e contentamento, isto é, a imagem de um bem passado ou futuro "sobre o qual já não pesam dúvidas". Neste ponto, o pensamento espinosano se bifurca à procura do que traz segurança e contentamento ao corpo — saúde, bem-estar, deleites, engenho e arte — e do que traz segurança e contentamento à mente: conhecer. Ou melhor, poder pensar. Somente quando os limites impostos ao corpo forem sentidos com afetos de tristeza e sua expansão for sentida com afetos de alegria, somente quando a ignorância for experimentada como tristeza e pensar como alegria ou "virtude própria da mente", o combate entre as paixões mudará de curso e das paixões alegres passaremos às ações. Aqui encontramos uma das mais extraordinárias concepções do conhecimento: pensar é alegria e contentamento, ou aumento de perfeição e realidade. A verdade inicia-se, em nós, como desejo do verdadeiro e, porque nasce no interior dos afetos, Espinosa chamará a forma mais alta do conhecimento de *amor intelectual*. Reconciliação de nossa alma consigo mesma e com nosso corpo, dele consigo mesmo e com nossa alma e de ambos com a Natureza e a sociedade livre. Esse amor, que Espinosa chama de liberdade e felicidade, fazendo-nos, seres finitos, participantes do infinito, o filósofo denomina: glória. O sábio, diz a *Ethica*, pensa em tudo, menos na morte.

Ora, se liberdade e felicidade são atividades de um corpo e de uma alma aptos para o plural simultâneo, seu desenvolvimento será bloqueado sob o peso de forças externas adversas. Em outras palavras, sob a tirania política, teológica e moral não há felicidade nem liberdade e os poucos que procuram alçar-se à liberdade, vimos, são supliciados, aprisionados e assassinados. Com isso, retornamos à pergunta: de onde tirar forças para que o medo político tenha fim?

Nosso primeiro impulso seria reiterar para a política o percurso individual: do medo à esperança, desta à segurança e ao contentamento e destes à paz. Todavia, aqui, o percurso é mais complexo e sinuoso. Nem toda esperança é esperança, podendo ser apenas disfarce do medo que nela se prolonga. Quando, lemos no *Tractatus politicus*, enfurecidos contra a dominação e possuídos pela fúria e pelo ódio, os dominados esperam de alguém ou de alguns a liberação, preparam-se para opressão futura, destituindo um senhor para dar-se outro que os dobrará à servidão. Não é, pois, qualquer esperança que vence o medo. No caso da política (como no da superstição), o medo parece centrado sobre os efeitos da força tirânica do detentor do poder, sem chegar a perceber as causas que a produziram. Donde a ilusão, continuamente reiterada, de que basta derrubá-lo para que termine a dominação. Na verdade, lemos no *Theologico-politicus*, é muito fácil derrubar um tirano. Difícil é destruir a causa da tirania.

Eis porque, no *Tractatus politicus*, indagando se é possível impedir que um regime político descambe para a tirania, Espinosa responde negativamente. A causa instituinte de um corpo político, sendo causa imanente, desdobrará seus efeitos necessários que não fazem senão exprimi-la. Se tirania houver, já estará presente, ainda que secreta e invisivelmente, no movimento da fundação política e suprimi-la significa destruir sua causa e fundar uma política inteiramente nova. É, pois, no instante da fundação política que o embate entre o medo e a esperança é decisivo: se o corpo político nascer do medo da morte, nascerá da impotência e da fraqueza de seus fundadores e exprimirá essa condição para sempre; ao contrário, se nascer da esperança de vida, nascerá da potência e da força de seus fundadores, exprimindo sua instituição em suas instituições.

À questão: a revolta é possível? Espinosa responde afirmativamente. Mas não conclui dela que o resultado será necessariamente uma república livre e sem medo. A coragem da plebe será medida por sua esperança de cidadania, por sua capacidade de dar a si mesma sua própria lei. Ciência alguma — chame-se ela filosofia, ciência política ou economia — garantirá de antemão a derrota do medo. A luta aqui, passional, é combate entre duas paixões em tudo contrárias: fuga da morte e desejo de vida. Só depois que as paixões tiverem decidido o porvir, saberemos se, tristemente, "morreremos de medo/ e sobre nossos túmulos nascerão flores amarelas e medrosas"[11] ou se veredas se abriram para as alamedas da razão, da liberdade e da felicidade, pois, "se o caminho que mostrei a elas conduzir parece muito árduo, pode, todavia, encontrar-se. E com certeza é muito árduo o que raramente se encontra. Como não seria assim, pois se estivesse ao alcance da mão, sem qualquer trabalho, por que teria sido negligenciado por tantos? Mas tudo quanto é belo é tão difícil quanto raro".[12]

NOTAS

1. Quevedo, "Reloj de Campanilla", in *Poesía Original Completa*, Barcelona, Planeta, 1981.

2. Carlos Drummond, "Anoitecer", de "A Rosa do Povo", in *Obra Completa*, Rio de Janeiro, Aguilar Editora, 1964.

3. Guimarães Rosa, *Grande Sertão: Veredas*, Rio de Janeiro, José Olympio Editora, 1972.

4. Carlos Drummond, "O Medo", de "A Rosa do Povo", in *Obra Completa*, op. cit.

5. Borges, "Las Ruinas Circulares", de "El Jardin de Senderos que se Bifurcan", in *Ficciones*, Buenos Aires, Emecê Editores, 1956.

6. Poe, "O Coração Denunciador", in *Ficção Completa, Poesia e Ensaios*, Rio de Janeiro, Aguilar Editora, 1965.

7. Jean Delumeau, *La Peur en Occident — XIVe.-XVIIe. siècles*, Paris, Fayard, 1978, p. 308. [*História do medo no Ocidente*, São Paulo: Companhia das Letras, 2009]

8. Idem, ibidem, p. 309.

9. Carlos Drummond, "Congresso Internacional do Medo", de "Sentimento do Mundo", in *Obra Completa*, op. cit.

10. Albert Hirschman, *As Paixões e os Interesses — Argumentos Políticos a Favor do Capitalismo antes de seu Triunfo*, Rio de Janeiro, Paz e Terra, 1979.

11. Carlos Drummond, "Congresso Internacional do Medo", op. cit., loc. cit.

12. Espinosa, *Ethica*, V, prop. 42, escólio, in *Spinoza Opera*, edição Carl Gebhardt, Heidelberg, Carl Winters, 1822, t. II, p. 308; in *Benedicti de Spinoza Opera Quotquot Reperta Sunt*, edição Van Vloten e Land, Haia, Martin Nijhoff, 1914, t. I, p. 273.

PLATÃO: AS VÁRIAS FACES DO AMOR

José Américo Motta Pessanha

Falar do amor em Platão cria uma inevitável circularidade. Dela não podemos fugir: o próprio Platão não nos deixa escapar. É que, em Platão, amor e fala, amor e discurso, amor e palavra estão intrínseca e definitivamente interligados. Há, para Platão, cumplicidade entre Logos e Eros. Para sermos mais corretos: existe estreita vinculação entre as diversas formas de amor — múltiplas figurações de Eros — e as respectivas linguagens que falam do amor e com que o amor se fala. Os discursos amorosos retratam as várias faces de Eros.

Mais: para Platão, como se vê no *Banquete*, tema do amor vem de muito longe, sua origem se perde em insondáveis tempos remotíssimos, jamais presenciamos seu começo. O que dele temos, na verdade, é a série descontínua de falas ou variações na qual entramos sempre tardiamente: sequência fragmentada de múltiplos e heterogêneos discursos, esfacelada por falhas, hiatos, silêncios. Nunca um discurso inteiro e contínuo — mas retalhos dispersos, discursos díspares e descosidos. Nunca um mesmo e único discurso: falta-lhe começo como lhe falta continuidade. Se o tema provém de eras recuadas, o que obtemos ao tentar resgatar seu passado e recontar sua história são sempre lembranças partidas e incompletas: a memória surge entremeada de esquecimentos. Por outro lado, como sugere o *Fedro*, o amor é tema que não se encerra nem se exaure: apesar de permanentemente retomado, permanece inconcluso, aberto sempre à possibilidade de novas variações. Eis porque — sem a apreensão de seu início, sem a visualização de seu final — do tema do amor temos somente o meio, seu dilacerado meio onde estamos e somos: os inúmeros e às vezes antagônicos discursos amorosos, onde fatalmente tentamos inserir nossa fala particular e provisória.

* * *

Mas falar do amor em Platão exige algumas considerações preliminares:

A primeira diz respeito ao significado geral da filosofia de Platão. Nenhum filósofo exerceu e exerce maior influência na cultura ocidental. Mas nenhum foi também tão mal interpretado e tão caricaturado. É que a estrutura mesma de sua obra possibilita diferentes leituras, algumas parciais e deformantes. Não tendo escrito tratados expositivos, mas *diálogos*, Platão apresenta o filosofar como, fundamentalmente, combate e jogo — jogo sério, ele mesmo adverte — entre diferentes opiniões em confronto. E, embora suas teses possam ser geralmente identificadas com as colocações feitas por Sócrates — ao mesmo tempo personagem e porta-voz —, o método de investigação das questões ultrapassa e condiciona as doutrinas que reciprocamente medem suas forças. A dialética platônica, apesar das mutações que apresenta, permanece basicamente uma justa filosófica: disputa na qual o prêmio da verdade está prometido — promessa cujo cumprimento é continuamente adiado — ao vencedor de árduas competições argumentativas. Ainda: no decorrer dessas lutas, como as travadas entre Sócrates e a sofística, Platão reformula suas posições. Desenvolve, assim, simultaneamente, uma dialética interior às próprias doutrinas: dialética construtiva e retificadora que altera, aprofunda ou corrige suas hipóteses. Platão parece considerar o exercício do filosofar mais importante que as provisórias consequências desse exercício; o método, mais importante que os conteúdos doutrinários. A forma dialogada de sua obra não seria, portanto, mero artifício didático ou literário: reflete e desvela a construção dialética de um pensamento aberto e litigante, em permanente combate com adversários e consigo mesmo, no esforço de desfazer ilusões e enganos exteriores e interiores. Mas a estrutura dialogada de obras que são verdadeiros dramas filosóficos fatalmente tem como consequência tornar o público — leitor ou auditor — um dos participantes do debate, mais um protagonista do confronto entre consciências e entre opiniões.[1] O que torna difícil o distanciamento, o que facilita a tomada de posição pró ou contra as teses apresentadas — mas o que também induz à interpretação parcial e "interessada".

Esses fatores já são suficientes para tornar difícil a apreensão do que seria *a* filosofia de Platão. E há mesmo quem afirme não existir propriamente *uma* filosofia em Platão — embora dinâmica e mutável —, antes uma construção multifacetada, assistemática, plural, constituída por sucessivas tentativas, sucessivos "ensaios" (vários aporéticos ou inconclusos), tamanha a inquietação desse filosofar que incessantemente rediscute problemas, multiplicando níveis e perspectivas de abordagem, apontando os inúmeros caminhos que se oferecem à aventura do pensamento. De fato, mesmo que o filosofar, para Platão, não seja *apenas* o mapeamento dos diferentes itinerários intelectuais possíveis — o que afinal faria do platonismo uma forma requintada de relativismo e daria aos sofistas a palma da vitória —, ele é *também*, sempre, a busca de uma rota que revela sua excelência e seu direcionamento à verdade pela própria capacidade de derrotar e corrigir as demais, como uma reta que se vai aos poucos construindo pela retificação das curvaturas da ilusão. O que torna indesligável o liame entre verdade e erro, ciência e ficção, mesmo e outro, ser e não ser. E o que faz de Sócrates/Platão o reverso do sofista: o avesso que é o direito.

Além disso — e certamente também por tudo isso —, Platão utiliza variados recursos de linguagem: diálogos propriamente, discursos, demonstrações de índole matemática, mitos, alegorias etc. Parece mostrar que a linguagem filosófica é necessariamente vária, inevitavelmente múltipla. E que a filosofia precisa empregar diversas linguagens para poder tratar adequadamente os diferentes objetos, respeitando a peculiaridade de cada um. A imagem da linha dividida, no final do livro VI da *República*, mostra que a cada tipo de objeto corresponde uma forma de conhecimento; mas é necessário acrescentar que a cada tipo de objeto e de conhecimento corresponde uma forma de linguagem. Eis por que a prosa belíssima e riquíssima de

Platão incorpora com frequência elementos poéticos, sempre que a poesia se torna imprescindível e desde que a serviço da busca da verdade, não da simples encantação e do ilusionismo. Por isso, artista, Platão critica duramente os artistas; poeta, critica Homero e os poetas que realizam "prestígios": uma certa arte imitativa e fascinante que é a sofística na arte.[2] Para ajustar a linguagem a determinados objetos de investigação ou para tornar didaticamente acessíveis certos temas, Platão recorre com frequência a metáforas, magníficas metáforas. Imagens e analogias não são, porém, acessórios ou ornatos literários: possuem funcionalidade e constituem uma forma de pensamento. Não pensamento rigoroso e exaustivo, mas pensamento alusivo, analógico, que se move nos domínios do razoável e do plausível, exigido pela natureza não inteiramente inteligível do objeto em questão. Essa ampliação do âmbito da razão e essa instauração de um plano intermediário entre verdade e falsidade — revolução realizada por Platão nas premissas do eleatismo — abrem espaço para a hierarquização dos diferentes tipos de opinião, permitem a conquista *progressiva* da verdade e tornam possível falar-se até em "opinião verdadeira" (Teeteto, 187b). E é o que torna flexível e pluriforme o *logos* platônico, aumentando o território do discurso iluminador e fazendo recuar a ameaça do impensável e do indizível. Todavia, se imagens e metáforas geralmente estão a serviço dessa tarefa de *iluminação até certo ponto*, constituem também um grande risco. São "perigosas metáforas", como escreveu Léon Brunschvicg, pois podem ocasionar equivocadas e maliciosas traduções — traduções ao pé da letra, ao pé da imagem —, como ocorreu, desde Aristóteles, com a belíssima metáfora "céu das ideias".

Por esses e outros motivos é difícil descobrir um único e verdadeiro significado para as doutrinas de Platão: há tantos platonismos quanto seus grandes intérpretes, de Aristóteles até nossos dias. Mas, se é assim do ponto de vista dos conteúdos doutrinários, é praticamente unânime o reconhecimento de que Platão redireciona o pensamento filosófico do ponto de vista metodológico. Ele propõe novo eixo para a construção científico-filosófica. Essa mudança constitui verdadeira *conversão*, que passa a determinar a índole de grande parte dos empreendimentos culturais do Ocidente: na filosofia, na ciência, na política, na religião, na arte, na ética etc. A partir de Platão, a viagem do pensamento geralmente adota novo roteiro. Aquele que Nietzsche recusará (cínicos e estoicos já haviam rejeitado e combatido na Antiguidade) e que Deleuze descreve com clareza:

> A imagem do filósofo, tanto popular como científica, parece ter sido fixada pelo platonismo: um ser das ascensões que sai da caverna, eleva-se e se purifica na medida em que se eleva. Nesse "psiquismo ascensional", a moral e a filosofia, o ideal ascético e a ideia do pensamento estabeleceram laços muito estreitos. Deles depende a imagem popular do filósofo nas nuvens, mas também a imagem científica segundo a qual o céu do filósofo é um céu inteligível que nos distrai menos da terra do que compreende sua lei. Mas nos dois casos tudo se passa em altitude (ainda que seja a altura da pessoa no céu da lei moral). Quando perguntamos "que é orientar-se no pensamento", aparece que o pensamento pressupõe ele próprio eixos e orientações segundo as quais se desenvolve, que tem uma geografia antes de ter uma história, que traça dimensões antes de construir sistemas. A altura é o Oriente propriamente platônico. A operação do filósofo é então determinada como ascensão, como conversão, isto é, como movimento de se voltar para o princípio do alto, do qual ele procede, e de se determinar, de se preencher e de se conhecer graças a uma tal determinação.[3]

Discutir amplamente essa *conversão* seria inevitavelmente discutir todo o platonismo. Seria, inclusive, procurar razões que teriam levado Platão a propor a substituição do eixo construtor das explicações filosóficas, trocando o eixo horizontal-retroativo, típico do pensamento pré-socrático, pelo eixo ascensional, verticalizante. Aquele, afinal, é mítico antes de ser filosófico: fabula, conta uma *história*, descreve uma gênese —

do universo, de todos os seres — a partir de um começo, um princípio-início, uma *arké*. Repete, nas cosmogonias pré-socráticas, o eixo da causalidade genética, feito de causas antecedentes, já expresso na *Teogonia* de Hesíodo sob a forma de genealogia. O segundo, o ascensional inaugurado por Platão, aparece no *Fédon* (97d-101b) em declarada contraposição à forma de pensar jônica representada por Anaxágoras de Clazômenas. Surge como uma "segunda excursão" à procura de outro tipo de causalidade (99d), capaz de justificar não apenas o que aí está, mas sobretudo o que "parece melhor", "mais justo e mais belo" (99a), ou seja, capaz de justificar racionalmente não só o universo físico aí presente, *de fato*, mas também o universo ético e político: que deverá ser, *de direito*: o universo dos valores que subentende a finalidade. O eixo ascensional, estabelecido segundo o modelo do "método dos geômetras" (*Mênon*, 86e--87b), representa a superposição de hipóteses que se ligam pela relação condicionado/condicionante. É ele que conduz à afirmação de outro tipo de causa, outro tipo de *arké*: não mais *arké* como princípio-começo, *arké* ancestral, *arké*-arcaica, mas como princípio modelar, ideal, paradigmático, *arké*-arquetípica: a "ideia" ou forma, incorpórea e transcendente. Assim, desde a índole ascendente de sua construção, a dialética platônica revela-se uma metamatemática.

Mas é válido perguntar: por que essa mudança de eixo? Responder, embora simplificadamente, consistiria em examinar algumas razões que se conjugaram para suscitar tal mudança:

1) Razões religiosas — configuradas principalmente pela influência, sobre o pensamento platônico, da corrente órfico--pitagórica, com sua religião astral, que fazia das estrelas a pátria das almas e via na condição terrena dos homens apenas uma passagem purificadora, uma peregrinação de retorno através de várias reencarnações, rumo à Ítaca celeste: o regresso ao *Alto*.

2) Razões científicas — representadas sobretudo pela influência da vertente científica do pitagorismo, que fazia da matemática a via *ascensional* de salvação da alma e da *pólis*, o caminho de retorno ao reino da claridade, da proporção, da harmonia, da

justeza e da justiça. No tempo de Platão, esse matematismo pitagórico desenvolvia-se principalmente em torno da questão dos "irracionais": a incomensurabilidade ou inexistência de medida comum entre grandezas como a diagonal e o lado do quadrado. Escândalo para o pitagorismo primitivo, a questão dos irracionais adquire, na época de Platão, novo significado e impulsiona o avanço da matemática grega, exigindo a modificação da própria noção de número. Teodoro de Cirene, matemático e amigo de Platão, demonstra a irracionalidade das raízes quadradas de 3 até 17, revelando que, ao contrário do que antes se supunha, a irracionalidade não era uma escandalosa exceção, antes o fundo subjacente ao fluxo da quantidade, do qual emergem os números inteiros (únicos números para o pitagorismo primitivo, que os considerava as almas das coisas), como momentos privilegiados de nítida apreensão, de valoração exata. Até Platão, o irracional, o *alogon*, é concebido não só como o incomensurável, mas também como o inefável, o indizível. Uma das maiores contribuições de Platão à compreensão do problema — com profunda repercussão em seu próprio pensamento — está em mostrar, no *Teeteto*, que o irracional é, ao contrário, aquilo que somente pode ser nomeado, do qual temos apenas o símbolo, jamais a *physis*, a natureza, a essência, o que ele é exatamente. Em relação a ele temos apenas aproximações; dele apenas nos acercamos — por meio de cálculos *por falta* ou *por excesso* —, nunca o apreendemos em sua exatidão, em sua justa medida. Perseguido, seu valor parece fluir em direção ao infinito, refugiando-se no *ápeiron*, no ilimitado, e deixando um rastro de reticências — como quando queremos saber o valor da raiz de 2. Ele é como o limite[4] para o qual tendem nossas incessantes e sempre insuficientes aproximações; parece sempre transcender nossas múltiplas artimanhas de linguagem, nossos esforços para dizê-lo em si mesmo, direta e exaustivamente, permanecendo apenas refletido nas imprescindíveis e precárias tentativas desse dizer. Seu modo de transcendência sugere aquele que, segundo Platão, é o das ideias em relação aos objetos físicos e à própria linguagem.

3) Razões políticas — enfeixadas na necessidade de tomar distância, que Platão experimenta, em relação à prática política desenvolvida em Atenas, como ele próprio revela na *Carta VII*. Percebe as falhas dos diferentes regimes políticos existentes, percebe a fragilidade e as imperfeições da democracia ateniense — que, inclusive, matara o justo por excelência, Sócrates — e então refreia os impulsos juvenis de participação política, passando a desenvolver uma filosofia que ocupa o espaço da "ação entravada".[5] Busca os fundamentos da política que seja não uma política qualquer, mas a política justa. Distanciando-se da ação imediata, passa a arquitetar um modelo político ideal, de bases metamatemáticas. O exemplo de Árquitas de Tarento — matemático pitagórico e governante — certamente lhe serve de inspiração. Mas a *subida* em direção ao modelo hipotético e o "não" às formas políticas imediatas não significam abandono ou desistência da ação. Suas reiteradas tentativas de participação na política de Siracusa o comprovam: não porque quisesse fazer de Siracusa a concretização da *pólis* ideal, mas principalmente porque sua ampla visão política mostrava a necessidade de se bloquear o avanço dos cartagineses na Sicília. O "distanciamento" da prática política representa, assim, a criação de um espaço teórico e crítico: a ascese, a partir do sensível imediato, rumo ao reino da inteligibilidade.

Ao lado dessas e de outras razões culturais, que teriam induzido Platão a inaugurar novo eixo metodológico, trocando a horizontalidade retroativa pela verticalidade, podem ser alinhadas outras explicações. Pode-se até, à luz das reflexões de Bachelard sobre os vários tipos de temperamentos filosóficos e artísticos, determinados pela predominância de certos ingredientes do imaginário material, reconhecer em Platão um temperamento fortemente marcado pelo ar, um psiquismo movido sobretudo pelo ímpeto ascensional, aeriforme.[6] Curioso é que isso integraria Platão numa família de imaginativos em que Bachelard coloca poetas como Shelley e o filósofo ferozmente antiplatônico Nietzsche.[7]

* * *

Uma segunda ordem de reflexões preliminares inevitavelmente diz respeito à questão do erotismo na concepção dos antigos gregos, dentro da qual deve ser situada a concepção platônica do amor. Essa ampla moldura cultural é admiravelmente traçada por Foucault, num de seus últimos e mais belos livros.[8] Mostra ele que, na Grécia Antiga, a questão dos prazeres — *ta aphrodisia* — desenvolve-se em torno de quatro grandes eixos: a Dietética (referente aos cuidados com o corpo), a Econômica (relativa ao casamento, à relação com a esposa), a Erótica (relativa ao amor aos rapazes), a Filosofia (relativa à verdade). Mais: a reflexão moral dos gregos sobre o comportamento sexual representa a estilização de uma atividade cujo exercício deve conjugar a prática de seu controle à prática de sua liberdade. Trata-se de um trabalho de estilização inserido numa estética da existência.

O autocontrole gira em torno do tema da austeridade, da continência. O que distingue os homens uns dos outros — para a medicina tanto quanto para a moral — não é tanto o tipo de objeto para o qual está orientado o desejo sexual ou o modo como a prática sexual é realizada: é antes a intensidade dessa prática. A diferença aparece em termos de moderação e incontinência; a imoralidade estaria no excesso e na passividade. Os gregos não opõem, como comportamentos excludentes ou radicalmente diferentes, o amor ao mesmo sexo e o amor ao sexo oposto. A oposição fundamental é a que coloca, de um lado, o homem temperante e *senhor* de si, de outro, o homem que é escravo dos prazeres (na relação com outro homem ou na relação com uma mulher). O núcleo da questão está no conceito de temperança, que subentende não apenas uma arte da medida — a *metrética* que Platão aplica também à ética, à estética da existência — como ainda o domínio de si, expresso no autogoverno, na *autarquia*: inerente à liberdade política tanto quanto à liberdade individual. É que na questão ética do "uso dos prazeres" entrecruzam-se, em Platão, paradigmas políticos, médicos, matemáticos.

Por outro lado, a estilização do comportamento sexual, a estetização do desejo, manifesta-se também na escolha de seu objeto. Este deve ser o mais belo e o mais nobre, independentemente de ser ou não do mesmo sexo. Por isso é que vemos em Platão a passagem do amor aos rapazes (Erótica) ao amor à verdade (Filosofia). O mais belo e mais nobre objeto de amor é encontrado desde que os termos iniciais da relação erótica — homem/rapaz, amante/amado, erasta/erômeno — vão sendo substituídos, numa ascese erótica progressiva, até se transformar afinal na relação entre sujeito (amante) e objeto (amado) de contemplação. Ao longo dessa transformação, o vínculo erótico entre as pessoas é transmutado em relação de amizade: *Philia* substitui Eros. É que a relação amante/amado passa a se sustentar na relação mais forte, de cada um, com a verdade: a *philia* alimenta-se sobretudo na filo-sofia. Eis porque, mostra Foucault (p. 213), nos diálogos de Platão acompanha-se a passagem da erótica modelada sobre a prática da corte à erótica que gira em torno da ascese do sujeito à verdade. Essa passagem exige a mudança dos temas das conversações sobre o amor. Para se saber o que é o verdadeiro amor, vão sendo abandonadas questões como: quem convém amar? em que condições o amor é honroso para o amado e para o amante? Tais indagações vão sendo subordinadas à questão fundamental: o que é o amor em si, qual a essência do amor? A troca de perguntas a respeito do amor — passando do plano das relações afetivas entre pessoas para o plano da relação afetivo-intelectual entre sujeitos e verdade — revela a troca do eixo da causalidade horizontal pelo da causalidade vertical: a conversão platônica rumo ao alto, ao "mundo das ideias". É o que se pode verificar nos três diálogos que Platão dedica ao amor: *Lísis*, *Banquete* e *Fedro*.[9]

Mas, antes de irmos ao encontro desses diálogos, é proveitoso verificar o que o próprio Platão diz sobre a palavra "amor" (*érôs*). No *Crátilo*, na parte em que Sócrates discute com Hermógenes a tese de que os nomes seriam simples obra de convenção e acordo, abre-se um longo exercício que procura estabelecer a etimologia de dezenas de palavras: nomes de deuses, astros, fenômenos naturais, noções morais, nomes derivados e nomes primitivos. É bem verdade que, durante todo esse exercício, Sócrates parece "inspirado": levado não pelo rigor do raciocínio, antes realizando especulações engenhosas, algumas tão livres que parecem fantasias. O próprio Sócrates reconhece isso e atribui esse seu comportamento — de quem parece "mais sábio que a razão" (399) — ao fato de ter conversado longamente, naquele mesmo dia, com Eutífron, fanático religioso que se apresentava como adivinho. E é como quem se entrega a um jogo de palavras e adivinhações que Sócrates procura a etimologia das palavras: artimanha usada por Platão para, desde aí, sugerir que a verdade — mesmo a verdade sobre as palavras — não pode ser dada pela linguística, só sendo alcançada pela dialética.[10] De qualquer modo, porém, as etimologias apresentadas por Sócrates/Platão nesses exercícios têm grande interesse, inclusive porque iluminam certos conceitos com uma luz às vezes insegura, mas platônica. É o que ocorre com a etimologia de *érôs*. Através de Sócrates, Platão investiga a etimologia de *daimon* (demônio, gênio), e depois a de *érôs*. Faz então uma insuspeitada aproximação: entre "amor" e "herói". Mostra que, de fato, todos os heróis são seres híbridos de mortalidade/imortalidade, pois "são nascidos do amor de um deus por uma mortal ou de um mortal por uma deusa" (398d). E acrescenta: "à luz da antiga língua ática, esse nome (herói) revela-se derivado de 'amor' (*érôs*), ao qual os heróis deveram seu nascimento". Em seguida, esclarece: os heróis "eram sábios, oradores eloquentes e bons dialetas, sendo hábeis no questionar (*érôtan*), no falar (*eirein*), porque *eirein* é sinônimo de *légéin* (dizer)". Finalmente: sendo os heróis oradores e hábeis questionadores, "a raça heroica tornou-se um tipo de retóricos e de sofistas" (398d-e).

A etimologia "inspirada" de Sócrates permite, assim, estabelecer uma subterrânea ligação entre amor e fala. Permite ainda reconhecer a existência de um heroísmo que se revela pela palavra. Mas, no fundo, a raiz desse heroísmo é o amor, pois o herói é, ele mesmo, obra de Eros. Por dentro de "eros" e de "herói" passa o significado de falar, questionar, dizer. Por isso, Logos e Eros são inseparáveis. Por isso, também, é que em todos os seus tipos e níveis o amor é falante, discursante. E justamente o que Platão faz em sua obra é apresentar e hierarquizar os diferentes discursos do amor. Procura, desse modo, traçar o perfil daquele que é, ao mesmo tempo, o grande herói e o grande amante, o amante ideal: Sócrates, que desenvolve através da fala o heroico tema da docência erótica e do erotismo docente e libertador. Assim, quando fala sobre o amor — no *Lísis*, no Banquete, no *Fedro* —, esse discurso tem o amor como objeto, mas subentende-o também no ato mesmo do falar: do falar do perfeito amante. Pois "o perfeito amante (*erotikós*) é o verdadeiro filósofo".[11]

A etimologia de "eros" é enriquecida no *Fedro* (252b). Sócrates aí distingue duas etimologias de "eros", correspondentes a dois de seus aspectos: para os homens, o amor é *éros* — é simplesmente "alado"; para os deuses, porém, ele é *ptérôs*, isto é, "alante", doador de asas. Para Platão, como mostra Joly, é este último sentido que é o sentido filosófico de Eros. Escreve: "O amor platônico é, com efeito, o amor mitológico, mas filosoficamente revisto e corrigido. [...] Ele é menos o que voa do que o que faz voar".[12] Falante e alante, o amor é impulso ascensional, do sentimento e da fala. Conduz do condicionado ao condicionante, do corpóreo ao incorpóreo. Tende ao absoluto: (re)conduz a alma do contingente e do efêmero ao essencial e ao eterno.

O *Lísis* é um belíssimo diálogo que os historiadores geralmente situam no final da série dos diálogos platônicos chamados "socráticos" ou "da juventude". Nele, Sócrates conversa com alguns jovens sobre o amor. É que um deles (Hipótales) está apaixonado por um garoto (Lísis) e não consegue esconder isso de Sócrates, que se dispõe a mostrar o que se deve fazer para obter o amor do amado. A questão do amor é colocada, assim, de início, no nível da discussão sobre a melhor forma de se fazer a corte, sobre o melhor modo do caçador conseguir aprisionar sua caça (206b). A questão logo muda de rumo quando Sócrates passa a dialogar com Lísis, que se juntara ao grupo em torno do filósofo. À candura de Lísis. Sócrates aplica delicadamente sua maiêutica, sua sedução docente. Começa por perguntar a Lísis se seus pais, que o amam muito, permitem que ele faça tudo o que deseja. Lísis naturalmente diz que não: muitas coisas que gostaria de fazer lhe estão proibidas, como dirigir nas corridas os carros puxados por cavalos. E, no entanto, tais coisas podem ser feitas por mercenários ou escravos. Coloca-se, assim, um aparente paradoxo: Lísis, futuro cidadão de Atenas, com todo o direito à liberdade, não é livre para fazer o que faz um escravo. Nem pode se governar a si mesmo, sendo comandado por um pedagogo, escravo também (208c). Vive, de fato, em regime de subordinação aos pais, ao pedagogo, aos mestres. Mas Lísis sabe que é uma questão de tempo: dócil, consente naquela subordinação, compreendendo que, quando tiver idade bastante e tiver aprendido como fazer as coisas, terá liberdade para fazê-las. Sócrates, com hábeis perguntas, leva Lísis a reconhecer que há necessidade de uma preparação para o exercício de determinadas atividades ou funções. Mas chegará o momento em que estará afinal preparado até para os afazeres que lhe forem confiados pela *pólis* e pelos concidadãos (209d). Pois é necessário tornar-se mestre, desenvolver uma habilidade, um virtuosismo, uma *techné*; essa a condição para se tomar livre de fato e de direito e comandar os outros (210b). E Sócrates mostra mais: "tornando-nos sábios, seremos amados", pois, sábios, somos úteis e bons (210d).

A utilização do paradigma político e do binômio livre/escravo conduz ao reconhecimento de outra forma de se alcançar o amor: o amor que se recebe em decorrência de uma habilidade, de uma mestria — a mesma mestria que permite o exercício pleno da liberdade. No *Lísis* já encontramos, portanto, a formulação da tese platônica de que ao amor passional, escravizante, avassalador, contrapõe-se outro tipo de amor: aquele baseado no aprendizado, no saber. E que liberta.

Em seu prosseguimento, o diálogo aborda outras questões relativas ao amor, como: o semelhante é que é amigo do semelhante? Ou os seres opostos é que são amigos? (213d, 215e). Discutem-se teses atribuídas direta ou indiretamente a poetas, como Homero, e a sábios, como Empédocles, Anaxágoras, Heráclito, mostrando Sócrates as insuficiências de todas elas. Até que, na tentativa de superar essas insuficiências, ele, "cedendo a uma espécie de adivinhação", faz uma conjetura (216d): há três gêneros — o bom, o mau e o que não é bom nem mau (como o corpo). E propõe a conclusão: o que não é bom nem mau torna-se amigo do bom pela presença do mau, como o doente ama a medicina por causa da doença e em função da saúde que deseja (217b-c). Sócrates confessa sentir-se aqui "como o caçador que enfim pegou a caça que perseguia" (218c), numa caçada, é claro, bem diversa daquela inicialmente referida em sua conversa com o apaixonado Hipótales. É que agora a caçada dirige-se para o alto, abandonando as vicissitudes e as artimanhas sensíveis de corte e sedução entre *erasta* e *erômeno*. Essa ascese, por não ter ainda estabelecido rigorosamente seu método (o "método dos geômetras", que somente será explicitado no *Mênon* e no *Fédon*), pode parecer apenas "um belo sonho" e correr o risco de ser arrastada por raciocínios enganadores (218c). Mas mesmo assim Sócrates ousa propor a *conversão* ascensional. Havia reconhecido que a medicina é amada em vista da saúde. Pergunta então: e a saúde é amada em vista de quê? Naturalmente, em vista de outro objeto amado. E conclui:

> Então chegar-se-á fatalmente ou que deixaremos de seguir nessa via, ou que chegaremos a um princípio que não nos remeterá mais a outro objeto amado, quero dizer a esse objeto que é o primeiro objeto de amor, em vista do qual dizemos que todos os outros são amados (219c-d).

Se o que se ama é sempre um bem para quem o ama, de bem em bem chega-se afinal ao bem incondicionado. Por isso,

Sócrates acrescenta: "é esse primeiro objeto que é verdadeiro amigo" (219e), pois "é o bem que é amado" (220b).

Mas a rapidez com que se chegou a esse ápice deixa irrespondida uma série de dúvidas, como: "ama-se o bem por causa do mal?" (220d), ou "se o mal acabasse, cessariam os desejos?" (221b). Responder a essas perguntas pressupõe a resolução de problemas que Platão só enfrentará decisivamente em diálogos posteriores, problemas que ultrapassam a esfera ético-afetiva e se enraízam no território metafísico ou, melhor, metamatemático. Por enquanto, no *Lísis*, ficam apenas algumas rápidas indicações: sobre a positividade inerente ao desejo (a fome é tanto nociva quanto útil, nela experimenta-se dor e prazer); sobre a permanência da amizade mesmo quando o mal desaparece; sobre a amizade causada pelo desejo (221d); sobre o desejo pressupondo uma conveniência — não uma semelhança — de alma, de caráter, de costumes, de exterior, o que possibilita a reciprocidade entre amante e amado (222a-c).

Mas a conversação é interrompida pela chegada dos pedagogos que vêm buscar Lísis e seu amigo Menexeno. O tema do amor permanece inconcluso, aberto. O *Banquete* o retomará.

O *Banquete* é, indiscutivelmente, uma obra-prima da literatura e da filosofia de todos os tempos. De saída, merece atenção a forma como a situação dramática é construída e como o tema do amor é introduzido. Em seu conjunto, o diálogo se apresenta como um relato feito por Apolodoro a um companheiro; este pede a Apolodoro que reproduza os discursos sobre o amor pronunciados num banquete na casa de Agatão. Apolodoro o que faz é *repetir* ao companheiro o que antes já havia contado a outra pessoa, Glauco, que lhe fizera pedido semelhante. Mas o que contara a Glauco e o que repete ao companheiro *não foi por ele presenciado*; ocorrera *há muito tempo* e lhe fora narrado por Aristodemo, que, este sim, assistira à reunião. Por isso é que, antes de tentar reproduzir os discursos proferidos no banquete da casa de Agatão, Apolodoro, prudentemente, previne que "foram eles em verdade *mais ou menos* assim..." (174a). Mais adiante, depois de reproduzir o que teria sido o discurso de Fedro sobre o amor, Apolodoro esclarece: "De Fedro foi *mais ou menos* este o discurso que pronunciou, no dizer de Aristodemo; depois de Fedro houve alguns outros de que ele *não se lembrava bem*, os quais *deixou de lado*, passando a contar o de Pausânias" (180c). Finalmente, quando mais adiante chegar a vez de Sócrates fazer seu discurso, é ele mesmo, Sócrates, que provoca novo e decisivo recuo: reporta-se a um discurso bem mais antigo e de misteriosas origens — o discurso de Diotima de Mantineia, que teria escutado há tempos e que reproduz e endossa.

Percebe-se, assim, que a doutrina socrático-platônica sobre o amor emerge do texto do *Banquete* como aquilo que pôde ser resgatado de uma longa cadeia de memórias e esquecimentos, no meio de uma série de discursos heterogêneos, provenientes de várias épocas e entremeados de lacunas. Mais: o que se tem são sempre discursos que se referem a discursos e são mediadores de outros discursos. Ou seja: o tema do amor existe na intermediação dos discursos, no campo plural da fala, da interlocução sustentada pela memória, mas marcada inevitavelmente pela incerteza e pelas omissões do esquecimento. Um discurso remete a outro, que remete a outro, que remete a outro... numa sequência fragmentada de inúmeras mediatizações, a partir de um inalcançável ponto inicial que, como a *physis* do irracional matemático, recua indefinidamente.

Por outro lado, é também importante verificar que, do ponto de vista literário — mas com decisivas implicações filosóficas —, o texto do *Banquete* abriga grande variedade de recursos: diálogos, discursos, mitos, citações de poetas, provérbios, múltiplos estilos (as imitações ou pastiches dos diferentes estilos dos discursantes, a revelar diferentes psicologias ou mentalidades: uma das mais extraordinárias realizações do Platão filósofo-dramaturgo). E pode-se indagar: tudo isso não é mesmo indispensável para se falar do amor? O amor não exige ser dito com todos os recursos da linguagem, ele que, segundo o *Crátilo*, está intrínseca e subterraneamente ligado a todo falar, a todo dizer, a todo questionar? Do amor, afinal, o que podemos ter não são as muitas faces, as muitas falas?

O banquete reproduzido por Apolodoro, com base no relato de Aristodemo e em confirmações de Sócrates (173b), aconteceu no dia seguinte ao da vitória de Agatão num concurso literário. Sócrates se dirigiu à comemoração acompanhado por Aristodemo. Estava "banhado e calçado com as sandálias" e, ao encontrá-lo, Aristodemo pergunta "aonde ia assim tão bonito" (174a). Eis aí um Sócrates limpo, asseado, até bonito, certamente porque preparado para a festa e porque, diz, quer "ir belo à casa de um belo" (174b); mas talvez também porque iria anunciar uma ascese apolínea, uma certa purificação, um certo afastamento do sensível e a superação do corpóreo: calçados de sandálias, seus pés já não tocam a terra.

Desde o caminho em direção à casa de Agatão, Sócrates está estranho: "Sócrates, então, como que ocupando o seu espírito consigo mesmo, caminhava atrasado e, como o outro se detivesse para aguardá-lo, ele lhe pede que avance" (174d). Esse ensimesmamento de Sócrates é um fenômeno que ocorre de vez em quando — e Platão o menciona em outros diálogos. Aqui, o ensimesmamento e o atrasar-se no caminho parecem indicar um duplo recuo indispensável à preparação do discurso que fará depois: é do fundo de si mesmo que jorrará uma sabedoria ancestral, voz de Diotima trazida no bojo de sua própria voz, enquanto o atrasar-se sugere a tomada de impulso de quem se prepara para saltar longe e alto em sua fala.

Após o jantar, na hora propriamente do simpósio — da bebida em conjunto acompanhada de divertimentos — surge a proposta de Erixímaco, que assume a função de simposiarca: que não se beba tanto — como se fizera na véspera — e que se dispense a flautista; em lugar do vinho e da música, que os presentes façam encômios a Eros (176e-177d). A embriaguez do vinho será substituída pela embriaguez ou pela moderação dos discursos; a música da flauta substituída por cantos de palavras. Se na véspera reinara Dioniso com sua desmesura, agora será a vez de Apolo, com suas claridades e sua medida.

Seguem-se então os discursos. Primeiro, Fedro.

Fedro apresenta Eros no contexto teogônico, à maneira de Hesíodo. Um Eros que é o mais antigo dos deuses, um grande deus sem genitores, que surge depois de Caos e juntamente com Terra (178b). Esse deus poderoso, também exaltado por Parmênides e Acusilau, está na raiz da geração de todos os seres e, no nível humano, é causa dos maiores bens. Explica Fedro: "Não sei eu, com efeito, dizer que haja maior bem para quem entra na mocidade do que um bom amante, e para um amante, do que o seu bem-amado" (178c). É que o amor leva "à vergonha do que é feio e ao apreço do que é belo" (178d). Por isso, o melhor exército seria aquele constituído por amantes e amados, pois, "quando lutassem um ao lado do outro, tais soldados venceriam, por poucos que fossem, por assim dizer todos os homens" (179a). Também, "quanto a morrer por outro, só o consentem os que amam, não apenas os homens, como também as mulheres" (179b), como mostram os exemplos de Alceste e de Aquiles. E conclui Fedro: "Assim, pois, afirmo que o Amor é dos deuses o mais antigo, o mais honrado e o mais poderoso para a aquisição da virtude e da felicidade entre os homens, tanto em sua vida como após sua morte" (180b).

Ao discurso de Fedro — depois daqueles de que Aristodemo não mais lembrava — seguiu-se o de Pausânias. De saída, o novo discurso sobre o Amor introduz uma divisão fundamental: não há um único tipo de Amor. O Amor está sempre ligado a Afrodite; como há duas Afrodites — a Urânia ou Celestial (filha de Urano) e a Pandêmia ou Popular (filha de Zeus e Dione) —, há também dois Amores, um Urânio ou Celestial, outro Popular ou Pandêmio. Essa distinção permite a introdução de critérios valorativos quanto ao amor. O Eros do tipo hesiódico, apresentado por Fedro, justificava, como princípio gerador da realidade toda, a existência factual dos seres, mas não legitimava os juízos de valor, a contraposição do bom e do mau, do belo e do feio, do certo e do errado. Já os dois Amores — de origens e naturezas diversas — podem fundamentar as oposições axiológicas. Agora é possível dizer: "o amar e o Amor não é todo ele belo e digno de ser louvado, mas apenas o que leva a amar belamente" (181a). Agora pode-se fazer a separação entre Amores qualitativamente diversos, que valem diferentemente: o Popular, mais voltado para o corpo e referente a homens e mulheres; o Celestial, amor entre homens, amor do homem ao rapaz. Pode-se também fazer a distinção entre formas de amor aos rapazes: um amar que deseja "acompanhar toda a vida e viver em comum", outro que é enganoso e que, "depois de tomar o jovem em sua inocência e ludibriá-lo, parte à procura de outro" (181d). Ou seja, torna-se possível distinguir o bom do mau amante, estabelecer as bases para a estilização da conduta amorosa.

A instauração da possibilidade de valoração, a partir da distinção entre um Amor superior e outro inferior, permite ainda a análise sociológica e política da questão do homoerotismo, da homofilia. Torna-se justificável examinar "a lei do amor" nas diferentes cidades. Vê-se então que, enquanto em Atenas ela é complexa (certamente porque o regime democrático e a diversidade de posições filosóficas tendiam a multiplicar pontos de vista sobre a questão), em outras cidades "a lei do amor" parece rigidamente estabelecida. Importante é que Platão, através de Pausânias, mostra a estreita ligação entre regimes políticos, uso da palavra e valoração da homofilia:

> Em Élida, na Lacedemônia, na Beócia, e onde não se saiba falar, simplesmente se estabeleceu que é belo aquiescer aos amantes, e ninguém, jovem ou velho, diria que é feio, a fim de não terem dificuldades, creio eu, em tentativas de persuadir os jovens com a palavra, incapazes que são de falar; na Jônia, porém, e em muitas outras partes é tido como feio, por quantos habitam sob a influência dos bárbaros. Entre os bárbaros, com efeito, por causa das tiranias, é uma coisa feia esse amor, justamente como o da sabedoria e da ginástica; é que, imagino, não aproveita aos seus governantes que

> nasçam grandes ideias entre os governados, nem amizades e associações inabaláveis, o que justamente, mais do que qualquer outra coisa, costuma o amor inspirar (182b-c).

O Amor Celestial — que tem o Alto como origem e destinação —, quando bem conduzido, une homens que se libertam pela persuasão da palavra amorosa — o que bárbaros não entendem e tiranos não podem admitir. É um amor que não convive com a servidão, a não ser a *servidão voluntária*: ao próprio amor, à virtude, ao bem:

> É com efeito norma entre nós que, assim como para os amantes, quando um deles se presta a qualquer servidão ao amado, não é isso adulação nem um ato censurável, do mesmo modo também só outra única servidão voluntária resta, não sujeita a censura: a que se aceita pela virtude. Na verdade, estabeleceu-se entre nós que, se alguém quer servir a um outro por julgar que por ele se tornará melhor, ou em sabedoria ou em qualquer outra espécie de virtude, também esta voluntária servidão não é feia nem é uma adulação (184b-c).

Pausânias ainda acrescenta em sua conclusão:

> Este é o amor da deusa celeste, ele mesmo celeste e de muito valor para a cidade e os cidadãos, porque muito esforço ele obriga a fazer pela virtude tanto ao próprio amante como ao amado (185b-c).

Esse esforço é tanto no sentido ético quanto pedagógico: é o amor celestial que anima o trabalho docente — que culmina na docência erótico-filosófica — e estabelece a estreita ligação, para os gregos, entre pedagogia e pederastia.[13]

Em seguida, Erixímaco toma a palavra (no lugar de Aristófanes, acometido por soluços). Faz um discurso "científico", falando sobretudo na perspectiva da medicina de Empédocles de Agrigento e de Alcmeão de Crotona. O Amor surge então como *Philia* (que Empédocles contrapunha a *Neikos*, Discórdia ou Ódio), princípio universal de atração dos semelhantes. Esse princípio rege a medicina, mas também a ginástica, a agricultura, a música (187a), pois "também a música, no tocante à harmonia e ao ritmo, é ciência dos fenômenos amorosos" (187c).

Erixímaco concorda em que há dois Amores, um celestial e outro popular; o importante, porém, é que tanto na natureza como no homem estejam aliados à moderação, à harmoniosa convivência dos opostos. Do contrário, podem advir os males causados pelo amor associado à violência, aos excessos, à imoderação: doenças (nos homens, animais, plantas), pestes, geadas, granizos... (188b). Sendo universal o poder do Amor, é preciso cuidar para que ele se realize com sabedoria e justiça entre os homens, conclui Erixímaco.

Aristófanes, o comediógrafo, começa seu discurso retomando o tema do poder do Amor. Mas para se entender esse poder é necessário, afirma, conhecer a natureza humana e suas vicissitudes (189d). Para tanto, lança mão de um mito, um dos mais famosos mitos contidos na obra de Platão.

Inicialmente, diz Aristófanes, foram três os gêneros de humanidade: o masculino, o feminino e o andrógino. O primeiro era constituído por duas partes masculinas, o segundo por duas partes femininas, o terceiro por uma parte masculina e outra feminina. As duas partes de cada um desses humanos primitivos se situavam como cara e coroa de uma moeda. Assim, "inteiriça era a forma de cada homem, com o dorso redondo, os flancos em círculo; quatro mãos ele tinha, e as pernas o mesmo tanto das mãos, dois rostos sobre um pescoço torneado, semelhantes em tudo; mas a cabeça sobre os dois rostos opostos um ao outro era uma só, e quatro orelhas, dois sexos..." (189e-190a). Tal conformação dava a essa humanidade anterior grande mobilidade: esses seres duplos moviam-se nas duas direções e podiam, apoiando-se em seus oito membros, locomover-se em círculo. Eram fortes, mas dotados de grande presunção. Por isso, voltaram-se contra os deuses e tentaram mesmo fazer uma escalada ao céu para atacá-los. O castigo de Zeus à *hybris* dos humanos primitivos consistiu em cortá-los, separando verso e reverso. Apoio incumbiu-se de retocar os seres assim divididos, numa operação plástica que inclusive fez o rosto voltar-se para o lado do corte. Mas o que a plástica divina não pôde mudar foi a sensação de incompletude e a ânsia de cada metade, daí por diante, unir-se à outra. O que primitivamente fora um duplo masculino são agora duas metades masculinas que se procuram; o que antes fora um duplo feminino são agora duas metades femininas que se querem completar; o que fora um duplo andrógino resulta em parte feminina e parte masculina que tentam refazer, no amor, a unidade perdida. O amor é, assim, fundamentalmente, não busca do semelhante, mas busca da totalidade partida, da unidade quebrada. Por isso, o amor parte desse sabor que o ser humano experimenta de falta, de mutilação, de incompletude. O desejo de unir-se ao amado provém dessa sensação de se ser apenas parte, metade de um todo:

> O motivo disso é que nossa antiga natureza era assim e nós éramos um todo; é portanto ao desejo e procura do todo que se dá o nome de amor. Anteriormente, como estou dizendo, nós éramos um só, e agora é que, por causa de nossa injustiça, fomos separados pelo deus... (192e-193a).

Mas o pior pode ainda acontecer. Se os humanos mutilados não forem pios e reverentes aos deuses, nova divisão — terrível, mortífera — pode ocorrer:

> [...] Se não formos moderados para com os deuses, é de temer que de novo sejamos fendidos em dois, e perambulemos tais quais os que nas esteias estão talhados de perfil, serrados na linha do nariz, como os ossos que se fendem (193a).

A impiedade e a imoderação podem, desse modo, transformar as humanas metades que procuram se reunir e se completar pelo amor em metades de metades, numa divisão lateral que produz figuras semelhantes às das esteias funerárias, incapazes de amar.

É a vez de Agatão, o vencedor da véspera. Seu discurso é marcadamente "literário", no sentido pejorativo de um beletrismo que multiplica citações e ornatos superficiais. O estilo carregado de lantejoulas corresponde ao Amor que retrata. De fato, o Eros pintado por Agatão nada tem da grandeza, da força, da imponência e da gravidade dos que foram apresentados pelos antecessores. Nem princípio teogônico e cosmogônico, nem força universal de atração dos semelhantes, nem impulso de busca da totalidade fundamentado no mito sobre a origem dos homens: é, ao contrário, o deus mais jovem, mais belo e mais feliz. Jovem, não é responsável: não é causa; jovem, sempre jovem, foge da velhice (195c). É o deus mais delicado, tenro, de constituição úmida (196a). Não cometendo nem sofrendo injustiça, é o melhor dos deuses, afirma Agatão. É enfim o Amor que rege as relações de superfície, amenas, cordiais, mas sem profundeza e sem compromisso com o trágico — pois é tão somente o Eros que leva à sociabilidade (197d). Infantil, ingênuo-malicioso, esvoaçante, o Eros de Agatão é um Cupido de Watteau.

Afinal, chega a vez de Sócrates. Ironicamente diz-se embaraçado por falar depois de "tão belo e colorido discurso" (198b). E pede permissão para, antes do elogio ao Amor, usar seu modo preferencial de falar: o diálogo. Passa então a embaraçar Agatão com suas perguntas. Leva-o a concluir que o Amor não pode ser o mais belo e o melhor dos deuses. Se amor é sempre amor de algo, é amor do que não se tem; se ama o belo e o bom é porque é carente do que é belo e bom. Isso não significa que necessariamente seja feio e mau. E, para demonstrá-lo, Sócrates recorre ao discurso que ouvira de Diotima de Mantineia.

Diotima é conhecida apenas através do *Banquete* e muitos a consideram uma criação da ficção platônica. Outros estudiosos, porém, veem nela uma dessas sacerdotisas de Apolo que, inspiradas pelos deuses, iniciavam os homens na sabedoria divina. Diotima seria uma dessas *intermediárias* entre homens e deuses, exercendo uma função comum às mulheres das grandes famílias de Mantineia.[14] Dela sabemos, pelo *Banquete*, que, além de ter iniciado Sócrates no conhecimento do Amor e pelo Amor, teria também sido chamada pelos atenienses para conjurar a peste e purificar a cidade (440 a.C). Estava, assim, a serviço de Apolo Pítio ou purificador. Em sua missão religiosa, amor e purificação estavam intimamente ligados.

Dela é que Sócrates teria aprendido que o amor carecendo do belo e do bom não é necessariamente feio e mau. E que existe também algo entre sabedoria e ignorância: o opinar certo (202a). Diotima teria revelado a Sócrates a existência de um plano *intermediário* entre os extremos, ela que servia de *mediadora* entre homens e deuses. Eros surge então, na fala atribuída a Diotima, como um ser entre os mortais e imortais: um *daimon*, um grande gênio, dotado de um poder especial:

> O de interpretar e transmitir aos deuses o que vem dos homens, e aos homens o que vem dos deuses, de uns as súplicas e os sacrifícios, e dos outros as ordens e as recompensas pelos sacrifícios; e como *está no meio* de ambos ele os completa, de modo que o todo fica ligado todo ele a si mesmo. Por seu *intermédio* é que procede não só toda arte divinatória, como também a dos sacerdotes que se ocupam dos sacrifícios, das iniciações e dos encantamentos, e enfim de toda adivinhação e magia. Um deus com um homem não se mistura, mas é através desse ser que se faz todo o *convívio* e *diálogo* dos deuses com os homens, tanto quando despertos como quando dormindo; e aquele que em tais questões é sábio é um homem de gênio, enquanto o sábio

em qualquer outra coisa, arte ou ofício, é um artesão. E esses gênios, é certo, são muitos e diversos, e um deles é justamente o Amor" (202e-203a).[15]

Eros, mediador, tem a função de interpretar, de transmitir: é como a linguagem. Só que uma linguagem que se tece na verticalidade: no relacionamento humano/divino.

A natureza intermediária de Eros é explicada por sua origem, mostra Diotima: Eros é filho de Pobreza e do filho de Prudência, Recurso ou Expediente. Da mãe herdou a fome, a carência permanente, insaciável, a mendicância; do pai, as artimanhas com que busca suprir suas necessidades. Ser mediano, carente, ardiloso, Eros é filósofo: é amor à sabedoria que não possui, mas deseja incessantemente, pois o amor é amor do belo e a sabedoria é uma das coisas mais belas (204b). Filósofo, Eros existe entre a ignorância e a sabedoria: é a permanente tentativa de passagem de uma à outra. E o que ocasiona é sempre "um parto em beleza, tanto no corpo como na alma" (206b).

A conquista do belo por Eros é descrita por Platão/Sócrates/Diotima — coro de vozes que se entrelaçam — como uma ascese, uma escalada progressiva:

> Quando então alguém, subindo a partir do que aqui é belo, através do correto amor aos jovens, começa a contemplar aquele belo, quase que estaria a atingir o ponto final. Eis, com efeito, em que consiste o proceder corretamente nos caminhos do amor ou por ele se deixar conduzir: em começar do que aqui é belo e, em vista daquele belo, subir sempre, como que servindo-se de degraus, de um para dois e de dois para todos os belos corpos, e dos belos corpos para os belos ofícios e para as belas ciências até que das ciências acabe naquela ciência, que de nada mais é senão daquele próprio belo, e conheça enfim o que em si é belo (211b-c).

De um belo corpo para todos os corpos belos — da singularidade à totalidade, ainda no plano empírico — o Amor vai conduzindo à incorporeidade do belo em si, à ideia, forma ou essência de Beleza. Essa ascese erótica do sensível ao inteligível é análoga à realizada pelo "método dos geômetras": Eros tem função semelhante à das matemáticas.[16] E é uma ascese gradativa: do amor aos belos corpos passa-se ao amor a realidades menos corpóreas — os ofícios — para chegar à inteligibilidade das ciências. Até que, em ascensão universalizante e integrativa, atinge-se o cume: a contemplação do Absoluto como Beleza. O amante de persistente amor, amor filosófico, defronta-se afinal com o Amado Perfeito, o Amado Ideal.

Sobre a face belíssima do Amado Absoluto, objeto de um amor que ultrapassara a contingência e o relativo, absolutizando-se; sobre essa Beleza fonte de todas as belezas que atraem todos os desejos, Diotima/Sócrates/Platão pouco falam. É que ali cessam as tramas da linguagem, ali é quase Silêncio. Diante do não-hipotético — da Beleza em si necessária — cessam os enlaçamentos relativos e relacionais do *logos*. Com modéstia helênica, que evita a *hybris*, a desmesura, a ultrapassagem do humano apenas humano, Platão, no *Banquete*, nos deixa na fronteira, no limite extremo entre a terra dos homens e o reino da Divina Beleza. A linguagem é como os mortais se abeiram desse reino, sem jamais aí penetrar.

Falar do Absoluto ou supostamente a partir dele será empreendimento do neoplatonismo helenístico de Plotino, já bafejado pela *hybris* da religiosidade oriental, que ressurge na proposta básica da filosofia associada ao cristianismo. E aparece com toda a força na mística de raízes neoplatônicas. É a linguagem desse Eros místico que tece os cantos de amor de Teresa de Ávila (1515-1582): cantos de amor incondicionado ao Amado Incondicional. Como neste *Soneto* a *Cristo Crucificado*, que lhe é atribuído:

No me mueve, mi Dios, para quererte
el cielo que me tienes prometido,
ni me mueve el infierno tan temido
para dejar por eso de ofenderte.

*

Tú me mueves, Señor; muéveme el verte
clavado en una cruz y escarnecido;
muéveme ver tu cuerpo tan herido;
muévenme tus afrentas y tu muerte.

Muéveme, al fin, tu amor, y en tal manera,
que aunque no hubiera cielo yo te amara,
y aunque no hubiera infierno te temera.

No me tienes que dar porque te quiera;
pues aunque lo que espero no esperara,
lo mismo que te quiero te quisiera.

Em Platão, a ascese que conduz às margens do Absoluto, do anti-hipotético, permanece ascese apolínea: contida pelo senso de medida, a instaurar a luminosidade cada vez mais intensa do dia da razão, não a noite mística na alma. E o que confere incomparável amplitude filosófica à concepção platônica do amor é que, após a subida em direção ao plano da essencialidade e da incorporeidade, mas também da ordenação lógico-ontológica; após a submissão dos impulsos passionais de Eros a Apolo, através da intelectualização da paixão; após as sucessivas transferências sublimadoras — eis que a paixão eclode no texto do *Banquete*: crua, ébria, selvagem, indomada. Agora, não mais a serenidade dos discursos — literários, científicos, retóricos, filosóficos. Agora, o barulho, a música, o tumulto, a desordem, a embriaguez. O amor mostra outra face: é Alcibíades que chega.

> [...] E súbito a porta do pátio, percutida, produz um grande barulho, como de foliões, e ouve-se a voz de uma flautista. Agatão exclama: 'Servos! Não ireis ver? Se for algum conhecido, chamai-o; se não, dizei que estamos bebendo, mas já repousamos. Não muito depois ouve-se a voz de Alcibíades no pátio, bastante embriagado, e a gritar alto [...] (212d).

Com Alcibíades, a paixão dionisíaca, incontida, desmesurada. Chega teatralmente este mensageiro de Dioniso, considerado o mais belo grego de seu tempo: "cingido de uma espécie de coroa tufada de hera e violetas, coberta a cabeça de fitas em profusão" (212e). Senta-se ao lado de Agatão. Só depois percebe que está junto também de Sócrates: seu amado inconquistável. Incentivado por Erixímaco, acaba concordando em fazer também um discurso sobre o Amor; mas adverte: será o discurso de um homem embriagado depois de sóbrios discursos ditados pela razão (214c). O elogio que faz do Amor é, na verdade, elogio de Sócrates, mas marcado pela mágoa da rejeição. O belo Alcibíades exalta o feio Sócrates, esse inatingível objeto de desejo. Sócrates é feio, mas — reconhece o amante recusado — semelhante a esses silenos "que têm em seu interior estatuetas de deuses" (215b). Alcibíades, incontido, nada esconde: relata as inúteis tentativas e as muitas artimanhas para seduzir Sócrates, para cativá-lo, prendê-lo à sua paixão. Sócrates escapa sempre. E escapa, diz Alcibíades, porque engana, invertendo os termos do binômio erasta/erômeno: "fazendo-se de amoroso, enquanto é antes na posição de bem-amado que ele fica, em vez de amante" (222b). Alcibíades é o amor-paixão, acorrentado à imediatez, ao presente, ao sensível, à urgência do aqui e do agora. Não apreendendo o sentido do adiamento e da ascese, não pode ver no amor uma aprendizagem, não aceita o convite à conversão socrático-platônica do erotismo na *philia* que culmina na filo-sofia.

O final do *Banquete* é cheio de profundas significações. Depois da fala de Alcibíades, irrompem na sala os foliões. O vinho volta a ser servido e bebido em demasia. Alguns partem, outros dormem. A luz do dia vem encontrar despertos apenas Agatão, Aristófanes e Sócrates, que conversam e bebem da mesma taça. A taça — a mesma — está cheia de vinho ou de palavras? O certo é que o sono acaba por dominar Aristófanes, a comédia, depois Agatão, a tragédia. Sócrates ainda os acomoda no leito, antes de partir. Sócrates: a filosofia itinerante, o *logos* em vigília que se recusa a adormecer.

* * *

Um dos mais belos e ricos diálogos de Platão, o *Fedro* retoma o tema do amor, vinculando-o estreitamente à questão da linguagem. O cenário é importante e, em parte, já decide do desdobramento das especulações: a conversa entre Sócrates e Fedro transcorre enquanto caminham *fora da cidade*, por uma estrada, *no campo*, que de Atenas leva a Mégara. É região de divindades silvestres, arcaicas, menos contidas e disciplinadoras do que as que presidem as instituições da *pólis*. O cenário é, assim, propício à retomada de antigas concepções religiosas sobre a alma, a linguagem, o amor.

A conversa gira inicialmente em torno do texto do discurso de Lísias sobre o amor, que Fedro mostra a Sócrates. A tese defendida pelo retórico é que, na relação amante/amado, é preferível um amante sem paixão, pois isso possibilita uma amizade duradoura, o que é melhor ética e socialmente. Esse mote é glosado por Sócrates num primeiro discurso. Mostra que o amor é um desejo, o desejo do belo; mas é necessário distinguir entre o desejo do prazer, instintivo e estranho à razão, e o desejo do melhor, resultado da reflexão. Mostra ainda que o amoroso apaixonado, governado pela paixão, é escravo do prazer: um doente, que quer o amado como coisa e joguete, "como um lobo ama um cordeiro" (241d). É um governado que quer governar (238e-239a), um escravo que escraviza.

O primeiro discurso de Sócrates possui tom ascético, parecendo retomar a proposta apolínea de seu discurso no Banquete. Mas a *pólis*, com seus deuses disciplinadores, muralhas, limites, está cada vez mais distante. E cada vez mais as divindades campestres parecem exercer influência sobre o *logos* socrático. Sócrates previne: sente-se à beira da ninfolepsia, quase a ser possuído pelas ninfas; o rigor racional parece ceder à liberdade maior da poesia: as palavras que profere "não estão longe de ser ditirambos" (238d). O *entusiasmo* o toma, como um vinho interior que lhe sobe à cabeça. O segundo discurso que faz sobre o amor é então o elogio do amor-delírio. Começa por distinguir os diferentes tipos de delírio: o da arte divinatória, profética; o delírio iniciático, também de cunho religioso; a inspiração poética; finalmente, o amor.

A fundamentação do amor delirante mergulha no mito. Diz respeito à natureza e à origem da alma imortal. A alma é comparada a uma carruagem alada onde um cocheiro também alado procura controlar e conciliar as marchas dos dois cavalos que a puxam. A alma dos deuses é à imagem de uma carruagem puxada por dois cavalos de boa índole e de marchas perfeitamente entrosadas. Já a alma humana oscila entre o racional e o instintivo, sofre a tensão e o conflito de dois ímpetos opostos: se o cavalo branco é dócil e tende ao bem, o negro é rebelde, sanguíneo, de difícil comando. É que o branco "é companheiro da opinião verdadeira" e, portanto, fácil de ser conduzido por palavras, enquanto o negro "é companheiro da desmesura" e só se submete à força (253d-e).

Ainda em sua condição alada, anterior à existência terrena, as almas humanas, ambivalentes, seguem, no "lugar supraceleste" (247c-e), o cortejo dos deuses; é quando podem contemplar, de *diferentes maneiras*, as ideias eternas, em particular a Beleza. Mas o fato é que ocorre a "queda": as almas perdem as asas, a morada no Alto, e prendem-se a corpos. A volta, a retomada das asas, será por via da reminiscência: o (re)conhecimento que, partindo dos objetos sensíveis — cópias, embora imperfeitas, das ideias —, vai aos poucos recuperando a visão inteligível, a visão das essências, nas várias etapas da escalada de Retorno. Na *República*, Platão descreve essas etapas de dois modos: de forma mais racional, através da imagem matemática da "linha dividida" (final do livro VI); de forma dramática, através da "alegoria da caverna" (começo do livro VII). No *Fedro*, mostra que o retorno mais rápido é feito pelo "homem que foi amigo leal do saber ou que amou os jovens com amor filosófico" (249a). Porque "só o pensamento filosófico é alado" (249c) e só o amor filosófico é alante e capaz de reconduzir à Beleza. O amor-delírio do *Fedro* não é paixão que prende ao imediato e ao corpóreo; ao contrário, põe o homem *fora de si*, mas liberando-o em direção à Beleza que o espera sempre mais além, no mais alto de si mesmo.

O *Fedro*, como ressalta Robin,[17] contém dois epílogos para as peripécias amorosas entre os homens. Dois epílogos correspondentes a dois dramas, um aparente, outro interior. Dois epílogos que correspondem a dois eixos de construção da experiência amorosa.

O primeiro é o do amor submetido à ordem e à medida. Neste modo de estilizar o amor, o amante, em vez de tentar escravizar o amado, procura libertá-lo filosoficamente, para que ambos se dirijam ao amor à sabedoria, que os alimentará. O resultado é, então, a perfeita reciprocidade: o objeto de amor, o amado, acaba tornando-se também sujeito de amor, amante. E o amante, afinal, vê no amado outro amante. A face do outro é como sua própria face contemplada num espelho: Eros contempla Anteros.

O segundo epílogo é o do amor sem domínio de si, sem metrética, amor dominador onde não entra a ponderação, a medida da filosofia. É o amor de duas almas desmesuradas, entregues à avassaladora paixão, sem continuidade e sem asas, tanto na vida quanto na morte. Esses amantes — Dante se lembrará disso — habitarão as regiões inferiores do céu.

Mas, na verdade, esses dois finais traçados para dois tipos de amor não encerram o assunto: o tema do amor é inesgotável. Depois de tanta conversa sobre o amor e sobre a linguagem, depois de Sócrates defender a superioridade da palavra oral sobre a palavra escrita, depois de criticar a retórica, mas de acenar para a possibilidade de uma retórica filosófica capaz de persuadir os próprios deuses, amor e linguagem continuam jorrando sem ponto final, água viva. Por isso mesmo, toda conclusão é provisória, todo estancamento artificial e efêmero. E o *Fedro* somente pode terminar convidando para novas caminhadas.

Primeiro, com uma prece de Sócrates a Pã — o deus que, no Crátilo, é descrito como aquele que *faz conhecer* tudo, aquele que, filho de Hermes, *põe tudo em circulação* e é ou a *própria linguagem* ou é *irmão da linguagem* (408c-d).

Depois, com uma saudação em estilo pitagórico. Diz Fedro a Sócrates: "Entre amigos tudo é comum".

Finalmente, com o convite de Sócrates, o perfeito amante, o amor em vigília, docente, itinerante: "Caminhemos!"

NOTAS

1. *Veja-se*: *Koyré, A.*, *Introduction à la lecture de Platon*, Paris, Gallimard, 1962, pp. 17-21.

2. *República*, livro X, 595a-608b. Veja-se também: Schuhl, P.-M., *Platon et l'art de son temps — Arts plastiques*, Presses Universitaires de France, 1952; e "Platon et la musique de son temps", em *Études platoniciennes*, Paris, PUF, 1960.

3. Deleuze, G., *Lógica do sentido*, trad. Luiz Roberto Salinas Fortes. São Paulo, Perspectiva, 1974, p. 131.

4. Veja-se, particularmente: Michel, P.-H., *De Pythagore à Euclide*; Paris, Les Belles Lettres, 1950.

5. Diés, A., "Introduction" a *La République*, Paris, Les Belles Lettres, 1947, p.v.

6. Bachelard, G., *L'air et les songes*, Paris, Librairie José Corti, 1943.

7. Deleuze rejeita o Nietzsche bachelardiano, ligado ao imaginário aéreo, ascensional; para ele, a verticalidade nietzschiana é, de preferência, profundidade e descida (op. cit., pp. 132-3*n*).

8. Foucault, M., *História da sexualidade*, v. II: "O uso dos prazeres", Rio de Janeiro, Graal, 1984.

9. Veja-se, particularmente: Robin, L., *La théorie platonicienne de l'amour*, Paris, Presses Universitaires de France, 1964.

10. Méridier, L., "Notice" sobre *Cratyle*, Paris, Les Belles Lettres, 1961.

11. Robin, L., *La pensée grecque*, Paris, Éditions Albin Michel, 1948, p. 226.

12. Joly, H., *Le renversement platonicien*: *logos*, *episteme*, *polis*, Paris, Librairie Philosophique J. Vrin, 1985, p. 31.

13. Marrou, I., *Histoire de l'education dans l'antiquité*, Paris, Éditions du Seuil, 1948, pp. 55 e 55*n*.

14. Godel, R., *Socrate et Diotime*, Paris, Les Belles Lettres, 1955, p. 35.

15. Estamos utilizando a bela tradução do *Banquete* feita por José Cavalcante de Souza, Difel/Abril Cultural, 1983 (*Platão*, col. "Os Pensadores").

16. Brochard, V., "Sur le 'Banquet' de Platon" in *Études de philosophie ancienne et de philosophie moderne*, Paris, J. Vrin, 1954.

17. Robin, L., "Notice" sobre *Phèdre*, Paris, Les Belles Lettres, 1961. pp. CV-CVIII.

O CANTO DAS PAIXÕES

A GLÓRIA

Renato Janine Ribeiro

Em nossos dias, quando se fala em paixão, pensa-se em amor e enamoramento; nos séculos XVII e XVIII porém, a paixão por excelência era outra, a glória, a honra, a reputação. Hobbes diz, em 1640: "No prazer ou desprazer que sentem os homens, devido aos sinais de honra ou desonra que lhes são tributados, consiste a natureza das paixões...";[1] a paixão, antes de mais nada, nessa época, refere-se à honra. Isso, porém, é passado; por isso, hoje, estudar a honra é estudar a sua história; e é perguntar por que foi esquecida, como paixão relevante, por que é encoberta em sua importância.

Comecemos por uma definição, embora sintética. Afinal, esses termos que vamos agora manejar foram utilizados exaustivamente durante duzentos anos; não há como expô-los numa definição única, incontestável; o que podemos é tentar uma aproximação a eles. Glória, honra, fama e reputação apontam o renome que tenho, a imagem que os outros veem de mim. A imagem, pública, assim se opõe à intenção: quando os outros me valorizam ou depreciam pelo que de mim é visível não importa o que eu esteja sentindo no mais íntimo. O universo das intenções, a consciência, não pode ser devassado pelo outro. Desta forma, a honra, a reputação, a fama se afastam do campo propriamente moral ou ético,[2] no qual conta, justamente, a intenção que me move a agir. Um ato pode ser admirado, pode dar relevo social a uma pessoa, e no entanto dever-se a motivos vis; ou o inverso. A religião cristã, em especial, preocupada com a salvação do indivíduo, destaca as intenções, em detrimento do lado público de meus atos. Ao contrário, o pensamento dominante na vida de corte, durante os séculos XVII e XVIII, já por princípio desconsidera a intenção; descobri-la, conhecer a intimidade de uma pessoa, o seu mérito autêntico, não interessa ao nobre. Vejamos uma sociedade na qual ainda hoje a honra é questão essencial, a do mar Mediterrâneo; num filme italiano dos anos 60, *Por uma questão de honra*, um homem se vê forçado a fugir de sua aldeia, na Sicília, acusado de um crime que não cometeu. Para ser absolvido, os chefes da Máfia exigem que ele volte às ocultas e pratique outro crime, do qual não será suspeito, é claro, porque ninguém saberá de sua presença. Mas ele é recém-casado — teve de fugir antes mesmo de consumar o matrimônio — e aproveita a ocasião para passar a noite com a mulher. Quando volta, absolvido, a mulher está grávida. Ele contará a todos que o filho é seu? Neste caso será condenado a longa pena de prisão; pior, nem acreditarão nele, e sua honra também se perderá. Resta-lhe a seguinte alternativa: ou aceita o suposto adultério da mulher, e a infâmia para si, ou mata-a, e assim recupera a honra, até mesmo a aumenta, porque se limpou da indignidade. É esta a sua escolha, difícil, trágica. Numa ação dessas não conta a verdade, a intenção — apenas o aspecto público, fama ou infâmia. O que importa não é o que sou, é o que pareço ser. Por sinal esse é um dos traços marcantes do barroco; uma frase famosa do século XVII é que, para um homem parecer honesto, convém ser honesto. As aparências não bastam, mas sem elas de nada vale a verdade íntima.

Por que essa paixão depois feneceu, ou melhor — dado que veremos como ainda funciona, clandestina, na psique contemporânea —, por que ela hoje é encoberta, mal confessa? Em primeiro lugar, porque a sociedade que lhe deu origem foi morrendo, a partir da Revolução Francesa. Seu apogeu foi durante o Antigo Regime, nos séculos XVII e XVIII. É o tempo em que os reis fortalecem o seu poder; Richelieu, ministro forte de um rei fraco, Luís XIII, nos anos 1630 arrasa os castelos fortes que serviam à alta nobreza da França de bases militares para contestar o poder da coroa; Luís XIV, depois de longa menoridade na qual conheceu a humilhação frente ao povo de Paris e aos grandes do reino (somados na rebelião da Fronda), começa a exercer o poder diretamente em 1660 — e o Rei-Sol, como logo se fará conhecer, substitui a repressão de Richelieu pela sedução. É o que vemos num magnífico filme de Rossellini, *A tomada do poder por Luís XIV*: o rei concentra a alta nobreza à sua volta, reparte parcimoniosamente sorrisos e palavras entre esses novos e graúdos espectadores — faz, em suma, da realeza e da monarquia um espetáculo.

Raras vezes a pompa foi tão teatral; pois, entre os duques de Borgonha, que deram início à etiqueta moderna, e os reis de Espanha, que a herdaram, a vida de corte e a própria etiqueta inspiravam-se no ritual religioso, na missa. Assim, na corte borguinhã, os padeiros e copeiros tinham precedência sobre os demais servidores porque traziam o pão e o vinho — que, sabemos, no ofício divino se transformam em corpo e sangue de Cristo. Com Luís, porém, novo e vital fator vai intervir na etiqueta, dando à vida de corte um prazer antes pouco visto: é o jogo de sedução das artes cênicas. À volta do rei, na França, a vida se teatraliza. Mas essa teatralização não aparece como uma falsificação da vida — porque é na corte que mais se vive a vaidade, a importância das aparências, que na verdade marca a própria condição humana. É por isso que nasce na corte a psicologia, ou, pelo menos, *uma* psicologia: a do homem vão, ser passional, isto é, cuja conduta não se rege pela razão, ou pela moral, ou ainda pela fé — porém por suas emoções, pelas ilusões que o dominam. A corte é microcosmo da sociedade, ou, melhor dizendo, é laboratório de psicologia: nela, as condições que dominam a vida social melhor se desenvolvem. Sabemos que a psicologia que então se aprimora tem duas origens: uma, na *Retórica* de Aristóteles, que esmiuça as paixões que tornam os homens mais ou menos receptivos a aceitar e acolher um discurso, independentemente de ser este verdadeiro ou não (o que só incumbiria à Lógica questionar); outra, na corte da época. É este o contraste, podemos dizer, entre os *Caracteres* de Teofrasto — discípulo de Aristóteles que investigou os tipos morais numa Atenas ainda marcada pela tradição republicana e que portanto possuía como lugar principal de encontro público a praça, a ágora — e os *Caracteres* de La Bruyère, seu tradutor e comentador, que se voltam sobretudo para a conduta nobre e cortesã, embora sem descurar a cidade.[3] Em suma, nos tempos modernos, que hoje se tornaram Antigo Regime, a vida é espetáculo — é teatro, é sonho —, e a corte é a produção consciente, deliberada, *in vitro* poderíamos dizer, dessa espetacularidade.

Luís XIV gosta de dançar; uma das cenas sublimes em sua corte é quando el-rei dança, sozinho, para a nobreza vê-lo. Seu sucessor, Luís XV, é famoso pela destreza com que cortava os ovos quentes, de uma só colherada, na refeição matinal; vinha a burguesia de Paris vê-lo aos domingos. Já Luís XVI, no dizer da camareira de sua rainha, Mme. Campan, perdeu o trono e a vida por não saberem, ele e Maria Antonieta, dar a devida importância à etiqueta: a esse conjunto de regras cujo sentido *político* está em intimidar, pelo fascínio, os possíveis rebeldes.[4]

A sociedade da honra e da etiqueta é a que se costuma chamar de transição do feudalismo ao capitalismo. Costuma-se discutir a natureza específica dessa sociedade,[5] mas parece-me que a melhor leitura é ainda a de Engels: o absolutismo (em política), como o mercantilismo (em economia), marca o ponto em que a aristocracia feudal já perdeu a hegemonia e a burguesia ainda não a alcançou — o poder aparentemente absoluto do rei é, simplesmente, o fiel da balança nesse conflito. Ora, no plano dos comportamentos, esse período, que politicamente é o da contenção da velha nobreza guerreira, caracteriza-se por um abrandamento da antiga violência e pela imposição de padrões civis de conduta, incluindo o amor familiar e o processo de civilização de costumes, que Norbert Elias estudou tão bem.[6]

Nisso a cavalaria desempenha, também, um papel. A sua existência pode ser considerada mais mítica do que real. Veja-se o filme *Excalibur*, cuja ação se passa por volta do século VI, mas com armaduras e armamentos já do fim da Idade Média; o que não é um erro do diretor, mas, ao contrário, perfeita compreensão por ele da natureza do que conta: o filme, como o livro de Sir Thomas Malory em que se baseia, *Le morte d'Arthur* (1485), é um mito proposto ao passado. Desde o ano

1000 existe a ênfase na cavalaria; certas ordens de cavaleiros, como os Templários e os Hospitalários, são instituídas para defender a posse cristã da Terra Santa; outras, como a inglesa da Jarreteira, a borguinhã do Tosão de Ouro, acabam assumindo o sentido mais de condecorações do que de efetivas ordens. Uma ordem é instituição religiosa cujos membros fazem profissão de defender valores elevados — os da fé, ou do respeito à mulher, ao velho, ao órfão, ao sacerdote (que é varão desarmado). Mas a ordem por excelência, que sintetiza todas as outras, é a própria cavalaria, como tal. E a Igreja orienta a nobreza para ela, querendo conter ou canalizar sua violência; fixa prazos durante os quais é proibida a guerra entre os barões, certos dias da semana, certos meses do ano; dirige o espírito bélico contra os inimigos da fé cristã oficial, sejam estes os muçulmanos do Oriente ou do Mediterrâneo, os pagãos da Europa Oriental ou ainda os hereges cristãos do sul da França. Um dos procedimentos para diminuir a violência é festejá-la no *torneio*: faz-se uma mímica de guerra, com armas que não matam, porém com lucros (o vencedor apropria-se da armadura e cavalo do derrotado) e renome para o vitorioso. A difusão das (boas) maneiras na Europa deve muito à presença da mulher, tanto na contenção dos excessos masculinos quanto na aquisição de uma *arte de agradar*. Manuais e poemas mandam não escarrar, não comer com as mãos, não beber direto da sopeira — não por considerações higiênicas, mas por respeito ao outro, mais ainda para *agradar* ao outro, especialmente à mulher. É este um ponto que merece ser desenvolvido: como vão mudando as atitudes em relação à mulher, mudando as formas de namoro e cortejo? A etiqueta, os padrões de conduta, os manuais constituem repertórios de frases estilizadas para eu expressar meus sentimentos: luto, dor, alegria obedecem a esse *ABC*, a esse dicionário. Evitemos, porém, supor que tais formas traduzam alguma frieza ou formalismo da sociedade em questão; é justamente porque as paixões eram muito fortes que os homens convencionaram regras para não se ofenderem uns aos outros.

Essa sociedade que assim aprende a se comportar, por que não a ver como sugere La Bruyère, contemporâneo do Rei-Sol: "Nós, que somos hoje tão modernos, seremos antigos dentro de poucos séculos. Então se ouvirá falar da capital de um grande reino na qual não havia nem praças públicas, nem banhos, nem fontes, nem anfiteatros, nem galerias, nem pórticos, nem passeios e que no entanto era uma cidade maravilhosa. Sem espanto se dirá que, em plena paz e reinando a tranquilidade pública, os cidadãos entravam nos templos, visitavam as mulheres e amigos portando armas ofensivas, e que não havia praticamente ninguém que não tivesse a seu lado algo com que pudesse matar, de um só golpe, outra pessoa. Tenhamos então pelos livros dos antigos esta mesma indulgência que esperamos alcançar da posteridade, persuadidos de que os homens não possuem usos nem costumes que valham para todos os séculos e de que estes mudam com os tempos"; devemos ler aquela sociedade como ele propõe ler os antigos, ou os costumes dos "siameses, chineses, negros ou abissínios".[7] Será pois um erro entender a sociedade da honra apenas segundo o lucro ou o dinheiro — que, obviamente, tinham importância na época, e grande, porém menor do que hoje em dia. Nos *Três mosqueteiros*, de Alexandre Dumas, Athos concorda que pode-se jogar com qualquer um, porque está em jogo apenas o dinheiro, riqueza ou miséria; mas duelar só se faz entre iguais, porque então se põe em xeque a vida ou a honra.

A glória, ou melhor, essa honra é uma "bagatela", como dirá Hobbes, incluindo-a entre as causas que levam os homens a se matarem uns aos outros; talvez nos matemos até mais por essas ninharias do que pelas riquezas.[8] É algo irreal, que só existe na opinião dos outros. E aqui chegamos à segunda razão para hoje se desconhecer a honra como paixão importante. É que, nos séculos XVII e XVIII, ela serviu de principal eixo para uma psicologia que insistia em como os homens vivem de opiniões, de aparências; como é importante que gostem de mim, que me amem pelo que pareço ser; o que constitui um jogo de aparências: eu pareço tal coisa à fulana, que parece me amar etc. Todo esse engate de intangíveis possuía grande eficácia. Porém, também, grande fragilidade: o que é nuvem se desmancha; as relações humanas são de vento, como as palavras, de nuvens, como as aparências, d'água, como emoções. Daí vem que essa "psicologia" seja muito mais técnica do que as ciências modernas que tomaram a sua inspiração, entre as quais a psicanálise: ela desenvolvia uma prática muito minuciosa de como lidar com o fracasso. O cortesão repelido "acreditará que tudo foi um sonho", aconselha o duque de Nivernais; o que isso quer dizer? Que, na verdade, a vida de corte é sonho, irreal; mais ainda: que a própria vida é sonho, como diz Calderón de la Barca, isto é, que é sonho o convívio entre os homens, a sua vida social. Sabemos que a vida é um sonho, o qual precisamos sonhar; sonhamos (nos apaixonamos, nos apegamos), mas *sabendo* que isso é sonho, tendo, portanto, uma certa noção de que podemos nos distanciar dos nossos objetos oníricos.

E com isso, aprendendo a lidar com o fracasso, ficamos capacitados a *técnicas* que, no quotidiano, montarão os nossos prazeres. É o que faz o duque de Richelieu, libertino e cortesão do século XVIII, que em suas *Memórias* conta um caso amoroso seu com duas burguesas, amigas e vizinhas. Quando elas souberam que ele as traía, uma com a outra, indignaram-se; choraram; mas o duque, num discurso brilhante, sedutor, persuadiu-as de que era melhor cada uma perder um pouquinho (a exclusividade) do que perderem, os três, muito; e elas aceitaram dividir o seu amor. Há um nítido contraste entre esse estilo de vida e o *approach* que deveríamos chamar psicanalítico ou ainda, mais amplamente, *terapêutico*: este, que em nossos dias se tornou dominante, possivelmente indagaria a etiologia da conduta libertina, mostrando em que falhas psíquicas ela se assenta, tentando curá-la. Já o técnico dos prazeres, o prático da frivolidade, o cultor da vida doce não tem o que mudar: pois sua vida o contenta. As experiências más de vida, que tendemos a viver como frutos de uma precária saúde mental, requerendo portanto uma investigação da ou das chagas que nos magoaram, o Antigo Regime vivia-as em termos de infortúnios: ou seja, considerava que uma parte bastante grande de nossa vida era regulada pela *fortuna*, a sorte, o acaso — uma parte, pelo menos, maior do que hoje aceitamos, nós de um mundo social em que a ideia de *responsabilidade* ampliou, enormemente, o que na vida supomos depender de nós.

Pois um dos traços marcantes da história ocidental, desde a Renascença, é, justamente, o avanço da responsabilidade em detrimento da fortuna. Isso vemos desde Maquiavel, valorizando, no *Príncipe*, o que chama de *virtù*: esta nada tem em comum com a virtude moral — ela é o que faz do homem um varão (lat. *vir*), é portanto a sua capacidade de lidar com o mundo como autor de seu próprio destino. Pela *virtù* o homem faz-se sujeito e, ao mundo, torna-se objeto de sua ação. Maquiavel entende que parte de nossa ação depende de nós (mediante a *virtù*), outra parte não, estando governada pela fortuna; e o melhor exemplo dos limites de nossa consciência e vontade ele dá na figura de César Bórgia, por sinal o modelo que escolheu para o seu *Príncipe*: o filho do papa Alexandre VI tudo fez, ao alcance de um homem, para moldar o seu futuro; e, no entanto, à morte do pai, uma soma de fatores imprevisíveis, fortuitos, levou-o à completa derrota. No *Príncipe*, que é um apelo à *virtù*, quase um manual para saber o homem agir graças a ela, está presente esse *momento mori*, esse recorda-te de que és apenas um homem e por isso hás de morrer, não apenas ao termo de tua vida, porém ao termo de tuas ações; estas são penetradas pela morte, malogro, infortúnio. Ainda assim, porém, o fato de governar a *virtù*, as nossas ações, em proporção comparável à que tem a fortuna, representa no tempo de Maquiavel uma importante ruptura com o pensamento medieval e um notável início para o movimento que haveria de conduzir as nossas ações a se pautarem pela consciência e planejamento, a nossa personalidade a pautar-se por uma liberdade racional e uma consequente responsabilidade. Devemos ter sempre em mente que a sociedade do Antigo Regime não levou essas pressuposições tão longe; que ela continua a reger-se, e muito, pela fortuna: é o que faz o homem duelar com seu melhor amigo, o coração partido, porém a consciência segura; ao passo que a evolução da sociedade burguesa desenvolverá a ideia de que cada um de nós, em grau maior ou menor, é artífice de seu destino. A fortuna permitia-me aceitar as desigualdades sociais, como fruto de estranha loteria, cujos desígnios não podiam ser decifrados, e ademais pouco importava decifrá-los; o avanço da *virtù* e da razão faz-me indagar por que há desigualdades, e subordiná-las a algum mérito (que pode ser o do mercado, mecanismo racional de alocação de recursos). Nossa sociedade tenta, há séculos, reduzir o acaso e a morte. É dessa maneira que ela retoma o mito prometeico. Já o Antigo Regime, se joga tanto, se duela, é porque aceita quase sem restrições a fortuna.

A ampliação da responsabilidade se vincula a outro traço notável dos tempos recentes: nossa sociedade privilegia a intimidade, como tão bem mostrou Richard Sennett,[9] ao passo que o Antigo Regime aceitava que vivêssemos em meio a semblantes, a máscaras, a *personae* — aliás, é talvez dessa grande mascarada que Hobbes tira a sua ideia do Estado, do Leviatã como máscara.[10] Antes da Revolução Francesa, não havia muita diferença entre a vida pública e a vida cênica: o social, o político, concebiam-se partindo de máscaras, de imagens, de representações, que os próprios atores podiam sabê-las mais ou menos falsas; porém que importância tinha a falsidade? Não é que a vida pública fosse mentira; é, simplesmente, que seria pequena a distância entre ela e a ficção. Raras vezes nos damos ao trabalho de pensar que a distinção entre ficção e realidade pode ser menos óbvia do que hoje parece — e que a interpenetração de ambas, em vez de tornar a vida mentirosa, poderia torná-la encantada, encantadora: arte. É depois de ruir o Antigo Regime que um pensamento moral vai censurá-lo, fazendo da frivolidade mentira. E, se temos dificuldade em refletir segundo outros modos, é porque estamos imersos neste pensamento moral, que destaca as virtudes da intimidade, concebida, sentida como fonte da verdade; basta pensarmos na força, hoje, das propostas ecológicas, feministas, minoritárias — é como se tudo o que é público, político, padecesse por definição dos vícios da mentira e da falsidade, e fosse preciso depurá-lo, regenerá-lo, trazer-lhe energia do único lugar em que esta nasce: o espaço íntimo. Na intimidade está o que é verdadeiro, o que há de redimir um social mal organizado e que causa infelicidade. Esta perspectiva torna porém incompreensível o Antigo Regime e, o que é pior, torna inaceitável a existência, como paixão da honra; esta não pode sequer ser percebida, ou reconhecida.

Mas com isso algo se perde. No Antigo Regime, menos se buscava a felicidade que os prazeres. Rousseau faz, com muita veemência, o elogio da felicidade enquanto condena os prazeres: "as épocas dos mais doces gozos e dos prazeres mais vivos não são as que me despertam maior saudade. Esses curtos momentos de delírio e paixão, por vivos que sejam, não passam porém (devido a sua própria vivacidade) de pontos bem esparsos na linha da vida. São raros demais, demasiado fugazes, para constituírem um estado, e a felicidade por que meu coração anseia não se compõe de instantes fugidios — é um estado simples e permanente, que nada tem de vivaz em si mesmo, mas cujo encanto vai crescendo com a duração até nele se encontrar, finalmente, a suprema felicidade".[11] Tal felicidade é a recusa dos prazeres e das técnicas antes estudadas para obtê-los. A felicidade vai exigir, a partir de então, uma ruptura com os planos externos, com as regras sociais — uma exaltação da intimidade. As regras assim perdem sentido; foi o que aconteceu, por exemplo, com a etiqueta, hoje mero pastiche, de baixa e degradada eficácia.

Mas assim não perdemos apenas a compreensão de um tempo passado; obscurecemos, também, o entendimento do nosso. A honra, ou glória, continua funcionando nesses seres passionais que somos nós. Não mais define especificamente as classes dominantes, os cortesãos; nem apenas a sociedade machista do Mediterrâneo, ou de qualquer cultura na qual a defesa da própria honra seja critério supremo, a tornar precárias as relações sociais, vacilantes as leis, a submeter o destino e o percurso da vida à deusa Fortuna. A honra ou a glória, onde ainda se salientam é nas profissões cuja remuneração é menor em dinheiro, ou poder, do que em fama: nas que têm por traço marcante a relação com um público. Talvez seja este o caso dos artistas — especialmente os de música popular, cinema e televisão, que mais de perto recebem o retorno da fama —, dos intelectuais, dos jornalistas. E não será nessas profissões que visam à glória que hoje se refugia um dos sonhos de uma sociedade? Não é nelas, que lidam com o público, que mais perdura a dimensão pública, coletiva, hoje tão desvalorizada pela intimidade? E não é significativo que, enquanto se prega o "fim das ideologias", como se fazia nos anos 60, ou se informatiza o social, isto é, quando se enuncia ou efetua um triunfo das racionalidades, fique a fantasia a cargo dos que trabalham, justamente, com fantasias? Talvez o coletivo, o social, tenha mesmo a ver com a ficção.

NOTAS

1. *Human Nature: or the Fundamental Elements of Policy*, cap. 8, § 8; *in* R. S. Peters (org.), *Body, Man and Citizen*, Nova York e Londres, 1967, p. 214.

2. É possível distinguir a glória, por um lado, que (na definição de Hobbes, por exemplo) é "uma exultação da mente... fundada na experiência que um homem tem de suas próprias ações passadas" da honra, reputação, fama e mesmo vanglória, que, todas, prendem-se em maior ou menor grau à opinião dos outros a respeito do mérito de alguém e portanto, em princípio, podem estar erradas. O que falarei aplica-se, portanto, mais a estas últimas do que à glória propriamente dita.

3. A cidade "usualmente macaqueia a corte", diz La Bruyère (*Les Caractères*, cap. "Da Cidade", § 15). Cf. essa obra; o seu *Discours sur Théophraste*, que precede a tradução que fez dos *Caractères* de Teofrasto; e, para esta última obra, consulte-se a excelente tradução de Daisi Malhadas e Haganuch Sarian, *Teofrasto: os caracteres* (edição bilíngue), Faculdade de Filosofia da USP, 1978.

4. Além do sentido político, a etiqueta teve um sentido mais amplo, *civilizatório*, poderíamos dizer, que consistiu na formação de novas maneiras de convívio e vida social. Estes assuntos desenvolvi em *A Etiqueta no Antigo Regime*, São Paulo, Brasiliense, 1983 (2ª edição, 1987).

5. O que fizeram Paul Sweezy e outros na famosa discussão dos anos 50 sobre a transição do feudalismo ao capitalismo; veja-se também, a respeito, Maurice Dobb, *A evolução do capitalismo*, e Perry Anderson, *Lineages of the Absolutist State*.

6. Ver, de Philippe Ariès, *História social da família e da criança*; Norbert Elias, várias obras, traduzidas sob diferentes títulos em francês e inglês, em especial *La civilisation des moeurs* e *La société de cour*; finalmente, de J. Huizinga, *O declínio da Idade Média*, EDUSP e Verbo.

7. La Bruyère, "Discours sur Théophraste", in *Caractères*, Paris, Garnier-Flammarion, 1965, pp. 34-5.

8. As principais referências a Hobbes são: *Leviathan*, caps. 6 e 13; *Behemoth*, como um todo. Essas questões abordei em *Ao leitor sem medo: Hobbes escrevendo contra o seu tempo*, São Paulo, Brasiliense, 1984, caps. 2 e 7.

9. *The Fall of Public Man*, obra que está sendo traduzida para o português (Companhia das Letras). A respeito, ver Gérard Lebrun, *Passeios ao léu*, São Paulo, Brasiliense, 1983, pp. 255-62.

10. *Leviathan*, caps. 16 e 17.

11. *Rêveries du promeneur solitaire*, 5ª promenade. Existe tradução brasileira: *Devaneios do caminhante solitário*, Hucitec e Editora da Universidade de Brasília.

A INVEJA

Renato Mezan

A inveja não goza de boa reputação. Contrariamente a outras emoções estudadas neste curso, como o medo, o amor, a esperança ou até o ciúme, a inveja é dificilmente confessada, e, quando o é, costuma vir acompanhada do qualificativo "saudável". Nesse caso, o termo conota mais o desejo de se igualar a um outro, a quem se admira por este ou aquele motivo. Apesar das aparências, a admiração e a inveja não pertencem à mesma categoria de afetos, e o psicanalista discerne, na tentativa de apresentá-las como se fossem irmãs gêmeas, um movimento de defesa contra a vergonha que sempre acompanha a menção pública de tal sentimento: é um compromisso trôpego o que sustenta a ideia de uma "inveja saudável". Mas por que surge esta vergonha? O que é, afinal, a inveja? E através de quais critérios podemos distingui-la de emoções análogas, como a cobiça, a admiração, o querer — isto se forem, de fato, emoções análogas?

OFÉLIA E O PINTO

Num de seus contos, intitulado "A legião estrangeira", Clarice Lispector descreve o nascimento da inveja numa menina, Ofélia. A narradora foi à feira e de lá trouxe um pintinho; a garota, vizinha dela, vem visitá-la, senta-se e ouve o piar do pinto na cozinha. Depois de um rápido diálogo, no qual a narradora diz que aquele ruído é de um pinto piando, lemos o seguinte:

> Do instante em que involuntariamente sua boca estremecendo quase pensara "eu também quero", deste instante a escuridão se adensara no fundo dos olhos num desejo retrátil que, se tocasse, mais se fecharia como uma folha de dor-

mideira. E que recuara diante do impossível, o impossível que se aproximara e, em tentação, fora quase dela: o escuro dos olhos vacilou como um ouro. Uma astúcia passou-lhe então pelo rosto — se eu não estivesse ali, por astúcia, ela roubaria qualquer coisa. Nos olhos que pestanejaram a dissimulada sagacidade, nos olhos a grande tendência à rapina. Olhou-me rápida, e era a inveja, você tem tudo, e a censura, porque não somos a mesma e eu terei um pinto, e a cobiça — ela me queria para ela. Devagar fui me reclinando no espaldar da cadeira, sua inveja que desnudava minha pobreza e deixava minha pobreza pensativa; não estivesse eu ali, e ela roubava minha pobreza também; ela queria tudo.[1]

Se prestarmos atenção a este texto, veremos que a descrição de Clarice faz surgir com notável acuidade os principais aspectos da inveja:

1) "do instante em que, *involuntariamente...*" — a inveja nasce em Ofélia sem que ela se dê conta, por assim dizer contra a sua vontade. O sentimento dela se apodera subitamente, e se traduz por certas modificações no corpo: a boca que estremece, os olhos que brilham e pestanejam, a sombra que passa pelo rosto. São indícios da intensidade com que a inveja a acomete;

2) "*quase* pensara..." — o "quase" se repete mais adiante, no "impossível que quase fora dela"; indica que o movimento inicial foi contra-arrestado por um outro, do qual nada sabemos por enquanto, a não ser que conseguiu deter o primeiro antes que este se completasse: houve portanto um conflito cuja resultante são os indícios corporais, que tampouco chegam a se traduzir num movimento completo ou numa fala. O *quase* sugere, além disso, um certo intervalo, uma distância que não chegou a se fechar entre a menina e a narradora. Outro signo desta situação nos é indicado na frase "porque não somos a mesma";

3) "eu *também quero*" — o querer introduz a dimensão do desejo, que, como veremos, está associada à inveja; mas a arte de Clarice deixa o verbo sem complemento: não sabemos o

que a menina "também" quer. Aliás, por que *também?* A narradora não queria nada, pelo menos até este ponto da história! Convém deixar em aberto esta questão; assinalemos apenas que, mais adiante, o querer reaparece, no "desejo retrátil" que se fecharia sobre "qualquer coisa", esta "qualquer coisa" que a menina roubaria se a narradora não estivesse por ali. Roubaria, isto é, se apoderaria do "qualquer coisa" sem o consentimento da narradora: aqui encontramos outro componente da inveja, a intenção de privar alguém de algo que possui. Este aspecto é enfatizado no final do texto: "ela roubaria minha pobreza também". E voltamos ao querer: "ela queria tudo". Tal querer é perfeitamente indeterminado, visto que poderia ser satisfeito por qualquer coisa; e por outro lado é insaciável, já que somente se contentaria com "tudo";

4) "a escuridão se adensara *no fundo dos olhos...*" — o tema dos olhos retorna várias vezes, e de modo muito peculiar: neles aparece a grande "tendência à *rapina*" (próxima do roubo e acentuando o fator agressivo presente neste último); neles se vislumbra a "dissimulada sagacidade", ou seja, algo próximo da astúcia evocada anteriormente e que se necessita apresentar de forma encoberta; "*olhou-me* rápida...", a rapidez fazendo eco àquele "involuntariamente", "e era a inveja": ela aparece precisamente através do olhar. Esta associação com os olhos está presente na própria etimologia da palavra "inveja", que provém do latim *invidia*, formada a partir do radical *ved-*, que encontramos em *vedére*. Uma outra menção literária do laço entre o olhar e a inveja nos é oferecida por Dante Alighieri no Canto XIII do *Purgatório*: os invejosos são punidos com uma "*orribile costura*", pela qual um fio de arame une suas pálpebras, impedindo-os de ver e castigando-lhes o mesmo órgão através do qual pecaram quando vivos.[2] A constância dessa associação nos parece por enquanto apenas curiosa; mais adiante, tentaremos ver se ela não exprime uma característica essencial do afeto invejoso.

Esta análise sumária do trecho de Clarice desvenda assim vários elementos cuja conexão, convenhamos, não é das mais evidentes. Recapitulemos: a inveja tem parentesco com o desejo, a agressividade, a astúcia e a sagacidade, o roubo e a rapina; há algo nela que tem a ver com os olhos; seu objeto é indeterminado, variando do "qualquer coisa" ao "tudo"; ela não é um sentimento simples, mas envolve algo como uma oscilação entre a distância e a coincidência, bem como fatores ligados à intensidade, à rapidez, ao involuntário; remete a um certo conflito, do qual resulta essa impressão de movimento esboçado e inconcluso. Qual pode ser o nexo entre estes diferentes aspectos, e por que são eles e não quaisquer outros que se apresentam quando tentamos precisar a natureza da inveja?

UM POUCO DE METAPSICOLOGIA

Para buscar resposta a estas questões, pode ser útil tomar as coisas por um outro ângulo. Com a ideia de um conflito entre tendências psíquicas, o psicanalista se sente em casa: é com efeito um dos princípios essenciais de sua disciplina o considerar que aquilo que ocorre na alma humana é passível de uma *análise*, isto é, de uma decomposição em fatores que interagem uns sobre os outros, produzindo os diferentes conteúdos e movimentos de que se constitui nosso funcionamento psíquico. Estes fatores tomam, na teoria psicanalítica, precisamente a forma de tendências antagônicas, e de sua mistura, combinação e inibição recíproca nascem as ideias, sentimentos e vivências que nos animam. Boa parte destas "operações" são inconscientes, e só temos notícia delas pelos efeitos que provocam; elas devem portanto ser inferidas desses efeitos, guardando com elas alguma proporcionalidade. Como é de se esperar, as tendências em questão não operam sempre na mesma direção, sendo mais frequentes os casos em que se verifica o contrário: de onde a ideia de que vivemos permanentemente habitados por um ou vários conflitos, resultantes dessa oposição entre tendências; e que procuramos negociar internamente tais conflitos obedecendo ao princípio que governa o funcionamento psíquico do ser humano: o princípio que ordena evitar o desprazer.

Se tentamos precisar o que se oculta através da palavra neutra "tendências", o que surge é um conflito entre duas modalidades de "entidades" psíquicas: os impulsos e as defesas. Estas são também impulsos, que visam controlar ou suprimir o efeito dos primeiros; Freud tentou, em várias oportunidades, caracterizar o jogo dos impulsos e das defesas, através de diferentes conceptualizações que não nos interessam aqui e que resultaram no conceito de pulsão. O conflito último seria travado entre duas espécies de pulsões, espécies estas que se deixam representar e simbolizar em diferentes níveis. Uma destas pulsões, na obra de Freud, é sempre a sexualidade; sua antagonista varia ao longo dos textos. O importante aqui é perceber que a inveja se situa em algum ponto deste trajeto que vai do conflito pulsional último até aquilo que Clarice descreve em seu conto: os pensamentos que atravessam a mente da menina, os movimentos corporais, o jogo das emoções contrastadas mencionadas há pouco. Um sentimento como a inveja parece propício para mobilizar diferentes aspectos e níveis desse conflito, inclusive porque ela própria é parte integrante do conflito, como entrevimos ao falar brevemente do "quase".

Essa espécie de mecânica da alma recebe o nome de metapsicologia, e o que procuraremos fazer na sequência destas reflexões é exatamente propor uma metapsicologia da inveja. Isso significa, antes de mais nada, situá-la numa das vertentes do conflito: em outras palavras, será a inveja um impulso ou uma defesa? À primeira vista, caberia incluí-la entre os impulsos ou, pelo menos, concebê-la como resultado de um jogo de impulsos: não dissemos que ela tem relações com o desejo, com a agressividade (roubo, rapina), com o involuntário? Decerto há um aspecto da inveja que se vincula aos impulsos, e podemos mesmo discernir a qualidade desse impulso: "eu também quero", diz Ofélia. Trata-se, evidentemente, do desejo de se apropriar de algo, mas justamente este "algo" não é nada claro. Na história de Clarice, o "algo" é primeiramente um pinto; mas o que impede Ofélia de pedir à sua mãe que lhe compre um pinto igual ao que está piando na cozinha da narradora? Se a inveja se limitasse ao "também quero", ela não se distinguiria do desejo; mas intuitivamente percebemos que não é assim. Não é qualquer pinto, qualquer outro pinto, que aplacaria a tempestade emocional que se apodera da menina. Isto nos é dito pela narradora: "ela roubaria qualquer coisa", "ela queria tudo", e também: "você tem tudo". Estaríamos mais próximos da verdade se disséssemos que a personagem do conto não quer um pinto, mas *este* pinto; o que suscita a inveja é o pinto comprado pela narradora, e não um pinto indeterminado. Este ponto me parece fundamental, por dois movitos.

Em primeiro lugar, *este* pinto já tem dono; não é possível que pertença simultaneamente à menina e aos filhos da narradora. Isto explica por que é necessário que surjam as ideias de roubo e de rapina: aquilo que é invejado é invariavelmente algo que já pertence a outrem e cuja falta em mim percebo súbita e dolorosamente. O passo seguinte é cobiçar a posse deste "algo", para o que, é óbvio, se necessita privar o outro do objeto em questão. O essencial da inveja é exatamente isto: arrebatar do outro a coisa invejada importa mais do que procurar obter a posse de um objeto análogo (o que estaria mais próximo da admiração). O caso do pinto é excelente para ilustrar esta faceta da inveja, já que existem inúmeros outros que poderiam perfeitamente satisfazer o desejo da menina de "ter um pintinho". Mas, na lógica invejosa, tal asserção não é verdadeira: não existe "objeto análogo", o que há é um objeto único, aquele que o outro tem e cuja ausência me faz sofrer. É o que nos diz Dante Alighieri, ao nos apresentar Guido del Duca, no canto XIV do *Purgatório*:

> *fu il sangue mio d'invidia si riarso*
> *che se veduto avesse uom farsi lieto*
> *visto m'avresti di livore sparso.*
> *O gente umana, perché poni 'l core*
> *là 'v'è mestier di consorte divieto?* (82-7)

Reparem que estes dois aspectos da inveja caminham sempre juntos. “Oh gente humana, por que pões o coração em bens aos quais é impossível fruir em companhia de outrem?” A resposta é simples: porque o bem em questão é sempre imaginado como único em seu gênero, portanto incompartilhável: se é do outro, não pode ser meu, e, se não é meu, é porque pertence a outro, o que não deveria acontecer. E isto não vale apenas para os bens materais, de que existem muitos exemplares: o invejoso do Purgatório diz a Dante que seu sangue fora de tal modo consumido pela inveja que lhe bastaria ver um homem se alegrar para que seu rosto se cobrisse de palidez. Aqui emerge com clareza o aspecto da inveja que a aparenta ao ódio: o que é insuportável para Guido é a alegria do outro, e lhe é mais necessário acabar com essa alegria do que ficar alegre por seu turno; ou melhor, há expectativa de que o término da alegria do outro também nele produza alegria. Assim como com a menina do conto, a inveja se apodera dele num átimo e com intensidade extrema: a lividez seria imediata. O invejoso procurará, dessa forma, destruir a alegria alheia, e nisso age movido também pelo ódio; mas a situação não se esgota aí, caso contrário a inveja não se distinguiria do ódio.

Quando vê um homem se alegrar, o personagem da *Divina comédia* não é apenas possuído por uma intensa emoção. Ele realiza um julgamento que permanece inconsciente, julgamento pelo qual estabelece uma relação de causa e efeito entre a alegria do outro e sua própria comoção: é porque o outro se alegra que eu me entristeço. Em outras palavras, a causa da afecção que me domina é posta na alegria alheia, de modo que a conclusão é inevitável: se o outro deixar de se alegrar, minha tristeza desaparecerá. E isso se vincula à ideia paralela de que o outro está alegre porque possui algo que o torna alegre, de onde a ideia de que, tomando dele este “algo”, ficarei feliz por minha vez. É assim que o objeto se constitui como único e como invejado, e portanto como incapaz de ser “usufruído em companhia de outrem”, Tomás de Aquino definiu a inveja como “*tristitia de alienis bonis*”, isto é, como a tristeza em relação às coisas boas dos outros.[3] E, por seu lado, Espinosa chega à mesma conclusão: "Se imaginamos que alguém se alegre com uma coisa que pode ser possuída apenas por um só, esforçar-nos-emos por fazer de maneira que ele não possua esta coisa. [...] Vemos assim como os homens são geralmente dispostos por natureza a invejar aqueles que são felizes e a invejá-los com um ódio tanto maior quanto mais amam a coisa que imaginam na posse do outro".[4]

Mencionei atrás que a inveja da menina por *este* pinto me parecia importante por dois motivos. O primeiro é o que acabamos de examinar: Clarice acentua o caráter único da coisa invejada e a necessidade inerente à inveja de arrebatá-la a seu possuidor pela violência (rapina) ou pela astúcia (dissimulada sagacidade). O segundo motivo diz respeito à natureza da coisa invejada, que não deixa de ser intrigante. Podemos colocar a indagação em outros termos: por que tem de ser única a coisa invejada? Este atributo de unicidade contrasta com outro, o da indeterminação. A menina que inveja a narradora porque esta possui um pinto que pia na cozinha, roubaria "qualquer coisa"; a análise de Espinosa pode nos ajudar a compreender este ponto. Com efeito, o invejoso a quem se refere a *Ética* imagina que seu semelhante se alegre com uma coisa qualquer (novamente indeterminada), e imagina também que o outro é feliz por possuir a coisa em questão. O psicanalista distinguiria aqui, com cuidado, o componente do "imagina" e o do "é feliz". Vejamos isso mais de perto.

O pinto que pia na cozinha é, aos olhos da menina, muito mais do que um mero pinto; se assim não fosse, ela se contentaria com qualquer outro exemplar da mesma espécie. O que é este "muito mais"? É algo que não está no pinto, mas na psique da menina: uma fantasia. A meu ver, convém distinguir o que chamarei de *suporte* da inveja do que proponho denominar *objeto* da inveja. O objeto da inveja é um objeto imaginário ou fantasmático, algo que se supõe assegurar ao seu detentor um estado de felicidade e que, se estivesse em mãos do invejoso, asseguraria, a este último uma felicidade igual. O suporte da inveja é uma coisa empírica que encarna esse objeto imaginário: na história de Clarice é um pinto, no relato de Guido del Duca a alegria, e, segundo Espinosa, como aliás na vida de todos nós, pode ser isso ou aquilo. É por esta razão que a menina roubaria "qualquer coisa": com isto, aprendemos que o suporte da inveja pode ser indeterminado precisamente porque seu objeto é determinado de maneira absolutamente unívoca. O objeto da inveja é este algo que torna o outro feliz, segundo a imaginação de quem inveja; e isto também nos é indicado, sutilmente, no texto de Clarice, quando ela escreve "eu também quero", e depois "ela queria tudo". A rigor, o "eu também quero" é uma formação de compromisso, apresentando a inveja como se fosse um desejo: deveríamos ler "que também", e a palavra *também* seria o objeto direto do verbo querer. Quero também, isto é, quero esta felicidade cujo instrumento, cujo veículo, é a posse do pinto que pia na cozinha. E aqui não existe comunhão possível: como bem notou Dante, o coração do invejoso palpita por um bem que não pode ser compartilhado. Eis porque Clarice escreve, ao final do texto que citei: "ela queria tudo". *Tudo* não significa aqui *todas as coisas* — mesmo que significasse, se um tem todas as coisas, estas não podem ser compartilhadas com outrem, o que é evidente. *Tudo* significa aqui, creio eu, um estado de completude e de preenchimento, assegurado imaginariamente pela posse do pinto. "Ela queria [ser] tudo." Queria não ter carências, e supõe que atingiria esse estado se se apoderasse daquilo em que depositou sua fantasia de totalidade. Que a carência seja imaginariamente anulada pela posse de um pinto, ou de qualquer outra coisa, é absolutamente contingente: o que importa compreender é que o invejoso começa por atribuir ao outro um estado ou uma condição de que se imagina privado ("você tem tudo") — este é o *objeto* da inveja —, para em seguida vincular este estado à posse de um "algo", uma espécie de talismã, do qual é imperativo privar o outro seja por que meio for — e este algo é o *suporte* da inveja ("e eu terei um pinto").

PARÊNTESE MITOLÓGICO

Para ilustrar estas noções, um tanto abstratas, gostaria de contar a história de Aglauros. Trata-se de um dos mitos narrados por Ovídio nas *Metamorfoses*; Aglauros é a irmã de Hersé, cuja beleza extraordinária atiça o desejo do deus Hermes. Este pede a Aglauros que favoreça seus amores; a moça concorda, mas exige em troca um punhado de moedas de ouro. Isto irrita Palas Atena, que já detestava a jovem porque esta a havia espionado numa outra ocasião. Não tolera ver a mortal recompensada por outro deus; decide vingar-se, e a vingança é terrível: Palas Atena vai até a morada da Inveja e ordena-lhe que vá "infectar com sua baba a jovem Aglauros". A descrição da Inveja feita por Ovídio merece ser relembrada, pois é nela que se baseia Dante e de modo geral serviu de modelo para todos os que falaram deste sentimento:

> A Inveja habita no fundo de um vale onde jamais se vê o sol. Nenhum vento o atravessa; ali reinam a tristeza e o frio, jamais se acende o fogo, há sempre trevas espessas [...]. A palidez cobre seu rosto, seu corpo é descarnado, o olhar não se fixa em parte alguma. Tem os dentes manchados de tártaro, o seio esverdeado pela bile, a língua úmida de veneno. Ela ignora o sorriso, salvo aquele que é excitado pela visão da dor [...]. Assiste com despeito aos sucessos dos homens, e este espetáculo a corrói; ao dilacerar os outros, ela se dilacera a si mesma, e este é seu suplício.[5]

Reparem na associação da inveja com o olhar ("assiste", "o olhar não se fixa"); este tema é clássico, e ainda não encontramos uma explicação para ele. Os outros elementos nos são conhecidos: a Inveja se alegra com a dor de outrem, e a realização de seus propósitos tampouco a deixa feliz — ao dilacerar os felizes, ela se dilacera a si própria. Esta é uma forma poética de dizer que a Inveja contém desejo, mas não se reduz a ele; o desejo de privar outrem de sua felicidade é nela mais decisivo do que o de obter a posse da coisa invejada. E o que, na história de Ovídio, é a coisa invejada?

> Quando entrou no quarto de Aglauros, [a Inveja] executa a ordem recebida. Coloca sobre o seio dela uma mão manchada de ferrugem, espeta seu coração com farpas pontiagudas, lhe insufla um vírus pernicioso, faz correr em seus ossos e espalha pelos seus pulmões um negro veneno [...]. E põe sob os olhos dela a irmã, a fortunada união desta irmã, a imagem sedutora do deus, exagerando tudo. Irritada com o que vê, Aglauros sente a mordida de uma dor secreta; ansiosa, ela geme noite e dia, e, no ápice da miséria, se consome lentamente [...]. A felicidade de Hersé a consome devagar [...]. Muitas vezes quis morrer, para não mais ver tal espetáculo; muitas vezes quis denunciar tudo, como um crime, ao pai inflexível... [pp. 800 e segs.]

Novamente aparece a relação da inveja com o olhar, mas isto não é o mais importante. O que Aglauros vê é a "afortunada união da irmã", "a felicidade de Hersé". Este ponto é capital: Hersé agora possui algo (o amor do deus) que faz sua felicidade, a completa no sentido literal da palavra. A meu ver, é absolutamente essencial compreender que Aglauros *não quer* o amor do deus, tanto que chega a pensar no suicídio para não ter de contemplá-lo. Mais uma vez, o importante é privar a irmã do que nela é invejado ("denunciar tudo ao pai inflexível"). O tema novo, contudo, e do qual penso que é possível tirar partido, é que a inveja a faz ver todas as coisas com grande exagero. O psicanalista discerne aqui um componente indispensável da inveja, análogo àquele que fazia Ofélia valorizar tanto o pinto no conto de Clarice: a dimensão da *idealização*. O objeto invejado é invariavelmente um objeto idealizado, isto é, sobrevalorizado, no qual se supõe conter atributos extraordinários, quase mágicos. É por esta razão que o suporte empírico deste objeto fantasmático é tido por único, embora possam existir muitos exemplares da mesma categoria. Neste objeto idealizado, portanto, existe um fator que não provém do próprio suporte, nem do detentor deste último, mas sempre, e sem exceção, da fantasia do invejoso. Este projeta no suporte em questão algo cuja natureza gostaríamos de examinar melhor, e do qual por enquanto sabemos apenas que diz respeito ao próprio invejoso, que se apresenta sob uma forma exagerada ou idealizada, e que, sem sua presença, não há inveja, porque, sem esta projeção, a coisa na qual se projeta este "algo" não seria *única* e, portanto, não se prestaria a ser invejada. Ora, uma das definições clássicas da essência é: "a essência de uma coisa é aquilo sem o que esta coisa não pode ser, nem ser concebida". Se não há inveja sem projeção de um "algo" idealizado, é bem possível que por este caminho se nos desvele a essência da inveja, essência a partir da qual seria possível compreender a conexão entre os vários atributos dela que se foram tornando claros para nós ao longo de nosso percurso.

IDEALIZAÇÃO E NARCISISMO

Vamos então examinar mais de perto o fenômeno da idealização. Descritivamente, ele consiste na exaltação do objeto a cujos atributos se atribui um valor de perfeição. Do ponto de vista metapsicológico, a questão consiste em saber que tipo de energia pulsional está envolvido neste processo e qual sua dinâmica, isto é, em que tipos de conflito ele se inscreve, que papel cumpre nestes conflitos e de que modo este processo se combina com outros, inibindo-os ou intensificando-os. Em "Para introduzir o narcisismo" e em "Psicologia das massas e análise do ego", Freud assinala que a idealização tem estreitas relações com o narcisismo, e, na tradição freudiana, os comentadores são unânimes em utilizar esta indicação. Já para Melanie Klein, a idealização corresponde a um mecanismo de defesa contra as pulsões destrutivas, na medida em que contribui para criar a imagem de um objeto perfeitamente bom, capaz de proteger a criança contra as ameaças emanadas dos objetos persecutórios, objetos estes que, por sua vez, surgem da projeção para o exterior das pulsões agressivas da própria criança.[6] Seja numa concepção, seja na outra, o que me parece importante assinalar é que a idealização não é um fenômeno "primitivo", mas sim consequência de complexas interações psíquicas que põem em jogo a esfera das pulsões: pulsões sexuais para Freud, pulsões destrutivas para Klein.

Qual poderia ser o laço entre a idealização e o narcisismo? Convém lembrar que, em psicanálise, o termo "narcisismo" não tem qualquer conotação pejorativa: não designa nem a vaidade, nem o estar cheio de si, nem o egoísmo, embora estes sentimentos estejam dentro do cone semântico da palavra "narcisismo" e indiscutivelmente façam parte do setor narcísico da personalidade. O essencial do conceito psicanalítico de narcisismo reside na ideia de "amor em relação a si mesmo". Mas este "si mesmo" está longe de ser uma noção simples. "Si mesmo" pode designar o corpo próprio, ou o indivíduo, ou então o próprio Ego, que não corresponde a toda a psique, mas apenas à parte dela cristalizada na autoimagem: um setor do mundo interno, ou da psique, mas de modo algum o único.

A teoria do narcisismo é uma das partes mais complicadas e obscuras da psicanálise, e nosso tema não é este; para nós será possível apenas abordar uma pequena parte dela. Vamos então nos limitar ao problema da idealização, que surgiu do nosso exame da inveja. Partamos da seguinte noção: o narcisismo é uma parte da vida sexual de todos nós, e Freud o incluiu entre os avatares da libido. O amor com que amamos a nós mesmos é um amor sexual, e a prova disso está na gama de fenômenos ligados ao autoerotismo, gama que vai da masturbação à ginástica, passando pelos cuidados com o corpo, com seu embelezamento e sua valorização. Em outros termos, nosso corpo e nosso Eu são objetos sexuais semelhantes aos objetos externos, e o investimento deles é um investimento sexual, como aliás ilustra o mito de Narciso, que se *apaixona* por seu reflexo na água. Freud considerou que, existindo em cada indivíduo apenas uma quantidade fixa de libido, a parte dela investida no Eu seria a subtrair do investimento objetal, e vice-versa. A libido narcísica, como a objetal, é eminentemente móvel e pode ser reinvestida nos objetos; quando isso ocorre, estes últimos ficam impregnados com uma qualidade particular, derivada exatamente do componente narcísico da libido que os investe. Para dar uma imagem disto: suponhamos que a libido narcísica seja de cor vermelha e a libido objetal de cor branca. Se a análise revela um objeto sexual cor-de-rosa, podemos ter certeza de que o investimento que o constitui como objeto sexual contém alguma proporção de libido narcísica, responsável por este elemento de vermelho que o objeto apresenta.

Ora, esta "qualidade particular" da libido narcísica é precisamente a perfeição, e o veículo pelo qual esta perfeição transita para os objetos é a idealização deles. Em algum recanto de nosso inconsciente, existe uma imagem de nós mesmos que é perfeita, completa, grandiosa: é o que os psicanalistas denominam Ego Ideal. Este Ego Ideal tem uma história, ou melhor uma pré-história. É formado por resquícios dos momentos mais primitivos de nossa vida, aqueles em que não tínhamos consciência da limitação, da imperfeição e da finitude que nos caracterizam como seres humanos. O bebê cercado de cuidados maternos, cujas necessidades são satisfeitas de maneira adequada, e que, no inconsciente de seus pais, representa uma reencarnação do momento em que eles próprios eram bebês, sendo portanto amado com um amor que contém fortes elementos de narcisismo infantil — este bebê nos dá uma imagem razoável desta instância psíquica, tanto mais que, segundo a teoria psicanalítica, aquilo que o satisfaz (por exemplo, o seio no qual mama, o calor que o aconchega etc.) é por ele imaginado como fazendo parte dele próprio. A descoberta de que tais entidades não são "ele", mas pertencem a outras pessoas ou, de modo geral, ao mundo externo, à realidade exterior ou material (por oposição à realidade psíquica), costuma ser extremamente dolorosa e suscitar angústias de extraordinária intensidade. Não é difícil perceber que a fantasia de completude, de autarcia, de onipotência, não será eliminada por essa descoberta, mas irá se refugiar em outros setores da vida psíquica. Assim se constitui o Ego Ideal, cujas figurações empíricas podem ser numerosas e variadas. Tudo aquilo que contribui para reforçar a impressão de autossuficiência é assim passível de ser entendido e fantasiado como uma encarnação do Ego Ideal: por exemplo, "a inteligência, o saber, a virtude, o poder, o sexo, o corpo e sua beleza, ou ainda a independência de quem 'se basta a si próprio em sua inacessibilidade', como constatou Freud".[7]

Em virtude da mobilidade da libido, esta área do narcisismo — o Ego Ideal — pode ser também transposta para certos objetos, na vertente projetiva. Estes se convertem assim em duplos do indivíduo, ou melhor, em duplos de seu Ego Ideal: são precisamente os objetos idealizados, cuja característica é a de serem, como vimos, concebidos como perfeitos. E podemos compreender que esta perfeição consiste em serem contidos dentro de si mesmos, em se autobastarem e, mais ainda, em poderem dispensar o recurso a algo exterior para obter o gozo sexual, posto que são independentes, autônomos, não necessitando de nada que os preencha: numa palavra, são imaginados como possuindo extraordinárias capacidades de autossatisfação. Isto é verdadeiro a toda e qualquer idealização, mesmo que os atributos em função dos quais o objeto é sobrevalorizado nada tenham a ver, aparentemente, com o registro da autarcia e do gozo autoproporcionado; e não é difícil compreender por quê. Diante de um objeto idealizado, sentimo-nos dispensáveis, inferiores: nada temos a aportar que o objeto já não possua. Em outros termos, ele é para nós um objeto pulsional, mas não nos representamos como sendo para ele também um objeto pulsional. A principal característica do objeto idealizado é, assim, a de que "ele não precisa de mim"; daí a fantasiar que ele não precisa de nada nem de ninguém, porque é dotado da capacidade de se autossatisfazer (perfeição narcísica ligada à projeção do Ego Ideal), o passo é curto, e dado com invariável fatalidade.

Se prosseguirmos nesta reflexão, veremos que não é tão grande assim a oposição entre as concepções de Freud e de Melanie Klein no que concerne à idealização. O que acabei de expor é uma sistematização e um desenvolvimento das indicações de Freud; disse também que para Klein a idealização é uma das defesas contra as angústias persecutórias e contra as pulsões destrutivas que sustentam estas últimas. Ora, o fato de a idealização poder desempenhar esta função — como de fato desempenha — não diz nada sobre sua origem; e o que Melanie Klein afirma quanto ao objeto idealizado não me parece contradizer o que dissemos até aqui. Com efeito, o objeto idealizado possui, segundo Klein, a propriedade de se bastar a si mesmo, e também de deleitar-se com sua própria perfeição. É o caso do seio idealizado, imaginariamente capaz de produzir leite em quantidades infinitas e ilimitadas, e ainda de usufruir de todo o prazer que este leite pode proporcionar. O que caracteriza o seio idealizado (e, aliás, o torna objeto de inveja, segundo Klein) é a capacidade de engendrar a partir de si mesmo, o que é uma variante da capacidade de se autoengendrar, capacidade esta que é o conteúdo de uma das principais fantasias narcísicas repertoriadas pela psicanálise. Melanie Klein, no entanto, não desenvolve este aspecto, atendo-se mais à dimensão da proteção que o objeto idealizado poderia dispensar. Mas é fácil perceber que, qualquer que seja a medida desta proteção, ela estará sempre *aquém* do que o seio protetor poderia oferecer, já que a expectativa é a de que ele possibilite a eliminação completa de *todas* as angústias. Como isso não é possível — pois a angústia tem fontes internas que não podem ser alcançadas mesmo pelo mais idealizado dos seios — é inevitável que este último seja também fonte de frustração, acarretando, por conseguinte, emoções agressivas dirigidas contra ele. Pois, se "pode" fazer tudo o que a criança imagina, por que não o faz? Por má vontade, egoísmo, intenção sádica de prejudicar...

Vocês percebem que, por este caminho, nos aproximamos novamente da inveja. O seio idealizado é uma das figurações fantasmáticas do objeto invejado, pois é fácil incluí-lo na série das "criaturas" felizes porque possuem algo que, caso fosse meu, também me faria feliz. No caso, é esta capacidade ilimitada de fruição, ou de criação daquilo que satisfaz o desejo sem ter de passar pela dor da falta, dor que obriga a procurar o objeto fora de nós mesmos e a nos contentar sempre com aproximações substitutivas dele. Não é difícil entender que a pessoa invejada é sentida como detentora de um privilégio e que a inveja se constitui por meio de um movimento que visa a arrebatar dela tal privilégio, conforme vimos atrás. O que nosso trajeto permite evidenciar é que este privilégio *tem raízes narcísicas*, porque provém da projeção de partes do Ego Ideal, e em particular daquilo que constitui sua propriedade fundamental, a saber, a perfeição e a independência das limitações impostas pela realidade, pela diferença dos sexos, pela mortalidade do homem, pela finitude. No Ego Ideal, cumpre-se uma aspiração ao infinito; mas, para evitar conotações religiosas ou transcendentes, convém relembrar que este "infinito" se origina na ilusão infantil de autossuficiência e constitui uma forma de preservar a crença na existência dela, ainda que em algum ponto inacessível do espaço ou do tempo. E, de certo modo, tal crença tem sua razão de ser: apenas, este "ponto" é uma fantasia cujo lugar virtual é o inconsciente.

Podemos, assim, retornar à consideração da inveja, focalizando-a agora sob o ângulo de sua relação com o narcisismo. Esta relação talvez seja a única hipótese original que tenho a lhes apresentar; procurei desenvolvê-la em outros trabalhos,[8] e gostaria de me encaminhar para a conclusão deste trabalho assinalando os motivos que me levam a pensar assim, bem como o possível ganho de compreensão quanto à economia e à dinâmica da inveja que dela deriva. Não há dúvida de que a inveja contém um forte componente agressivo, visto que sua finalidade primordial é privar outrem de um atributo julgado precioso. Este fato poderia ser invocado como argumento contra a vinculação da inveja à esfera da libido narcísica? Não o creio; o narcisismo também participa das pulsões de morte, como aliás nos é indicado pelo mito de Narciso, que morreu de inanição contemplando sua imagem refletida na nascente. Mais ainda, a agressão contra o rival — que é manifestamente um duplo narcísico do indivíduo — figura como momento essencial na concepção do narcisismo segundo Lacan, a quem devemos uma importante renovação no que concerne a este problema. Não poderemos entrar na discussão das hipóteses avançadas por Lacan; basta indicar que, mais do que refutar a ideia que sugeri, a inclusão do fator agressivo na consideração do narcisismo vem apoiá-la, e portanto não impede, mas reafirma, a conexão deste último com a inveja. Aliás, o valor atribuído por Lacan à dimensão visual na constituição e nos destinos do narcisismo (o famoso "estágio do espelho") poderia nos fornecer uma pista para compreender a enigmática associação da inveja com o olhar, contribuindo igualmente para legitimar sua origem a partir do narcisismo. O olhar desempenha um papel de relevo na constituição da imagem do corpo e da imagem de si, imagens com as quais o sujeito se identifica muito precocemente e que trazem, segundo Lacan, a marca da idealização, que, como vimos, é uma das dimensões em que se estrutura o narcisismo. Mas seguir esta indicação nos levaria muito longe dos aspectos mais evidentes desta vinculação, que me parecem prioritários no contexto em que nos encontramos.

INVEJA DO PÊNIS

Talvez caiba aqui tomar um outro rumo, o que nos permitirá abordar uma das ideias de Freud que mais polêmica despertou: a noção de "inveja do pênis". Este conceito costuma ser fonte de inumeráveis contrassensos, o primeiro dos quais é supor que ao concebê-lo Freud estaria depreciando o sexo feminino e que tal depreciação seria consequência de seus preconceitos vitorianos. Freud certamente tinha seus preconceitos, como todo mundo, mas disso não se segue que a teoria da inveja do pênis seja uma emanação direta deles. Ao elaborá-la, Freud tem em vista certos aspectos da sexualidade feminina que sugerem a existência de uma *fantasia inconsciente* dessa natureza. A inveja do pênis não é um conteúdo da consciência, e raramente a encontramos como conteúdo da consciência na análise de pacientes do sexo feminino; aliás, quando isso ocorre, a interpretação costuma revelar sob essa fantasia alguma outra, inconsciente, que é representada na consciência sob esta forma disfarçada. Na qualidade de fantasia inconsciente, ela se manifesta sob inúmeras roupagens que, aparentemente, nada têm a ver com a inveja do pênis; o que não é de se admirar, se nos lembrarmos que uma das duas forças psíquicas de cujo conflito é feita nossa vida mental e emocional tende precisamente a censurar os conteúdos inconscientes capazes de provocar desprazer. Tampouco cabe supô-la como exclusiva de pessoas do sexo feminino; como bem diz Hélio Pellegrino em outro texto deste volume, "os homens também sentem inveja do pênis, e como!". Mais do que vociferar contra esta hipótese, ou buscar invalidá-la com argumentos psicologizantes, cabe tentar compreender do que se trata. E isto porque todo argumento psicologizante — do tipo "você diz isto porque é machista" — pode ser facilmente devolvido a quem o emprega, sob a forma de uma interpretação selvagem: "você pensa que a inveja do pênis não existe porque tem resistências a esta ideia". Convenhamos que assim não se vai muito longe; não se refutam conceitos com acusações, nem podem eles ser provados com panegíricos. Procuremos então entender o que significa, realmente, a noção de inveja do pênis.

O contexto em que esta hipótese se situa é o das fantasias de castração e das defesas mobilizadas contra elas. A castração representa a perda de um órgão ou de um atributo narcisicamente valorizado e o pênis é certamente um órgão deste tipo. Mas seria ingênuo imaginar que o pênis invejado na fantasia estudada por Freud seja simplesmente o genital masculino: as feministas apressadas se esquecem de perguntar quais as significações que este pênis pode assumir, ou, para utilizar uma distinção proposta há pouco, de que objeto inconsciente tal pênis é suporte. Dito de outro modo, o que a inveja *do* pênis inveja no pênis? Não é difícil imaginar que o objeto invejado dificilmente coincidirá com seu suporte empírico, muito embora a descoberta deste último possa ser a ocasião para que se desencadeie o complexo de castração em sua versão propriamente feminina. Ao estudar este problema, Freud escreve: "A menina percebe o pênis chamativamente visível e grande; reconhece-o imediatamente como contrapartida superior de seu próprio órgão, pequeno e escondido; e a partir daí sucumbe à inveja do pênis. [...] Ela julga e decide imediatamente: viu isso, sabe que não o tem, e quer tê-lo".[9] Reparem que a descoberta da diferença anatômica dos sexos é uma ferida narcísica importante e que uma das dimensões em que ela recebe seu sentido é precisamente a do narcisismo: a menina faz uma comparação entre ela e o menino, constata uma diferença e a julga como significando uma inferioridade no que se refere a ela, como se sentisse uma falta por não possuir "isso". Mas o essencial é que tal falta não é real: nada falta no corpo da menina, ela tem um órgão genital que lhe é próprio. Encontramos aqui uma fantasia de falta que se inscreve no contexto geral da vida psíquica infantil: nela vêm se expressar outros conteúdos, que a precedem e aos quais ela ajuda a atribuir sentido. Por exemplo, a ausência do pênis pode ser compreendida como um castigo, como um sinal de menos amor, etc.; se a menina acredita que, por tal ou qual motivo, mereceria ser castigada ou privada de amor, a constatação da diferença entre ela e o menino pode ser lida como confirmando a veracidade das acusações que se faz. Invariavelmente, a posse do pênis pelo menino é entendida como sinal de um privilégio do qual está excluída. O que a menina inveja é portanto este privilégio e o gozo dele, o pênis significando e permitindo segundo sua fantasia um desfrute que ela não pode atingir. Em geral, tal desfrute não é compreendido conscientemente como possuindo um sentido diretamente sexual; os psicanalistas de crianças costumam enfatizar que o privilégio em questão tende a ser figurado como um "mais amor", um "mais poder", ao menos no momento cronológico em que habitualmente se dá a descoberta da diferença anatômica, isto é, ao redor dos três ou quatro anos.

Se o que a inveja do pênis inveja no pênis é o gozo de um privilégio, é evidente que estamos diante de uma manifestação da idealização. O pênis invejado não é, assim, o órgão do menino, mas um objeto idealizado que a menina projeta neste suporte e que tem a ver com o mundo fantasmático *dela*. Que o pênis possa ser também idealizado pelo menino e concentrar todo um conjunto de fantasias *dele* é um outro problema, que não abordaremos aqui. O importante é perceber que o pênis acaba por funcionar como elemento de uma série cujo núcleo comum é a ideia de completude, como se vê consultando o *Vocabulário de psicanálise* de Laplanche e Pontalis: "A inveja do pênis nasce da diferença anatômica dos sexos; a menina sente-se lesada em relação ao menino e deseja possuir, como ele, um pênis. Depois, esta inveja do pênis toma no curso do Édipo duas formas derivadas: vontade de adquirir um pênis dentro de si, principalmente sob a forma do desejo de ter um filho; vontade de gozar do pênis no ato sexual".[10] O elemento do desejo aponta para a dimensão da plenitude, do estar preenchida por um bebê ou por um pênis. Mas a inveja do pênis contém igualmente a dimensão agressiva e pode se expressar sob a forma da fantasia de castrar o homem, de privá-lo do que supostamente a posse do pênis lhe permite; ou ainda sob a forma de inibições variadas, principalmente na esfera do prazer e da realização pessoal, a partir de uma forma derivada da inveja do pênis, e que costuma tomar a forma de uma fantasia segundo a qual a mãe possui um pênis gerador de prazer, pênis este obviamente idealizado, e cuja ausência na mulher a impediria de obter satisfação naquilo que empreende. Em todos os casos, o pênis invejado é um pênis idealizado, inclusive neste último, em que o gozo de um prazer é impossibilitado porque significaria castrar a mãe, arrebatar-lhe um "pênis" cuja posse é simultaneamente desejada e temida pela mulher. O essencial é dar-se conta de que o pênis funciona aqui como atributo e suporte da diferença, tanto da diferença sexual quanto da diferença entre mim e outrem, quanto ainda da diferença hierárquica numa escala imaginária em que me situo num degrau bastante baixo. O grande problema não é, assim, saber se a mulher inveja ou não o pênis do homem, mas saber por que escolhe, para recipiente e suporte do objeto idealizado, algo cuja posse material por ela é *impossível*, se figurarmos esta posse como a presença física de um órgão masculino no corpo de mulher. Parece que aqui deparamos com um traço inesperado, e que talvez pertença não apenas à constelação da inveja do pênis, mas também à inveja em geral: a idealização do objeto e sua projeção sobre um suporte externo — mecanismos constitutivos do afeto invejoso — resultam no desejo de se reapropriar do objeto idealizado/projetado, privando dele seu suposto detentor. Mas, para que este movimento resulte na inveja e não apenas na cobiça, no desejo etc, parece ser necessário que a recuperação do objeto em questão seja rigorosamente *impossível*. Será isto verdadeiro? E, se for, como dar conta desta situação, em termos metapsicológicos?

A INVEJA E O IMPOSSÍVEL

Vamos, então, por partes. O personagem da *Divina comédia* que empalidece ao ver a alegria alheia pode eventualmente obrar de modo a que o outro se entristeça, assim como Aglauros poderia realizar seu intento destruindo de algum modo a felicidade de sua irmã. Mas nem um nem outro conseguiriam por este meio mais do que um alívio em seu sofrimento; pois a inveja se faz acompanhar de um intenso sofrimento, como vemos pela descrição de Ovídio: ela "morde", o espetáculo dos êxitos dos homens a "rói" e, "ao dilacerar os outros, ela dilacera a si mesma". Há, portanto, uma assimetria que me parece fundamental entre o gozo que o invejoso atribui ao invejado e a condição a que ele próprio acederia, caso atingisse seu objetivo imediato, que é o de privar a pessoa invejada do atributo ou da coisa invejada. Tal condição não é do mesmo estofo que o gozo ou a felicidade, consistindo, na melhor das hipóteses, em um apaziguamento, logo seguido, porém, pelo renascer da inveja, que não deixará de buscar algum outro suporte no qual se investir. Da mesma forma, a menina do conto de Clarice Lispector acaba por matar o pintinho, mas é bastante claro que a eventual satisfação que este ato lhe proporciona não tem medida comum com a expectativa que acompanhava a inveja: "olhou-me rápida, e era a inveja, você têm tudo, e a censura, porque não somos a mesma e eu terei um pinto...". A sequência dos pensamentos de Ofélia me parece significativa: "você tem tudo", isto é, é plena, nada lhe falta; "porque não somos a mesma", ou seja, existe entre nós um intervalo ineliminável, uma diferença cuja percepção é fonte de dor e de tristeza; "e eu terei um pinto", isto é, encontrarei uma satisfação substitutiva análoga àquela que me proporcionaria a posse e a fruição daquilo em que encarnei a diferença entre nós. O "eu terei um pinto" vem assim como conclusão, após uma fantasia de plenitude ("você tem tudo") e após o desmentido aportado a esta fantasia ("porque não somos a mesma"). O desejo que acompanha a inveja é assim determinado como um *desejo de coincidência*, de restauração da plenitude narcísica rompida com a descoberta do limite e da diferença, isto é, do intervalo entre um e outro. É por este motivo, penso, que o olhar desempenha na economia da inveja uma função decisiva: ele permite o contato — isto é, a busca da coincidência — e ao mesmo tempo permite a manutenção da distância entre o invejoso e o invejado; pois olhar é simultaneamente "pôr para dentro" e "manter fora", é apreender de modo tal que se incorpora o apreendido, porém ele é conservado em sua irredutibilidade pela forma desta apreensão.

Se concordarmos que é assim, a inveja tomará o caráter de uma formação complexa na qual cabe distinguir uma vertente da ordem dos impulsos e uma vertente da ordem da defesa. A vertente pulsional tem uma faceta sexual-narcísica e uma faceta agressiva, como deve estar claro a esta altura. A vertente defensiva é patente pelo que acabei de dizer: ela se exprime na *impossibilidade de reinteriorizar o projetado-idealizado*, impossibilidade que necessita ser explicada, porque não é nada óbvio que isto deva se produzir. Quais seriam as condições metapsicológicas em que esta impossibilidade ganharia uma razão de ser?

A defesa — qualquer defesa — tem uma finalidade óbvia: evitar o desprazer. Isto não a impede de gerar, por vezes, um intenso desprazer; mas este último será sempre fantasiado como um mal menor, se comparado com aquilo que sucederia caso a defesa fosse abandonada. Boa parte do trabalho psicanalítico, aliás, consiste no reexame das fantasias e das angústias que povoam a vida psíquica do paciente, apostando-se na possibilidade de que, ao longo do processo, ele venha a perceber que suas defesas, ou parte delas, podem ser modificadas sem causar as situações temidas, situações cujo caráter infantil e mesmo arcaico exigiram em outros tempos o recurso a medidas de proteção de tal envergadura. Em todo caso, é possível inferir, do tipo e da intensidade das defesas, algo sobre a natureza daquilo cuja irrupção no espaço psíquico elas devem impedir, e que constitui, por assim dizer, o avesso delas. No caso que nos ocupa, a fantasia parece ser de molde a apresentar como realizado um estado de completude e de autarcia, intensamente desejado na medida em que atingi-lo seria atingir o Paraíso e desfrutá-lo por toda a eternidade. Este é, com efeito, o aspecto mais frequente sob o qual nos é apresentado o registro da onipotência. Mas a consideração atenta do sentimento da inveja nos deveria fazer rever esta concepção, ou pelo menos complementá-la com uma outra, pois o que caracteriza a inveja é exatamente a constituição desta fantasia (através da idealização cuja origem é o Ego Ideal) e a sua imediata projeção para outrem, seguida de um intenso desejo de reapropriação do projetado e da impossibilidade de efetuar esta reabsorção. Se é impossível efetuá-la, é porque isto provocaria uma situação psíquica sentida ou imaginada como aterrorizadora: e o grau deste terror pode ser avaliado pelo fato de que, a ele, é preferível a "mordida", a "dilaceração" e o "roer-se por dentro" da inveja, a qual, repito, não deixa de ser fonte de grande sofrimento para aquele que a experimenta.

E o que haveria de tão horrendo na suposta realização da fantasia de onipotência? A meu ver, cabe refletir que tal estado, caso pudesse ser obtido, resultaria na supressão da subjetividade, isto é, na aniquilação daquele que o vivenciasse: pois a condição *sine qua non* da existência de um sujeito é precisamente a presença de um intervalo entre ele e os outros, intervalo assegurado pelo limite e pela finitude de nosso corpo e da nossa psique. O nascimento é, como sabemos, acompanhado pelo corte do cordão umbilical. Aquilo que Freud descreveu como o "horror do incesto" não provém de motivos morais, que condenariam a união sexual com a mãe. Pois o incesto do qual se tem horror não é a cópula genital com a mulher que nos deu à luz; se assim fosse, a mulher heterossexual não seria habitada pelo horror do incesto. A vinculação genital com a mãe é uma figuração plástica e logicamente concebível do retorno ao ventre materno, isto é, da dessubjetivação e da morte;[11] retornar ao ventre da mãe significa fundir-se com ela e deixar de existir como ser individuado. É característico que o Paraíso seja figurado, no imaginário religioso, como um lugar ao qual só se chega após a morte, ainda que nele — graças à denegação da morte — as almas conservem sua individualidade, seu nome e sua história. O Paraíso é um símbolo evidente da fusão com a mãe, porém concebido de modo a retirar desta fusão os elementos que contribuem para torná-la aterrorizadora.

A fantasia de autossuficiência, que estudamos brevemente ao falar do Ego Ideal, pode assumir a forma de um desejo de fusão com a mãe, pelo simples motivo de que, ao fundir-se, tanto o indivíduo como a mãe desapareceriam como tais. Ela é apta a figurar, deste modo, uma situação de ilimitação, de infinitude, de onipotência, ou como quisermos denominá-la, pois consiste sempre na supressão dos limites que, ao mesmo tempo em que nos fazem sofrer, são condição para a existência humana. Isso nos permite compreender por que o projetado/idealizado pode ser alvo de um imenso desejo e ao mesmo tempo de um imenso pavor: é possível que seja, aliás, tão desejado precisamente porque a reapropriação dele jamais pode se cumprir, posto que seu cumprimento seria idêntico à morte. Nesta perspectiva, a inveja teria uma função defensiva importante, protegendo o indivíduo contra o risco de precisar reinteriorizar algo que foi projetado exatamente para ser mantido à distância: a perfeição narcísica. Tendo sido projetada, ela se converte imediatamente em objeto de intenso desejo, desejo de coincidência com o objeto idealizado; como este é imaginado sob a forma de algo capaz de ser "possuído", o desejo de possuí-lo é acompanhado pela intenção agressiva de privar seu detentor da posse e do usufruto dele; eis aí a origem da dupla determinação pulsional da inveja, isto é, de sua componente sexual-narcísica e de sua componente agressiva. Nela coincidem, se esta hipótese estiver correta, um impulso (ou melhor, um feixe de impulsos) e uma defesa bastante eficaz; esta situação permitiria compreender a *tenacidade* da inveja, a dificuldade de alterar as condições econômicas que a sustentam e a força das resistências contra a análise que nela se apoiam: escorada por assim dizer de ambos os lados, não é de se admirar que ela ostente uma estabilidade... invejável.

DA CAPO

Nosso último passo permitiu estabelecer que a inveja é inveja do impossível, e que este impossível representa um estado de coincidência com o outro que nada mais é do que uma faceta do narcisismo, precisamente aquela que sustenta as fantasias de autossuficiência e de perfeição idealizada quanto a si mesmo. Para concluir, gostaria de reler o texto de Clarice Lispector nesta perspectiva, a fim de ilustrar este excurso metapsicológico e demonstrar que ele não é apenas um malabarismo especulativo.

"*Do instante em que, involuntariamente, sua boca estremecendo quase pensara — eu também quero —* deste *instante a escuridão se adensara no fundo dos olhos, num desejo... que recuara diante do impossível, o impossível que se aproximara e em tentação fora quase dela.*" Creio que podemos interpretar este "impossível" como a figuração de um desejo de fusão narcísica, de coincidência com a plenitude que dolorosamente falta à menina, e que é subitamente sentida quando esta percebe o piar do pinto. Mas esse movimento é acompanhado pelo seu contrário, isto é, pelo repúdio da "tentação": é o que sugere o "quase". "*O escuro dos olhos vacilou como um ouro*": é o instante da vacilação, do entre--dois-desejos. Ofélia recuou frente ao horror do incesto, mas não desistiu do desejo de obter o "impossível". "*Uma astúcia passou-lhe então pelo rosto*": das duas tendências opostas, surge um compromisso, expresso pela inveja, que é o sintoma deste compromisso: a garota vai tentar manter simultaneamente, lado a lado, o desejo de coincidência e de plenitude e a defesa contra ele; daí a ideia da astúcia. "*Se eu não estivesse ali, ela roubaria qualquer coisa. Nos olhos, a dissimulada sagacidade; nos olhos, a grande tendência à rapina.*" *O ideal* de completude mobilizado pela percepção de que nela não coincidem o Ego e o Ego Ideal será deslocado para um suporte qualquer, que os olhos procuram avidamente: qualquer coisa serve como suporte neste momento, contanto que pertença à narradora, que, com toda a clareza, neste momento figura um duplo narcísico de Ofélia. Os olhos serão o veículo por excelência deste movimento, porque ao apreender a imagem da coisa a mantêm, por isso mesmo, fora do espaço corporal, realizando o compromisso exigido pelas duas tendências que se defrontam, e, de certa forma, satisfazendo a ambas. "*Olhou-me rápida, e era a inveja: você tem tudo.*" Você tem o atributo da perfeição e da completude; reparem que esta *condição* é metonimizada num *objeto* que, por ser limitado, pode ser imaginado como capaz de circular: o "ser" converteu--se num "ter", com a evidente vantagem de que se pode roubar algo que o outro *tem*, enquanto é impossível roubar aquilo que ele *é*. "*E a censura: porque não somos a mesma, e eu terei um pinto.*" O fato de não sermos a mesma vem cristalizar toda a raiva, como se dependesse da narradora que "fôssemos a mesma". A referência a "ser a mesma" indica que o movimento é de índole narcísica, e, de certo modo, Ofélia tem razão: algo dela (o Ego Ideal) acaba de ser projetado na narradora, e, sob este aspecto, elas "são a mesma"; mas esta projeção estabelece uma diferença insuperável entre ambas, porque uma "tem" (o Ego Ideal da outra) e a outra "não tem": daí a censura, porque não somos a mesma. Tão logo realizado, o movimento projetivo é alvo de uma repressão; o objeto narcísico idealizado vem então habitar um suporte empírico, capaz de ser desejado sem que a suposta efetivação do desejo resulte na fusão indiferenciadora: "e eu terei um pinto". A narradora, contudo, não se engana: Ofélia não queria apenas um pinto, "*ela me queria para ela*". "*Devagar fui me reclinando no espaldar da cadeira*" -. a agressão é sentida, e a narradora esboça um movimento de proteção, afastando um pouco seu corpo da menina cobiçosa. "*Sua inveja que desnudava minha pobreza e deixava minha pobreza pensativa*; *não estivesse eu ali, ela roubava também minha pobreza*": quem a imagina feliz e deleitando-se com o pinto é a menina, já que tal fantasia é dela. Clarice nos diz assim, com infinita sutileza, que o invejado não compartilha desta fantasia, nem pode compartilhar, porque todo o movimento se dá no espaço psíquico do invejoso. O invejado sente que o outro deseja algo dele, sem no entanto saber o que é; daí o gesto de retração, como quem diz: — Não tenho isso que você cobiça. Haveria talvez muito a dizer sobre o que se passa na psique do invejado, mas não nos será possível entrar neste terreno aqui. Direi apenas que, confrontado com a idealização invejosa, o objeto desta idealização pode sentir-se ameaçado e constrangido, pois percebe com frequência o componente agressivo e destrutivo do movimento idealizador; talvez por isso, reaja muitas vezes através da denegação daquilo que de fato possui e é. "*Ela queria tudo*": queria, mas também não queria, queria só um pinto, e queria qualquer coisa; sobretudo, queria não ter de sentir a falta, o limite, que naquele instante eram motivo de ódio e de dor. Tinha desejos, raiva, vontade de se reapropriar daquilo que projetara, medo e angústia diante da possibilidade de que isso ocorresse: numa palavra, Ofélia "sentia a mordida de uma dor secreta" — ela experimentava a miséria da inveja.

NOTAS

1. "A legião estrangeira", *in Felicidade clandestina*, Rio de Janeiro, Nova Fronteira, 1971.

2. Dante Alighieri, *A divina comédia*, Purgatório, XIII, 23-84.

3. *Summa Theologica*, II-II, Questão 36, artigo 1.

4. *Ética*, livro III, proposição 32 e seu escólio.

5. *Metamorfoses*, livro II, 770 e segs., trad. J. Chamonard, Paris, Garnier--Flammarion, 1966.

6. Ver, por exemplo, a secção II do "Some Theoretical Conclusions regarding the Emotional Life of the Infant" (1952), bem como o capítulo II de *Inveja e gratidão* (1957).

7. Guy Rosolato, "Le narcissisme", *Nouvelle Revue de Psychanalyse*, 13, 1976, p. 15.

8. "Desejo e Inveja", *in* Manoel T. Berlinck (org.), *O desejo na psicanálise*, Campinas, Papirus, 1985, pp. 67-103; "O escuro dos olhos brilhou como um ouro: notas sobre a inveja, a castração e o narcisismo", *Teoria da prática psicanalítica*, 4, Rio de Janeiro, Campus, 1986, pp. 95-121.

9. S. Freud, "Algumas consequências psíquicas da diferença sexual anatômica", 1925, *Studienausgabe* V, pp. 260-1; Biblioteca Nueva, v. III, p. 2899.

10. Laplanche e Pontalis, *Vocabulaire de la psychanalyse*, Paris, Gallimard, 1967, artigo "Envie du pénis", p. 136.

11. Cf. Conrad Stein, *L'enfant imaginaire*, Paris, Denoël, 1970.

A MELANCOLIA DE ULISSES: A DIALÉTICA DO ILUMINISMO E O CANTO DAS SEREIAS

Olgária Matos

> *Mas vós com laços estreitíssimos deveis amarrar-me, para que eu fique seguro, de pé no mastro do navio; para isso, as cordas me prenderão. E se eu vos suplicasse, se vos ordenasse de soltar-me, com nós mais numerosos, apertai-me.*
> *Odisseia*, canto XII

ULISSES E O ILUMINISMO DA RAZÃO

Na *Dialética do Iluminismo*, Adorno e Horkheimer escrevem: "Nenhuma obra dá testemunho mais eloquente das imbricações entre razão e mito que a de Homero, que é o texto fundamental da civilização europeia".[1] Tanto a *mitologia* quanto o Iluminismo filosófico (dos séculos XVII e XVIII) e científico encontram suas raízes nas mesmas necessidades básicas: *sobrevivência*, *autoconservação* e *medo* (*Angst*): "o Iluminismo, no sentido mais amplo do pensamento em contínuo progresso, sempre teve por alvo tolher o medo aos homens e torná-los senhores. Porém, toda a terra inteiramente iluminada brilha sob a luz de uma triunfante desventura". O impulso à autoconservação nasce do medo mítico de perder o próprio eu, medo da *morte* e da *destruição*, que se manifesta em toda circunstância que determina sua diminuição ou opressão, gerando um recolhimento egocêntrico do sujeito sobre si mesmo. O eu se torna tão importante para si que tudo o que lhe é exterior, *outro* em relação a si, não tem valor nenhum a não ser um, negativo: o outro é visto como hostil, perigoso e devendo ser dominado. Para tanto, mito e ciência têm procedimentos diversos: no mito, o recurso ao mimetismo;

na ciência, à identidade. No mito, graças ao mimetismo, um diálogo comunicativo entre o homem e a natureza exterior que o ameaça é possível. O feiticeiro — pela imitação das forças naturais — realiza gestos de cólera ou apaziguamento para conter sua angústia frente ao desconhecido. Na ciência, acredita-se vencer o *medo* quando nada mais houver de ignoto, de estranho. A ciência se reporta a uma natureza não mais qualitativa e animada, mas quantitativa e formalizada. O mito antropomorfiza a natureza, a ciência a objetiva para dominá-la intelectualmente, para reduzi-la à dimensão do mesmo — o Sujeito. A alteridade é negada porque a simples existência do outro é a fonte genuína da angústia. Para Adorno e Horkheimer, desde Sócrates aos sistemas racionalistas contemporâneos, a razão se condena à sua própria idolatria, o que se manifesta de maneira exemplar na figura de Ulisses e, em particular, no episódio do canto das sereias, na estreita e dolorosa conjunção entre *pensamento* e *sobrevivência*, entre o julgamento que discerne e a disciplina que ele impõe, para si e para os outros. Na *Dialética do Iluminismo*, Ulisses escapa ao perigo do canto, obrigando seus companheiros a remar com os ouvidos tapados, enquanto ele, solitário, com os ouvidos livres, preso ao mastro, escuta desesperado as vozes encantadoras do gozo recusado.

Deste ponto de vista, o *desejo*, condenado pela razão dominadora, representa uma espécie de resistência marginal e interrogativa com relação à racionalidade. As paixões são aquilo que lateralmente vêm perturbar a ordem da razão, enclaves nunca de todo colonizados e que retornam vagamente rebeldes. Quando se pretende ter penetrado no *segredo da natureza*, a felicidade e o sofrimento surgem como anomias inquietantes, como excesso ou falha não contabilizáveis que ameaçam e geram medo. Para vencê-lo, a razão tem que exercer uma constante vigilância e utilizar artimanhas a fim de se desfazer de tudo o que venha a provocar desequilíbrio.

Por isso, Ulisses é astucioso: capaz de ludibriar o próprio Zeus, conhece o meio adequado para alcançar seus fins; nele, ardil e razão constituem a racionalidade. Mas qual é seu estatuto lógico, se tomarmos por referência a fórmula canônica da Razão, a de Descartes, para quem "a principal astúcia da razão é a de não querer de forma alguma utilizar astúcia"?[2]

Ulisses não é um ser plenamente racional: um ser racional não recorreria a um tal estratagema. Tampouco é o veículo passivo e irracional de seus desejos e de seu querer, já que obtém indiretamente o mesmo fim que um ser racional realizaria diretamente. A situação de Ulisses é: ser fraco e saber que o é. O episódio do Canto XII da *Odisseia* trata da fragilidade da vontade ou ainda de uma insuficiência da razão. Por ser imperfeita, a racionalidade necessita de regras que a tornem autossuficiente: "Minha segunda máxima consistia em ser o mais firme e o mais resoluto possível em minhas ações, em não seguir menos constantemente do que se fossem muito seguras as opiniões mais duvidosas, sempre que eu me tivesse decidido a tanto. Imitando nisso os viajantes que, vendo-se extraviados nalguma floresta, não devem errar volteando, ora para um lado, ora para outro, nem menos ainda deter-se num sítio, *mas caminhar sempre o mais reto possível* para um mesmo lado, e não mudá-lo por fracas razões, ainda que no começo só o acaso talvez haja determinado a sua escolha: pois, por este meio, se não vão exatamente aonde desejam, pelo menos chegarão no fim a alguma parte, onde verossimilmente estão melhor que no meio de uma floresta".[3] Para tal empreendimento, Descartes se confrontará com a fragilidade da razão face à supremacia das paixões. A filosofia clássica acreditou que "basta bem julgar para agir bem e se consolar". A ciência do claro e do distinto depara com o confuso para combatê-lo. No tratado *As paixões da alma*, Descartes distingue dois modos para enfrentar as paixões: "Aqueles em quem naturalmente a vontade pode o mais facilmente vencer as paixões e paralisar os movimentos do corpo que as acompanham têm, sem dúvida, as almas mais fortes; mas há os que só podem experimentar sua força porque jamais combatem sua vontade com suas próprias armas, mas apenas com aquelas que algumas paixões lhes fornecem para resistir a algumas outras. Aquilo que chamo suas próprias armas são juízos firmes e determinados, que tangem o conhecimento do bem e do mal, segundo os quais ela resolveu conduzir as ações de sua vida."[4]

A vontade pode, por meio da força, derrotar as paixões; pode também usar uma estratégia indireta: colocar as paixões umas contra as outras. Para isso, é preciso conhecer detalhadamente a maneira pela qual se processa o conhecimento, com a finalidade do autocontrole — no caso de Ulisses, como pôde amarrar-se ao mastro ou a isso obrigar-se.

A viagem de Ulisses a Ítaca é, segundo Adorno e Horkheimer, o caminho da constituição do sujeito racional que deve rivalizar com as manifestações adversas da natureza exterior e interior, ele, sempre fisicamente mais fraco em relação às forças contra as quais deve lutar para permanecer vivo. Ulisses não pode desafiar o poder das sereias diretamente: é impossível ouvir tal canto sem sucumbir. Para Ulisses, a liberdade "é idêntica ao controle da natureza, em nós e fora de nós, através da decisão racional".[5] Ulisses se separa da natureza, de sua natureza: "O astucioso sobrevive somente ao preço de seu próprio sonho, que paga desencantando-se a si mesmo e desencantando as potências externas. Ele não pode jamais ter tudo. Deve saber esperar, ser paciente, renunciar; não deve provar o lótus ou comer os bois do deus sagrado Hiperion e, navegando através do estreito, deve contar com a perda dos companheiros que Cila arranca da nave. Ele se esquiva e se desvia: a luta é sua sobrevivência. E toda a fama que ele outorga a si mesmo ou que os outros lhe outorgam só faz destacar que a dignidade do herói só se conquista mediante a humilhação do instinto contra uma completa, universal e indivisa felicidade".[6]

Ulisses domina a natureza pelo cálculo racional: ele representa a racionalidade contra o poder do destino. Esta racionalidade, porém, assume uma forma restritiva: só enfrenta a presença constante da natureza através da razão dominadora. Suas aventuras — o confronto com a deusa Circe, a tentação das sereias, o Lótus — são desafios constantes à sua autonomia potencial. Onde há fascinação e perigo, lá onde o impulso ou o instinto governam a ação, o sujeito que se está afirmando é ameaçado de destruição. Para garantir a autoconservação deve perseguir uma política puramente pragmática de autointeresse. Apenas através da repressão dos instintos e de sacrifício contínuo Ulisses sobrevive. A passagem da natureza para a cultura se faz pela prática da renúncia. Deste ponto de vista, Odisseu é interpretado como a grandiosa tentativa de dar forma e conteúdo preciso ao Sujeito no momento crucial de sua constituição histórica. Segundo Horkheimer e Adorno, o sujeito homérico é em sua estrutura lógica mais íntima o mesmo que dará, *mutatis mutandis*, Lutero. Os artifícios de Ulisses são o protótipo da renúncia burguesa. A astúcia passa a ocupar o lugar do sacrifício, astúcia que é injustiça porque logra a natureza e cada mudança na lei — a injustiça — ameaça e, ao mesmo tempo, reforça o eu. Ao abandonar os ritos sacrificiais que colocavam em risco seus próprios vínculos do ego, o si se libera da ameaça de dissolução opondo suas faculdades de conhecimento à natureza, conquistando assim o controle racional de seu em torno. A viagem atraiçoadora de Ulisses antecipava a ideologia burguesa do risco como justificativa moral dos lucros. O homem se realiza na medida em que se sacrifica: "O absurdo do capitalismo totalitário, cuja técnica de satisfação das necessidades torna em sua forma objetiva e determinada pelo domínio aquela satisfação impossível e tende à destruição da humanidade: este absurdo está exemplarmente pré-formado no herói que se subtrai ao sacrifício sacrificando-se".[7] Quando Circe enreda com sua beleza aqueles marinheiros de Ulisses enviados para explorar a ilha, ela os tenta a "entregarem-se ao instinto".[8] Aqueles que se abandonam aos poderes de Circe são transformados em animais mansos e selvagens: "a forma animal do homem tentado sempre foi associada à reversão ao impulso básico".[9] Não são por isso machucados ou injuriados: "o mandamento mítico ao qual sucumbem libera ao mesmo tempo a natureza neles reprimida. A repressão do instinto que faz deles indivíduos [...] e os separa dos animais era a introversão da repressão no ciclo fechado sem esperança da natureza [...]. Mas, porque uma vez foram homens, a épica civilizada representa o que lhes aconteceu como nada, a não ser degradação inconveniente".[10]

A viagem de Ulisses é a viagem metafórica que a humanidade precisou realizar para efetuar a passagem da natureza à cultura, do instinto à sociedade, da autorrepressão ao autodesenvolvimento. O eu homérico que distingue as forças obscuras da natureza e a civilização expressa o medo original da humanidade diante do outro. O ato sacrifical repetido organiza a identidade do sujeito com as forças da natureza, a fim de lhe permitir purificar-se da natureza no interior da própria humanidade. A substituição que ocorre no sacrifício não deve ser separada da divinização do sacrificado — "embuste que é a racionalização sacerdotal do assassínio pela apoteose do escolhido [...]. A substituição do sacrifício pela racionalidade autoconservadora não é menos troca do que o fora para o sacrifício".[11] O núcleo comum entre o *sacrifício* ritual e a *ratio* abstrata burguesa é o princípio da troca, o equivalente. O sacrifício significa, para Adorno e Horkheimer, uma das formas mais originárias da troca racional. Os sacrifícios são prestados quando a consciência chega ao momento da mais terrível das ameaças — viver em estado de natureza. Nessa primeira etapa a natureza é um estado indiferenciado, do qual o indivíduo ainda não se separou; para dela destacar-se deve passar por um processo de dilaceramento e sofrimento, pois a indivisão do homem e da natureza é vivida como situação de puro prazer.

O primeiro perigo para Ulisses é o lótus e a lotofagia, que faz perder a memória. Seus companheiros que comem a flor não querem continuar a viagem, viagem da subjetividade. Uma vez comida a flor, mergulham em uma relação harmoniosa com seu meio. Mas a harmonia e a felicidade criadas não são fruto de um trabalho autoconsciente. Ou, antes, refletem uma unidade orgânica entre o homem e a natureza: "Para aqueles que aderem à autoconservação, esse tipo de idílio [...] não é permitido; para Ulisses, a felicidade oferecida pelo lótus é mera ilusão, uma vegetação tola [...] e, no melhor dos casos, a ausência da consciência do infortúnio".[12]

Quanto a Odisseu,[13] só pode afirmar-se rompendo com a natureza; pelo autossacrifício não come a flor, não entra em fusão com o estado de felicidade inorgânico e pode constranger seus marinheiros que choram e sofrem por não querer o regresso a voltar ao navio. Só Ulisses é sujeito porque conserva a memória, a possibilidade de manter a tradição, vale dizer, a cultura. Ulisses cede a integridade de seu ego contra o inevitável da fatalidade natural. No Canto XII, as sereias são o passado e a tentação de retorno a ele. Prometem plenitude e felicidade, mas ameaçam a autonomia do sujeito. Neste episódio, os marinheiros são heterossacrificados com o artifício de Ulisses: "O trabalhador com os ouvidos tapados com cera deve olhar para a frente, atento e concentrado, ignorando tudo o que se passa ao lado". Quanto a Ulisses, ele se autossacrifica desenvolvendo a subjetividade. Ele, o proprietário do navio, consciente do fascínio da melodia e não obstante querendo ouvi-la, amarra-se ao mastro: "Ulisses faz com que seus homens o amarrem como o burguês que se recusa à felicidade tanto mais obstinadamente quanto mais perto chega dela pelo crescimento de seu poder". Os marinheiros, com os ouvidos tapados, desconhecem o perigo mas também a beleza do canto. Esta tem sido a experiência subsequente da humanidade: à maioria foi negado o conhecimento da beleza e do amor.

Ulisses é a figuração do indivíduo lutando por uma vida independente das vicissitudes do destino e da tentação. Onde o impulso ou o instinto comandam a ação, o sujeito que a realiza é ameaçado de destruição. Ulisses foge ao chamado das sereias apenas submetendo-se voluntariamente à sua tortura.

As etapas vencidas na viagem de volta a Ítaca são aquelas realizadas pela humanidade para poder chegar, partindo do mito, ao despregamento vitorioso da *ratio*: submissão dos instintos a um controle — repressão que é uma luta que se inicia com a conquista interna perpétua sobre as "faculdades inferiores". Pelo menos desde Platão, a subordinação dos instintos é vista como elemento necessário da razão humana. A luta culmina em um sistema produtivo cuja manutenção requer que o corpo humano se submeta a suas necessidades. Ao dominar-se a natureza exterior, domina-se a interior. Em Ulisses convergem Iluminismo e Mito. Que pretendia o mito? Capturar o fato, a imediatez nos símbolos do acontecimento arcaico, de modo que pudesse subjugar o novo das redes do velho, o destino e a repetição aplacando o medo, porque também eliminavam a esperança. O sobrenatural, espíritos e demônios, são imagens espelhadas dos homens que se permitem estar assustados pelos fenômenos naturais. O mito pretende liberar os homens dos perigos da existência natural — animal e vegetal — e protegê-los a partir de níveis cada vez mais altos de Iluminismo, por temor de uma regressão à condição de sujeição, ainda mais arcaica, ao poder das forças naturais. Que faz o Iluminismo moderno? Desencanta o mundo para aprisioná-lo "em um gigantesco juízo analítico". Nos dois casos, "não é a realidade que carece de esperanças, mas o saber".[14]

Toda tentativa para quebrar a sujeição à dominação da natureza, "porque a natureza está quebrada", penetra "cada vez mais profundamente na escravização da natureza"[15] O si, que fez seu aprendizado na "escola da submissão ao mundo externo", descobre que "a verdade está no pensamento que dispõe". Todos os resíduos do natural devem ser eliminados deste novo conceito do si. Este não mais deverá ser o corpo ou o sangue; a alma ou o eu natural: o si, uma vez sublimado no sujeito lógico ou transcendental, constitui-se como ponto de referência da razão. É esta a astúcia de Ulisses: "perder-se para se conservar", afastar o múltiplo para ganhar a identidade. A *Odisseia* revela os poderes celebrados no poema, suas relações com a dominação e a exploração; mostra como, desde o início do pensamento ocidental, a luta pela autoconservação e autonomia se vinculou ao sacrifício, à repressão, à renúncia. Na passagem diante das sereias, o chamariz era a tentação de perder-se no passado. Mas o herói que é submetido à tentação chegou à maioridade pelo sofrimento. A dominação do homem sobre si mesmo — que funda sua ipseidade — é inevitavelmente uma realização paradoxal: envolve a mutilação do sujeito a serviço do qual é efetivada. Esta autonegação em nome da autoafirmação é "o núcleo de toda racionalidade civilizatória".[16] Na *Dialética do Iluminismo*, o ego que luta pela segurança externa e interna não pode ser seguro e estável enquanto se confronta com a resistência da natureza. O processo pelo qual estabelece uma distância da natureza através do controle — que torna possível a identidade do eu — é reiteradamente a fonte do medo com relação à natureza, e este medo só pode ser eliminado através do controle renovado, que necessita dissimular sua origem no medo. O processo de dominação crescente exercida pelo sujeito racional, no qual a superioridade da natureza em relação aos homens é reafirmada, se consegue ao preço da crescente inflação da "segunda natureza", uma camisa de força de coerções sociais e psíquicas. Só assim se forma a identidade do eu. O sujeito da civilização é moldado por uma cadeia de renúncias, um eu que, frequentemente, dá mais do que recebe a fim de assegurar sua própria vida: "o homem iluminado, o *Aufklärer*, contém o homem mitológico e as cicatrizes não reconciliadas da luta do sujeito como homem histórico".[17]

A luta do Iluminismo é para demitizar o mundo, com o saber científico, do terror sobrenatural: "O Iluminismo é a angústia mítica radicalizada".[18] Não pode haver nada de exterior, o concreto múltiplo e diverso é reduzido à identidade. A abstração do qualitativo e plural também liquida a alteridade do outro. O sujeito iluminado se sente ameaçado em sua absolutez "no menor resíduo do não-idêntico". Para ele, o não-ser, o outro, é destruído e reduzido à dimensão do Mesmo. Esse eu liquida a alteridade e nega a si próprio, convertendo-se em subjetividade vazia.

O processo de dominação crescente exercida pelo sujeito racional é a história do esforço do homem para subjugar a natureza: subjugação do sujeito pelo próprio sujeito. Privilegiando a consciência e reprimindo tudo o que se apresenta como natureza, a lógica do domínio, que nasce da cisão cartesiana da realidade corpórea e da consciência, era guiada, em sua ação, pelo objetivo de oferecer ao sujeito a possibilidade de exercitar o próprio controle sobre toda a realidade a ele contraposta. A civilização burguesa, que se afirmou no primado atribuído por Descartes à consciência, institucionalizou o conflito entre o eu e o mundo. Neste contexto, em que tudo converge para a manipulação e o domínio, o amor, ao contrário do que afirmava o racionalismo espinosano, "está associado à veneração do ser que o desperta".[19] E mais, o *amor* comporta o abandono do amante ao amado e, consequentemente, um momento de *não domínio* por parte do sujeito. Contrapõe-se à lógica instrumental que exige que cada um tenha em suas ações atitude racional e calculada em relação à planificação das vantagens a serem conquistadas: "A humanidade paga pela superação do medo do outro internalizando a vítima". A renúncia torna o homem triste, e a necessidade de amor, a necessidade do outro como única garantia de não agressão, converte-se em melancolia.

ULISSES E A MELANCOLIA

As sereias simbolizam muito do que nas mulheres é atraente e temível para os homens. São a promessa de felicidade na forma do amor que ameaça: o amor erótico. No século XVII, Jacques Fernand escreve: "O amor ou a paixão erótica é uma espécie de devaneio procedente de um desejo de desfrutar do objeto amado. Ora, se esta espécie de devaneio é acompanhada de medo ou tristeza, chama-se melancolia".[20] Nos termos da *Dialética do Iluminismo*, esta melancolia provém do medo de perder o próprio eu, de onde a renúncia, o autossacrifício. Romano Guardini[21] escreve: "Aqui reside antes de mais nada o enigmático de melancolia: como a vida se volta contra si mesma; como os impulsos de autoconservação [...], de exigência de autorrealização podem bloquear-se, tornar-se inseguros e desarraigar-se pelo impulso de autonegação. Poder-se-ia dizer que, na imagem fundamental da melancolia, o aniquilamento se converte em valor positivo, em algo desejado e planejado".

Ulisses se torna melancólico porque o objeto renunciado continua a ser desejado. Nas análises freudianas, essa impossibilidade de abandonar o objeto amado é a fonte natural da tristeza. Freud, porém, distingue a tristeza da melancolia: "A tristeza", escreve Freud, "é geralmente a reação à perda de um ser amado ou de uma abstração equivalente: a pátria, a liberdade, o ideal [...]. Mas em que consiste o trabalho executado pela tristeza? [...] O exame da realidade mostrou que o objeto amado já não existe e exige que a libido abandone todas as relações com o mesmo [...]. Apliquemos agora à melancolia os conhecimentos que adquirimos do estudo da tristeza. Em uma série de casos constitui, também, evidentemente, uma reação à perda de um objeto amado [...], mas não conseguimos distinguir claramente o que o sujeito perdeu e devemos admitir que também a ele é impossível concebê-lo claramente".[22] O melancólico causa uma impressão enigmática porque não se pode descobrir o que é que o absorve tão intensamente.

Talvez seja a tristeza intensa — reação à perda de um ser amado — o que integra a cessação de interesse no mundo exterior e a submissão total à dor, o que fez com que a *acedia* na Idade Média fosse representada por um homem e uma mulher adormecidos, com incapacidade de ação, com inibição da vontade e perda do desejo, assimilados à preguiça, ao "sono culpado", à "inação". Giorgio Agamben,[23] ao examinar a interpretação que os doutores da Igreja dão da *acedia*, nos mostra que eles não a colocam sob o signo da preguiça mas da tristeza angustiada e do desespero. Segundo Santo Tomás, na *Suma Teológica*, a *acedia* é uma espécie de tristeza diante dos bens espirituais essenciais do homem, um recesso temeroso diante da obrigação feita ao homem de se manter diante de Deus. Porém, que o *acidiosus* se afaste de seu fim divino não significa de maneira alguma que chegue a esquecer ou cesse, na realidade, de desejá-lo: "Se em termos teológicos o que falta não é a salvação, mas a via que conduz a ela, em termos psicológicos, o *recessus* traduz menos um eclipse do desejo do que a colocação fora de alcance de seu objeto: trata-se de uma perversão da vontade que quer o objeto, mas não a via que a ele conduz e que ao mesmo tempo deseja e barra o caminho a seu próprio desejo".[24] Nesta perspectiva, a tristeza de Ulisses não é apenas fuga do canto das sereias, mas também uma fuga em direção a ele, com o qual se comunica no modo da negação e da carência. Mas o que significa o canto? Qual seria sua existência?

Torna-se aqui esclarecedora a referência à concepção moderna da Melancolia, tal como modelada por Dürer. Panofsky[25] estabelece um paralelo entre a gravura de São Jerônimo e a Melancolia I: na primeira obra, o estar a serviço de Deus em uma vida apaziguada de felicidade e sabedoria divina está em contraposição à trágica inquietação da criatura humana. Panofsky observa que os ideais antitéticos desses quadros não são ocasionais: São Jerônimo está confortavelmente instalado em sua escrivaninha, entregue ao estudo em ambiente caloroso e ensolarado; sua cela, preenchida por seus animais prediletos, bem nutridos e satisfeitos; quanto a ele, está serenamente absorvido por seu trabalho teológico.

Já a Melancolia é alada. Está agachada em uma laje de pedra de um edifício cuja construção ficou inacabada. Situa-se em um ponto frio e solitário, não longe do oceano, fracamente iluminada pela luz do luar. Está acompanhada por um Eros moroso instalado em uma pedra afiada e abandonada. Ela rabisca qualquer coisa em uma lousa, perto de um cão arrepiado e maltratado. Está proscrita em uma inação melancólica: negligente no vestir, cabelos em desalinho, descansa a cabeça na mão e com a outra segura mecanicamente um *compasso*, seu braço apoiado em um livro fechado. Seus olhos estão erguidos, seu olhar é desperto, sombrio, fixo. O estado de espírito de seu gênio infeliz se reflete na quantidade de objetos em desordem, contrastando com a arrumação limpa e eficiente dos pertences de São

Jerônimo. A Melancolia está plenamente acordada, com o olhar fixo em busca desejada mas infrutífera. É inativa não por preguiça, mas porque o trabalho perdeu o sentido: sua energia está paralisada não pelo sono, mas pelo pensamento. A melancolia não é, deste ponto de vista, somente um caso mental, mas um ser pensante em perplexidade. Na tradição medieval, Saturno é o planeta da melancolia que Dürer representa no compasso: constrói uma melancolia cercada das ferramentas e símbolos do espaço criativo e da pesquisa científica — o compasso, uma esfera torneada de madeira, emblemas que subjazem às artes da arquitetura e carpintaria. Astrolábios e compassos dizem respeito à geometrização do espaço.

Krzystof Pomian aponta o paradoxo presente em toda racionalidade calculadora, de índole cartesiana, quanto trata da "Melancolia de Dürer": "Os instrumentos e objetos científicos adquirem a estranha ambivalência que consagra o hífen entre geometria e melancolia".[26] Deste ponto de vista, a floresta cartesiana, na qual o homem fica ao extravio, deveria ser superada pelo triunfo da linha reta, pela garantia de um ponto fixo: "Esforçar-me-ei", escreve Descartes na *Segunda Meditação Metafísica*, [...] "e seguirei novamente a mesma via que trilhei ontem, afastando-me de tudo em que poderia imaginar a menor dúvida, da mesma maneira como se eu soubesse que isto fosse absolutamente falso; e continuarei sempre no meu caminho até que tenha encontrado algo certo, ou pelo menos, se outra coisa não me for possível, até que tenha aprendido certamente que nada há de certo no mundo. Arquimedes, para tirar o globo terrestre de seu lugar e transportá-lo para outra parte, não pedia nada mais exceto um ponto que fosse fixo e seguro".[27]

Por que a geometria não exclui a melancolia? Sabemos que o luto é um estado consecutivo a uma perda realmente ocorrida, o desaparecimento de um ser amado, enquanto na melancolia é difícil determinar o que foi perdido: "É preciso admitir que uma perda ocorreu, mas sem que se chegue a saber o que foi perdido". Trata-se de uma situação enigmática de uma "perda sem objeto perdido", uma "perda desconhecida", "perda do objeto que escapa à consciência". Assim, o compasso saturnino revela a impotência da razão abstrata e calculadora em remover o sentimento da incoerência da vida.

Essa aliança entre geometria e melancolia tem uma longa tradição: aqueles dotados para a geometria são predispostos à melancolia, porque a consciência de uma esfera situada fora de seu alcance faz sofrer àqueles que têm o sentimento da limitação e insuficiência no plano do espírito.[28] Já o filósofo escolástico Henry de Ghent apontara a existência de duas espécies de pensadores: por um lado, os espíritos filosóficos — aqueles que não têm dificuldade na compreensão de noções puramente metafísicas, como a ideia de um anjo ou de um vazio fora do mundo. Por outro, aqueles "em quem o poder imaginativo ultrapassa o do conhecimento". Estes "não serão receptivos à demonstração a não ser na medida em que sua imaginação possa seguir todo o percurso [...]. Seu intelecto não pode transcender os limites de sua imaginação [...], só pode apreender o espaço (*magnitude*) ou o que tem uma localização e uma posição no espaço [...]. Não importa o que pensem, sempre se reportará a uma quantidade, ou se localizará em um volume, por exemplo, um ponto. Eis porque tais homens são melancólicos e tornam-se excelentes matemáticos mas péssimos metafísicos".[29] Tal como o objeto inexistente na melancolia, os entes geométricos têm natureza melancólica.

Cabe agora uma pergunta acerca das sereias e de seu canto. Teriam efetivamente existência? E, se existissem, teriam realmente cantado? A esse respeito Kafka nos responde com seu conto *O Silêncio das Sereias*, onde se lê:

> Prova de que mesmo medidas inadequadas, verdadeiramente tolas podem ser suficientes para a autoconservação.
>
> Para proteger-se das sereias, Odisseu tapou os ouvidos com cera e deixou-se acorrentar ao mastro. Naturalmente todos os viajantes desde a origem mais remota poderiam ter feito algo da espécie (exceção feita àqueles que as sereias seduzem mesmo a distância), mas era conhecido de todo

mundo que isso não poderia possivelmente ajudar, o canto das sereias penetrava tudo, mesmo na cera, e a paixão daqueles que elas seduziam teria rompido mais do que corrente e um mastro. Mas Ulisses não pensava nisso, ainda que tivesse escutado falar; confiava completamente em seu punhado de cera e no seu feixe de correntes, e com prazer inocente de seus poucos recursos navegou em direção às sereias.

Ora, as sereias têm uma arma ainda mais terrível do que seu canto, a saber, seu silêncio. Embora nunca tivesse acontecido, é talvez concebível que alguém pudesse ter escapado de seu cantar, mas de seu silêncio certamente não. Ao contrário do que faria crer a ideia de tê-las superado com suas próprias forças e a consequente arrogância que tudo arrasta com ela, nenhuma resistência material é possível.

E, de fato, quando Odisseu chegou, essas poderosas cantoras não cantaram, seja por acreditarem que contra seu oponente apenas o silêncio poderia conseguir alguma coisa, ou então porque a expressão de bem-aventurança na face de Odisseu, que estava pensando apenas em cera e corrente, levou-as a esquecer tudo a respeito de seu canto.

Odisseu, contudo, se é possível expressar assim, não escutou seu silêncio. Ele acreditava que elas estavam cantando, e que somente ele estava preparado para não ouvi-las; por um primeiro momento passageiro ele viu o movimento de suas cabeças, sua respiração profunda, seus olhos tristes, suas bocas semiabertas, mas ele imaginava, que isso resultava das árias que ecoavam não ouvidas a seu redor. Mas logo tudo isso fugiu de sua visão, que se fixava na distância, as sereias positivamente desapareceram de sua preocupação, e no momento preciso em que ele estava mais próximo não se ocupava mais delas.

Mas elas — mais adoráveis que nunca — esticavam-se e se torciam, deixavam seu medonho cabelo flutuar livremente com o vento; deitavam suas caudas sobre as rochas;

> elas não queriam mais seduzir, tudo o que desejavam era captar a radiação refletida nos grandes olhos de Odisseu.
>
> Se as sereias tivessem possuído consciência elas teriam sido aniquiladas naquele momento; como elas permaneceram, apenas Odisseu delas escapou.
>
> Há ademais um complemento, que igualmente chegou até nós. Odisseu, dizem, era tão astuto, era tal esperta raposa que nem mesmo a deusa do destino poderia ler seu coração. Talvez. Embora isso ultrapasse a compreensão humana, ele realmente se deu conta de que as sereias estavam silentes, e enfrentou-as e aos deuses com o episódio simulado acima meramente como uma espécie de proteção.[30]

Ulisses é melancólico pois a racionalidade que o guia é, ao mesmo tempo, hostil a sua própria morte e a sua própria felicidade. Quer tenham as sereias cantado ou silenciado, a racionalidade de Ulisses o faz fracassar no instante mesmo em que triunfa. Torna-se racional e melancólico:

> A peculiaridade mais singular da melancolia [escreve Freud] é sua tendência para se transformar em mania, ou seja, num estado sintomaticamente oposto [...]. Podemos dizer que a mania equivale a um verdadeiro triunfo, com a ressalva de que o Eu ignora totalmente que objeto o obteve.
>
> Verifica-se, portanto, que, na mania, o Eu deve ter dominado a perda do objeto (ou a tristeza produzida pela perda citada ou talvez o próprio objeto), ficando disponível toda a soma da contracarga atraída do Eu pelo doloroso sofrimento da melancolia [...]. O maníaco evidencia-nos sua emancipação do objeto que o fez sofrer, empreendendo com ânsia novas cargas de objeto".[31]

Mas onde teria ocorrido a perda de Ulisses? Ao final da viagem ao interior de si mesmo, não há lugar de repouso, porque ela é a renúncia convertida em autonomia. Com o autossacrifício do desejo, com a repressão da natureza interior ao homem, pode-se dizer que a perda é uma perda que ocorre no próprio eu, quando renuncia a seu sonho: "Guiando-nos pela analogia [da melancolia] com a tristeza", diz Freud, "deveríamos deduzir que [o sujeito] sofreu a perda de um objeto que teve lugar em seu próprio eu".[32]

Tal é a racionalidade imperfeita de Ulisses que se afirma negando-se. A nostalgia de Ulisses é o sentimento de quem não tem morada, em nenhuma parte de si mesmo encontra repouso. Se, para Adorno e Horkheimer, na épica de Homero há prefigurações importantes da Ilustração, ela comporta também um forte elemento de nostalgia, de aspiração à reconciliação. O "lar" para o qual Ulisses procurava regressar estava, porém, alienado da natureza, enquanto a verdadeira nostalgia se justificava apenas quando o "verdadeiro lar" significava *natureza*. Assim, para uma tal dor, há um remédio: o retorno. Ítaca é para Ulisses o nome do remédio. Porém, como nota Jankélevitch, "os lugares não são intercambiáveis e indiferentes como deveriam sê-lo no espaço abstrato e homogêneo dos geômetras".[33] Se a melancolia se desfizesse no retorno que preencheria o vazio e a ausência, o desequilíbrio cederia ao equilíbrio, a instabilidade e a inquietude à imobilidade, a tensão ao repouso. Para Ulisses, Ítaca é o centro do mundo, seu eixo arquimediano, o ponto fixo. Porém, o repatriado não encontra em sua pátria aquilo que procurava, não reconhece seu "lugar natural". Quando volta, ele mesmo está mudado e Ítaca não permanecera tampouco a mesma: "A deusa Atena, no momento do retorno de Ulisses, envolve Ítaca com uma nuvem que impede que Ulisses a reconheça".[34] A terra natal transforma-se em terra estranha, por uma dialética sutil do espaço e do tempo: Ulisses reencontrará, pois, sua Ítaca lá mesmo onde a havia deixado; mas o Ulisses de outrora, aquele que deixou sua ilha, ele não encontrará mais. Ulisses é agora um outro Ulisses, que reencontra outra Penélope. E Ítaca é também uma outra ilha, no mesmo lugar, mas não na mesma data. A viagem no espaço é uma viagem no tempo, e o ponto de chegada, o ponto fixo ansiado não existe, deixando-nos à deriva. Talvez por essa razão, a *Odisseia* de Nikos Kazantzakis comece onde termina a de Homero. Ulisses parte para uma segunda Odisseia. O deslocamento no espaço produz a ilusão da mudança, mas é no *tempo* que tudo muda.

O canto das sereias era o passado e a tentação de perder-se nele. A viagem ao passado é uma viagem "em sentido inverso ao da morte", é busca da promessa de felicidade vislumbrada, por assim dizer, na infância, aquela reserva de energia que os anos por vir comprometerão irremediavelmente ou resgatarão. O adulto quando se torna melancólico é chamado a precisar e a desocultar a própria infância durante toda a sua vida. Na *Dialética do Iluminismo*, Horkheimer e Adorno reconhecem na infância uma stendhaliana "*promesse de bonheur*", "um impulso para o futuro que se obscurece na idade adulta, em virtude da adaptação passiva à realidade para a qual os homens se induzem".[35] A infância é uma espécie de *Heimat*, de pátria, de morada na qual "ninguém ainda chegou". A experiência do *unheimlich* pode encontrar na memória o caminho do retorno à pátria: "O forasteiro participa de algo que só podem sentir os antigos moradores de um lugar, pois a infância é a vara de condão que aponta sempre para a solidão e o desconsolo".[36] Esta navegação para o passado visa a algum fim? Blanchot[37] diz que é possível pensar que todos os que se aproximavam do canto das sereias só haviam conseguido chegar mais perto desse fim perecendo ou de impaciência por, prematuramente, terem afirmado: é aqui, aqui eu jogarei a âncora, mas também o contrário, pois era tarde demais, o alvo já fora ultrapassado. Sempre ainda por vir, sempre já perdido, o lugar onde cantam as sereias significa a impossibilidade de realizar a ânsia por um fim, por uma destinação última.

Sonho melancólico o de Ulisses, que seguia "saudoso de sua verde Ítaca", perseguindo uma felicidade deixada no passado, cujo significado é a imagem da felicidade "como o fim da tensão, do sofrimento, da perda e da morte: volta do exílio [...], reconciliação do homem consigo mesmo, da natureza com a história".[38]

NOTAS

1. *Dialectique de la raison*, Paris, Payot, p. 70.

2. Descartes, *Oeuvres complètes*, 11 vols., Paris, Vrin, 1897-1910, v. IV, p. 357.

3. "Discurso do método", *in Obras escolhidas*, São Paulo, Difel, 1962, p. 60-1.

4. *Oeuvres complètes*, v. IX, op. cit., pp. 366-7.

5. Horkheimer, *Kritische Theorie*, v. II, Frankfurt a.M., Fisher, p. 157.

6. Idem, *Dialectica del Iluminismo*, Buenos Aires, Sur, p. 76.

7. Idem, *Dialetic der Aufklärung*, Frankfurt a.M., Fisher, p. 3.

8. Idem, ibidem, p. 69.

9. Idem, ibidem, p. 69.

10. Idem, ibidem, p. 70:1.

11. Idem, ibidem, p. 260.

12. Idem, ibidem, p. 69.

13. Odisseu tem como raiz *Udeis*, que significa em grego *ninguém*, isto quer dizer que durante todo o tempo em que Ulisses não se constitui como sujeito plenamente racional ou, em outras palavras, enquanto não se constituiu a passagem da natureza para a cultura. Ulisses é ninguém, ainda não tem um nome, ele é anterior ao mundo conceitual. Essa passagem pode ser encontrada em particular no episódio do encontro de Ulisses com Polifemo na ilha dos Ciclopes. Os ciclopes são gigantes de um único olho no meio da testa, o que significa que eles desconhecem a tridimensionalidade do espaço, desconhecem o universo da cultura. Ulisses havia sido advertido por Circe de que não deveria amanhecer na ilha dos Ciclopes para não ser por eles atacado. Porém sua curiosidade faz com que imagine um estratagema para poder explorar a ilha sem correr risco de vida. Embriaga Polifemo e, enquanto este se encontra adormecido, fere seu olho, cegando-o. Polifemo desperta com a dor, gritando "*Udeis* me feriu". Os demais ciclopes acorrem, mas quando ouvem "ninguém me feriu" recolhem-se novamente, como Ulisses havia *calculado*. Portanto, uma vez consolidada esta racionalidade astuciosa, Ulisses ganha este nome.

14. Horkheimer, *Dialetic der Aufklärung*, p. 43.

15. Idem, ibidem, p. 19.

16. Idem, ibidem, p. 61.

17. Massimo Canevacci, *O conceito de iluminismo*, Universidade de Roma, 1974, mimeo.

18. Horkheimer, *Dialectic der Aufklärung*, p. 24.

19. Idem, *Dialectica del Iluminismo*, p. 16.

20. Traité *de l'essence et guérison d'amour ou de la Melancolie Erotique*, Toulouse, 1612, p. 27.

21. "Von Sinn der Schwermut", citado por Igor Caruso in *La Sepiración de los Amantes*, Siglo Veintiuno, 1978, p. 18.

22. Freud, *Obras Completas*, v. V, Rio de Janeiro, Delta, 1959, pp. 494-5.

23. "Parole et fantasme dans la culture occidentale", in *Stanze*, Paris, Christian Bourgois, 1981.

24. Idem, ibidem, p. 26.

25. *The Life and Art of Albrecht Dürer*, Nova York, Princeton University Press, 1971.

26. A Libre Montage, Raymond Klibansky, Erwin Panofsky, Fritz Saxal, "Saturne et la mélancolie", *Le Débat*, op. cit., p. 126.

27. *Meditação metafísica*, in op. cit., Difel, 1962, p. 124.

28. Cf "L'esoterisme d'Albrecht Dürer", *Hamsa*, 1, nº 7, Spécial.

29. Idem, ibidem, p. 19.

30. "The Silence of the Sirenas", in Kafka F., *Description of a Struggle and Others Stories*, Penguin Books, 1979.

31. Freud, *Luto e melancolia*, op. cit., p. 503-4.

32. Idem, ibidem, p. 496.

33. *L'Irreversible et ia Nostalgie*, Paris, Flammarion, 1974, p. 341.

34. Idem, ibidem, p. 362.

35. Perlini, "Infancia e felicitá in Adorno", *Comunitá*, 161-2, fev. 1978. p. 78.

36. Benjamin, *Haxixe*, Brasiliense, 1984, p. 19.

37. *Le Livre à Venir*, Paris, Gallimard, 1959.

38. Rouanet, Paulo Sérgio, *Édipo e o Anjo*, Tempo Brasileiro, 1981, p. 101-102.

PAIXÃO DA IGUALDADE, PAIXÃO DA LIBERDADE: A AMIZADE EM MONTAIGNE

Sérgio Cardoso

Para Bruninho e Marcela

Os amigos que organizaram este curso por pouco não incluíram esta palestra no último de seus módulos, dedicado à paixão revolucionária. Pois o título que escolhi — "Paixão da igualdade, paixão da liberdade" — não nos parece hoje associar-se imediatamente ao meu tema: a amizade. Antes, as palavras liberdade e igualdade, conectadas, parecem sinalizar-nos, de pronto, o espaço político; e, na perspectiva da História (lembro que, sem nenhuma traição a Montaigne, poder-se-ia juntar a elas a palavra fraternidade), nos remetem aos emblemas e valores centrais mobilizados pelas chamadas Revoluções Burguesas.

Montaigne, certamente, não me perdoaria esta indução ao mal-entendido, o descuido e a indelicadeza de fazê-lo partilhar a companhia — para ele tão incômoda — dos que aspiram a transformações radicais da ordem social e política. Em certos pontos esse homem, sempre tão tolerante e complacente, parece intransigente — *intraitable.* "Eu voltaria do outro mundo", diz ele no terceiro livro dos *Ensaios*, "para desmentir aquele que me fizesse diferente do que fui, ainda que com a intenção de me honrar" (livro III, 9).

Ora, sabemos que, como herdeiro dos papéis de seu amigo La Boétie, renunciou à publicação do *Discurso da servidão voluntária*, a mais preciosa de suas "relíquias" — "ela serviu de meio a nossa primeira aproximação" —, para não corroborar sua apropriação pelos revoltosos huguenotes, os revolucionários de então. E conhecemos bem a importância desse texto na economia de sua obra. Ele deveria preencher "o mais belo espaço e o centro" do seu quadro, desse grande painel da sua experiência e reflexão sobre a "estranha" condição humana. Seus ensaios nada mais seriam, diz ele próprio, do que o preenchimento decorativo do espaço circundante: a explicitação inesgotável (e fortuita) desse motivo central pelo pincel "ocioso" dos seus devaneios, guarnecendo-o do que Michel Butor chamou um "enquadramento maneirista".[1] Assim, renuncia à "melhor parte" do seu quadro — "a mais rica, polida e formada segundo a arte" — para não legitimar seu uso "por aqueles que buscam perturbar e mudar o estado da nossa Sociedade (*police*), sem se preocupar se a corrigirão", e por recusar-se a dar motivos para comoções sociais maiores (*à leur fournir dequoy les émouvoir davantage*) (livro I, 28).

Que os menos familiarizados com ele não pensem todavia que há nesse homem — membro do Parlamento de Bordeaux e depois seu prefeito, integrante de missões diplomáticas e, mais de uma vez, conselheiro de Henrique IV — desdém pela coisa pública e pela política. Trata-se apenas de que os valores mencionados — a fraternidade, a igualdade, a liberdade — encontram para ele seu sentido fundamental noutro registro, o da *Amizade*. E, se é certo que a amizade ilumina a reflexão política, não o é menos que, em Montaigne, ela se diz primeira e propriamente no âmbito das relações particulares e não no domínio público; diz respeito à ética em primeiro lugar, e só por extensão à política.

A reflexão sobre a amizade — e tudo que escreve — não é em Montaigne, como muitas vezes em outros humanistas, apenas exercício num tema clássico de dissertação. Pensa sua experiência da amizade e pensa-se nela. Decifra-a e dicifra-se, traçando, como diz, em carne viva (*au vif*) seu autorretrato. Mas esta interpretação da vida e da obra — constatação certamente banal relativa a toda atividade literária — atinge nele uma profundidade rara. Aí, mais do que nunca, a obra faz-se a vida, não tira apenas dela sua origem e alimento; pois, na verdade, sua obra nasce da experiência e proximidade da morte. A escrita, aqui, apenas suspende e retarda a morte. Por ela, o instante fatal como que se prolonga e estira, propiciando ao autor um suplemento de vida, vazado de melancolia: "Filosofar é aprender a morrer", diz. É, pois, esta vida suplementar, vida do pensamento, que nos oferece seu livro. "Tola e fantástica empresa", diz ele,"[...] tão distante dos usos comuns" (livro II, 8). A Madame d'Estissac fala da origem dos *Ensaios*: "Foi um humor melancólico, um humor portanto tão contrário à minha compleição natural, produzido pelo aborrecimento da solidão que primeiro me pôs na cabeça o devaneio de escrever. E, então, encontrando-me inteiramente desprovido e vazio de qualquer outro assunto, dei-me a mim mesmo como assunto e argumento. Esse livro é o único do mundo em seu gênero, proveniente de um propósito bruto [*farouche*] e extravagante" (livro II, 8).

É a perda do amigo Etienne de La Boétie que está na origem dos *Ensaios* e vem dela essa experiência do vazio e da proximidade da morte. Assim se o tema da amizade é central é porque nele se encena o grande cataclismo: a perda do amigo e com ela seu próprio desabamento. Ele próprio, tomando de empréstimo as palavras de Horácio, testemunha: "O mesmo dia trouxe a ruína de ambos" (livro I, 28). Perda e busca tramarão, portanto, juntas essa vida extravagante que se recusa a aderir a si mesma, que não descansa mais numa identidade, e por isso se ensaia sempre, na indeterminação. "*Si mon âme pouvait prendre pied, se ne m'essaierais pas*" (livro III, 2), diz com a mais tocante simplicidade. De fato, a vida do pensamento tem parte com a morte. Escapa-lhe indefinidamente a firmeza da carne, a lisa solidez da positividade. O pensamento tateia, deseja a resolução do corpo. "Estudo-me mais que qualquer outro assunto. É minha metafísica, é minha física" (livro III, 13). Montaigne busca os contornos de um eu a que aquela amizade, enigmaticamente, parecia conferir consistência.

Leitor de Aristóteles, Montaigne sabe que "não podemos nos contemplar a nós mesmos a partir de nós mesmos". Mais que ninguém experimentara a profunda observação do filósofo: "Do mesmo modo que quando queremos contemplar nosso rosto fazemo-lo olhando-nos num espelho, assim também quando queremos conhecer-nos a nós mesmos, conhecemo-nos vendo-nos em um amigo. Porque o amigo, dizemos, é um outro nós mesmos". Só o amigo pode, então, dar corpo e consistência à alma, repouso ao seu fugidio no seu reiterado esforço por fazer sentido? "Apenas ele desfrutava da minha verdadeira imagem e levou-a consigo. É por isso que me decifro a mim mesmo tão curiosamente".[2] As perdas são sempre muitas. (Afinal, o mundo não é senão mudança e movimento, sob a lua e as fixas estrelas de uma talvez sonhadora teologia!) Só uma, todavia, se revela realmente mortal: a perda do amigo, quando a amizade — sendo verdadeira — sintetiza a multiplicidade fluida e inconstante da própria vida, oferecendo-se como um polo de referência, no espaço e no tempo, da existência que também se deseja em si. O amigo nos espelha e nos identifica. Por isso talvez Aristóteles — que Montaigne acompanha de perto — tenha dito na abertura de sua grande dissertação sobre a amizade que ela "é o que há de mais necessário para viver" (*Ética a Nicômaco*, VIII, 1, 1155 a, 4).

La Boétie morrera em 1563. Anos depois, em 1571, o senhor de Montaigne, aos 38 anos, retirado da vida pública e instalado em suas terras, tendo transferido para a torre da casa senhorial a biblioteca que herdara do amigo, passa ali "os dias que lhe restam a viver" (pois acredita sempre, desde então, que o fim está próximo: "Sinto a morte que me alfineta continuamente a garganta e os rins", diz) a pensar, ler e escrever.

Numa das duas inscrições latinas que faz então gravar nas paredes de sua *librairie* lia-se o seguinte: "Privado do amigo mais suave, o mais caro e o mais íntimo, e tal que nosso século não viu melhor, mais douto, mais agradável e mais perfeito, Michel de Montaigne, querendo consagrar a lembrança desse mútuo amor por um testemunho único de seu reconhecimento, e não podendo fazê-lo de maneira que o exprimisse melhor, consagra a esta memória esse estudioso aparelho de que faz suas delícias". Entre os livros do amigo vai nascendo seu livro:

tributo a sua memória, testemunho da diversidade das formas da sua própria inconstante condição, apelo a um amigo futuro ("*Oh un amy*"). Neste livro, em seu centro, um dos mais belos elogios da amizade.

O caso Montaigne na tradição literária da amizade não é propriamente uma exceção. Como os povos felizes — já se disse — não têm história, os sentimentos vitais, contentes e continentes, poucas vezes, enquanto vigem, dublam-se em reflexão e discurso. Por isso, certamente, a clave da perda marca tanto essa literatura e a tinge tão estranhamente de melancolia. (É que talvez os relevos dos grandes sentimentos humanos só se deixem mesmo apalpar pelo avesso: a falta permite, mais facilmente, sondar a profundidade do pleno, a dor do contentamento.) Com efeito, ao pensarmos nos grandes textos sobre a amizade, vêm-nos de imediato à lembrança a bela dissertação do *Lélio* de Cícero, brotada do interior de seu luto pela morte de Cipião, o sensível capítulo das *Confissões* de Santo Agostinho dedicado à memória do amigo, ou mesmo o *Fédon* de Platão e seu relato pungente da morte de Sócrates e de seu impacto sobre aqueles que o filósofo justamente chamava *phíloi*. Montaigne tem pois predecessores insignes, e, explicitamente, incorpora o seu texto nessa linhagem.

E, no entanto, ao ler seu ensaio (livro I, 28), sentimos que dissoa bastante do andamento mais moderado dessas composições da tradição. Sua dissertação, sentimos logo, engata alturas mais elevadas, vibra de modo mais intenso. Montaigne radicaliza. E ele o sabe: "Os discursos mesmos que a Antiguidade deixou sobre este assunto me parecem frouxos perto do sentimento que tenho". Com ele, pois, a grandeza daquelas amizades se expande num elemento mais vasto, desafia a moderação, vai ao superlativo. A estreita proximidade das almas que parecia ser o núcleo das grandes amizades aqui se ultrapassa; chega à fusão e assim toca o sublime. "Na amizade de que falo" — diz ele — "elas [as almas] se misturam e se confundem uma na outra, numa mistura tão inteira que apagam e não encontram mais a costura que as juntou" (livro I, 28). É esse o motivo que domina a composição. Ele apenas voluteia e se enriquece pela combinação com outras notas, mas tudo arrasta consigo.

É preciso, porém, confessar que mesmo a emoção que esse motivo inapelavelmente carrega não desarma o entendimento de modo tão fácil. Como esquecer as ponderações dos antigos? Se, como escreve Aristóteles, "a amizade é virtude ou implica virtude" e se esta se efetiva justamente na moderação e na medida, como não desconfiar dessa exacerbação do sentimento, como não temer nela *hyperbolé* e *hybris*, o excesso e a desmedida? Mesmo as virtudes, ensinam os clássicos, têm sempre algum limite que não podem ultrapassar. Coragem excessiva, sabemos, é temeridade; a amabilidade extremada desanda em complacência, como a boa modéstia na reprovável timidez. É necessário dosá-las. E só a ação voluntária e racional da alma empresta ordem às tumultuadas paixões e refaz a hierarquia dos fins. O excesso tem parte com o vício. A desmedida indica a "monarquia" — patológica — das afecções passivas e a incapacidade para o equilíbrio e o esclarecido domínio de si. Ora, a amizade a que se refere Montaigne não trocaria esse país temperado da virtude pelo clima instável do inóspito território da paixão? Mesmo quando, enlevados, ouvimo-lo testemunhar sua afeição por La Boétie essa dúvida se acende; sentimos que há aí algo de *farouche et extravagant*: "Não foi uma consideração especial, nem duas, nem três, nem quatro, nem mil. Foi não sei que quintessência de toda essa mistura que tendo arrebatado toda minha vontade levou-a a mergulhar e perder-se na sua, que tendo arrebatado toda sua vontade levou-a a mergulhar e se perder na minha, com um apetite e uma precipitação semelhantes. Digo 'perder-se' propriamente, pois não nos reservava nada que nos fosse próprio, que fosse seu ou meu" (livro I, 28). As vontades se misturam, as almas se confundem; e sua fusão nos confunde também.

Contudo, pensarão alguns, talvez a dificuldade não passe de um problema de sinalização semântica, talvez tenhamos apenas um quiproquó de nominação. Pois o que incomoda o leitor — seja o frequentador dos clássicos ou aquele adestrado apenas nos usos comuns da língua — não parece ser tanto o depoimento — por certo tocante, primoroso e invulgar —, mas o recurso aparentemente abusivo à palavra amizade. O jovenzinho mais inexperiente, a religiosa de coração mais puro ou o homem de espírito mais grosseiro e insensível não reconheceriam todos, nele, a sintomatologia da paixão? O que dizer, por exemplo, deste texto? "Há para além de todo meu discurso e daquilo que eu possa particularmente dizer, não sei que força inexplicável e fatal, mediadora dessa união. Nós nos buscávamos antes de nos termos visto; e pelos relatos que ouvíamos um do outro, que faziam em nossos afetos mais efeito que os relatos podiam explicar, creio que por alguma disposição do céu, abraçávamo-nos por nossos nomes. E, no nosso primeiro encontro, que se deu por acaso em uma grande festa e companhia social, nos vimos tão ligados, tão conhecidos e mutuamente reconhecidos que nada, desde então, nos foi mais próximo que um ao outro" (livro I, 28). Quantos amantes não se reconheceriam em tão belas palavras. Mesmo o clássico *coup de foudre*, a faísca à primeira vista — que, aliás, aqui também exorbita — nele está presente. Por que não admitir, então, que a palavra amizade despiste aí uma realidade distinta? Fosse pelos motivos mais diversos: por descuido ou estouvamento com o léxico, pela natural miopia psicológica que embaça a visão dos nossos próprios sentimentos, ou ainda por inocente pudor ou compreensível conveniência. Abuso irrefletido ou álibi astucioso... o certo é que o observador destacado reconheceria de imediato, sublimada ou camuflada nessa fraseologia, a trama quase corriqueira — não obstante sua grandeza — do amor-paixão.

O caso Montaigne não se deixa, porém, apanhar facilmente por esta versão fácil e preguiçosa. Desafia o pronto diagnóstico. Não se trata de um equívoco vocabular. Ele dá, sem hesitar, o nome por certo, e sublinha, ao contrário, a excelência e raridade da experiência que seu discurso busca iluminar ("São necessárias tantas coincidências [*rencontres*] para edificá-la, que já é muito que a fortuna chegue a elas uma vez em cada três séculos"). É esta a empresa, justamente célebre, do capítulo XXVIII, erguido bem no centro do primeiro livro de seus *Ensaios*. Aí, na esteira dos clássicos, Montaigne esquadrinha toda a gama dos vínculos associativos e interroga a natureza destes laços diversos que atam os homens entre si (o estatuto das diversas *philiai*, portanto, já que para os antigos esta palavra designa também, mais amplamente, todas as formas de afinidade entre os seres e de suas associações). Ao mesmo tempo ele como que hierarquiza esses vínculos pelo grau da aliança que propiciam, pela sua consistência e solidez, e instala no topo da classificação, reinando soberana, a verdadeira amizade, a amizade acabada — *téléia philia*, dissera Aristóteles — "união perfeita", sem brechas ou fissuras. "Divina ligação", "a coisa mais una e unida", atada pelos "nós serrados e duráveis" de uma "costura santa", fusão das almas, são as expressões de Montaigne para essa amizade... amizade que ele afirma ser o estofo da aliança que o associara a Etienne de La Boétie.

As belas histórias, diz nosso autor, "quando são bastante ricas de sua própria beleza e podem se sustentar bem por si mesmas, eu me contento com um fio de cabelo para atá-las ao meu assunto". Façamos o mesmo. É ele próprio que nos conta:

"Quando Lélio — em presença dos cônsules romanos que, depois da condenação de Tibério Graco, processavam todos aqueles que tinham estado de inteligência com ele — perguntou a Caio Blóssio (que era o principal de seus amigos) o que teria concordado em fazer por ele, este respondeu: Tudo. — Como tudo? Continuou ele. E se te houvesse mandado incendiar nossos templos? — Ele não o teria pedido, replicou Blóssio. — Mas se o tivesse feito? Acrescentou Lélio. — Eu teria obedecido, respondeu ele. Se ele era tão perfeitamente amigo de Graco, como dizem as histórias, não temia ofender os cônsules com essa confissão ousada e cabal, e não podia separar-se da certeza que tinha da vontade de Graco. Entretanto os que acusam esta resposta de sediciosa não entendem bem esse mistério, e não percebem, como de fato ocorria, que ele tinha a vontade de Graco na manga, como poder e como conhecimento. Eles eram mais amigos que cidadãos, mais amigos que amigos ou inimigos do seu país, que amigos de ambição e de revolta" (livro I, 28).

Compreender Montaigne não é fácil. O mistério da amizade, também nós não o entendemos muito bem. Como pensar uma identidade de vontades no espaço das oposições e diferenças, a completude do uno em meio às carências da nossa condição? Como pensar essa "divina ligação" — inteira e perfeita — no mundo efêmero e instável da finitude e do movimento?

O halo da santidade, sabemos, reverbera também nas grandes perversões. Assim, talvez, também aqui. A afirmação do outro em que consiste a amizade não estaria aí desvirtuada e corrompida em sua paranoica contrafação? Poderíamos assim conjecturar que, ao focalizar a amizade não no bem ou prazer que proporciona mas como penhor da própria identidade, Montaigne trairia o delírio narcísico que tantas vezes nos avassala na vertigem do amor. A supressão da diferença — coincidência absoluta, identificação plena — não revelaria, na verdade, apenas uma fantasiosa vitória (e ela poderia ser mesmo, no momento reflexivo do livro, uma simples ilusão retrospectiva) desse ego enfermiço na sua frustrada epopeia em busca de forma e realidade? Ferozmente entrincheirado em si mesmo, acuado e aterrorizado pela "catástrofe" da divisão, o eu muitas vezes simula cruelmente na ilusória simbiose a aventura incontrolável da alteridade. Sendo incapaz, na sua fragilidade, de confrontar o mundo movediço, eternamente plástico, da verdadeira socialidade, e sendo, na sua tirânica impotência, inimigo congênito da fadiga de todo cultivo, produziria este "amigo" — néscio simulacro da socialização — no enganoso conforto de sua solidão. Há, certamente, de que se escandalizar em toda essa história: "Mais amigos que cidadãos!"

No entanto é ainda preciso ter cautela.[3] Devemos resistir, mesmo que provisoriamente, a esta interpretação. Pois, se não nos parece ilegítimo trafegar por este livro no veículo desenvolto da nossa recente psicologia, não podemos esquecer que o autor servia-se do comboio mais pesado — por muitos irremediavelmente abandonado e desprezado — da metafísica e da ética. Antes, pois, de medi-lo "de fora" pelos padrões da literatura psicanalítica, tentemos acompanhar suas próprias razões; e, seguindo o bom preceito metodológico, comecemos por abordá-lo "conforme a intenção do autor". Poderemos ver, então, no emaranhado dos rumos que nos solicitam, que, se alguns desvios podem nos conduzir a Freud, a estrada principal passa aí seguramente por Aristóteles.

Tomemos, então, o capítulo 28 — "Sobre a amizade" — "o mais belo lugar e meio" do primeiro livro dos *Ensaios*. Ora, desde o início, sabemos, esta posição honrosa estivera reservada ao *Discurso da servidão voluntária* de La Boétie, o qual, por razões de circunstância a que já aludimos, Montaigne substitui por 29 sonetos do amigo, "produzidos", diz ele, "na mesma época da sua vida" (em *la même saison de son âge*). Estes sonetos, por sua vez, tiveram sua transcrição suprimida — por indicação dele próprio — na edição que se tornou definitiva (1595), certamente, segundo P. Villey, por terem sido objeto de uma publicação independente entre 1588 e 1592, o ano da sua morte. O capítulo sobre a amizade passou assim a ocupar, de fato, o centro do livro. Quase malgrado o autor. Mas, na verdade, a ele cabe o centro de direito, pois é na obra a explicitação privilegiada de sua causa motora e a escavação mais funda de seus alicerces.

Assim a obra acabada dispensa finalmente o expediente astuto da incrustação em seu centro de um paradigma externo como espelho da sua identidade. Fulgura por força própria e espelha a si mesma no seu tributo a La Boétie. (O pensamento realiza no livro — *in extremis* — seu anseio de ter corpo; ainda que como despojo, e para os outros).

A composição da dissertação é relativamente simples: um exórdio, o desenvolvimento do tema em dois grandes movimentos e um pequeno epílogo. No início indicações sobre o estatuto dos *Ensaios* e sobre o vínculo que ata o autor e o livro à obra e à pessoa de Etienne de La Boétie. No epílogo as razões da substituição do *Discurso da servidão voluntária* pelos sonetos. Já na empresa propriamente dissertativa, uma primeira parte é crítica — dirige-se às significações estabelecidas, discerne e aprecia o leque das atribuições envolvidas pela palavra na tradição —, e a outra, construtiva, vai à verdadeira atribuição; e seu sentido se define nos mesmos traços que contornam a experiência do autor.

No primeiro movimento da dissertação, Montaigne considera a palavra amizade na sua acepção mais ampla e concessiva, segundo um uso consolidado na tradição greco-romana. Nesse sentido lato, *philia* e *amicitia* designam todas as formas de vínculo, aliança e sociedade, ou seja, toda manifestação associativa (aqui não atendemos ainda à questão do seu princípio) por oposição aos modos da repulsa, dispersão e rivalidade. Assim, aí, sob o termo amizade, encontraremos agrupados todos os laços que, na expressão de Montaigne, "o prazer, a utilidade, a necessidade pública ou privada forjam e alimentam" (*la volupté, le profit, le besoin publique ou privé forge et nourrit*): o amor, afeição, camaradagem, vínculos familiares, comerciais ou políticos, ou mesmo as mais frágeis conjunções e simpatias, como as que se estabelecem, por exemplo, entre companheiros de viagem. São, assim, esses vínculos diversos — passados pelo filtro da sua tipologia tradicional — que esta primeira parte da dissertação nos faz, portanto, considerar.

É verdade que a nós o arco dessas atribuições pode parecer de uma abrangência que compromete a coesão do sentido ou desliza mesmo numa mera homonímia.[4] Não é, porém, o que se passa no tempo de Montaigne. Aí, justamente, a oscilação semântica que detectamos nessa incômoda extensão parece dominada de todo. Num movimento contrário ao que se assiste no mundo grego (pois aí o significado da palavra tendera a se restringir e se especializar, por reconhecerem neste domínio dos vínculos e associações dois ou mesmo três princípios), seu alcance e coesão aumentam com a consolidação do império da "Semelhança" como princípio cosmológico da ordem e do movimento. Estamos no século XVI. Lembremo-nos de Foucault.

No seu clássico *As palavras e as coisas*, ele nos mostra, melhor que ninguém, o papel fundador então representado pela categoria da "semelhança". Ora, a *amicitia*, como sabemos, é uma das traves mestras da teia semântica fiada por esse princípio para apreender o mundo. Vem daí seu alcance cosmológico. E podemos mesmo observar que, na "conveniência universal das coisas", que constitui então o mundo e a trama da natureza, ela representa talvez a força mais ativa. Homóloga da "Simpatia", a "*Amicitia*" recorta o grande gênero das atrações, conveniências e afinidades que constitui o princípio maior do movimento no interior do cosmo. Esse movimento, mostra Foucault, aponta na direção do homogêneo e do idêntico ("A Simpatia" — diz ele — "não se contenta em ser uma das formas do semelhante, ela tem o poder de assimilar, de tornar as coisas idênticas umas às outras, de misturá-las, de fazê-las desaparecer na sua identidade") e é incansavelmente contra-arrestado e moderado pela força oposta da "Antipatia", o princípio da dispersão e singularização que impede a redução de tudo ao mesmo e permite a perpetuação do cosmo vibrante da "Semelhança". Assim, também os homens — semelhantes — se unem e se afinam por esta lei da natureza, a atração universal do semelhante pelo semelhante. E a amizade — frequentemente reservada para traduzir a simpatia cósmica no registro antropológico — é então, entre eles, o gênero e princípio de todas as espécies de vínculos, contratos e sociedades e, consequentemente, de toda ordem e de toda paz.

Erasmo, o grande humanista, ilustra bastante bem a transcrição do velho tema diafônico — ou mesmo polifônico — da amizade para o solo monódico da semelhança. Vê nas diversas modalidades de aliança consideradas pelos antigos o desdobramento e aprofundamento progressivo de um parentesco físico e espiritual entre os homens, que os inclina para o amor e aponta a concórdia. Tudo é amizade. E "*Aequalitas*", "*Similitudo*" e "*Benevolentia*" são os elementos fundamentais das relações humanas. E, se nela está presente a utilidade comum dos amigos, se implica deveres e troca de serviços, não são eles que a explicam, apenas derivam de sua natureza mais profunda. Assim, o universo coberto pelo império da amizade vai dos laços de sangue (*cognatio*) e semelhança física que une a família ao grande parentesco entre todos os homens, a afinidade natural que alimenta a "philanthropia" — a *Caritas generis humani* do humanista cristão — e solda os vínculos sociais ("Quero ser cidadão do Mundo", diz Erasmo, "compatriota de todos ou antes estrangeiro para todos"). É desta simpatia natural em relação ao homem como homem que se destaca a amizade em seu sentido mais restrito. As afinidades especiais de alguns homens particularizam esta grande *Similitudo* do gênero humano numa verdadeira *cognatio spiritualis*, que incluindo a deliberação e a escolha refletida — *Caritas ex inductione animi* — alia suas próprias almas. Esta "consanguinidade espiritual", no entanto, só atinge sua perfeição no matrimônio; pois, aí, ao vínculo das almas acrescenta-se a indissolubilidade sacramentada pela unção divina que lhe confere a mesma solidez — indefectível — da consanguinidade física.

Se Montaigne parte, como indicamos anteriormente, da acepção mais abrangente da palavra amizade — cujo contexto acabamos de assinalar — é, no entanto, apenas com uma intenção purgativa e crítica. Pois, na verdade, a primeira parte de seu texto, examinando a tipologia tradicional das formas associativas, opera uma redução tão drástica na extensão do conceito que solapa profundamente não só as elaborações humanistas de seu tempo mas também a "opinião dos antigos". Sem poupar sequer a construção extremamente fina do grande mestre Aristóteles. Aliás, ele esclarece logo de entrada seu propósito, já no primeiro parágrafo, antecipando de maneira admiravelmente concisa — quase lapidar, não obstante sua aparente coloquialidade — o essencial do desenvolvimento do texto.

Montaigne abre esse parágrafo — que segue imediatamente o pequeno prólogo a que já aludimos — com uma sentença que ao leitor menos atento poderia anunciar um verdadeiro mergulho na interpretação cosmológica do tema de que, *grosso modo*, o seu tempo participa: "Parece — diz ele — que não há nada a que a natureza nos tenha inclinado tanto quanto à sociedade". Erasmo, sabemos, não seria o único a assumir esse enunciado. Se há dispersão, predomina todavia, já vimos, a força cósmica de associação pela qual a boa natureza, "ministra de Deus e governante dos homens", segundo a expressão então consagrada, reúne e organiza seus elementos. Mas atenção! O autor diz que "parece"; significando, no entanto, com esta expressão não uma simples precaução ou a hesitação do pensamento mas o bom procedimento de partir do saber estabelecido e da opinião comum. Pois, já na frase seguinte nos faz, suavemente, deslizar do reino da *physis* — a boa mãe natureza — ao domínio de *nómos*, ao indicar a amizade como objeto da jurisdição dos homens, como produto de suas decisões e ação: "E diz Aristóteles que os bons legisladores preocuparam-se mais com a amizade que com a justiça", acrescenta. Enquanto no terreno cosmológico a amizade se ergue como a potência soberana da ordem e unificação, e se opõe imediatamente à dispersão, ao território caótico das rivalidades e conflito, esta observação a faz dividir seu governo sobre as sociedades humanas com as disposições da justiça. Assim, deixando de opor, como se esperaria, amizade e inimizade (simpatia e antipatia no contexto epistemológico da semelhança), e contrapondo amizade e justiça, o texto indica de imediato que as associações dos homens respondem a princípios produtores diversos e manifestam, portanto, realidades distintas.

Já seria, no entanto, suficiente para sinalizar esta operação a evocação do patrocínio de Aristóteles. Também o filósofo na sua grande dissertação sobre a *philia* — os livros VIII e IX da *Ética a Nicômaco* — começa por abrir uma brecha na camisa de força da cosmologia para conferir à amizade — restrita ao domínio antropológico — uma dualidade explicativa. Busca inicialmente a inteligibilidade do fenômeno a partir das noções de prazer e utilidade (interesse) que fazem ecoar entre os homens, respectivamente, as disposições da Semelhança ("O semelhante tende para o semelhante", dissera Empédocles) e da complementaridade dos opostos ("Das dissonâncias resulta a mais bela harmonia", afirmara Heráclito), explicações divergentes de seus predecessores fisiólogos para a ordem cósmica da natureza.

Porém, se é verdade que o prazer se origina da semelhança e a utilidade da diferença e complementaridade dos contrários, ao inscrever sua investigação no terreno psicológico, Aristóteles nos faz ver que eles não se realizam por uma legalidade e necessidade exclusivamente naturais mas implicam a mediação de uma esfera de dependência da ação humana. Tanto é assim que o prazer só se mantém e se consolida na *virtude* da amizade (cf. *Ética a Nicômaco* VIII, 8, 1158b, 8-10, e VIII, 10, 1159b, 3-4), na comunidade de hábitos e gostos que, como "disposição estável", permite a atividade comum e a partilha da vida a que aspiram finalmente os amigos (VIII, 6, 1157b, 19-24). Do mesmo modo o vínculo pelo interesse: a motivação da utilidade só se mantém e se consolida pela *virtude* da justiça, na qual as diferenças se organizam por leis de solidariedade recíproca, e pela qual se resolvem os problemas de troca e repartição segundo a proporcionalidade dos méritos e o ideal da equidade. Por isso nos é proposto, logo de início, que "deixemos de lado os problemas de ordem física (pois nada têm a ver com a presente investigação) e [que] examinemos somente o que é humano e que concerne os caracteres e os afetos" (idem, VIII, 2, 1155b, 8-10). A investigação psicológica (prazer e utilidade) remete à Ética (amizade e justiça) e a esteia, ainda que não seja de todo indiferente ao horizonte da cosmologia, ainda que a realização dos diferentes vínculos suponha uma certa interação com as disposições da *physis* (semelhança e complementaridade). Relembrando pois Aristóteles, Montaigne recusa com ele a tirania da natureza e refere seu tema à esfera da ação humana, à Ética e à Antropologia.

Em todo esse parágrafo de abertura, Montaigne segue Aristóteles de perto. Já sua primeira frase sobre a inclinação natural dos homens à sociedade decalca-se na observação do filósofo logo no início da *Ética a Nicômaco* sobre a naturalidade que "parece" — diz ele também — atuar sob os afetos paternal e filial bem como sob as relações ditas hospitaleiras, "a amizade mútua que sentem os indivíduos da mesma raça, principalmente na espécie humana" (VIII, 1, 1155a, 18-20). É ainda acompanhando a sequência do mesmo texto — agora explicitamente — que ele introduz a oposição entre a amizade e a justiça e afirma, em seguida, a precedência da primeira sobre a segunda como forma perfeita de sociedade. "Porque — diz — é esta [a amizade] o ponto final da sua [da justiça] perfeição." (O texto do filósofo faz o mesmo. Chancela o privilégio da amizade observando que "quando os homens são amigos não têm necessidade da justiça, enquanto que quando são justos têm ainda necessidade da amizade, sendo pois a mais alta forma da justiça na opinião geral da qualidade da amizade", *Ética a Nicômaco*, VIII, 2, 1155a, 26-8.) Com esta alusão à forma perfeita da associação, Montaigne nos remete à distinção aristotélica entre as amizades fundadas no prazer ou no interesse (sendo as primeiras as amizades propriamente ditas, porquanto a *philia*, ao ser contraposta à justiça, fica colocada do lado da semelhança) e a *téléia philia*, a amizade acabada, perfeita, que o filósofo erige em paradigma de todas as relações humanas. É nesta noção de *téléia philia* que nosso autor vai apoiar sua interpretação da amizade, sua decifração laboriosa da aliança que o unira a La Boétie. Ela funciona como seu ponto de arranque, lhe dá a pista e o rumo da sua interrogação. Vejamos portanto mais de perto seu sentido.

Ela ocupa um lugar central na reflexão de Aristóteles e tem, como já vimos, um estatuto muito especial. Não se funda na utilidade ou no prazer, mas tem sua causa na virtude, na disposição de caráter dos verdadeiros amigos para o bem. Nela se manifesta portanto um terceiro princípio dos vínculos, que por sua própria natureza indica a excelência destas associações. No entanto Aristóteles justifica com mais sutilezas seu privilégio e completude. Eles se devem não apenas à própria bondade e santidade dos fins que, sendo virtuosos, visam a estes amigos, mas devem-se ao fato de que a origem de sua relação está "neles mesmos"; ou seja, de que aí o princípio é imanente à própria relação. Mais simplesmente: aqui, mostra o filósofo, os amigos se aproximam em razão de si mesmos e não em vista das vantagens (a utilidade ou o prazer) que eventualmente proporcionem um ao outro, caso em que "esses amigos não se amam um ao outro; amam apenas seu interesse" (*Ética a Nicômaco*, VIII, 5, 1157a, 15). Nesta relação busca-se, pois, o amigo *por ele mesmo*, "por ser ele o que é", já que a virtude que aí faz o vínculo é algo que adere a sua compleição, constitui seu caráter. Assim, enquanto na amizade interessada ou agradável a relação com o outro é acidental (pois subordina-se a fins exteriores à própria relação), nesta o bem que se procura é interno, imanente ao vínculo: a *téléia philia* encerra em si o seu fim; encontra seu bem na sua própria existência. Ora, é exatamente esta reflexão de Aristóteles que Montaigne resume na sequência daquele suscinto parágrafo: "Porque em geral — diz — todas aquelas [sociedades] que o prazer [*volupté*] ou o interesse [*profit*], a necessidade [*besoin*] pública ou privada forja e alimenta são tanto menos belas e generosas, e tanto menos amizades, quanto misturam outra causa, fim e fruição na amizade que ela mesma". Tanto menos amizades, pois, quanto não têm em si, como a amizade perfeita, seu próprio motivo. E podemos perceber assim que já quase se antecipa aqui o grande ápice de sua dissertação. Já pressentimos a proximidade de seu texto mais famoso: "Se me forçam a dizer porque o amava, sinto que isso só se pode exprimir respondendo: porque era ele, porque era eu".

Mas, se Montaigne já nos remete nesse momento à questão da natureza da *téléia philia*, devemos reconhecer que esta indicação é suplementar e que a intenção explícita de sua proposição não é esta. Detenhamo-nos nela ainda um instante: "[...] tanto menos amizades quanto misturam outra causa, fim e fruição na amizade que ela mesma". Seu propósito fundamental, podemos ver, é recusar a todas as demais formas de associação o nome "amizade"; é reservá-lo apenas a sua forma perfeita. E aí está na verdade o ponto crucial. Pois Montaigne, com esta frase, leva a seu termo o movimento nítido e decidido que desenha todo o enxuto desenvolvimento desse primeiro parágrafo: o movimento progressivo de redução do universo subsumido na palavra amizade. Como vimos, o texto começa com sua atribuição implícita a todas as formas associativas; em seguida o faz partilhar esse vasto domínio com as relações fundadas na complementaridade e referidas ao horizonte da justiça, para enfim, agora, confinar seu poder de significação ao terreno exíguo da virtude no qual os indivíduos associam-se "por si mesmos", unem-se "neles mesmos", por sua compleição e caráter. E a amizade já não cobre, então, a totalidade dos vínculos e nem mesmo as afinidades dos indivíduos aparentados e próximos (*oikeioi*), mas se reserva apenas às associações entre os que são verdadeiramente semelhantes (*homoioi*), aqueles, segundo Aristóteles, identificados na mesma disposição virtuosa, soldados pela unidade do bem, que, pela virtude, se imprime em seu próprio caráter. A frase seguinte, a última do parágrafo, já se faz portanto esperar: "As quatro espécies antigas: natural, social, hospitaleira e venérea, não convêm a ela [amizade] nem particularmente, nem conjuntamente". Mas, se esse fecho é um corolário do movimento anterior, se sacramenta a operação realizada, também resume e antecipa por sua vez o sentido do empreendimento crítico que se seguirá.

Ora, podemos perceber facilmente que sob esse movimento explícito de redução da extensão do universo coberto pela amizade atua uma intenção mais funda. Na verdade, o que se estreita progressivamente aí são os limites do território da semelhança à qual Montaigne vai recusar finalmente qualquer vigência no âmbito da Natureza. Pois, ao tomá-la como princípio explicativo tão somente da amizade virtuosa e perfeita — que é o que faz ao restringir o termo amizade à *téléia philia* —, ele a confina ao terreno da ação e da vontade, o espaço do movimento e atividade propriamente humanos, o que vai lhe permitir exilá-la, definitivamente, de sua terra natal, a cosmologia: Só haverá para ele verdadeira semelhança entre vontades, e sua semelhança se fará por sua virtude própria, por elas mesmas, sem a necessidade de qualquer mediação exterior (sequer, como veremos, do Bem).

Poder-se-ia arguir que Aristóteles antecipa esta empresa. De fato já vimos que sua doutrina da amizade parte justamente da preocupação de retirar esse tema da jurisdição da cosmologia. Sabemos também que sua investigação sobre a vontade responde à necessidade de circunscrever um domínio específico da responsabilidade humana, de subtrair a "ação" do constrangimento seja da necessidade natural, seja da pura apreensão intelectual dos fins (o que é o caso da perspectiva socrática que faz da ação quase um destino determinado pelo conhecimento e justifica o vício pela ignorância). No entanto, se tudo isso é verdade, se na sua reflexão a ação humana, como se diz hoje, "conquista seu espaço" (se não somos meros joguetes dos deuses ou da necessidade natural, mas nós mesmos princípios de movimento, princípios de futuro), é preciso também lembrar que Aristóteles continua grego, que mantém os créditos da ordem natural e a ideia da ordenação divina do cosmo pelo Bem e que é dentro dela que a autonomia e responsabilidade da ação humana se exercem. É Jean-Pierre Vernant que nos lembra que, "se Aristóteles afirma que o homem é o princípio e causa (no sentido de causa eficiente) de suas ações, escreve também que "o princípio de nossas ações é o fim ao qual nossas ações estão ordenadas" (*Ética a Nicômaco*, VI, 1140b, 16, *cit. in Mito e tragédia*, Duas Cidades, p. 60). Para ele e para o pensamento grego, a função desejante do sujeito, sua "vontade", é toda passiva; seus fins lhe são impostos e a dirigem "como que do exterior".[5] A margem da ação virtuosa reduz-se, assim, à escolha dos meios, e como escolha dos meios ela permanece submetida à inclinação para o fim, à aspiração pelo Bem, sem a qual, diz outro comentador, P. Aubenque, "ela perde sua razão de ser". Não obstante, pois, sua preocupação em definir um espaço específico da ação humana, em livrá-la da tirania cosmológica, ele a mantém submissa à ordenação natural do mundo segundo o Bem. Por isso a Semelhança natural é conservada nas duas pontas da cadeia de sua classificação das associações humanas; como semelhança imediata nos vínculos de sangue, e mediatizada, na *téléia philia*, pela virtude, como manifestação do Bem. Ora, é nesse ponto que Montaigne radicaliza; como, aliás, percebe-se logo no seu comentário da tipologia clássica das associações.

De fato toda a primeira parte do capítulo sobre a amizade — o que designamos como seu movimento crítico — é uma grande interrogação dessa tipologia fixada pela tradição. E Montaigne faz aí política de terra arrasada, como veremos agora... Embora o sentido final dessa operação só se esclareça pela análise da amizade perfeita (a qual, em contrapartida, dificilmente poderia ser entendida sem esse trabalho de redução realizado no nível da tipologia). Comecemos, pois, por seguir a empresa "negativa".

O texto cita de início — em passagem a que já nos reportamos — quatro espécies de sociedade: natural (o vínculo cognático), social (as associações civis), hospitaleira (a filantropia) e venérea (a paixão erótica), as que serão tematizadas na primeira parte do ensaio, no seu movimento crítico. A elas acrescentam-se porém, na segunda parte, as amizades propriamente ditas: a amizade comum, companheirismo e camaradagem (a *hetaireia* dos gregos), e a amizade virtuosa (presente na literatura antiga no tema recorrente da amizade dos sábios), a *téléia philia* aristotélica, porém depurada. Para ressaltar a originalidade do tratamento que recebem podemos lembrar, sumariamente, as classificações desses termos nos pensamentos a que nos referimos até aqui: a posição de Erasmo, aquela que o ensaio atribui difusamente aos "antigos", e a de Aristóteles.

Nas mãos de Erasmo, já vimos, esses diversos tipos são inteiramente passados pelo funil da semelhança, e tudo resolve-se em amizade. Estamos, portanto, nos antípodas de Montaigne, e podemos atribuir-lhe o inverso da proposição com que este abre suas considerações: para ele, as quatro espécies antigas (natural, social, hospitaleira e venérea — que se traduz no matrimônio) convém à amizade, seja particular, seja conjuntamente. Já para os "antigos" podemos dizer — de modo necessariamente esquemático, visto que essa posição parece traduzir uma espécie de amálgama de perspectivas diversas fixado na tradição greco-romana — que a Semelhança, o princípio estrito da amizade, tende a cobrir as relações familiares (os vínculos cognáticos) e hospitaleiras (o vínculo dos homens como gênero) bem como as amizades propriamente ditas, comuns e virtuosas, enquanto as relações sociais e a atração erótica surgem marcadas fundamentalmente pelo princípio da complementaridade.

Em Aristóteles a questão é mais complexa. Não só por tratar-se de uma reflexão mais sutil e elaborada mas também porque o filósofo parece menos preocupado em classificar (em desembaraçar e esquematizar o emaranhado dos fatos apresentados pela experiência) do que com a análise da natureza, consistência e propriedades desses diversos vínculos. Ou seja, parece mais empenhado na construção do cânon do que na sua operação e no desenvolvimento de suas possibilidades heurísticas. De outro lado, no seu trabalho, as diversas espécies parecem muitas vezes realizar combinações dos princípios (o que se deve, aliás, a razões mais profundas, já que os gêneros não deixam de apresentar uma certa comunicação entre si), de modo que seu estatuto nem sempre parece muito nítido. No entanto, não é impossível chegar a um certo quadro, pois, numa aproximação mais atenta, aparece com razoável clareza em cada um dos casos o princípio que domina.

O amor que une pais e filhos, por exemplo. Ainda que Aristóteles considere a desigualdade das partes e as relações hierarquizadas que vigem na família — o que introduz nela o princípio da utilidade e faz sua comunicação com as relações políticas —, funda-o essencialmente na semelhança. "Os pais amam os filhos — diz ele — como eles mesmos (os seres que deles procedem são como outros eles mesmos, 'outros' em razão de sua existência separada), enquanto os filhos amam os pais como tendo deles nascido, e os irmãos amam-se uns aos outros como tendo nascido dos mesmos pais, porque sua identidade com estes últimos os faz idênticos entre si; de onde vêm as expressões ser do mesmo sangue, da mesma cepa e outras parecidas [por exemplo, diz-se hoje: sangue não é água]. Os irmãos são portanto, num certo sentido, a mesma coisa, embora em indivíduos distintos" (*Ética a Nicômaco*, VIII, 14, 1161b, 28-33). Não poderia ser mais claro! E veremos também a camaradagem (*hetaireia*) explicar-se pelo mesmo princípio. Aristóteles faz mesmo dela um modelo para as relações familiares, já que os companheiros normalmente apresentam menos diferenças e, portanto, partilham de forma mais intensa a vida, o prazer da intimidade e da atividade comum. Tanto que na família são em geral os irmãos os que são mais amigos.

Quanto à filantropia, destoando da opinião que a alinha ao lado dos vínculos cognáticos (essa perspectiva ele a lembra logo no início de sua dissertação, cf. *Ética a Nicômaco*, VIII, 1, 1155a, 16-22. E ele mesmo não deixa de aproximá-los, do mesmo modo que recorre à imagem da prazerosa solidariedade que une os viajantes e que a aproxima do companheirismo), Aristóteles não tergiversa sobre seu estatuto fundamental: explica-a pelo princípio da complementaridade e a aproxima, assim, pela sua origem, dos vínculos sociais, conjugais e eróticos que realizam modalidades diversas desse princípio. Lembra com realismo que os hóspedes estão entre aqueles amigos que "só se afeiçoam um ao outro na medida em que têm a expectativa de algum bem" (idem, VIII, 3, 1156a, 30); e põe, explicitamente, a relação com os estrangeiros ao lado daquela que une os membros de uma comunidade, cidade ou tribo a qual repousa sobre convenções, ou seja, implica a mediação de um fim que congregue os diversos interesses (cf. idem, VIII, 14, 1161b, 13-6). É esta última, aliás, o paradigma das "amizades úteis", o vínculo social, a solidariedade mútua dos cidadãos mediada pela justiça.

Também no tocante à aliança conjugal, Aristóteles insiste com clareza no princípio da complementaridade: divisão de tarefas, ajuda mútua, capacidades diversas a serviço de uma obra comum, a serem, em consequência, ordenadas e reguladas pela justiça (idem, VIII, 14, 1161b, 13-6). É verdade que nesta composição de interesses a semelhança se insinua de modo sorrateiro; através da convivência e o tempo vem o prazer da partilha das atividades e mesmo sentimentos comuns, os quais o interesse dos cônjuges na educação dos filhos manifesta de modo mais claro. E mesmo, por fim, no vínculo erótico domina o interesse. Aristóteles reconhece, evidentemente, que "o sentimento amoroso releva da paixão e tem por fonte o prazer" (idem, VIII, 3, 1156b, 2). Entretanto, na medida em que os amantes não encontram seu prazer nas mesmas coisas — o amante amando pelo prazer e o amado geralmente pela utilidade (idem, VIII, 5, 1157a, 7-9 e IX, 1, 1164a, 7-8) —, torna-se claro que buscam um ao outro apenas como meio para a obtenção de um fim — um certo bem ou um certo prazer ("não é, com efeito, a pessoa nela mesma que eles amam, mas as vantagens que dela esperam", diz ele, idem, IX, 1, 1164a, 10) —, o que é a definição mesma do útil (idem, VIII, 2, 1155b, 19), que se manifesta, assim, como a explicação fundamental dessa relação e leva a sua classificação sob o princípio da complementaridade.

Vamos agora às considerações de Montaigne. Seu propósito em toda a primeira metade do *Ensaio*, repetimos, é, como ele próprio anuncia, mostrar que, e por que, as quatro espécies de sociedade (natural, social, hospitaleira e venérea) não convêm à amizade propriamente dita (não se esteando, portanto, na semelhança). Certamente todo o trabalho de sapa das significações estabelecidas que aí realiza é bastante importante, pois podemos perceber a intensidade do abalo que registra na já tão agitada sismografia do pensamento de seu século. No entanto, podemos de imediato constatar que o momento mais aguerrido da crítica está no assalto à cidadela mais resistente da semelhança natural, a dos laços de sangue (ao lado da qual se entrincheira a camaradagem), o bastião, nesta tipologia, frente ao qual se rendera o combativo Aristóteles. Aqui, de fato, parece difícil não recuar; pois neles a semelhança de compleição física e de caráter ou a conjunção espontânea de hábitos e gostos parece o solo evidente da conjunção. Não é, no entanto, o que pensa Montaigne. Ele vai desmontar essa evidência. Com um bisturi afiado.

A referência é sempre Aristóteles. Para ele, como vimos, o paradigma das relações fundadas na semelhança (em que se inclui a família) é a camaradagem. Os companheiros apresentam sempre uma igualdade básica de condições (idade, condição social, interesses ou costumes comuns), partilham as mesmas atividades e a mesma vida, são íntimos, espontâneos na comunicação e sinceros entre si, mesmo nas críticas. Ora, o que se vê entre pais e filhos? Disparidades e diferenças de toda ordem, responde Montaigne. "Dos filhos para com os pais — começa dizendo ele — há sobretudo respeito. A amizade [camaradagem] se nutre de uma comunicação que não pode se encontrar entre eles, pela sua enorme disparidade [...]. Nem todos os secretos pensamentos dos pais podem se comunicar aos filhos para não se criar uma intimidade inconveniente, nem as advertências e correções, que são um dos primeiros deveres (*offices*) da amizade, poderiam se exercer dos filhos em relação aos pais." Mesmo entre os irmãos — cujo companheirismo é ressaltado por Aristóteles — o que se passa? Sua aparente comunidade oculta geralmente a diversidade de interesses e os desentendimentos mais nítidos; pois "[...] essa mistura de bens e partilhas [veja-se o caso das heranças], e que a riqueza de um seja a pobreza de outro, tudo isso destempera enormemente e afrouxa a solda fraterna. Os irmãos tendo que conduzir o progresso de seu avanço no mesmo caminho e no mesmo passo [veremos adiante que a conveniência entre eles, de si, é apenas espacial, está fundamentalmente na contiguidade] é forçoso que se acotovelem e se choquem frequentemente". Como pois pensar aqui na prazerosa partilha de interesses e atividades comuns? Como pensar que os pais e filhos são, como dizia Aristóteles, "a mesma coisa em indivíduos distintos"? "O pai e o filho podem ser de compleições inteiramente diversas, e também os irmãos. É meu filho, é meu parente, mas é um homem grosseiro, um malvado ou um tolo", completa Montaigne. E vai buscar o testemunho de outros filósofos, talvez menores, mas nesse ponto mais argutos que o grande Aristóteles, em apoio a suas observações: "Houve filósofos — diz — desdenhosos dessa costura natural como comprova Aristipo: quando lhe cobravam a afeição que devia aos filhos, por terem saído dele, pôs-se a cuspir, dizendo que também aquilo dele havia saído e que também engendramos pus e vermes. E também aquele outro que Plutarco queria levar a conciliar-se com seu irmão: 'Não faço maior caso dele', disse, 'apenas por termos saído do mesmo buraco'".

Os exemplos, devemos reconhecer, são irreverentes e parecem comprovar a propensão do autor para o cinismo. Por que não ressaltar, contestar-se-á, os ternos valores da fraternidade e desdenhar assim a piedade filial? Os argumentos de Montaigne ferem, com certeza, as consciências delicadas. Mas ele se antecipa com suavidade aos seus compreensíveis pruridos. Não se trata disso. Que não o suspeitem tão apressadamente de depravação. Ele reconhece, pois experimentou ele mesmo — "tenho tido o melhor dos pais e o mais indulgente até sua extrema velhice, e sendo de uma família famosa e exemplar, de pai para filho, no que concerne à concórdia fraterna" —, a ternura desses vínculos, e, como diz, fez ele mesmo, com La Boétie, a solda de seus laços com a palavra irmão. Trata-se apenas de mostrar que é impossível atribuir essa afeição às disposições da natureza, à inclinação espontânea e virtude própria da relação. Pobres dos pais que confiam na naturalidade do afeto para com seus filhos. Pois, se uma justa solidariedade ou uma verdadeira amizade não o sustenta, provavelmente não farão com eles vínculo algum. Que se lembrem apenas — valiosa e derradeira lição da experiência — que "houve nações em que, de costume, os filhos matavam os pais e outras em que os pais matavam seus filhos para evitar empecilhos que eles frequentemente representam uns para os outros, pois *naturalmente um depende da ruína do outro*" — grifos nossos.[6] Hobbes não parece distante. O importante, porém, é perceber que a proximidade natural (a velha *convenientia* atribuída à semelhança e que tinha na família sua imagem mais sustentada) reduz-se agora a ela mesma: não conjuga e não ajusta, é pura contiguidade. A família, como tal, na sua naturalidade, nada mais designa que esse grau zero de toda relação, a proximidade espacial, comunidade de *situs*, na sua forma mais originária: encontramo-nos postos, situados, no mundo mais próximos de uns que de outros.

A ocasião se oferece aqui para prevenir um possível equívoco. Devemos ver que Montaigne nega um papel à semelhança natural na antropologia das associações (o que acarreta sua negação como princípio universal de ordem) mas não, evidentemente, a existência ocasional de semelhanças naturais, dadas, entre os homens. Isso fica bastante claro na sua análise das amizades comuns, a camaradagem, que é o vínculo paradigmático da semelhança para Aristóteles. O texto a tematiza na sua segunda parte, em contraponto constante com a amizade perfeita, a verdadeira conjunção pela semelhança que, como indicamos, vai emigrar da natureza para concentrar-se toda na comunhão de vontades dos verdadeiros amigos. Vejamos o que se passa com a semelhança dos companheiros.

Todo o comentário desenha-se em contraste com o pano de fundo aristotélico da "partilha da vida", a determinação principal da *hetaireia*. Pois, o que nos vai sendo indicado é que aí tudo é efêmero, volátil e frágil... *panta rei*, nada se mantém. Montaigne mostra esses vínculos como familiaridades superficiais (*superficille accointance*), sempre "estabelecidas por alguma ocasião ou comodidade", de modo a sugerir que resultam finalmente em pura proximidade (ocasião) ou se mantêm pelo apoio que tomam na complementaridade dos interesses, na utilidade (os exemplos que lhe acodem são, aliás, significativos: as relações com seu médico, advogado ou lacaio, os convivas da mesa e a "sociedade de discurso"). Frágeis semelhanças portanto, que nos atam apenas "por uma ponta" (uma pontinha: *confederations qui ne tiennent que par un bout*; enquanto na amizade verdadeira estamos inteiramente em causa, tudo conta, pois ela "não deixa resto"), quando tudo o mais separa, é oposição e desconfiança: "a ligação — diz — não se ata de modo que não se tenha que dela desconfiar. Amai, dizia Quílon, como tendo algum dia que odiar, odiai como tendo que amar". O vínculo não toma forma, não faz corpo. Aplica-se pois aqui, diz, "o dito tão familiar a Aristóteles: Oh meus amigos, não há nenhum amigo". Sutil ironia: Montaigne chama o filósofo como testemunha. Contra ele mesmo.

Enfim, no tocante às outras espécies de aliança — social, hospitaleira e venérea — o ensaio seguirá fielmente a perspectiva dos clássicos, sobretudo a de Aristóteles, que conduzira da maneira mais penetrante e abrangente a investigação sobre o princípio da utilidade. Aqui, portanto, o sextante da crítica aponta uma praça mais próxima, e também menos guarnecida: o castelo da semelhança, cosmológica ou teológica, do humanismo cívico e cristão.

Montaigne começa pelo vínculo erótico, que apresenta de forma bastante tradicional: complementaridade dos contrários, atração pelo que nos falta, paixão irrefletida ("fogo temerário [inconsiderado] e volátil, agitado e diverso, fogo de febre, sujeito a acessos e calmarias"), apelo fortemente corporal e sujeito à sociedade: *la jouissance le perd.* Porém, atentemos a um pequeno detalhe, um ínfimo deslocamento. Montaigne refere-se a ele como "a afeição em relação às mulheres", quando toda a sua tradição literária privilegiara a imagem da pederastia. Ora, curiosamente, a esta será dedicada outra página, um pouco mais adiante, de modo que para o leitor toda a tipologia anunciada começa a se embaralhar. E nos damos conta então, de súbito, de que todo o comentário consagrado às associações complementares se arma de modo surpreendente. Onde esperávamos a análise dos laços sociais surge o matrimônio, onde esperávamos a consideração da filantropia e hospitalidade surge a homofilia. O texto parece esquecer sua pauta e enveredar-se de forma desvencilhada pelos caminhos do seu bel-prazer. Como entender tudo isso?

Na verdade Montaigne não se descuida de seu plano; e não é difícil percebê-lo. Vejamos o caso do vínculo conjugal. O que é o casamento senão um contrato, uma aliança civil? Ele não une interesses complementares e sacramenta uma troca de serviços? Não envolve muitas vezes problemas de partilha que exigem a regulamentação do direito quando falha a virtude da justiça? As indicações do texto são precisas: "[...] o casamento é um mercado que só tem livre a entrada (sendo sua duração obrigatória e forçada, depende de um alhures que nosso próprio querer) e mercado que comumente se faz em vista de outros fins" (outros fins que a relação ela mesma, que a amizade portanto; pois lembra logo em seguida que "na amizade não há negócio nem comércio que dela mesma"). Observemos que a própria indissolubilidade que muitas vezes o acompanha — costume frequentemente contestado de modo tão leviano — manifesta-se como imagem privilegiada da santidade dos pactos, do caráter obrigatório e forçoso de seu cumprimento, sem o que parece impossível pensar a constituição de um direito no registro das trocas e não se constitui qualquer mercado. Assim, Montaigne opera o deslocamento com extremo rigor, já que, aos próprios olhos da opinião, o casamento surge entre os vínculos civis como sua forma mais completa. Mas há certamente nisso de que escandalizar seus contemporâneos, leitores do *Institutio Christiani Matrimonii* de Erasmo... E, convenhamos, muitos também dos nossos.

Quanto à substituição dos laços de hospitalidade, fundados na filantropia, pela homofilia, devemos começar por lembrar que a esta imagem privilegiada do erotismo associam-se na literatura antiga outros temas, e que são eles que serão ressaltados aqui. Lembremos assim, em primeiro lugar, a ligação dessa prática ao *symposion*, o banquete, o espaço por excelência da prazerosa hospitalidade. Lembremos depois que a própria articulação de seus termos, a disposição dos amantes, a faz, segundo a tradição, propícia à pedagogia da virtude. Pois, devendo o amado — diferentemente do amante que busca a beleza corporal — julgar a beleza interior do amante, "nele nasce", diz Montaigne, "o desejo de uma concepção espiritual por intermédio de uma espiritual beleza"; tanto que o amante, devendo "esforçar-se para tornar-se aceito pelas boas graças e beleza de sua alma", usa como meios de sua conquista, diz ele, "instruções filosóficas, ensinamentos de reverência à religião, de obediência às leis, morte pelo bem da pátria, exemplos de valentia, prudência e justiça". Daí seu alcance político ("foi nos países que aceitaram em seu uso a principal defesa da equidade e da liberdade, como testemunham os salutares amores de Hermódio e Aristogíton") no sentido mais amplo; pois na virtude e na justiça encontra-se o verdadeiro ideal da universalidade e, portanto, a filantropia. Recorrendo pois à pederastia Montaigne a busca não nas suas manifestações, mas nas suas próprias condições de possibilidade.

Todavia esse jogo de substituições tem finalmente um alcance mais amplo. Depois de afastar a semelhança e fundar todas essas associações na complementaridade, mantendo os laços venéreos e exigindo, como paradigma do social e da filantropia, o matrimônio e a homofilia, Montaigne na verdade os erotiza todos, procura ressaltar o alcance sobre o mundo dos homens dos poderes de Eros. E, não bastasse pois sua crítica à semelhança, é no interior da própria complementaridade (que monopoliza agora os pendores naturais) que ele faz um caminho original e se desvencilha da perspectiva aristotélica que mantém a eminência da questão das trocas e repartições e privilegia assim o vínculo civil. Aqui tudo se erotiza, os interesses se combinam não discretamente, mas sintetizados e unificados, totalizados como desejo, o que lhes dá no plano empírico e imaginativo algum parentesco com o que a amizade faz num registro puro e superior. Mas lembremos principalmente o contraste desse empreendimento em relação ao humanismo cristão. Lembremo-nos de Erasmo, que, medindo todos os laços pela semelhança, exclui de sua classificação a atração erótica, querendo excluir do mundo "o furor inspirado pelo filho de Vênus", a turbulenta "febre" do amor.

É todo calcado na experiência, emoldurado pela lembrança do amigo, que se arma o comentário da amizade perfeita na segunda parte da dissertação. Seu ponto central é posto logo de início no parágrafo que rememora seu primeiro encontro com La Boétie e no seguinte, dedicado à história de Caio Blássio a que já nos reportamos. É neles, através desses relatos, que Montaigne introduz o tema da comunhão das vontades, que constitui o núcleo da sua questão. Vêm, em seguida, dois temas derivados, que a tradição literária em que se esteia o trabalho dificilmente permitiria omitir: aquele dos deveres da amizade, dos serviços que se devem os amigos, seus *officia*, e aquele do número dos amigos, pois toda a literatura debate a possibilidade de ser amigo de todos, de alguns ou de apenas um. Nos dois casos, a preocupação de Montaigne é referi-los ao núcleo mesmo do problema e fazê-los explicitar o alcance e o estatuto da fusão das almas que se realizam nessa amizade. Tanto que sua primeira preocupação é mostrar, por exemplo, que os *officia* não constituem eles mesmos — como o entende uma parte da tradição — o tecido da amizade mas que decorrem dele, necessariamente, como de sua causa, do mesmo modo que a questão do número de amigos se decide em vista da própria natureza da relação.

No tema dos deveres, sua formulação é simples, ainda que original. Os amigos "não podem nem se prestar [favores, serviços] nem se dar nada (*ny prester ny donner rien*)". Por que razão? Porque, responde, "a união de tais amigos sendo verdadeiramente perfeita, ela lhes faz perder o sentimento de tais deveres e odiar e rechaçar as palavras que indicam divisão e diferença: favor, obrigação, reconhecimento, pedido, agradecimento e outras tais, tudo sendo, com efeito, comum entre eles [...]". O próprio casamento, buscando muitas vezes "alguma imaginária semelhança com essa divina ligação", não se quer pensar como sagrado, não só arrogando a si a indissolubilidade mas proibindo, muitas vezes, como lembra o texto, doações e partilhas entre marido e mulher "para significar — diz — que tudo deve ser de cada um deles e que nada têm a dividir e repartir entre si"? Na amizade, pois, se há serviço e favor, os termos comuns desta relação se invertem: é o benfeitor o beneficiado, e o que recebe o benefício, o liberal, já que "concede ao amigo a alegria de lhe fazer o que mais deseja", seu bem.

Quanto à questão do número Montaigne é também radical e taxativo: "As amizades comuns podem ser partilhadas [entre vários amigos]. Pode-se amar neste a beleza, no outro a flexibilidade dos costumes, em outro a liberalidade, naquele a paternidade, neste a fraternidade, e assim por diante. Porém, essa amizade que possui a alma e a governa com toda a soberania, é impossível que seja dupla". Ela é indivisível, conclui. Pois, aí, "cada um se dá tão inteiramente a seu amigo, que nada lhe sobra a repartir com outros". A razão não é difícil de entender. Se nela a comunhão das vontades é perfeita, esteando-se essa coincidência no empirismo, no terreno da positividade, é impossível que seja compatível com a diferença que aí introduziria um *outro* amigo, necessariamente, portanto, diverso do primeiro. Se o amigo deseja o que seu amigo deseja, se é tão seguro da vontade do amigo como da sua própria, a hipótese da multiplicidade dos amigos compromete a unidade da própria vontade, justamente a grande dádiva da amizade. "Já é um grande milagre", conclui, "duplicar-se, de modo que não percebem o alcance disso os que falam em triplicar-se." Assim, acreditamos, o problema aqui não está em aceitar a lógica do raciocínio, mas em compreender-lhe as premissas, o "milagre" da comunhão das almas. Pois não são apenas os interlocutores de Blóssio, como dizíamos no início, que "não entendem bem esse mistério". Talvez ninguém o compreenda "muito bem".

Mistérios se acolhem com reverência, não se devassam. E aqui, certamente, temos um verdadeiro, e não forjado pela imaginação. No entanto, não é sacrilégio iluminá-los, tentar circunscrever seus contornos, sondar sua profundidade. Não é outra coisa o que faz o próprio Montaigne: tentar perscrutar o enigma dessa "divina ligação", dessa "costura santa" das almas que, na ligação com La Boétie, vivera como a verdadeira vida, logo ofuscada pela separação e a morte. Mas é preciso aprender a morrer. E esse longo aprendizado ele o faz a cada instante experimentando o excesso dessa vida face às possibilidades do conhecimento. Assim, ao aproximar-se do santuário de sua busca, do núcleo deste mistério — vacilando quase em ir adiante (*si on me presse* de dire *pourquoi je l'aimais*) —, o pensamento tateia e avança com cautela.

Começa ponderando os limites de suas forças, a inadequação dos recursos do conhecimento face à magnitude do objeto. "Há para além de todo o meu discurso e de tudo o que eu possa particularmente dizer dela não sei que força inexplicável e fatal mediadora dessa união." A constituição desse vínculo, sua razão, parece estar portanto para além das explicações que dele se possam dar. Abraçavam-se por seus nomes antes de conhecerem-se, "creio — diz ele — que por alguma disposição do céu". Porém, atenção! Pois, apenas de dizer isso, de testemunhar a resistência desse vínculo à empresa do discurso, seu irredutível resíduo de mistério, faz brilhar sobre ele uma primeira centelha. Já nos faz entrever que o princípio produtor desta ligação ("mediador dessa união") está para além de todas as razões positivas que pretendamos lhe atribuir ("para além de tudo o que eu possa dela particularmente dizer"). Ou seja: não se explica como produto de uma causa ou causas determinadas (uma "força inexplicável"), mas parece impor-se com a brutalidade do fato, como *factum* e *fatum*, dado e destino (uma "força fatal"). Impossível, na verdade, *explicar* sua experiência da amizade, dar-lhe motivos e razões, podemos apenas "clarificar" essa experiência, localizá-la e pontuá-la.

É exatamente essa consideração que o final do parágrafo confirma, pois — comentando seu encontro com La Boétie — a retoma de maneira explícita: "Não foi uma consideração especial, nem duas, nem três, nem quatro, nem mil [para além de tudo o que eu possa dizer particularmente dos motivos dessa união], foi não sei que quintessência de toda essa mistura [força inexplicável] que, tendo tomado toda minha vontade, levou-a a mergulhar e perder-se na sua, e tendo tomado toda sua vontade levou-a a mergulhar e se perder na minha [força fatal], com um apetite e precipitação semelhantes". Atendamos bem portanto a isto: essa amizade não é, como as vulgares, a conjunção e coincidência de vontades determinadas. Ela se faz pela catalisação de todas as nossas vontades em uma "quintessência" que as compreende todas, as unifica e conjuga num elemento "inefável" e singular.

Ora, marcados pela tradição greco-romana, e lembrando-nos principalmente da constante referência aristotélica do texto, somos então imediatamente tentados a reconhecer nesta "quintessência" a marca da atuação — divina — da virtude e do Bem. Pois sabemos que são eles, sobretudo para Aristóteles, o princípio da unidade da vontade, os responsáveis pela unificação da personalidade do sábio e pela sua harmonia interior. O sábio, tendo o sentimento do que deve a si mesmo, deseja não uma multiplicidade de bens, mas os bens verdadeiros, isto é, *o que é bom*. Isso unifica sua vontade no singular. Por isso, mostra o filósofo, ele toma consciência de si não como múltiplo e fragmentado, mas toma consciência da sua existência unificada e, então, a deseja, desejando pois, fundamentalmente, a própria vida. Ou seja: desejando virtuosamente, o sábio deseja antes de tudo viver, pois não age contra si movido por fins e sentimentos contraditórios. É essa unificação da vontade que favorece o bom entendimento e propicia a amizade. "É preciso — diz — esforçar-se para ser homem de equidade, pois assim podemos nos comportar como amigos de nós mesmos e tornarmo-nos amigos de outro" (*Ética a Nicômaco*, IX, 4, 1166b, 28-9). Desejando pois, pela sua virtude, a própria vida, e fazendo-se a vida do amigo, igualmente pela virtude, semelhante à sua, o sábio a deseja também. Os amigos se aproximam portanto através da unidade da virtude e do Bem.

É verdade que Montaigne busca apoio nessa reflexão de Aristóteles. No entanto, já um passo adiante, vai nos privar do conforto inteiro dessa interpretação. Narra-nos a bela história de Caio Blóssio, que frente aos cônsules romanos, instado por Lélio, testemunha sua amizade por Tibério Graco, já condenado por subversão. Vimos há pouco esse relato. "— E se ele [Graco] te houvesse mandado atear fogo a nossos templos? — Ele não me teria ordenado, replicou Blóssio — Mas se o tivesse feito? Acrescentou Lélio. — Eu teria obedecido, respondeu ele."

Montaigne comenta que, se essa resposta ofendeu os cônsules, é porque não podiam entender "que ele tinha a vontade de Graco na manga, como poder e como conhecimento". E acrescenta, um pouco mais adiante, que "eles tinham perfeitamente as rédeas da inclinação um do outro". Já podemos perceber aqui um pequeno deslocamento no interior da moldura clássica. Se as vontades desses amigos coincidem, sua conjunção não é explicada tanto pela semelhança de seus desejos ou atos virtuosos, por visarem e realizarem ambas os mesmos fins, mas enfatiza-se o momento produtor dessas vontades: Blóssio tem na manga, como poder e como conhecimento, a determinação da vontade de Graco, tem o comando das suas inclinações. Ele não obedece ao amigo em vista da bondade mesma de sua ordem, mas simplesmente por emanar dele, por proceder do amigo. O curioso exemplo que Montaigne forja em seguida corrobora e explicita essa indicação: "[...] a quem me fizesse — diz — a seguinte pergunta: Se tua vontade te ordenasse matar tua filha, matá-la-ias? Eu responderia que sim". Isso, continua ele, não significaria evidentemente um consentimento em praticar esse ato, mas testemunharia apenas a segurança e certeza da sua própria vontade, como cada um as tem da sua. Há uma adesão da vontade ao sujeito da qual não lhe é possível se apartar. Cada um assume seus atos e desejos por *procederem de si*, por serem justamente *seus*. Ora, é essa mesma imediata adesão, essa mesma proximidade e certeza que têm os amigos perfeitos em relação à vontade um do outro, como vai então mostrar o texto: "Não está no poder de todos os discursos do mundo desalojar-me da certeza que tenho das intenções e juízos do meu [amigo]. Nenhuma de suas ações poder-me-ia ser apresentada, *qualquer face que tivesse*, da qual eu não encontrasse incontinenti *o motor* (*ressort*)" (grifos nossos). Vemos, assim, que a realização desta conjunção perfeita recusa a exterioridade e busca o abrigo da interioridade mais íntima, o lugar mesmo de produção das vontades, da certeza de si; ela vai, diz o texto, "*jusques au fin fond des entrailles l'une de l'autre*".

O registro e o sentido da conjunção das vontades deslocam-se portanto sutilmente. Se a virtude e a razão continuam sendo o penhor dessa unidade, elas são agora tomadas, podemos ver, não como formas determinadas da vontade ("não importa a face que apresentem"), mas como determinantes, como seu móvel, mola ou motor. Ou seja: a amizade perfeita continua sendo uma amizade virtuosa (*philia kat'aretèn*) mas a união que realiza se faz num registro anterior às *decisões* da vontade (já que é impossível que os amigos possam coincidir em todas as suas decisões), assenta-se na sua *pura disposição* para a virtude e a razão. Ou ainda: o que a torna possível — e é agora o estofo da aliança — é tão somente a disposição dos amigos para a interrogação e a busca do bem. Só assim a confiança e a segurança mútuas dos amigos sobre suas inclinações são perfeitas; e eles se fundem e confundem-se num vínculo sublime, e "não se encontra mais a costura que os juntou".[7]

Perceberemos melhor o alcance desta reflexão se voltarmos um pouco à história de Blóssio. Veremos, então, que o que escandaliza os cônsules romanos na audaz resposta do amigo de Graco (como certamente escandaliza também a resposta de Montaigne a seu fictício interlocutor) é justamente esse distanciamento inédito do *ressort*, da mola fundamental, destas vontades em relação às suas determinações, ou "conteúdos". E não se trata de uma bagatela! Ao admitirem que poderiam atear fogo ao templo (atentar contra o princípio de ordenação do cosmo, contra Deus), ou matar a própria filha (atentar contra as inclinações "naturais"), caso sua vontade assim determinasse — pois não importa fundamentalmente "a figura que ela possa tomar" —, atentam justamente contra a ideia de uma ordem divina ou natural como princípio das ações virtuosas. De modo que o que escandaliza é sua confissão tácita e extrema de que é impossível fixá-las numa moral. Cícero, de cujo *Lélio* Montaigne retira sua bela história, multiplica as advertências contra as "palavras abomináveis" e o crime de Blóssio, elogiando a Quinto Tuberon, o amigo que abandona Graco nas suas "loucuras" e "insensatez". A virulência do comentário do *Ensaio* se ressalta, pois, face ao preceito clássico: "Que seja uma regra bem estabelecida na amizade a de nada pedir e nada conceder que seja contrário à moral" (Cícero, *Da amizade*).[8]

Nada mais distante dos "devaneios" de Montaigne que a pretensão de constituir uma doutrina normativa. Onde, com efeito, encontrar no seu livro qualquer intenção de legislar sobre o bem e o mal ou o justo e o injusto, de ensinar a virtude ou o caminho da felicidade? É verdade que, num determinado momento, escusando-se por não saber fazer nada que pudesse ter serventia para alguém, admite que se prestaria a uma coisa: para vigiar os costumes daquele a quem servisse ("*contrerroler ses meurs*"). Mas logo acrescenta: "Não no atacado, por lições escolásticas, que isso não sei fazer (e não vejo nenhuma verdadeira reforma nascer naqueles que o sabem), mas observando-os passo a passo, em cada oportunidade, e julgando-os a olho, parte por parte, simples e naturalmente", livro III, 13. ("*Ainsi à mes amys je descouvre, par leur production, leur inclinations internes*", dissera um pouco antes, no mesmo contexto.) Impossível, de fato, encontrar nos seus *Ensaios* um sistema de fins e valores fundamentais destinados a guiar as ações ou apreciar os sentimentos. Ele nos lembra Cícero: "Só a sabedoria fecha-se completamente em si. E eu — continua — deixo isso aos artistas, sem saber se eles, numa coisa tão misturada, tão miúda e fortuita, conseguem arranjar as partes dessa infinita diversidade de aspectos, e fixar nossa inconstância e ordená-la" (livro III, 13). É essa a marca do humano, sua natural "inconstância": "O que se comenta como raro no rei Perseu da Macedônia, que seu espírito, sem se prender a nada, caminhava errante por todo gênero de vida, apresentando modos tão destrambelhados e vagabundos que não era conhecido nem dele mesmo nem de qualquer outro homem, parece-me convir aproximadamente a todo mundo" (livro III, 13).

É por isso que ele, psicólogo às antigas, tudo analisa ("*j'estudie tout*"): examina as condutas, esquadrinha os movimentos e as paixões da alma, interroga as convenções e os costumes, alinhava anedotas. E vai traçando um entrecruzamento de linhas que compõe o quadro interminável da estranha — grotesca[9] — complicação da natureza humana. Quando elogia os historiadores o faz pelo fato de colocarem em evidência no homem "a diversidade e variedade de suas condições internas, no atacado e no varejo, a variedade dos meios de sua conjunção (*assemblage*) e dos acidentes que a ameaçam" (livro II, 10); pois, então, o homem aparece "mais vivo e mais inteiro". É sempre, fundamentalmente, esse desejo de desintrincação do complexo que o ocupa, a interrogação do seu valor e sentido. Assim, se há respostas e apreciação, elas são sempre provisórias, variáveis, adequam-se à diversidade das situações e ao sopro dos ventos.

Se se é tentado, no entanto, a fazer dele o precursor dos "moralistas", do gênero de ciência moral praticado tão amplamente nos séculos XVII e XVIII, é importante lembrar-se que o que está aqui em questão não é apenas a variação infindável dos mores e sua incontornável contingência (que, elas, levariam Montaigne de um lado à afirmação da relatividade das normas, e de outro, conforme diz P. Villey, a sua "fé na dócil observação dos fatos"). É preciso ir mais fundo. Menos que a diversidade e contradições da experiência, seu excesso contínuo sobre a capacidade de conhecimento do sujeito, o que está em causa no seus testemunhos é, em primeiro lugar, uma experiência interna da própria variação, a inconstância e fluidez constitutivas da sua experiência de sujeito. Não se trata apenas para ele de adaptar-se a cada instante ao imprevisível sopro dos ventos, mas de reconhecer que "somos vento por todos os lados". (E ele acrescenta: "O vento ainda, mais sabiamente que nós, gosta de rugir, de se agitar, e se contenta com suas próprias funções, sem desejar a estabilidade, a solidez, qualidades que não são suas", livro III, 13.) O que ele chama sua "compleição investigadora" (une *complexion estudieuse*), mais que responder, pois, à complexidade do mundo, testemunha a impossibilidade daquela adesão a si que os homens procuram no saber e na crença. Não é o mundo na sua infinita variedade que o ultrapassa, é ele próprio que não se fixa. No ensaio sobre a Glória encontra a formulação mais primorosa desse sentimento, quando, passando de uma observação a outra, diz intempestivamente: "Nós somos, não sei bem como, duplos em nós mesmos, o que faz que aquilo que cremos não o creiamos, e que não possamos nos desfazer daquilo que condenamos" (livro II, 16). Nada se mantém na asserção, no sim ou no não. Toda estabilidade e solidez aí se dissolvem na interrogação. Sua *complexion studieuse* espelha sua compleição de filósofo.

O belíssimo capítulo final dos *Ensaios* — "Registre des essais de ma vie" —, a que recorremos aqui ("De l'experience"), manifesta mais nitidamente que qualquer outro o sentido e o alcance dessa "inconstância": "Quem se lembra — diz — de ter sido tantas e tantas vezes enganado por seu próprio juízo, não seria um tolo se não desconfiasse dele para sempre? Quando me convenço pelos argumentos de outro de que minha opinião é falsa, não aprendo tanto o que ele me diz de novo e esta particular ignorância — seria uma aquisição bem pequena — mas *aprendo minha fragilidade* e a traição de meu entendimento, do que tiro a necessidade da reconsideração de tudo [...]. Saber que se disse ou fez uma tolice não é nada, é preciso aprender que somos tolos, pois esse ensinamento é bem mais amplo e importante" (livro III, 13).

Esta velada referência a Sócrates torna-se expressa homenagem já no parágrafo seguinte desse último ensaio. O "conhece-te a ti mesmo" ("que o Deus da Ciência e da luz fez afixar no portal de seu templo"), lembra ele, nada mais é que a prescrição do conhecimento da própria ignorância. "Significa — diz — que naquilo em que cada um se vê seguro e satisfeito, naquilo que pensa ser suficientemente entendido, não sabe absolutamente nada." E é esta socrática fragilidade, mostra então, a causa da sua inclinação para a modéstia e de seu "ódio a esta arrogância importuna e belicosa, inimiga capital de toda disciplina e de toda a verdade, dos que creem e se fiam completamente em si". Conjuração reiterada da obstinação da opinião e da cegueira da crença. "É assim", "foi sempre assim", dizem sempre; e a estas expressões impõem a aura do natural e do divino. É o que mostra Montaigne em continuação: "Ouvi-os ditar regras; as primeiras tolices que dizem já o fazem no estilo em que se estabelecem as religiões e as leis [não nos esqueçamos de que, então, as leis se legitimam fundamentalmente pelo hábito, enquanto *inclinatio naturalis*]". Opiniões e crenças — esses pequenos deuses despóticos e rixentos —, os homens as criam e projetam fora de si como um absoluto que os domina, já o mostrara agudamente o *Discurso da servidão voluntária* de seu amigo La Boétie. Elas tudo fixam, tudo solidificam e estabilizam numa segurança ilusória e servil.

Montaigne opõe, portanto, a esta suficiência e arrogância a penúria e a fragilidade de seu espírito errante, que vaga e extravaga, interroga e se ensaia, experimenta e fantasia. "Sem se prender a nada", como o de Perseu. Nenhum ponto fixo, nenhuma referência certa, derivando "*sans règles* [...] *et à tastons*". Assim seu apoio está apenas na sua própria atividade, sua adesão a si tão somente no fio tênue e delicado do exercício da interrogação. Porém, podemos constatar que nesta fragilidade está também sua força; pois, se a nada se submete, encena sua autonomia e delimita, então, um espaço verdadeiramente humano: o mundo do cultivo e das culturas, forjado por este ativo desejo de liberdade que tanto aborrece à natureza e à religião.

Montaigne termina este parágrafo em que lembra o "mestre dos mestres", como diz, com uma pequena anedota certeira e profunda: "O filósofo Antístenes dizia a seus discípulos: 'Vamos todos ouvir Sócrates, lá serei discípulo como vocês. E sustentando esse dogma de sua seita estoica que a virtude bastava para tornar uma vida plenamente feliz, sem necessidade de qualquer outra coisa, ele acrescentava: Senão da força de Sócrates'". O texto não comenta esta história, usa-a como fecho, pois por si mesma nos faz compreender a mudança fundamental: desloca-se o registro da virtude, porque a força de Sócrates — sua ignorância —, sobrepondo-se ao dogma da seita, desaloja os deuses que do alto a pretendiam comandar. É assim que ao seu lado todo filósofo se faz discípulo, porque já não há guia seguro que no-la possa ensinar. E, então, só quem admite atear fogo aos próprios templos e sacrificar os próprios filhos (a lei natural não é ela própria uma criação dos homens?) realiza a verdadeira virtude, aquela que, assemelhando os homens na sua insuficiência e penúria, os aproxima na comunicação e amizade e os faz partilhar a vida de uma criação comum. Não são as posses mas as carências que atam as amizades perfeitas; não é a segurança, mas a busca e a interrogação.

Que não se pense porém que essa amizade se constrói apenas como a identidade e comunhão do caráter racional dos amigos — simples partilha desta atividade teorética (e ética, sendo esta o domínio das escolhas refletidas) —, substituindo apenas a sabedoria e a virtude fundadas até então na ordem subsistente do Bem por uma interpretação puramente formal do fundamento desta unidade que a faz repousar na aspiração e na busca do bem. O que se passa aqui é algo de mais decisivo. Se, tradicionalmente, a condição da amizade perfeita foi sempre a necessária unificação da personalidade do sábio pela virtude (pois, como vimos em Aristóteles, esta unidade leva o sábio, que deseja a própria vida, a descjar também a de outro homem virtuoso, multiplicando assim o prazer de sua própria existência ao associá-la à do amigo), Montaigne, afastando o sistema subsistente dos fins — já não há ordem natural e divina que comande do alto a virtude —, atribuirá justamente à amizade essa função de unificação da personalidade virtuosa, fazendo-a aceder à identidade apenas pela mediação de seu semelhante. Só o amigo dá identidade ao amigo, e lhe dá vida; o eu só toma forma na associação. Pois, aprendendo-se agora como fluidez e instabilidade, experimentando a impossibilidade de, por sua própria força, fixar-se no positivo e na afirmação, esse homem *studieux* buscará no outro o ponto de apoio e referência em meio à névoa do seu constante estranhamento e variação.

No seu comentário à história de Blóssio — o momento central de sua dissertação sobre a amizade — Montaigne explica, já vimos, que a confiança existente entre os amigos virtuosos vem do conhecimento que têm do motor ou da mola propulsora (*ressort*) das suas ações, "da certeza de suas intenções e juízos". E vimos também que é nesta identidade de disposições virtuosas, na semelhança do móvel de suas decisões, que repousa a possibilidade de sua perfeita coincidência e união. Ora, no registro dos próprios atos (e não mais das disposições), no registro positivo, podemos ver agora, restabelece-se entre eles uma dissimetria. Montaigne, é verdade, para nos fazer compreender a adesão que se tem em relação às decisões e atos do amigo, compara-a à adesão que se tem em relação aos próprios atos e decisões (por procederem de si). Já sabemos todavia, sobejamente, o quanto essa adesão a si é precária e efêmera, tomada que é continuamente na vertigem da interrogação. No entanto — e aqui está o centro da questão — essa experiência interna da desestabilização sem trégua das próprias decisões (práticas ou intelectuais), essa experiência incessante da dúvida, não atinge do *mesmo modo* as do amigo, pois não está imediatamente ao alcance do sujeito os caminhos (cálculos e deliberações) que levam seu amigo a suas decisões. Isso, justamente, as preserva, em alguma medida, do redemoinho da "inconstância". Conhecendo-lhes a fonte (o *ressort*) mas não todos os motivos — os alvos próprios da dúvida — torna-se propenso a assumi-las como tais, *por procederem do amigo*, pela segurança que tem da bondade da sua disposição. Por isso Montaigne termina seu comentário dizendo que conhece a alma, o caráter, do amigo como a sua, "mas — acrescenta — no que se refere a mim mesmo, de bom grado *confiaria mais nele que em mim*". (Afirmação semelhante reaparece no ensaio "Da experiência", livro III, 13, no que se refere à confiança na memória: "em matéria de fatos eu buscaria sempre a verdade mais na palavra de um outro que na minha", desde, evidentemente, como indica, que o outro seja de boa fé.) Assim, o amigo, pelo seu caráter virtuoso, funciona no registro positivo dos atos e decisões como polo imediato de uma certeza que em si próprio não se pode encontrar. Por isso a adesão ao amigo é total — *intière et parfaite* —, e não se realiza primordialmente como vínculo intelectual mas afetivo. "E se ele te houvesse mandado atear fogo aos nossos (portanto "teus") templos? [...] — Eu o teria obedecido, respondeu".

É, por conseguinte, mediante esta adesão inteira ao amigo — que o totaliza no seu caráter virtuoso e *também nos seus atos*, pois a coincidência das vontades que se dá originalmente no elemento puro da disposição para o bem, como que transborda por esse raciocínio psicológico para a positividade — que se tem, por espelhamento, a experiência de alguma unificação. E esta "comunhão das vontades", realizando-se assim, propicia aos amigos o gosto breve de *prendre pied*, de identificar--se, a experiência fugaz da solidez e da própria "encarnação". Experiência fugaz porque posta no tempo. Montaigne, que vive a perda, o sabe bem: "Pois, na verdade — diz —, se comparo todo o restante da minha vida que, com a graça de Deus, foi suave, confortável e, salvo a perda de tal amigo, isenta de aflições graves e cheia de tranquilidade de espírito [...], se a comparo toda, dizia, aos quatro anos em que me foi dado fruir da doce companhia e sociedade dessa pessoa, ela não é senão fumaça, noite escura e tediosa. Desde o dia que o perdi apenas perambulo languescente [...]. Eu já estava tão moldado e acostumado a ser dois em tudo que tenho agora a impressão de ser apenas metade" (livro I, 28).

Melancólico fantasma em busca de corpo e consistência, o pensador vai traçando, na falta do amigo, a vida extravagante do livro, "*autant qu'il y aura d'encre et de papier au monde*", enquanto houver no mundo tinta e papel. Livro interrogação, livro testemunho, mas também livro apelo. Ele próprio o confessa: "Além do proveito que tiro de escrever sobre mim espero ainda um outro: se acontecer que meus humores agradem e convenham aos de algum homem de bem antes que eu morra ele me procurará [...]. E, se eu soubesse por sinais claros de alguém que me conviesse, certamente iria buscá-lo, ainda que bem longe, pois a doçura de uma conveniente e agradável companhia nunca, a meu ver, se pagará caro demais. Ah! Um amigo!" (livro III, 9). *Oh un amy!* (Marie de Gournay ainda está por chegar.)

NOTAS

1. Cf. Butor, Michel, *Essais sur les Essais* (Paris, Gallimard, 1968), no qual se encontra uma belíssima análise do "estilo" — a "solução maneirista" — e da disposição dos diversos ensaios. Aqui a referência específica é aos capítulos 16 e 17.

2. Este texto é o final de um parágrafo (livro III, 9) presente na edição de 1588 mas riscado por Montaigne no chamado "exemplar de Bordeaux". Ver sobre isso comentário de M. Butor no último capítulo de seu livro já indicado (p. 215).

3. Não faltam leitores e intérpretes contemporâneos para sinalizar nos *Ensaios* essa direção. Francesco Alberoni, por exemplo, no seu recente *best-seller*, *L'amicizia* (Milão, Garzanti, 1984), encontra um Montaigne "fascinado pelas formas de amizade homossexual dos gregos". Poderemos ver mais adiante como se torna difícil chancelar sua interpretação. De qualquer modo, muitos outros leitores, avisados pela psicanálise, parecem fortemente tentados por esse caminho.

4. No entanto, esse uso amplo e equívoco do termo não nos é também estranho. Falamos na amizade dos pais e filhos, na dos irmãos, colegas de escola ou trabalho, ou de correligionários políticos. Ouvimos também dizer que tais pessoas são "amigadas", que tais outros são "muito amigos", ou, ainda, que fulano "tem um amigo no Ministério".

5. É interessante reconstituir o contexto dessa citação do artigo de J. P. Vernant: "O que põe o sujeito em movimento é sempre um 'fim' que orienta, como que do exterior, a sua conduta: seja o objeto para o qual tende espontaneamente seu desejo, seja o que a reflexão apresenta ao seu pensamento como um bem. Num caso, a intenção do agente parece ligada e submissa ao desejo, no outro é impelida pelo conhecimento intelectual do melhor. Mas, entre o movimento espontâneo do desejo e a visão poética do bem, esse plano não aparece onde a vontade poderia encontrar seu campo próprio de aplicação e o sujeito poderia, no e pelo querer, constituir-se em centro autônomo de decisão, fonte verdadeira de seus atos" (op. cit., p. 47).

Em meio à extensa bibliografia sobre esta questão podemos destacar o belo livro — já clássico — de Pierre Aubenque, *La prudence chez Aristote* (Paris, PUF, 1963).

6. Sobre este tema é fundamental consultar também o capítulo "Da afeição dos pais aos filhos" (livro II, 8). Ver-se-á aí, com maiores nuances, o trabalho sutil de crítica da opinião comum relativa ao problema.

7. Montaigne reinterpreta assim, de modo radicalizado, o tema aristotélico da imanência do fim ao próprio vínculo na *téléia philia* a que já nos referimos anteriormente. Aqui não é o próprio fim visado pela vontade (ou seja, a virtude, que enquanto adere ao caráter do amigo, à sua compleição, o *faz amado por si mesmo*) que faz o vínculo mas é a forma da sua determinação.

8. Cícero vai ainda mais longe: "É preciso, portanto, prescrever às pessoas de bem que, se o acaso as faz cair por falta de discernimento em uma amizade desta espécie, não se creiam ligadas a ponto de não poder abandonar seus amigos gravemente culpáveis. E é ainda preciso fixar uma pena para os cidadãos inconscientes, não menos severa para os [amigos] que seguem que para aqueles que tomam a iniciativa de um sacrilégio" (*Lélio ou Da Amizade*).

9. "Desde os Logges de Rafael, a pintura do fim do século XVI, 'maneirista', dá inúmeros exemplos deste tipo de composição: um quadro central contornado por uma guirlanda de 'grotescos', que devem seu nome ao fato de serem considerados imitações livres das decorações descobertas nas ruínas, ou grotas, da casa dourada de Nero, hoje completamente deterioradas, mas cujo equivalente pode-se encontrar em muitas pinturas romanas" (Butor, M., op. cit., p. 67).

A PAIXÃO DIONISÍACA EM *TRISTÃO E ISOLDA*

José Miguel Wisnik

Tristão e Isolda é a matriz das histórias de amor em que os apaixonados se amam loucamente e morrem de amar, contra tudo e todos, contra o mundo. Denis de Rougemont viu nesse "grande mito europeu do adultério" o próprio nascimento da paixão no Ocidente.[1] O romance data do século XII, quando nos aparece sob a forma de várias *versões escritas*, possíveis "manipulações artísticas" de um hipotético texto original do qual nunca se encontrou rastro. Suas origens se perdem, portanto, como na lenda e no mito, na bruma dos tempos. Histórias de Tristão e do rei Marcos já eram conhecidas desde o século VII, mas é no século XII que a narrativa celta (trabalhada pelo imaginário cristão) cristaliza-se numa intrincada rede de sentido cuja unidade enigmática e fascinante salta aos olhos apesar da multiplicidade das suas versões (cujas variantes podem ser aliás facilmente reduzidas por comparação crítica).[2]

O fascínio do amor-paixão produziu uma longa trilha de influências na literatura amorosa e serviu para fazer do tema um clichê de larga incidência no romance romântico e nas novelas de massa (onde se desfaz no entanto a trama de implicações sociais, existenciais e religiosas que o originou). Mas a "bela e trágica" história de Tristão e Isolda já era, segundo um historiador, "de longe, a mais popular história profana da Idade Média".[3] Ir às fontes desse "mito" é reencontrá-lo numa temporalidade onde ele atua, sincronicamente, com a força de uma configuração simbólica em pleno vigor. O romance de Tristão envolve paixão e morte, amor, casamento e adultério; amizade, sexo e desejo. O sagrado e o profano, a ortodoxia e a heresia se debatem em seus bastidores; a constelação contraditória desses temas e as desconstelizações a que os movimentos ambivalentes da narrativa nos convidam fazem ver o seu anacronismo arcaico (mas arquetípico) à luz de uma surpreendente atualidade.

A ópera de Wagner, por onde passa necessariamente esta discussão, procurou também atualizar a seu modo o romance medieval, lido numa versão poética do século XIII, a de Gottfried. Guiado pelo pessimismo de Schopenhauer, Wagner encontrou e exacerbou no canto do amor e da morte, do desejo e do aniquilamento, as potências trágico-musicais da paixão (aliás a virtualidade musical já se encontra na história de Tristão desde os seus primórdios, como veremos). Mas foi justamente a força trágica da ópera que deu elementos para que Nietzsche vislumbrasse na música wagneriana o renascimento do dionisismo grego, previsto em *O nascimento da tragédia*. Ao longo de sua controvertida relação com Wagner, que vai da apologia à mais virulenta e sistemática contestação (quando o compositor passa a ser visto como o paradigma negativo da força dionisíaca tal como é concebida por Nietzsche), o filósofo mantém inalterada a sua profunda admiração pelo *Tristão*, como declara em *Ecce Homo*: "Desde o instante em que houve uma partitura para piano do *Tristan* [...] eu era wagneriano. [...] Mas ainda hoje procuro por uma obra da mesma perigosa fascinação, de uma mesma arrepiante e doce infinitude. [...] Todas as estranhezas de Leonardo da Vinci perdem seu feitiço ao primeiro acorde do *Tristan*. Essa obra é absolutamente o *non plus ultra* de Wagner". E acrescenta a esse comentário palavras intrigantes e curiosamente extemporâneas para quem firmara já uma posição declaradamente antiwagneriana: "Tomo como uma felicidade de primeira ordem ter vivido no tempo certo, e precisamente entre alemães, para estar *maduro* para essa obra: até esse ponto chega em mim a curiosidade do psicólogo. O mundo é pobre para quem jamais foi doente o bastante para essa 'volúpia do inferno': é permitido, é quase obrigatório usar aqui uma fórmula mística. [...] e, sendo assim como sou, forte o bastante para ainda tirar vantagem do mais problemático e perigoso e com isso tornar-me mais forte, denomino Wagner o grande benfeitor de minha vida".[4]

A paixão de Nietzsche pelo *Tristão*, que modula nessa passagem a sua relação com Wagner para uma chave diferente da reiterada contraposição de tantos outros escritos, é também assunto para pensar. A divergência que gira em torno do pessimismo (o pessimismo da aniquilação de Wagner e Schopenhauer contra o pessimismo forte e afirmativo de Nietzsche) converge no encanto único de *Tristão*: a música é forte o bastante para resistir às negações que contém e àquelas que desperta, e abre mais uma passagem através da qual o romance medieval segue seu destino sinuoso e direto até nós. É permitido dizer que o mundo é pobre para quem jamais foi doente o bastante para a paixão?

Este é o roteiro. Para que se possa percorrê-lo, é necessário conhecer a estória do romance, sem o que não se pode entender o comentário de seus meandros (além do que este perderia toda a graça).

Tristão é filho de Brancaflor, irmã mais nova do rei Marcos, rei da Cornualha (numa época que estaria entre a queda do Império Romano e a coroação de Carlos Magno, os séculos da Primeira Idade Média). A narrativa traz as marcas daquilo que Northrop Frye chama *estória romanesca*, marcas dadas pela presença de filtros mágicos, anões, gigantes, dragões; o rei é caracterizado como descendente de um deus de forma animal do qual herdara orelhas de cavalo, permanentemente escondidas sob seu gorro (como indica também seu nome em língua celta). A *estória romanesca* respira num tempo que mantém uma certa proximidade com o tempo primordial do *mito*.[5]

Rivalino, filho do rei de Leónis, jovem príncipe que se apresentara para servir a Marcos e combater por ele, dada a sua fama, apaixona-se por Brancaflor, por quem é correspondido. Os jovens encontram-se secretamente, embora nada impedisse o seu casamento (ao contrário, o rei dá sinais de plena aquiescência). Ferido em combate (a serviço de Marcos), Rivalino está à morte quando é visitado secretamente por Brancaflor, que desfalece ao vê-lo, para em seguida reanimar-se e reanimá-lo (seus beijos devolvem ao príncipe a alegria e a força perdidas). Nesse encontro é concebido Tristão.

Curado, Rivalino vai partir para seu país quando sabe que Brancaflor espera um filho seu. Leva-a consigo em segredo para o país onde se torna rei, sucedendo ao pai que morrera deixando seu domínio parcialmente tomado por invasores. Entre guerras, casa-se com a amada (embora ausente, pois deixa a jovem esposa guardada com honras num castelo, aos cuidados do marechal de sua corte). Brancaflor morre ao dar à luz o filho, a quem deixa em memória um anel de sua estirpe. De volta da guerra o rei entra em profundo desespero, e, depois de prestar à amada as honras fúnebres, manda ao rei Marcos a notícia da morte da irmã e do nascimento do sobrinho, a quem dá o nome celta de *Drustan*, assimilado pela tradição a *Tristão*, pelas tristezas de seu nascimento e por aquelas que o destino lhe prepara.

Tristão é o nascido sob o signo da paixão. Na história de seus pais desenha-se já uma espécie de genealogia da desdita amorosa, ou seja, da paixão que não tem lugar, da paixão como lugar sem lugar. Nesse capítulo define-se uma lei que vai vigorar durante todo o romance: os amantes, quando se encontram, não se casam, e, quando se casam, não se encontram. Há um contraponto antitético entre paixão e casamento que faz com que estas duas coisas estejam sempre no lugar oposto: quando namoram, fogem ao casamento; quando se casam, o marido parte; quando volta, a esposa morreu. A fuga ao casamento prenuncia um dos enigmas do sentido da paixão em Tristão e Isolda. O herói nasce desse enigma, e o encontro em que é gerado antecipa a futura morte dos amantes, da qual seus pais só saem (escapam, ou "ressuscitam") para concebê-lo. Este episódio está para o romance como um prelúdio, e, assim como na ópera de Wagner, o prelúdio contém em embrião o arco da obra.

Tristão é educado como cavaleiro (nas artes da guerra, da caça, da montaria e da falcoaria) e nas artes da música (toca maravilhosamente harpa e rota, uma espécie de sanfona, compõe à maneira dos jograis bretões, canta e imita os pássaros à perfeição). Aos quinze anos, morto o seu pai numa emboscada, Tristão é encaminhado ao rei Marcos, de quem se faz admirado por suas próprias qualidades, sem revelar o laço de parentesco que os une (e que o faz herdeiro, dentro da tradição matrilinear celta): " Servir-vos-ei da melhor vontade como vosso tocador de harpa, vosso monteiro e vosso servo de gleba". Acompanha o rei em suas caçadas, dorme no quarto real (privilégio concedido aos íntimos e aos fiéis) e aos vinte anos recebe armas magníficas e um dos mais altos lugares no exército de Marcos.

Agora está preparado para enfrentar um rito de passagem que vai fazer dele um guerreiro consumado: chega à Cornualha um guerreiro de estatura gigantesca, chamado Morholt, e que vem da Irlanda cobrar antigo tributo de guerra (cento e cinquenta rapazes e raparigas na idade de quinze anos). Só Tristão ousa opor-se aos propósitos do Morholt, batendo-se contra o gigante que tem como arma uma espada mortífera, envenenada, preparada por sua irmã, a rainha Isolda, esposa do rei Gormond, da Irlanda. Numa ilha, a certa distância de todas as testemunhas, os dois guerreiros travam luta de morte, vencida por Tristão (que crava e quebra a ponta da sua espada no crânio do inimigo), mas ao preço de sofrer no flanco o golpe da espada envenenada, que lhe abre profunda, negra e incurável chaga.

Condenado à morte pelo veneno, mas inspirado nos antigos contos celtas, o herói lança-se ao mar sem vela, nem remo, nem leme, levando apenas algum alimento e a harpa, seu único bálsamo. Segundo a tradição celta uma pessoa desenganada jogava seu destino ao mar (que a levaria à perdição definitiva ou à salvação). Vagando sem rumo durante sete dias e sete noites (em outra versão quarenta dias, e, nos dois casos, números rituais da provação), Tristão vai bater na costa da Irlanda, devolvido pelo mar ao lugar de origem do inimigo que o feriu, à origem de sua ferida.[6] Sem poder revelar à corte do rei Gormond a sua condição de matador de Morholt, disfarça-se sob a identidade de *Tantris*, jogral bretão, e, valendo-se da sedução de sua música, faz-se recebido pelo rei e pela rainha Isolda, a feiticeira, a única a conhecer a cura do seu próprio veneno, que o trata com o auxílio de sua filha de doze anos, Isolda (esta sim, a nossa Isolda), "cuja cabeleira loira tinha o brilho do ouro". Através dela Tristão recebe a cura, e, temendo ser reconhecido, volta à Cornualha.

Tempos depois o rei Marcos é insistentemente aconselhado por alguns barões da sua corte para que se case e tenha um herdeiro. Tal pressão faz parte de intrigas contra Tristão, que desponta claramente como o preferido e o sucessor do rei (embora não reivindique tal honraria). Para deixar o caminho aberto a Tristão, Marcos tomara "o partido de envelhecer sem descendente e renunciara ao casamento" (mas bem a propósito: nesta história ninguém quer se casar). A certa altura, o rei responde à insistência dos barões com um estratagema irônico: como de manhã lhe entrassem pela janela duas andorinhas voando e se disputando um fio de cabelo dourado, o rei declara que se casará sim, mas somente com a dona daquele cabelo (maneira de apontar, sem dúvida, para a mulher impossível). No entanto, Tristão sabe que um fio tão dourado só pode ter uma dona: a jovem Isolda, filha do rei Gormond, da Irlanda, de quem exalta as qualidades. Propõe-se então a prestar um serviço ao rei Marcos: partir rumo à Irlanda acompanhado de cem guerreiros, na dificílima missão de trazer para esposa de seu rei a filha do maior inimigo deste. Para tanto, à maneira de um talismã, faz bordar o fio de cabelo na sua túnica.

Na Irlanda, vence o dragão que atormenta a cidade de Weisefort, e ganha o direito à mão da jovem Isolda, que o rei prometera a quem aniquilasse o monstro. Mas não sem complicações: na luta Tristão recebe novamente um ferimento mortal, dando chance a que um oportunista tome para si a cabeça do dragão e a leve ao rei Gormond apresentando-se como autor da façanha e requisitando o seu direito de casar-se com a jovem princesa. As próprias Isoldas (mãe e filha) vão ao cenário da luta e ali resgatam o corpo de Tristão desfalecido e novamente o levam e o tratam, permitindo-lhe apresentar-se ao rei como o legítimo vencedor do dragão. Nesse intervalo Isolda o identifica, pela espada de ponta quebrada, como o matador de Morholt, seu tio, e são os argumentos de Tristão (de que venceu em luta leal) e o seu próprio medo de ser entregue ao outro pretendente (o oportunista farsante) que a convencem a não denunciá-lo. Mas Tristão declara-se perante o rei Gormond como representante de Marcos, para quem reivindica o direito ao casamento obtido por suas próprias mãos. Aceitas as suas ponderações, jura solenemente, perante os barões de Irlanda e os cem guerreiros que trazia consigo, conduzir lealmente a noiva até seu esposo.

Prestado o juramento, Isolda já é considerada casada com Marcos, figurando Tristão como o marido representativo. Isolda resiste ao casamento compulsório com um rei desconhecido (além do que, ao que tudo indica, simpatiza com Tristão e sente-se preterida por este, que, magnanimamente, com tanta altivez e distância, abdica ao direito de desposá-la). Percebendo o contragosto da filha, a mãe recorre a seus dons mágicos e prepara um filtro, isto é, um vinho composto com ervas e flores que ela mesma vai buscar na montanha, capaz de fazer nascer a paixão no homem e na mulher que o bebessem e destinado à felicidade de Isolda e seu futuro marido. O filtro não é entregue no entanto diretamente a Isolda, mas confiado aos cuidados de sua dama de companhia, Brangia, que deverá acioná-lo no momento oportuno.

Durante a viagem, no calor de uma noite de São João, em pleno solstício de verão (este é um dos sinais, aliás, não numerosos no romance, de cristianização da lenda, pois os celtas não cultuavam a data),[7] quando tudo é sede, e no momento em que o navio está ancorado numa ilha (a distância, os marinheiros dançam entre fogueiras), Tristão e Isolda tomam a poção mágica. As várias versões divergem quanto ao motivo que os leva a tomarem o filtro. Por engano, é o que se diz em algumas delas (tomavam-no como se fosse refresco: não era). Outra versão diz que o ato se deu por intenção de Brangia, que assim o desejou por intuir que era esse o desejo de sua ama. Na versão wagneriana Isolda quer matar Tristão para vingar o guerreiro Morholt, que figura ali como seu ex-noivo, morto em duelo por Tristão, mas o veneno que ela pensa oferecer-lhe para matá-lo e matar-se é trocado por Brangia, que o substitui pelo veneno da paixão. As variantes só modulam o ponto central que nos interessa: que eles caem perdidamente apaixonados a partir desse momento (pode-se ler o símbolo do filtro amoroso como expressão de um sentimento predestinado, "decidido por forças superiores", mais do que como causa material dele).[8] "Quando fogos de alegria se acendiam na ilha, e os marinheiros cantavam à volta das chamas avermelhadas, os dois, enfeitiçados, renunciando a lutar contra o desejo, abandonaram-se ao amor."

A mútua entrega se dá na iminência de chegarem à terra onde serão recebidos pelo rei Marcos, e onde tudo se apronta para o casamento. A longa fase que se segue, no romance, joga-se entre o casamento oficial, a paixão clandestina e as intrigas dos barões do rei, que se esforçam para surpreender os amantes e denunciá-los (o que nunca conseguem de todo, permanecendo o rei numa espécie de ponto cego para o segredo — evidente — da paixão). Desenrolam-se peripécias romanescas, armadilhas, confusões e mal-entendidos gerados por essa mistura de casamento, paixão e intriga.

Na noite de núpcias Brangia, a dama de companhia, empresta sua virgindade a Isolda indo para a cama com o rei Marcos, sem que este se dê conta da troca, a pretexto de um antigo costume irlandês que previa para a primeira noite dos casados a mais profunda escuridão.

Tristão e Isolda buscam todo o tempo criar ocasiões de encontro, facilitadas na medida em que o herói tem acesso à sala das mulheres e, conforme já vimos, ao quarto do rei. A propósito o romance sugere uma cartografia curiosa de distribuição de aposentos em que, ali onde os padrões elitizados modernos preveem uma marcada separação de intimidades, reina movimentada promiscuidade: no quarto onde dormem o rei e a rainha dormem também os amigos mais íntimos, guerreiros, visitantes ilustres (como a certa altura os cavaleiros da Távola Redonda). A proximidade permite que, nas noites em que o rei sai para caçar, Tristão deslize até o leito real e ali se deite com Isolda. Em outras ocasiões ele penetra secretamente no lugar onde convivem as mulheres, coniventes; ou se encontram no bosque encantado (mito bretão que realiza aqui a utopia amorosa e que dá lugar, mesmo que transitório, ao sem-lugar da paixão):

> "Não será este o pomar maravilhoso de que falam os *lais* bretões? Uma muralha de ar intransponível fecha-o por todos os lados; no meio das árvores em flor, o herói vive sem envelhecer nos braços da amiga e nenhuma força hostil pode quebrar a muralha de ar." Mas, quando se apagava a última estrela, o encantamento desaparecia e Tristão apressava-se a transpor a alta paliçada para regressar ao seu refúgio.[9]

Declarações: "Querido amigo, disseste a verdade, sou a madressilva e tu a aveleira, ninguém nos poderá separar um do outro sem causar a morte de ambos"; ao que responde Tristão, acompanhando-se à harpa: "Bela amiga, assim é conosco:/Nem vós sem mim, nem eu sem vós".[10]

Mas a duplicidade da situação vai-se desdobrar em peripécias curiosas, causadas por malogradas tentativas de denúncia. Num primeiro momento o rei, instruído por seus conselheiros, diz a Isolda (para testá-la) que vai partir em viagem, deixando-a aos cuidados de Tristão. Ela exulta, mas, quando conta o ocorrido a Brangia, esta a adverte de que pode estar caindo numa armadilha. Melhor avisada, Isolda pede ao rei que não parta, que ela ficará mortificada pela sua falta, e que não a deixe entregue a Tristão. Com isso, o rei se convence de que nada se passa.

Mas este é apenas o primeiro episódio de uma série de três. Num segundo momento os invejosos da corte (como a narrativa os caracteriza) buscam o auxílio de um anão astrólogo, figura de sábio grotesco que é capaz de ler nos astros os impulsos que aproximam os amantes. O anão sabe o momento exato, onde e como Tristão e Isolda se encontram. Graças à análise astrológica ele tem conhecimento de que Tristão, alta noite, aproxima-se de um tanque de água por onde passa uma corrente que entra pela casa e vai ter ao quarto de Isolda. Ali, Tristão lança gravetos inscritos contendo recados e avisos; sabendo que Tristão a espera, Isolda vai ao seu encontro. Informado pelos cálculos do anão, o rei Marcos se empoleira, certa noite de lua cheia, no alto de um pinheiro, esperando para ver aquilo que, segundo lhe dizem, acontece. Mas, no momento em que joga as lascas de madeira na água, Tristão percebe a silhueta do rei espelhada na corrente, à luz da lua. Quando Isolda se aproxima, Tristão disfarça e dá a entender a ela que são vigiados; então, eles simulam um diálogo irrepreensivelmente casto, onde dizem um ao outro que são vítimas da inveja daqueles que tramam contra eles afirmando serem amantes. O rei, do alto do pinheiro, assiste a tudo e se convence de que o adultério não passa de invenção de intrigantes.

Num terceiro momento, o mesmo anão usa de um outro estratagema: espalha farinha-flor no chão do aposento real, numa noite em que o rei propositalmente se retira (e, como sempre, para a caça). Tristão salta de sua cama em direção à de Isolda, mas percebendo, ao sair, o ardil armado contra si, vai pisando na ponta dos pés e saltando de modo a não deixar sinais. Acontece que ele tem na coxa a ferida mal cicatrizada de uma recente caçada de javali; sem perceber, jorra sangue nos lençóis de Isolda, e deixa um rastro atrás de si, ao voltar à sua cama. O rei retorna, acende as velas, vê a farinha de fato intacta, mas, advertido pelos seus companheiros, depara com o sangue nas camas onde Isolda e Tristão dormem, como que tranquilamente.[11]

Nesse terceiro episódio de suspeita e armadilha fica caracterizado, portanto, que Tristão e Isolda se amam e se encontram clandestinamente. Os dois são condenados à morte, mas Tristão escapa à execução pedindo, num determinado momento, para orar numa capela, de onde salta por um vitral caindo num patamar à beira-abismo, e fugindo em seguida. Isolda, entregue pelo rei a um grupo de leprosos para que sofra sacrifício mais longo e penoso que a morte, servindo-os sexualmente, é salva por Tristão.

Abre-se agora uma nova fase da estória. Os amantes partem para o mais recôndito coração da floresta, onde passam a viver sozinhos uma vida de privações, sem pão e sem sal, primeiro na cavidade de um rochedo, depois numa choupana. Só têm a companhia de um cão e um ajudante leal de Tristão, Gorvenal, e mais um eremita, que vive nas proximidades. O eremita Ogrin concita-os ao arrependimento, mas eles não veem como se arrepender do efeito de uma poção mágica; o eremita os acolhe e os abençoa (como se celebrasse, na solidão da floresta, um casamento paraclerical). (Hilário Franco Jr., em seu ensaio "A vinha e a rosa: sexualidade e simbolismo em *Tristão e Isolda*", chama a atenção para o fato de que o "estranho personagem" do eremita, que "não impõe nenhuma penitência aos amantes" e que será o mediador da volta de Isolda à corte de Marcos, "lembra mais um druida [...] que um sacerdote cristão", confirmando o fato de que no romance o índice de clericalização da lenda celta não é forte, e sem dúvida menor do que em *A demanda do Santo Graal*.)[12]

Um dia, o rei Marcos vem a ter notícias de que Tristão e Isolda vivem num certo lugar da floresta. Aproxima-se da choupana onde os amantes dormem e vê que, entre os dois, deitados lado a lado, está a espada nua de Tristão a separá-los. Comovido diante da visão, que interpreta como sinal de castidade, Marcos volta a vê-los como vítimas de um mal-entendido (juntos, estão separados). Troca a espada de Tristão por sua própria espada, em sinal de reconhecimento e de perdão, e ao mesmo tempo o anel de Isolda pelo seu.

Nesse ponto, aproxima-se o tempo em que o filtro perderá o seu efeito, que havia sido previsto para três anos. As versões não são unânimes quanto a isso, e algumas não se referem sequer à cessação do poder mágico da bebida (o acontecimento, incidindo de novo sobre o solstício de verão e modulando o símbolo do apogeu e do declínio do sol, e do amor, resulta possivelmente de uma clericalização da lenda). Mas, como já dissemos, não importa aqui insistir na ideia da poção mágica como causa da paixão (o filtro pode ser entendido sem dificuldade como placebo). O que interessa, e de fato chama a atenção, é que a essa altura a relação dos amantes muda de intensidade, ou de qualidade:

> Sinto como tu que o sortilégio chegou ao fim. O nosso amor continua, como dizes, mais forte do que nunca, mas cessou de ser uma coação mágica, uma força exterior, invencível e fatal. Vamos amar-nos agora como os outros homens e as outras mulheres desde que o mundo é mundo; eis-nos restituídos à condição comum de todos os mortais. Doravante estaremos sujeitos aos caprichos do destino, à flutuação dos nossos desejos, a todos os movimentos contrários, a todos os remorsos das nossas vontades. Daí que a esta hora, sem cessarmos de nos amar, estejamos a conceber o projeto de nos separarmos.[13]

Parece-me que a questão da duração do efeito do filtro, seja qual for a história e a causa de sua inserção no romance, faz jus a uma percepção da paixão como curva, como um transporte que descreve um arco e declina, como febre de ressonância narcísica que arrefece: este é o momento delicado em que os amantes, colocados pela flutuação das vontades diante da imperfeição do outro (que implica a própria), e cessado o mágico encanto dado pela potência divina do entusiasmo (etimologicamente: endeusamento) passional, ou se desiludem, ou convertem a paixão numa relação amorosa baseada na aceitação do limite e da carência. Mas uma aceitação continuada e amorosa da imperfeição do outro e da própria imperfeição configura casamento, fugindo ao anseio de ilimitado que marca no romance as figuras da paixão. E a saída de Tristão e Isolda será outra: cansados das privações em que vivem, pensam em separar-se, voltando Isolda ao rei Marcos, o que vem de fato a acontecer através da mediação de Ogrin. Mas, a partir do momento em que a volta se consuma, e o regresso de Isolda é festejado em toda a Cornualha, acende-se novamente entre eles a paixão e o desejo do encontro secreto. (De novo: se estavam juntos, se separam; mas, ao se separarem, querem estar juntos.) Tristão é recebido novamente na corte do rei Marcos, que lhe pede em separado que se mantenha a distância e sirva a outro rei, para não fomentar intrigas. O herói simula a retirada para longe, mas vive num esconderijo subterrâneo sob um celeiro e, em contato com a rainha, reata com Isolda a vida clandestina.

Reconstituída a situação anterior os barões "invejosos" voltam a atacar, propondo agora que Isolda declare solenemente, em juramento ritual, que ama só o rei Marcos, seu marido, e que só com ele se encontra. O empenho da palavra, no contexto medieval (atestado por várias outras situações no romance), é de enorme gravidade. O juramento terrível deve ser feito no quadro de um julgamento simbólico, o *ordálio*, onde o veredicto cabe a Deus: Isolda deve segurar um ferro em brasa e dizer a verdade. Se isso for feito, o ferro não queima (pois, como acreditava a mente medieval, a Providência divina não provocaria o sofrimento de um inocente). Mas Isolda lança mão de um estratagema: pede a Tristão que, disfarçado de barqueiro, a leve ao lugar onde se dará o julgamento, o que o obriga a carregá-la nos braços para colocá-la em terra. Segurando o ferro em brasa, Isolda declara então que só esteve nos braços de um homem, em toda a sua vida, que é o rei seu esposo, e evidentemente também nos braços de um outro, aquele barqueiro que ali está. Numa outra versão, equivalente a esta, Tristão faz-se um leproso que leva a rainha nos ombros ao atravessar um charco; ao jurar, Isolda afirma que somente o rei e aquele pobre homem estiveram entre suas coxas. Nos dois casos, como ela diz a verdade, o ferro de Deus não queima, e goza da ambiguidade da artimanha dos amantes. (Sintomaticamente, a Igreja aboliu em 1215, data pouco posterior às primeiras versões do romance, a prática do ordálio como prova jurídica, por ser difícil discernir a natureza da magia, divina ou diabólica, que operava em cada caso; esse fato parece indicar uma crise de concepções arraigadas que o romance de Tristão e Isolda também punha em causa.)[14]

Mesmo depois da derrota que infringem a seus inimigos, através desse juramento, Tristão e Isolda continuam a ser permanentemente vigiados, e "sua felicidade era frágil e sempre ameaçada" (antes de se deitarem, Tristão flecha o olho de um intrigante que os observa: "Apesar da embriaguez da vingança, só experimentaram nessa manhã um prazer misturado com inquietação e amargura").

Tristão resolve partir em campanha para a Pequena Bretanha, afastando-se de Isolda. À distância, é tomado de saudade e de ciúme. Cansado de sua vida de constante exilado, resolve casar-se com outra mulher, que se chama: Isolda (temos três Isoldas no romance, como desdobramentos de um mesmo símbolo — mãe, amante e esposa). Casado com Isolda, a de mãos brancas, como é chamada aqui, em oposição a Isolda, a loira, Tristão se propõe "a apreciar o encanto que há nas carícias sem amor". No entanto, na noite de núpcias a paixão se interpõe ao prazer, o casamento não se consuma sexualmente, e Tristão vive um casamento branco com Isolda, a de mãos brancas. Sabendo do casamento, Isolda, a loira, se entristece e enraivece com Tristão, julgando-o não mais fiel e leal. Há entre eles dúvidas, suspeitas, mal-entendidos.

Consumido pela tristeza e pela distância, Tristão faz uma incursão desesperada ao encontro de Isolda: disfarçado de louco e dizendo-se Tantris, apresenta-se na corte de Marcos e, diante do rei, da rainha e de uma grande assistência, pede Isolda para si. A corte e o rei se divertem com aquilo que parece ser produto dos delírios extravagantes de um miserável demente que, indagado sobre o destino que daria à rainha, diz que a levaria para sua habitação, uma sala no céu "toda feita de vidro, bela e grande: pendurada nas nuvens e toda banhada pelo sol, qualquer que seja a violência dos ventos não se mexe nem cai. Perto da sala há um quarto feito de cristal; quando o sol se levanta a claridade é maravilhosa".[15] Escudado na aparência de sua loucura Tristão diz, em linguagem esotérica, toda a história do seu conhecimento de Isolda até chegar ao ponto crucial do filtro amoroso, quando, em vez de falar, passa a cantar ("começou a cantarolar com ar inspirado, como alguém que sabe mais do que quer dizer"). Ou seja: a paixão só se diz, em última instância, pelo canto, pela música (donde o princípio musical, incluso no romance, que Wagner irá levar às últimas consequências).

Pateticamente solitário na expressão pública e cifrada do seu amor, implacavelmente irônico e inspirado, Tristão não é reconhecido por Isolda, que pensa ver um estranho adivinho. Só mais tarde apresenta-se a ela e declara sua identidade, lamentando ter sido reconhecido antes pelo cão que viveu com eles na floresta que pela amada ("Lembra-se melhor dos cuidados que tive com ele do que vós do amor que vos dediquei"). Tristão se banha das tinturas que cobriam seu corpo e faziam seu disfarce, e dormem juntos pela última vez:

> "Belo amigo, toma-me nos teus braços e leva-me então para o país afortunado do qual me falavas não há muito, o país do qual ninguém regressa. Leva-me!" "Sim, iremos juntos para o país afortunado dos vivos. Aproxima-se a altura: não bebemos já toda a miséria e toda a alegria? Aproxima-se a altura: quando tiver chegado, se te chamar, Isolda, virás?" "Amigo, bem sabes que irei." Então Tristão despediu-se da amiga, mas jamais em vida a devia tornar a ver.'[16]

De volta à Pequena Bretanha, Tristão constrói uma sala secreta de imagens que contém toda a memória de sua história de amor. Sofre novo golpe de lança envenenada. Ferido de morte, manda buscar Isolda, instruindo o mensageiro para que ao voltar hasteie uma bandeira branca no navio, se Isolda estiver nele, ou uma bandeira negra, se ela estiver ausente, para que, em sua agonia, tenha alento para resistir ou sucumbir, se for o caso. Tempos depois, quando o navio retorna ostentando a bandeira branca, Tristão pergunta a sua esposa qual a natureza do sinal e Isolda, a de mãos brancas, diz que a bandeira é negra.

Tristão, morre, e Isolda, ao chegar e vê-lo morto, estende-se sobre ele, rosto com rosto, boca com boca, e nesse abraço expira e morre.

O rei Marcos os recebe com grandes honras, reconhecendo o destino dos apaixonados, e no túmulo onde jazem lado a lado nascem uma roseira vermelha e um cepo de vinha, entrelaçados inseparavelmente.

Na sua longa leitura do *Romance de Tristão e Isolda*, Denis de Rougemont chama a atenção para certos pontos de contradição, incongruências aparentes, falhas e lapsos significativos ao longo da história, cujo exame ele se propõe a levar às últimas consequências. Nesses pontos de fratura é que o mito falaria o percurso e as vicissitudes do desejo, armando interrogações subjacentes que não se respondem senão através de uma rede de "enigmas", cuja enumeração é o ponto de partida de sua análise. Retomarei os principais dentre eles.

Em primeiro lugar: se quisesse, Tristão poderia casar-se com Isolda, depois que se apaixonou por ela. Ele poderia dispor do direito do mais forte, regra aceita no mundo feudal. Existem outros exemplos no livro. Se alguém disputa em duelo uma dama, mesmo com o rei, e vence a luta, tem o seu direito como indiscutido. E sabe-se que ninguém ousa enfrentar Tristão, mesmo o rei Marcos. Há um outro episódio no livro, bastante curioso e ilustrativo deste ponto, que parece estar lá para confirmar a cisma, ou a hipótese, de Rougemont: um barão de Irlanda chega à Cornualha com uma harpa incrustada de ouro e, depois de ter cantado algumas canções e o rei ter-se disposto a retribuir com aquilo que ele desejasse, demanda a posse da rainha; o rei nega, o seu oponente o desafia a lutar, mas, como ninguém se anima a fazê-lo, carrega Isolda consigo. Tristão, que se encontrava ausente, retorna e salva Isolda com astúcia, devolvendo-a ao rei Marcos. Reclamar Isolda para si é um poder do qual Tristão dispõe e do qual não lança mão: o casamento não está no horizonte dos amantes.

Em segundo lugar: por que quando, juntos na floresta, o rei os olha, a espada se interpõe entre seus corpos? A interpretação dessa passagem é controvertida. A tradição corrente, que Rougemont adota, vê a espada nua interposta como símbolo de castidade, índice de uma enigmática continência sexual por parte daqueles que, vivendo maritalmente na floresta durante dois anos, não deixaram de fazer amor uma única noite (a não ser aquela). A pergunta suscitada pelo episódio é: por que a união contém a separação simbólica, confirmada em seguida pela devolução de Isolda ao marido? Outra interpretação[17] considera ao contrário que a espada está ali como símbolo fálico a indicar a disputa pela posse sexual de Isolda entre os dois homens, Tristão e Marcos, razão pela qual este troca a espada do herói pela sua. Segundo essa ótica, a versão da "espada da castidade", que teria comovido o rei, levando-o a crer na inocência dos amantes, seria uma interferência cristianizante rasurando a força erótica da lenda celta. Este ponto crucial dá bem a medida, a meu ver, da ambivalência do mito como campo de cruzamento de interpretações: é essa intertextualidade pagã/cristã que produz a história da paixão, onde a espada se lê como sexualidade e castidade (pois a história amorosa suscita o impulso sexual mas demanda também a ressimbolização do sexo, no momento mesmo em que a paixão declina, como é o caso nesse momento da narração).

A questão anterior desdobra-se naturalmente numa terceira: por que Tristão devolve a rainha ao rei Marcos, mesmo nas versões em que o filtro continua a agir, e por que buscam o reencontro assim que se separam? Ou, nos termos caros a Rougemont: que segredo o amor ocidental guarda sobre si mesmo que o faz viver intensamente da sua impossibilidade?

E, finalmente, sob que perspectiva é contada uma história onde os servidores leais ao rei aparecem como "pérfidos" e "invejosos", enquanto a esposa adúltera e blasfema aparece como virtuosa dama, e Tristão, que engana o rei cinicamente é visto como cavaleiro modelar?

Os comentários a essa série de *enigmas* começam com mais facilidade a partir do fim. A passagem da canção de gesta ao romance bretão é indicadora de importantes deslocamentos de perspectiva que se dão no século XII, quando as transformações psicossociais que marcam a chamada "revolução feudal" promovem a revalorização, laica e citadina, da cultura clássica, com a consequente recuperação da sacralidade e legitimidade do amor carnal, resgatando-o da marca pecaminosa com que o discurso clerical oficial o marcou. Juntamente com isso, a mulher ganha um lugar novo na vida social, que deixa seus sinais inscritos na cultura. No século XIII, por exemplo, o jogo de xadrez verá a substituição de uma peça masculina (o *fierce*, espécie de senescal) pela figura da rainha, que ganhará depois, no século XV, o papel central no jogo, que detém até hoje.[18] Mas a experiência do amor cortês, doutrina ligada à poesia trovadoresca, é decisiva: nela, "pela primeira vez desde os gnósticos dos séculos II e III, eram exaltados a dignidade espiritual e o valor religioso da mulher".[19] As "inovações radicais" introduzidas pelas Cortes de Amor provençais, "a exaltação da Mulher e do amor extraconjugal", implicavam "uma cultura superior e complexa", uma mística e uma ascese, além de uma erótica. A cumplicidade camarada entre poetas e mulheres, que criam para si uma refinada educação sentimental, cerimonializando o amor e o sexo num mundo regido pelo "comportamento brutal ou indiferente dos maridos", se dá portanto contra o clero celibatário e a aristocracia laica guerreira (sediada sobre o primado da força física). Ela cria uma outra Lei, a lei do Amor, alternativa e oposta à lei patriarcal do mundo feudal. Assim, ao contrário da canção de gesta, o romance bretão irá encenar essa duplicidade, a vinculação do herói a duas ordens: como o trovador provençal, o cavaleiro professa vassalagem a uma dama eleita, mas é ao mesmo tempo vassalo de um senhor. Serve a dois senhores desiguais: um senhor e uma senhora. Segundo a moral feudal, é pérfido aquele que não denuncia ao senhor tudo aquilo que o prejudique. Segundo a regra cavalheiresca, pérfido é aquele que revela os segredos do amor cortês.[20] Tristão se vê entre as duas leis; obedece inicialmente à do costume feudal, servindo em tudo ao rei Marcos, até que toma o filtro da paixão, quando passa a obedecer à lei do segredo amoroso.

A narração se faz da perspectiva dos apaixonados, da lei do amor contra a do casamento. Antes de mais nada, contra o casamento como jogo entre homens, movido por interesses financeiros e políticos, ocasião senhorial de enriquecer e anexar terras dadas ou previstas em herança (ao que se seguia facilmente o repúdio à mulher). O amor cortês afirma a primazia da paixão sobre uma ordem brutal onde as transações conjugais, isto é, as mulheres, aparecem como instrumento na guerra dos interesses feudais. O Romance será o gênero que dá largas a essa contradição, tomando o casamento e a figura do marido como foco de humilhação (apesar de sua nobreza e magnanimidade, o rei se encontrará muitas vezes na posição desqualificada e quase caricata do iludido que se empoleira num pinheiro para ser enganado).

Mas passamos agora a um outro ponto, com o qual Rougemont avança em direção ao núcleo de sua tese: ao mesmo tempo em que se opõe ao casamento, a fidelidade passional cortês se opõe também (curiosa e misteriosamente) à própria satisfação da paixão amorosa. "Nada sabe verdadeiramente do amor aquele que deseja a inteira posse da sua dama" (esse lema cortês diria bem de um quadro mental onde o movimento amoroso supõe aproximações e distanciamentos, que o romance de Tristão e Isolda descreve vivamente). Ao mesmo tempo em que se encontram e são atraídos um para o outro com furor, os amantes se separam e produzem sistematicamente o obstáculo que os separa (quando não há, o inventam, como nos casos da espada nua, do "casamento branco" de Tristão com outra mulher, da devolução de Isolda ao rei). Dito de outro modo, a paixão oscila em torno da transgressão e do interdito, como se fosse à raiz da necessidade que une esses dois termos.[21]

A impossibilidade da plena realização do encontro amoroso, que o percurso dos amantes indica, teria que ser entendida já como um extravasamento, uma excedência que os faz, mais do que se amarem um ao outro, serem presas do amor, "o amor do amor", num grau de narcisismo para além do espelhamento pessoal. A situação dos amantes é "apaixonadamente contraditória": "eles se amam mas não se amam" (são "vítimas" de uma poção mágica, "sofrem" tautologicamente a paixão, confessam-se mas não querem curar-se, nem buscam o perdão). "Sentem-se arrebatados para além do bem e do mal numa espécie de transcendência das nossas condições comuns, num absoluto indizível incompatível com as leis do mundo, mas que eles sentem como *mais real que este mundo*."[22] O que os liga de modo indissolúvel é uma "força estranha", "tormento delicioso" que opera no estranhamento e na fusão dos contrários. Transportados, entusiasmados, endeusados pela paixão, drogados de si e do outro, o que eles amam é o próprio ato de amar, o amor em si, e tudo o que se opõe a isso o exalta ao infinito (no instante do obstáculo absoluto que é a morte).

Pensada assim, a separação dos amantes resulta da própria dinâmica da paixão. Como o filtro amoroso, que é sua metonímia e sua metáfora, e que detém a mesma eficácia-placebo dos símbolos, a paixão é limitada mas conduz à experiência do ilimitado. O finito e o infinito travam nela uma luta paradoxal de vida e morte onde a criação do obstáculo tem um lugar decisivo para os amantes, imbuídos do mito da união sem falha e nada dispostos à aceitação do limite. Se, passada a febre da paixão, os amantes se veem frequentemente diante da perspectiva da desilusão ou do amor (como transfiguração da febre passional em aceitação dos limites do outro e de si mesmo, que se santifica no casamento), Tristão e Isolda, personagens míticos e diferentes nisso, buscam o ilimitado da paixão a qualquer custo, espicaçado contraditoriamente pela criação do obstáculo, obstáculo que remete o desejo a uma outra instância de (ir)realização. Mas se o obstáculo externo faz recrudescer a ação da paixão (o que acontece quando o rei Marcos substitui a espada) é o obstáculo interno que a conduz a resolver-se na morte, onde a máxima separação é a máxima união. Segundo Rougemont, os amantes, sem o saber, sem o querer, não desejaram outra coisa senão a transfiguração da morte como vingança contra a paixão despertada pelo filtro involuntário (a morte prolonga a paixão, eterniza a paixão, supera o limite que a mata, põe fim ao fim).

A paixão mortal é Noite perante o Dia da vida, inteligível e explicável pelas palavras, mas essa Noite, que é Dia perante os sofrimentos e os limites da matéria, fala através da música, a "velha e grave melodia" que viu o herói nascer da morte. Decorrem daí duas pontuações importantes. Primeiro: a história de Tristão e Isolda é fadada à música, o núcleo que a move não é "narrável" verbalmente; nos termos de Rougemont, o Ocidente só confessa em música o desejo de aniquilamento que habita o coração de sua concepção de amor, e, não por acaso, o romance atravessou os séculos para ser musicado por Wagner, que encontrou nele a substância mítica de uma força musical voltada ao pessimismo. E, em segundo lugar, a erotização da morte, a fé sem tréguas na febre passional, só pode ser inteiramente compreendida através do pano de fundo místico que a envolve de maneira secreta, e que vem a ser dado, segundo a hipótese de Rougemont, pelo maniqueísmo e pela heresia cátara.

Sem que isso esteja explicitado ou seja demonstrável historicamente em alguma parte, o nascimento da paixão estaria ligado, segundo a conjectura crítica de Rougemont, ao contexto cultural e religioso que viu nascer as cortes de amor trovadorescas mas também as heresias dualistas, que professavam uma descrença radical em qualquer possibilidade de redenção do corpo, condenado ao equívoco e à infelicidade. Trata-se de uma religiosidade permeada por concepções orientais (como aquelas, iranianas e órficas, que estariam nas origens do próprio platonismo). O dualismo radical que separa o mundo do espírito e o da matéria, vendo nesta o Mal absoluto, já operaria desde longa data (século III) como religião subterrânea, através de seitas gnósticas, órficas e maniqueístas. Aparentado com um amplo espectro de religiões que vão dos magos iranianos aos brâmanes, passando pelo platonismo e druidas celtas, ressoando em Ormuz e Zaratustra, o maniqueísmo vai encontrar sua expressão forte no século XII através da Igreja cátara (o nome, do grego *katharós*, "puro", firma-se na altura de 1163). Nesse momento, contemporâneo das primeiras versões literárias do *Tristão*, difusos movimentos religiosos dualistas, de feição camponesa, transformam-se "numa seita de ritos monásticos e de doutrina especulativa na qual a desavença entre o dualismo e o cristianismo é cada vez mais sensível".[23]

A influência da Igreja cátara é bastante ponderável. Instalada na Itália, irradia-se pela Provença, prosseguindo até o Reno e os Pireneus, organiza-se em bispados, promove concílios, consegue conversões politicamente importantes. Sofrendo perseguições implacáveis ao longo de todo o século XIII (a "Cruzada contra os albigenses" é a única vitoriosa em toda a história do cruzadismo), a Igreja cátara desaparece por volta do ano 1330, junto com aquela civilização meridional que dera origem às "Cortes de Amor" provençais e à poesia trovadoresca.

O mito maniqueísta afirma o mistério do Dia e da Noite, bem como sua luta mortal no homem, e opõe um Deus da Luz incriada e intemporal, que habita o Espírito, a um deus das Trevas, autor do Mal, que domina toda a criação visível. O mundo não é criação de Deus, mas de Satã, que assim o fez para aprisionar o espírito na matéria. A vida humana temporal resulta da intromissão maligna e equívoca do demônio na obra de Deus, adendo indesejável ao qual os cátaros contrapõem práticas ascéticas e, no horizonte, o ideal do desaparecimento da humanidade (donde os rituais suicidas — deixar-se morrer de fome — praticados por alguns dentre os Puros, a recusa ao matrimônio e à procriação e uma prática sexual ambivalente entre a continência e a orgia). "O ódio contra a vida e o corpo [...] e o dualismo absoluto separavam o catarismo ao mesmo tempo da tradição vétero-testamentária e do cristianismo", do qual se constitui numa interpretação *sui generis*, "de estrutura e origens orientais".[24] Os cátaros não acreditavam no Inferno, nem no Purgatório, pois o domínio de Satã é o próprio *mundo* da matéria impura, que escapa à competência de Deus, donde a inutilidade dos sacramentos, o casamento, o batismo, a eucaristia e a confissão, substituídos pela purificação do Espírito Santo, descendo sobre o fiel através da imposição das mãos.

Embora nenhum documento ateste a ligação entre os cátaros e a origem do *Romance de Tristão e Isolda*, Rougemont ressalta o "ar de família" que une o amor-paixão mortal e o dualismo radical dos Puros, pensando o plasma cultural que engendra a narrativa como formado pela base celta, cristianizada e assimilada pela ortodoxia, mas vazada pela heresia. É nesse quadro que a Mulher aparece como um ser divino e profético: símbolo ambivalente do sexo e do espírito (o desejo sem fim que se projeta no ilimitado). A paixão oscila entre o encontro e a separação dos amantes porque o impulso erótico que ela desencadeia clama por uma união absoluta para além da limitação dos corpos, sacudindo e despertando a alma esquecida, que se descobre como prisioneira das formas criadas pela intrusão demoníaca, da Noite e da matéria. Na vida dos corpos a intensa (in)felicidade da paixão dá acesso, como a morte transfiguradora, à reintegração no Uno e na luminosa indistinção.

Por outro lado a paixão, como a fé maniqueísta, só se diz de um modo lírico, na "outra" linguagem: o salmo (assim o segredo de Tristão não se diz, mas se canta). Sobre esse ponto há que observar uma coincidência intrigante, do maior valor poético (rastilho casual ou pista esotérico-filológica?), que leva ao núcleo da tese de Rougemont, embora não anotada por ele. A prática amorosa inclusa na ordem de um cerimonial elaborado, onde a intensidade erótica se combina ao mesmo tempo com a ascese e a paixão, encontra correspondência nos rituais *tântricos*, cujas técnicas sexuais "podem ser compreendidas tanto ao pé da letra como no contexto da fisiologia sutil, ou num plano puramente espiritual". É nesse quadro religioso, nos diz Mircea Eliade, que a experiência mística é mais bem ilustrada pelo amor adúltero (de uma mulher casada, Radha, pelo jovem deus Krishna) do que pelo matrimônio. Esse exemplo "confirma a autenticidade e o valor místico do 'amor-paixão'; ajuda-nos, além disso, a distinguir a *unio mystica* da tradição cristã (empregando a terminologia nupcial, ou seja, o casamento da alma com Cristo) daquela, específica à tradição hinduísta, que, precisamente para ressaltar o *absoluto* instaurado pela experiência mística e a dessolidarização total da sociedade e de seus valores morais, utiliza não as imagens de uma instituição venerável por excelência, o *casamento*, mas as do seu contrário, o *adultério*".[25]

Que dizer, assim, do episódio em que Tristão se apresenta à corte do rei Marcos sob o viés da loucura sagrada, contando/ cantando a sua paixão de maneira direta e cifrada, confrontando o chamado casamento ao chamado adultério, sob o nome de *Tantris*? Os avessos que se desenham nesse episódio estão curiosamente condensados no significante reverso do nome do herói, *Tristan/Tantris*, celta, cristão e *tantra*, ocidental e oriental.[26]

Sobre essa antítese entre o cristianismo e os dualismos orientais é preciso dizer alguma coisa mais, no rastro de Rougemond. O cristianismo inverte a perspectiva das religiões antigas e orientais ao postular a *encarnação* de Deus no homem. O movimento da divinização não passa simplesmente pela linha que vai do corpóreo ao espiritual, mas pela verdadeira reversão provocada pelo casamento de Deus com a humanidade através do Filho: o Espírito se faz carne. Assim, a condição mortal, assumida por Deus para ser redimida, deixa de ser o termo último para ser a condição primeira daquele que é batizado: morrer para si próprio é o começo de uma vida nova; morto para si e para o mundo do pecado, mas devolvido e recebido por um Deus que quer salvar, abandonando o egoísmo e a angústia, o cristão deve voltar-se para a vida e para o *próximo* (que nasce justamente dessa inversão).

Sendo assim, enquanto o Eros pagão busca a transfiguração no infinito (um Eros que abraça Tânatos), o amor cristão busca o caminho da santificação pela obediência no presente. À paixão infinita da alma em demanda de luz se opõe a união de Cristo e da Igreja, modelo de casamento. À mística unitiva que demanda pela ascese uma fusão total com a divindade (e onde o pecado original é ter nascido) opõe-se a mística epitalâmica em que a descida da Graça vinda de Deus ao homem quer reparar o abismo essencial entre os dois planos (e onde o pecado não é ter nascido, mas termos perdido Deus, tornando-nos autônomos). Dualista radical na concepção que faz da gênese, o maniqueísmo é monista na escatologia (onde reina a unidade do Espírito); monista na concepção que faz de um mundo criado por um Deus único, o cristianismo projeta um dualismo escatológico, onde se opõem Céu e Inferno. E finalmente, para completar esse campo de paradoxos onde as religiões e as eróticas disparam a sua dialética vertiginosa, veja-se que, ali onde reina a doutrina da união mística associada à ideia de um amor humano limitado e infeliz (como na Grécia de Platão), a experiência da paixão é rara e desvalorizada. Mas, ali onde a doutrina de uma comunhão (sem união essencial) entre Deus e o homem aponta para o amor ao próximo e para o casamento resignado e feliz (como no Ocidente cristão), despontam os conflitos dolorosos e o mito da paixão exaltada, que acaba por emprestar seu próprio repertório de imagens (sensuais, eróticas) ao discurso místico (que em Santa Teresa é um discurso da paixão).

Tudo isso contribui certamente para ler as ambivalências do *Romance de Tristão e Isolda* como fecundas (elas prefiguram o campo de uma poética onde o sentimento do paradoxo e o trânsito sutil ou declarado entre as fronteiras do profano e do sagrado, do sexo e da ascese, darão margem à grande poesia de Dante e Petrarca a John Donne e toda a poesia barroca, passando por Camões e Gregório de Matos). E convém sublinhar que não se trata de reduzir aquilo que se lê no romance à esfera da explicação religiosa: o texto testemunha um mergulho doloroso e alegre na experiência desencontrada e singularmente feliz da paixão, ele não se abisma nas sombras teológicas do pessimismo ou da promessa, das quais se sai com extraordinária vitalidade, fundando um outro mito. Entre os limites dados pelas ortodoxias e pelas heresias, entre o casamento da Igreja católica e o casamento branco da Igreja cátara, poetas cúmplices das mulheres, em regime de franca camaradagem, escreveram uma história de amor atravessando os tempos, no vácuo das religiões.

Confrontada com a interpretação que acabamos de ver, a ópera wagneriana aparece clarissimamente como atualização da heresia dualista, em termos que são os do pessimismo schopenhaueriano. Este, aliás, alimentado por uma explícita postura budista da qual o cristianismo, no melhor espírito herético, não seria mais que ressonância. Em carta a Lizst, escrita poucos anos antes do *Tristão*, e marcada de seu antissemitismo, Wagner dizia que o cristianismo judaizado permanecia como fenômeno distorcido e contraditório, "enquanto que a pesquisa moderna mostrou ser o Cristianismo puro e sem mistura nada mais do que um ramo do venerável Budismo, o qual, após a campanha indiana de Alexandre, se propagou até as costas do Mediterrâneo". Esse cristianismo primitivo, livre dos dogmas otimistas do judaísmo, "ainda reconhecia a fatuidade e a insignificância deste mundo, e ansiava pela cessação da existência individual — o grande ensinamento da antiga religião dos brâmanes, transformada e levada à perfeição no Budismo".[27]

Na teoria de Schopenhauer, a tragédia ensina a inutilidade da vontade individual, revelando-lhe a ilusão: "O que confere a toda tragédia, seja qual for a sua forma, o seu impulso característico, é o despertar do conhecimento de que o mundo, de que a vida não pode oferecer verdadeira satisfação e, por conseguinte, não merece a nossa lealdade. Esta é a essência do espírito trágico; portanto, conduz à resignação" e à compreensão do "erro fundamental que está no âmago da própria existência" como sendo o de "ter nascido".[28] O anseio do Nada, o impulso ao nirvana que a sabedoria trágica ensina e a busca da "expressão extática" desse "estado de ânimo [...] induzido por Schopenhauer" seriam os motivos inspiradores do *Tristão*.[29] Numa das páginas ácidas de *O caso Wagner*, Nietzsche dirá que o compositor começou navegando nas águas do otimismo revolucionário, mas seu navio se chocou contra o rochedo do pessimismo de Schopenhauer, o que o levou a pique e o obrigou, como meio de salvar-se, a interpretar o naufrágio pessimista como meta, "como sua intenção recôndita, como o verdadeiro sentido de sua viagem" (o que levaria Wagner a rever o argumento de *O anel dos nibelungos* nessa perspectiva).[30]

Na ópera o romance sofre uma redução dramática. No primeiro ato Tristão traz Isolda de navio para a Cornualha, onde a entregará ao rei Marcos. Querendo vingar a morte de seu noivo, Isolda chama Tristão porque quer matá-lo com o veneno que pensa oferecer-lhe disfarçado em vinho. Preso ao comando do navio, Tristão, como Ulisses, resiste a esse canto de sereia, mas sucumbe ao convite ao brinde, feito pela mulher, e caem ambos em transe amoroso. No segundo ato, já no reino de Marcos, os amantes se encontram, contra toda a prudência, e louvam a Noite. Esse canto, parafraseando em muito o poema de Gottfried, tem intensas ressonâncias maniqueístas: é uma saudação frenética ao mergulho nas trevas propícias, longe das separações diurnas e solares. Unidos nos "espaços ilimitados", os amantes tornam-se um ("Tristão tu, eu Isolda, não mais Tristão/Tu Isolda, Tristão eu, não mais Isolda") num canto de amor regido certamente não pela mística epitalâmica do casamento mas pela mística unitiva da heresia. Imersos na sua volúpia, caem na armadilha dos intrigantes, e Tristão é ferido. No terceiro ato Tristão, exilado e febril, espera longamente a sua salvadora, ouvindo a melodia do pastor que o acompanha desde o nascimento ("Para que destino nasci eu? A velha melodia me repete: para desejar e para morrer; não, desejar, desejar, e, moribundo, me consumir de desejo, e não morrer deste desejo"). Isolda chega apenas a tempo de que ele morra. Ela canta (perante o rei Marcos) seu canto de amor e morre também.

O que dá em Wagner uma excepcional e renovada intensidade ao mito romanesco é a força da música e "o convincente significado metafísico",[31] isto é, o poder de convicção que ela empresta à representação da paixão, falando-lhe a (outra) linguagem. A potência da representação do desejo, que se surpreende nela, advém de um deslocamento da linguagem musical tonal, que ela empreende desde os primeiros compassos, onde o motivo condutor (*leitmotiv*) do filtro amoroso introduz um fato harmônico novo, conhecido nas histórias da música como o "acorde de Tristão". Trata-se de um encadeamento que "ficou célebre entre todos tanto pela extrema tensão obtida pela acumulação de apogiaturas como pela ambiguidade de sua interpretação [...]".[32] O movimento cadencial que estrutura a linguagem tonal, fazendo-a oscilar entre as posições de dominante/tônica, num jogo que engendra um intercâmbio permanente de tensão e repouso, é levado ao limite onde o horizonte resolutivo ao mesmo tempo que se apresenta se afasta e onde a promessa de resolução desliza sempre para uma nova tensão. Esse procedimento, que corresponde a um acirramento cromatizante das cadências tonais, dá lugar a uma tonalidade parafraseada, ou alargada, migrante para a atonalidade (onde se desfazem os eixos resolutivos), e mimetiza agudamente o movimento do desejo como ânsia e falta, impulso e carência.[33] É o que acontece em seguida à apresentação inicial do motivo do *filtro mágico*: depois de sua reiterada e fluida incidência, por três vezes, ele "faz efeito" e prorrompe no motivo do desejo, frase infinita que atravessará todo o prelúdio numa montante de tensões/intensidades harmônico-modulatórias que ultrapassa qualquer previsão em sua capacidade de atingir novos ápices, até declinar circularmente numa reevocação do motivo inicial. O arco impressionante desse prelúdio, para além de todos os clichês que o uso dos seus estilemas fixou, é símile do arco da paixão, e o esplêndido canto do cisne da música tonal, anunciando o seu abalo.

Não é à toa que Nietzsche ouviu nela "o terremoto através do qual uma força elementar, há muito reprimida, veio finalmente à superfície, indiferente a se tudo o que antes era chamado de cultura seria abalado e desmoronaria durante o processo".[34] Mas essa força deslocadora revela logo a sua ambiguidade, ao buscar o repouso do aniquilamento: "O proveito que Wagner deve a Schopenhauer é imenso. Precisamente o filósofo da decadência se deu a si mesmo o artista da decadência".[35] Em outra chave, dialética, Adorno analisa a trama ambivalente de progresso e reação que constitui a linguagem musical de Wagner e que permeia as suas fantasmagorias mítico-ideológicas. Interpretando as transformações que Wagner impõe ao tecido musical e as "fanfarras arcaizantes" com que as recobre como um duplo movimento de rebelião e impotência "diante das contradições técnicas e das contradições sociais que as engendram",[36] Adorno vê na obra wagneriana o cruzamento ambíguo de decadência e progresso artístico. "A obra de Wagner testemunha o começo da decadência burguesa. Seu instinto de destruição antecipa pela imagem o da sociedade; é nesse sentido e não naturalmente no sentido biológico que é legítima a crítica nietzschiana da decadência wagneriana."[37] Essa decadência, no entanto, pela inequívoca grandiosidade da derrocada que nos apresenta, como a de um "imperialista que sonha a catástrofe do imperialismo",[38] acaba por se investir de uma propriedade cara a Adorno, a da *negatividade*. Mais do que um "profeta dócil e esbirro esforçado do imperialismo e do terror da burguesia em seu estágio tardio" (conteúdos que permeiam toda a sua obra), "Wagner dispõe ao mesmo tempo da força da neurose de olhar de frente a sua própria decadência e de transcendê-la [...]"; "poderíamos nos perguntar se a exigência nietzschiana de saúde vale mais que a consciência crítica a que se eleva a fraqueza grandiosa de Wagner na comunhão com as forças inconscientes de sua própria derrocada. Ele se torna, na sua queda, mestre de si mesmo".[39]

Mas voltemos aos meandros em que o pessimismo se divide entre a busca da morte e a devolução à vida (encruzilhada que surpreende também a teoria freudiana do desejo). A força da música wagneriana contida no *Tristão* é para Nietzsche um modelo de *dionisismo*, quando ele escreve *O nascimento da tragédia*: nela se experimenta um mergulho para além da individuação, no Uno primordial, onde a dor da existência é potenciada e superada pela catarse trágica. No entanto, a adesão ao wagnerianismo contém ali já o elemento da cisão que se abrirá depois: enquanto o ensinamento pessimista em Schopenhauer e Wagner aponta para a negação da vida e a resignação, Nietzsche insinua nesse texto o pessimismo forte e afirmador que tomará mais tarde nele um cunho declarativo e se constituirá num lema antiwagneriano. Em algumas passagens decisivas contrapõe à renúncia budista à Vontade (que assume em Schopenhauer o caráter de uma força moral) a justificação não moral da estética: "Somente como fenômeno estético a existência e o mundo estão eternamente justificados".[40] É esse fundamento, animado pela música dionisíaca, que confere força ao pessimismo trágico, fazendo-o escapar do aniquilamento: "o profundo grego, extraordinariamente suscetível como ninguém ao mais terno e ao mais severo sofrimento, consola-se olhando frontalmente para a terrível destrutividade da chamada história do mundo, assim como para a crueldade da natureza, e está em perigo de ansiar por uma negação budista da Vontade. A arte resgata-o, porém, e através da arte — a vida".[41]

Muitos não entenderão jamais como que uma disposição radicalmente trágica pode dar origem a uma posição afirmativa como aquela que Nietzsche defenderá, atacando; mas é que essa disposição, que parece se abismar para estes no puro paradoxo (o que no caso quer dizer, no incompreensível), tem também sua origem na vivência terrível e alegre, tautológica, da vida e da morte, da música. Eterno retorno: de como a aceitação da necessidade pode significar liberdade? De como a destruição implacável dos valores tradicionais que justificam o mundo pode dar lugar à justificação do mundo e da vida por si próprios, em seu jogo de criação/destruição? "[...] fazer com que o *todo* reflita sobre si mesmo, que tudo retorne, que o vir-a-ser coincida consigo mesmo, se confirme e seja incomparável, que a ampulheta cambalhote eternamente sobre si mesma, é como Nietzsche, para além do niilismo, passando através do niilismo, encontra a fórmula da afirmação".[42]

Assim, Nietzsche se empenha em mostrar o anseio do Nada como "o oposto" da sabedoria trágica, e sua pergunta sobre a possibilidade de um pessimismo forte (e alegre) constitui-se num salto mortal/vital que reverte, como se imagina facilmente, toda a história da paixão atraída pela morte e pelo desejo de uma unidade repousada. Esse salto (reter no homem as energias que deságuam na divindade das religiões) será a dança de Dionísio/Zaratustra sobre o abismo dos contrários.

Hollinrake interpreta o *Assim falou Zaratustra* como a resposta do filósofo, tornado poeta ditirâmbico, ao desejo de criação que projetara em Wagner e que viu frustrar-se, assim como viu frustrar-se (e esse ponto é nada desprezível para o entendimento de seu ímpeto destruidor) o desejo de ver-se reconhecido por Wagner como músico-criador.[43] O confronto das leituras de Rougemont, sobre a história da paixão, e de Hollinrake, sobre a questão do pessimismo na história das relações entre Nietzsche e Wagner, acaba por iluminar, em sua complementaridade, o ponto decisivo da questão, a saber, o estado em que nos chega a paixão (e ela só chega depois da reversão nietzschiana). Pois, ao tomar a figura de um Zaratustra dionisíaco para negar o niilismo, Nietzsche vai ao fundamento do dualismo, o *dualismo forte* do zoroastrismo, para revertê-lo por dentro: "a vitória da moral sobre si mesma [...] é o que significa em minha boca o nome de Zaratustra" (o maniqueísmo superado na dança dos contrários; da paixão maniqueísta a uma não-oposição de corpo e alma).[44]

Mas, onde os opostos não se excluem, deverá desaparecer o lugar que deu origem ao prestígio absoluto da paixão amorosa no Ocidente; gerada no interior de uma moral que proíbe o sexo e condena o corpo, ela perde a sua primazia e o estrelato que desfruta, se desloca. "[...] o cristianismo conseguiu fazer de Eros e Afrodite — grandes potências capazes de se tornarem ideais — duendes infernais e espíritos enganadores, pelos martírios que fez surgir na consciência dos crentes por ocasião de todas as emoções sexuais. Não é pavoroso fazer de sentimentos necessários e regulares uma fonte de miséria interior e, dessa forma, querer fazer da miséria interior, *em todo homem*, algo necessário e regular? [...] essa demonização de Eros teve um desfecho de comédia: o 'demônio'. Eros tornou-se pouco a pouco mais interessante aos homens do que todos os anjos e santos, graças aos cochichos e aos ares de mistério da Igreja em todas as coisas eróticas: ela fez com que, até em nossos tempos, a *história amorosa* se tornasse o único interesse efetivo que é comum a *todos* os círculos, em um exagero inconcebível para a Antiguidade e que um dia ainda dará lugar à zombaria. Todas as nossas obras de poesia e pensamento, da maior à mais ínfima, são marcadas pela extravagante importância com que a história amorosa entra nelas como história principal, e mais do que marcadas: talvez por causa delas a posteridade julgue que em todo o legado da civilização cristã há algo de mesquinho e demente" (!).[45]

Outra consequência da reversão nietzschiana sobre as figuras da paixão: desviando-se de Wagner, e de Isolda, ele encontra a *Carmen* de Bizet. Outra música: pela primeira vez uma "sensibilidade meridional, morena, queimada", livre das "umidades" nebulosas do Norte, comparece à música culta da Europa.[46] Em vez da melodia infinita, que nos faz perder o pé, obrigando-nos a nadar, em vez de dançar (!),[47] temos os "dourados meios-dias" da dança mourisca (essa observação sugere uma outra aproximação: a de que um dionisismo consistente só é possível depois da penetração da música africana na América e na Europa). Outra mulher: em vez da "jovem sublime", uma Isolda morena, "africana", trazendo à tona uma concepção de amor ("a única digna do filósofo") que os artistas, como todo mundo, raramente encaram — "o amor que em seus meios é a guerra, e em seu fundamento o 'ódio mortal' dos sexos".[48] Na *Carmen*, em oposição ao *Tristão*, os amantes se matam de amor, não só morrem de amor.

Mas a questão é justamente traçar o lugar em que a trama mortal do amor se faz força de vida, ali onde o amor é vida e morte, movimento dos sujeitos desejantes constituídos sobre a falta. Para dizer sucintamente, e só por instâncias fragmentárias, as perguntas que nos fazemos hoje sobre paixão, casamento, amor, amizade se desconstelam e se reconstelam provisoriamente em configurações que são mutáveis, ou estão em mutação, ou em crise e desagregação produzindo acordes, e estranhas músicas. Um aforismo de Nietzsche, lido certa vez por Caetano Veloso num *show*, contém uma constelação onde a polarização paixão/casamento é harmonizada pelo brilho de outra estrela: a amizade. "O casamento foi inventado para os seres humanos medianos, que não são aptos nem para o grande amor nem para a grande amizade, portanto para a maioria. Mas também para aqueles, raríssimos, que são aptos tanto para o grande amor quanto para a grande amizade."

Durante muito tempo, de uma maneira que remonta às mais antigas relações entre a ideia de amor e a de casamento, o princípio da paixão se opõe ao do matrimônio, como o da estabilidade da órbita dos planetas se opõe ao desgarramento e à ruptura. Os teólogos da Igreja chegaram a dizer que o marido ardente, que se comporta com sua esposa como amante, trai o próprio princípio do casamento desde dentro, constituindo-se numa estranha forma de adúltero (não se estranhe portanto que o amor-paixão e o casamento passional sejam figurados como antítese e transgressão do matrimônio).[49] Mais recentemente, como afirmação de um processo de "normalização" que data do século XVIII, sanciona-se jurídica e religiosamente o casamento por amor, concebido como um contrato indissolúvel assumido publicamente (nesse momento o amor e casamento passam a ser vistos como elementos a serem conjugados pelos cônjuges, mas desde que subordinados à lei civil).[50] A elaboração de uma sensibilidade que transforma hoje a herança ocidental é um fenômeno difuso, exotérico: íntimo mas ressonante na ordem dos símbolos de massa (especialmente na música popular). Novas seitas, não sectárias, quase irreais (no sentido de que sua realidade é apenas aflorante, e muitas vezes virtual) estão transformando alquimicamente entre "a dor e a delícia", a experiência e a simbologia do amor. A nossa herança contém a expectativa de conciliação entre a singularidade errática do amor-paixão com a estabilidade duradoura do casamento. Essa expectativa é calcada em instâncias jurídicas e religiosas que se dissipam na prática, sob o céu moderno, além de não ter precedentes históricos. Mas o acorde entre o desejo de permanência, em que o amor se inscreve, e o fato de que essa permanência não pode se apoiar em nada senão no seu próprio desejo de permanência é um desafio que se abre e que é irrecusável no plano simbólico.

As seitas não-sectárias a que me refiro não se confundem com a "liberação" da sexualidade (porque exercem o desejo como o sem-lugar) (ver *O quereres*, Caetano Veloso) nem com a compulsão repetitiva tanática (que neutraliza e nega qualquer relação amorosa). O arco de Eros vai da dispersão tanática, estética, transgressiva, "inconsequente", da paixão e da homossexualidade, que não produz filhos e paga alto o preço de não se incluir na ordem das trocas produtivas, até a decisão ética do amor voltado para o casamento, gerador da célula familiar (segundo a ambivalente oscilação antitética entre arte e casamento formulada por um artista casado, Thomas Mann, citado por Caetano Veloso no seu maravilhoso e até aqui ainda malvisto *Cinema Falado*).

Entre a solidão e a anomia, a neutralidade sem outro e sem alternativa do que há de mais opaco no mundo de massas, a demanda de amor passa pelo mapa não fixado dessas constelações mutáveis e extremamente relativas, que se expressam às vezes de formas enigmáticas e outras vezes de formas claríssimas. "[...] não pense na separação/ o verdadeiro amor é vão/ estende-se infinito/ imenso monolito/ nossa arquitetura/ quem poderá fazer/ aquele amor morrer/ nossa caminhadura/ dura caminhada/ pela estrada escura" (Gilberto Gil, *Drão*). Aqui, o casamento e a separação são contidos por algo que os suporta e os transcende, que é o amor vão, o amor que não tem finalidade, não tem fim, não se destina, enorme vão livre, monolito, monumento no nada, afirmação e desejo (que permanece, mas não tem onde se apoiar senão em si mesmo). Fragmentos passagens dessa relação entre vida e morte trabalhada de novas formas, na tradição da paixão e de sua metafísica (que diz respeito a uma concepção de sujeito constituído sobre a falta), mas revertendo num salto-mortal a dimensão de aniquilamento que o amor contém: "Quem poderá fazer aquele amor morrer/ se o amor é como um grão/ morre e nasce trigo/ vive e morre pão".

Sem tentar nenhum sobrevoo sociológico sobre o campo convulsionado das ordens familiares, das relações amorosas e sexuais e suas transformações nos tempos recentes, sem arriscar (e sem condições para fazê-lo) nenhuma teoria sobre as configurações ou direções que essas relações vêm assumindo no quadro produtivo, me ocorre dizer que o casamento apaixonado, descolado de instâncias públicas (leigas ou religiosas) que o controlem, volta a ser, como o era na Antiguidade, mas inteiramente outro pela própria história, um segredo raro, uma anomalia luminosa, irradiadora;[51] raro não necessariamente num sentido quantitativo, mas no sentido mesmo de sua qualidade, e pela maneira como se acerca, ao mito da conciliação entre o errático do desejo e a permanência da memória. Mas esse amor só se concebe e só se sustenta pela transformação das relações entre o homem e a mulher, relacionado com a emergência da amizade como uma força que desloca o amor, o reconstela, o relativiza e joga para outros planos a eterna guerra e paz dos sexos. (Me parece que é isto que faz Caetano Veloso dizer em prosa e em verso que a amizade é superior ao amor: a assunção da amizade parece que vem corrigir [vou dizê-lo mais uma vez] a trama mortal do amor.)

Mas não há nenhuma nova ordem nem nenhuma nova desordem amorosa a defender. Muitos padrões de comportamento modelizados e modelizadores, muitos padrões de comportamento rebelde, nenhum padrão. Só quem atravessa é que sabe o segredo de algo que é vivido de maneira singular, constelações que não estão codificadas pela cultura e pela sociedade, puras singularidades. E estas singularidades, dimensão a que estamos remetidos quando entramos por esses labirintos, essas singularidades são heréticas, eu digo entre aspas, "heréticas", porque elas não têm lugar nos códigos dados, nos códigos prontos, movimento que passa pelas malhas das ortodoxias. ("Não importa com quem você se deite/ que você se deleite seja com quem for/ apenas te peço que aceite/ o meu estranho amor", Caetano Veloso, *Nosso estranho amor*.) Segredo poético-musical, claríssimo, oculto e óbvio, eclipse oculto, lugar-comum. O que será.

Para não dizer que não falo de nenhum objeto, ei-lo: *Je vous salue, Marie, o* filme de Godard — nele os trânsitos do amor e da paixão ganham a sua maior visibilidade no lugar onde ela se torna a mais oculta possível. A virgindade e a maternidade, o feminino, o homem e a mulher, parafraseando o texto bíblico, passam por questões que envolvem a realizabilidade e a irrealizabilidade do amor (ele tem algo a ver com o *Tristão* e faz par com *Pré-nom Carmen*). Da transparência da água, onde o espírito de Deus paira apenas levemente como riscos fugazes de uma totalidade inapreensível, brotam, com a mais luminosa violência da beleza, a mãe e seu filho, nus. Essa visão é de uma inteireza absoluta, é uma revelação, no sentido de que uma revelação possa estar, no vácuo das religiões, se dando através, de passagem, transparente e não codificada, pelo seio pulverizado do moderno. Este é o filme mais mal-entendido em todas as frentes. Vetado pela Igreja, proibido pelo Estado, estranhado pelas "noviças do vício", mal-entendido por aqueles que o defendem contra a censura, não cabe no sermão nem no comício (ver *Merda*, de Caetano Veloso). A epifania meta/religiosa (no sentido daquilo que está para além das religiões) é a heresia da paixão contemporânea.

Hoje (8/10/1986), na *Folha de S. Paulo*, se falava da "Geração paixão" a propósito deste curso, como se o ciclo geracional e a faixa etária descrevessem aquilo que se passa aqui e explicassem o interesse deste público por estas questões. Por um mecanismo que é comum, a reportagem projeta a seu modo uma imagem do fenômeno (que faz parte também da produção dele) e em seguida, afetando certa superioridade, o critica. Mas a referência ao tempo geracional apenas simula, com o *frisson* existencial que a reportagem cultural quer imprimir às suas pautas, o tempo de duração de uma notícia (no caso, a "geração paixão" dura menos que um mês). Se porventura algo estiver acontecendo aqui, nessas falas e na consistência deste silêncio, será num *tempo* absolutamente diferente.

A propósito, parafraseando uma canção de Luiz Tatit[52] (que diz da multiplicidade e das relações contraditórias que a paixão mantém com o tempo), não é nem *época* de paixão.

São Paulo, setembro 86/abril 87
(dedicado a Lúcia e Laura, luz e mistério)

NOTAS

1. Denis de Rougemont, *O amor e o ocidente*, Lisboa, Moraes Editores, 1968. p. 15. Edição original: *L'amour et l'occident*, Paris, Plon, 1939.

2. As cinco versões do século XII (Béroul, Thomas, Eilhart, *La Folie Tristan* e o Romance em prosa) são a base de inúmeras imitações posteriores, entre as quais se destaca a versão de Gottfried von Strassburg. Das primeiras, encontra-se a edição de Jean Charles Payen (Paris, Garnier, 1974); o texto de Gottfried encontra-se editado por Bernd Dietz (Madri, Nacional, 1982). A concordância entre as versões básicas a partir da montagem de fragmentos foi realizada por Joseph Bédier (*Le roman de Tristan et Iseut*, Paris, Union Générale d'Éditions, 1981) e René Louis (*Tristan et Iseut*, Paris, Librairie Générale Française, 1972), cuja tradução tem uma edição portuguesa (Lisboa, Europa-América, 1975), na qual me baseio, e uma edição brasileira (da Livraria Martins Fontes).

3. Cf. R.S. Loomis, *Development of Arthurian Romance*, citado por Mircea Eliade em "O catolicismo ocidental de Carlos Magno a Gioacchino da Fiore", in: *História das crenças e das ideias religiosas*, Rio de Janeiro, Zahar, 1984, tomo III, p. 129.

4. *Ecce Homo*, "Porque sou tão esperto", § 6 (cito na tradução de Rubens Rodrigues Torres Filho incluída nas *Obras incompletas* de Nietzsche da coleção "Os Pensadores", São Paulo, Abril Cultural, 1978, p. 372).

5. Ver Northrop Frye, "Modos da ficção: preâmbulo", in *Anatomia da crítica*, São Paulo, Cultrix, 1973, pp. 39-42. Na tipologia de Frye o mito tem um deus (ou deuses) como personagens: os mitos clássicos tardios, célticos ou teutônicos, trabalhados durante a Idade Média pelo cristianismo (como mito "devorador de rivais"), deslocam-se para o âmbito da estória *romanesca* na sua forma secular (cavalaria e paladinismo) e religiosa (lendas de santos). "Ambas apoiam-se [...] em miraculosas violações da lei natural [...]."

6. O mito do solitário amoroso que se lança ao mar recebe uma surpreendente atualização na viagem/ livro de Amir Klink (*100 dias entre céu e mar*, Rio de Janeiro, José Olympio, 1986). O sentimento oceânico como vicissitude do desejo, em seu percurso tautológico, viagem sem fim, sem finalidade: por que, para chegar ao ponto de partida, preciso atravessar o Atlântico? Viver não é

preciso? A saga de Amir Klink é mais uma contribuição do esporte brasileiro para a poetização do universo.

7. Cf. Hilário Franco Jr., "A vinha e a rosa: sexualidade e simbolismo em *Tristão e Isolda*", in: Renato Janine Ribeiro (org.), *Recordar Foucault*, São Paulo, Brasiliense, 1985, p. 166-7.

8. Sobre a questão do filtro amoroso, ver Hilário Franco Jr., op. cit., pp. 165-7.

9. *Tristão e Isolda*, p. 61.

10. Idem, pp. 60-1.

11. Aqui vemos a relação entre o ciúme e a imagem da fusão das secreções corporais, tratada por Jorge Coli em sua conferência "O lenço e o caos". A ferida do javali e o sangue estão como metonímia de uma metáfora sexual, atualizada em outra parte do romance, o sonho de Kariado, "fiel do rei Marcos" que deseja Isolda enciumadamente: "[...] viu um enorme javali arremessar-se da floresta, de boca aberta; aguçava as defesas e agitava-se tão violentamente que parecia querer devastar tudo. O animal avançou para o castelo. Nenhum dos barões de Marcos o ousou enfrentar. O javali correu a grunhir pelo palácio até o quarto do rei. Atravessou as portas, precipitou-se no aposento, rasgou e sujou com a espuma do focinho o leito de Marcos e os seus ornamentos" ("A inveja de Kariado", capítulo XII de *Tristão e Isolda*, p. 50).

12. Hilário Franco Jr., op. cit., p. 157.

13. *Tristão* e *Isolda*, p. 94.

14. Cf. Hilário Franco Jr., *A Idade Média: o nascimento do Ocidente*, São Paulo, Brasiliense, 1986, p. 155.

15. *Tristão e Isolda*, p. 146.

16. *Tristão* e *Isolda*, p. 150.

17. Hilário Franco Jr., "A vinha e a rosa", p. 169-70.

18. Cf. Hilário Franco Jr., *A Idade Média: o nascimento do Ocidente*, p. 82.

19. Mircea Eliade, op. cit., p. 125.

20. Idem, ibidem, p. 126.

21. Aqui se abriria a possibilidade de um longo comentário de *Tristão e Isolda* a partir da teoria do erotismo em Georges Bataille. Infelizmente não há lugar para isso. Bataille se apoia nas teorias de Lévi-Strauss sobre o parentesco e o incesto e nas de M. Mauss sobre o dom. A proibição de certas trocas sexuais interfamiliares, ao mesmo tempo que *interdita* uma área da sexualidade, permite e promove, ou, na verdade, funda o campo da sexualidade não-animal, humana, erótica (separando cultura e natureza). O erótico se nutre dessa oscilação constitutiva entre a transgressão e o interdito, que permeia as instituições do dom, do tabu do incesto e do casamento (cujo caráter venerável, mas transgressor na sua origem, simbolizado pela festa ritual que o celebra, Bataille frisa várias vezes). Na primeira fase do romance, a troca de dons está retida pelo tributo de guerra (troca unilateral compulsória interrompida pelo "parricídio" primordial de Tristão, ao matar Morholt, que abrirá uma nova fa-

se de trocas matrimoniais entre os reinos, mas também a ferida incurável que pede a cura, origem da paixão). Na fase seguinte, da paz armada, o casamento se instaura como pacto entre homens, em que se trocam fêmeas (sob suas regras aparentes fomenta-se no entanto a história secreta: reabre-se a demanda do desejo, e a mulher que cura a ferida do homem quer, em contrapartida, ser amada). Na terceira fase, da eclosão da paixão promovida por uma cadeia de vínculos femininos, temos a insurgência do objeto da troca, subvertendo o seu agente, Tristão, que ocupa bem o lugar simbólico ambivalente na trama entre o incesto e o dom (o *agente matrimonial* é ao mesmo tempo o *transgressor* da regra do casamento). O casamento, obstáculo transgredido pela paixão, permanece no entanto na categoria ambígua de obstáculo necessário, reposto na medida em que os amantes se negam à pura troca utilitária de prazeres, e trocam, em última análise, a morte, dom puro que cessa a cadeia interminável de dons mortais. (Ver "*L'histoire* de *l'érotisme*", in *Oeuvres complètes*, VIII, Paris, Gallimard.)

22.Denis de Rougemont, op. cit., p. 34.

23. Mircea Eliade, "Movimentos religiosos na Europa: da Baixa Idade Média à véspera da Reforma", in *História das crenças e das ideias religiosas*, tomo III, p. 210.

24. Idem, ibidem, p. 217.

25. Idem, "O catolicismo ocidental...", p. 125.

26. A propósito do jogo de simetrias entre o Ocidente e o Oriente, passando pelo tantrismo, ver o ensaio de Octavio Paz, *Conjunções e disjunções* (São Paulo, Perspectiva, 1979, tradução de Lucia Teixeira Wisnik).

27. Citado por R. Hollinrake, *Nietzsche, Wagner e a filosofia do pessimismo*, Rio de Janeiro, Jorge Zahar Editor, 1986 (tradução de Álvaro Cabral), p. 154. Este ensaio, como se verá, me foi extremamente valioso.

28. Citado por Hollinrake, op. cit., p. 76.

29. Citado por Hollinrake, op. cit., p. 212.

30. *O caso Wagner* (traduzo da edição em espanhol, *Obras completas de Federico Nietzsche*, vol. XI, Buenos Aires, M. Aguilar, 1950, p. 169).

31. A expressão é do próprio Nietzsche em *O nascimento da tragédia no espírito da música*, § 21.

32. Definição do dicionário *Science de la musique*, dirigido por Marc Honneger, no verbete "Acorde de Tristão" (Paris, Bordas).

33. Arnold Schoenberg trata do acorde de Tristão no seu *Manual de harmonia*, nos itens "Nos confins da tonalidade" e "Suspensão e eliminação da tonalidade"; e também em *Funções estruturais da harmonia*, no capítulo "A tonalidade alargada".

34. *A gaia ciência* (traduzo da edição francesa, *Le gai savoir*, Paris, Union Générale d'Éditions, 1981, § 370, p. 390).

35. O caso *Wagner*, p. 170.

36. Theodor W. Adorno, *Essai sur Wagner*, Paris, Gallimard, 1975. Sobre

as implicações ideológicas da técnica composicional wagneriana ver, em especial, o capítulo III, "Motif".

37. Idem, ibidem, p. 207-8.

38. Idem, ibidem, p. 209.

39. Idem, ibidem. À mesma p. 209, Adorno comenta o amor-paixão: "Morrer de amor: isso significa tomar consciência também da fronteira que a ordem da propriedade impõe no próprio homem: descobrir que almejar o prazer, se tiramos disso todas as suas consequências, faria justamente explodir essa pessoa autônoma que se pertence a si mesma e que degrada sua vida em coisa, essa pessoa que crê cegamente encontrar prazer na possessão de si mesma, e que justamente essa possessão priva de prazer". Nas páginas seguintes Adorno termina o ensaio, depois de uma longa e severíssima (para dizer pouco) crítica da obra e da mitologia wagneriana, celebrando, no terceiro ato do *Tristão*, o "anátema" que este lança contra o "filtro cruel" e enganador da música (a melodia do pastor), "a revolta, seja ela vã ou não, da música contra seu próprio destino", único caminho para que ela "reconquiste o conhecimento (e a posse) de si mesma". E nisso, segundo Adorno, Wagner prepara e prenuncia Schoenberg (ver p. 209-12). "A passagem do começo do terceiro ato do *Tristão* em que, na orquestra, como se ali na fronteira entre nada e alguma coisa, a trompa capta a melodia melancólica do pastor no momento em que Tristão se agita, essa passagem viverá tanto tempo quanto as experiências fundamentais da era burguesa possam ser vividas pelos homens" (p. 205).

40. *O nascimento da tragédia*, ver § 5 e 24.

41. Idem, citado por Hollinrake à p. 216.

42. Rubens Rodrigues Torres Filho, "A virtus dormitiva de Kant", *in Ensaios de filosofia ilustrada*, São Paulo, Brasiliense, 1987, p. 51.

43. Hollinrake dá minuciosos elementos para a compreensão dessa passagem. Ver, em especial, a p. 252.

44. *Ecce Homo*, "Porque sou predestinado", § 3.

45. *Aurora*, § 76 ("Pensar mal significa tornar mau") (Cito "Os Pensadores", p. 166-7).

46. *O caso Wagner*, p. 164.

47. *Nietzsche contra Wagner* (cito o mesmo volume da edição em espanhol que contém *O caso Wagner*, à p. 205).

48. *O caso Wagner*, p. 165.

49. Ver Jean-Louis Flandrin, "A vida sexual dos casados na sociedade antiga: da doutrina da Igreja à realidade dos comportamentos", in: Ariès e Béjin (orgs.), *Sexualidades ocidentais*. São Paulo, Brasiliense, 1985, p. 144.

50. Ver Ariès, "O casamento indissolúvel", in: Ariès e Béjin, op. cit.

51. Ver Ariès, "O amor no casamento", in: Ariès e Béjin, op. cit., em especial p. 158-61.

52. Luiz Tatit, "Época de paixão", grupo *Rumo* (LP independente).

O LENÇO E O CAOS

Jorge Coli

A VOZ SUFICIENTE DO CIÚME

Machado de Assis constata, numa passagem de *Dom Casmurro*, a fragilidade dos motivos que incendiaram os ciúmes violentos de Otelo: "Vi as grandes raivas do mouro, por causa de um lenço — um simples lenço — e aqui dou matéria à meditação de psicólogos deste e de outros continentes, pois não pude me furtar à observação de que um lenço bastou a acender os ciúmes de Otelo e compor a mais sublime tragédia deste mundo. Os lenços perderam-se, hoje são precisos os próprios lençóis; algumas vezes nem lençóis há, e valem só as camisas".[1]

Os grandes movimentos da alma que habitam os personagens da tragédia de Shakespeare foram objeto de investigações incontáveis: como compreender a progressão fulminante desse ciúme inexistente pela manhã e assassino à noite? Como descobrir as razões das manobras de Iago? Otelo, numa concepção muito corrente, seria a encarnação do ciúme, como Harpagon é o arquétipo do avarento. Ora, Shakespeare nos diz na peça, várias vezes, que o caráter de Otelo não é afetado pelas paixões ("uma natureza que a paixão não pode sacudir")[2] e que, particularmente, seu ser desconhece o ciúme. Desdêmona o afirma: "creio que o sol sob o qual ele nasceu secou nele todos os humores do ciúme",[3] e o próprio protanogista, antes de matar, declara "não ser facilmente ciumento".[4] O ciúme aparece então como alguma coisa que atua do exterior — ele corrói, ataca, abala a constituição moral de Otelo, fazendo dele um outro. "Cuidado, senhor", diz Iago, "com o ciúme. É um monstro de olhos verdes que zomba do alimento de que vive."[5] Menos do que um caráter ciumento, Otelo aparece como um exemplo do ser que é tomado, de modo fulgurante, pela paixão.

Sobre Iago, múltiplas explicações causais também foram oferecidas. Nenhuma satisfaz. Dizer que Iago agiu por ressentimento, por ter sido preterido numa promoção, ou porque ele próprio desconfia de que Otelo tenha sido amante de sua esposa, Emília, isto é, repetir as justificações dadas pelo próprio personagem no texto shakespeariano, é muito pouco. Maquinações cujo objetivo é destruir a vida e a honra de muitas pessoas não podem se contentar com qualquer desculpa simples e precisa. Em realidade, nenhuma causa, nenhum porquê são suficientes; toda razão para os atos dos personagens parece sempre irrisória, mesmo — e sobretudo — as análises de ordem psicológica.

Aqui, não se trata de psicologia, mas dos mistérios da paixão. E o sentido global não se reduz a nenhuma causalidade explícita, ou a múltiplas causalidades, ou à soma de todas as causalidades. O século XX inventou o analista mas matou o trágico, e a mais sublime tragédia deste mundo, como dizia Machado, cabe num lenço. Ou, para retomar a frase conclusiva de Iago: "Não me pergunteis mais nada: o que sabeis, sabeis; de ora em diante não direi mais palavra".[6]

Resta-nos, então, considerar a tragédia Otelo como uma voz suficiente, capaz de nos falar dessa paixão que é o ciúme. Nós podemos abandonar os porquês, e tentar perceber alguns *modos* dessa fala. E também — é o nosso propósito — descobrir suas metamorfoses, quando, de fala, ela se torna canto, graças a Rossini e Verdi.

O AMÁLGAMA IMPURO

É possível entrever, mesmo como se através de um vidro opaco, os fantasmas que habitam as paixões de Otelo. Shakespeare não oferecerá jamais a transparência. O ciúme, em sua tragédia, nasce num terreno incerto, mergulha suas raízes em camadas secretas e atinge pontos fortemente sensíveis, perturbadores. Seu dinamismo é falsamente unívoco; seu tropismo se compõe, em realidade, de ambiguidades poderosas que não podem ser claramente definidas. O ciúme de Otelo não possui uma forma lapidar — não se trata, como já dissemos, de um caráter, à maneira de Teofrasto ou La Bruyère: trata-se de uma afecção da alma, aprisionada num amálgama impuro, em que cada elemento contamina os outros.

Como é esse ciúme? Não um ciúme intelectual, nem, rigorosamente, um ciúme sentimental. Em Otelo, esta paixão da alma lembra o escólio da proposição 35, da 3ª parte da *Ética* de Espinosa, que diz o seguinte: "Quem imagina que a mulher que ama se entrega a outro entristecerá, não somente porque seu próprio desejo estará reduzido, *mas também porque é obrigado a reunir a imagem da coisa amada às partes pudendas e excreções do outro, e terá aversão a ela*".[7] Partes pudendas, excreções: trata-se portanto de ciúme com uma carga profundamente *corporal*. Assim é em *Otelo*, onde imaginário, sentimentos e corpo não se separam.

No terceiro ato, a *mão* de Desdêmona é objeto de reflexões trazidas pela suspeita. Diz Otelo: "Quente, quente e úmida; esta sua mão pede o enclausuramento, o jejum e a prece; muitas mortificações, exercícios piedosos, pois aqui existe um jovem demônio que transpira e que tem o hábito de se revoltar".[8] Um momento de paroxismo é atingido na primeira cena do quarto ato, quando o mouro quer saber o que teria Cássio confiado a Iago:

> *Otelo*: O que disse ele?
> *Iago*: Meu Deus, que ele... não sei o que ele disse.
> *Otelo*: O que, o quê?
> *Iago*: Deitado...
> *Otelo*: Com ela?
> *Iago*: Com ela, sobre ela; como quiserdes.
> *Otelo*: Deitado com ela! Deitado sobre ela! Dizemos que alguém se deita com ela quando a está cobrindo. Ah! é asqueroso![9]

Ou, na cena três do terceiro ato, Otelo lembra-se de sua tranquilidade, quando ainda tudo ignorava: "Eu não encontrava os beijos de Cássio sobre seus lábios" e "eu seria feliz se todo o acampamento, até o último dos cavadores, tivesse gozado de seu corpo suave, se eu não tivesse sabido nada".[10] Iago, ao descrever as supostas relações de Desdêmona e Cássio, em sua adjetivação e metáforas, retirará todo o sentimento e a espiritualidade, para reduzi-los a uma completa animalidade: "ardentes como bodes, quentes como macacos, luxuriosos como lobos no cio".[11]

Essa corporeidade se torna extremamente ambígua, com a narração feita por Iago do sonho de Cássio. É Iago quem fala: "Há algum tempo, eu estava deitado com Cássio [...] e eu o ouvia dizer em seu sono 'Suave Desdêmona, sejamos prudentes, escondamos nossos amores', e então, senhor, ele agarrava e torcia minha mão, gritando: 'Doce criatura!', e então me beijava fortemente, como se quisesse arrancar pelas raízes beijos crescendo em meus lábios, então passava sua perna sobre minha coxa, suspirava, me beijava e então gritava: 'Maldito seja o destino que te entregou ao mouro!'".[12]

É evidente que a presença do corpo no ciúme leva, insensivelmente nessa passagem (onde, de modo surpreendente, Iago toma o lugar de Desdêmona), a uma coloração homossexual que faz parte, sem que se possa considerá-la como explicativa, do amálgama complexo constitutivo da paixão a que fiz referência.

PRETO E BRANCO

Este ciúme corporal, fortemente sexualizado, revela um outro componente: a questão racial.

No fim do século XVII, Thomas Rymer, que deixou comentários sobre o teatro de Shakespeare, considera que a moral da peça é a seguinte: "uma advertência para que as moças de boa família não fujam com mouros sem o consentimento de seus pais".[13] Essa pérola mostra como, desde sempre, por detrás do amor, do ciúme, da tragédia, se encontra em *Otelo*, latejante, o fato ineludível de que se trata da paixão recíproca de um negro por uma branca.

Fato ineludível, se considerarmos o texto shakespeariano, que é perfeitamente explícito sobre esse ponto. Mas seria possível fazer uma longa história da má-fé com a qual tentou-se negar a cor da pele do mouro.

Coleridge, nas *Conferências sobre Shakespeare*, diria. "Seria monstruoso pensar que essa bela e jovem veneziana se apaixonasse por um verdadeiro negro".[14] Lord Derwent, em sua excelente biografia de Rossini, conta que o tenor Tacchinardi, intérprete de *Otelo*, fez imprimir, num programa de 1819, as seguintes indicações: "Poder-se-á perguntar por que Otelo não aparecerá no palco maquilado como um mouro, como pede, por razões que nos escapam, o texto inglês. Mas como parece impossível que uma jovem amável, cortejada por moços atraentes, caia apaixonada por um mouro cujo aspecto só pode ser considerado horrível e aterrador, o *signor* Tacchinardi decidiu tomar uma forma menos repulsiva, o que nos parece mais plausível, pois, afinal de contas, nem todos os filhos da África são marcados por um rosto negro".[15] E Tacchinardi representou um Otelo de tez imaculadamente branca.

As razões do tenor — que evidentemente hoje nos parecem infames e ridículas — são, no entanto, alguns dos argumentos que Iago destilará nos ouvidos de Otelo, fazendo com que o mouro *assuma* e *admita* sua própria animalidade monstruosa. Diz Iago: "Assim, para vos ser franco — ter recusado tantos partidos que se ofereciam a ela, de seu próprio clima, de sua raça, de sua posição — como vemos a natureza preferir em todas as coisas — bah! pode-se perceber nisso um desejo corrompido, uma desproporção imunda, pensamentos contra a natureza".[16]

O racismo parece ser tão mais insuportável quanto ele se exprime numa relação de ordem carnal. O corpo alvo e luminoso de Desdêmona contra a pele escura de Otelo: eis o que podia horrorizar. Victor Hugo, cujo amor por Shakespeare e o afeto pelas vítimas era imenso — e que também não conseguia resistir a uma antítese —, escreveu: "O que é Otelo? É a noite. Imensa figura fatal. A noite está apaixonada pelo dia. O negror ama a aurora. O africano adora a branca. [...] Ele tem o brilho de vinte vitórias, esse Otelo; mas ele é negro".[17] Aqui não há preconceito: ao contrário, a cor da pele é elevada à metáfora literária, e Otelo, o negro, adquire uma grandeza cósmica. Mas, ao mesmo tempo, sua união com Desdêmona perdeu todo caráter físico. Para que Victor Hugo possa aceitar esse casal, ele precisa afastar toda substância corporal, tudo o que possa nos levar à sexualidade. Ora, em Shakespeare essa sexualidade inter-racial, carregada de preconceitos, está presente desde o início da peça — e, em contraste com a espiritualização hugoana, cito as palavras de Iago, quando anuncia a Brabâncio, o pai de Desdêmona, o casamento de sua filha com o mouro: "Agora mesmo, neste momento, um velho bode negro está cobrindo vossa ovelha branca... o diabo vos fará ficar avô".[18]

Otelo é portanto uma peça vinculada ao sexo. Ela não é, porém, circunscrita a uma certa "normalidade" nem, por outro lado, aos desvios francamente caracterizados. Nem sequer essa sexualidade é inteiramente confessa: ela roça zonas sensíveis e semiconscientes, flui por terrenos indefiníveis, rela em pontos nevrálgicos: inter-racialidade, homossexualismo, diferenças de idade e de cultura (a presença de Cássio é a lembrança constante e exasperadora de uma adequação convencional e imaginária, impossível para a mixórdia inextrincável de que são feitos os seres, mas desejada no entanto), inveja, submissão, poder.

O ciúme nasce dessa e de outras coisas, mais ou menos ocultas, mais ou menos veladas. Sua conflagração remexe no lodo fundo e não sabido. *Otelo* não é um instrumento para se "pensar" a sexualidade, é um contemplar o surgimento, aqui e ali, entrevistos, entressentidos, de fragmentos diversos e inesperados que fazem parte dela, através de nuanças, de combinações e dosagens, que passam pelo imperceptível.

INEXORÁVEL, ACASO, ABSURDO

O jogo impuro entre os seres pode acarretar a desordem do mundo. Shakespeare detalha a tortura moral a que Iago submete Otelo. Mas o ciúme do mouro não se manifesta apenas como sofrimento interior. Ele é, também, crime. A vítima, no entanto, não é a mesma das ocorrências policiais. Desdêmona, durante a peça, se mantém num plano secundário, embora tenha um momento de afirmação no primeiro ato, quando escolhe seguir Otelo contra a vontade de seu pai e contra os usos da República de Veneza. Mas ela escolhe para melhor se entregar aos acontecimentos funestos que virão. Ela é Desdêmona — o que quer dizer, em grego, a infortunada. E, no final, ela ressurgirá como a vítima sacrifical: etapa por etapa, um ritual se constrói — os lençóis são postos na cama, e Desdêmona os quer como mortalha. Ela veste a sua camisola nupcial, se prepara para dormir e, como numa liturgia, entoa um canto que fala da guirlanda de ramos de salgueiro: coroa imaginária para o holocausto.

Na peça, tudo progride inexoravelmente em direção do sacrifício, tudo é disposto para o final implacável. Já se observou muitas vezes que, das tragédias de Shakespeare, Otelo é a que avança de modo mais econômico e concentrado para seu fim, sem que nada venha distrair o espectador desse progresso. Para um teatro que sempre cultivou a variedade, a multiplicidade de situações, de cenas, de personagens, de épocas e de lugares, *Otelo* surge como singular: se excetuarmos o primeiro ato, as célebres leis das três unidades do teatro clássico — de tempo, de espaço e de ação — se encontram perfeitamente observadas.

Um progresso firme, coerente, necessário, lógico. Um arcabouço teatral de grande solidez. Mas Otelo diz uma pequena frase no terceiro ato: "Quando eu não mais te amar, será o retorno do caos".[19] E lembremo-nos da observação de Machado: "Tudo isso por um lenço?" É que esse progresso, essa necessidade implacável, essa aparente "lógica" da tragédia, repousa sobre o absurdo e o inexplicável.

Em "O príncipe cansado",[20] Erich Auerbach lembra uma diferença fundamental entre a tragédia antiga e o teatro shakespeariano. Na primeira, destino, fatalidade vêm inscritos em leis exteriores aos homens que se encontram como que em trilhos, dos quais, uma vez encarrilhados, é impossível sair. Nessa perspectiva, podemos dizer que, no interior do mecanismo da fatalidade antiga, o acaso aparece como um acontecimento cujas razões o personagem desconhece, mas não é verdadeiramente o imprevisto, o inesperado, aquilo que não pode ser explicado. O acaso é instrumento da fatalidade e a fatalidade dá um sentido aos acontecimentos trágicos e ao mundo. No teatro elisabetano, o trágico está ligado à particularidade do personagem "que não se confunde com nenhum outro"; ele se torna assim específico, único. "A ideia de destino é, a um tempo, concebida mais largamente e ligada mais estreitamente ao caráter individual do que na tragédia antiga."[21]

As peças de Shakespeare mostram que o acaso é alguma coisa de incompreensível, mas com o qual é preciso contar, porque faz parte do mundo. Agente da catástrofe, sua presença é o sinal da inexistência de um sentido explícito para aquilo que Montaigne chamaria "a humana condição". Ele indica também a perplexidade diante da ausência perceptível de qualquer desígnio superior, de qualquer sinal decifrável no mundo. O acaso revela a possibilidade humana de constatar os mecanismos do universo, mas a sua incapacidade completa de atingir as razões profundas. Se elas existem ou não, no fundo, pouco importa: o homem é condenado ao absurdo.

O LENÇO E O CAOS

Shakespeare criou incontáveis personagens que tentam substituir o princípio do acaso, a organização incoerente do mundo por um projeto — o mais das vezes fracassado — e que procuram concatenar as ações humanas num plano que possui um objetivo claro, uma lógica interna: basta lembrar o frei

Lourenço, de *Romeu e Julieta*. Ele tenta organizar um plano para que a tragédia não aconteça, para que a união feliz possa se dar. Mas logo o absurdo volta à tona. Ainda mais porque esses demiurgos que arquitetam relações não dominam o ser das coisas e só podem dispor das aparências, falsos semblantes. Frei Lourenço, por exemplo, tentará se servir de uma pseudomorte.

Nesse caminho, são frequentíssimos os personagens hipócritas que separam o dizer do sentir. Muito constantes também são as representações dentro da representação teatral, situações expressamente dispostas por alguns personagens para enganar, e assim modificar sentimentos, ou induzir tal ou qual personagem a agir de um modo ou de outro.

Iago é desse tipo. Ele é o arquiteto do destino, coautor da tragédia. Ele é o que mente: "não sou o que sou",[22] dirá, numa tirada célebre. Ele é quem constrói uma representação na qual Otelo, espectador secreto, ouvirá imperfeitamente frases de Cássio. Ele, enfim, dará ao lenço sua carga de morte.

Se é claro o sentido de suas ações — encaminhar a tragédia ao seu desfecho — seus fundamentos continuam insondáveis, no entanto. Ele confere apenas uma aparência de sentido aos acontecimentos, e em realidade apenas dissimula o absurdo.

É que as paixões humanas são, elas próprias, inexplicáveis. O lenço revela o caos, mas o caos existe sem o lenço. Como diz Emília: "O ciúme é um monstro que se gera em si mesmo e de si mesmo nasce".[23] A rigor, Iago seria dispensável na tragédia. Quem no-lo confirma é o próprio poeta.

Alguns anos depois de ter escrito *Otelo*, Shakespeare criará uma peça fascinante e estranha na qual o ciúme voltará como tema. Trata-se de *Conto do inverno*. Mas aqui, o rei Leontes da Sicília não tem razão nenhuma para suspeitar de sua mulher, Hermíone — nem sequer um lenço, nem um fio de cabelo. O suposto amante seria seu amigo fraterno Políxenes, rei da Boêmia, que Leontes conhece profundamente, desde a adolescência, e de cuja lealdade é impossível duvidar. Mas, de um momento para o outro, Leontes tem a convicção de ser traído. Na peça existe mesmo um anti-Iago, um personagem chamado Camilo, que procura convencer o rei do caráter ilusório de seu ciúme, doentio fantasiar. Porém, mais a inocência da esposa se explicita, mais o sentimento de que ela é culpada se exaspera no rei. A um tal ponto que Leontes ordena uma consulta ao oráculo de Delfos, cuja resposta é a afirmação indiscutível da fidelidade de Hermíone e do caráter sem mácula de Políxenes. O comentário de Leontes é apenas uma seca negação absoluta: "Não há verdade nenhuma nesse oráculo. [...] É só mentira". Contra todas as razões, o ciúme aparece como um acesso inexplicável.

Faço essa referência ao *Conto do inverno* para lembrar a que extremo pode chegar em Shakespeare o irredutível mistério das paixões humanas. Em Leontes o ciúme é, por assim dizer, puro, sem mistura, é um absurdo que existe de per si, autoengendrado. A grande diferença com *Otelo* é que o *Conto do inverno* tem o tom da lenda. *Otelo*, ao contrário, faz o ciúme nascer de situações que não são as da fábula distante, embora também não tenha razões ou causas, possui uma existência espessa e turva.

Lembremos ainda uma questão: o amor. Ele não se confunde com a paixão. A frase de Otelo já foi citada: "quando deixar de te amar, será o retorno do caos". Isto é, o amor aparece sobre um fundo de desordem e é ele que instaura a ordem. É possível, então, perceber em Shakespeare o amor não apenas como atração sentimental entre dois seres, mas como o *Eros* herdado da Antiguidade, que foi amplificado pelos comentadores da Renascença, particularmente Marcilio Ficino. Isto é, Eros, aquilo que associa, que engendra, que faz com que o ser *seja*, aquilo que o extrai do caos. Desse modo, o amor seguido de morte, em Shakespeare, não seria a vitória dos sentimentos espiritualizados sobre o mundo material e finito — o "inda mais te amarei depois da morte" dos românticos — mas a persistência do princípio erótico, apesar da guerra que lhe trava o mal (que pode ser visto, de um modo geral, como todos os princípios de corrupção, como o antieros; nesses princípios estão inseridas as paixões).

Otelo e Desdêmona, em nenhum momento da peça, deixam de se amar. A morte deles se dá no leito que os une afetiva e carnalmente; são vítimas e ao mesmo tempo virtualmente vitoriosos contra o poder desagregador do caos, porque são portadores de um princípio harmônico num mundo de desordem. E talvez um dos sentidos trágicos mais profundos de *Otelo* (e de algumas outras obras de Shakespeare) se encontre justamente no desenrolar de uma luta na qual o caos — que não cessa de ameaçar a harmonia — seja aparentemente vencedor.

ROSSINI, DESDÊMONA

Depois dessas observações a respeito da "matriz" shakespeariana, podemos passar à sua transformação em ópera.

Em primeiro lugar, por ordem cronológica, o *Otelo* composto por Rossini em 1816. O compositor tinha então 24 anos e já conquistara uma grande celebridade. O libreto, escrito por um napolitano, Francesco Maria Berio, marquês de Salza, toma liberdades imensas com a tragédia que o inspira. Lord Byron escreve, a respeito de uma interpretação da ópera a que assistiu: "crucificaram Shakespeare".

A questão é que, no continente, Shakespeare era sobretudo conhecido através de algumas traduções aproximativas feitas por Voltaire para o francês e por algumas adaptações livres de Ducis, realizadas sob o reinado de Luís XVI, que foram, durante muito tempo, os principais meios de acesso em língua latina à obra do grande Will. Além disso, durante o século XVIII, muitas peças, retomando situações shakespearianas, foram escritas. O grande avatar de *Otelo* no século XVIII foi a *Zaire* de Voltaire, tragédia então muito célebre.

Desse modo, há, entre o libreto do marquês de Salza e Shakespeare, vários filtros. Tratava-se também de "fabricar" uma ópera num sistema de produção de espetáculos que não se preocupava com a fidelidade ao original,[24] um pouco como as adaptações literárias nos filmes de Hollywood da grande época. Shakespeare se tornava assim, essencialmente, um repertório de personagens e situações.

As discrepâncias são muitas entre os dois *Otelo*. Além de modificações consideráveis no entrecho, há mudanças de detalhes que nos parecem hoje extravagantes: a história transcorre inteiramente em Veneza; Desdêmona é apunhalada e não asfixiada. Especialmente, o lenço é substituído por uma carta de amor.[25]

Mas há uma transformação mais profunda que se passa na relação entre os personagens. Desdêmona torna-se indiscutivelmente preponderante e isso vai dar uma dimensão inesperada à tragédia. Não que essa importância atribuída à heroína tivesse, como ponto de partida, o que os intelectuais de hoje chamariam de uma "releitura" do texto de origem. Simplesmente, o papel precisava ser desenvolvido porque era destinado a uma estrela: Isabella Colbran, que possuía uma extraordinária voz de registro grave e que, acima de tudo, era esposa de Rossini.[26]

O marquês de Salza — homem de grande cultura e que não era um fabricante profissional de libretos — reduz a relação entre Otelo e Iago a um esquematismo e a uma rapidez desconcertantes, fazendo deles personagens francamente incoerentes, mas constrói uma Desdêmona sensível, "sensitiva", que desde o início é investida pela angústia e pela premonição de seu destino. Se na ópera de Rossini a progressão do ciúme de Otelo é quase inexistente, nós podemos perceber, como num reflexo, como num espelho, a opressão que cresce no espírito de Desdêmona. Desse modo, não só o personagem feminino ocupa o primeiro plano, como a tragédia se passa *dentro* dele.

Evidentemente, o ponto culminante é o ritual da morte, que a Desdêmona de Rossini, ao contrário da de Shakespeare, parece desejar. Seu fim deixa uma impressão suicidária, no desespero de uma aflição que deve acabar a qualquer preço.

Mais a ópera avança para o desfecho, mais os sinais anunciadores do sacrifício se multiplicam, as premonições mais intuitivas, mais secretas obcecam Desdêmona. O marquês de Salza tem um achado notável: ele faz passar, diante da janela de Desdêmona, um gondoleiro (não nos esqueçamos que a ação, na ópera, transcorre toda em Veneza) que entoa uma canção lúgubre cujo texto é extraído do "Inferno" de Dante, com o qual Rossini, musicalmente, realiza algo de impressionante: o gondoleiro se impõe como mensageiro da morte, a sua gôndola se transforma numa espécie de barca de Caronte.

Mas é a canção do salgueiro certamente o apogeu da obra. A música de Rossini é sempre associada ao vigor, à energia, a uma vitalidade sem grandes nuanças e também a uma facilidade bem-aventurada em favorecer a virtuosidade dos cantores. Aqui, nem uma coisa nem outra.[27]

A canção do salgueiro se constrói sobre acompanhamento reduzido de harpa, depois violinos, em seguida clarineta e flauta. A melodia é lenta, feita de notas longas. A cada estrofe — quatro ao todo — ela vai sofrendo alterações com ornamentos que a perturbam, modulam estranhamente, criando pouco a pouco um clima de melancolia e opressão.

Desdêmona canta as três primeiras estrofes — e o texto da terceira é tão soturno que a angústia criada impõe uma interrupção, musicalmente acentuada por uma dissonância. O vento irrompe, traduzido pelos violinos. Esta lufada, presente em Shakespeare (e que Verdi irá também utilizar), se carrega de um valor premonitório suplementar. Desdêmona retoma a canção, mas a ânsia novamente a interrompe. Despede-se então de Emília dando-lhe — é o texto que diz — o derradeiro beijo. (Gravação proposta: Emília, Nucci Condó; Desdêmona Frederica von Stade; Philarmonia Orchestra, dirigida por Jesus Lopez-Corboz, disco Philips, 6769 023, Holanda, 1979.)

SHAKESPEARE, VERDI, BOITO

A gênese do *Otelo* de Verdi é muito diferente da que presidiu à obra de Rossini. A estreia se dá em 1887, e Verdi está com 74 anos. Sua força criadora continua intacta, mas foi amadurecida não só por uma prática intensa de produção para os teatros de ópera, como por uma reflexão a respeito dos destinos da música.

A ópera italiana, na segunda metade do século XIX, se abrira para influências internacionais — particularmente para o *Grand Opéra* francês. Além disso, havia Wagner — o que significava para Verdi uma exigência de renovação na música sem que isso o fizesse cair no rol dos inúmeros epígonos do compositor germânico. Idoso e coroado de louros, Verdi, mais do que nunca, está pronto para abandonar as exigências da "indústria" de produção de óperas no século passado e para encarar seu próximo trabalho de um modo mais conscientemente "enobrecido" do ponto de vista do *projeto* de uma *obra de arte*. Dá-se então o encontro com Arrigo Boito, o libretista.

Boito era também compositor, com imensas aspirações de reformar o teatro lírico. Mas produzia de modo lento e difícil, e escreveu apenas duas obras ambiciosas e monumentais — ambas, aliás, sobre o tema do mal: *Mefistofele* e *Nerone*. Altamente intelectual, imensamente culto, ele foi ainda um poeta brilhante, que empregava uma linguagem voluntariamente rara e arcaizante, e um esteta, um crítico implacável e agudo. Shakespeare, para ele, não era apenas um tema a mais. Era um escritor que ele conhecia profundamente e com quem tinha afinidades estreitas. E é ele quem faz a adaptação de *Otelo* para Verdi, e depois a de *Falstaff*.

Para Verdi, Shakespeare sempre foi um autor muito presente em sua cultura. Além *de Macbeth*, que, em 1847 — isto é, quarenta anos antes de *Otelo* —, colocara admiravelmente em música, Verdi sempre acalentou o projeto de um *Rei Lear*, jamais realizado.

Estamos assim diante de uma situação de familiaridade e respeito para com o original e da vontade de produzir uma obra que se encontre à altura de Shakespeare — situação muito diferente da do jovem Rossini e de seu parceiro, o marquês de Salza.

A adaptação de Boito é magistral. Ela concentra a ação da tragédia, o que é de regra, tratando-se de um libreto de ópera, por natureza mais conciso. E Boito utiliza a concisão sempre em benefício do que é apenas indispensavelmente necessário para que os caracteres se afirmem e a ação evolua.

Já disse que, sem o primeiro ato, a tragédia de Shakespeare obedeceria à regra das três unidades. Boito o corta, eliminando uma diversidade de situações e personagens que, diretamente, pouco estão implicados no ciúme de Otelo. Alguns monólogos, alguns personagens secundários, alguns crimes suplementares, presentes em Shakespeare, são também suprimidos. Em suma, a adaptação de Boito (adaptação notável, que mereceria análise detalhada) confere mais equilíbrio e densidade à ação. E não faltam mesmo especialistas sérios para julgar o Otelo de Boito e Verdi superior ao de Shakespeare. Discussão evidentemente vã, mas capaz de mostrar que a confrontação entre as duas obras se faz à mesma altura.

Boito é fiel ao texto de Shakespeare — o que não quer dizer, entretanto, obediência subalterna. Há um *Otelo* de Shakespeare e um *Otelo* de Verdi.

Este último fala italiano, e fala a língua admiravelmente erudita de Boito. É assim um Otelo mais nobre e também mais pudico — estamos no século XIX —, e esse pudor contrasta com a crueza do texto shakespeariano. Além disso, suprimindo o primeiro ato, no qual a cólera de vários personagens se ergue em insultos contra o mouro, Boito atenuou as situações onde o racismo aflora — embora aqui e ali se fale em "*uomo nero sepolcral*" e "*selvaggio dalle gonfie labbra*". Boito diminui também a frequência e a intensidade das alusões corporais.

Porém, se essa corporalidade não é explicitada, ela não deixa de estar fundamentalmente presente no *Otelo* de Verdi. Apenas, ela existe de outro modo.

A CORPORALIDADE DA PALAVRA

No *Otelo* de Verdi há uma relação muito íntima entre as palavras e a música. Nem sempre foi assim na ópera: a mesma melodia podia ser empregada com textos os mais diversos, e o próprio princípio da ária, com a mesma linha melódica que se repete sobre estrofes diferentes, demonstra uma relação mais tênue entre o som musical e o som articulado. Significativamente, em *Otelo* não existem árias no sentido estrito do termo, e, mesmo quando a composição deveria se encaminhar para uma forma tradicional, a relação com a palavra se torna preponderante. Assim, o "Chi a l'esca" de Iago poderia ser apenas uma canção de brinde como as de tantas outras obras da época, mas ela se integra perfeitamente na ação e apresenta efeitos extraordinários de relação com as palavras: basta lembrar a vertiginosa descida cromática sobre a palavra "*beva*".

Não se trata, no entanto, apenas de uma "tradução" em música do sentido do texto, mas de uma relação mais complexa, que não abandona esse aspecto, mas que incorpora a materialidade da palavra. Um bom exemplo é o canto heroico de Otelo ao desembarcar em Chipre:

> *Esultate! L'orgoglio musulmano*
> *Sepolto è in mar, nostra* e *dei ciei è gloria!*
> *Dopo l'armi lo vinse l'uragano.*
> (Exultai! O orgulho muçulmano
> Está sepultado no mar, nossa e do céu é a glória!
> Depois das armas, venceu-o o furacão.)

Trata-se de decassílabos solidamente estruturados, com grande presença de palavras longas (*esultate*, *orgoglio*, *musulmano*, *sepolto*, *uragano*) e com uma alternância de *o* e de *a* nas tônicas: vogais largamente dominantes.

Ora, que faz a música? Ela dilata ainda mais essas palavras

longas, que se tornam elásticas, e acentua, numa tensão extrema, justamente as tônicas. A música investe assim as palavras de uma existência palpável, corpórea, dando a elas materialidade definitiva, e aos personagens, uma existência propriamente física através da voz.

A construção musical se carrega também de um sentido, embora não muito explícito — o que seria mecânico —, suficiente entretanto para provocar uma contaminação semântica.

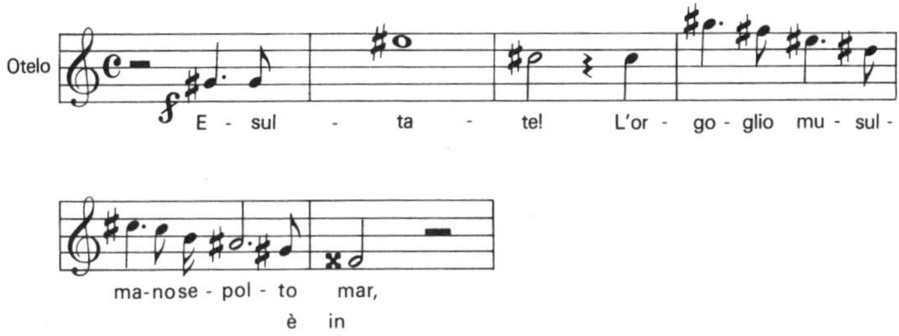

Desse modo, depois da exclamação *Esultate!*, a frase se termina pela ideia de sepultura, de naufrágio, de derrota: como por acaso, sua linha melódica é descendente. Em compensação, *céu*, *glória* são palavras do alto — o movimento melódico se torna então ascendente.

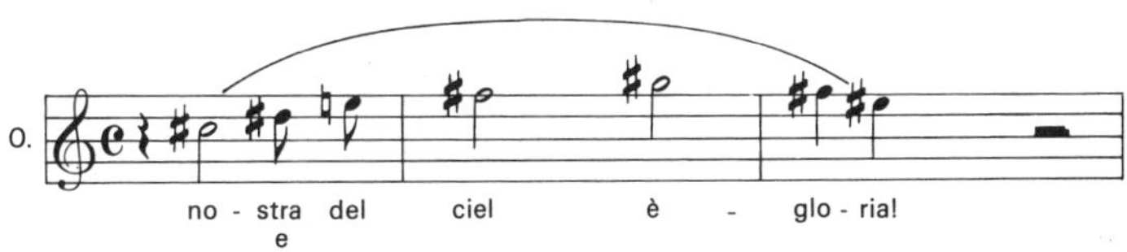

E, na última frase, os termos mais importantes — *armi*, *uragano* —, os instrumentos de derrota dos turcos, são colocados nitidamente em relevo pela melodia.

O.

(Gravação proposta: Beniamino Gigli, cujo fraseado perfeito permite a ilustração exemplar da análise que propus. Orquestra e dirigente indeterminados, sem data original, reeditada por Everest Records, Los Angeles, EUA, s.d.)

Portanto, o som dá corpo à palavra — e é esse som corpóreo que substitui o falar sobre o corpo. Nesse sentido, o dueto entre Otelo e Desdêmona é, em realidade, um ato sonoro de amor.

O texto desse dueto, Boito o recuperara do primeiro ato shakespeariano que havia eliminado. Mas não há diálogo amoroso entre Otelo e Desdêmona na peça de Shakespeare. Na ópera, os dois, envolvidos por uma aura musical, se unem numa relação de profunda densidade amorosa.

Não cabe aqui uma análise detalhada. Gostaria apenas de fazer algumas observações. O dueto se passa após uma cena extremamente agitada. É noite, o casal está a sós, sob um céu estrelado e à beira-mar. Verdi não faz música descritiva, mas sugere, por uma alquimia um pouco difícil de ser explicitada, a atmosfera que os envolve.

Tudo começa com o violoncelo, cuja melodia introduz a calma e cujo timbre sombrio introduz a noite. Ele prepara as primeiras palavras de Otelo, que falam de acalmia e serenidade. Depois, o casal relembra os momentos em que o mouro contava sua vida de aventuras: foi dessa forma que ele se fez amar por Desdêmona. A música é investida por uma espécie de movimento respiratório que se torna cada vez mais febril. Em seguida ("Venga la morte"), Otelo passa por um momento de êxtase e temor. Enfim os beijos ("Um bacio... ancora un bacio") tão embriagadores que — momento orgástico — Otelo se sente desmaiar. (Gravação proposta: Desdêmona, Renata Tebaldi; Otelo, Mario del Monaco; Orquestra Filarmônica de Viena, dirigida por Herbert von Karajan, disco London, LLC 5195, Brasil, s.d.)

Insisti no fato de que Boito reduz o texto de Shakespeare. Mas existe um momento em que ele acrescenta alguma coisa — e alguma coisa de essencial: é o *Credo*, de Iago. Trata-se, como o nome indica, de uma profissão de fé. Alguns de seus aspectos já haviam aparecido em outros textos poéticos de Boito,[28] e contém preocupações profundas do libretista — embora o que se encontre dito nele não seja estranho ao próprio universo shakespeariano — seria possível encontrar facilmente pontos de contato com *Hamlet* ou *Lear*, por exemplo. O importante é que Iago pronuncia essa fé. O texto é luciferiano; o mundo, desprezível (em *Mefistofele*, Boito fará o diabo dizer, dirigindo-se a Deus: "*Iddio piccin della piccina terra*"), é movido pelo mal. Um deus maligno o criou, e a essa criação repugnante se acrescenta o Nada. O homem é apenas brinquedo dessa sorte irônica e Iago não faz mais do que puxar os fios dos títeres. Boito não contradiz Shakespeare, não explica, de um modo causal, as ações de Iago — o que faz é introduzir um fundamento metafísico não explícito em Shakespeare, através dessa teologia da negação.[29] A música de Verdi, que começa com acordes apocalípticos desencadeados na orquestra, chega a um silêncio que é como a percepção palpável desse nada. (Gravação proposta: Iago, Aldo Protti; Orquestra Filarmônica de Viena, dirigida por Herbert von Karajan, disco London, LLC 5195, Brasil, s.d.)

No último ato, tudo se concentra em volta da cama de Desdêmona, que se torna a ara sacrifical. Na ópera de Verdi, o personagem é ainda mais marcadamente vítima, envolvido por uma composição escrita para instrumentos de sopro, criando uma sonoridade de órgão, um pouco estranha, feita de timbres diversificados. Nela se insere, essencial, a canção do salgueiro e também uma prece, frágil se comparada à "*terribiltà*" que Iago invoca.

Depois, o suicídio de Otelo — o sacrificador que por sua vez se torna vítima. Aqui, o poder evocador da música vai buscar os beijos do dueto de amor do primeiro ato. Otelo morre sobre o leito nupcial ao lado de Desdêmona, e então o absurdo do mundo é sublimado pela morte que se dá no seio do amor. (A gravação proposta é bastante rara e quase um milagre. Porque se trata da interpretação do *criador* do papel de Otelo há cem anos, Francesco Tamagno, tenor lendário. Tamagno morreu em 1905, com 55 anos de idade, ainda em plena atividade. Gravou a morte de Otelo em 1903. O envelhecimento técnico desse documento não anula as magníficas características da voz clara, jovem, poderosa, à qual se acrescenta uma interpretação inigualável. O fraseado, a ligação entre as palavras, entre as sílabas, o tratamento burilado de cada vogal são perfeitos, de uma perfeição calorosa e emocionada. Emoção que é de ordem estritamente musical, sem nenhum excesso de truculência teatral, frequentes em maus tenores. Testemunho esplêndido do grande estilo verdiano do século XIX, ao qual se acrescenta a comoção de se ouvir a voz do verdadeiro Otelo de Verdi, vinda de um passado remoto. Gravação original de 1903, com acompanhamento de piano, reeditada em disco EMI, Itália, QALP 5336, 1966.)

EXCERTOS DA DISCUSSÃO

Questão: Uma dúvida que me deu... Há, em Shakespeare, todo aquele desespero do homem em relação ao mundo, que aparece muito em *Hamlet*. Ao ler essa parte do libreto de Boito, eu vi que Iago é muito shakespeariano, como você mesmo disse, o próprio libretista absorveu o pensamento de Shakespeare, a fala de Shakespeare. *Otelo* é anterior ou posterior a *Hamlet*, você lembra?

Jorge Coli: Posterior.

Questão: Em Hamlet ainda há dúvida. Aqui, Iago não acredita mais em coisa alguma, não duvida: depois da morte é o nada.

Jorge Coli: Creio que, em Shakespeare, essa negação absoluta de tudo nunca é afirmada claramente. O que acontece com frequência nas peças de Shakespeare é uma espécie de perplexidade diante do mundo e diante das crenças, acompanhada de uma interrogação constante sobre a origem do mal. A série de vilões em Shakespeare é notável. Eles têm um pouco da natureza de Iago, que provoca a emergência do mal no mundo, sem razões suficientes. Um caso extremo é, por exemplo, o de Dom João, em *Muito barulho por nada*. É um vilão que não tem nenhuma razão de ser, afora sua bastardia (como também o Edmundo do *Rei Lear*): ele está lá encarnando o mal. Só que, em *Muito barulho por nada*, existe uma dimensão cômica, enquanto que no *Otelo* ela é profundamente trágica. Menos do que uma afirmação absoluta, uma profissão de fé como em Boito, há em Shakespeare essa ideia de perplexidade do limite da compreensão. O acaso é um grande sintoma: as coisas devem se completar de tal ou qual modo, mas são interrompidas, contrariadas em algum momento, porque há um descompasso em algum lugar. O acaso é um excelente agente desse descompasso.

Questão: Há em Hamlet a dúvida. Aqui, nessa parte do libreto em que Iago diz que não acredita no homem honrado...

Jorge Coli: É certamente a parte que mais lembra o monólogo de Hamlet, como suportar o desmando das leis, da injustiça...

Questão: No Iago da ópera há uma afirmação: o justo é um histrião burlador.

Jorge Coli: Em *Hamlet*, está claro o enunciado de que não suportaríamos os desmandos se soubéssemos quais sonhos virão depois da morte, pois tudo poderia ser resolvido com a ponta de um punhal. No Iago de Boito, afirma-se não a existência de injustiça, como em *Hamlet*, mas a inexistência do justo. Não há o justo. E também não há dúvida sobre o depois da morte: é o Nada. É essa perspectiva nova, da negação total, que o texto de Boito traz.

Eu lhe agradeço a questão, pois creio que é importante considerar o Otelo de Verdi e Boito digno de uma comparação com o de Shakespeare. Não é apenas uma ópera a partir do tema shakespeariano, é uma retomada do original, um retraçar dos caminhos que Shakespeare já havia constituído.

Questão: Talvez fosse interessante retraçar um paralelo entre o ciúme visto desse ponto de vista quase que metafísico, isto é, de que o homem chega, pela paixão, a um determinado momento que não tem explicação, que não tem causa ou razão. Ele se torna uma paixão, ele age assim, como força. E como a gente vê o ciúme hoje, no século XX, psicologizado...

Jorge Coli: Extremamente.

Questão: ...propriedade do corpo do outro, enquanto que aqui ela tem uma dimensão muito mais elástica, talvez...

Jorge Coli: É claro.

Questão: ...muito mais extensa. Não sei se a gente poderia fazer esse paralelo, eu pediria isso a você.

Jorge Coli: Creio que uma das lições que o texto de Shakespeare pode nos dar é justamente de como são vãs todas as tentativas de explicação, todos os princípios de solução, como é vã essa busca da felicidade através do causal, através daquilo que, mexendo lá, vai ter um efeito ali. Ora, se tomarmos Shakespeare a partir daquilo que ele próprio coloca, do universo que instaura, esse tipo de explicação é irrisório. Como são irrisórias as análises psicológicas, sociológicas e outras. Por exemplo, eu disse que a homossexualidade estava presente, que ela surge inesperadamente na peça como um dos elementos da paixão. Agora, se eu chegar e disser: bem, Iago age desse modo porque na realidade está apaixonado por Otelo etc, tudo fica de um simplismo, de um mecanicismo impossível! Então, para mim, o prazer de trabalhar essa história da paixão é de tomá-la como uma coisa compacta, como esse amálgama de que falei, e tentar penetrá-lo sem buscar nenhuma explicação suficiente. Nesse sentido, as obras de arte, entre elas o teatro e a ópera, são ótimos instrumentos: nos dão a coisa assim em bloco. Se eu tento explicar o porquê, fico ridículo. A complexidade da obra é muito maior do que qualquer explicação que se possa dar.

NOTAS

1. Assis, Machado de, *Obra completa*, Rio de Janeiro, Nova Aguilar, 1985, vol. I, p. 934.

2. "This the nature/ Whom passion could not shake?", ato IV, cena 1, l. 268-9. Cf. também ato III, cena 4, 1. 134-9.

3. "I think the sun where he was born/ Drew all such humours from him", ato III, cena 4, 1. 30-1.

4. "Of one not easily jealous", ato V, cena 2, I. 345.

5. "O, beware, my lord, of jealousy;/ It is the green-eyed monster, wich doth mock/ The meat it feeds on", ato III, cena 2, 1. 166-70.

6. "Demand me nothing, what you know, you know/ From this time forth I never will speak word", ato V, cena 2,1. 303-4.

7. Espinosa, *Ética*, trad. Lívio Xavier, Ediouro. O grifo é meu.

8. "Hot, hot and moist: this hand of yours requires/ A sequester from liberty, fasting and prayer,/ Much castigation, exercise devout;/ For here's a young and sweating devil here,/ That commonly rebels", ato III, 4, 1. 39-43.

9. "*O*: What hath he said?

I: Faith, that he did — I know what he did.

O: What, what?

I: Lie —

O: With her?

I: With her, on her; what you will.

O: Lie with her! lie on her — we say lie on her, when they belie her. — Lie with her! Zounds, that's fulsome!", ato IV, cena 1, l. 31-7.

10. "I found not Cassio's kisses on her lips", ato III, cena 3, 1. 341.

"I had been happy, if the general camp,/ Pioners and all, had tasted her sweet body,/ So I had nothing known", ato III, cena 3, 1. 345-7.

11. "...as prime as goats, as hot as monkeys,/ As salt as wolves in pride", ato III, cena 3, 1. 403-4.

12. "I lay with Cassio lately, [...]/ In sleep I heard say 'Sweet Desdemona,/ Let us be wary, let us hide our loves'/ And then, sir, would he gripe and wring my hand,/ Cry 'O sweet creature!' and then kiss me hard,/ As if he pluck'd up kisses by the roots,/ That grew upon my lips: the laid his leg/ Over my thig and sigh'd and kiss'd, and then/ Cried 'Cursed that gave thee to the moor!' ", ato III, cena 3, 1. 413-26.

13. Citado por Reliquet, Philippe. "Otello, drame raciste", *L'Avant-Scène Opéra*, 3, maio-jun. 1976.

14. Citado por Castelain, Maurice, "Introduction à *Othello*", in *Othello*, Paris, Aubier-Montaigne, 1959, p. 29.

15. Citado por Lord Derwent, *Rossini*, Paris, Gallimard, 1937, p. 98-9.

16. "[...] as — to be bold with you —/ Not to affect many proposed matches/ Of her own clime, complexion and degree./ Whereto we see thigs nature tends—/ Foh! one may smell in such a will most rank./ Foul disproportion, thougs unnatural", ato III, cena 3, 1. 228-33.

17. Hugo, Victor, *William Shakespeare*, Paris, Flammarion, 1973, p. 201.

18. "Even now, very now, an old black ram/ is tupping your white ewe/ [...] the devil will make a grandsire of you", ato I, cena 1, l. 87-91. Cf. também, mais adiante, "you'll have your daughter covered with a Barbary horse", 1. 110-1, e "your daughter and the moor are now making the beast with two backs", 1. 116-7.

19. "and when I love thee not,/ Chaos is coming again", ato III, cena 3, 1. 91-2.

20. In Erich Auerbach, *Mimesis*, Paris, Gallimard, 1968.

21. Idem, p. 323.

22. "I am not what I am", ato I, cena 1, l. 65.

23. "'tis a monster/Begot upon itself, born on itself', ato III, cena 4, l. 161-3.

24. Roger Fayolle, em sua introdução a Racine et Shakespeare de Stendhal (Garnier-Flammarion, 1970), lembra a indignação precoce do autor da *Chartreuse* contra as adaptações e traduções infiéis, que proclamava, desde 1817, "Il nous faut du Shakespeare pur" (p. 22). Victor Hugo dirá também em *William Shakespeare* (op. cit., p. 180), a respeito da nova tradução de seu filho François-Victor Hugo (a primeira realmente fiel em idioma francês): "Ce Shakespeare sans muselière, c'est la présente traduction". Sabe-se que Garrick, no século XVIII, embora tentando uma "volta" aos textos originais de Shakespeare, não hesitava, por exemplo, em fazer o *Rei Lear* terminar com um final feliz. Para as representações de Roma, o próprio Rossini modificou seu *Otelo*, fazendo-o terminar por um harmonioso dueto de amor, extraído de uma outra ópera sua. Os romanos haviam julgado a história triste demais.

25. Provável influência da *Zaíre* de Voltaire, onde o instrumento da suspeita é uma carta. Sobre as convenções do teatro clássico francês, que recusavam palavras e expressões consideradas vulgares (lenço — *mouchoir* — sendo uma delas), cf. algumas passagens de *Racine et Shakespeare* de Stendhal, particularmente a seção IX de "Réponse à quelques objections", op. cit, p. 93 e seg. Para uma comparação entre *Otelo* e *Zaíre*, cf. a extraordinária análise de Leo Spitzer: "Quelques interprétations de Voltaire": in *Etudes de Style*, trad. por Eliane Kaufholz, Alain Coulon e Michel Foucault, Paris, Gallimard, 1970, p. 336 e seg.

26. Para quem Rossini escreveu um grande número de óperas.

27. Desdêmona, aliás, não possui, em nenhum momento, oportunidade para malabarismos vocais.

28. Cf., por exemplo, o poema “Dualismo”, de 1864, in Boito, Arrigo. *Opere*, Garzanti, Milão, 1979, p. 3 e seg. A relação entre o homem e o verme, desenvolvida no texto do “Credo”, encontra um eco significativo em “Re Orso”, op. cit., p. 41 e seg.

29. O texto do “Credo” proferido por Iago é o seguinte:

Credo in un Dio crudel che m’ha creato	*Creio num Deus cruel que me criou*
Simile a sè, e che nell’ira io nomo.	*Semelhante a si, e que na ira eu invoco.*
Dalla viltà d’un germe o d’un atomo	*Da vileza de um germe ou de um átomo*
Vile son nato.	*Vil nasci.*
Sono scellerato	*Sou celerado*
Perchè son uomo	*Porque sou homem*
E sento il fango originario in me.	*E sinto a lama originária em mim.*
Si! quest’è la mia fé!	*Sim! esta é a minha fé!*
Credo con fermo cuor, siccome crede	*Creio com firme coração, como crê*
La vedovella al tempio,	*A viuvinha no templo,*
Che il mal ch’io penso e che da me [procede	*Que o mal que penso e que de mim [procede*
Per mio destino adempio.	*Eu o realizo pelo meu destino.*
Credo che il giusto è un istrion beffardo	*Creio que o justo é um histrião burlador*
E nel viso e nel cuor,	*No rosto e no coração,*
Che tutto in lui è bugiardo:	*Que tudo nele é mentira:*
Lagrima, bacio, sguardo,	*Lágrima, beijo, olhar,*
Sacrifício ed onor.	*Sacrifício e honra.*
E credo l’uom gioco d’iniqua sorte	*E creio que o homem é um jogo da [sorte iníqua*
Dal germe della culla	*Do germe do berço*
Al verme dell’avel.	*Ao verme do túmulo.*
Vien dopo tanta irrision la Morte.	*Vem, depois de tanta irrisão, a Morte.*
E poi? La morte è il Nulla.	*E depois? A morte é o Nada.*
È vecchia fola il ciel!	*O céu é uma velha fábula!*

PASOLINI: PAIXÃO E IDEOLOGIA

Michel Lahud

À Vera Aguiar, em memória.

Disseram-me que tenho três ídolos: Cristo, Marx e Freud. Isso são apenas fórmulas. De fato, meu único ídolo é a realidade.[1]

Gostaria, aqui, de levar essa declaração de Pasolini às últimas consequências e tentar, assim, reconhecer em sua obra as marcas desse amor "alucinado", "infantil", "pragmático" e até mesmo "religioso" pelo real, a que ele, em vários depoimentos, insiste em reduzir a sua "filosofia" ou postura diante da vida.[2] Não seria, de fato, legítimo derivar alguns traços essenciais da obra de Pasolini do jogo de suas paixões pessoais, entendendo-as todas como expansões múltiplas de um único amor primordial, de uma paixão motriz fundamental: sua *idolatria pela realidade?*

I

Comecemos pelas próprias *opções linguísticas* de Pasolini, pois até sua passagem da literatura ao cinema e o privilégio cada vez maior da imagem sobre a palavra no interior de sua obra parecem estar intimamente ligados a essa paixão primitiva.

Com efeito, já o recurso ao dialeto em sua produção literária — ao friuliano em seus primeiros poemas (*Poesia a Casarsa*, 1942, e *La meglio gioventà*, 1954) e ao romanesco em suas narrativas dos anos 50 (*Ragazzi di vita*, 1955, e Una vita *violenta*, 1959) — exprime claramente um desejo de aproximação mais direta, material, da realidade e dos valores evocados nesses escritos. Desejo, todavia, que por certo jamais poderia ser plenamente satisfeito através da literatura: ao interpor necessariamente entre o autor e a vida uma "tela de palavras", interdita-se toda literatura a uma relação mais completa, um contato, digamos, propriamente físico, carnal com a realidade, por ela sempre apenas "simbolicamente" figurável.

> E talvez a verdadeira tragédia de todo poeta seja a de só atingir o mundo metaforicamente, segundo as regras de uma magia definitivamente limitada na sua apropriação do mundo.[3]

Já o cinema, entretanto, parece representar para Pasolini o meio de contornar essa tragédia, na justa medida em que suas características específicas o situam, como *linguagem*, em perfeita relação de analogia com a própria realidade.

> Enquanto todas as outras linguagens se exprimem através de sistemas de signos "simbólicos", os signos do cinematógrafo não o são; eles são "iconográficos" (ou icônicos), são signos de "vida", se ouso dizê-lo; dito de outra forma, enquanto todos os outros modos de comunicação exprimem a realidade através de "símbolos", o cinema exprime a realidade através da realidade.[4]

Mais precisamente, comparada às línguas naturais, que se articulam em monemas e fonemas, a linguagem cinematográfica também aparece como duplamente articulada: só que suas unidades de base, seu material significante último — os *cinememas* que, ao combinarem, compõem a articulação dos *planos* —, não são, ao contrário dos fonemas nas línguas, entidades puramente abstratas e arbitrárias, mas as próprias ações e objetos reais do mundo.

> Pretender expressarmo-nos cinematograficamente sem empregar os objetos, as formas, os atos da realidade, incluindo-os e incorporando-os na nossa língua, seria tão absurdo

e inconcebível como pretender expressarmo-nos linguisticamente sem empregarmos as consoantes e as vogais, ou seja, os fonemas.[5]

Por isso não é a realidade uma pura instância exterior ao cinema — e por ela apenas simbolicamente representável —, mas antes um momento por assim dizer interno do seu instrumento próprio de expressão. Ora, sendo a própria realidade também uma linguagem — a linguagem natural da ação humana —, pode então esse plano-sequência-infinito que é o cinema, segundo Pasolini, ser igualmente entendido como uma espécie de "registro escrito" dessa linguagem natural e espontânea da realidade (assim como a escrita propriamente é uma espécie de transcrição da linguagem primeira e espontânea da fala).[6] Ou seja, por um lado, o cinema como reprodução mecânica da linguagem da vida; mas a própria vida, por outro lado, como "cinema natural", como cinema "ao vivo"...: eis, portanto, a relação semiológica profunda destacada por Pasolini e que permite compreendê-lo quando afirma que, ao contrário da literatura, o cinema o mantinha totalmente dentro dos quadros da realidade, possibilitando-lhe um contato físico, carnal e até sensual com ela.

> A paixão, que tinha assumido a forma de um imenso amor pela literatura e pela vida, se despojou gradualmente do amor pela literatura e se tornou aquilo que ela realmente era: uma paixão pela vida, pela realidade que me cerca, realidade física, sexual, objetiva, existencial. Eis o meu primeiro e único grande amor, e o cinema, num certo sentido, me impeliu a voltar a ele e a exprimir apenas ele. O cinema foi, assim, uma explosão do meu amor pela realidade.[7]

II

Assim sendo, pode à primeira vista parecer estranho que Pasolini declare ter ódio do *natural* e detestar tudo o que, em arte, se aproxime do naturalismo.[8] Não seria isso contraditório com a ideia de que a sua opção pelo cinema se deve, em última instância, ao fato deste ser a reprodução da linguagem natural da realidade? Contradição apenas aparente, pois exatamente a mesma paixão que o aproxima do *cinema* como *linguagem* é que o distancia do naturalismo no *estilo* dos seus *filmes*. De fato, nada pode parecer natural no mundo quando a este se devota um amor de tipo religioso e, por assim dizer, fetichista, como o de Pasolini. Ao contrário, a verdadeira paixão é a que sacraliza o seu objeto e a ele consagra em permanência uma espécie de culto:

> Quando faço um filme, ponho-me em estado de fascinação diante de um objeto, de uma coisa, de um rosto, dos olhares, de uma paisagem como se se tratasse de um engenho onde o sagrado estivesse na iminência de explodir.[9]

Convém então, agora, apontar alguns dos *procedimentos expressivos* de Pasolini, que fazem de seus filmes verdadeiros instrumentos de um culto antinaturalista à realidade.

Sua preferência por atores não profissionais, por exemplo:

> Prefiro trabalhar com atores escolhidos na vida, ao acaso, quero dizer, escolhidos por aquilo que eles me parecem exprimir sem o saber; com não profissionais. O ator profissional tem uma obsessão exagerada pelo natural e pelo floreado. Ora, odeio o natural (que o ator exagera, aliás, na maior parte do tempo por medo de deixar escapar as nuanças).[10]

Quer dizer, não é por sua habilidade de "representação" que os protagonistas dos filmes de Pasolini são escolhidos, mas por aquilo que, atores ou não, no mais íntimo de si mesmos ou na sua essência social profunda eles *realmente* são. Assim, por exemplo, os subproletários de *Accattone* são todos reais habitantes da periferia de Roma, do mesmo modo que as coletividades de *Édipo-Rei* e de *Medeia* são formadas por verdadeiros pastores turcos e marroquinos. Nas próprias tavernas de Edimburgo foram encontrados os três bandidos de *Os contos de Canterbury*, enquanto Ettore, o filho de Mamma Roma, efetivamente trabalhava, como no filme, num restaurante do Trastevere. Maria Callas não é apenas a genial "intérprete" de um filme sobre o mito de Medeia, mas era, na vida, Medeia; assim como era Orson Welles o próprio diretor de cinema por ele encarnado em *A ricota*, e Silvana Mangano tanto uma elegante burguesa de Milão (como em *Teorema*) quanto a mais perfeita — e irresistível — Jocasta (como em *Édipo-Rei*). Por isso Anna Magnani no papel de Mamma Roma pôde ter sido considerada por Pasolini como talvez seu único erro na escolha dos seus personagens:

> De fato, eu a tinha escolhido para interpretar o papel de uma mulher do povo que aspira à condição pequeno-burguesa. Ora, Anna Magnani, por suas origens realmente pequeno-burguesas, e por sua profissão de atriz, não pode "passar" este papel de mulher do povo aspirante à pequena burguesia católica.[11]

Mas exatamente por isso, também, a enorme dificuldade de Pasolini para encontrar alguém que, no *Evangelho segundo São Mateus*, pudesse encarnar a figura do Cristo. Conta a esse propósito Pasolini:

> Eu tinha [...] uma ideia bastante fixa sobre os principais traços que precisava reunir numa só pessoa. Examinando todas as possibilidades que deixava a interpretação de um tal ser, acabei por me inclinar para um tipo de intelectual capaz de exprimir a violência revolucionária, a pureza, a inteligência... Eu o via... poeta. E foi assim que pude pensar um momento no poeta russo Evtuchenko e no escritor *beatnik* Jack Kerouac. De fato, passei quase um ano a procurar "meu" Cristo. Depois de várias procuras infrutíferas, encontrei por acaso em minha casa Enrique Irazoqui, um jovem espanhol que tinha vindo me ver, de passagem

> por Roma, e que me pareceu corresponder exatamente ao retrato que me compunha interiormente desde há muitos meses. Quanto ao resto dos personagens, distribuí os papéis a camponeses, a subproletários das periferias romanas, a pessoas do Sul, por vezes a amigos dos quais eu conhecia a aptidão para fixar esta ou aquela particularidade de caráter, para corresponder a esta ou aquela referência figurativa. Dou grande importância aos rostos e é impossível trapacear com eles: porque a câmara revela a sua realidade mais íntima...[12]

Notemos que exatamente o mesmo princípio da escolha dos atores norteia também a escolha das locações. Por exemplo, após uma viagem à Palestina, Pasolini descartou totalmente a possibilidade de filmar seu *Evangelho* nos locais descritos no Novo Testamento, dada a "modernidade" evidente da paisagem. Quanto à reconstituição histórico-arqueológica tal como tradicionalmente praticada no cinema, seria um semelhante recurso absolutamente incompatível, por seu inevitável artificialismo, com a obsessão de Pasolini pela realidade imediata e sua "mania de verdade". Restava-lhe, então, o método da *equivalência diacrônica* — inúmeras vezes utilizado em sua obra —, que o levou a se decidir pelas regiões arcaicas e "feudais" da Itália meridional como cenário do *Evangelho*, devido a suas analogias profundas com a Palestina de dois mil anos atrás. Assim, dizia Pasolini:

> nunca tive a intenção de representar uma época passada; e, se tentei fazê-lo, foi sempre através da analogia, isto é, representando uma época moderna num certo sentido análoga ao passado... Só a persistência do passado no presente pode ser figurada de maneira objetiva.[13]

Em suma, na árida paisagem do sul da Itália, assim como no corpo dos camponeses italianos, no rosto de alguns dos seus próximos e no olhar de Enrique Irazoqui, reconheceu Pasolini os traços bíblicos que o cenário e os atores no seu filme deveriam não propriamente evocar ou representar, mas antes deixar transparecer, exibir.

Ora, como essa preferência de Pasolini pelo real — contra o natural — na escolha de seus cenários e atores escapa concretamente em seus filmes para uma estilização de tipo realista? Sobretudo pela quase total ausência neles do *plano-sequência*, compensada por um minucioso trabalho de *montagem*. Com efeito, tal é o fascínio de Pasolini pela realidade que ele se *fixa* diante de seus fragmentos — corpos, rostos, gestos, paisagens — como se cada ação, cada detalhe do mundo merecesse ser objeto de uma atenção devotada. O plano-sequência procura captar as ações reais em sua fluidez natural; Pasolini recusa essa fluidez para melhor consagrar, uma a uma, as "coisas do mundo", que vão sendo assim registradas em diferentes planos. Daí o equívoco, por exemplo, de certos críticos que, no lançamento de *Accattone*, acreditaram estar Pasolini pretendendo com este seu primeiro filme reavivar a tradição neorrealista do cinema italiano. É que são de fato próximos dessa tradição o tema, o meio social, os personagens e os cenários de *Accattone* (terrenos baldios, bares miseráveis, prostitutas e cafetões, vagabundos perambulando pelas estradas da periferia de Roma etc). Mas enquanto os clássicos do neorrealismo procuravam evitar toda espécie de esteticismo no tratamento desses elementos, adotando um estilo sóbrio, apagado, em perfeita homologia com o universo retratado, Pasolini escolhia, ao contrário, uma técnica expressiva capaz de transmitir a esse mesmo universo uma dimensão verdadeiramente *épica* e *mítica*. A câmara fixa sobre os personagens, seus rostos, seus corpos; a frontalidade absoluta dos planos, entrecortada por longas panorâmicas simétricas e majestosas; o contraste violento entre luz e sombra; a superposição de uma música solene a situações banais e, no limite, sórdidas (como a belíssima entrada da *Paixão Segundo Mateus* de Bach na cena da briga de Accattone com seu ex-cunhado): todos esses expedientes expressivos concorrem para uma desnaturalização e intensa sacralização das figuras captadas pela câmara de Pasolini, bem mais próxima, nesse sentido, da câmara de um Chaplin ou de um Mizoguchi do que da de Rossellini ou de Vittorio de Sica.

Em síntese:

> a diferença entre o cinema e o filme, todos os filmes, consiste exatamente nisto: que o cinema possui a linearidade de um plano-sequência infinito e contínuo — *analítica* — enquanto os filmes possuem uma linearidade potencialmente infinita e contínua — mas *sintética*. Há autores que procuram, dado o seu amor indulgente e naturalista pelas coisas do mundo, reproduzir em seus filmes a linearidade analítica, que terá o mais possível uma duração idêntica à da realidade; outros realizadores são, pelo contrário, favoráveis a uma montagem que torne esta linearidade o mais possível sintética.[14]

Pasolini, dado justamente o seu amor de *tipo passional pela realidade*, não poderia pertencer senão a esta segunda categoria.

III

Até agora, a palavra "realidade" está sendo entendida como "corporeidade", "materialidade" e usada aqui para designar a dimensão carnal e concreta das coisas do mundo — dimensão que o cinema, como linguagem, mimetiza e que alguns filmes, como os de Pasolini, tecnicamente sacralizam. Mas "realidade" para Pasolini tem um segundo sentido, que remete, não à ordem *física* das coisas, mas à dimensão, digamos, *moral* e *metafísica* delas. Mais precisamente, no vocabulário de Pasolini, "realidade" é muitas vezes perfeito sinônimo de "autenticidade", recobrindo assim apenas uma porção determinada do real: aquela que, face à degradação e à corrupção do mundo capitalista, soube justamente preservar uma certa inocência e integridade. "Realidade", em suma, é tudo e apenas aquilo que não esteja impregnado dos valores "artificiais", "falsos" e "irreais" secretados pela civilização burguesa e que por isso representa a base *autêntica* de resistência a esta. Nesse sentido, portanto, a paixão de Pasolini pela realidade nada mais é do que a pura contrapartida do seu ódio pela burguesia:

> Alimento um ódio visceral, profundo, irredutível contra a burguesia, contra sua suficiência, sua vulgaridade; um ódio mítico, ou, se preferir, religioso.[15]

Mas atenção:

> ...por burguesia não entendo tanto uma classe social quanto uma verdadeira doença. Uma doença muito contagiosa [...]. O burguês — digamos espirituosamente — é um vampiro que não fica em paz enquanto não morde sua vítima no pescoço, pelo puro, simples e natural prazer de vê-la se tornar pálida, triste, feia, desvitalizada, disforme, corrompida, inquieta, cheia de sentimentos de culpa, calculista, agressiva, terrorista, *tal como ele mesmo*.[16]

A burguesia não apenas como classe social, mas como *doença*, como um *mal*: isso significa que não existe um subconjunto do real fixo e trans-histórico que seja o portador da falsidade e do artifício burgueses, tão odiados por Pasolini, mas que esse conjunto é ele mesmo variável em função das vicissitudes sociais e políticas que abatem a própria história da burguesia. Trata-se, então, agora de indicar como o próprio *movimento temático* da obra de Pasolini reflete uma busca apaixonada dessa realidade antiburguesa — busca que, por estar intimamente articulada aos movimentos da própria história, não poderia ser sempre idêntica a si mesma.

Até a década de 60 aproximadamente, Pasolini, em perfeita consonância com a tradição marxista, podia ainda considerar como portadoras da "realidade" determinadas classes sociais, cuja ótica própria as distinguia nitidamente da burguesia e podiam assim servir de suporte a uma obra de caráter nacional-popular no sentido gramsciano da expressão. Do seu convívio na juventude com os camponeses do Friuli e, a seguir, da sua vida nos subúrbios de Roma, Pasolini extraiu a matéria viva dos seus primeiros romances e filmes, nos quais as culturas particulares de um mundo agrário (em *Il sogno di una cosa*, 1962) e de um certo lumpesinato (em *Ragazzi di vita*, 1955, *Una vita violenta*, 1959, *Accattone*, 1961, e *Mamma Roma*, 1962) são retraçadas, exibidas e exaltadas em suas diferenças específicas e positivas.

Por volta de 1964, porém, a direção da busca da autêntica "realidade" na obra de Pasolini sofre um nítido deslocamento, do qual *A ricota*, episódio inserido no filme *Rogopag* (de 1963), fornece o testemunho mais significativo. De fato, obra de transição, *A ricota*, *ao* mesmo tempo em que participa do movimento que inspira *Accattone* e *Mamma Roma*, prefigura já bem claramente a nova fase que, a partir daí e pelo menos até *Medeia* (1970), irá marcar a produção pasoliniana. Vejamos.

Stracci é um subproletário dos subúrbios de Roma que, vítima de uma fome crônica, vive fazendo figuração em filmes realizados nos estúdios da Cinecittà em troca de alguma comida. Na versão maneirista da paixão de Cristo que está sendo ali rodada, o papel a ele atribuído é o do bom ladrão. Recebido o cesto de comida distribuído pela produção a cada comparsa, Stracci o leva à sua família, que o fica aguardando próximo às locações. Travestindo-se, consegue em seguida obter um segundo cesto, que ele esconde às pressas numa gruta vizinha. Mas quando, numa pausa das filmagens, ele volta à gruta para enfim fazer sua refeição, depara com o cão felpudo da atriz principal devorando a sua comida. Furioso, agarra o cachorrinho da madame e o vende a um jornalista ali de passagem que tinha acabado de entrevistar o pernóstico diretor do filme numa cena anterior. Com o dinheiro ganho, compra uma ricota e a deixa novamente escondida até conseguir, afinal, em outra pausa do trabalho, comê-la ávida e precipitadamente. É acometido, em seguida, de uma visão: a equipe técnica e os demais figurantes, zombando dele, o obrigam a engolir uma quantidade enorme de comida. Ao final do filme, o produtor — acompanhado de jornalistas, fotógrafos, atores e personalidades políticas — chega aos estúdios para assistir às filmagens. Junto ao assistente de direção, Stracci ensaia a frase que deverá dizer na cena da crucificação. Mas, iniciada a filmagem, o diretor ordena várias vezes a Stracci que diga seu texto, inutilmente. Pregado à cruz, o bom ladrão dos subúrbios tinha morrido — provavelmente abatido por uma fulminante indigestão.

Uma das intenções do filme é exatamente a mesma dos filmes anteriores: trata-se de *sacralizar a realidade subproletária*, invertendo assim a moral burguesa que via nessa mesma realidade a própria encarnação do Mal. Só que essa intenção em *A ricota* se concretiza através da própria *dessacralização da cultura burguesa*: ao pseudossublime da paixão de Cristo que está sendo rodada no interior do filme, Pasolini justapõe o lúdico e o profano populares, sob a forma de música ligeira, de um *twist* freneticamente dançado pelos figurantes num dos intervalos das filmagens e da ridicularização popularesca das composições maneiristas calcadas pelo diretor do filme nos quadros de Rosso Fiorentino e de Pontormo. Dessa justaposição emerge a mesma mensagem dos filmes anteriores: o sagrado não se encontra ali onde a burguesia o coloca e o procura, mas onde quase ninguém o percebe, na própria existência de um Accattone, de um Ettore, de um Stracci. Ou seja, a verdadeira paixão de Cristo não se exprime nas obras de consumo burguesas, mas através da própria condição subproletária, figurada aqui por um pobre ladrão dos subúrbios, permanentemente faminto e martirizado e objeto efetivo do escárnio de todos.

Mas, além dessa oposição entre subproletariado e burguesia já tradicional na obra de Pasolini, é introduzida também uma outra em *A ricota* através do personagem ambíguo de Orson Welles. De fato, Welles é o diretor que o filme de Pasolini ridiculariza. Mas, na cena em que é entrevistado pelo jornalista, ele se transforma no perfeito porta-voz de Pasolini, declarando que a Itália possui "o povo mais analfabeto, a burguesia mais ignorante da Europa" e que o *homem médio, o homem-massa*, não passa de um verdadeiro monstro, "um perigoso delinquente, conformista, colonialista, racista, escravocrata". [...] Para arrematar, abre um livro da autoria do próprio Pasolini e se põe a declamar ao jornalista estupefato o seguinte poema:

> Eu sou uma força do Passado. Só na tradição o meu amor reside. Venho das ruínas, das Igrejas dos retábulos, dos burgos esquecidos nos Apeninos e Pré-Alpes, onde meus irmãos viveram. Vagueio pela Tuscolana como um louco, pela Appia como um cão sem dono. Ou olho os crepúsculos, nas manhãs de Roma, da Ciociaria, do mundo, como os primeiros atos da Pós-História, aos quais assisto por privilégio de censo, da orla extrema de uma era sepultada. Monstruoso é quem nasceu das vísceras de uma mulher morta. E eu, feto adulto, perambulo mais moderno que todos os modernos à procura de irmãos que não existem mais.[17]

Ou seja, a Itália humanista do passado, aquela Itália culturalmente rica e diversificada, não existe mais; em seu lugar, uma Itália medíocre, homogeneizada e um povo "degenerado, ridículo, monstruoso, criminoso" — verdadeiro bando monolítico de pequenos-burgueses possuídos da compulsão obsessiva de produzir, de consumir e de viver exclusivamente em função disso.

O que, então, representa essa oposição entre *mundo antigo* e *mundo moderno* que, em *A ricota*, vem cruzar a antiga oposição entre burguesia, de um lado, e subproletariado do outro? O sintoma da chamada "crise do marxismo" de Pasolini, da crise que, por volta de 1963-4, nele iriam provocar as transformações perceptíveis na realidade italiana e no cenário político internacional, obrigando-o a um certo deslocamento. Essa crise se encontra claramente anunciada e tematizada na seção "cartas aos leitores" do jornal comunista *Vie Nuove*, da qual Pasolini foi colaborador de 1960 a 1965. Nessas cartas, dirigidas essencialmente aos jovens comunistas, procurava Pasolini enfaticamente chamar-lhes a atenção para os fenômenos da atualidade que obrigavam a uma revisão das posições anteriores e a uma melhor adequação das estratégias de combate à nova situação. A passagem sensacional do capitalismo monopolista ao capitalismo tecnocrático, a transformação do capitalismo imperialista em neocolonialismo, o "mistério da revolução chinesa" e o desencanto com o revisionismo soviético: tudo isso abalava profundamente os esquemas tradicionais da ortodoxia marxista e exigia novas disposições.

> Dali em diante todo otimismo beato, incondicional me estava interditado. Além disso, atualmente, o neocapitalismo parece enveredar por um caminho que coincide com as aspirações das "massas". De modo que desaparece a última esperança de uma renovação dos valores através da revolução comunista. Essa esperança tornou-se utopia, pelo menos em mim.[18]

Noutras palavras, através do neocapitalismo a burguesia estava se transformando, por assim dizer, na própria condição humana. De fato, com a industrialização fulminante da Itália nos anos 60, a cultura hedonista e consumista da burguesia ascendente passou a ser secretada e difundida com a máxima eficácia tecnológica, contaminando assim progressivamente todas as camadas sociais cujas culturas próprias e diferenciadas podiam até então representar formas autênticas de oposição à ideologia burguesa. Verdadeiro "genocídio", como dirá mais tarde Pasolini, este cometido pela civilização industrial de consumo, que, aniquilando o pluralismo fulgurante dos arcaísmos populares, os substitui por uma cultura monolítica de *massa*. Ora,

> a massa, naturalmente, é interclassista. É uma média intensamente indiferente e indiferenciada das exigências dos operários, dos burgueses, dos camponeses, dos subproletá-

rios: de modo que, na realidade, não se leva em conta nenhuma das exigências *reais* desses vários grupos sociais de cidadãos, mas leva-se em conta uma média *irreal*.[19]

Pois bem, se é a "irrealidade" que domina o *presente*, onde então poderia Pasolini encontrar alguma força de resistência ao irreal senão no próprio *passado?* Quer dizer, dada a nova situação histórica, a "realidade", tão obstinadamente perseguida por Pasolini, se desloca e se distancia cada vez mais dos centros industriais, para se concentrar fundamentalmente no coração do Terceiro Mundo: no Marrocos, na Tunísia, na Índia, na Turquia, por exemplo, ali onde os valores arcaicos e profundamente adversos ao racionalismo pragmático do capitalismo industrial e à sua ideologia da produção e do progresso ainda *sobreviviam*. Ao reconhecimento e exaltação dessas *sobrevivências*, Pasolini irá portanto consagrar todas as suas criações desse período, fazendo destas os instrumentos de uma batalha desesperada e "anacrônica" contra a degradação neocapitalista do mundo. Daí termos, por exemplo, contra o materialismo burguês, o senso metafísico e o irracionalismo religioso em *O evangelho segundo São Mateus* (1964) e em *Teorema* (1968); contra o racionalismo pragmático, a magia e a força do irracional e do mito em *Édipo-Rei* (1967), *Medeia* (1970) e nas *Notas por uma Oréstia africana* (1970); contra a ideologia do desenvolvimento e da eficácia tecnológica, o caos e a barbárie em *Pocilga* (1969).

A partir de 1970, porém, o pessimismo de Pasolini aumenta face ao ritmo cada vez mais acelerado com que o padrão imposto pelo poder industrial estava conseguindo deformar e remodelar a consciência do povo italiano. Por que então a alegre desenvoltura de *Decameron* (1971), de *Os contos de Canterbury* (1972) e de *As mil e uma noites* (*1974*)*?* Por que essa *Trilogia da vida*, toda consagrada à exaltação da realidade corporal simbolizada no corpo nu e no sexo? Primeiro, porque sentiu subitamente Pasolini uma "grande vontade de rir",[20] de lutar contra seu pessimismo, de trabalhar contra sua angústia — e daí "contar pelo simples prazer de contar"[21] Mas sobretudo porque,

> no final dos anos 60 — quando começava a triunfar a irrealidade da subcultura dos *mass media* e, portanto, da comunicação de massa —, o último baluarte da realidade pareciam ser os corpos "inocentes" com a violência obscura, arcaica, vital de seus órgãos sexuais.[22]

Quer dizer, só no físico e na sexualidade popular era, então, ainda possível a Pasolini reconhecer a sobrevivência de uma natureza não contaminada pelo "mal burguês", isto é, alegre, vital, isenta de sentimento de culpa e de pecado. Sobrevivência por certo apagada, arcaica, "medieval", mas em Nápoles, na Irlanda, na Escócia, no Iêmen, no Nepal, no Irã, ainda bem *real* e, nessa medida, suscetível, uma vez transposta para as telas sob a forma de magnífico painel da *nudez sorridente*, a opor à hipocrisia do presente a imagem de uma liberdade e felicidade então quase inteiramente ultrapassadas.

Mas, escreveria logo em seguida Pasolini,

> o último lugar onde residia a realidade, a saber, o corpo, ou mais precisamente o corpo popular, também ele desapareceu. No seu próprio corpo, os jovens do povo vivem a mesma dissociação aviltante, cheia de falsa dignidade e de orgulho estupidamente ferido, que os jovens da burguesia.[23]

De tal modo que, entre os jovens subproletários da periferia e os jovens fascistas dos bairros elegantes de Roma, as diferenças teriam se tornado, segundo Pasolini, apenas retóricas. O genocídio industrial estava então consumado: a sociedade italiana no seu todo se submetera aos modelos humanos e aos imperativos consumistas criados e impostos pelo novo poder hedonista liberal. No plano sexual, igualmente, e justamente graças à permissividade e à pseudoliberalização dos costumes promovidas pelo novo poder (e para as quais a própria *Trilogia da vida* de certo modo contribuíra).[24] Pois esse regime da pseudotolerância acabou por transformar o sexo, de prazer contra as obrigações sociais, em pura satisfação de uma obrigação social.

Noutros termos, a liberdade sexual uma vez *concedida*, os jovens de todos os estratos logo a transformaram na mais terrível das obrigações: a obrigação de utilizar a liberdade concedida para não passarem por "diferentes".

> O desejo ansioso e conformista de serem sexualmente liberados transformou os jovens em pobres erotomaníacos neuróticos, eternamente insatisfeitos (precisamente porque sua liberdade sexual não foi conquistada, mas oferecida) e portanto infelizes.[25]

Daí a obstinação do último Pasolini em demonstrar que o poder permissivo de uma sociedade de normalização como a nossa é o poder mais fascista que a história jamais conheceu. Pois, como diz um personagem de *Salò*, "numa sociedade onde tudo é proibido, tudo pode ser feito, ao passo que, numa sociedade onde *algo de bem determinado* é permitido, só se pode fazer esse *algo*".

Portanto, é o sexo também o principal protagonista de *Salò, ou os 120 dias de Sodoma* (1975), o último filme de Pasolini. Só que, ao invés de arma secreta para minar a burguesia como em *Teorema*, ou de emblema da liberdade como na *Trilogia da Vida*, ele passa aqui a ser a metáfora do que Marx chamava de comercialização ou alienação do corpo humano. O sexo, não como fonte de prazer, mas como objeto de tortura: é com esta imagem da desrealização fascista do corpo — isto é, justamente do último reduto de realidade — que Pasolini compõe o retrato final do seu mais absoluto desespero. O desespero talvez do apaixonado que, face ao completo extermínio do seu objeto de amor, pode até procurar na morte a consagração triunfal de um encontro não mais possível de se dar neste mundo.

IV

Se é, de fato, de uma paixão alucinada pela realidade que derivam as opções linguísticas, as características expressivas fundamentais e o movimento temático de uma obra tão nitidamente engajada como a de Pasolini, então a melhor divisa para essa obra parece efetivamente ser "*paixão e ideologia*" — mas no sentido exato em que essa fórmula é entendida no primeiro livro de crítica literária do próprio Pasolini:

> "Paixão e ideologia": este *e* não pretende constituir uma *hendíadis* (paixão ideológica ou ideologia apaixonada), a não ser como significado apenas secundário. Nem uma concomitância, ou seja: "paixão e ao mesmo tempo ideologia". Pretende ao contrário ser, se não propriamente adversativo, no mínimo disjuntivo, no sentido de que instaura uma gradação cronológica: "primeiro paixão *e depois* ideologia", ou melhor, primeiro paixão *mas depois* ideologia".[26]

Com efeito, sem jamais omitir o liame de suas criações e posições ideológicas com suas pulsões e sua escala pessoal de valores, sempre soube Pasolini ao mesmo tempo projetá-las no interior de um quadro histórico bem preciso, transmitindo assim a todas as suas intervenções na cena cultural e política da sociedade em que vivia um caráter profundamente racional e perturbadoramente objetivo. É nesse sentido, então, que se pode considerar a sua obra como um dos mais impressionantes retratos de um processo rigoroso de transformação das paixões pessoais em ideologia.

> É [da] experiência existencial, direta, concreta, dramática, *corpórea* (da realidade) que nascem em conclusão todos os meus discursos ideológicos —

declarava ainda Pasolini num dos seus artigos de "militância corsária" no *Corriere della Sera*.[27]

Por isso, certamente, seu interesse todo especial pela *Oréstia* de Ésquilo, que ele até mesmo traduziu para o italiano em 1960. O argumento da *Oréstia* é essencialmente político — comentava ele numa carta aos leitores de *Vie Nuove*:[28] trata-se da substituição de um Estado arcaico e tirânico por um Estado democrático. Entretanto, mesmo após a intervenção racional de Atena (a inteligência astuciosa, nascida do cérebro de seu pai e por isso desprovida da experiência irracional, materna, uterina), as Erínias, ou as forças instintivas e desenfreadas da natureza, permanecem vivas. São as Fúrias também deusas e, portanto, imortais. Sendo impossível extirpá-las, é preciso saber transformá-las, conservando todavia a irracionalidade que lhes é consubstancial. Noutras palavras, de "maldições" que eram, é preciso torná-las verdadeiras "bênçãos". Ora, é exatamente de um tal processo de transformação que Pasolini, em sua obra, fornece o exemplo patente. Recusando-se com veemência a descartar o passional e o irracional tanto quanto a ceder a toda espécie de irracionalismo anárquico e desesperado, procurou ele com empenho fazer dos seus próprios movimentos passionais a base mesma de um combate intelectual permanente e obstinado, isto é, de uma obra de intervenção sempre *racional* na realidade.

Talvez assim se explique o interesse crescente hoje por essa obra que até mesmo está transformando-a numa espécie de símbolo. É que num mundo como o nosso, onde Atena já interveio e que é integralmente regido por uma razão tecnológica, puramente operacional, Pasolini nos ensina a recusar essa racionalidade dominante, mas em nome mesmo de um racionalismo outro; de um racionalismo que, por levar justamente em conta a irracionalidade fundamental do homem, consegue dela extrair a garantia de uma relação contundentemente crítica e eficientemente corrosiva com a nossa própria atualidade. Nesse sentido específico, é, de fato, Pasolini "mais moderno que todos os modernos" — e sua obra uma viva contestação dos mais diversos "modernismos":

> Insisto sobre o fato de que não sou moderno no sentido que essa palavra possui correntemente, nas discussões literárias habituais. Sou-o, espero, no sentido profundo da palavra. Assim, a pintura abstrata é moderna no sentido corrente

> da palavra; para mim ela é ao contrário muito velha [...]. Produto típico, glória do neocapitalismo, ela o representa perfeitamente; ela obedece perfeitamente à sua exigência de não intervenção por parte do artista: "Artista, ocupa-te dos teus casos interiores! Que tua arte seja o gráfico da tua intimidade, mesmo da mais secreta, da mais inconsciente!" Eis o que o capital exige do artista. E o pintor abstrato, triunfalmente, executa a sua ordem: perdido nas delícias e angústias de sua intimidade, ele até tem o privilégio de poder conservar o seu orgulho. De acreditar que ele obedece à inspiração a mais secreta e a menos... burguesa. No meu trabalho, pelo contrário, [...] sinto absoluta necessidade de traduzir em termos racionais até as formas mais sutis de inspiração. Daí minha falta de modernidade no sentido corrente da palavra.[29]

Mas daí, também, essa sua capacidade de extrair subversivamente de um certo amor pela tradição, pelo passado, uma força de fato capaz de colocar em crise o presente:

> Mas compreendam-me bem! Entendo por tradição a grande tradição, a história dos estilos. Para amar essa tradição é preciso um grande amor pela vida. A burguesia não ama a vida; ela é proprietária dela. É isso que lhe confere seu cinismo, sua vulgaridade, sua falta de respeito real por uma tradição que ela concebe como tradição dos privilégios e brasões. [...] Às vezes, passeando em Roma, defronto com obras de demolição. Vejo velhas casas serem destruídas, velhos jardins aplainados, para, em seu lugar, se construírem horríveis prédios neocapitalistas. Pois bem, os promotores da especulação imobiliária em Roma [...] se dizem cristãos e tradicionalistas [...] e assistem sem franzir minimamente a testa aos horríveis danos causados por suas escavadoras. Eu, que sou um subversivo, um inimigo da tradição, segundo eles, quando me encontro, não digo em frente a um monumento célebre, ou a uma bela praça, mas em frente a

um velho muro que traz na sua humilde textura, nos poros de seus adornos carcomidos, as marcas de um estilo do passado, meus olhos se enchem de lágrimas: lágrimas de nostalgia e de cólera.[30]

NOTAS

1. "Pier Paolo Pasolini par lui-même", *L'Avant-Scène*, 97, nov. 1969, p. 47.

2. Cf., por exemplo, "Pistas para o cinema", in *Empirismo herege*, Lisboa, Assírio e Alvim, 1982, p. 187.

3. P. P. Pasolini, *As últimas palavras do herege: entrevistas com Jean Duflot*, São Paulo, Brasiliense, 1983, p. 25.

4. Idem, ibidem, p. 109.

5. P. P. Pasolini, "A língua escrita da realidade", in *Empirismo herege*, op. cit., pp. 164-5.

6. Daí a curiosa ideia pasoliniana de que, ao se fazer cinema, já se estaria ao mesmo tempo fazendo uma certa *semiologia da realidade*.

7. Citado por Luciano de Giusti, "Le cinéma de la réalité", in *Pasolini cinéaste* (*Cahiers du Cinéma*, hors série), Paris, Editions de l'Etoile, 1981, p. 93.

8. Cf., por exemplo, *As últimas palavras do herege...*, op. cit., p. 131.

9. Ibidem, p. 110.

10. Ibidem, p. 131.

11. Ibidem, p. 129.

12. Ibidem, pp. 129-30.

13. P. P. Pasolini, "Il sentimento della storia", *Cinema Nuovo*, 205, maio--jun. 1970, pp. 172-3.

14. P. P. Pasolini, "Pistas para o cinema", in *Empirismo herege*, op. cit., pp. 188-9.

15. *As últimas palavras do herege...*, op. cit., p. 22.

16. P. P. Pasolini, *O caos*, São Paulo, Brasiliense, 1982, p. 38.

17. Cf. "La ricotta", in P. P. Pasolini, *Ali dagli occhi azzurri*, Milão, Garzanti, 1965, pp. 474-5.

18. As *últimas palavras do herege...*, op. cit., p. 61.

19. *O Caos*, op. cit., p. 98.

20. Cf. "Ancora il linguaggio della realtà" (1971), in Con *Pier Paolo Pasolini*, Roma, Bulzoni, 1977, p. 99.

21. Cf. a frase final de *Os contos de Canterbury*.

22. P. P. Pasolini, "Abiura dalla *Trilogia della Vita*" (1975), in *Lettere luterane*, Turim, Einaudi, 1976, p. 72.

23. P. P. Pasolini, "Thétis" (1974), *Revue d'Esthétique*, 3, 1982, p. 8.

24. Cf. "Abiura dalla *Trilogia delia Vita*", op. cit.

25. "Thétis", op. cit., p. 8.

26. P. P. Pasolini, *Passione e ideologia*, Milão, Garzanti, 1960, p. 489.

27. Cf. "Sacer" (30/1/1975), in Scritti corsari, Milão, Garzanti, 1975, p. 130.

28. Carta de 9/7/1960, cf. *Le belle bandiere*, Roma, Reuniti, 1978.

29. *Le belle bandiere*, op. cit., *carta* de 22/11/1962.

30. Ibidem.

A PAIXÃO DE CLARICE LISPECTOR

Benedito Nunes

O romance é a principal fonte para uma história das paixões no gênero dos microestudos da conduta humana que servem de contraponto existencial à ciência histórica. Mas pode haver também, como sugere Roland Barthes, uma história patética do próprio romance reunindo, de diferentes obras, por efeito de uma leitura viva, aquelas cristas emotivas que delas subsistem, independentemente do todo de que fazem parte, como "momentos de verdade" da literatura. Arrancados de um universo romanesco, esses "momentos de verdade", pontos "*de mais valia*" da anedota ou fábula, implicam o reconhecimento da paixão como *força de leitura*.[1]

Ousaria acrescentar a essa provocante reflexão do grande crítico-escritor que a paixão pode ser igualmente *força da escrita*. E não há melhor exemplo disso do que *A paixão segundo G. H.* de Clarice Lispector, texto singular e incomparável, que constitui um capítulo inédito da história patética do romance. Passional e apaixonante, esse texto de nossa autora mergulha em veios *arqueológicos*, em camadas afetivas culturalmente soterradas da sensibilidade humana. Antes de apreciá-lo desse ponto de vista, faremos duas digressões preliminares, a primeira acerca das vicissitudes históricas e culturais da paixão, a segunda acerca da obra de Clarice Lispector em geral.

I

O curso histórico da palavra "paixão" atesta a perda da riqueza cumulativa dos significados distintos e correlatos que se constelaram no termo grego *pathos*, do qual se originou. Filosoficamente, a avaliação do conceito respectivo — passividade do sujeito, experiência infligida, sofrida, dominadora, irracional — por oposição a *logos* ou a *phronesis*, que significam pensamento lúcido e conduta esclarecida; variou da posição problematizante dos filósofos gregos da época clássica — Sócrates, Platão e Aristóteles — à posição negativa dos filósofos estoicos e de seus descendentes no início da época moderna, Descartes e Espinosa.

"O grego sempre viu", afirma Dodds, "na experiência de uma paixão, algo de misterioso e assustador, a experiência de uma força que está dentro dele, que o possui em lugar de ser por ele possuída. A própria palavra *pathos* o testemunha; do mesmo modo que seu equivalente latino *passio*, significa aquilo que acontece a "um homem, aquilo de que ele é a vítima passiva".[2]

Entretanto, o entendimento desse estado se diversificou entre os gregos conforme a procedência da força experimentada, nem sempre completamente dominadora e nem sempre desfavorável ao indivíduo. A causa totalmente incontrolável, admitida ainda na fase da cultura grega arcaica, é a *loucura divina* (*até*), perturbadora da consciência normal e que se atribuiu "a um agente demoníaco exterior". *Ethos anthropoi daimon* (o demônio do homem é o seu caráter), registraria um fragmento de Heráclito, do século VI a.C, anunciando, como resposta da filosofia à religião primitiva, a interiorização do elemento passional.

Não obstante, um século depois, no período clássico, Sócrates e Platão conciliaram aquela tradição religiosa de uma época recuada com as exigências da racionalidade. Um dos diálogos platônicos, o *Fedro*, exalta os efeitos benéficos de quatro espécies de loucura (mania) consideradas dons divinos: a dos profetas e adivinhos, o entusiasmo inspirado pelas musas aos poetas, a possessão ritual dionisíaca e o transporte amoroso, obra de Eros, do qual se ocupou especialmente *O banquete*.[3]

Eros trabalha em conjunto com Afrodite; impulsivo, é tanto a fecundidade do corpo quanto a fecundidade do espírito; atraído pela beleza, intensifica-se, expande-se para além do objeto amado, numa ascensão aos mais altos conhecimentos e assegurando a imortalidade. Não há filosofia sem Eros; sem Eros a razão permaneceria inerme. O amor erótico incorporou ao pensamento os aspectos irracionais da conduta humana, aliviando a carga passiva e perturbadora dos estados afetivos.

Muito depois dessa avaliação da filosofia clássica, o passional, no sentido amplo de afetividade, merecerá do estoicismo — forma de sabedoria ascética, esquiva ao mundo — a negação mais extremada, por ser permanente causa da heteronomia da vontade. A plena conduta racional, possibilitada pela prática da virtude (areté), incluindo a disciplina intelectual de controle das representações ilusórias, culminaria, depois de anulado o efeito prejudicial dos sentimentos fortes, na conquista do *apaté*, do ânimo imperturbável, apático.

Muito distante desse rigorismo ascético, Platão, mostram-no ainda passagens capitais de *A República* acerca dos papéis distintos e harmônicos das partes não-racionais da alma, a *epitumia* (apetite, instinto) e o *tymos* (disposição afetiva), viu na força da paixão "uma fonte de energia que, como a libido freudiana, pode ser canalizada seja para uma atividade sensual seja para uma atividade intelectual".[4] Em sua própria origem o pensamento racional está comprometido com o patético. Os homens não começam a filosofar senão quando deles se apossa o *thaumazein*, incomum estranhamento admirativo do mundo e das coisas, reconhecido pela tradição platônico-aristotélica. Condicionada afetivamente, e por esse motivo paixão do pensamento, a filosofia será também, na medida em que tenta compreender o irracional, pensamento da paixão.

Em Aristóteles, tanto quanto em Platão, essa tentativa é inseparável de uma teoria da alma, que foi transmitida aos escolásticos medievais, e segundo a qual as tendências, apetites e desejos movem a inteligência e a vontade. Contrários entre si, os apetites "ora resistem à autoridade da parte racional, ora escutam docilmente as suas admoestações e conselhos como os filhos ao pai".[5]

Outrossim, Aristóteles destacou a função dinâmica das paixões específicas — "que introduzem mudanças em nossos juízos"[6] — não por acaso estudadas no *Segundo livro da retórica* — a arte de persuadir por meio do discurso —, com que o filósofo sublinhou o caráter situacional, prático, da afetividade, que depende do relacionamento mútuo dos indivíduos e do uso da palavra.

Não se pode esquecer o valor positivo que, divergindo de Platão, Aristóteles atribuiu à comoção trágica — a *catarsis*, purgação do ânimo do espectador por efeito do balanço entre os sentimentos opostos de comiseração (*eleos*) e terror (*phobus*), despertados pela representação das tragédias.[7]

Na Idade Média, Tomás de Aquino, intérprete de Aristóteles, contrariou o ponto de vista dos estoicos, afirmando na *Suma teológica* que nem todas as paixões são moralmente más.[8]

A disciplina salvacionista da Igreja, que polarizou a vida afetiva nesse período, discriminaria aquelas que favorecem o Bem, e abrem caminho para Deus, daquelas que incitam à transgressão das leis naturais e divinas, levando os iracundos, os indolentes, os invejosos, os soberbos, os luxuriosos, os cúpidos, os gulosos às penas e padecimentos do Inferno. A mesma exigência religiosa de salvação, indissociável da crença num Deus transcendente, pessoal e providencial, que ama os homens e se humaniza para resgatá-los do pecado, pela dor e pelo sofrimento da morte cruenta — a Paixão de Cristo —, legitimou o amor carnal dentro do matrimônio e ilegitimou o erótico. *Agapé* e *charitas*, amor a Deus e amor ao próximo, refratários ao espraiamento de Eros, à ilimitação do desejo impulsivo e à sua promessa de imortalidade para os pagãos, compatibilizavam-se apenas com o *amor de união* do êxtase místico. As espécies platônicas da *mania*, da loucura divina, tornavam-se efeitos de possessão diabólica, atos orgiásticos, práticos de feitiçaria, condenáveis e reprimidos.

A posição estoica revigorada na Idade Moderna separou os instintos, os desejos e paixões sensíveis da natureza essencial da alma, "como fenômenos de inibição e de perturbação, como *perturbationes animi*".[9] Mais sutil do que *Les passions de l'âme* de Descartes, cujo dualismo substancialista impôs essa separação, a *Ética* de Espinosa, que integrou as paixões à ordem da natureza, nos diz da impossibilidade de reprimi-las diretamente e do proveito moral a extrair do conflito ou da guerra de umas contra as outras.

Mas somente o século XVIII reabilitou socialmente as paixões. Mesmo das moralmente más, como avareza e cobiça, poder-se-ia tirar proveito, desde que canalizadas para um fim de utilidade social. "A razão, fruto da experiência", escrevia então D'Holbach, "é a arte de escolher as paixões que devemos seguir em benefício de nossa própria felicidade."[10] O interesse, "como busca de vantagens materiais e econômicas", seria o critério decisivo de escolha para a burguesia em ascensão. Era o princípio, engrenado à ética permissiva da acumulação capitalista, de uma economia passional dentro do ciclo da Economia Política triunfante no século XIX.

Em oposição a essa manobra do pensamento utilitarista, o Romantismo liberaria o fundo noturno, instintivo, da subjetividade; liberaria o entusiasmo poético e o arrebatamento amoroso. Emergiu com ele o novo *pathos* de uma sensibilidade conflitiva; por trás das paixões da alma como que se desvendaria a alma das paixões: a *Sehnsucht* dos românticos alemães, a aspiração do infinito, sentimento do sentimento e desejo do desejo — tônica passional da inquietude romântica, sofrida e insaciável, que Kierkegaard qualificou de "perpétuo esforço para apreender aquilo que se desvanece".[11] Considerado sob esse ângulo, romântico é sinônimo de ilusão: a ilusão — apontada por René Girard — do desejo espontâneo e da subjetividade quase divina,[12] em sua autonomia, que a criação romanesca supera. Como forma de vida fictícia, possibilitando o confronto do Eu consigo mesmo e com os outros, o romance, além da dependência intersubjetiva e social do desejo, além da formação imaginativa das paixões, sobretudo da paixão amorosa, cristalizada pela imitação e pela vaidade, segundo Stendhal, e não imune à transferência dos interesses sociais, além da metamorfose das paixões, o romance exporia o jogo das forças afetivas contrárias, que vulneram a autonomia do sujeito centrada no Eu. A crítica da ilusão romântica — ilusão que não compromete a essência do romantismo — alerta-nos contra a postura ingênua que reclama da literatura o puro espelhamento das paixões. Qualquer que seja o grau de expressão literária por elas alcançado — o grito, o gesto arrebatado, o surto emocional —, a paixão expressa já é a paixão passada, arrefecida, recordada, medida, distanciada.

II

Da obra de ficção de Clarice Lispector pode ser dito, para fixarmos indispensável ponto de referência histórico-literário, que ela recai na órbita da narração moderna, concentrada na experiência interior, a que pertencem *A la recherche du temps perdu* de Marcel Proust, *Ulisses* de James Joyce e *Mrs. Dalloway* de Virgínia Woolf. Assim, nos romances e contos de nossa escritora, a verdadeira ação é interna, e nada ocorre independentemente da expressão subjetiva dos personagens. Essa expressão, seguindo o fio de um enredo esgarçado, tênue, que chega a desaparecer nos últimos textos de Clarice, como *Água Viva* e *Um sopro de vida*, é sempre também, conforme disse Antônio Cândido a propósito de *Perto do coração selvagem*, romance de estreia da autora, um instrumento de penetração "nos labirintos mais retorcidos da mente".[13] Estamos diante de uma ficção que pensa, de uma ficção indagadora, reflexiva, a que não falta, como em toda grande literatura, um intuito de conhecimento. Precisamos não esquecê-lo quando consideramos o que essa obra tem de passional.

Nela, a primeira marca do *pathos* encontra-se na recorrência de certos sentimentos fortes — cólera, ira, raiva, ódio, nojo, náusea, alternando-se com o amor e a alegria —, verdadeiros núcleos afetivos que motivam a história narrada ou constituem momentos culminantes da narrativa. Basta lembrar a ira do personagem de "O jantar", despertada na narradora pelo espetáculo de um velho comendo à sua frente;[14] o ódio de Ana, do conto "Amor", diante de um cego que masca chicletes;[15] a atitude de Lucrécia Neves, de *A cidade sitiada*, excitando sua própria ira.[16] Esses sentimentos transformam-se nos seus contrários; o amor traz uma "vontade de ódio" e o ódio, vontade de amor. "A minha cólera — que é ela senão reivindicação? — [...] a minha cólera é o reverso do meu amor" [...], exclama a personagem de *Uma ira*.[17]

Mutuamente conversíveis, tais sentimentos extremos denunciam ao mesmo tempo a fragilidade do caráter, a conduta moralmente ambígua e o relacionamento intersubjetivo antagonístico, ora agressivo, ora submisso, dos personagens de Clarice Lispector, influenciados pelos outros e pelas coisas, quase sempre mais pacientes do que agentes de uma experiência interior que não podem controlar.

A segunda marca do *pathos* é a sofreguidão do desejo, espécie de *hybris*, de insaciabilidade, que expõe ao risco do excesso e da desmesura, levando à transgressão da ordem estabelecida, seja do meio familiar, como em *Perto do coração selvagem* e *O lustre*, seja dos *mores* locais, como em *A cidade sitiada*, seja da lei ou do sistema social, como em *A maçã no escuro*. Mas esse desejo transgressor, que reflui interiormente como angústia da liberdade, mal se separa de uma inquietude espiritual, moral e intelectual, afã de expressão e realização individuais, e que arrebata principalmente as protagonistas dos romances anteriores a *A paixão segundo G. H.* Por outro lado, essa inquietude acompanha a introspecção em que vivem mergulhadas as personagens femininas, subjugando-as a uma constante acuidade reflexiva sobre os seus próprios desejos e intenções, o que as torna constantes espectadoras de si mesmas.

Estamos bem longe da ilusão romântica do desejo espontâneo, da aspiração imaculada e da autonomia do sujeito enquanto Eu. Essas personagens femininas são personalidades fraturadas, divididas — "um feixe de Eus disparatados"[18] —, que se surpreendem por estarem existindo e que não contam com o abrigo acolhedor da certeza de uma identidade. Buscam a si mesmas no que quer que busquem. Ou se desconhecem e se estranham, o Ego convertido em Alter, o circuito da consciência reflexiva interrompido por um momento de êxtase que lhes desorganiza a individualidade. Assim, em "Amor", esse conto exemplar, Ana, uma tranquila dona de casa, sentindo a vertigem do Outro ao olhar para o cego que masca chiclete, desliga-se da realidade cotidiana, e depois, sob o impacto da náusea, cai num estado de alheamento que a esvazia por instantes de sua vida pessoal, a contemplar os troncos das árvores no Jardim Botânico: "Os troncos eram percorridos por parasitas folhudos, o abraço era macio, colado. Como a repulsa que precedesse uma entrega — era fascinante, a mulher tinha nojo e era fascinante".[19]

Essa fascinação pelo envultamento da náusea sobre o corpo alienando a alma tem a sua contrapartida na contemplação extática — descortino emocional de um mundo cru, não humano e silencioso, ao mesmo tempo limite da narrativa à beira do inenarrável.

III

A Paixão segundo G. H. é a história de uma fascinação desse tipo. Presumo que se conhece o incidente doméstico, trivial, motivador desse romance que tem estilo de um relato confessional. Nele, narradora e personagem se confundem, ligadas entre si pelas iniciais de indecifrado onomástico, G. H.: moradora de um apartamento de cobertura, e, como Ana do conto "Amor", com uma vida plácida, arrumada, ela é tomada por um sentimento de estranheza ao entrar no quarto desocupado de empregada, onde, num ímpeto de medo e ódio, esmaga de encontro à porta de um guarda-roupa uma barata que a olhava. E olhando a sua vítima inerme, sob o fascínio do inseto que a repugna e a atrai, sobrevém-lhe, com o espasmo de uma náusea seca, o transe de que o romance é a confissão tumultuosa dirigida a uma segunda pessoa, a um interlocutor "fingido" que lhe segura as mãos:

"Toma o que eu vi: pois o que eu via com um constrangimento tão penoso e tão espantado e tão inocente, o que eu via era a vida me olhando. Como chamar de outro modo aquilo horrível e cru, matéria-prima e plasma seco, que ali estava, enquanto eu recuava para dentro de mim em náusea seca, eu caindo séculos e séculos dentro de uma lama e nem sequer lama já seca, mas lama ainda úmida e ainda viva, era uma lama onde se remexiam com lentidão insuportável as raízes de minha identidade."[20]

Essa imagem de seu alheamento na contemplação extática da barata, como se possuída por um agente exterior, demoníaco, conduz ao desapossamento sacrifical da identidade da personagem narradora — à perda do Eu:

"É uma metamorfose em que eu perco tudo o que eu tinha, e o que eu tinha era eu — só tenho o que eu sou. E agora o que sou? Sou: estar de pé diante de um susto. Sou: o que vi."[21]

Desmorona-se o sistema social, desorganiza-se a engrenagem psicológica, desfaz-se a inserção no cotidiano que lhe assegurava a estabilidade agregativa de um Eu como máscara postiça, reconhecida pelos Outros; a metamorfose equivale a uma volta às origens ancestrais, não-humanas de sua identidade.

O relato desse transe, ao qual se entremeia a compreensão que G. H. vai tendo de si mesma, à medida que interpreta a sua experiência — uma experiência já passada e por isso narrável —, é como que uma transposição da *via mística* se não for a sua réplica parodística.

Refiro-me ao misticismo *stricto sensu*, diferente da piedade religiosa, que se desenvolveu em todas as culturas segundo padrões distintos e, às vezes, à margem da religião institucionalizada: o caminho individual de acesso, por meio de uma experiência prática de desprendimento da individualidade, ao todo, ao cerne do real ou à divindade. Acesso que é tanto conhecimento extraintelectual, contemplativo, quanto união e liberação. União amorosa para os cristãos, na base da crença de um deus pessoal, liberação bramânica da verdadeira natureza divina do homem e liberação budista da existência ilusória.

Em *A paixão segundo G. H.* a volta à origem concretiza-se como união com o Outro não humano, união ritualmente consumada: G. H. põe a barata na boca, comungando-a. A escala dos sentimentos contrários que acompanham o transe — amor e ódio, desespero e esperança, alegria e dor — nos é apresentada como uma trajetória espiritual através de figuras teológicas e religiosas: santidade e pecado, salvação e danação, pureza, inferno e paraíso. Repulsiva e atraente, ominosa e numinosa, a barata assume as proporções de uma teofania; é um *numem*, uma forma primitiva, interdita, do sagrado. "Eu fizera o ato proibido de tocar no que é imundo."[22]

A trajetória espiritual adere a esse fundo arcaico. O romance é uma descida ao subsolo ancestral dos sentimentos e paixões. Daí a singularidade de A *paixão segundo G.H.*, que imprime a essa ficção um cunho de experiência vivida. Como bem observou Luís Costa Lima, a trajetória de G. H. recusa-se a ser encerrada no ficcional.[23] Nem podemos retirá-la da literatura sem integrá-la completamente nela. Mas também muito menos aceitável seria incluir esse romance no rol dos escritos propriamente místicos, isto é, entre as obras espirituais de finalidade edificante ou anagógica, com as quais, entretanto, apresenta estreito parentesco quanto a imagens, metáforas e figuras utilizadas para descrever e interpretar o transe.

De qualquer maneira, G. H. passa pelos estados contraditórios — o sofrimento gozoso, o "horrível mal-estar feliz", o abrasamento consolador, a repulsa e a atração da união mística. Mas a sua experiência, menos cristã e mais pagã, espelha o caráter orgiástico de um misticismo primitivo:

"Eu entrara na orgia do Sabah. Agora sei o que se faz no escuro das montanhas em noites de orgia. Eu sei com horror; gozam-se as coisas. Flui-se a coisa de que são feitas as coisas."[24]

Não é ao deus transcendente, cristão, a quem ela se une. Essa orgia como que recupera o substrato da *mania*, da loucura divina; no envolvimento do transe, reaparece, sob o aspecto de potência infernal, a ação expansiva, invasora, do *eros* reprimido:

"O Inferno é o meu máximo. Eu estava em pleno seio de uma indiferença que é quieta e alerta. E no seio de um indiferente amor, de um indiferente sono acordado, de uma dor indiferente. De um Deus que, se eu amava, não compreendia o que ele queria de mim. Sei, Ele queria que eu fosse o seu igual, e que a Ele me igualasse por um amor de que eu não era capaz. [...] Ele queria que eu fosse com ele o mundo. Ele queria minha divindade humana, e isso tivera que começar por um despojamento inicial do humano construído [...]

"O inferno pelo qual eu passara — como te dizer? — fora o inferno que vem do amor. Ah, as pessoas põem a ideia de pecado em sexo. Mas como é inocente e infantil esse pecado. O inferno mesmo é o do amor. Amor é experiência de um perigo de um pecado maior — é a experiência da lama e da degradação e da alegria pior. Sexo é o susto de uma criança."[25]

O amor erótico apaga as diferenças, ultrapassa as barreiras da individualidade:

"Entendia eu que aquilo que eu experimentara, aquele núcleo de capacidade infernal, era o que se chama de amor? Mas — amor — neutro?

"Amor neutro. O neutro soprava. Eu estava atingindo o que havia procurado a vida toda: aquilo que é a identidade mais última e que eu havia chamado de inexpressivo."[26]

Mas o sacrifício da individualidade, como no ritual pagão dionisíaco, é uma provação.

"Provação: significa que a vida está me provando. Mas provação: significa também que eu estou provando. E provar pode se transformar numa sede cada vez mais insaciável."[27]

E a vida que ela prova e que a está provando é o que ela chama de *o Deus* — e não simplesmente Deus —, o Deus imanente à vida (em textos posteriores, Clarice Lispector mencionou-o como *it*, pronome neutro, tão impessoal quanto o *id* freudiano). Inverte-se o curso ascensional de *eros*, atraído pela beleza, tal como foi concebido por Platão; em vez de subir às esferas mais altas, o amor se dessublima para aquém da consciência.

"Ah, a violenta inconsciência amorosa do que existe ultrapassa a possibilidade de minha consciência. Tenho medo de tanta matéria — a matéria vibra de atenção, vibra de processo, vibra de atualidade inerente. O que existe bate em ondas fortes contra o grão inquebrantável que sou. [...]"[28]

As paixões se desnudam numa só paixão: a *via crucis* do amor que leva ao sofrimento, o sofrimento que leva à alegria e de novo ao amor. Ao perder a sua identidade pessoal, ao ser despojada do Eu, G. H. descortina, por fim, o puro fato de existir como a fonte de todas as paixões:

"Só então minha natureza é aceita, aceita com o seu suplício espantado, onde a dor não é alguma coisa que nos acontece, mas o que somos. E é aceita a nossa condição como a única possível, já que ela é o que existe, e não outra. E já que vivê-la é a nossa paixão. A condição humana é a paixão de Cristo".[29]

A narrativa, que se efetua como uma desindividualização da própria narradora, chega ao limite da criação romanesca; a sua falta de identidade põe em suspenso a identidade mesma da narrativa. É que o *eros* dominador também mobiliza a escrita da paixão, escrita corporal para o corpo da segunda pessoa, do interlocutor em que a narradora se ampara. E aí encontramos uma outra espécie de paixão que se contraverte na primeira — o *pathos* mesmo da escrita, surdindo, velado, do inconsciente, e que tende a exprimir o inexprimível. Pois que a trajetória mística de G. H. passa pela *via crucis* da linguagem, pelo gozoso padecimento de ter que buscar a forma para expressar o neutro, o cru, o não humano, a existência, o ser.

"A linguagem é o meu esforço humano. Por destino tenho que ir buscar e por destino volto com as mãos vazias. Mas — volto — o indizível só me poderá ser dado através do fracasso de minha linguagem. Só quando falha a construção, é que obtenho o que ela não conseguiu."[30] Eis o *pathos* da escrita como um padecimento de sujeição ao sagrado, ao inconsciente amor que atravessa a vida.

Do ponto de vista da paixão da escrita, pode ser esboçado um paralelo de *A paixão segundo G. H.* com uma obra que significa seu extremo oposto no universo literário: *Grande sertão: veredas*, de Guimarães Rosa. Os dois textos incidem no tema do erotismo; o de Guimarães Rosa combina-o porém com o amor no sentido do *Agapé* e da *Charitas* cristãos. A busca de Deus por Riobaldo realiza-se como aventura humana numa forma épica de narrativa; e o romanesco alimentado por um mito — o pacto com o Diabo — que se incorpora à ação, sobrepõe-se ao místico. Ali, em *A paixão segundo G. H.*, o romanesco alimentado pela introspecção vertiginosa, pelo embate dos sentimentos opostos, se alia ao místico. Em *Grande sertão: veredas*, o sagrado se desvenda por diferentes amores em conflito — o amor de Riobaldo a Diadorim e a Otacília. No romance de Clarice Lispector um só amor conflitivo desvenda o *sagrado*.

De resto, a paixão de Riobaldo não é a de Guimarães Rosa, mas, sob a paixão de G. H., estremece, transfundida, a paixão de Clarice Lispector.

Os dois livros poderão ingressar, por diferentes caminhos, na história patética do romance, porque ambos proporcionam ao leitor, comovendo-o, "momentos de verdade". Mas *A paixão segundo G. H.* nela entraria porque conseguiu revolver os mais remotos veios do *pathos* e uni-lo à sedução e ao fascínio da escrita, ao seu *pouvoir aimant du amoureux* — a expressão é de Roland Barthes[31] — poder amante, magnético, e amoroso, compassivo.

Pode-se acrescentar esse adjetivo — *compassivo* — porque *A paixão de G. H.* ultimar-se-á em "A hora da estrela" na identificação da narradora com Macabéa. "A hora da estrela" é o prolongamento daquele capítulo inédito da história do romance como retorno do místico ao ético. Nesse novo "momento de verdade", a paixão de Clarice Lispector torna-se compaixão; o *pathos* solitário converte-se em *simpatia* como forma de padecimento comum, unindo até o extremo da morte, *in extremis*, a narradora com a moça nordestina anônima.

NOTAS

1. Roland Banhes, "Longtemps... je me suis couché de bonne heure", in *Bruissement de la langue* (Essais Critiques, IV), Paris, Seuil, 1984, p. 323.

2. E. R. Dodds, "Rationalisme et réaction à l'époque classique", in *Les Grecs et l'Irrationnel*, Paris, Flammarion, 1985, p. 185.

3. Platão, *Fedro*, 244a-245b; *O banquete*, 206a-212b, *Diálogos*, volumes V e III-IV, Tradução de Carlos Alberto Nunes, Universidade Federal do Pará.

4. E. R. Dodds, "Platon et l'âme irrationnelle", in *Les Grecs et l'Irrationnel*, Paris, Flammarion, p. 211.

5. Leon Robin, *La Pensée grecque et les origines de la pensée scientifique*, Paris, La Renaissance du Livre, 1928, p. 314.

6. Aristóteles, *Arte retórica/arte poética*, livro II, cap. I, introdução e notas de Jean Volquin e Jean Capelle, trad. de Antonio Pinto de Carvalho, São Paulo, Difusão Europeia do Livro, 1964, p. 100.

7. Idem, *Poética*, cap. VI, version directa, Introducción y notas por el dr. Juan David Garcia Bacca, Universidad Nacional Autonoma de Mexico, 1946, p. 9.

8. Tomás de Aquino, *La somme théologique, 1.ª 2.ª*, Question XXIV, art. II, Paris, 1854, vol. IV, p. 383.

9. Ernst Cassirer, *La philosophie des lumières*, Paris, Fayard, 1966, p. 159.

10. Albert Hirschman, *Les passions et l'interêt* (*Justifications politiques du capitalisme avant son apogée*), Paris, Presses Universitaires de France, 1980, p. 29.

11. Kierkegaard, cf. Jean Wahl, *Études Kierkegaardiennes*, *Annexes*, *Extraits du Journal*, Aubier, p. 581.

12. René Girard, *Mensonge romantique et vérité romanesque*, Bernard Grasset, 1961, p. 43.

13. Antonio Candido, "No raiar de Clarice Lispector", in *Vários escritos*, São Paulo, Duas Cidades, 1970, p. 126.

14. Clarice Lispector, *Laços de família*, Rio de Janeiro, Francisco Alves, 1960, p. 89.

15. Idem, ibidem, p. 25.

16. Idem, *A cidade sitiada*, 2ª ed., Rio de Janeiro, José Álvaro Editor, 1964, p. 81.

17. Idem, *A legião estrangeira*, Rio de Janeiro, Editora do Autor, 1964, p. 196.

18. Hermann Hesse, *Le loup des Steppes*, XII, XXII: Traité du Loup des Steppes.

19. Clarice Lispector, *Laços de família*, pp. 28-9.

20. Idem, *A paixão segundo G. H.*, Rio de Janeiro, Editora do Autor, 1964, p. 57.

21. Idem, ibidem, p. 67.

22. Idem, ibidem, p. 72.

23. Luis Costa Lima, "A mística ao revés de Clarice Lispector", in *Por que literatura?*, Petrópolis, Vozes, 1966, p. 123.

24. Clarice Lispector, *A paixão segundo G. H.*, p. 108.

25. Idem, ibidem, p. 127.

26. Idem, ibidem, pp. 133-4.

27. Idem, ibidem, pp. 131 e 134.

28. Idem, ibidem, pp. 139-40.

29. Idem, ibidem, p. 177.

30. Idem, ibidem, p. 178.

31. Roland Barthes, *Le bruissement de Ia langue*, pp. 323-4.

POESIA: A PAIXÃO DA LINGUAGEM

Paulo Leminski

Trago pra vocês uma porção de raciocínios que fiz lá no meu silêncio, na Cruz do Pilarzinho, em Curitiba, um silêncio tão denso que dá pra cortar com a faca. De noite, quando um cachorro late, os outros cachorros fazem psiu. A Funarte e o Adauto me convidaram para dizer alguma coisa dentro desse Ciclo, e eu fiquei pensando, por que essa mania pela palavra paixão hoje? Os livros têm paixão no nome, os filmes têm paixão no nome: o Domingos Pelegrini editou um livro chamado *Paixões*; a Alice Ruiz, um livro de poemas chamado *Paixão chama paixão*; o Affonso Romano de Sant'Anna, um livro chamado *Paixão e política*; um filme do Bruno Barreto se chama *Além da paixão*. Por que a palavra paixão está na moda? Acho que não é a paixão que está na moda, é a palavra paixão que está na moda. Como detetive, cheguei à conclusão, às avessas, de que não é que a nossa época seja muito apaixonada. Se a gente está valorizando tanto isso aí, é porque está faltando. Hoje, você fala em boi de um jeito que não se falava há três meses atrás, porque o boi está faltando, não porque esteja sobrando, de um modo geral, dentro do quadro brasileiro. Se vocês olharem, bem assim numa leitura contextual da civilização, o momento em que a gente está vivendo, a gente está vivendo uma época da sensação, não da paixão. A paixão me parece incompatível com o tempo urbano-industrial. A nível de *performance* profissional, imaginem, por exemplo, um programador de computadores apaixonado. Isso só pode conduzir a erros incríveis. Já se o sujeito trabalhar na construção civil e estiver apaixonado, arrisca-se a cair do oitavo andar. É bem mais grave do que um erro contábil. Enfim, erros contábeis e cair do oitavo andar são coisas que podem acontecer a um trabalhador apaixonado dentro da sociedade urbano-industrial. Acho que isso aqui que a Funarte está fazendo é de alta importância, exatamente porque chama a atenção sobre uma espécie em desaparição, que é a paixão, que é que nem tucano, peixe-boi, aquele peixe-boi rosado que o Cousteau andou entrevistando lá na Amazônia. É o boto. O boto rosado, o mico-rei. A paixão é que nem o mico-rei, o tucano, o tamanduá-bandeira, é a jaguatirica, o jacaré brasileiro, essas coisas estão todas em extinção. É por isso que a gente hoje as está recuperando sob forma sígnica de seminários, e ela comparece com tamanha frequência no nome de obras como quem diz assim: por favor, paixão, venha. Não sou professor, não sou nenhum teórico, sou um artista, um poeta que procurava refletir sobre o que fez, mas nunca deixei que esse meu tesão por refletir sobre o que faço prevalecesse. Não sou teórico no sentido como a universidade entende. Sou uma espécie de pensador selvagem, assim no sentido que se fala em capitalismo selvagem. Vou lá, ataco um lado, ataco o outro lado, meu pensamento é um pensamento assistemático, como, aliás, eu acho, é o pensamento criador. O pensamento que alimenta e abastece uma experiência criativa tem que ser pensamento selvagem, não pode ser canalizado por programas, por roteiros, tem que ser mais ou menos nos caminhos da paixão. Daí essa coisa assim maluca de fazer poesia que é uma coisa que não dá nada pra ninguém. Se você pesar e medir à luz da lógica desse mundo, como dizia Jesus, é loucura. Eu vou dedicar agora quarenta anos da minha vida pra desenvolver uma intimidade com a palavra que, realmente, não vai me dar nada materialmente. A poesia, ela traz consigo esse caráter assim meio de, como é que eu vou dizer? Uma coisa meio masoquista. Você se dedicar dez anos a vender banana, montar uma banca para vender banana ou repolho, você vai ganhar muito mais do que fazendo poesia. A poesia não te dá nada em troca. Chego, às vezes, a suspeitar que os poetas, os verdadeiros poetas, são uma espécie de erro na programação genética. Aquele produto que saiu com falha, assim, entre dez mil sapatos um sapato saiu meio torto. É aquele sapato que tem consciência da linguagem, porque só o torto é que sabe o que é o direito. Então, o poeta seria, mais ou menos, um ser dotado de erro, e daí essa tradição de marginalidade, essa tradição, moderna, romântica, do século XIX pra cá, do poeta como marginal, do poeta como bandido, do poeta como banido, perseguido, enfim, em condições, digamos, socialmente adversas, negativas. Pensando nas relações entre poesia e linguagem, entre paixão, poesia e linguagem, formulei a coisa de que a poesia seria uma manifestação, sobretudo, de paixão pela linguagem, por causa do próprio caráter substantivo da poesia. Um poema não é como um conto, não é como um romance. Um conto, um romance são transparentes, deixam o olhar passar até o sentido. Na poesia, não. O olhar não passa, o olhar para nas palavras. Um romancista, um romancista típico, um ficcionista, pra ele, a palavra não é o valor fundamental, sua música, sua forma, suas relações com outras palavras não é essencial. O essencial é a *escrita* que ele está contando. Grandes ficcionistas não se pode dizer que foram grandes escritores, o caso, por exemplo, de Balzac. Balzac era um grande romancista, mas você não pode dizer que era um grande escritor, não um grande escritor no sentido de, por exemplo, um Flaubert, um grande escritor, como Joyce é um grande escritor ou que Beckett é um grande escritor, porque não está preocupado com os valores da palavra, ele está preocupado apenas em criar uma janela, uma transparência através da qual você visse o enredo correndo. Então, o poeta, a poesia, se é que ela tem alguma razão de ser, e eu acho que tem, estaria nisso. A atividade poética é uma coisa voltada para a palavra enquanto materialidade, a palavra enquanto uma coisa do mundo. O poeta é, na sua óbvia paixão pela linguagem, porque um poema propriamente não tem um significado, ele é o seu próprio significado. Por isso, os poetas são intraduzíveis. O poeta teria, em relação à linguagem, uma transa apaixonada e essa relação podia se manifestar de duas formas, uma forma masoquista e uma forma sádica. Essa paixão assumiria, em primeiro momento, uma forma masoquista. O poeta seria uma vítima da linguagem, a linguagem exerce uma violência sobre ele e ele sofre essa violência. Num outro momento, no momento sádico do processo, o poeta, o artista, o escritor, o criador, passaria a ser algoz, a ser carrasco da linguagem, e daí a inverter o jogo. Estava fazendo uma perquirição etimológica da palavra paixão e cheguei a algumas conclusões que gostaria de socializar com vocês. Mais ou menos, o seguinte: a palavra paixão tinha, a princípio, um sentido passivo, depois, adquiriu um sentido ativo. A palavra *paixão* você diz assim: a Paixão de Cristo, quer dizer, aquilo que Cristo *sofreu*, aquilo que ele padeceu. Hoje, você diz a paixão revolucionária de Trotski. A paixão, aqui, no caso, não é uma coisa passiva, é uma coisa ativa, é uma coisa que move. Então essa ambiguidade entre uma coisa que, de repente, foi passiva e, de repente, se tornou ativa. "Ele fez isso por paixão a ela", quer dizer, paixão aqui, no caso, significa uma coisa ativa, é o que leva a fazer, não é um sofrer. E daí vi que a palavra paixão em português vem do latim, mas existe uma palavra indo-europeia, nas línguas indo-europeias, que significaria uma espécie de você ser *objeto de uma ação*, e esse verbo, essa palavra, não teria passado propriamente pro português, não do jeito como eu estou pensando. Em grego, por exemplo, existe um verbo que é o verbo "*PASKHO*", na primeira pessoa do presente do indicativo, "ego *paskho*", quer dizer, "sofro uma determinada ação", o infinitivo seria "*PASKHEIN*". Desse *verbo* vem a palavra "patético". A palavra "patético" é do grego, não do latim, mas ela é, num estágio histórico anterior, aparentada. A gente diz que isso é "patético", ele tentou ser patético. Patético significa tentar sensibilizar alguém. Em grego, esse é o sentido do adjetivo "patético". Essa mesma palavra está em simpatia, antipatia e empatia. Sofrer junto, experimentar junto, simpatia, sentir junto; antipatia, sentir contra. Esse verbo, em latim, é o verbo *patior passivus sum*, *pati*, donde vem propriamente a palavra "paixão". Esse verbo, que deve ter existido em indo-europeu antigo, não passou pro português enquanto tal. Comentando com um amigo agora, nós não temos um verbo que designe o ato de você ser *passivo de uma ação*. Em português, temos a palavra *sofrer*, mas a palavra *sofrer* já vem carregada de uma conotação de dor, de uma conotação de dor que, no original, esse radical não tinha. Cheguei a pensar assim, é o lado *yin* do verbo fazer. Fazer é *yang*. Então existiria, um dia, existiu em indo-europeu antigo, um verbo que seria o *yin* do verbo fazer, mas que não trazia consigo uma conotação de dor, nem negativa, nem, como é que eu vou dizer?, depreciativa. Era apenas você ser *objeto de uma coisa*. Meu dicionário de grego traz numa série de citações de clássicos, um verso do tragediógrafo Eurípides que fala: "*eu pathei naos*". "Eu" aí é o "eu" de bom, "eu" de euforia, eufemismo, aquele prefixo grego que significa "bom". "*Pathei*" é verbo e "naos" são as naves. Tinha havido uma tempestade, e as naves tinham sofrido. Então, ele diz assim: *Bem sofreram as naves*. Não, não é *sofreram*, porque sofreram já quer dizer que alguma coisa de ruim aconteceu e aí não, aí, no caso, não. *É um verbo que significa o lado yin do verbo fazer*. Eu faço alguma coisa, e aquilo sobre o qual eu faço isso, "*pathei*" isso. Mas não é "sofre". Em português, a palavra "sofrer" já traz a conotação negativa. Então, como a gente está em sofrimento, sofre pra cá, sofre pra lá, me ocorreu que o poeta tem um momento no qual ele é um sofredor da língua, uma vítima da língua. Isso começa na própria circunstância, por exemplo, da história de cada um. Quando você nasce, já nasce como falante de uma língua. Quando eu nasci, eu não sabia, quando nós nascemos, a gente não sabia, e daí, lá pelos quatro, cinco anos de idade, seis, sete, a gente vem a saber que fala uma língua chamada portuguesa. Ninguém nos perguntou antes que língua a gente gostaria de falar. Quando você vê, você é passivo em relação àquela língua sobre a qual, como todas as formas sociais, você não tem poder. Você já chegou numa língua na qual você diz, por exemplo, no indicativo: eu estou, tu estás, ele está. Você não pode dizer: eu estejeto, tu estejermes, eles estejarando. Isso você não pode fazer. Não há Guimarães Rosa que tenha poderes, o próprio Rosa que leva isso a extremo limite, e os concretos, aquelas tentativas de romper com isso. Mas há um limite além do qual você não pode ir. As formas são sociais, dizia Lukács. E isso realmente é a grande intuição de Lukács.

O social na arte é a forma, o conteúdo é por conta de cada artista. Cada um, você põe o conteúdo que você quiser, agora, a forma não depende de você. Você entra dentro do jogo dela ou você não vai ser nem reconhecido. Uma pessoa que diga assim: eu sou um grande poeta, tive uma ideia incrível, o meu negócio é pegar catálogo telefônico, corto com tesoura cada página, grudo e penduro tudo na parede, etecétera e tal, são poemas incríveis, eu sou um poeta revolucionário. Então, você vai dizer pra ele: desculpe, mas você não é poeta. Mas como não é poeta? Não, não é, porque poeta não corta página do catálogo telefônico, depois cola no papel, pendura na parede e se chama de poeta. Existe uma, como é que eu vou dizer? Uma convenção social em relação às formas da arte. Todo artista é limitado já *a priori* por uma língua e por um estoque de formas. Qualquer coisa que você faça fora ou contra isso é por tua conta e risco. Então, quando o poeta chega, quando o artista chega, pra mim poesia é a arte feita com palavras, então, quando você chega já existe uma série de coisas que te torturam. Você não pode ir além da língua portuguesa, você não pode ir além dos limites gramaticais da tua língua, estilísticos, semânticos, sintáticos, morfológicos. Há uma limitação social toda. Então, existe toda uma certa ilusão de liberdade, de expressão, mas é preciso ver no interior de quanta escravidão se dá essa liberdade. De repente, um pequeno centímetro de liberdade vai adquirir uma cintilância extraordinária, exatamente porque uma língua, uma arte é um código de escravidões, alguma coisa de que a gente é vítima. Pegue o caso, por exemplo (vou fazer um ligeiro desvio), o caso do destino histórico de dada língua. Vocês já imaginaram a desgraça que é escrever em português? *Sometimes, I wonder.* Quem é que sabe português nesse planeta, fora Brasil, Angola, Moçambique, Cabo Verde, Macau? Você já nasce, inclusive, com um destino histórico. Ninguém pode criar uma obra tão forte que, realmente, coloque o seu idioma, assim, na berlinda das nações, isso aí não dá. Então, de repente, alguém diz: o maior poema do século XX é um poema épico incrível escrito por um basco. Em que língua? Escrito em basco! Ninguém vai tomar conhecimento do poema, esse cara dançou. Ele deveria ter escrito esse poema em inglês, em russo, em chinês, uma coisa que tivesse uma melhor cotação no mercado internacional. Então, você é vítima sobretudo do *pedigree* histórico, e isso não depende de você. Quando Shakespeare, no século XVII, em inglês, escreveu as suas peças, a Inglaterra estava num processo de ascensão acelerado de grande potência mundial, e isso não é depor contra Shakespeare. O gênio dele esteve à altura desse momento, mas nós não podemos ignorar o fato de que a projeção de Shakespeare, entre outras coisas, se deve à projeção da Inglaterra, da cultura inglesa. Você não pode ser muito maior que sua tribo. O Juruna não pode ser maior que a tribo xavante. Não adianta bater com a cabeça na parede, chorar, etecétera, não adianta despacho, nada, nada, nada vai resolver. Isso é um trabalho assim que é a história. O artista sozinho, os artistas não podem resolver, a gente já nasce numa língua periférica, escrever uma coisa em português e ficar calado mundialmente é mais ou menos a mesma coisa. Nos Estados Unidos, o português é estudado assim como o subúrbio do Departamento de Línguas Hispânicas, que já não é visto com bons olhos. Os livros dos escritores brasileiros, lá, ficam assim, nunca estive lá, mas me contaram que é assim, é o fundinho dos espanhóis. Tem Vargas Llosa, todo mundo, tem Guimarães Rosa e Drummond juntos. Como é que você pode alterar isso? É um quadro que você já encontra, o poeta sofre. Nós, poetas, escrevemos numa língua que é mais que basco, mas é menos que espanhol, convenhamos, em nível planetário é. É mais que basco e mais que catalão, mas é menos que espanhol. Em alemão, isso ia ter uma audiência incrível. Então a gente sofre, há um momento em que você sofre, e sofre essa pressão, esse quadro todo te martiriza. Eu acho, é possível uma atitude que devolva isso, uma atitude que eu chamei de sádica quando o sujeito começa a devolver os golpes. E essa atitude estaria, mais ou menos, ligada à ideia de experimental, de invenção ou de vanguarda, como se queira que seriam aqueles modos de ser artísticos já codificados no século XX, o modo de ser específico do século

XX. A vanguarda é o classificado do século XX. Esses modos seriam modos subversores, modos nos quais o erro, por exemplo, passa a ser incluído e englobado como fator de criação. O erro é recuperado, em nível de língua, em nível de linguagem também. Então, você pega a palavra depois das vanguardas dos anos 50, 60, que houve no Brasil, poesia concreta, práxis, poema processo, aquelas vanguardas que mexeram com o tecido das coisas. Depois disso, tudo se tornou lícito. Quer dizer, você pode partir uma palavra pelo meio. Pega a palavra *fragmento*, joga fora a parte *mento* e dá nome prum livro de *Frag*. Esse livro seria impensável há quarenta anos, um livro chamado *Frag*, não havia lugar para ele. Agora há lugar, você partiu a palavra, tirou um pedaço dele e transformou um fragmento num frag. E assim por diante com tudo aquilo que foi feito, não só pela poesia dita de vanguarda, concreta, subversão no espaço, a subversão na colocação na página, mas a subversão interna também. De repente, se tornam lícitas certas coisas como, por exemplo, a prosa de Guimarães Rosa. Já nem falo do Guimarães Rosa do *Grande Sertão*, falo do Guimarães Rosa, por exemplo, de *Primeiras estórias*, onde ele é até mais subversivo em algumas passagens, no qual realmente se entrega a toda sorte de violações em relação aos sinais de trânsito da linguagem, não só da linguagem literária mas até da linguagem enquanto veículo de comunicação entre os falantes da língua portuguesa. Nesses momentos, o artista, o criador, passa a devolver aqueles golpes que tinha sofrido no início, no qual era uma vítima da língua. Agora, passa a ser algoz, passa a torturá-la, a quebrá-la, passa prum outro momento de sua paixão. Gostaria de colocar, pra coroar isso, uma coisa utópica, que seria o momento, digamos assim, de amor entre o poeta e a língua. As línguas amam seus poetas porque, nos poetas, se realizam os seus possíveis. Um Fernando Pessoa, um Maiakóvski, um Pound, um Cummings, um Cabral, um Khliebnikov, um Augusto de Campos são poetas que conduzem sua língua aos extremos limites de expressão dela, quase assim na fronteira, no abismo do incomunicável. Então, as línguas amam seus poetas como se fossem seus filhos mais atrevidos, e os poetas devolvem, evidentemente, aquele amor de filho pela mãe, dá vontade de estrangular, não é mesmo? E então eu imagino se seria possível, fico me perguntando se seria possível um momento, digamos assim, de amor, entre o poeta e a língua, a língua e o poeta. Aí viria a questão de perguntar se pode existir um amor sem sadismo nem masoquismo. Eu não sei. Não sei porque, inclusive, o amor é um sentimento muito recente. Não sei se vocês já se deram conta, mas o amor é uma coisa que nasceu, era um esporte muito praticado pela aristocracia provençal no século XII, o amor tal qual nós entendemos, o amor idílico, esse amor, por exemplo, que sustenta as novelas da Janete Clair, no horário das oito, o amor da fotonovela, esse amor presente na nossa vida hoje de um modo quase obsessivo, a tal ponto que chega assim: bem, você será feliz no trabalho e no amor. O amor e tal, isso pareceria uma coisa assim absolutamente anômala pra um romano, pra um grego ou pra um xeque árabe. A gente tende de repente a achar que as nossas coisas são universais. O amor não é uma coisa que nasceu com a espécie humana, quando o homem deixou de ser macaco e desceu da árvore. O amor nasceu, tal qual nós o concebemos hoje, com seus rituais, o amor idílico, o amor entre um homem e uma mulher, um homem e um homem, uma mulher e uma mulher, no sentido idílico, romântico, erótico e sexual. Foi uma coisa que foi cultivada pelos poetas provençais, na aristocracia da nobreza provençal no Sul da França no século XII, o amor cortês. Daí, sai toda a poesia portuguesa com as cantigas de amigo, D. Dinis, ele era o conteúdo, a substância da poesia dita provençal na origem de toda a poesia europeia e, portanto, da nossa moderna, dos séculos XI, XII, XIII, pra cá. Era um esporte, amar era um esporte aristocrático que depois se popularizou. É o caso por exemplo do boxe. No começo, era um esporte só da nobreza inglesa, hoje é coisa de porto-riquenhos, negros de Nova York, houve um processo de ascensão e de democratização e de generalização daquilo. Não que o homem e a mulher, a mulher e o homem nunca tenham sentido aquela coisa um pelo outro, mas na Antiguidade isso era considerado uma espécie de maldição. A gente encontra nos poetas gregos, nos poetas latinos, Catulo, Propércio, Tíbulo, que a paixão, aquele aluguelzão mesmo, era como uma espécie de feitiço. O inglês tem expressões de "*bewitched*", "*encantado*", "eu estou encantado com essa garota", quer dizer, há toda uma ligação entre magia, bruxaria e esse aluguelzão que a gente estava falando. Que leva as pessoas a ficarem juntas? A poesia seria cúmplice, desde o começo, desse sentimento que se chama amor. Eu acho que é uma coisa perfeitamente lógica, natural, porque a poesia, se vocês olharem bem, ela é o amor entre os sons e os sentimentos. Ela já é na sua substância, intrinsecamente, ela já é amor, já é aproximação, no sentido que é amor entre os sons e os sentidos, num sentido que a prosa não é. É por isso que a poesia não morre. Por que essa coisa tão inútil que não consegue sequer se transformar decentemente em mercadoria num mundo mercatório, esse mundo em que vivemos? Qualquer editor principiante sabe: poesia não vende. Existe este *hiato*, realmente poesia não vende, e é bom que não venda! Sabe aqueles que reclamam dizendo, é um absurdo, um país como o nosso, não sei o quê, tchê, tchê, pá, pá, e poesia não vende. Vamos nos rejubilar. Poesia não vende. Poesia é um ato de amor entre o poeta e a linguagem. E esse é um território como se fosse assim uma reserva ecológica do mercado em que vivemos que resiste ao fato de se transformar em mercadoria. Não é uma infelicidade e nenhuma inferioridade da poesia escrita, falando da poesia escrita, da poesia, escrita, da poesia livro, a dificuldade dela em se transformar em mercadoria é uma grandeza. Quem não entender isso não entendeu a verdadeira natureza da poesia, ela é feita de uma substância que é, basicamente, rebelde à transformação em mercadoria. A gente pode criar um mundo assim, o império total da mercadoria, tudo pode ser vendido, coisas, sensações, as coisas mais incríveis, os momentos mais emocionantes. Uma coisa, porém, não pode ser transformada em mercadoria, que é o amor. Amor é dado de graça, alguém pode comprar amor? Pode-se comprar sexo de outra pessoa, mas o amor a gente sabe que é o último reduto que resiste à transformação em mercadoria. Então, eu acho que realmente a paixão do poeta pela linguagem, da linguagem pelo poeta, é coisa que tem amplas implicações sociológicas, históricas, transcendentais... Que vocês acham? Passei no teste?

DEBATE

Paulo Leminski: Me pintou um hoje de manhã no hotel: hotel é aquela coisa terrível. Você fica dentro daquele caixotinho, todos são iguais, como as mulheres, né?

Público: Ahn?

Paulo Leminski: Como os homens também. Vocês não dizem: ah, os homens são todos iguais? Deixa ver se consigo me lembrar. Dizia uma coisa descabeladamente romântica, assim: *Meu coração lá de longe/ faz sinal que vai voltar/ mas meu peito escreve em bronze/ não há vaga nem lugar/ para que me serve um negócio/ que não para de bater/ até parece um relógio/ que acabou de enlouquecer/ pra que serve quem chora/ quando estou tão bem assim/ o vazio vai lá fora/ cai macio dentro de mim?*

Ouvinte: Queria que você falasse um pouco aí, de novo, o que você falou do amor...

Paulo Leminski: Pega na mão, meu Deus, manda bilhetinho, guarda a flor dentro do livro, essa coisa, esse ritual todo...

Ouvinte: Então, é uma reserva ecológica, tá? Então, te pergunto, há duas concepções, dois lados do amor. Tem o amor como auréola proibida e há uma concepção que eu não sei donde vem, mas acredito que vem mais ou menos, esteja vindo aí da Revolução Francesa, Revolução Russa e batendo com a revolução imperialista.

Paulo Leminski: Meu Deus do Céu!

Ouvinte: Que é o amor total. Vamos dizer assim, um amor que uma crítica mais atual seria assim um amor com um egoísmo a dois. Amor, hoje em dia, um egoísmo a dois, quer dizer, de uma certa maneira, um amor capitalista, uma coisa fechada, surrealista, dadaísta, comunista, o diabo a quatro. Agora, vou colocar o seguinte: esse amor, ele foi recuperado pela burguesia. Teria sido, vamos dizer assim, transformado não numa mercadoria mas numa relação, numa troca, num negócio tipo imobiliário, numa coisa que seria mais ou menos uma espécie de egoísmo a dois, transformado numa solidão a dois. Os poetas e revolucionários do início do século pra cá pregam dizendo que a contradição básica é que existe um outro amor, o amor total, ou seja, um amor que seria pela humanidade, um amor, que você falou, por exemplo, o amor da relação do poeta com a linguagem, uma coisa que é maior, mais generosa, como é que você veria isso?

Paulo Leminski: Vejo isso dentro do horizonte das utopias. Esse amor de que estou falando, ele é tão genérico, tão vasto que a arte é apenas um testemunho dele. Acredito que esse amor total pode existir mas, de repente, um homem e uma mulher, um homem e um homem, uma mulher e uma mulher, se encontram e ali nasce uma eletricidade única. Isso se coloca no plano do mistério. Existe realmente alguma coisa, um clique tal só quem já sentiu sabe. O amor é uma anomalia engraçada. Estava conversando com um amigo meu, que é um brilhante médico e psiquiatra, e interessado por esses assuntos, eu dizendo pra ele o seguinte: não existe nenhuma disciplina científica que tenha o amor como objeto. O amor não é estudado nem pela psiquiatria, nem pela psicanálise, nem pela psicologia social. O amor é uma coisa que você vai ter que procurar nos artistas, na televisão, no cinema, e, principalmente, na poesia. Se a espécie humana desaparecesse, e seres intergalácticos descobrissem a Terra, um dia, e dissessem: esquisito, viveram seres aqui, estranhos e tal, e eles pareciam ser afetados por uma coisa gozada chamada amor. E se esses seres extraterrenos quisessem reconstituir um quadro do que seja o amor eles teriam que recorrer aos poetas. Saber como o amor nasce, a primeira paixão, o amor à primeira vista, a continuação da paixão, o auge da paixão, a loucura da paixão, o fim da paixão, o fim do amor, isso eles teriam que ir buscar nos poetas, porque não existe nenhuma ciência, com toda a sua ambição totalitária, aquela ciência ocidental que nasceu do *Órganon* de Aristóteles, ela englobou todos os territórios, todo o real, todo o real, ele é um objeto do saber que cabe dentro de uma coisa que a gente chama ciência, né? O quadro das ciências. Ora, o amor não cabe dentro desse quadro. Não conheço nenhuma ciência que tenha o amor como objeto. Essa coisa que você falou, eu acho importantíssima, e isso me preocupa e me interessa como *hippie* e como socialista. Interessa essa coisa dum amor total, dum amor coletivo, dum amor geral, mas isso não vai acabar com a existência daquela outra coisa. A música popular também é um veículo de tradução e expressão desse sentimento único.

Uma ouvinte: Fala mais alguma coisa sobre o poeta ser algoz da palavra.

Paulo Leminski: Bem, será algoz no momento em que contrariar as tendências da linguagem. Em que ele pegar a palavra e parti-la. Em que pegar uma tradição herdada, e pegar alguma coisa recebida e ele realmente for assim craque o suficiente para alterar aquele quadro e impor a sua marca, que é uma característica do século XX, nessa arte do século XX, as vanguardas. Mas é uma coisa que já começa no final do século passado, do Simbolismo pra cá, Mallarmé, Rimbaud já começaram uma agressão, o poeta começa a devolver. O grande motor seria o próprio surgimento da Revolução Industrial, o mundo industrial, ele propiciou essa possibilidade de o artista devolver a agressão, a submissão às formas, de dinamitar as formas, uma lógica meio terrorista líbia.

Ouvinte: Posso? Paixão, caixão, paixão. Num fundo mercantilizante, o culpado é sempre o chinês, o sultão árabe, ver *Limite* do Mário Peixoto, os surfistas não são poetas. Isto é uma pergunta, certo? Para a associação paixão/loucura, vai aí o meu remédio: sentir "a visão da extração da pedra da loucura" do Borges, as similidades, acoplar com as flores, o craque é pensar o amor como coisa, como tendo uma possível substância. Se extraio alguma substância será sempre uma metáfora como a pedra filosofal. É isso aí.

Paulo Leminski: Isso foi a favor ou contra? Diz, diz no microfone que daí fica... Fica mais soviético assim.

Ouvinte: O problema é que sou pequenininha. Queria que você falasse um pouquinho sobre o amor entre sons e sentidos, e gostaria, se fosse possível, de fazer também uma comparação, já que você falou em arte numa maneira geral, e, para a poesia, existe uma gramática, à qual você disse que todo poeta estaria preso...

Paulo Leminski: Com certeza.

Ouvinte: Dentro de qualquer tipo de arte, seja ela música, seja pintura ou escultura, o poeta, o artista, aquele que atemporalmente faz alguma coisa que fique, ele também fica um pouco preso a essa gramática, não fica? Mas há também uma relação de amor. Não há?

Paulo Leminski: Só há.

Ouvinte: Então gostaria que você explicasse melhor, se pudesse. Esse amor entre sons e sentidos e dentro também das outras artes, já que você abordou arte de uma maneira geral.

Paulo Leminski: Posso tentar.

Ouvinte: Esse, esse amor também, porque eu acho que sem a paixão não existe uma obra de arte, é fundamental. O amor, o amor paixão. Para que o artista possa colocar sua emoção.

Paulo Leminski: Bem, vejo essa coisa de amor entre sons e palavras, entre sons e sentidos, como um resultado da própria materialidade do fazer poético, no qual, não importa, ou importa menos, você apresentar sentidos do que você trabalhar. Os sentidos terão que vir depois de uma materialidade, digamos, musical, ou plástica, icônica, como se queira, da palavra. O sentido virá depois disso, senso é apenas prosa empilhada em versinhos, como está cheio o Brasil. Há figuras, pessoas que passam por grandes poetas, não apenas prosadores, que colocam a sua prosa e a dividem, arbitrária e farsisticamente, no papel como um verso. Mas um verso é uma entidade artística. Vamos fazer verso, tudo bem, mas tem que saber fazer um verso, uma unidade musical imagética. Se não, vai fazer jornalismo, vai fazer teses de sociologia. Poesia tem o seu específico. Desconfio que a coisa do amor entre sons e sentidos estaria nisso, o poeta produz uma coisa na qual a intimidade entre a materialidade do som da palavra e o sentido que ele passa é muito mais íntimo do que no caso da prosa, onde essa materialidade não importa. Citei o caso de Balzac, que seria um romancista genial, mas não é um grande estilista como Flaubert, ou como o próprio Stendhal, o caso de um Guimarães Rosa, de um Joyce, daqueles que tratam a própria prosa como objeto de arte, uma prosa na qual a palavra é trabalhada como matéria-prima artística. A coisa de amor entre os sons e os sentidos, esse ato de amor se passaria na mente do poeta na hora em que ele cria, naquele lugar os sons e os sentidos praticam um ato de amor. Poesia é isso, um ato de amor, intrinsecamente, substancialmente.

Ouvinte: Acho que a paixão é coisa que você faz sem pensar, só sentimento. Acho que pra você fazer pelo menos uma boa poesia, não sei nem se isso existe, acho que você não pode estar tomado pela paixão porque, senão, tudo que você colocar no papel, quanto mais emocionado você esteja, quanto mais entregue ao seu caos interno, à sua emoção, é você... Melhor seria o seu poema. Acho que a palavra mais adequada seria o amor. Não consigo entender que um poeta possa fazer hoje uma poesia sem entender o momento em que está vivendo. Ele pode até usar a paixão como um veículo pra isso, ele tem esse dom, certo? Mas não pode fazer só apaixonadamente a poesia. Acho que é mais um ato de amor com a palavra, como você disse, onde muitas vezes você tem a ver um pré pra isso, você não pode simplesmente se entregar à paixão.

Paulo Leminski: Há formas sociais que te impedem de fazer isso. Em 1891, a paixão pela poesia no Brasil se confundia com a paixão, por exemplo, pelo soneto, pela forma do soneto. Era uma forma social, você nasceu em 1891, poesia entre outras coisas é o soneto. Bilac era Deus neste país como foi, durante décadas, o mestre consumado do soneto. Então, aquela porra daquela caixinha, quatro versos, quatro versos, três, três, aquilo realmente exerceu uma tirania durante mais de quase meia década, cinquenta, sessenta anos no Brasil, tem gente fazendo soneto até hoje. De repente, o amor pela poesia se confunde com o amor pela forma do soneto. A ideia de que a poesia possa ser puro transbordamento de emoções conflita com esse dado de que ela vai ter que ter uma forma e as formas são sociais. Não existe transbordamento em estado puro. Os surrealistas propuseram escrita automática. Você pega um papel e começa a escrever o que lhe vier na cabeça. Acontece que a escrita automática é mais pobre do que qualquer soneto. André Breton, quando fez o primeiro texto em escrita automática era genial, o segundo que o fez é um idiota, porque realmente aquilo está feito já. Não existe nada mais parecido com um texto escrito em escrita automática do que um outro texto em escrita automática. Aquilo que pareceria ser um momento da maior liberdade passa a ser o momento simplesmente do maior igual, o momento do diferente passa a ser o momento do idêntico. Nada mais fácil do que pegar dez pessoas e mandar pôr no papel tudo o que lhes vier na cabeça, não controle nada, nem ligue para ponto, vírgula, nada, vai mandando pau, pá-pá-pá, que nem num sonho, que nem num delírio, mas dez delírios são iguais que nem dez ovos. O que fez a marca, o distintivo, é a forma, e essa forma não é nossa, esta forma existe dentro do nosso quadro social. O soneto existia antes da gente nascer. Depois que passarmos desta para melhor, o soneto continuará existindo, ele é maior do que nós. O soneto, a forma do soneto é maior do que os poetas. Ela sobrevive a eles, como uma presença social, como uma pressão social, é aquele momento de masoquismo, em que o poeta sofre, você tem que sofrer essa pressão social. Não consigo sequer enxergar a ideia de que a poesia seja um transbordamento do coração, porque esse transbordamento vai ter que ser feito através de tamanhas substâncias coletivas tão acentuadas, tão nítidas, que, no fundo, o seu individual vai ser mínimo dentro disso. É por isso que a prática das artes, sob um certo aspecto, é, como é que eu vou dizer? São cerimônias. Como missas, novenas, procissões. É uma repetição de gestos socialmente codificados.

Ouvinte: Então o poeta está preso à forma...

Paulo Leminski: A gente está preso, preso mesmo, preso à forma, como preso à língua portuguesa. Minha formação poética vem dos anos 60 pros 70. Vi, por exemplo, aparecer nos anos 1970, em particular, uma tendência poética brasileira generalizada que ainda não acabou, a chamada poesia marginal, alternativa, uma poesia, como é que eu vou dizer, de manga da camisa, poesia feita assim sem nenhuma aparência de rigor formal, uma poesia que se queria a contestação de todo um rigor formal. Mas isso sozinho não resolve. Hoje eu sinto, por exemplo, que se desenvolve uma tendência no sentido da recuperação de um certo rigor formal pra caracterizar o próprio fazer poético, que tem meio como padrinho o João Cabral de Melo Neto, que acho que qualquer um concordaria é o maior poeta brasileiro vivo, escrito, no papel, porque cantado, pra mim, é Caetano Veloso. João Cabral de Melo Neto seria uma espécie de patrono dessa recuperação de um rigor poético e a própria música popular, porque a música marca o lance da métrica, e o lance da rima como alguma necessidade. Impossível fazer uma letra absolutamente irregular e sem rimas. Aqui, temos conosco, hoje à noite, nosso amigo Antônio Cícero, irmão e parceiro da Marina, cujo trabalho vejo como uma coisa muito exemplar nesse sentido, porque ele faz por exemplo, enquanto letrista, uma letra, como é que eu vou dizer, em máxima sensibilidade, em nível de compreensão da música, o ouvido tem um tempo e o olho tem outro. E ele faz também uma poesia do olho, que é uma poesia rigorosa, quando escrita. A poesia do Antônio Cícero procura recuperar esses valores, por exemplo, de artesanato, que me interessam, e que eu acredito vão caracterizar a minha produção poética, não sei até quando. Já faz muito tempo que venho no sentido da recuperação desse rigor. Sob alguns aspectos, estou farto da incompetência técnica dos anos 1970.

Ouvinte: Concordo com o que você disse que o poeta não pode ser maior que sua tribo. Ao mesmo tempo em que eu concordo com isso, acho que nem por causa disso o poeta deve deixar a sua tribo castrar, vamos dizer assim, sua criatividade. Tenho a impressão de que, às vezes, certos poetas apaixonados fazem novas tribos, eles não são tão ligados verdadeiramente, só em certos esquemas gramaticais. Sinto assim, a gramática do poeta seria a gramática da sua criatividade. Às vezes, ele pode ser até maior que a sua própria tribo.

Paulo Leminski: Ele seria apenas o melhor que a sua tribo pôde produzir naquele momento, mesmo quando parecesse que está sendo maior do que a sua tribo. Um Guimarães Rosa, um João Cabral de Melo Neto são possibilidades do povo e da cultura brasileira, não caíram do céu nem foram trazidos por um disco voador. É uma somatória de coisas brasileiras que possibilita, de repente, o surgimento de um grande artista, de um Hélio Oiticica, de um Glauber Rocha. Não creio que ele, que alguém, seja maior. É que você, realmente, representou naquele momento, naquela tua coisa, um máximo, mas um máximo da tua tribo. Reconheço que criei uma espécie de determinismo, alguém podia dizer assim: mas se eu aprender outras línguas, por exemplo? Se eu romper a barreira da minha língua e invadir outra, tipo Conrad? Ele era polaco, chamava-se Korzeniówski, saiu da Polônia, foi para a Inglaterra, se britanizou por completo e virou um grande escritor da literatura inglesa. Mas não vejo que isso seja exequível de um modo geral. Não vejo como eu poderia me tornar um grande poeta em língua ucraniana. Você, mais ou menos, expressa uma comunidade.

Ouvinte: Queria te perguntar ainda sobre essa relação com a palavra. Tenho estudado esse assunto em relação à carta de amor. É mais ou menos o inverso disso que você disse aí. Aquele que escreve a carta de amor, ele, na verdade, não quer escrita, ele detesta a escrita, ele escreve pra dizer "eu escrevo para que tu ouças".

Paulo Leminski: Deve ser.

Ouvinte: O riso, essas coisas que a gente não pode remeter. Então ele não gosta da escrita, é uma relação muito difícil. Com essa materialidade da escrita na verdade, ele escreve é pra reapropriar-se da presença do outro distante, essa coisa toda. Então, existe toda uma paranoia mesmo em relação à circulação disso, porque já estava previsto um destinatário. Tenho lido assim as cartas de amor. Em Kafka, em todos eles assim há uma verdadeira paranoia em relação a correio. O correio não está funcionando, não sei o quê. Já contratei três pessoas pra trazerem as cartas por aí.

Paulo Leminski: É lamentável.

Ouvinte: Todo esse problema da circulação. E além do mais do registro. Isso tem que ser registrado, então submete a carimbo, selo, toda uma institucionalização da palavra.

Paulo Leminski: Você botar uma carta de amor no SEDEX hoje...

Ouvinte: Então tudo isso, essa escrita é uma escrita, quer dizer, ele não gosta da escrita. Você falou o contrário. A relação de poesia com o poeta seria de paixão. Quando ele falou de transbordamento, transbordamento estaria mais pra carta de amor.

Paulo Leminski: Mesmo uma carta tem uma forma precisa, "venho por meio desta dizer que meu coração é seu".

Ouvinte: Você está adulterando o que digo.

Paulo Leminski: Não há álibi possível. Escrevi uma resenha, a semana passada, sobre *Os Cantos* do Ezra Pound, em que falo dessa coisa que ele trazia em si uma proposta de transbordamento. O poema dele se chama *Cantos*. Na realidade, é em prosa, porque o verso é um princípio de racionalização. Não há paixão que resista a um bom decassílabo. O dia em que eu botar tudo em decassílabo, realmente a sinceridade foi pro brejo.

Ouvinte: É aquele que pode substituir a presença do outro, né?

Paulo Leminski: É aquela coisa da relação entre o vivido e a obra, ela é mediatizada, todo escritor projeta a imagem de um emissor que pode não coincidir com ele. Daí, realmente, o negócio extraordinário do Fernando Pessoa de ter explicitado isso através daquele mecanismo de heterônimos, porque é realmente isso. O escritor, que escreve, a pessoa Jorge Amado, o cara, o escritor, o autor, o emissor Jorge Amado e sua obra são três momentos, e não dois. Não sei, sai direto da vida pra obra. Entre a vida e a obra, há uma mediatização, que é a primeira obra que todo artista tem que criar, a sua persona, o seu personagem, que você quer encarnar. É esse personagem que será o emissor da tua obra. A obra será sempre o momento segundo depois da criação. Tem muitas pessoas talentosas que acabam não dando em nada, porque não conseguiram criar seu personagem, quer dizer, aquele que será, realmente, o emissor da sua obra.

Ouvinte: O que eu queria te perguntar é se tem alguma transitividade nessa relação.

Paulo Leminski: Transitividade de quem pra quem?

Ouvinte: Do poeta. Na relação do poeta com a linguagem, nessa relação apaixonada.

Paulo Leminski: Essa é a ideia.

Ouvinte: ...tem, claro. Só pra atingir um terceiro. Eu queria saber, na poesia, se está presente essa coisa do destinatário.

Paulo Leminski: Na literatura, o destinatário é sempre problemático. Você invocou, inclusive, um exemplo que é, exatamente, o oposto da literatura. A carta de amor teria como diferença em relação a um poema de amor o fato de ter um destinatário preciso. Não acredito muito no escritor que você diz assim: pra quem você escreve? Ele diz: bem, eu escrevo pra fulano, beltrano, sicrano. Eu escrevo para a classe operária consciente da faixa salarial de sete salários até doze. Ninguém escreve desse jeito, isso é jornalismo. Não é literatura. Não é a alta produção verbal. A alta produção verbal já traz implícita em si uma espécie de indeterminação em relação ao seu destinatário. Vamos dizer assim: pra quem Guimarães Rosa escreveu a "Terceira margem do rio"? Pra Deus. Pra humanidade. Qual é a linguagem que não se escreve, qual é a linguagem onde a poesia nunca chega? Aqui, a gente tem que fazer a distinção língua/linguagem. Décio Pignatari é um teórico que vem insistindo muito na diferença, é o idioma, a língua oral, acústica, que a gente aprende com a mãe, com o leite materno, a língua materna. A linguagem são as outras, a linguagem visual, a gestual etc. Essa distinção é semioticamente bem, bem clara hoje. A linguagem verbal é o lugar do pensamento simbólico por excelência, quer dizer, do pensamento, as palavras são símbolos. E num sentido em que a cor não é, por exemplo. A língua, o idioma, é o único veículo do conceito. Você não pode emitir conceitos com cores, você não pode emitir conceitos com gestos, você não pode emitir conceitos com borrões de luz, só as palavras são veículos de conceitos, o conceito que Aristóteles dizia ser a grande arma do pensamento para captar a lógica da realidade. Durante muito tempo, compartilhei de uma certa ilusão que se deve à minha admiração por Décio Pignatari, a da ideia de se combater o logocentrismo, a palavra no centro das coisas e tudo o mais em volta. As outras manifestações de linguagem ficariam submanifestações e o idioma como a manifestação por excelência. Durante muito tempo, realmente, defendi isso, hoje, já não acho mais. Acho hoje, com a maior clareza do mundo, que existe um específico do idioma, da linguagem com a palavra que não tem paralelo, e nem outras linguagens. A palavra pode falar de um quadro, um quadro não pode falar das palavras. As palavras podem falar de um espetáculo teatral ou de um espetáculo de dança, um espetáculo de dança não pode falar de palavras. As palavras têm uma espécie de estatuto metalinguístico, um estatuto crítico, um estatuto de *dizer sobre*, que é seu específico. Acho que foi uma espécie de ultraesquerdismo icônico, oh, boa expressão. Foi um ultraesquerdismo icônico que vivi durante muito tempo, de pensar assim, de colocar uma espécie de horizontal dada em todos os códigos, em todas as linguagens. Hoje, não, hoje eu acho que a linguagem verbal tem um intransferível, um específico. A própria poesia que faço, a que procuro fazer hoje, é uma poesia não imagética, não melopaica, quer dizer, não musical, quer dizer, não excluindo esses valores, mas uma poesia, sobretudo, feita de pensamento, quer dizer, raciocínios. Minha poesia, meus amigos, as pessoas que leem as coisas que venho fazendo, vêm observando constantemente que, num poema, eu procuro, a poesia numa girada de pensamento, não propriamente numa explosão de cores ou de imagens. O redondo rolar daquele pensamento que sai, e a loucura lógica dele é que a sua poeticidade. Qual é a linguagem que não se escreve? Tirando os idiomas, todas as outras não se escrevem, faz-se outras coisas. E qual é a linguagem onde a poesia nunca chega? A pergunta é maior do que eu. O que não é hermético é novela das sete.

Ouvinte: Gostaria de criar uma polemicazinha agora. Eu acho que é saudável, né? Aqui no Rio, eu vejo o Rio de Janeiro uma espécie de coração e São Paulo, a cabeça, uma coisa meio esquizofrênica isso que estou falando, mas me passa muito isso. São Paulo pensa paca e o Rio sente. De certa maneira, as coisas que acontecem no Brasil são muito direcionadas por essa dualidade que ainda persiste. O Rio é um exemplo pro Brasil sempre e eu gostaria de falar isso para você como carioca. E como paulista; quer dizer, não um paulista, mas uma pessoa que está vivendo num mundo de São Paulo cultural. Não fiquei satisfeito com a tua resposta quando fiz aquela colocação do amor total. Você colocou que eu tinha posto as coisas como uma utopia, utopia dos comunistas, socialistas e tal, eu acho que não é bom. Acho que o próprio espaço da paixão amorosa é um espaço utópico no mundo que a gente vive. Queria colocar uns exemplos, eu, pessoalmente, faço cinema. Então, pra mim, poesia não tem nada a ver com palavra, entendeu? Isadora Duncan fazia poesia com o corpo e eu faço poesia com a imagem. Então, de maneira nenhuma aceito, posso aceitar, que a poesia, a poética, seja colocada dentro dos limites da linguagem verbal, da língua. Eu acho que a poesia hoje, dentro de uma concepção moderna, é uma coisa que abrange a manifestação de libertação do ser humano, seja através do teatro, da música, do cinema. Pasolini é um puta poeta, não só escrevendo como também criando cenas e imagens. Estudei durante seis anos muito a vida de um paulista e fiz um filme sobre ele, que é o Mário de Andrade, um puta poeta muito pouco falado pelas ditas vanguardas modernistas, porque ele escrevia muito moderninho, não escrevia com manga de camisa. Então, ele foi assim meio relegado. Hoje em dia, felizmente, já existem vários trabalhos, há muita gente reavaliando a poética do Mário, que ela é muito mais importante e profunda do que aparentemente pareceu nestes últimos anos. Estudando o Mário, eu descobri que o Mário foi um exemplo do cara que morreu de amor, mas de amor pelo seu povo, pelo seu país, pela sua cultura. O seu amor era muito mais total, volto a essa palavra, do que amor, essa relação de filigrana entre uma pessoa e outra. Esse amor gerava conhecimento, ele nascia de um conhecimento. Um outro cara que eu também fiz um filme é o Câmara Cascudo. Um cara como o Câmara Cascudo morre, os jornais dão uma notinha desse tamanhinho, escondidinho, um cara que deveria ter estátua em praça pública, devia ser lido, recitado. O caso do Câmara Cascudo é um caso típico, pra mim, fortíssimo, do amor total. A atitude dele foi muito mais poética do que milhões de poetas que eu conheço, porque ele dedicou a vida dele inteira ao conhecimento da cultura do povo brasileiro. É um cara que ia lá pra feira conversar com o feirante, ia bater um papo com a puta, o violeiro, a vida dele foi dedicada a isso, a resgatar essa cultura, fortíssima, que existe, mas que não sai no Caderno B do *Jornal do Brasil*. E poderia citar inúmeros exemplos, um outro amigo meu pessoal, Glauber Rocha, que, pra mim, foi outro cara que morreu de amor por esse país, foi engolido que nem Macunaíma. Volto a insistir, existe uma dialética, uma contradição fundamental entre o amor burguês, egoísta, discricionário, e o amor que eu chamo total. O amor que você aprende na relação homem-mulher tem milhões de relações ali envolvidas, inclusive sociais e econômicas, políticas. Uma relação um homem/uma mulher não é um feitiço que cai do céu, eu gostei dela, tô apaixonado porque baixou um santo. Isso tudo faz parte de um projeto, de uma prática de vida, de amadurecimento. Acho que era muito importante eu colocar isso porque, de repente, a discussão começou a cair assim num negócio da técnica da poesia. Então eu falo assim, porra, eu faço meu cinema, acho que é poesia, mas eu não estou filmando, então, como é que você poderia enquadrar isso? Então o cinema não pode fazer poesia? Pode ser um mal-entendido, mas a polêmica tá provocada, tá?

Paulo Leminski: O que ele falou é verdadeiro. Eu acho que aí a gente está com um problema verbal, que é o seguinte: a palavra poesia está sendo usada no sentido de criatividade máxima, conduzida em qualquer área. Então, se diz tal pintor é um verdadeiro poeta da cor. Tal cineasta é um verdadeiro poeta do relacionamento. Mas aí você percebe logo o caráter metafórico da palavra. Quando eu falo de poesia, eu falo de um específico tal como a nossa civilização concebe. Poesia, na realidade, é uma coisa feita com palavras, tanto que a palavra poesia foi desenvolvida no âmbito das artes verbais e, depois, por uma extensão, hoje, a gente a aplica ao caso de dizer o poeta da fotografia, mas a fotografia dele tem um clima, tem uma coisa... Na falta de melhor termo, você invoca a palavra poesia. Poesia é uma palavra da área verbal e um poema é um ser feito de palavras. Quando a gente diz que uma cena tem um caráter poético e tal, é porque houve cenas iguais às que você leu em palavras. Poesia e poema são palavras da área verbal que, por extensão, a gente aplica a outras artes. Acho perfeito, porque, pra mim, ela representa uma espécie de supremo, um máximo.

Ouvinte: Você faz uma colocação, um texto seu, de que a poesia foi cooptada pela literatura a partir de Gutemberg, que na sua essência a poesia não seria literatura. Junto a isto, como você vê a provocação do Caetano quando ele diz que a poesia está para a prosa assim como o amor está para a amizade?

Paulo Leminski: Aí, tem dois assuntos. Essa coisa de que a poesia não é literatura vem do fato de que ela sempre se passa numa área limítrofe entre uma outra arte. A poesia era letra de música na Idade Média, volta a ser hoje com a música popular. Ou então, por exemplo, no caso dos poetas concretos, que trouxeram a tônica pro lance plástico, visual, a poesia como *poster*. A poesia como canção, a poesia como *poster*, ela não é mais palavra porque é a palavra atritando com uma outra coisa, é a palavra cruzando o outro código. A poesia seria o lugar onde a palavra cruzada com outros códigos se abre para outros códigos, por isso os poetas são interessados por cinema, fotografia, desenho. Isso é um fato que a gente pode constatar o tempo todo. Os prosadores não sabem nem como seus livros são feitos. Os poetas se preocupam com *a capa*, se vai ser em duas cores.

Existe, na atividade poética, um cruzamento com outros códigos que faz com que a poesia seja mais ou menos do que a literatura, aquém ou além da literatura. Agora, quanto a essa colocação do Caetano de que a poesia está para a prosa assim como o amor está para a amizade, eu gostaria de entendê-la dentro de todo o seu mistério. Aí quer dizer que há uma espécie de confronto hierárquico, o amor seria maior e a amizade menor? Não vejo isso da parte do Caetano. Isso não é uma frase de um professor universitário, Caetano não está fazendo uma proposição científica, quando diz que a poesia tá pra prosa assim como o amor tá pra amizade. Ele jogou um verso, quer dizer, uma obra de arte, cuja força está, exatamente, na capacidade de deflagrar toda sorte de interpretações e de deixar a cabeça da gente naquele estado psicodélico que os versos do Caetano costumam deixar.

Ouvinte: Eu queria pedir a você para fazer um comentário comparativo entre a literatura ocidental e a literatura oriental sob esse aspecto de paixão. Por exemplo, no caso do haicai, que é uma forma super-rígida de três linhas e dezessete sílabas, como é que paixão cabe no haicai?

Paulo Leminski: Cabe no haicai tão bem quanto coube num soneto, durante séculos e séculos no Ocidente. Você não vai duvidar da autenticidade do amor de Petrarca por Laura porque Petrarca expressou esse amor em sonetos. Nem da autenticidade do amor de Camões por Dinanene ou qualquer uma das suas amadas porque ele colocou esse amor dentro de um soneto. As formas são sociais, sentimentos também são sociais, eles se expressam socialmente. A gente, desde o romantismo, vem vivendo uma espécie de ilusão caógena, uma tendência assim para a expressão caógena, como sendo sinônimo de autenticidade. Pra mim, um soneto ou um haicai são mais sinceros do que simplesmente um borrão de palavras desconexas colocadas no papel. A "sinceridade" é uma cerimônia.

Ouvinte: Tenho a impressão de que você tem uma preferência pela forma do haicai ou até uma certa obsessão...

Paulo Leminski: É uma das formas que pratico, uma das formas nas quais minha sensibilidade se expressa, na qual sinto prazer. Minhas intuições se dirigem pra certas formas, uma delas, a única realmente codificada na minha sensibilidade, é o haicai, que também não tem rigidez nenhuma. Meus haicais não têm aquela forma japonesa de um verso de cinco sílabas, o do meio de sete e o de baixo de cinco. Procuro manter vagamente um certo esquema de três ou quatro, mas mais guiado pela unidade da intuição do que propriamente por uma forma. Se acontecer, por exemplo, de dar certo essa métrica, essa metragem no caso de um haicai meu, é puro acaso, eu não conto versos nos dedos. Ser poeta é ter nascido com um erro de programação genética que faz com que, em lugar de você usar as palavras pra apresentar o sentido delas, você se compraz em ficar mostrando como elas são bonitas, tem um rabinho gostoso, são um tesão de palavra. O poeta é aquele que deglute a palavra como objeto sexual mesmo, como um objeto erótico. Pra mim, a poesia é a erotização da linguagem, o princípio de prazer na linguagem. Vamos evocar o esqueminha de Freud, princípio do prazer, princípio da realidade. A prosa estaria a serviço do princípio da realidade, a poesia, basicamente, do princípio do prazer. Todas aquelas pessoas que querem que a poesia sirva para alguma coisa não gostam de poesia no emprego errado.

Ouvinte: Estou um pouco preocupada. De repente, as coisas ficaram assim muito, muito arrumadas, quando você fala nas formas sociais, nós somos até obrigados a concordar com você; mas só até certo ponto. Por que você não pode esquecer que essas formas sociais, o soneto, os versos dodecassílabos...

Paulo Leminski: O haicai... elas foram, o haicai, elas são formas inventadas... Então, se nascemos em determinado momento histórico em que há determinadas formas inventadas, não quer dizer que essas formas não possam ser quebradas ou, nem sei se o termo é bom, superadas, pelo menos, que apareçam outras formas... É a vida que inventa novas formas, a gente...

Ouvinte: Somos nós com o nosso mundo, não vamos aqui reduzir isso ou aquilo. O fato é que, dentro dos nossos momentos históricos, as formas, algumas já foram inventadas no passado e nós inventamos outras no presente e outras serão inventadas no futuro. Acho que isso é uma coisa muito importante. De repente, pelo seu discurso, daria a impressão que teríamos que seguir necessariamente, isso é extremamente acadêmico e perigoso, a meu ver.

Paulo Leminski: Acho que coloquei ênfase excessiva no caráter social das formas. Na realidade, ao lado disso, existe, por exemplo, como é que eu vou dizer, todo um percurso meu que sempre estava associado com o movimento de vanguardas, de renovação, quer dizer, uma procura de invenção, do novo. Então, eu apresento o social das formas como uma praga e não como uma bênção. Realmente, por tendência, por temperamento, eu estou mais pra Kadafi do que pra Olavo Bilac. Quis apenas colocar um dado que, de repente, dentro desse contexto meio libertário moderno, a gente esquece, o quão sociais são as formas. Não estou defendendo isso, estou constatando até com certa melancolia, porque vejo isso não apenas nas artes, vejo no comportamento, na vida. Somos muito mais clássicos do que a gente imagina.

Ouvinte: Eu acredito que a questão central da criatividade na poesia, em termos da língua mesmo, da palavra, é que você tem uma forma pronta e aprende nas escolas, nas escolas de poesia. Então, como você vai quebrar esta forma em favor da criatividade de uma outra forma, de uma que significaria uma outra percepção do mundo, que é absolutamente social também, naquele momento? Quebrando uma forma, até que ponto você está de fato criando uma outra forma? Você pode cair na prosa, inclusive, e temos bons poetas que eu fico em dúvida se são realmente poetas ou se fazem bem um poema em prosa. Eu não sei bem o que é isso, você está percebendo o que estou querendo dizer?

Paulo Leminski: Essa ambiguidade é própria da própria ideia de poesia, essa ambiguidade.

Ouvinte: O quê?

Paulo Leminski: Essa ambiguidade é própria da poesia.

Ouvinte: Minha questão é que eu acho que há dificuldade real no momento em que você rompe com uma forma em função de criar uma nova forma. Até que ponto você tem um rigor, um rigor interno pra organizar a tua própria paixão e com essa paixão criar, dar a mensagem de uma nova percepção do mundo, que é formal também? É isso que eu quero dizer, porque senão cairíamos na prosa, e a poesia enquanto tal, enquanto palavras específicas, enquanto uma arte específica, se diluiria. Eu acho que a questão é muito séria.

Paulo *Leminski*: Essa questão dialética que ela levantou agora tem aspectos curiosos. Acho essa coisa de rompimento de código como programa uma coisa meio discutível. Você tem que romper com esses códigos quando, enfim, o impulso autêntico e sincero de dentro de você te leva a romper. Você não rompeu apenas por romper. Romper aos códigos em nome de quê? Romper por romper? A momentos de intensa criatividade e inovação costumam suceder certos períodos de um certo remanso formal porque exatamente o novo e programático se transforma no novo sistema. Isso aconteceu inclusive com a poesia concreta, a coisa mais radical que apareceu na literatura brasileira, no texto brasileiro, na segunda metade do século XX. Hoje, alguém fazer um poema concreto, com cara de poema concreto, é coisa previsível. Na realidade, a grande força de um poema concreto, em 1956, era o fato de que ele era surpresa, não estava previsto na programação. Que acontece se, de repente, essa subversão agora está incluída dentro da programação? Daí vem outro momento dialético, outro tipo de fusão, momento de síntese entre uma coisa e outra coisa. Hoje, por exemplo, eu acho que está surgindo na poesia brasileira uma recuperação de rigor, mas que não se confunde mais, por exemplo, com o rigor acadêmico antigo, é um rigor que já passou por poesia concreta, por tudo e está recuperando isso, num momento de riqueza lá adiante.

Ouvinte: (pergunta inaudível)...

Paulo Leminski: ...porque ela vira mercadoria. Pra mim, o critério é quando virou mercadoria. É viável, agora não representa, não é o máximo. A partir desse momento, temos que tocar pra diante, isso aí já é mapeado, esse território. Embora eu também hoje não tenha nenhum tipo de preconceito em relação a alguém que realmente seja um artesão. Um bom artesão hoje é dificílimo de encontrar, alguém que realmente, em qualquer território da arte, não está a fim de revolucionar muito, faz seu produto dentro de quadros já meio previsíveis, mas com uma perfeição formal e com acabamento, sem o que isso que se chama cultura não existe. Cultura não é só vanguarda. Depois há um diálogo entre essas formas já aceitas e as novas formas. Isso recupera o passado, porque o futuro tem isso de maravilhoso, ele recupera o passado, quer dizer, é o surgimento de um Caetano Veloso que nos permite ouvir de verdade e como que pela primeira vez a voz de um Lamartine Babo, de um Noel Rosa, de um Ismael Silva, de um Ataulfo Alves... Assim, o ciclo se fecha, e o Ouroboros, a serpente, morde a própria cauda. Dentro do computador, passado e futuro acabaram num Grande Presente. O computador detém o passado enquanto memória. E contém o futuro enquanto programa.

Não há mais tempo. O tempo acabou. E não apenas o tempo deste nosso encontro.

No Eterno Retorno, no tempo circular do pós-moderno, não há mais lugar para a paixão. A paixão é o desejo projetado para a frente. Não há mais nada lá na frente, apenas o Apocalipse. Não há mais frente. Nosso coração e nossa inteligência têm que inventar, já estão inventando, alguma coisa para colocar em lugar da paixão. Nem que seja a saudade da paixão.

ÉDIPO E A PAIXÃO

Hélio Pellegrino

Vamos falar de Édipo, herói de uma velha legenda tebana, na qual se apoiou Sófocles para escrever sua tragédia imortal, *Édipo-Rei*. Édipo, filho de Laio e Jocasta, soberanos de Tebas. Ao casar-se com Jocasta, recebeu Laio, de um oráculo, um veredicto terrível. Seu filho único, que lhe nasceria do matrimônio, cometeria parricídio e incesto, casando-se com a mãe.

Ao nascer a criança, Laio e Jocasta resolveram eliminá-la. Para tanto, entregaram-na a um pastor de Tebas, para que a matasse. Aqui se pode perceber um último sopro de piedade em Jocasta. Foi ela quem entregou o filho ao pastor, incapaz de assassiná-lo com as próprias mãos. O pastor, para cumprir a sentença dos reis de que era súdito, dirigiu-se, com a criança, para o monte Citeron. Lá, também apiedado, ao invés de matá-la, furou-lhe os pés e, trespassando-os com uma corda, amarrou-a a uma árvore, para que as aves de rapina consumassem o infanticídio. Nessa situação simbólica se prefigura o destino de Édipo. Ele seria sempre o filho amarrado à árvore-mãe, incapaz de nascer e de inventar seus caminhos. Atado, prisioneiro, preso à mãe pelo cordão umbilical — essa pode ser a leitura simbólica do pequeno infante dependurado numa árvore, no monte Citeron.

Um pastor de Corinto, cidade vizinha, ao passar por ali, viu a criança enforcada pelos pés e, apiedado, resgatou-a para levá-la à cidade. Esse pastor cumpriu a função do pai simbólico, cuja mediação separa a criança da mãe, pelo corte do cordão umbilical que os une. Ao cortar a corda que prendia Édipo, mudou seu destino e contrariou o veredicto todo-poderoso de Jocasta, que o condenara à morte.

Mérope e Políbio, reis de Corinto, não tinham filhos. O pastor entregou-lhes a criança, que eles adotaram como filho legítimo, sem jamais informá-la do segredo de origem. Édipo — *eidein*, estar inchado, e *pous*, pés — significa em grego "o que tem os pés inchados", e caminhando, canhestro, tropeçando em sua marcha, incapaz de *dançar* o próprio destino.

Édipo, criado por Mérope e Políbio, cresceu protegido pelo carinho dos pais, sem que nada de especial o turbasse. Já adulto, na força da mocidade, ouviu num banquete, de um conviva bêbado, a notícia de que não era filho legítimo dos pais de Corinto. Profundamente angustiado com a versão que ouviu, mesmo depois de ter sido ela desmentida por seus pais, procurou Édipo um oráculo e dele escutou uma predição terrível: seria parricida e incestuoso e, de seu matrimônio com a mãe, lhe nasceria uma prole nefanda.

Para fugir ao destino, o herói tebano decidiu afastar-se de Corinto para sempre. Em viagem, na errância a que o condenara o oráculo, teve uma altercação, numa encruzilhada, com um velho acompanhado de escolta. Édipo, na luta, matou o velho e dois dos guardas que o acompanhavam. O terceiro fugiu. Já aí, sem que absolutamente o soubesse, o herói começara a cumprir seu destino. O velho abatido em combate era Laio, o rei de Tebas, que se atravessara em seu caminho e fora destruído.

Seguindo viagem, Édipo aproximou-se do território tebano e, quase às portas da cidade, soube da existência da Esfinge, monstro que propunha aos que por ali passassem enigmas de difícil solução, despedaçando aqueles que não os resolvessem. Creonte, irmão de Jocasta, sucessor de Laio, anunciara por toda a Grécia que daria a coroa e a mão da rainha viúva a quem conseguisse livrar Tebas do terrível flagelo.

Édipo enfrentou a Esfinge e foi por ela desafiado com o seguinte enigma: "Qual é o animal que, pela manhã, anda com quatro pés, ao meio-dia com dois e, pela tarde, com três pés?" O herói tebano encontrou a resposta: é o homem, que na infância anda de gatinhas, na maturidade sobre seus dois pés e, na velhice, apoiado por um bastão.

A Esfinge, roída de despeito, precipitou-se no abismo e Édipo, recebendo a mão de Jocasta, passou a reinar sobre Tebas. Do matrimônio incestuoso lhe nasceram quatro filhos: Polinice, Eteocles e duas mulheres, Ismênia e Antígona. Durante anos, reinou em paz, até que uma peste devastadora se abateu sobre o país. Consultado o oráculo, revelou que a epidemia era consequência de não terem os tebanos vingado a morte de Laio.

Édipo ordenou, como rei, investigações rigorosas, que o levaram por fim a reconhecer-se como parricida e incestuoso. Jocasta, desesperada, se enforca, reproduzindo a situação originária de seu filho, dependurado por uma corda. Édipo, ao ver a mãe morta, arranca de seu manto as agulhas que o adornavam e, com elas, dilacera os olhos, tornando-se cego.

No início da década de 60, num congresso latino-americano de psicanálise, realizado em Santiago do Chile, apresentei uma reavaliação do complexo de Édipo freudiano a partir do mito e da legenda que serviram de tema a Sófocles para escrever sua tragédia imortal, *Édipo-Rei*. Santiago, nesse tempo, era uma linda e amável cidade, ainda não devastada pela peste do fascismo pinochetista. O trabalho suscitou interesse, por ter eu nele levantado uma questão ainda não explicitada no terreno da literatura psicanalítica. Mostrei simplesmente o óbvio, a saber: Édipo, herói da legenda tebana, ao assassinar o pai e ao casar-se com a mãe, não se enquadra no esquema estrutural e conceitual do *complexo de Édipo*, tal como o descreve Freud. Édipo, portanto, não padecia do complexo de Édipo freudiano, tendo sucumbido a vicissitudes de natureza pré-edípicas.

Senão vejamos: no conceituar o complexo de Édipo, diz Freud que o menino, entre três e cinco anos, na fase fálica de seu desenvolvimento libidinal, se apaixona sexualmente pela mãe e, em virtude desse sentimento devastador, quer cometer parricídio para livrar-se do pai, rival que lhe barra — segundo a fantasia infantil — o caminho até a mulher desejada. Voltaremos a esse tema adiante, com minúcias maiores.

Ora, se Édipo, herói tebano, se enquadrasse nos termos freudianos do problema, deveria apaixonar-se loucamente por Mérope e estaria condenado a eliminar Políbio, os pais que o criaram desde quando tinha poucos dias de idade. Entretanto, aterrorizado pela predição do oráculo, Édipo, pensando fugir ao seu destino, afastou-se de Corinto para evitar parricídio e incesto. Ele não ficou preso aos pais que o amaram e respeitaram. À base do amor recebido — o amor é o chão da liberdade — conseguiu sair de casa, inventando seus caminhos com os pés, embora inchados.

Édipo não se viu preso a Mérope e Políbio e, sim, sem sequer sabê-lo, a Laio e Jocasta, pais que o rejeitaram e condenaram à morte. A prisão lhe veio de um desamor fundante e fundamental, que o atou à mãe e o arrastou à eliminação do pai. Não se pode falar, aqui, de uma paixão amorosa, como no complexo de Édipo, freudiano, e sim de uma condenação cuja raiz é, ao contrário, a total ausência de amor.

A tese por mim defendida no trabalho de 1966 é de que na situação edípica há que distinguir dois níveis de estratificação. O primeiro, mais superficial, implica a triangulação freudiana — pai, mãe, filho — e transcorre na fase fálica do desenvolvimento da libido. O segundo, mais primitivo e originário, corresponde à fase oral e diz respeito à relação da criança com a mãe, nos seus primeiros tempos de vida.

O nível superficial e triangular, nessa linha de pensamento, será determinado pelo nível arcaico, que funciona, na situação edípica, como variável independente. Isto significa que a virulência do conflito edípico, na fase fálica, será decisivamente influenciada pelas vicissitudes da relação entre a criança e mãe, na fase oral. Quanto pior for esta relação, quanto menos se sentir a criança amada e protegida pela figura materna, mais se agarrará a ela, e mais devastadoras serão as paixões desencadeadas na etapa posterior. Ao contrário, se a relação for boa e amorosa, mais facilidade terá a criança de aceitar o corte separador que, com a interdição do incesto, a afasta da mãe.

Esse aparente paradoxo é fácil de compreender. A criança, ao nascer, precisa agarrar-se — fundir-se — à mãe, e essa necessidade será tanto mais convulsiva quanto menos segurança e garantia tiver ela do amor materno. Um náufrago, num mar proceloso, se aferrará à sua tábua de salvação na proporção direta do tamanho das ondas que o ameaçam. A criança, jogada no mundo com o nascimento, procederá dessa mesma forma. Ela irá ligar-se à mãe com desespero, e esta dependência desesperada será diretamente proporcional à sua insegurança.

Para tanto, dividirá — fará a cisão — da figura materna em duas imagos: a da mãe boa, protetora, ou a da mãe má, persecutória. Esse *splitting* maniqueísta, segundo Melanie Klein, se inicia logo após o nascimento. Os instintos de vida e de morte serão representados, no psiquismo arcaico, pelas fantasias de um seio bom, idealizado, correspondente aos instintos eróticos, e de um seio mau e perseguidor, relacionado aos instintos tanáticos. Fica, assim, fundada uma triangulação arcaica, constituída pela criança e pelas fantasias que faz de um seio bom e de um seio mau.

Quando a relação primitiva entre criança e mãe for má, essa triangulação arcaica tende a persistir. A imagem da mãe má — ou do seio mau — será projetada na figura do pai que, desta forma, se transformará num perseguidor odiado. A criança, acuada, cheia de um ódio que incendiará essa perseguição, desejará matar o pai para entrar mãe-a-dentro, numa última — e incestuosa — busca de refúgio.

Essa é, literalmente, a história de Édipo. O herói tebano ficou chumbado à figura de Jocasta, mãe que o condenara à morte. Tendo assassinado Laio e destruído a Esfinge, imagos da mãe má, casou-se incestuosamente com Jocasta e dela renasceu, através de filhos que eram, ao mesmo tempo, seus irmãos.

Vejamos de que maneira Freud concebe o complexo de Édipo e as vicissitudes cruciais que o constituem. Para o criador da psicanálise, a criança — no caso da nossa exposição, o menino —, entre os três e cinco anos, se apaixona sexualmente por sua mãe e, em decorrência, quer matar o pai, rival que lhe barra o caminho da paixão incestuosa. Ele quer a mãe, e a quer falicamente, transformando o pênis num objeto fálico. Veremos depois que pênis e falo não são conceitos superponíveis. O pênis é um objeto — ou símbolo fálico — tanto quanto o seio ou as fezes podem sê-lo. Nessa fase da evolução da libido, o pênis-falo ganha um formidável valor narcísico. Ele é o eixo, o centro da atividade sexual da criança, o fulcro de seu orgulho narcísico e de sua afirmação de onipotência e completude.

O menino, portanto, na fase fálica, deseja a mãe e quer matar o pai. Essa situação mobiliza todo o elenco das mais terríveis paixões humanas. Ciúme, inveja, ódio parricida, culpa, tremor e temor, tais são os ingredientes das paixões edípicas. Para que possamos entender de que maneira Freud conceitualiza a resolução do drama edípico, precisamos distinguir as duas etapas da fase fálica e introduzir, em nossa bagagem conceitual, o *complexo de castração*. Esta é uma referência central no pensamento freudiano e, juntamente com o complexo de Édipo, constitui o centro, o arcabouço fundamental do edifício da ciência psicanalítica.

A fase fálica do desenvolvimento sexual infantil implica duas etapas, que são marcadas pelas teorias sexuais infantis construídas em cada uma delas. Na primeira, a criança elabora uma teoria sexual pela qual só existe *um* sexo, o masculino. Todos os seres humanos são dotados de pênis, que aqui surge como falo, como objeto imaginário, e não como uma realidade. No caso do menino, o falo corresponde ao pênis, anatomicamente presente. No caso da menina, a falta de pênis simplesmente não é assinalada. Há uma negação dessa falta, *através de um objeto imaginário, que é o falo.*

Acredito que essa maciça negação da falta, através do falo, possa corresponder a uma defesa primitiva contra o *fantasma da castração*, que é, segundo Freud, arquetípico, e, portanto, suprapessoal. O fantasma da castração é um dos fantasmas originais. Tem dimensão filogenética, herdada, e independe de experiências pessoais. Ele está presente no psiquismo e, inclusive, interfere — ou mesmo determina — o jogo da fantasmática individual. Na primeira etapa da fase fálica, portanto, o falo está presente em todos os seres humanos, de tal maneira que a falta do pênis nas meninas e mulheres simplesmente é negada. O falo é, em última análise, o significado da falta, conforme o define Lacan. Na primeira etapa da fase fálica, ele é imaginarizado e aparece, exatamente, como alguma coisa que *preenche a falta*. A falta só pode ser representada através de alguma coisa que a preencha. Não posso representar uma falta por outra falta. Um orifício, só posso representá-lo pelas paredes que o circunscrevem ou por um objeto que, entrando nelas, o denuncia — e o representa. Um dedo que penetre um cano vai denunciar o vazio do cano, torna-se significante desse vazio. O dedo, entretanto, pode vir a significar imaginariamente não o vazio do cano, mas o contrário deste, isto é, sua plenitude. Nessa medida, esse dedo passa a desempenhar uma função fálica imaginária.

Na segunda etapa da fase fálica, a criança descobre a falta do pênis nas meninas e nas mulheres. Essa falta será lida não como significando a diferença sexual e, como tal, constituindo a oposição significativa masculino-feminino, mas a partir da primeira etapa da fase fálica. A criança permanece fiel à sua teoria de que todos os seres humanos têm o falo, mas constata, perplexa, *que ele pode ser perdido*. Há criaturas que foram despojadas do seu falo, e a prova disto é que lhes falta o pênis, vivido como falo.

Essa descoberta é crucial e passa a constituir o fundamento do complexo de castração. O menino passa a ter medo de perder o pênis, uma vez que a ausência dele, na menina, é prova de que isso pode acontecer. A oposição, nessa etapa da evolução libidinosa, é *fálico ou castrado*. O pênis — falo imaginário — pode ser perdido, e esta perspectiva ou possibilidade *o menino a articula ao complexo de Édipo*. Não nos esqueçamos de que, no drama edípico, o menino quer possuir a mãe, sexualmente, eliminando o pai, através do parricídio. Na fantasia inconsciente, odeia o pai, quer assassiná-lo, castrá-lo, destruí-lo, reduzi-lo a nada. Não é surpreendente que, a partir daí, passe a temer a vingança retaliatória do pai, que o vai punir com a mesma moeda. No inconsciente vige, soberana, a lei de Talião: olho por olho, dente por dente.

Na medida em que o menino percebe, na segunda etapa da fase fálica, a ausência do pênis-falo na menina e na mulher, cria a teoria de que elas o perderam. E, nessa medida, passa a temer, com todas as forças do seu medo, que a mesma coisa lhe aconteça, por obra do Pai terrível, implacável e castrador. O menino, cuja vida psíquica na fase fálica é enfunada pelos ventos da paixão incestuosa, defronta com o perigo eminente — e iminente — da castração. Ele pode vir a perder seu artefato fálico — o pênis — tão caro e necessário à plenitude do seu narcisismo. É esta ameaça brutal que, segundo Freud, o leva a desistir da paixão que o faz desejar a mãe e querer matar o pai. O temor da castração, filogeneticamente condicionado, presente na fantasia inconsciente, é, para Freud, a mola mestra que leva à superação do complexo de Édipo. O menino, para evitar a suprema injúria narcísica que seria a perda do pênis-falo, desiste de sua paixão incestuosa, capitula diante da Lei do Pai, ou Lei da Cultura, que interdita o incesto e, identificando-se com tal interdição, aceita a gramática *social* do desejo e se prepara para ser, quando adulto, sócio pleno da sociedade humana. A resolução do complexo de Édipo implica, para Freud, a internalização identificatória com as prescrições e interdições da cultura. Por isso é que o criador da psicanálise afirma que o superego é o herdeiro do complexo de Édipo.

Em trabalho intitulado *Pacto social e pacto edípico* (1983), procuro mostrar que a resolução do complexo de Édipo se faz não apenas em nome do temor e de tremor, mas também em nome de amor. A Lei do Pai é internalizada, sem dúvida, no temor. Sem a ameaça de castração, que dá à Lei da Cultura plena potência interditória, a resolução de Édipo seria impossível e, com isto, a criança jamais se desligaria da mãe para criar sua própria aventura. Mas a ameaça não é o único elemento que confere à Lei o seu poder de convicção — e conversão. A Lei não existe para aniquilar o desejo, aviltando-o ou degradando-o. Ao contrário, existe como gramática capaz de articulá-lo com o circuito de intercâmbio social. O menino, ao aceitar a interdição do incesto, tornando-se com isto candidato ao pleno estatuto de sócio da sociedade humana, tem o direito — ao qual corresponde um *dever* social — de viver um processo fecundo e favorável de socialização, no qual estejam inscritas as inalienáveis prerrogativas de alimentação, saúde, moradia, educação — e carinho.

A Lei é produto de Eros — não de Tânatos. Ela é guardiã de desejo, na medida em que o encaminha no sentido de uma subordinação ao *princípio de realidade*, luz apolínea capaz de articular-se com a dimensão dionisíaca e desmesurada da pulsão, na sua busca de prazer a qualquer preço. A Lei disciplina o desejo para guardar a vida, introduzindo, na espessura do corpo e da carne, o clarão do Logos.

Voltemos à fase fálica e às teorias sexuais infantis que nela se manifestam. É na segunda etapa da fase fálica que surge, com agudez dramática, o problema da castração. Até aí não existia, do ponto de vista da teoria infantil, a diferença sexual. Depois, a diferença aparece, ainda lida a partir da teoria construída na primeira etapa. O falo deixa de ser alguma coisa que se tem, sem problemas maiores, e passa a ser alguma coisa que se perde. O falo é destacável, circula, pode assumir várias formas. Freud, inclusive, criou uma equação simbólica assim formulada: pênis-fezes-presente-filho. Esses podem ser objetos fálicos, e podem equivaler-se.

Para o menino, o medo da castração o obriga a desistir de sua paixão incestuosa. É pelo horror à perda dos órgãos genitais que ele desinveste a figura materna de seus desejos sexuais e acaba por identificar-se com as interdições do superego. Mas, enquanto a castração leva o menino a sair do campo do Édipo, ela conduz a menina à entrada nesse campo. A menina descobre que não tem o pênis-falo e, com isto, sente-se prejudicada. Ao perceber que a mãe também não o tem, passa a desvalorizá-la e, nessa medida, se dirige para a figura do pai, dotado de falo e, portanto, cheio de poder e fascinação. A menina se dirige ao pai para solicitar dele ou o falo, ou um equivalente do falo, que é um filho. Ela pleiteia do pai um filho, como indenização pelo fato de ter sido despojada do pênis-falo, por defeito de fabricação.

Tais conceitos são importantes para o esclarecimento da ideia — ou da acusação — de que Freud foi um machista impenitente, defensor da superioridade do homem sobre a mulher. Freud fala da inveja do pênis, sem dúvida. A mulher teria inveja do pênis, e sua ausência seria fonte de graves sentimentos de inferioridade. Entretanto, aquilo que provoca inveja não é o pênis anatômico, mas o pênis-falo, o objeto imaginário fálico, apto como tal a investir quem o tenha de um valor de completude e de plenitude narcísicas. Nessa medida, também o homem tem inveja fálica. Se o seu pênis *é* o falo, isto é, se fica preso à etapa de desenvolvimento da libido, será sempre rondado — e roído — pelo medo da castração. Poderá perder o falo para ver-se possuidor de um pênis apenas, com as chuvas e trovoadas eventuais que isso possa acarretar. O pênis-falo não pode ser apenas potente: ele tem que ser onipotente. O homem, nessa medida, pode sentir-se inferiorizado — ou impotente — na medida em que não alcance um rendimento sexual que testemunhe essa onipotência.

A inveja fálica, de homens e mulheres, pode deslocar-se para qualquer coisa que teria significado fálico, isto é: qualquer coisa que implique plena expansão narcísica e pleno sentimento de completude. Esta coisa pode ser a inteligência, a beleza física, a força do corpo, a voz, a produção artística, o canto, a fama, a glória, o dinheiro — o que quer que seja. Dado que o falo é um objeto mítico, imaginário, impossível, uma vez que não existe nada que possa conferir a quem quer que seja a completude — a não ser a morte —, a inveja fálica, que é o desejo de possuí-lo, será sempre presente, numa tentativa de retorno a uma atitude narcísica também impossível.

Falemos, agora, do conceito lacaniano de castração simbólica. Lacan, na sua elaborada e sofisticada teoria, *metaforiza* o complexo de castração freudiano. Neste, há o risco de um corte mutilante, que a criança teme. Para não perder o pênis, eixo central de sua expansão narcísica, o menino desiste de sua paixão incestuosa e aceita a interdição do pai, que proíbe o incesto. Na verdade — e Lacan o mostra — o menino aí *aceita um corte*, não do seu pênis, que ele refuga, mas da sua relação narcísica com a mãe. Para Lacan, no início, a criança *é* o falo da mãe, aquilo que lhe falta e a completa. Através da criança, que *é* o falo, a mãe o tem, o possui e, com isto, cria para si um estado ilusório de completude narcísica.

A castração simbólica implica a perda da abastança fálico-narcísica, seja para a criança, que *deixa de ser o falo da mãe*, seja para a mãe, que deixa de ter o falo, encarnado na criança. Ela é operada pelo pai simbólico, em nome da Lei do Pai, ou Lei da Cultura. O pai simbólico não é a Lei, mas o representante da Lei. Ele faz a maiêutica da subjetalidade de filho, partejando-o das águas maternas, reduzindo o poder absoluto do desejo da mãe e mediatizando a relação mãe-filho, na medida em que introduz nela um terceiro termo: a Lei, a linguagem, o circuito de intercâmbio social.

A castração simbólica é o coroamento de um processo gradativo de separação entre a criança e a mãe. Em primeiro lugar, é o corte do cordão umbilical. Esse corte é prototípico de todo corte separador e, portanto, de toda castração. É dele que se trata, em última análise, quando a criança teme perder o pênis, através de um corte. O pênis-falo *liga* a criança à mãe, tanto quanto o cordão umbilical a ligou, um dia, a ela. O corte temido é, no fundo, uma *metáfora corporal* pela qual a criança exprime — e revive — a angústia do nascimento.

Depois do corte do cordão umbilical, modelo prototípico de castração, perturbação catastrófica da placidez narcísico-fetal, há cortes que vão construindo a separação entre criança e mãe. O *desmame* é outro corte decisivo. A criança perde o seio-falo, fonte de toda a segurança e de todo o prazer, objeto cuja posse, uso e gozo constitui garantia de completude — a beatitude. Depois, vem a exigência de controle esfincteriano, pelo qual a intimidade corporal entre criança e mãe é mediada por regras, prescrições, interdições. O bastão fecal, dentro da equação freudiana de equivalência simbólica, pode significar um objeto fálico que circula e costura a união entre criança e mãe. Em seguida, vem o drama edipiano e a interdição do incesto. Aí, a mãe tem que ser perdida, como objeto de relação dual, fálico-narcísica, exclusiva e excludente. Essa perda crisma, confirma e consagra o corte do cordão umbilical, que, no nascimento, separa a criança da mãe. Ela instaura, por mediação da Lei e da ordem do simbólico, a presença, no coração do ser do homem, da falta, da cárie, da carência — que o nascimento inaugura.

O falo *simbólico* é o significante dessa falta, dessa cárie, dessa carência. Ele é o significante do centro do desejo, que é vazio. O falo *simbólico* é o significante da indeterminação, da liberdade — e da possibilidade da linguagem. Ele é o significante da possibilidade de significação, em termos de um circuito de intercâmbio social. O ser humano é o ser para o qual o mundo, tal como está, não basta. Isto decorre do fato de que ele nasce prematurado e, portanto, incompleto e, em consequência, incompatível com o meio-em-torno que o rodeia. O ser humano, ao nascer, em virtude da prematuração, sofre um corte para cujo preenchimento ele não tem equipamentos. O animal, ao nascer, traz consigo uma trama de instintos capazes de costurá-lo ao meio que o rodeia. Ele não vive a experiência de aguda *insuficiência biológico-ontológica* na qual o nascimento precipita o ser humano. O animal tem ganchos de abordagem aptos a costurá-lo à realidade. Tendo vindo de casa — do útero — ele continua em casa, já que o Cosmo é sua casa. Ele marcha para o real e se conecta a ele, *sem precisar simbolizá-lo.* Ao animal, não lhe falta nada. A leitura que faz do mundo corresponde, simetricamente, à estrutura de suas necessidades. O mundo é a concha que o envolve e na qual ele se perde, extático. O animal faz, desde o nascimento, uma experiência de *pertinência cósmica* que o torna parte do real, íntimo do coração da matéria, filho dileto — e inocente de Deus.

Já o ser humano é, por definição, e em sua essência, *impertinente.* Nascido, faz uma experiência aguda de derrelição. Ele é jogado no mundo, atirado a um meio que não lhe serve de chão, por faltar-lhe as cordoalhas instintivas pelas quais poderia tecer-se no tapete cósmico, fazendo parte de tudo. Nascimento é exílio amargo, crispação de angústia no corpo, auge de um despedaçamento que vulnera a carnalidade mais íntima do infante. Ele se vê marcado, no centro de sua experiência biológico-existencial, por um impasse originário que se constitui pelo esbarro formidável do corpo nascido com uma muralha impenetrável, incognoscível, *nadificante*, da qual não salta, de início, nenhuma resposta que corresponda de maneira plena a uma demanda instintiva pré-formada, capaz, portanto, de significar o mundo, tornando-o decifrável.

O instinto não procura, acha. O ser instintivo faz do mundo uma leitura seletiva que o torna imemorialmente familiar. O instinto é, por definição, isso: memória imemorial, lampejo platônico de um conhecimento que se enraíza no começo dos tempos e do mundo. O instinto é a encarnação da lei cósmica, e sua sabedoria transcende, infinitamente, o campo do indivíduo, para inseri-lo numa sabedoria arcaica, que ele não pode modificar. O instinto está despregado da cruz da liberdade, e sua estrutura corresponde aos grandes movimentos do Cosmo, à sucessão das noites e dos dias, às estações com seus coloridos vários e aos cios cujas fogueiras queimam para extinguir-se — sem palavras —, renovando-se em seguida.

Por não ter sido nascido — ou partejado — pelo Cosmo, por não ter dado o salto da natureza para a cultura, por não carregar em seu centro a liberdade — essa fraqueza no coração do ser, como a define Merleau-Ponty —, o animal não precisa dar testemunho da sua passagem no mundo, não precisa falar porque é falado pelo acontecer cósmico, é parte do real, do oceano incomensurável, em movimento, que abarca as constelações mais remotas, e a erva mais modesta — e mais próxima. O animal digere o Cosmo, que o atravessa todo, sem precisar imaginarizá-lo — ou simbolizá-lo.

Já o ser humano, prematurado, biologicamente incompleto, num estado de inermidade que é ímpar em todo o leque riquíssimo da criação, experimenta, ao nascer, a realidade como angústia. A condição de ser humano, como ser-no-mundo, revela ao homem, primigenamente, como uma fulguração apocalíptica de angústia. O rumo do ser nos chega à pele e ao corpo, em primeiríssima instância, pelo aguilhão da angústia. Este dado constitui um dos fundamentos da filosofia heideggeriana. Para Heidegger, a angústia é um estado privilegiado do *Dasein*, através do qual se anuncia a chegada do ser.

O primeiro movimento do infante, após o nascimento, é refugar a realidade, fonte, para ele, de uma ansiedade catastrófica. Ao saltar do ventre materno para a luz do mundo, o recém-nascido, por mercê da prematuração, por falta de equipamento instintivo, cai no abismo, recebe na carne um montante de estímulos para cuja acalmia a realidade pouco ou nada pode fazer. A criança, ao nascer, esbarra numa muralha de angústia, feita de poderosas, vertiginosas e explosivas excitações que lhe atravessam o corpo. A criança, diante disso, reflui. Ela recua, frente a uma realidade que não a acolhe, *buscando abrigo no passado*. Para Freud, um dos fantasmas originários é, exatamente, o fantasma da vida intrauterina. *A criança, ao nascer, em função da angústia, desnasce*. Volta para a casa primordial, cujo modelo está gravado em sua mente. É importante assinalarmos que a criança, nascida biologicamente, se refugia num útero fantasmado, arquetípico, negando, desta forma, o nascimento — e a realidade.

Este é o primeiríssimo passo: *a negação da realidade*. Pelo narcisismo primário — fusão absoluta e imaginária ao organismo materno — a criança *atualiza e dá consistência* ao fantasma da vida intrauterina. Ela cria para si mesma um *sleeping-bag* envolvente e protetor, onde se acolhe — e recolhe — transida. É claro que o intercâmbio da criança com a realidade, do ponto de vista objetivo, se faz incessantemente. Para a escuridão do útero fingido onde ela se abriga, fluem, incessantemente, os rios de leite e mel dos cuidados maternos, que inscrevem no psiquismo infantil as primeiras — e imorredouras — experiências de satisfação. São estas as luzes primordiais, na escuridão da mente. Elas são fulgurações de prazer que prefiguram a realidade — e a antecipam. A vida, em seu fundamento, é sonho. Nascemos, aos poucos, do sonho imaginário para o sonho simbólico, que, em sua ordem, inclui o imaginário e o real e os transmite através da linguagem.

As experiências de satisfação, na criança, vão ser representadas alucinatoriamente, em primeira instância. O infante guarda dentro de si tudo o que lhe é aproveitável, do ponto de vista do prazer. Fica fora o que é mau ou indiferente, desse ponto de vista. A criança, por sua prematuração, não suporta estar separada dos objetos que atendam à sua necessidade e ao seu desejo. Ela os instala, alucinatoriamente, em seu mundo interno, e os investe segundo o ritmo dessas necessidades e desejos. É curioso notar-se aqui que a carência, seja em função da necessidade, seja em função do desejo, vai ser geradora do objeto capaz de preenchê-la e de aplacá-la. No psiquismo primitivo, portanto, regido pelo princípio do prazer, a necessidade ou o desejo aparecem sob a forma dos objetos capazes de satisfazê-los. Se estou com fome, começo por alucinar um seio capaz de atendê-la — e aplacá-la. Ao mesmo tempo, o leite que me chega da realidade externa, e da mãe real, vai ser atribuído não à realidade, mas à alucinação por mim criada. As experiências reais são, para a criança, matéria de sonho, tanto quanto a argila que é, para o escultor, matéria de trabalho. Não há escultura sem argila, da mesma forma como não há objetos alucinatoriamente gratificantes se não houver experiências de satisfação cuja substância é a realidade.

No começo, a criança *alucina* a realidade e as experiências de satisfação, e as coloca sob a égide do princípio do prazer. Para este, conta o prazer, acima de tudo. Um seio alucinado é mais próximo e coroável ao princípio do prazer do que um seio real, transcendente ao desejo da criança. O princípio do prazer vige no inconsciente, seja infantil, seja adulto, é a mola que põe em marcha os sonhos. O psiquismo primitivo, alucinatório, a serviço do princípio do prazer, tem nos sonhos o seu herdeiro privilegiado. Os sonhos estão basicamente a serviço da realização de desejos, embora recalcados. Neles, tanto quanto no psiquismo primitivo do infante, a necessidade aparece sob forma de sua satisfação. Se sonho com um banquete é porque estou com fome. Se dormi com o desejo de comer uma maçã, posso sonhar que a como. O desejo, cujo centro é uma cárie — uma carência —, aparece no sonho como um preenchimento dela e, portanto, como satisfação do desejo.

A atividade alucinatória do psiquismo infantil, assim como os sonhos, visa à completude e serve ao princípio do prazer. Neste sentido, possui, imaginariamente, *função fálica*, visa à negação da falta e à expansão do narcisismo. Aqui chegamos a um ponto crucial — nodal — da evolução humana. O princípio do prazer nega a realidade. Este é o primeiro movimento do infante ao nascer. Ele reflui para si próprio e constrói um mundo de objetos imaginários, constituídos por via alucinatória, que têm por função negar a falta, a cárie, a carência que nos constitui, em nosso centro. Essa função, negadora da realidade, *é* uma função fálico-imaginária. Ela obtura o espaço vazio, de indeterminação e liberdade, no qual a realidade pode fazer sua aparição. Ela utiliza as experiências da satisfação, que a realidade oferece, para negá-la, através da atividade alucinatório-imaginária. Numa primeira etapa, a criança transforma, radicalmente, a realidade em sonho, dispensando-a, nesta medida. Ela seria uma realidade onírica e alucinatória feita à imagem e semelhança de suas necessidades e desejos satisfeitos.

Essa negação primária da realidade vai, entretanto, até um certo ponto. Ela é, inicialmente, indispensável para que a criança possa defender-se das insuportáveis angústias mobilizadas pelo nascimento. Quanto mais prematurada e inerme estiver a criança, mais terá ela que abrigar-se ao *sleeping-bag* de sonho e prazer que fabrica para si mesma. Há, entretanto, um momento em que a realidade externa começa a cobrar seus direitos. A criança começa a perceber que os objetos capazes de satisfazê-la transcendem sua possibilidade de criá-los a seu bel-prazer. Eles têm existência própria, densidade própria, movimentos próprios, vão e voltam, se ausentam, se separam da criança sem que esta possa ter sobre eles controle absoluto.

Começa a vigência do *princípio da realidade*. Esta passagem do *princípio do prazer* para o *princípio da realidade* tem significado momentoso. Ela marca o início do processo de um *novo nascimento* — ou re-nascimento — pelo qual a criança, perdendo a onipotência que lhe conferia o princípio do prazer, tem que sair de si — e de sua abastança narcísica — para buscar o mundo externo e os objetos externos.

No princípio é a negação da realidade. Minhas produções alucinatórias, embora a utilizem, a dispensam. Vivo num mundo onipotente de completude fálico-imaginária. Com o passar do tempo, e em virtude do processo de minha própria maturação, percebo, literalmente, que não posso viver de ilusão. Os objetos externos se impõem, cada vez mais e, com sua autonomia, me fazem perceber as falhas de meus jogos — e dispositivos — imaginários. Preciso da realidade e dos outros, cada vez com mais urgência. A negação da realidade, pela qual construí meu sentimento de completude narcísica, tem que agora ser, por sua vez, negada.

A negação dessa negação é o simbólico. Perco a capacidade de fechar os olhos ao mundo, através de minhas construções imaginárias mas, abrindo mão delas, vou *simbolizá-las*, no mundo exterior, segundo as leis que o regem e, acima de tudo, segundo as leis da linguagem e da cultura. Pela linguagem, simbolizo também o mundo externo, ao nomeá-lo e articulá-lo. A linguagem, portanto, é a terceira margem do rio, confluência do sonho e da realidade, núpcias da pulsão e do Logos, que, no transporte da paixão, engendra o verbo. Há quem pense que, com a dominância do princípio da realidade, o sonho se acabe. Em verdade, não acaba nunca. O sonho é centelha que salta do desejo e é através dela que vou acender as fogueiras através das quais o rosto do mundo se ilumina. O sonho, levado aos ombros da realidade, que o simboliza, é o projeto profundo do homem e a teleologia da história. O sonho, vivido, enraizado no real, que o suporta, vai ser a matriz da utopia, o eixo das grandes transformações que fazem a grandeza do processo civilizatório.

* * *

Voltemos ao conceito de castração simbólica. Ela significa, exatamente, esse trânsito do imaginário, fálico e onipotente, para o mundo da realidade externa. O desejo tem que desinvestir seus fantasmas inconscientes, cujo momento obedece ao princípio do prazer, para dirigir-se aos objetos externos, regendo-se pelo *princípio da realidade.* A completude fálica é, no caso, perdida. No mundo inconsciente primitivo, o desejo surge sob forma de sua satisfação. Não existe, como vimos, falta, cárie — carência. A passagem pelos desfiladeiros da castração simbólica implica a perda dessa dimensão fálica. Se quero comer uma maçã, não basta sonhá-la, ou aluciná-la. Essa possibilidade, dirigida para o mundo externo, implica a aceitação do princípio da realidade: tenho que comprá-la, ou pedi-la, ou roubá-la da árvore da ciência do bem e do mal. De qualquer forma, tenho que assumir minha incompletude, a partir do meu desejo de comer a maçã. Minha fome é estímulo para que eu, jungido ao princípio da realidade, vá buscá-la, inventando, com trabalho e pena, o caminho até ela.

O símbolo, por um lado, atesta a perda da coisa simbolizada. Só simbolizo aquilo que perco. A palavra copo, enquanto tal, é um signo linguístico que não é, obviamente, a coisa significada. Se assim o fosse, conseguiríamos beber água na palavra copo. A palavra é a ausência da coisa, embora a represente e a invoque, evoque — ou convoque.

A castração simbólica marca a possibilidade de simbolizar o mundo interno e o mundo externo. Para tanto, há que perder um e outro. Ao proferir o mundo, transformando-o em discurso, torno-o metabolizável para a minha mente, mas o perco na sua opacidade densa — e impenetrável. O real é impossível — diz Lacan —, e tem razão. O real — ser-em-si — é transcendente a nós, e não se rende ao humano discurso. Ele nos atravessa, nos constitui em nossa materialidade concreta, mas guarda silêncio, aquém — ou além — das palavras. O real está aquém — ou além — do simbólico. Ele é simbolizável e, como tal, pensável.

Mas, cerrado em sua noite, é guardião de seu próprio segredo. As coisas simbolizadas passam a representar um dado algébrico numa infinita galáxia de significantes, em movimento estrutural. O código linguístico, as regras e prescrições da cultura, a Lei que os preside e organiza, tudo isso gera a possibilidade de infinitos discursos sobre o real. Ele próprio, mudo e quedo, traz em seu coração o mistério do Cosmo.

A castração simbólica, constituída de um corte crucial, marca o segundo nascimento humano, ou melhor: introduz a criança no universo do simbólico e, como tal, faz ela candidata a sócia plena da sociedade dos homens. A princípio, como já vimos, o infante refoge a realidade e se enrodilha em si mesmo. Ele reflui para o próprio corpo, recompondo imaginariamente a situação intrauterina da qual saíra. Para tanto, utiliza o arquétipo — ou o fantasma originário — de vida intrauterina.

Nesse estado de abastança — de beatitude narcísica — a criança *desnasce* e se instala em seu universo imaginário. Na noite em que se recolhe, gradativamente, vão se acendendo as luzes alucinatórias que passam a povoá-la. As experiências de satisfação são matéria de sonho e, com ela, o infante produz seus fantasmas, com os quais estabelece uma *nexualidade sexual permanente*, regida pelo princípio do prazer. O que o recém-nascido faz, ao criar sua fantasmagoria — sua Pasárgada originária —, é negar o corte do nascimento, a separação por ele inaugurada, vivida como hiância, abismo sem fundo, matriz do terror.

Ao negar a realidade, numa primeira instância, a criança nega o nascimento. Em seguida, cria para si um útero — escuridão do narcisismo primário — cuja noite vai gradativamente sendo privada de luzes. A criança cria para si um mundo interno, que ela controla e no qual habita, segundo o princípio do prazer.

Desse mundo, num passo seguinte — *negação da negação* —, tem ela que sair, para dar-se à luz da realidade. Os objetos externos começam a surgir, em sua objetividade alteritária. A criança tem que aceitá-los e fazer deles *objetos de desejo*, em substituição aos objetos internos, fantasmados. Para que isto ocorra, é necessário que o mundo interno alucinatório, mais real que a realidade, seja barrado, tornado inconsciente. A libido, investindo os objetos externos, tem sempre gana de voltar à sua primeira, mágica — e prodigiosa — pátria. É daí, mais do que em qualquer outro lugar, que o princípio do prazer arma o seu acampamento faustoso. "*La, tout n'est qu'ordre et beauté,/ Luxe, calme et volupté.*"

Esse mundo primeiro, fálico e onipotente, ingênuo e dionisíaco, anterior à medida apolínea — é preciso perdê-lo. Sua perda vai constituir o cerne da nostalgia humana, síndrome incurável. Mas, ao perdê-lo, ganhamos a possibilidade de simbolizá-lo. O símbolo implica, como vimos, a morte da coisa simbolizada. Mas, ao mesmo tempo, o símbolo a resgata através daquilo que representa. O símbolo comemora — e rememora — a coisa simbolizada, ao representá-la no objeto, material ou semiótico, que a substitui.

O sonho, portanto, uma vez criado, como negação de realidade, para preparar-lhe o advento, não se perde jamais: ele se transforma. A negação dessa negação primígena não representa a destruição do sonho, mas sua transfiguração. O real, antes negado, se torna, como portador de sentido, suporte de sonho — seu símbolo. Winnicott estudou, com sensibilidade maravilhosa, essa transição do sonho para o mundo externo. Seu conceito de objeto transicional tem força iluminante. A criança, ao viver a figura materna como objeto externo, no começo de sua relação alteritária com ela, não pode perdê-la totalmente como mãe imaginária — mãe de sonho. A mãe interna está comigo sempre, como meu anjo da guarda, sombra de luz que me acompanha. Começo a navegar nas águas da realidade agarrado a cada boia de salvação. Ela será representada pelo ursinho de pelúcia ou pelo rabo de fralda de que a criança necessita para dormir ou mesmo para brincar. Através do objeto transicional a criança *simboliza* a presença mãe, imaginária e real, e, nesta medida, atenua a angústia da perda que a separação alteritária vai aguçar. O objeto transicional é um símbolo em segundo grau. É símbolo, uma vez que a mãe da realidade é símbolo da mãe do inconsciente — profundamente perdida.

Seja como for, para simbolizar a mãe, é preciso perdê-la — profundamente. É por aí que passa o corte da castração simbólica. No inconsciente primígeno, anterior à resolução do Édipo, a mãe é minha, nexual — e sexualmente — numa relação imaginária que antecede — e repele — a Lei da Cultura. Esse matrimônio eidético, ideal, implica uma franja infinita de inscrições, signos, hieróglifos de carne e reentrâncias, rumores, quenturas e odores que vão constituir galáxia materna — obscuro objeto do nosso desejo primordial. É preciso não esquecer que a sexualidade, para Freud, não é sinônimo de genitalidade. O casamento de criança e mãe, representação na fantasmática inconsciente, é um prodigioso painel onde deságuam todos os discursos eróticos do sonho, da fantasia, da intimidade mais profunda e voluptuosa: "*La, tout n'est qu'ordre et beauté,/ Luxe, calme et volupté*" . Criança e mãe, nesse nível, se dissolvem e resolvem numa intimidade que afoga as diferenças e abole o nascimento. No fundo, o desejo da mãe, no inconsciente, aponta para o desejo de tumulação uterina, de "*volta à pátria da homogeneidade*", como diz o poeta.

Essa mãe — é preciso perdê-la. É preciso barrar o desejo do incesto, uma vez que ele visa à saturação do desejo, à sua abolição. Não nos esqueçamos que, em nosso centro, somos fenda, falta, hiância, vazio. Desta falta saltamos para a transformação do mundo. A nossa relação com a realidade externa tem que trazer inscrita, na intimidade de sua estrutura, essa falta que nos torna incompletos e, nessa medida, nos condena à vida e ao movimento do desejo — motor da vida.

Nascer é incompletar-se. A castração simbólica nega a negação dessa incompletude. Ela, portanto, a afirma — e confirma —, por mediação da Lei do Pai e da ordem do simbólico. Perder a mãe imaginária significa simbolizá-la na realidade, conformando-a e afeiçoando-a às exigências da Lei da Cultura. A mãe externa, da realidade, é símbolo da mãe interna, estruturado segundo as exigências de pai simbólico. Essa mãe nos é interdita, em termos de incesto. Não a podemos penetrar genitalmente, uma vez que isto significaria a confirmação da negação do nascimento e, portanto, a morte. Negar a negação do nascimento é ter que abrir mão da mãe, como objeto sexual genital. Fomos expulsos do paraíso, e esta exclusão, que nos trespassa de angústia, torna-se depois o estandarte onde se inscreve a honra da condição humana.

Fomos expulsos do paraíso — e temos que simbolizá-lo, numa tarefa sem termo. O paraíso perdido se torna nossa utopia — futuro da história humana. Em termos de experiência individual, ou pessoal, quanto mais rico e matizado for o paraíso criado em nós pelo amor materno, mais ricas e matizadas serão nossas possibilidades de simbolizá-lo. Não nos esqueçamos que o símbolo implica a perda da coisa simbolizada, para um resgate noutro nível. Quanto mais temos o que perder, mais ganharemos. *Quem perder sua vida, ganhá-la-á* — diz o Evangelho, e, em matéria de símbolo, tem razão. A representação simbólica do amor materno, da formidável intimidade corporal que ligou criança e mãe, *vai constituir o chão do mundo*, o fundamento da experiência, a base sem cuja firmeza a vida se torna impossível. Lembro-me de um velho e querido cliente meu, já morto, que me procurou em virtude de uma fantasia pela qual o chão iria abrir-se a seus pés para engoli-lo. Ele vivia apalpando as ruas e calçadas, com o bico do sapato, para tentar defender-se da fenda hiante que lhe roubava alegria e repouso. Expressava, assim, seu desejo de morte, de retorno ao útero materno, pela impossibilidade de simbolizar, a partir da galáxia materna inconsciente, o chão como terra firme e o mundo como a casa do homem.

É claro que esse duro limite na possibilidade de simbolizar o amor da mãe, em virtude da pobreza de sua relação primordial com ela, implicou uma desesperada crispação do desejo genital incestuoso. O cliente, ao palpar com o bico do sapato o chão, em verdade exprimia o seu desejo de penetrar genitalmente a mãe, já que a terra não podia representá-la com termos de firmeza e segurança. Ele queria entrar mãe-adentro por medo de estar vivo, e seu sintoma exprimia, ainda em nível simbólico, o seu desejo de possuir genitalmente a mãe. Ele não podia libertar-se da obsessão de incesto, que também lhe aparecia, diretamente, em sonhos e fantasias. Esta obsessão era sintoma não de muito amor, mas do oposto. O cliente aspirava à total e absoluta intimidade com a mãe *por não poder perdê-la, simbolizando-a*. Faltava-lhe, para tudo, o que perder. Por não tê-la ganho — não a podia perder, ou melhor: só podia ganhá-la como útero, como urna — como túmulo.

E aqui voltamos ao velho Édipo, com quem o meu velho cliente tanto se assemelhava, não nas vicissitudes concretas da vida, mas na heroica decisão de conhecer a verdade. A legenda do herói tebano constitui ilustração excelente para a tese que estamos desenvolvendo. Édipo teve duas mães — e dois pais. O casal que o gerou — Laio e Jocasta — condenou-o à morte, isto é, à rejeição absoluta. Foi a este casal, e ao desejo funesto que dele emanava, com uma força de destino, que Édipo ficou amarrado, sem poder libertar-se. Édipo matou o pai e casou-se com Jocasta, a quem recebeu como prêmio, sem tê-la conhecido — ou escolhido. Ele não podia simbolizá-la, uma vez que dela não recebera nada, a não ser, talvez, o derradeiro sopro de piedade que a impediu de assassinar a criança com as próprias mãos. Diante dessa mãe que o condenara à morte e de quem, por isso mesmo, não conseguiu libertar-se, só uma coisa podia Édipo desejar e exigir: que ela o acolhesse, de volta, ao seu ventre, perda única do único abrigo que dela recebera. O casamento de Édipo com Jocasta, depois da derrota da Esfinge, representou sua volta ao útero materno. Ao penetrá-la, no ato sexual, num hausto agônico da função simbólica, representava ele o retorno à grande escuridão perdida, noite sem estrelas de que ele fora despejado ao ser dado à luz. O incesto, para Édipo, significou sua última defesa contra a morte. O coito com a mãe simbolizou seu retorno ao útero. Se isto não tivesse sido possível, só restaria a Édipo o caminho da morte. O túmulo simbólico, que Jocasta representou — simbolizando-o para o filho —, teria sido substituído pela urna funerária concreta, berço onde a vasta morte semeia o orvalho de sua anistia absoluta — sem termo e sem retorno.

Em verdade, durante todo o seu casamento com a mãe, Édipo esteve cego, incapaz de vê-la — e de ver o mundo na sua realidade. Lacan, através do conceito de *forclusão*, mostra de que maneira certos significantes excluídos do universo simbólico deixam de integrar-se ao inconsciente para brotarem do real, sob forma alucinatória. Este é o fundamento do fato psicótico. A partir dessa leitura, pode-se afirmar, com propriedade, que o casamento de Édipo com Jocasta representou uma *atuação psicótica*, último recurso por ele utilizado para vencer a morte. Jocasta, para ele, foi a mãe não-simbolizável, figura que, por isso mesmo, emergiu não do inconsciente, mas do seio do real, sob forma de alucinação. Jocasta, para Édipo, não era real — era criação alucinatória, já que o real, para o homem, é o impossível. Jocasta era sua cegueira — e sua tumba.

Há, na tragédia de Édipo, um ponto crucial, que agora se elucida. Ao descobrir sua condição de parricida e incestuoso, Édipo, aos brados, clama por Jocasta, nos labirintos e corredores do palácio real de Tebas. Ao encontrá-la morta, por si mesma enforcada, arranca do manto as agulhas que o adornavam e, com elas, dilacera os olhos, tornando-se cego. Antes, na medida em que tinha em Jocasta seu túmulo uterino, onde se recolhia sem precisão de ver, podia fazê-lo, mantendo abertos os olhos. A total cegueira de Édipo, com relação à sua origem, dava-lhe a possibilidade de preservar sua visão. Cego, ele via — porque não via. Ao abrir os olhos, conhecendo a verdade, cegou-se. Édipo não suportou ser dado à luz, pela luz da verdade. Ele só podia viver na escuridão uterina, simbolizando o único dom que a mãe lhe dera: concebê-lo e conservá-lo no ventre até seu nascimento. Perdendo a mãe, cegou-se Édipo para preservar, ao preço da cegueira, sua condição de des-nascido. Sua luz — sua única luz — era a escuridão anterior ao nascimento, para onde, ao cegar-se, se recolheu.

A restante história de Édipo, de grande beleza — e nobreza —, exigiria uma longa elucidação, aqui impossível. Cego, banido de Tebas, reduzido à condição de mendigo, o velho rei, pelas mãos de sua filha Antígona, vagou pelos campos gregos, condenado a assumir sua condição de nascido, embora dela quisesse fugir pela cegueira. Fora dos muros de Tebas, expulso da cidade-mãe, Édipo afinal nasceu, na pobreza e na errância. Seus passos no mundo escuro só eram possíveis pelo amor de Antígona, sua filha, sua irmã e, agora, sua mãe. Através da guia, que era sua luz, também nascida do ventre de Jocasta, pôde Édipo viver uma experiência que, por sua figuração materna, lhe permitiu o resgate final da rainha de Tebas. Sua relação simbólica com Jocasta, passo a passo, foi construída — e tornada possível — através de Antígona. Édipo, pela escuridão do útero, salvou-se da morte. Pela escuridão da cegueira, tentou fazer do espaço do mundo uma tumba uterina. O cuidado de Antígona, entretanto, puxou-o para a luz — Antígona era a mãe que o queria nascido. Jocasta era a escuridão da cegueira. Uma simbolizava a vida. Outra representava a morte.

Venceu a vida, no justo momento em que Édipo morria. Recolhido a um bosque sagrado da cidade de Colona, nas proximidades de Atenas, o velho Édipo prepara-se para morrer. Ele sabe, por predição do oráculo, que sua morte será cercada de circunstâncias miraculosas. Protegido por Teseu, símbolo paterno generoso e forte, reedição a Políbio, pai que o criara, Édipo espera o trespasse.

De repente, o relâmpago de Zeus ofusca o mundo. A terra se abre lentamente, e Édipo, tendo recuperado a visão, é acolhido no reino das deusas subterrâneas, entrando chão adentro. Essas deusas eram as mesmas que, através de pestes e flagelos desencadeados sobre Tebas, haviam levado Édipo rei a instaurar, sobre a morte de Laio, o inquérito que o condenou. Alfa e ômega se encontram, afinal. O túmulo psicótico de Édipo — útero materno — foi substituído pelo palácio das luzes no coração da terra.

Ao fim, por fim, depois de tê-lo merecido, voltaremos todos para casa.

O DOM DE ÉDIPO*

Luiz Renato Martins

> *"Diz Cícero que filosofar não é outra coisa senão preparar-se para a morte."*
> Montaigne, *Ensaios*, livro I, XX[1]

No teatro de Sófocles a morte desempenha papel importante. *Édipo em Colono*,[2] sua última peça, trata do tema de modo inédito. A posição nova da linguagem perante a morte desperta atenção e traz consequências que não se esgotaram.

Na sequência inicial, toma-se contato com Édipo, que, amparado por Antígona, chega a um lugar. Informando-se junto a um transeunte, Édipo se alegra, exultando por ter finalmente alcançado o que procurava: o local que lhe asseguraria uma morte serena, sob proteção divina.

Este episódio dá início aos preparativos de Édipo para a morte, em torno dos quais se desenrolará o drama. Tal morte, sendo objeto de um benefício divino, produzirá desdobramentos importantes. Além de reconciliar Édipo com seu destino, tem valor político. Conforme um oráculo, se ela ocorrer em Tebas será decisiva para essa cidade, favorecendo uma ou outra facção, dentre os grupos que lutam pelo trono. De outro modo, ocorrendo em Atenas, trará um dom a todos os atenienses. O oráculo reflete uma antiga crença grega que atribuía poderes mágicos a determinados cadáveres, cuja influência se fazia sentir a partir do chão em que se encontravam. Em consequência, a morte de Édipo será alvo de uma disputa que envolve também o poder político. Teseu, pelo lado de Atenas, Creonte e Polini-

* Este trabalho resulta de uma pesquisa feita com o concurso de bolsas concedidas pelo Conselho de Ensino e Pesquisa, da PUC-SP, e também pelo Núcleo de Estudos e Pesquisas da FUNARTE (1984-6).

ce, chefiando grupos tebanos, defrontam-se durante o drama, reivindicando, cada um a seu modo, o controle ulterior da sepultura de Édipo. O confronto pela herança fúnebre, espelhando políticas antagônicas, e os preparativos que Édipo faz para o próprio fim fornecem os elementos básicos que serão desenvolvidos no enredo da peça.

Assim o tema da morte de Édipo carreará a maior parte dos diálogos. Apesar de significativa, tal morte permanecerá indeterminada, figurando como uma lacuna do drama, um embaraço insolúvel. Ausente do enredo, a morte de Édipo assinala uma perda de referência para outros personagens. Modernamente, essa falta também se tornou um problema para o leitor.

De fato, sem convir que tal indeterminação poderia ser proposital, impondo um limite ao relato, a maioria das exegeses modernas passou por cima e buscou completar a lacuna, arriscando a decifração fantasiosa dessa incógnita. Porém, pode-se fazer uma leitura do texto de Sófocles dirigindo-se a atenção exclusivamente para os elementos apresentados. Isto é, as circunstâncias que precedem a morte de Édipo e as implicações que a decisão de morrer em Atenas acarreta para as demais figuras em ação: Antígona e Ismênia, as filhas que acompanham Édipo no exílio; Teseu, rei de Atenas, a cujos cuidados Édipo entrega a sua sepultura; e os cidadãos de Colono, que acolhem Édipo em sua terra; alcançando também, de maneira adversa noutro lado, os príncipes de Tebas, Polinice e Creonte, inimigos de Édipo, apesar de serem parentes.

Édipo sabe que vai morrer e descobre passo a passo como proceder. Sua figura é uma figura de saber. Nesse plano, verificam-se contrastes evidentes entre *Rei-Édipo* e *Édipo em Colono*. O Édipo da derradeira obra de Sófocles, ao chegar a Colono, já difere do personagem tebano pela aparência de pobreza, velhice e cegueira, e também por uma acentuada transformação de ânimo tornando prudente o seu modo de agir. O contraste é ainda mais forte entre os sentimentos que o saber produz. Em *Rei-Édipo*, saber trazia aflição. Em *Édipo em Colono*, saber causa bem-estar. No papel de rei tebano, Édipo explorara exaustivamente indícios, à primeira vista desconexos e acidentais, para terminar deparando com um funesto determinismo. No exílio, acostumado às oscilações da sorte, combinando seus desejos ao acaso, o Édipo de Colono obtém bons resultados. Este confronto indica que se alteraram, para o protagonista, a natureza e a aplicação do saber.

O trato dos sentimentos, no âmbito grego, requer uma exploração própria. Nos termos gregos "*paskein*" e "*pathos*", dos quais deriva o latim "*passio*", raiz do português "paixão", encontra-se um sentido diverso do observado na experiência moderna. Paixão, a partir de sua origem grega, significa experimentar o efeito de uma ação. Em tal acepção, o sentido de paixão aproxima-se do que se entende por estar passivo; opondo-se, portanto, à noção de agente, como realizador do ato. Desse modo, não é possível se referir exclusivamente à paixão sem se conformar, em termos gregos, a uma descrição parcial do evento.

Pode-se entender melhor a singularidade do sentimento grego através de um contraste com a acepção de paixão para o moderno.[3] O que se entende modernamente por paixão prende-se a uma concepção formada no decorrer do século XVIII, conforme a ideia de natureza humana em vigor. A paixão, nessa perspectiva, é o outro da razão. Assim, a afirmação da paixão supõe o exagero de uma inclinação que se instala à revelia da razão, cancelando a ordenação desta sobre a conduta, para ocupar o seu lugar no centro das iniciativas. A essa definição correspondem paixões doentias e inimigas da razão. Assim, não é acidental, mas necessário para o moderno, que os sentidos associados aos de paixão sejam concomitantemente os de perdição, loucura, sacrifício, queda, vertigem etc. Terminantemente expulsas da razão, as paixões estão excluídas por definição da experiência cognitiva. O romantismo explorou essa dissociação em direções variadas, demonstrando como ela condena as paixões à inatualidade, e, logo, ao desastre.

No âmbito grego, tal exclusão não impera. A paixão se insere num amplo contexto de noções dado pelas figuras de ato, agente, saber etc. Essa ordem também implica termos mais amplos, tais como o de conduta ou o de *polis*, conjunto onde as condutas, consideradas em termos públicos, se inserem. Portanto, para se abordar o tema da paixão na obra de Sófocles é preciso abandonar a interioridade, habitat natural das paixões no homem moderno, pela ágora a céu aberto, onde o homem grego, como "ser político", constituíra seu centro de decisões. Ou seja, da paixão circunscrita no indivíduo passa-se para a paixão como momento de uma relação, e, deste modo, necessariamente política.

A poesia das tragédias guarda sentido em tal horizonte, onde a *polis* perfaz o todo. Os festivais trágicos aconteciam anualmente, organizados pela cidade e com julgamento oficial do público. Os textos dos espetáculos premiados completavam os arquivos da *polis*, ao lado das leis. Hölderlin, num comentário sobre o estilo de Sófocles, aponta este sentido instituidor do teatro trágico: "A forma da razão que se constitui tragicamente aqui é política, e em verdade republicana [...]".[4] Pode-se dizer que o teatro era um dos poderes da democracia ateniense, aludindo ao sentido da divisão dos poderes num Estado moderno.

Desse modo, o drama que o público acompanha na obra *Édipo em Colono* constitui um aprendizado válido não só para o protagonista, mas para toda a cidade de Atenas. Num mundo indeterminado, regido pela contingência ou por medidas inacessíveis ao entendimento humano, o proceder de Édipo ensina a bem decidir.

A cultura do século V antevia na figura da "boa-decisão" três tipos de bens que o moderno separa, sem traço comum: a ação eficaz e oportuna, a felicidade humana e o bem geral. Conforme a experiência moderna, que tem o indivíduo por parâmetro, esses três bens são independentes. Contudo, no âmbito da cultura da *polis*, os três se caracterizavam como efeitos previsíveis de um único ente: a "boa-decisão". Aí estava um problema, vigente na época de Sófocles, depois que as polêmicas, a sofística e a política tinham cindido as decisões da ordem divina para vinculá-las, na nova situação, ao rumo das deliberações que ocorriam publicamente na ágora.

O confronto entre Sófocles, século V, e Homero, de era remota, realça a dimensão desse problema, que se origina e evolui concomitante à *polis*. Enquanto Homero conta com o auxílio das Musas, ostenta um saber absoluto, que transcende a experiência mortal, a linguagem trágica de Sófocles parte de medidas humanas, sem presunção de onisciência. Assim, numa passagem de *Édipo em Colono*, o Coro, querendo admirar um combate que se trava ao longe, lamenta não poder voar como uma pomba (1044-95).

A economia épica tem como ponto capital uma concepção do divino, que se caracteriza por traços cristalinos e transparentes, tornando os deuses acessíveis aos homens. Trata-se de uma concepção apolínea, segundo a noção de Nietzsche. Na cultura oral em que atua Homero, a narrativa se funda no prestígio, acima de discussão, de algumas fórmulas copiosamente repetidas. Já o ambiente de Sófocles caracteriza-se por outras práticas das palavras. Através da difusão da sofística, da retórica, da prática da polêmica, a sua cultura desacredita e desativa muitas formas de linguagem, enquanto forja outras. O contato com o divino passa a ser concebido como restrito e limitado às seitas, senão impossível.

A ação humana, nessas condições, afigura-se bastante diversa das proezas homéricas. O recuo da potência divina da sua posição de condicionante das ações para um plano afastado e de acesso difícil atira num abismo as decisões dos homens, tornando o mundo indeterminado. De que modo estabelecer então o rumo das ações?

Essa questão preocupou diversamente a Xenófanes, Heráclito, Protágoras, Heródoto, Sófocles, Demócrito e Aristóteles, entre muitos outros. Um traço comum demarca o novo "estado de espírito": a assertiva básica de que a situação de exclusão essencial entre a ordem divina e a humana constitui uma organização efetiva. Surge daí uma necessidade que cada um enfrentou a seu modo: elaborar as medidas adequadas para a vida mortal. Assim, enquanto na tradição arcaica os deuses eram condição de todo saber, a nova situação dos homens pede, na falta de uma ciência divina, a invenção de saberes próprios para as atividades terrenas. Essa tarefa tornou-se uma meta comum.[5]

A arte trágica de Sófocles, explorando ao máximo diálogos marcados pelo afrontamento de opiniões, distingue-se radicalmente da concepção épica de um mundo sistematizado e fechado num todo. Denotando a excentricidade dos seres, Sófocles exibe a crise da concepção unitária de Homero.

Tal dissociação do divino e do humano segue um caminho diferente da via moderna. O ateísmo e a indiferença relativa ao divino, na experiência atual, devem-se basicamente ao domínio do conhecimento racional. No mundo de Sófocles, a dissociação do divino produz a impressão dos limites humanos. Demarca a fragilidade e a provisoriedade de um saber humano que começa a se construir laboriosamente e com escassas provas de capacidade. Provoca, por conseguinte, sentimentos bem diversos.

O processo crítico de diferenciação tem traços específicos na obra de Sófocles. Conforme essa divisão o âmbito divino adquire, na maioria das tragédias, exceto as últimas, feição de problema. Para os homens, os desejos divinos tornam-se via de regra indecifráveis; parecem até injustificáveis (393-5).

A transmutação da forma bem delineada do divino, característica de Homero, para o estado aberrante da apresentação trágica do divino, conserva alguns traços mais gerais da noção grega de divino. Os deuses olímpicos tinham o sentido da regulação ou da medida. O caráter da medida equivalia ao do divino. A antiga advertência contra a *hybris*, tornando a desmedida uma ofensa religiosa, tem esse fundamento. Corresponde a uma concepção de natureza humana inteiramente diversa da cristã. A espécie humana, para os gregos, tem força anímica semelhante à do fogo.[6] Assim, os homens são dados como originariamente desmesurados e não individuados, enquanto a sapiência da medida cabe aos deuses. O mesmo não acontece na perspectiva cristã ou moderna. O homem é dado como animal racional, dotado de livre-arbítrio; portanto como genuinamente medido e com capacidade de escolha; a perfeição divina, por sua vez, caracteriza-se pelo excesso. Desse modo, verifica-se a infinitude da bondade do Deus-criador, a maximização do ascetismo santo, o sacrifício de Cristo e o extremo sofrimento dos martírios. O cristão aproxima-se da excelência divina na entrega abnegada ao absoluto, enquanto o grego através da moderação e da medida.

Portanto, deparar com desmedida, em termos gregos, significa topar com crise religiosa. A crise retratada por Sófocles, no bojo de imensas mudanças sociais, desfaz a homogeneidade e a transparência da ordem divina louvada por Homero, transformando-a em quebra-cabeça. Por conseguinte, os deuses, ao invés de ensinarem gestos corretos, como para os antigos, provocam uma série de mal-entendidos tragicamente mortíferos. Os enredos de Sófocles são pontuados por sentenças oraculares ou sinais divinos que refratam o entendimento humano. Pode-se dizer que as decisões divinas apresentam-se ao modo de determinações da *physis*, com uma fachada desconcertante e inelutável. Em face disto, o entendimento humano é definido negativamente; salientando tendências próprias, que o afastam do destino traçado no pensamento dos deuses e o levam ora à ignorância ora ao engano. A desdita dos heróis trágicos de Sófocles ocasiona-se quase sempre por um erro interpretativo.

Hölderlin considerou a oposição primordial entre deuses e homens, ao mesmo tempo que o impacto intelectual que esta divisão acarreta, para Sófocles, na medida em que institui um caráter humano. Disse Hölderlin: "[...] Esquilo e Eurípides sabem objetivar melhor o sofrer e a ira do que o entendimento humano na sua errância pelo impensável"[7] (enquanto o próprio da habilidade de Sófocles era objetivar claramente os caminhos desconcertantes do pensamento humano). Ao considerar a exclusão essencial de naturezas, a comparação de Hölderlin descortina também que a ação trágica, concebida por Sófocles, flui principalmente pelos meandros do entendimento humano.

Os movimentos das interpretações humanas ocupam assim o primeiro plano.

Em *Rel-Édipo*, estes dois aspectos, o da tendência intelectualista de Sófocles e o de uma teologia aberrante, tendo por fundamento um antagonismo, são realçados. Em grego, o nome de Édipo, "*Oidipous*", ecoa nitidamente o verbo significando saber, "*oida*". A desgraça de Édipo avança no mesmo pé da sua pergunta exaustiva pela origem. Hölderlin notou acerca dos atos de Édipo no drama: "nessas falas, reina predominantemente o louco perguntar por uma consciência".[8] Assim, o movimento de Édipo se apresenta como o de um saber em busca dos seus princípios, enquanto fica evidente, no correr das ações, que a ambição abrangente desse saber caracteriza um tipo de loucura ou de atividade desmedida. Apenas os deuses deteriam a possibilidade desse saber absoluto, pretendido por Édipo, capaz de olhar para dentro de si mesmo, apreender os próprios princípios e determinar a sua própria condição. Perseguindo a transparência do destino que só alguns deuses possuem, e nem sempre, Édipo esquece os limites inerentes a toda cognição humana. Como outros personagens trágicos, Édipo erra pela falta de medida.

Em *Édipo em Colono*, porém, tanto o ato cognitivo como a relação com o divino trazem consequências benéficas para Édipo. Os deuses tornam-se benevolentes. Transparentes e cordiais, conduzem Édipo na incerteza, prometem ajuda para o ato isolado e difícil de morrer. Como entender tal claridade divina, após o aspecto funesto evidente de tragédias anteriores?

Nessa obra, o antagonismo cessa de existir. Desce sobre os gregos do céu uma luz, conforme Sófocles, límpida novamente. Não se trata de uma ocorrência extrínseca, ou *ex-machina*, assinalando um intervalo no processo excludente das naturezas.[9] Em vez disso, está presente uma redefinição essencial, ou um recentramento tornando intrínseco o contato com o divino no curso do gesto humano. A transformação se nota amplamente no desenvolvimento da trama, que evolui no âmbito de uma nova partilha natural, capaz de ensejar a felicidade. Os desígnios divinos acerca do destino se dão a conhecer concordes com a vontade humana. Desse modo, tudo o que a sugestão promete se cumpre por completo. Os sentidos não enganam. O presente alcança uma elaboração afirmativa e insubstituível. A linguagem expande-se para o transporte de nuances de *páthos* que os encontros captam, indo até à comoção. Como um fecho lógico, a potência divina é apresentada em tipos transparentes e acessíveis.

O que acontece não é uma retomada dos termos primitivos de Homero. Os deuses em contato com Édipo contrastam com aqueles que contribuíam ativamente para o culto dos heróis mortos na *Ilíada*. Caracteriza-se uma elaboração nova da potência divina. Nos termos em que se dava a estrutura grega do divino, ou seja, como medida, isto significa uma reinvenção de parâmetros, o que também envolve uma mutação de âmbito sensorial, com a necessária dissolução dos esquemas cognitivos precedentes. De acordo com isto, processa-se um novo entendimento do tempo; ao mesmo tempo a valoração da morte também se alterará.

Anteriormente a *Édipo em Colono*, a nova concepção do divino já se denota por alguns indícios em outras obras. Uma cordialidade singular caracteriza o trato entre a deusa Atena e Ulisses, em *Ajax*, e essa relação se estreita ainda mais na intervenção do Héracles-deus, em *Philoctetes*, com o sentido de obter a concórdia. Os atos dos deuses mostram-se atentos aos sentimentos dos homens. Tal compaixão ensina uma sabedoria, substanciada na prudência, que compreende a instabilidade geral das formas. Do mesmo modo, a ideia de "boa-decisão", a concepção da ação medida e excelente, cria raízes múltiplas, passando a ser permeada também pelo sentimento do outro.

O movimento de abertura expande-se, em *Édipo em Colono*, como se encontrasse um assentimento generalizado. Isto se evidencia já no primeiro desdobramento da chegada de Édipo. O solo das Eumênides, onde Édipo chegou, sem ter previsto, era sagrado, e, como tal, proibido de receber presença humana. Por essa razão um passante ordena que Édipo recue prontamente. Sendo informado da proibição, este replica que nesse lugar se verificava o seu destino. Na tréplica, o interlocutor de Édipo indica que irá consultar os demais cidadãos, e que estes tomarão a decisão final só após ouvirem toda a exposição do ocorrido (30-80). Mudanças importantes, na caracterização do divino, já se verificam: as partes contratantes são outras.

Os cultos antigos ligavam-se às estirpes. Os preferidos dos deuses eram os próprios descendentes. A *Ilíada* apresenta muitos casos desse gênero de proteção, conforme as regras de estirpe: entre Zeus e Sarpedon, Thétis e Aquiles, Afrodite e Enéas etc. Na nova formulação do divino, atuante em *Édipo em Colono*, os deuses são entes predominantemente públicos. As requisições que atendem contribuem para o bem comum. Desse modo, a deusa Atena, de *Ajax*, era uma divindade alinhada não apenas com Ulisses, em disputa pessoal com Ajax, porém com todo o exército grego, cuja deliberação em prol de Ulisses fora indevidamente contestada por Ajax. Analogamente, em *Philoctetes*, a intervenção de Héracles, como um ancestral divino de Philoctetes, objetivava o interesse comum dos gregos que contavam com este herói e o seu arco para a conquista de Troia. Héracles demoveu o ódio do seu herdeiro por Ulisses, como pelos Átridas, para que o êxito grego fosse possível. Tal favor divino ao coletivo, apresentado por Sófocles, contrasta com o do Zeus homérico, na *Ilíada*, que, com o fim de acrescentar mais brilho à glória única de Aquiles, pôs a perder o restante dos gregos.

Na resposta do habitante de Colono, ligando a permanência de Édipo no santuário ao consenso da cidade, denota-se a mudança do trato procedido com os deuses, do âmbito restrito da estirpe para a instância pública da *polis*. Segundo essa tendência, os deuses adquirem uma feição política adequada à cultura pública. O consenso torna-se um pré-requisito com valor sacro, antecedendo todo agir.

O desdobramento do episódio traz outras novidades. Édipo revela ao interlocutor a condição de vagabundo e estrangeiro, invocando o nome dos deuses, a fim de que o interlocutor não se furte a algumas respostas. Tal apelo confirma a coincidência das esferas do divino e do político. O que Édipo quer, quando pede para ser elevado da sua condição de marginal, é um tratamento de cidadão; que seja ouvido e atendido com respostas. A invocação aos deuses garante tal efetividade; ocorre em penhor da prática da escuta e da troca de informações em grau de igualdade. Serve para um excluído como um passe de acesso à cidadania. O apelo surte efeito: a situação faltosa de Édipo é beneficiada de um sursis, e o interlocutor se mostra disposto a levar avante o diálogo.

O sentido dessa súplica de Édipo guarda uma semelhança com a função da súplica de acordo com a tradição. Na épica, a súplica antecedia a recepção do estrangeiro e suscitava no outro a condição de anfitrião. Assim, propiciava a acolhida na morada. Abria-se neste ato um rito interfamiliar, com o convidado jurando futuramente retribuir a proteção. A hospedagem, incluindo doação de troféus, era uma regra de comportamento das casas dominantes, que caracteristicamente podiam acolher visitas com distinção. Porém, a semelhança de ambas as súplicas não é total. O rito de acolhida, que une Édipo e o passante, desdobra-se através de uma oferta nova. A abertura para o outro, através da escuta, produz esta disposição no lugar da doação de troféus; torna a atenção um dom. Vinculando um estrangeiro errante, sem outro bem que a vida, a um cidadão no pleno gozo dos direitos, eleva a vida humana, mesmo quando nas piores condições, a um bem digno de consideração. Nesta peça, existem outras provas da nova noção de humanidade, elevando a vida à categoria de um bem. Em vários momentos, Teseu, soberano de Atenas, ouve Édipo com todo o respeito, apesar de este ser criminoso e miserável, e acata suas instruções. O próprio Édipo, quando não quer ouvir o filho Polinice, de voz odiosa, é instado por Teseu e Antígona a prestar ouvidos, ainda que seja para mais tarde discordar. Anteriormente, em *Philoctetes*, a importância da escuta já era ressaltada em muitos momentos.

A inter-relação entre respeito sacro e abertura para o outro vence uma repugnância tradicional referente à impureza, que ainda se mostra atuante no primeiro ímpeto do Coro de rejeição a Édipo (291-5). Também supera o senso da beleza heroica que equiparava os belos e os bons. Através do confronto de discursos, no teatro de Sófocles, toda experiência de vida mostra ser válida, tendo algo a ensinar. A acolhida não se pratica somente entre pares, mas objetiva a união de sentimentos e proposições díspares. O valor humano não se caracteriza através da obstinação e da surdez, que se estampavam em muitos dos heróis de Homero, mas na atenção à diversidade do outro.

Por conseguinte, a sensibilidade se reformula num todo comum, numa nova concepção de vida que suscita uma atenção superior, com a qualidade de obrigação sacra. Todo sentimento baseado nesta concepção de homem, como momento de um todo, distingue-se radicalmente dos que modernamente originam-se no indivíduo, sendo entendidos como arrebatamentos ou paixões de um só. Na primeira vez que Teseu dirige a palavra a Édipo já se apresenta tal paridade viva, que não se estabelece através da semelhança de formas, ou da identificação de pares, mas no uso comum da abertura comunicativa (551-68).

A compaixão, o sentimento de paixão, não como um fato limitado a um só e por conseguinte isolado, mas sim integrante do todo comum, é requisito decisivo para se compreender a novidade das formulações de Sófocles. A compaixão é a composição abrangente que possibilita, no âmbito da *polis*, a "boa-decisão" com anuência dos deuses. Assinala o surgimento de uma espécie de otimismo que se caracteriza pela vinculação entre senso de oportunidade, ação medida, felicidade humana e bem comum. Com a abertura para o outro, formula-se uma religiosidade em termos de civismo. Tendo presente tal *philia* cívica de valor sacro é que será possível entender o sentido de alterações que dão a *Édipo em Colono* um tom singular, assinalando uma guinada no teatro grego.

Na concepção do divino, pode-se dizer que se processa uma troca do modelo teogônico, tradicional na poesia anterior, pelo de uma teodiceia; ou seja, as questões relativas às origens e às filiações dos deuses cedem posto ao elogio de uma ordem maior, harmônica e justa. Assim, o Coro diviniza em hino belíssimo a ordem dos seres, louvando a vida dos astros, dos animais e das plantas, a fecundidade da terra e a peculiaridade do lugar, e em seguida a cidade e os artifícios que lhe dão prosperidade: o bridão e o remo (668-719).

O entendimento atual, para introduzir-se a uma tal concepção do todo, demanda incursões prévias a experiências mais próximas, por exemplo, da pintura de Poussin ou de alguns renascentistas, também patenteando concepções unitárias, porém, menos estranhas à experiência atual. Com essa preparação, pode-se aceder, através da diferença de culturas, a algum contato com o sentimento de júbilo transmitido no canto do Coro, louvando a tessitura de um novo cosmos.

Através deste movimento de reunião universal, abarcando as relações humanas, a ordenação dos corpos celestes, a organização do divino e o equilíbrio da *physis*, propiciando ao longo deste vasto curso um novo mundo, estranho ao sistema homérico e à excentricidade trágica, é que se distingue a característica marcante da nova estrutura do divino. Nesta concepção, os deuses abandonam o plano distante e autocrático, determinante do conflito trágico, para o de uma atitude franca, cordial e comunicativa, traduzida na ordem correlata de uma justiça pública que inocenta Édipo, assegurando-lhe a libertação dos seus males.

O pressuposto de claridade que organiza a arte de Sófocles, neste momento, mais ainda do que em outros, tem implicações para a linguagem, em múltiplos níveis. Quanto à qualidade da força, capaz de cunhar um sentido na fala, ou seja, o poder de elocução, é preciso que se funde, não em sentimentos que se furtem a outros, mas numa experiência comum. Caracteriza-se assim a esfera pública. O prestígio do oráculo perde influência, estendendo-se o saber gerado no diálogo. A vivência das situações em pé de igualdade torna-se a condição necessária da fala. É pela falta deste elo comum, consubstanciado na comunicação de sentimentos, que Édipo recusa a linguagem de Creonte, apontando-a como falsa, enquanto este pretende querer o bem do parente (728-99). A perfídia de Creonte, diz Édipo, consiste em apregoar sentimentos que sabe não serem recíprocos. Como é possível um querer bem não correspondido? Com uma pergunta desta ordem (775), Édipo inicia a demonstração que irá conduzir ao desmascaramento dos projetos de Creonte.

A nossa atenção necessita despender um esforço extra para seguir esta polêmica. Na experiência moderna, considerando-se os limites do indivíduo e a noção de pessoa, elaborada na doutrina cristã, admite-se honestamente a existência de sentimentos não correspondidos, ou via de regra mal interpretados. Esta zona turva, responsável pelo caráter ambíguo dos sentimentos, é um elemento da realística atual. Porém, tal possibilidade não existe dentro do limite de honestidade situado por Édipo. Os sentimentos são simultâneos e mútuos, em suma, são transparentes, ou constituem um engodo. Tal conclusão, na raiz do alerta de Édipo, impõe-se a partir da comprovação do ato de abertura para o outro. Assim, não surgindo a luz dos sentimentos comuns, não se dando a abertura para o outro por onde os sentimentos se correspondem no modo próprio da presença, fica provado que a fala tem dupla dimensão, encobrindo um desígnio oculto. A prova dos sentimentos, por conseguinte, é decisiva para a qualificação da origem e da finalidade da fala.

A vivência dos sentimentos assegura que a linguagem não é capaz de tudo, mas somente de atuar em interação com a convivência; exige como condição uma experiência partilhada. Creonte não considerou, noutras oportunidades, os sentimentos de Édipo, embora este desejasse ardentemente o seu cumprimento. O que leva a crer que o faça desta vez, apesar da repetição de juramentos em tal sentido? Em consequência, Édipo conclui que Creonte oculta sua disposição, ao mesmo tempo que promete em breve descobri-la, inclusive através das suas próprias palavras. De fato, demonstra-se em seguida, pelas ameaças despejadas, que Creonte prevê o recurso à força bruta (761-875).

As palavras "voam", segundo uma fórmula tradicional empregada na épica. Numa passagem de *Édipo em Colono*, o Coro dá uma explicação apropriada e minuciosa da rapidez alada das palavras multiplicando-se pela gente, em contraste com os caminhos tortuosos forçosamente percorridos pelo andar (303-7). Por isso, as palavras sintetizam vivências. Todas as palavras trazem marcas de origem. O poder de alcance, em aliança com o *élan* sentimental das palavras, transmite para quem ouve as raízes da fala. Este ato, enquanto conduz o ouvinte, descortina o que tem na base; transporta-o a um patamar mais elevado. Por conseguinte, ouvir faz ver longe. Aí fica evidente a vantagem da escuta, que Antígona aponta para o pai, quando este reluta em ouvir Polinice, filho em quem não se fia. Todo complô se desvela, tornando-se palavra, assegura Antígona, a fim de diminuir em Édipo o receio de escutar (1181-8). A garantia de acesso à claridade pela via das palavras indica o valor do saber que Édipo transmite aos atenienses pela sua hospedagem. No episódio inicial, Édipo anuncia ao interlocutor que traz um bem para o líder de Atenas. Qual o dom, pergunta o outro, que um pobre cego pode oferecer a um soberano? Édipo rebate que as suas palavras enxergarão por ele (72-4). Decerto confia no que tem a dizer, no ensinamento a dar (580). Dizendo ver por palavras, revela mais vigor na argumentação do que nos gestos, esmorecidos pela cegueira e pela idade. Permuta análoga de uma aptidão por outra também se verifica conforme Édipo no dito de um provérbio, referindo a voz como luminosa (138-9). Tal avaliação não se deve ao estado de Édipo, mas prova aceitação geral nessa época; é típica da cultura democrática, que antecipa o consenso argumentado à ação. Nesse sentido, na obra anterior de Sófocles, *Philoctetes*, Ulisses advertia significativamente Neoptólemo, o filho de Aquiles, portanto, do mais veloz dos heróis arcaicos, que as palavras podiam fazer muito mais do que a força física (*Philoc.*, 88-105). Desse modo, ainda, as palavras preponderam na formação, levando a melhor sobre os traços genéticos.

A eficiência das palavras para a síntese das experiências é lembrada por Édipo como um bem, no momento em que se despede de Antígona e Ismênia. Sendo empregadas, as palavras trazem os limites das experiências de origem; mostram-nas, e demarcam sinteticamente o impacto, com poucos sons. Intensificam e abreviam, assim, a vivência de todo sentimento, prontamente liberando as atenções para o devir. "Pois", como ensina Édipo às filhas, "uma só palavra libera todo sofrimento" (1611-9). O elogio do diálogo, de múltiplas maneiras, é o próprio da cultura da *polis*. Como ressalta o Coro de *Antígona*, tal invenção reúne a palavra antiga, o pensamento aéreo e os impulsos civis (*Antig.*, 353-9). É o seu emprego que gera o saber nesta cultura. É ele que regra a administração da cidade, confiada ao jogo dos argumentos. É neste recurso que está o caminho para a cura de aflições, como Édipo diz, legando tal ensinamento às filhas.

O que Édipo tem para ensinar aos atenienses, além da arte do diálogo? Ele menciona uma vantagem que somente irá se revelar depois que estiver morto e forem cumpridas suas instruções fúnebres sob mandato de Teseu (576-82). Tal vantagem não se apresentando prontamente, mas, dando resultado no correr do tempo, tem deste modo natureza análoga à de um ensinamento. Édipo dirige-se aos atenienses no papel de mestre; só assim e com o dom do próprio corpo defunto poderá retribuir o abrigo da cidade (73; 258-91; 607-28; 1518-55).

Além de se resumir em palavras, o dom de Édipo, pedindo para morrer em Atenas, consiste apenas num corpo defunto e varrido pelo tempo; a julgar pela aparência não tem valor. Não se compara ao cadáver de um herói, caído em combate, no auge da beleza e da juventude. Conforme Homero, os deuses davam proteção e perfumavam tais defuntos, com a finalidade de entregá-los imunes às famílias para as exéquias solenes. A *Ilíada* e a *Odisseia* narram como os heróis principais obtiveram este tipo de funeral ilustre, e consequentemente desfrutavam juventude eterna na memória de todos. O corpo maltratado e decrépito de Édipo não indica cuidados divinos, nem parece um dom para Atenas (576-82). Um alerta do doador é necessário: a vantagem que oferece não será estimada imediatamente, mas apenas a longo prazo.

Para que este valor venha a público, deve-se cumprir um tipo de rito, proposto por Édipo, constando de várias etapas; a primeira impõe que Édipo, sem ajuda nenhuma, não obstante a cegueira, mostre para Teseu o local onde vai expirar. Aí, Édipo deve morrer sem qualquer assistência humana, a não ser o testemunho de Teseu. Uma outra prescrição impõe que o local da morte fique definitivamente secreto, vedado aos descendentes de Édipo e aos cidadãos de Atenas, não podendo ser frequentado sob nenhum motivo. Teseu fica com a obrigação de preservar e transmitir o segredo exclusivamente ao seu sucessor no governo da cidade, que deverá proceder segundo os mesmos critérios, e assim por diante. Estas normas são repetidas várias vezes, como se fosse exigências a serem fixadas para a conduta pública correta (1518-55; 1586-666; 1725-32; 1760-7). Conclui-se daí que as circunstâncias da morte de Édipo, como o seu túmulo, passam oficialmente a constituir um motivo de interdito público; ou seja, algo a ser aprendido e respeitado, não podendo ser ignorado, sob risco de dar ensejo a uma busca e a um achado. As instruções fixam terminantemente um limite; definem concretamente a proibição de culto familiar e público à memória do defunto.

É indispensável notar nesta decisão de Édipo, antes de mais nada, um desejo inédito na época. O anonimato do túmulo, o silêncio, no lugar do culto, e em consequência o esquecimento das gerações posteriores, não eram compensações para aristocratas e heróis. Pelo contrário, conforme Homero, esses ambicionavam renome imperecível. Para esse fim o culto do cadáver era fundamental, como demonstra, entre todos, o funeral de Aquiles, relatado no canto XXIV da *Odisseia*. As ordens de Édipo, invertendo objetivamente o processo heroico, encaminham-no ao esquecimento.

O fim de Édipo destaca-se não apenas literariamente, mas, no plano objetivo, dos costumes fúnebres gregos. O que ele pretendeu ninguém desejava. Em Atenas e outras cidades gregas, os usos fúnebres aristocráticos, divulgados por Homero, eram repetidos com apenas algumas modificações, constituindo uma meta difundida. Quando Sófocles vivia, no século V, mesmo o cidadão sem projeção pública ambicionava um monumento fúnebre. As esteias funerárias, algumas vezes como testemunhos na primeira pessoa, exaltavam as qualidades pelas quais o desaparecido podia ficar na memória. Assim, além dos monumentos funerários tradicionais dedicados a combatentes, registram-se elogios a profissionais, a sábios, ou dedicatórias a parentes próximos. Algumas dessas inscrições achadas em esteias do século V, postas em contraste, realçam a novidade do funeral instruído em *Édipo em Colono*:

Eis a tumba de uma mulher virtuosa, perto da via
dos passantes; é da defunta Aspásia;
para homenagear o seu nobre caráter, Evopides edificou
este monumento, ela era sua esposa[10]

Eu, Cosina, sepultei perto do hipódromo Hysematas,
Este homem de mérito, para que muitos guardem sua memória,
[mesmo no futuro;

Ele morreu na guerra e perdeu sua jovem vida,
Ele era pleno de destreza nas suas vitórias atléticas e pleno de
[experiência para a sua idade[11]

Contemplando a tumba de K... filho defunto de Ménésaechme,
apiede-se e deplore que ele esteja morto, ele era tão belo[12]

Magnífico é o monumento que seu pai edificou à
defunta Léareté; porque nós a veremos mais viva[13]

Os cidadãos me edificaram, monumento imortal para os mortos,
A fim de mostrar o seu valor também para os homens do futuro,
E o seu ardor igual ao dos seus ancestrais...
Morrendo, eles tiraram da sua vitória na guerra um memorial...
O éter recebeu as suas almas, a terra os seus corpos.
[...][14]

Em confronto com um projeto tão difundido, o fim de Édipo ressalta. É importante notar que Sófocles não encerra a apresentação dessa preferência frustrando-a, como em outros exemplos trágicos. Em vez disso, a vontade de Édipo atinge a meta cabalmente. O anonimato, em que o protagonista pretende envolver os traços da sua morte, confirma-se através da lacuna na trama, acarretando a espécie de aporia dramática, razão da impossibilidade de se determinar a morte de Édipo. Este estado de incógnita com respeito ao túmulo, realça-se outra vez no momento final da peça, através da fala de Teseu recordando a ordem irrevogável de Édipo (1751-79). De fato, no correr da trama diversas versões se contrapõem, porém nenhum logra estabelecer de modo definido a morte de Édipo. A lacuna e a indeterminação concomitante efetivam o desejo concebido pelo protagonista na forma de uma morte anônima. Assim, surge uma questão: o que o anonimato, para o protagonista, e o limite correlato ou inacabamento da obra, para o poeta, significam enquanto referências à morte, no mundo grego?

Sobressai que não se trata de uma licença casual, ou acidente poético. Sófocles havia apresentado várias mortes de personagens com traços incisivos, no curso de uma atividade poética vitoriosa, perdurando mais de sessenta anos.[15] Desse modo, a concepção singular, tratando da morte, foi demarcada com traços cientes.

Ao se perguntar pelo fazer de Sófocles, é necessário evitar termos cristãos. Não se pode conceber a expectativa própria a um horizonte posterior. Como perguntar sem partir de um equívoco? Virando numa direção própria ao mundo grego, para o que é nativo nas formulações de Sófocles; ou seja, precisando historicamente a questão.

Isto sendo uma empresa difícil, uma poesia de Rilke, denominada "A morte de Moisés", informa nitidamente como se concebe a morte em termos cristãos. Portanto serve como contraste, delineando o que se deve evitar para melhor contato com a obra de Sófocles.

A MORTE DE MOISÉS

Nenhum só o escuro anjo caído
quis; tomou armas, achegou-se
mortífero ao convocado. Mas já de novo
a tinir recuou, ascendeu,
gritou para os céus: Não sou capaz!

Pois sereno, pela sarça dos senhos,
Moisés o olhara, continuara a escrever:
verbo de bênção e o infinito nome.
E o olhar era puro até o fim das forças.

O Senhor então, arrastando consigo a metade dos céus,
desceu e abriu ele mesmo o leito do monte,
e nele deitou o velho. Da morada asseada
chamou a alma; e ei-la vem! e conta
muito de comum, amizade sem conto.

Mas por fim já bastava. E que bastava já
concordou a alma acabada. Então o velho
Deus inclinou devagar a velha face
para o velho. Num beijo o tirou de si
para a sua velhice, mais velha. [...][16]

Nessa poesia de Rilke, a construção do sentido, marcando o momento da morte de Moisés, apoia-se no trato entre Deus e a alma. O isolamento maior de Moisés, em tal momento, deriva da luz privilegiada que demarca, sob outro aspecto, a solidão do indivíduo, o seu desapego a tudo o que não tenha em si a luz divina. Assim, a temporalidade em que se vai marcar o momento da morte de Moisés se dá num âmbito isolado e extrínseco ao mundo, denotando-se este último como praticamente imperceptível, nas palavras da poesia. O vaso que apreende e configura o tempo, no caso, é a interioridade. Desse modo, o tempo de Deus flui pela alma de Moisés, onde se aproximam para um encontro perfeito, como dois semicírculos, a vontade de Deus e o destino do homem. É na alma, no âmbito da interioridade, e através da relação exclusiva com Deus, que se assinala o momento da morte ou do estancamento de um tempo de vida.

Nos padrões da conduta de Édipo, ou nos termos de Sófocles, a interioridade não se situa, senão como instância negativa, da qual nada se pode dizer. Positivamente, na cultura grega deste momento, não há o que procurar em tal direção. A exclusão da *polis*, a solidão confundem-se com a infâmia, como nota o Coro de *Antígona* em consonância com o público (*Antig.*, 364-83). O mesmo se confirma em outras passagens trágicas que apresentam a solidão como resultante de punição (*Rei Édipo*, 235-48). O tipo humano, nesse quadro de referências, não se encontra com o divino, inserido na solidão individual, mas através de um sinal de estirpe na ordem aristocrática tratada por Homero, ou, noutro caso, como parte pública, significando uma necessidade coletiva, nos moldes da cultura da *polis*. No mundo de Sófocles, é no horizonte público, ou da *philia* cívica, que a vida é interpretada como um bem. O dito de Aristóteles, definindo o homem como um ser político, embora posterior, denota esta concepção.[17] Tendo em mente que a ideia que se tem da morte é sempre informada pelas concepções que regem a vida, observa-se que deverá ser no plano dos bens da vida, neste caso específico, no horizonte da *philia* cívica, que as formulações de Sófocles acerca da morte têm efeito.

Assim, a morte do personagem, ao assumir uma dimensão pública, um significado no horizonte da *philia* cívica, reveste um significado político. Pouco importa no âmbito privado. Não assinala um remorso individual, como a fala de Édipo demonstra (545-8; 960-1002), nem uma perda de direito familiar, como na pena imposta a Polinice, em *Antígona*. O desejo de Édipo não objetiva o culto fúnebre, ao contrário do filho que tem essa ambição de acordo com os costumes (1399-413). No modo como é concebida, a morte de Édipo anuncia um bem político geral. Assim, o respeito ao anonimato, o correto acatamento de todos às instruções passadas por Édipo, redundará, conforme a promessa, na preservação e na prosperidade de Atenas (1518-55). As normas se cumprindo à risca, a cidade estará para sempre abrigada de ataques inimigos (1760-7). São estes dados portanto que caracterizam a questão. Só na interação estreita com esse fundo é que se poderá elucidar o sentido buscado pelo autor na sua concepção do fim do personagem.

Como o respeito público a uma lei, situando um interdito, feito este que Édipo propõe aos cidadãos, pode carrear um artifício de proteção, ainda mais, de força incomparável? Sabe-se, segundo a tradição, que o poder de doar proteção à cidade era próprio do herói. Toda cidade podia assegurar um defensor perpétuo, desde que cultuasse devidamente um herói ancestral. Desse modo, segundo uma lenda corrente na juventude de Sófocles, uma imagem de Teseu teria se levantado à frente de soldados atenienses, conduzindo-os à vitória, na batalha de Maratona (490 a.C).

No caso em questão, Édipo, apesar de não ser um herói, mas uma figura controvertida, um réu absolvido, na melhor das hipóteses alguém que aprendeu à própria custa, apresenta-se como protetor. Trata-se de algo inédito entre os gregos. Verificam-se, neste caso, ainda outras diferenças. Segundo a tradição, o tributo à ossada do herói falecido é que acarretava o bem à cidade. Os restos de Orestes, para Esparta, e os de Teseu, em relação a Atenas, desempenhavam historicamente tal função. No caso de Édipo, constata-se que o interdito a esse culto é que causará um bem à cidade. Do mesmo modo, o benefício póstumo a partir de Édipo se destaca da tradição, sendo diverso do usual. O culto do herói ajudava de um modo geral a força militar, atribuindo inclusive poder de conquista. Ao invés, o benefício póstumo de Édipo funciona exclusivamente para a defesa da cidade; contribui para a *polis* com uma força de tipo diferente, e, pelos critérios de Édipo, será capaz de proporcionar bens superiores a muitos escudos ou lanças protetoras (1518-55).

Na vantagem superior, a sobrevir de tal artifício, encontram-se imbricados, através das referências, dois temas. No primeiro caso, trata-se da atitude geral, que deve acatar a lei proposta por Édipo, e, no segundo, da excelência defensiva face à ataques externos, que deverá ser grande, desde que se siga a lei. Ambos os temas e sua vinculação constituem motivos polêmicos. Nas *Histórias*, de Heródoto, encontra-se uma possível interpretação, ordenando os dois tópicos, segundo um juízo da época. Ressalte-se que, além de contemporâneo de Sófocles, transmitindo portanto uma noção em voga, esse juízo pode dizer mais, já que Heródoto, além de interlocutor, era grande amigo de Sófocles. O historiador explica da seguinte maneira o poder militar da cidade:

> O poderio dos atenienses aumentava cada vez mais, o que vinha provar ser mais vantajoso o equilíbrio de forças entre os cidadãos e o governo. Basta este exemplo para demonstrá-lo: durante o tempo em que os atenienses estiveram sob o poder dos tiranos não se distinguiram na guerra mais do que seus vizinhos; logo, porém, que sacudiram o jugo, adquiriram sobre eles uma enorme superioridade. Isso prova que, no tempo da servidão, se portavam com covardia com propósito deliberado, porque trabalhavam para um senhor. Recuperando a liberdade, cada qual se dedicou intensamente a trabalhar com ardor para si mesmo.[18]

Outra proposição, vinculando os dois temas num sentido análogo, ocorre no dito de Heráclito: "É preciso que lute o povo pela lei, tal como pelas muralhas".[19] Heródoto e Heráclito referem-se à força militar da cidade, em interdependência com a força gerada por ações justas pelas regras democráticas. Entende-se, deste modo, que o respeito às leis, concebidas democraticamente, proporciona mais força à cidade.

Sobrevém a questão: de que modo as formulações de Sófocles, a do anonimato no plano dos costumes funerários e a da indeterminação no sentido referencial da linguagem, ambas tratando de questões fúnebres, equiparam-se a regras de democracia?

Notamos que as formas empregadas em *Édipo em Colono*

diferem bastante de outras fórmulas gregas visando à morte. Este fato, porém, não obriga que fossem incompreensíveis. No entender do público, a clareza das formas de Sófocles deveria ser evidente. *Édipo em Colono* venceu o festival trágico no ano em que concorreu. É presumível, por conseguinte, que a obra não fosse obscura para um público amante da clareza e habituado a seguir discussões. Para as exegeses modernas, a peça se converteu num dilema. Isso, entretanto, diz mais respeito à leitura recente do que a uma condição original da peça; trata-se de um mal-entendido moderno, a ser contornado.

Uma consulta à *Ilíada* e à *Odisseia* comprova que o espetáculo fúnebre constituía um elo decisivo para a continuidade da linhagem. A "bela morte", ambicionada pelos heróis, fornecia um sinal de superioridade tão relevante quanto o de origem, se não mais.[20] Em confronto, a obra de Sófocles mostra uma mutação no entendimento de tais questões. No teatro de Sófocles, pode-se afirmar que a morte, em vez de ser estimada, dá sinal de uma punição divina. Mais do que índice de glória, como no entendimento dos heróis homéricos, indica um comportamento desmedido. Desse modo, várias passagens fazem patente que uma revaloração da morte, e logo também da vida, está ocorrendo. Por exemplo, o Coro de *Antígona*, ao consignar a série de excelências humanas, lembra, de outro lado, a inelutabilidade da morte a despeito de todo engenho e poderio humano (353-64). Tal juízo não parte da ambição de imortalidade, própria à aristocracia, ou do desejo evidente de superar a morte, característico dos heróis. O coro de *Édipo em Colono* leva avante essa nova linha interpretativa, designando a morte como um despojamento que iguala a todos (1219-24).

Assim, enquanto o antigo tratava a morte como ocasião de garantir a sua individuação, distinguindo em definitivo a sua vida das demais, na obra de Sófocles, em contraposição, nota-se uma tendência inversa: a admissão da morte como prova igualitária. A morte torna-se, em vez de um sinal de individuação, um retorno obrigatório a um estado de espécie, fazendo-se, este, uma condição mais ampla e determinante do que as diferenças que ocorrem em vida. Pode-se notar, nesta tentativa de realçar a condição abrangente de vida ou de espécie, um índice inicial da noção de humanidade. Simultaneamente, observa-se uma transferência da identificação genealógica, via de regra cruel, para o sentimento de compaixão, muito presente nas tragédias, como novo ato básico de reconhecimento.

Desse modo, a morte torna-se, em termos humanos, um limite neutro; apenas um traço comum, um atributo genérico, uma experiência inerente à vida da espécie. Seguindo essa lógica de neutralização da interpretação aristocrática da morte, conclui-se que a indeterminação da morte, a sepultura anônima, a discrição do personagem, como concepções de Sófocles, visam a subtrair objetivamente a morte de funções que ocupava no entendimento antigo.

As sepulturas eram centros de referência da tradição. Através delas, os mortos ilustres emitiam ordens para os vivos, demandando tributos honoríficos, compensações em sangue, ou, até, ditando obediência aos costumes. A história grega registra essas exigências partindo dos mortos, como atos de direito costumeiro. As referências ao comportamento de Orestes, na *Odisseia*, funcionam como um elogio repetido a uma atitude tomada como exemplar dentro de tais parâmetros de reta fidelidade à vontade do morto. O teatro de Sófocles refere-se também a essa situação, característica das relações arcaicas. A dívida a ser resgatada junto aos mortos ancestrais fornece um pano de fundo para algumas passagens de *Antígona*, *As traquíneas*, *Ajax*, *Electra* e inclusive de *Édipo em Colono*, onde a exigência de derramamento de sangue, visando a aplacar a ira do cadáver, mostra a forma de sanção que Édipo impõe aos tebanos em resposta aos maus-tratos recebidos (603-28).

A concepção da morte que Édipo traz como um dom pela acolhida não exige outro tributo que o silêncio. O anúncio da sua morte, feito pelo mensageiro ao Coro, em duas palavras (1580), destaca-se também pelo tom simples, oposto à espetaculosidade dos relatos épicos fúnebres. Desse modo, desfaz-se o prestígio instituinte da morte, presente no mundo aristocrático. A modernidade obscureceu o sentido da obra de Sófocles. Provavelmente, porque a influência do cristianismo leva a se antever, na morte, um mistério revelador. A inclinação democrática, porém, conduz à clareza das formas. Uma vez que a tendência democrática de Sófocles era efetiva, comprovando-se pela atividade política desenvolvida no governo de Atenas, ao lado de Péricles e pelo partido democrático, deve-se buscar compreender o que a obra estabelece claramente. Assim, a atitude do personagem, impedindo serenamente a sua sombra de atravessar a luz dos olhos de outrem, visa a evitar que o corpo defunto gere algum sentido para os vivos, como sucedia na ordem antiga. Deste modo, o anonimato e demais medidas tratando da morte combinam com outras regras democráticas, tendo em mira não a glória de uma estirpe, mas o bem comum.

No conjunto dos ensinamentos que constituem o dom de Édipo aos cidadãos de Atenas, o alerta sobre o poder onipotente do tempo, repetido em várias ocasiões (607-28; 1518-55 e outras), também tem destaque. Desse poder, o ensinamento ressalta, apenas os deuses estão ao abrigo, enquanto todos os demais devem passar pela mudança geral e incessante das formas. Tal ensinamento prepara os vivos para o contato com o tempo; coaduna com o cancelamento das práticas de rememoração fúnebres, alargando a atenção para o devir, onde nenhuma forma persiste (607-28). Esses preceitos não eram inteiramente originais no mundo grego. Dois ditos de Heráclito (540-470 a.C.), pensador de uma geração anterior à de Sófocles, registram teor semelhante. Assim, em relação às práticas mortuárias, Heráclito diz: “Pois cadáveres, mais do que esterco, são para se jogar fora”.[21] Sobre a influência do devir afirma: “Em rio não se pode entrar duas vezes no mesmo, [...] nem substância mortal tocar duas vezes na mesma condição [...]”.[22]

O dom de Édipo aos atenienses insere-se, portanto, num movimento amplo de renovação da cultura grega. A sua estratégia visa, através dos vários preceitos, a avivar a atenção dos cidadãos para tudo e de modo favorável às diversas tendências de vida. A cultura democrática de Atenas, em polêmica com a tradição, descobre assim o caráter insubstituível do presente. Édipo, dessa maneira, tem motivo bastante para anunciar o seu dom, aos cidadãos, como imune à velhice (1518-19). Essa tônica inovadora da obra marca-se também a partir de Teseu, quando este assevera que nenhum homem pode subestimar algo de concreto e que todo fato merece atenção (1150-3). Desse modo, renovando-se a atenção, abre-se, na medida do possível, uma via de acesso ao inesperado e à invenção. É fácil deprender o quanto esse processo, ao se dar em cada cidadão, origina um artifício de proteção, mais potente do que vários exércitos, como uma fonte de prosperidade indiscriminada, conforme promete Édipo (1518-9). Surge assim a concepção de um saber pautado pela atenção aos fatos, marcado pela prudência, compatível com a vida temporária dos homens; tornando patente uma arte de viver, necessária à cultura democrática.

Uma lição imprescindível ainda se delineia na caminhada de Édipo, antes de morrer (1518-55). A firmeza inesperada, estampada em seus movimentos, demonstra a força dos deuses consoante com os passos do cego. O próprio Édipo anuncia, enquanto isso, que está sendo conduzido por Hermes e por uma deusa subterrânea. Sentando-se um instante numa pedra, para fazer as últimas purificações e despedir-se das filhas, ele ouve novamente um deus anônimo que o chama para ir ao encontro do fim (1586-666). Esse entendimento preciso que se verifica entre Édipo e os deuses não é assunto privado. Não tem as mesmas características apresentadas por Rilke, no poema moderno sobre a morte de Moisés. A comunicação com os deuses, nos termos desta religiosidade baseada no civismo, estende-se de modo cristalino e compatível com toda a esfera pública. Assim, os passos do personagem, ou o seu entendimento rítmico com os deuses, funcionam como um ensinamento público. A caminhada de Édipo estabelece uma imagem sugestiva da autarcia, da autossuficiência de um gênero de saber.

A noção de autarcia, concebida por Sófocles, tem duas características importantes. Uma, com teor fundamental, parte da convicção de um contato cristalino com o divino, capaz de infundir ânimo e ritmo aos passos de Édipo. A outra situa o aspecto universal e extensivo da autossuficiência.

A efetividade deste saber pode ser atestada à imagem de uma mudança da cegueira à habilidade. Tal figura da primeira etapa não exclui ninguém por princípio; qualquer um, indiscriminadamente, pode fazer parte da cegueira; passar pela experiência das trevas é quase um poder natural, ou, pelo menos, algo acessível a todos. Desse modo, o momento inicial, a aptidão exigida, ou a condição necessária para tal aprendizado são bastante comuns. Por outro lado, como estado perfeito ou de plena autossuficiência, tal saber caracteriza-se pelo excelente contato com o divino; uma vez que os deuses são entes públicos no caso desta religião, tal saber equipara-se ao do público. Na figura de Édipo caminhando, mesmo cego, sem amparo algum, se dá, por conseguinte, um remanejamento da noção de autarcia. Na tradição, era uma qualidade exclusiva dos sábios. Segundo a concepção de Sófocles, partindo dos passos vacilantes de um pedinte para alcançar a perfeita destreza, a autossuficiência passa a revestir os traços próprios da opinião comum.

Nesses termos, Sófocles trata de uma questão vital para a credibilidade das regras democráticas: a do valor das decisões tomadas na ocorrência do jogo. As resoluções democráticas denotam sempre uma ausência de certeza, não têm fundamento estável de saber. Para agravar o problema, tais deliberações, a nível particular ou já de maioria, produzem resultados de aplicação duvidosa que não oferecem nenhuma garantia de acerto. Prudência, cautela e o concurso de algum saber específico ajudam eventualmente, mas evidentemente não bastam. Tais elementos nada comprovam, e portanto a sua participação no rumo de deliberação, a rigor, não tem peso mais determinante do que ocorrências aleatórias ou de outro tipo. Enfim, o anúncio da preferência, conforme às regras democráticas, não tem a mesma natureza da frase oracular em conexão intrínseca com o devir. Por conseguinte, no estado básico de incerteza em que se faz a deliberação em meio ao jogo, a improvisação aparece como algo inerente. Os fatores imponderáveis se potenciam em escala geométrica, na votação geral, com a distribuição ampla de faculdades decisórias. O trato de tais problemas é fundamental para o consentimento de todos aos resultados das votações. Caracteriza-se uma questão intelectual, tratando da natureza do saber, simultaneamente vital para o curso de todos os sentimentos e para a preservação da amizade cívica na aplicação de decisões. A cultura democrática enfrenta continuamente tal problema, em pequena e em larga escala, de modo premente. Para isso, é preciso um modelo universal de saber; elástico, para ser válido na variação das circunstâncias; extensivo, para ser usado pelo público.

No decurso dos movimentos precisados pelo personagem, elementos à primeira vista nocivos, como a incerteza e a improvisação, em vista do bom resultado alcançado, transformam-se em fatores constituintes da "boa-decisão". Os deuses atuam no contingente, suscitando de modo preciso os passos de Édipo. Nesta fórmula, pertinente ao processo de revaloração desses elementos, encontra-se o fundamento estável do ato deliberativo, na interpretação de Sófocles: os deuses protegem a *polis* democrática. Não se trata mais de um divino que funciona de acordo com as necessidades de estirpe, mas que surge na contingência, exercendo forte influência no correr do jogo democrático. Tal formulação não é exclusiva de Sófocles: ela tem assentimento geral na época democrática de Atenas. Sabe-se, por registros, que, para muitos postos decisivos da *polis*, não se recorria a juízo comparativo entre eleitores, mas procedia-se por sorteio. Desse modo, a questão da "boa-decisão" se traduz, em termos equivalentes, na forma de apreensão do divino, ou, dá no mesmo, da contingência.

Sófocles apresenta o contato do personagem com o divino desenvolvendo-se simultaneamente à ação, na medida em que os movimentos ocorrem (1500-55). Dessa maneira, a direção tomada por Édipo não se mostra predeterminada. Não indica uma manifestação da fatalidade tal como o trajeto que conduz a Tebas, em *Rei-Édipo*. O rumo e o ritmo do andar de Édipo, no caso, não resultam de uma adivinhação, nem atestam o cumprimento de uma previsão oracular. O efeito necessário da adivinhação é o do reconhecimento do gesto encerrado em si mesmo. Cada ponto eventual onde sobe ou cai algum passo de Édipo não existia previamente; seu andar decidido avançando adiante do grupo nasce da situação, é fruto do contingente. A prova disso é que as palavras de Édipo, enquanto anda, atestam a pujança e a iniciativa de um inventor (1540-55). Desse modo, o ânimo novo de Édipo instaura um saber da mobilidade e da improvisação; para usar uma metáfora da época, semelhante à habilidade de um piloto destro em meio à tempestade; tal saber equipara-se ao do artesão experiente ao lidar com as contingências do seu ofício.

Tal contato específico com o divino ou com o fator contingente tem a forma de uma apreensão pública. Denota um ato coletivo. A habilidade artesanal, gerada na imanência do contato, aberta à influência das circunstâncias, para o entendimento moderno, define uma arte da improvisação. A partir desse ponto de vista, tal arte, ao se efetivar, aparece como um predicado genial; segundo o moderno, o gênio se efetua no compor de Beethoven, apesar de surdo, ou no pintar de Monet, apesar de cego. Portanto, na versão moderna, essa espécie de saber surge no processo de criação individual. O tipo análogo de saber, gerado na improvisação, para a perspectiva cristã, consigna um milagre, derivando da fé interior; a doutrina explica com tal argumento a ressurreição de Lázaro e demais curas feitas por Cristo. Entretanto, para os atenienses da época de Sófocles, que não defrontavam a contingência como indivíduos isolados, mas comumente, exercendo a cidadania, a descrição da arte de improvisar apresenta traços de raiz coletiva; isto é, do ato público de tomada de decisão em meio à indeterminação que caracteriza a ágora. Os movimentos de Édipo, expostos a toda sorte de fatores, recordam prontamente o processo deliberativo que deve ser elástico o bastante para atender a variação das circunstâncias assim como a pluralidade dos sentimentos dos cidadãos. A noção de autossuficiência, transmitida para o público através dos gestos subitamente precisos do cego, é, ao mesmo tempo, coletiva: atesta, antes de tudo, uma formulação democrática.

Tal concepção de autarcia necessita, por princípio, que os deuses favoreçam a *polis* tanto quanto favoreceram Édipo andando. Efetua-se através da exposição de todos às contingências, do mesmo modo que Édipo, no curso da caminhada, antes de morrer serenamente como tinha planejado. Uma vez que, de acordo com Sófocles, tais termos se implicam mutuamente, isto é, os deuses e as circunstâncias, não se verifica em tal modelo de saber nenhuma forma de condicionalidade, nenhuma determinação anterior à ação. A noção de fatalidade, caracteristicamente arcaica, é descartada totalmente desse esquema. O devir, por conseguinte, apresenta-se como inteiramente inesperado. A descrição do saber correlato limita-se, necessariamente, à indicação sintética de um movimento sempre presente. O aprendizado correspondente segue um preceito: que os cidadãos não desprezem nenhum fato concreto, como enfatiza Teseu (1150-3), mas deem atenção a tudo, posto que assim comunicam-se com o divino. Desse modo, mesmo em condições de incerteza, poderão agir habilmente e conduzirem-se bem. Ainda tal preceito não será original, mas apenas reitera uma máxima corrente, de Heráclito: "Se não esperar o inesperado não se descobrirá, sendo indescobrível e inacessível".[23] Com essa disposição, os cidadãos dão atenção ao inesperado, fazendo de tal prestar-se o seu princípio de entendimento.

Resta elucidar os limites da indeterminação da morte na linguagem e os contornos precisos da lacuna produzida no enredo da obra. O anulamento do sentido particular da morte, deliberado por Sófocles, reconverte a sua ação, noutros termos, em fator-limite da condição humana. A morte participa da experiência, mas simultaneamente foge a ela e não pode ser detida. Assim, não pode ser dita. O único resumo possível do fim de Édipo estabelece o confronto insolúvel de várias hipóteses, sem que nenhuma seja apresentada como prevalecendo sobre o conjunto díspar (1586-666). A aceitação desse limite para a significação, a impossibilidade de se determinar o fato da morte de maneira ampla, evidencia os limites da linguagem; implica uma restrição no seu valor. Na medida em que a morte se mostra indizível, as palavras denotam que valem apenas e precisamente na medida em que são fruto da experiência ou da vida comum. Portanto, no caso, a única afirmação com força de validade torna-se a do mensageiro que, limitado à própria experiência, no curso de poucas frases é praticamente obrigado a se repetir para não fugir da observação que fizera: "Édipo está morto"/ "Sim, convençam-se de que por um tempo sem fim deixou a vida" (1580-4). A noção da predominância da experiência, demarcando a origem das palavras tanto quanto a restrição ao seu valor, não pertence exclusivamente a Sófocles, mas tem parentesco novamente com o pensar de Heráclito: "Não conjeturemos à toa sobre as coisas supremas",[24] "As [coisas] de que [há] visão, audição, aprendizagem, só estas prefiro".[25]

A rapidez excessiva das palavras era bastante conhecida dos gregos. Para demarcar a primazia da experiência sobre a agilidade natural das palavras, Sófocles aponta medidas necessárias. Assim, o gesto unilateral de insulto é proscrito, conforme adverte o Coro a Philoctetes (*Philoc.*, 1140-2). O insulto trai o fundamento do valor ou a vida comum das palavras, encerra a experiência, impede o lugar-comum, para fazer imperar um signo exclusivo. A excelência oposta é a da escuta, que denota uma autolimitação da rapidez natural da fala e dá tempo à experiência. A escuta, indo ao encontro do presente, aparece, não como anulação, mas sim como atividade. Um dito de Heráclito ressalta o mesmo movimento, que é importante aprender: "Por isso é preciso seguir o-que-é-com [isto é, o comum; pois o comum é o-que-é-com]. Mas, o logos sendo o-que-é-com, vivem os homens como se tivessem uma inteligência particular".[26]

NOTAS

1. Montaigne, Michel de, "De como filosofar é aprender a morrer". In: *Ensaios*, I, XX. Trad. de Sérgio Milliet, 3ª ed., São Paulo, "Os Pensadores", Abril Cultural, 1984, p. 44.

2. Sófocles, *Édipo em Colono* In: Sofocle, *Antigone — Edipo Re—Edipo a Colono*. Ed. bilíngue, reproduzindo o texto grego compilado por Alphonse

Dain, Paris, Les Belles Lettres, 1955. Trad. italiana, introd. e notas de Franco Ferrari, Milão, Biblioteca Universale Rizzoli, 1982. A seguir, todas as referências contendo apenas a numeração dos versos pertencem a *Édipo em Colono*, ed. A. Dain. As demais tragédias de Sófocles, quando citadas, virão indicadas pelo título abreviado, antecedendo a numeração dos versos.

3. Emprego resumidamente a seguir uma distinção apresentada na palestra de abertura deste ciclo, "O conceito de paixão", de Gérard Lebrun.

4. Hölderlin, "Anmerkungen zur Antigonae". In: *Remarques sur Oedipe/ Remarques sur Antigonae./* Ed. bilíngue, trad. e notas de François Fédier, Paris, Bibl. 10/18, UGE, 1965, p. 86 (Trad. para o português de M. L. Cacciola).

5. Decerto, uma tendência distinta, incluindo o pitagorismo e o orfismo, procurou relançar em bases novas o intercâmbio com o divino para encontrar apoio num saber acabado do ser. Assim, em paralelo às tentativas de constituição de saberes propriamente humanos, constituíram-se doutrinas esotéricas, postulando a verdade do ser ou um saber fundamental, pelo qual os demais saberes específicos poderiam se organizar. Entretanto, o empenho público de Sófocles distancia-o dessa tendência.

6. Cf. Beaufret, Jean, "Hölderlin et Sophocle". In: Hölderlin, op. cit., pp. 8 e 35. No mesmo sentido, consultar, ainda, o comentário de Nietzsche sobre o instinto grego predominante, denominando-o "matéria explosiva", cf. "O que devo aos antigos", § 3, in *Crepúsculo dos ídolos*. Trad. Rubens Rodrigues Torres Filho. In: *Nietzsche/Obras incompletas*. "Os Pensadores", São Paulo, Abril Cultural, 1978, pp. 343-4.

7. Hölderlin, "Anmerkungen zur Antigonae". In: op. cit., p. 70. (Trad. para o português de M. L. Cacciola.)

8. Idem, ibidem, p. 58.

9. Para a noção de "ex machina" ver Aristóteles, *Poética*, XV, 89, 1454a33--1454b7. Trad. de Eudoro de Souza. In: *Aristóteles* (II)/*Metafísica*, *Ética a Nicômaco*, *Poética*, org. José Américo Motta Pessanha, São Paulo, "Os Pensadores", Abril Cultural, 1979, pp. 254-5. No mesmo sentido, consultar, ainda, Hegel, Georg Wilhelm Friedrich, "Estética — O belo artístico e o ideal". Trad. de Orlando Vitorino. In: *Hegel/ A fenomenologia do espírito*, *estética — A ideia e o ideal*, *estética — O belo artístico e o ideal*, *Introdução à história da filosofia*. São Paulo, "Os Pensadores", Abril Cultural, 1980, pp. 260-1.

10. P. Friedländer, E 139 = IG A 382 (cf. BCH 3, 1879, p. 316). Trad. francesa de Michele Simondon. In: Simondon, Michele, *La Mémoire et l'Oubli*. Paris, "Études Mythologiques", Les Belles Lettres, 1982, pp. 88-9. (Trad. para o português, a partir da versão francesa, do A.)

11. P. Friedländer, E 136 (Hesperia 8, 1939, p. 165 sq.). Cf. idem, p. 91. (Trad. para o português, idem)

12. P. Friedländer, E 81 = IG I 982. Cf. idem. (Trad. para o port., idem)

13. W. Peek, GG 40 = IG XII 8, 398. Cf. idem, p. 92. (Trad. port., idem)

14. W. Peek, GG 12 = IG I 945. Cf. idem, p. 89. (Trad. port., idem)

15. Sófocles nasceu em 496 a.C. Obteve sua primeira vitória em concursos trágicos em 468, superando Ésquilo. Conseguiu ao todo dezoito vitórias; nos demais concursos tirou segundo lugar. Jamais foi terceiro. No total, compôs cento e vinte e três dramas, conforme indica Aristófanes de Bizâncio. Sófocles morreu em dezembro de 406, em seguida a Eurípides. *Édipo em Colono* foi apresentada postumamente, sob os cuidados de Sófocles, o jovem, neto do poeta, no festival de 401 a.C., arcontato de Micon, conquistando o primeiro prêmio. Cf. Ferrari, Franco, "Premessa al Testo". In: Sofocle, op. cit., pp. 21-29.

16. Rilke, Rainer Maria, "A morte de Moisés". In: *Poemas/ As elegias de Duíno e Sonetos a Orfeu*. Trad., seleção e prefácio de Paulo Quintela, Porto, Ed. O Oiro do Dia, 1983, pp 374-5.

17. Aristóteles, *Ética a Nicômaco*, I, 5, 1097b8-ll. (Trad. francesa de J. Tricot, Paris, J. Vrin, 1983, p. 56.)

18. Heródoto, *Histórias*, V, 78. Trad. J. Brito Broca, São Paulo, "Clássicos Jackson", Jackson, 1957, vol. 2, pp. 38-9.

19. Heráclito. *Fragmento D 44* (Diógenes Laércio, IX, 2). Trad. de José Cavalcante de Souza. In: *Os pré-socráticos*, org. José Cavalcante de Souza, São Paulo, "Os Pensadores", Abril Cultural, 1978, p. 83. Todas as citações de fragmentos de Heráclito, neste trabalho, foram extraídas de "Fragmentos de Heráclito de Éfeso". In: *Os pré-socráticos*, op. cit. Trad. José Cavalcante de Souza. A numeração indicada é a da edição Diels.

20. Ver Vernant, Jean-Pierre, "A bela morte e o cadáver ultrajado". Trad. Elisa A. Kossovitch e João A. Hansen. In: *Discurso 9*, São Paulo, Ciências Humanas, 1979, pp. 31-62.

21. Heráclito. *Fragmento D 96* (Plutarco, *O banquete*, IV, 4, 3. p. 669 A). In: *Os pré-socráticos*, op. cit., p. 88.

22. Idem. *Fragmento D 91* (Plutarco, *De E apud Delphos*, 18 p. 392 B). O fragmento diz: "Em rio não se pode entrar duas vezes no mesmo, *segundo Heráclito, nem substância mortal tocar duas vezes na mesma* condição; *mas pela intensidade e rapidez da mudança* dispersa e de novo reúne (*ou melhor, nem mesmo de novo nem depois, mas ao mesmo tempo*) compõe-se e desiste, aproxima-se e afasta-se". In: Os *pré-socráticos*, op. cit., p. 88.

23. Idem. *Fragmento D 18* (Clemente de Alexandria, *Tapeçarias*, II, 17.) In: *Os pré-socráticos*, op. cit., p. 81.

24. Idem. *Fragmento D* 47 (Diógenes Laércio, IX, 73). In: Os *pré-socráticos*, op. cit., p. 84.

25. Idem. *Fragmento D* 55 (Hipólito, *Refutação*, IX, 9). In: Os *pré-socráticos*, op. cit., p. 84.

26. Idem. *Fragmento 2* (Sexto Empírico, *Contra os matemáticos*, VII, 133.) In: *Os pré-socráticos*, op. cit., p. 79.

LOU ANDREAS-SALOMÉ: A PAIXÃO VIVA

Luzilá Gonçalves Ferreira

Lou Salomé: uma prática de paixão; alguém que viveu a paixão com paixão, e talvez por isso mesmo provocou, até uma idade avançada, o nascimento da paixão nos seres que encontrou em seu caminho: Rilke, Nietzsche, Paul Rée, Tausk e, ao que parece, até mesmo Wagner sucumbiram ao seu encanto e à alegria de viver que transpirava em cada um de seus gestos — e o próprio Freud não parece ter sido indiferente à graça da discípula que ele qualificou de "raio de sol".

A paixão de Lou pela vida transparecia em seu próprio físico. Freud lhe escreveu um dia: "Você tem um olhar como se fosse Natal". E a escritora Helena Klinkberg (citada por Peters): "O sol se levantava quando Lou entrava numa sala". Era um ser luminoso, transparente e lúcido, daquela lucidez talvez de que fala João Cabral de Melo Neto a respeito de Monsieur Teste: "uma lucidez que tudo via, como se à luz ou de dia". Um ser humano para quem a felicidade é condição natural e destino do homem: "dentro da felicidade eu estou em casa". E ainda: "A única perfeição é a alegria". Essa paixão pela vida, ela a transmitia aos outros, fazendo com que as pessoas ao seu contato desenvolvessem e dessem o melhor delas próprias. O que fez alguém escrever: "Quando Lou se interessa apaixonadamente por um homem, nove meses depois este homem dá à luz um livro". Um interesse pelo outro que o leva a crescer e produzir — mesmo quando esse crescimento e essa produção implicam o sofrimento.

Pois Lou Andreas-Salomé conseguiu realizar, em seus 76 anos de vida, o que nós todos gostaríamos e deveríamos fazer sempre — e não o fazemos por descaso, indolência, medo: tornar a vida o exercício apaixonado de uma busca. Sua exploração em todos os possíveis. Isto que requer a fruição intensa e incessante de coisas e pessoas que nos cercam, de modo que o mundo exterior em nós penetre e a nós se incorpore. Pois a vida, como o dizia Rainer Maria Rilke a propósito de Rodin, "está nas pequenas coisas como nas grandes: no que é apenas visível e no que é imenso". Antes mesmo do seu encontro com Rilke, Louise von Salomé já intuía essa verdade: desde muito cedo encontramos nela um grande apetite de aprender e de amar — e o objeto de sua atenção podia ser a psicanálise, a curtição de uma paisagem, de uma flor, de um esquilo na floresta ou de um corpo amado.

Porém é difícil falar de Lou por duas razões. Primeiro: grande parte de sua obra tem suas edições esgotadas e a pessoa a quem Lou entregou o destino de seus livros tem sido por demais parcimoniosa, reeditando ou editando muito lentamente. Por exemplo, o romance *Fenitchka*, escrito na juventude de Lou, só foi reeditado em alemão em 1982 e traduzido ao francês no ano passado; os textos que formam *O amor do narcisismo*, escritos entre 1913 e 1933, só foram publicados na Alemanha em 1977 e em 1980 na França. Textos fundamentais como "Eros" e "Meu agradecimento a Freud" só estão à disposição dos leitores desde 1982. E ainda há, inéditos, duas peças de teatro, o "Diário da Rússia" (escrito em 1900) e o romance *Jutta*, de 1921.

A segunda dificuldade: Lou destruiu grande parte de sua correspondência, às vezes em comum acordo com os amigos a quem escrevia, como é o caso de Rilke. O que se explica em parte: Lou achava que sua vida particular, no que tinha de mais íntimo, só a ela interessava e só a ela pertencia. O que é uma pena: quando a gente lê o que sobrou dessa imensa correspondência que Lou manteve com Rilke, durante mais de trinta anos, pode imaginar o que a humanidade perdeu. Acrescente-se a isso o fato de que são raros os seus biógrafos imparciais: eles a apresentam, em geral, seja como uma grande devoradora de homens, um Dom Juan de saias — ou então como uma aproveitadora, uma mulher que viveu à sombra de grandes homens, como Rilke, Nietzsche e Freud, para se fazer brilhar.

Lou Andreas-Salomé: uma mulher feita de qualidades às vezes contraditórias — que de contradições nós todos somos feitos. Deixemos que Rainer Maria Rilke fale por nós, num poema a ela dedicado:

Tu eras para mim a mais maternal das mulheres,
eras um amigo como são os homens,
ao olhar, eras uma mulher
e eras no mais das vezes ainda uma criança.
Eras a coisa mais terna que encontrei,
eras a coisa mais dura com a qual lutei.
Eras o cimo que me tinha abençoado —
e te tornaste o abismo que me devorou.

Uma mulher feita de ingenuidade e modéstia, convivendo com a intrepidez e a ousadia: "Ousa tudo, não tenhas necessidade de nada", ela escreve a si própria; "A vida te dará poucos presentes, acredita: se queres uma vida, é preciso que a roubes". Do ponto de vista intelectual, no modo como viveu sua vida, Lou se encontra pelo menos um século à frente da maioria das mulheres do seu tempo — e do nosso também, aliás. Sempre o desejo de ir além, de ultrapassar as fronteiras do conhecido: no estudo como no amor. Um contemporâneo de Lou, o poeta austríaco Hugo von Hoffmanstal, escreveu estas palavras, que ela teria certamente subscrito:

Toda existência me aparecia, numa embriaguez contínua, como uma grande unidade: universo espiritual e corporal não pareciam constituir uma contradição, como também não a cortesia e a bestialidade, a arte e a incultura, a solidão e a sociedade: em toda parte eu estava dentro ou então tinha o pressentimento de que tudo era símbolo.

Dessa citação, dois adjetivos devem ser retidos: as expressões *espiritual* e *corporal*. Falando do povo russo, Lou assinala como um dos seus traços marcantes a ausência de dualismo no que concerne a esses dois polos. E explica: "A esperança expressa no sonho e na realidade vivida parece menos nítida, as coisas 'celestes' não são ainda sentidas como abstratas nem as coisas 'terrestres' como marcadas pelo pecado". Alma e corpo são, pois, elementos indissociáveis e o ser humano, fusão desses elementos, tem o dever de desenvolver seu exercício de modo aguçado.

O corpo. Um campo metafórico — ou metonímico, se o quiserem. Nosso meio mais concreto e imediato de inserção no mundo; meio de falar ao outro, de ser por ele aceito: e essa fala remete a uma realidade mais complexa. Pois o corpo é, antes de tudo, relação de mim para comigo mesmo, o campo de meu primeiro autoencontro. Um solo inicial, lugar onde se realiza o choque entre o físico e o psíquico. Lou: "A alegria contida no prazer fisiológico só pode abrir bem aberta a porta às intrusões da alma".

Meu primeiro dever para com este corpo, que recebi como uma graça, é o de amor. Para Lou, Narciso não é aquela figura que perdeu a si próprio, por excesso de amor para consigo. O narcisismo é algo necessário, condição essencial ao meu desempenho no mundo: aliás, Lou lembra que Narciso, o personagem da lenda, não viu a si próprio num espelho, mas nas águas de um lago: isto é, teve sua imagem incorporada à natureza. O narcisismo é aquele estado em que o mundo e nós não estamos indissociados: é o estado próprio da criança em seus primeiros anos de vida. Do narcisismo, diz Lou: "Nós repousamos, por assim dizer, como outrora, no ventre da mãe, quase sem sermos separados do que nos cerca, englobando-o em nós e ao mesmo tempo incorporados a ele".

A dissociação entre o mundo exterior e o mundo interior não existia no começo de nossas vidas: formávamos então uma unidade. A criança, durante muito tempo, não se sente um ser dividido e se insere no contexto exterior sem dúvidas nem questionamentos: conversa com as coisas e as pessoas ao seu redor, como prolongamentos dela própria. Ela brinca, e o jogo é algo sério, faz parte da realidade. Só mais tarde o jogo terá o aspecto de simulação, de momento de exceção. A atividade da imaginação será então contida pela ação da consciência, o sonho e a ação vão se alternar, mas não se fundirão mais, como antes. Progressivamente a integração da criança com as coisas e o sentimento de ser um consigo mesma foram rompidos. E a vida inteira deverá ser para o indivíduo a busca daquela reintegração inicial, levado pelo que Lou chamou de "a nostalgia da unidade primitiva".

Corpo e espírito deveriam, assim, constituir um todo; o corpo é mais que um depositário, um invólucro, é metade do meu Eu. O cuidado com este corpo é, deste modo, tão importante como o cuidado com o espírito: as alegrias que um corpo pode nos dar são ou deveriam ser desfrutadas em alto grau pelo espírito. E, entre os meios por excelência que tem o corpo de tomar consciência de si mesmo, estão o contato com a natureza e o amor.

Lou Salomé manteve sempre com a natureza uma relação de cumplicidade. Mais do que contribuir para a saúde do corpo, a natureza lhe dá saúde mental: dá-lhe respostas de modo harmonioso, fazendo com que se inter-relacionem, de modo harmonioso, corpo e espírito. Cada vez que Lou se apaixona ela arrasta consigo o homem amado a se instalar em alguma casa de campo ou à beira de uma floresta: onde se pode andar descalço sobre a relva, respirar ar puro e colher flores e frutas selvagens: regozijo para os sentidos e para a alma. Numa carta a Freud, a propósito da morte de Rilke, Lou escreve:

> Frequentemente tive uma relação bastante especial com a natureza (daí meu forte impulso de viver apenas no campo), uma relação tal que, depois de viver em cidades, ou de viajar, ou após as relações sociais, ou de estar com amigos, sentia que precisava voltar ao velho ambiente da natureza, quase como se eu precisasse disso para analisar para mim mesma o que experimentara nesse intervalo. Então, era quase como se a natureza estivesse dizendo-me, através de suas árvores e prados e nuvens, o que ela própria experi-

mentara — o vasto, simples e invariável destino das estações que por ela passaram — e como se meus vários interesses humanos, em comparação com isso, tivessem pouca importância, apesar de seus múltiplos aspectos. E, agora, é quase como se Rainer estivesse debaixo de minhas árvores, enquanto elas experimentam o outono, o verão, o inverno ou a primavera. Num sentido diferente, ele também se tornou "maduro" com elas, reduzido a umas poucas linhas iniciais. Mas é também, da mesma forma, imutavelmente real e maduro, não afetado pelas minhas subjetividades, e ainda assim simboliza completamente nossas emoções internas, exatamente como nossas impressões da natureza exterior são sempre consideradas por nós como simbolizando algo dentro de nós.

A natureza é, assim, muito mais do que um cenário: é fonte de símbolos, agente de um diálogo, mundo exterior que em nós penetra.

Na correspondência com os amigos, com Rilke, Lou se mostra atenta à chegada da primavera, ao amarelar das folhas de outono, a uma alimentação simples, a um remédio caseiro à base de plantas; seu quarto de trabalho em Göttigen se tornava verde, escrevia ela, pela sombra de uma enorme árvore cujas folhas o invadiam, dando-lhe a impressão de trabalhar em plena natureza. De sua janela ela avistava os campos, e, quando a especulação imobiliária começou a devastar as colinas que cercavam a cidade, Lou faz parte de sua tristeza e de sua impotência aos amigos. E escreve em seus "Cadernos íntimos dos últimos anos", recém-editado:

> Outrora, quando chegava o fim do outono, uma claridade progressiva acompanhava o desaparecimento das folhagens e este espetáculo me fazia uma profunda impressão: apesar da estação cada vez mais sombria, apesar da perda das folhas protetoras e hospitaleiras, assistia-se a um acontecimento irresistível de liberdade e claridade. E quando aquilo se

acompanhava de um vento de tempestade, que em uma noite arrancava as últimas folhas ainda presas às árvores, este acontecimento parecia mais que fabuloso: dir-se-ia a anunciação do mundo. Desta vez, tudo aconteceu de outro modo: depois das semanas de novembro, quase mornas e de tímidas geadas noturnas, o grande terreno que se estende diante do jardim, e que ficava escondido pelas árvores, se descobriu pouco a pouco aos nossos olhares. Durante o verão, a vista se detinha em campos ondulantes, de modo que a gente esquecia a cidade que dominava, do alto, este terreno. É verdade que, há muito tempo, as coisas haviam mudado: os loteamentos de pós-guerra tinham modificado perspectivas de campos semeados de pequenas cabanas, e nosso horizonte era um bairro da cidade — mas a paisagem ao redor do jardim afogava tudo isso, quase a negava por seu modo de dar a palavra ao céu, acima e além dos montes.

Mas agora constroem-se apressadamente quase oitenta casas e algumas ruas, até a beira da cerca viva do jardim, e a claridade do outono desvenda esta metamorfose [...]

Se soubéssemos, o que não é previsível, que esta urbanização apressada, no meio desta nossa bela paisagem isolada, vai-se revelar judiciosa e realmente útil, nós a olharíamos com um olho favorável: sobretudo que, nesses 32 anos que vivemos aqui, nossa esplêndida solidão permaneceu intacta mais tempo do que esperávamos. Mas nós somos feitos de tal modo que uma outra voz fala em nós: aquela que defende uma propriedade, sua situação protegida e sua vista desimpedida, como se sua perda nos privasse de uma parte de nós mesmos. Não se deve criticar muito esta atitude, porque este elemento de egoísmo é indispensável a cada um para se afirmar na vida.

A natureza nos dá a correspondência de que necessitamos na busca da primitiva unidade perdida entre o corporal e o espiritual. Sua visão faz surgir em nós aquele gozo desinteressado que se assemelha à contemplação da obra de arte ou o prazer de amar: desbloqueia em nós, a partir da fruição dos sentidos, o prazer de olhar, de aspirar, de tocar, a atividade produtiva da imaginação: quer a sintamos como objeto de contemplação, quer busquemos nela refúgio, abrigo, como uma espécie de volta ao seio materno, a natureza possibilita um diálogo interno do eu consigo mesmo ou do eu com um objeto, na busca da harmonia, da integração.

E quando nos apaixonamos, quando amamos, o ser amado nos aparece como inserido na natureza. Na época de seu relacionamento amoroso com Rilke, Lou escreve, num ensaio sobre o amor: "O ato sexual é o meio pelo qual a vida nos fala, como se o amante não fosse apenas ele mesmo, mas também a folha que treme sobre a árvore, o raio que cintila sobre a água — mágico da metamorfose de todas as coisas, uma imagem explodida na imensidão do Todo, de tal modo que nos sentimos em casa onde estivermos". Na mesma época, Rilke escreve, num poema a Lou:

Então tua carta me trouxe a doce bênção,
eu soube que o longínquo não existia:
Em tudo que é belo tu vens ao meu encontro,
Tu minha brisa de primavera. Tu minha chuva de verão,
Tu minha noite de junho com mil caminhos,
nos quais nenhum iniciado me precedeu:
Estou em ti.

Cito de propósito esses versos de Rilke dirigidos a Lou. Pois, ao que nos deixam supor a correspondência, alguns traços biográficos e sobretudo um longo texto que Lou escreveu a Rilke, após a sua morte, o poeta das "Elegias de Duino" foi provavelmente o único grande amor de Lou Salomé. Foi o primeiro com quem manteve uma relação íntima — e, pasmem, aos 30 anos de idade, quando Lou já estava "casada" com o professor Andreas, havia anos. Rilke foi o primeiro homem surgido no caminho de Lou que parecia possuir aquela indissociação entre o corpo e o espírito que ela não havia encontrado e, parece, nunca encontrou nos demais homens. Num belo texto incluído em sua autobiografia, e que foi retomado por Ernest Pfeiffer, que o editou, nos *Cadernos íntimos dos últimos anos*, Lou assim fala a Rilke:

> Se fui tua mulher durante anos, é porque foste para mim a primeira realidade em que o corpo e o homem são indiscerníveis, fato incontestável da própria vida. Eu teria podido te dizer, palavra por palavra, o que tu me disseste ao confessar teu amor: "Tu só és real. Foi assim que nós tornamos marido e mulher, antes mesmo de nos tornarmos amigos, e esta amizade não foi o fruto de uma escolha, mas de núpcias clandestinas. Não eram duas metades que se buscavam em nós: nossa unidade surpresa se reconhecia, trêmula, numa unidade insondável. Assim, éramos irmão e irmã — mas como num passado distante, antes que o incesto fosse sacrilégio".

E um pouco mais adiante ela se pergunta:

> E nós dois não tínhamos em comum este murmúrio de inconcebível — vivido até o mais profundo de nossos corpos — e que trazíamos em nosso sangue — até nos menores instantes, nos instantes mais sagrados de nossa existência?

Rilke representou para Lou o grande amado que a fez acreditar que a unidade perdida do corpo e da alma, do eu e do mundo, motivo de sua busca incessante pela vida afora, podia ser resgatada e reencontrada: como acontece em certos momentos de comunhão entre corpos, aqueles em que, segundo as palavras de Lou, "nós assistimos de algum modo a um espetáculo dos primeiros tempos das origens — o nascimento pelo qual a vasta matriz universal da fisiologia dá à luz a vida psíquica em todo o seu esplendor".

Lou escreveu vários ensaios sobre o Erotismo. O primeiro deles data de sua ligação com Rilke. Intitulado *Reflexões sobre o problema do amor*, traz as evidentes marcas da embriaguez física e espiritual que sua autora estava vivendo. Aqui ela assinala, em páginas de um admirável lirismo, a capacidade que tem a paixão amorosa de nos abrir o caminho ao sentimento da totalidade da vida e sua faculdade de nos colocar em estado criativo. O ato amoroso "nos enche a alma inteira [...] de ilusões e de idealizações espirituais, forçando-nos ao mesmo tempo a nos chocar brutalmente, sem possibilidade de se esquivar, ao dispensador de uma tal desordem; ao corpo". E Lou escreve:

> Pois, sobretudo, resulta no indivíduo uma espécie de interação ébria e exuberante das mais altas energias criadoras do seu corpo e a exaltação mais alta da alma. Enquanto nossa consciência se interessa vagamente, habitualmente, por nossa vida psíquica, como por um mundo que conhecemos mal e que controlamos ainda pior, que ao que parece forma um com ela, mas com o qual normalmente ela se entende mal — eis que se produz subitamente entre elas uma tal comunhão de enervação que todos os seus desejos, todas as suas aspirações se inflamam ao mesmo tempo.

Por essa exaltação da alma através dos sentidos, por essa impressão que o ato amoroso nos dá de haver ido muito longe, e tocado o indizível, é que ele pode influenciar e favorecer a criação, a "pátria do dizível", como escreveu Rilke. E Lou: "O mundo da criação e do amor significa: volta ao país natal, entrada no paraíso; o da impossibilidade de criar, ou do amor morto, é, ao contrário, um exílio onde os deuses nos abandonam".

A atividade criadora se apaixona por tudo aquilo que é vida em nós, que é indício do que em nós lateja de mais secreto, e que atinge as raízes do ser. O espírito descobre forças que não possuía ou das quais não se apercebia. Pode voltar àquele estado de inocência primeira que possuiu na infância, redescobre a "novidade" das coisas, com o frescor de uma sensação primitiva: o olhar da criança sobre o mundo que descobre maravilhada;

o olhar de Adão diante de Eva recém-saída de si. Confrontado com os seus longes, o amado vê a si mesmo, e ao mundo exterior, como algo recém-criado. Por isso, às vezes a gente sai do amor como quem saiu de uma catedral, redescobrindo o mundo aqui fora com os olhos renovados. O ato amoroso, vivido em plenitude, obriga os amantes a concentrar em si mesmos tudo aquilo de que são capazes, passível de germinar com a força das plantas na primavera. "Nesta igualdade original do corpo e do espírito e nesta consciência ingênua de um e de outro — uma criança que acredita em tudo que vê, para quem tudo se renovou, que, cheio de uma fé e de uma confiança sem limites, gostaria de gritar sua alegria ao esplendor inverossímil do mundo, e não saberia saudar de melhor modo a razão senão fazendo cabriolas diante dela... como se balbuciasse em sonho, ele tem algo a dizer sobre estes esplendores ocultos que lhe fizeram, ai de nós, esquecer tantas coisas úteis e necessárias."

O ato amoroso transforma o parceiro num "conto estranho e maravilhoso". A paixão amorosa é uma porta, diferente de todas as outras portas, "em sua arquitetura ornada de elementos ricos de sentido, em virtude de um simbolismo singular". É o caminho por excelência que nos leva a nós mesmos. Por ela "nós não somos um mundo de realidade, somos apenas o espaço e o *metteur en scène* de um mundo onírico, todo-poderoso, irresistível".

Assim, o amor durará enquanto os amantes forem capazes de oferecer ao outro essa entrega, que dá acesso de modo vital à capacidade de se concentrar neles mesmos, de ser um mundo para si por causa de outro.

A esta altura, a gente poderia se perguntar — não seria esta uma visão demasiado idealizada do amor? Mas Lou não se deixa embalar incondicionalmente pelo êxtase da paixão: esta grande amorosa foi também, segundo a expressão de Freud, uma "compreendedora". Neste mesmo ensaio, ela nos lembra que no êxtase amoroso, por mais que desejemos nossa fusão com o amado, sempre somos, em última análise, remetidos a nós mesmos. A reconciliação que se fará aqui será sobretudo entre o sujeito e ele próprio, através do outro, mais do que entre o sujeito e o objeto amado. Num ensaio sobre o erotismo, datado de 1910, e num ensaio posterior, quando Lou já se engajara definitivamente à psicanálise, intitulado *Anal e Sexual*, ela nos lembra que na união física "a gente não possui um ao outro por meio do corpo, mas apesar do corpo, que, como todo mundo sabe, não se identifica jamais [...] completamente com o todo da pessoa, mas aparece sempre como uma parte dela e resiste à dominação mais viva".

E Lou tem essas palavras estranhas e admiráveis:

> Talvez, no momento da maior felicidade amorosa, nós estejamos uma vez mais dentro de uma recordação longínqua, como se estivéssemos dentro de um pedaço de vida que nos foi retirado, como diante de um cadáver amado [...] o êxtase instantâneo do ato sexual suprime o outro, e é somente quando os amorosos voltam a si que o parceiro — como um ser de novo um pouco mais distante — se revela a eles como alguém para si, que vive uma vida autônoma.

Assim, mesmo quando alcançamos na união com um corpo amado e desejado aquele "momento esplêndido" de que Lou nos fala, mesmo que o ser amado nos apareça como a única realidade existente, e mesmo que as coisas ao redor de nós percam sua consistência, sejam aqueles "móveis de banal presente" de que falava o querido Mário de Andrade, que o parceiro amado seja para nós, por um instante, um resumo do mundo inteiro, símbolo e metáfora, que deveria assim acalmar nossa nostalgia da totalidade — mesmo assim chegamos a entender que nesses momentos de exceção, breves e fulgurantes parênteses na trajetória de nossas vidas, são aquilo que Lou Salomé chama de "egoísmo erótico", aquilo que "durante a festa só festeja a si mesmo". Aqui, contrariamente ao que escreveu Camões, "nunca pode se transformar o amador na coisa amada".

Na novela *Uma longa dissipação*, que Lou escreveu na juventude e que só no ano passado foi traduzida para o francês (pela Editions des Femmes), uma mulher — Adine — renuncia, em nome da independência de sua vida pessoal, ao homem amado. E assim escreve:

> Ele me beijava, sem se soltar, sem nada ceder a sua impetuosidade, e seus carinhos quase me brutalizavam. Beijava como alguém bebe, e que, duvidando poder aplacar sua sede, ficou meio morto sobre o solo. Beijava-me com a nostalgia, o fervor e a gratidão de um homem que seus beijos o arrancam à morte, no meio de inexprimíveis delícias.
>
> Eu não me mexia, não me defendia. Cedia docemente a seus gostos sem lhes responder. Sentia com uma piedade espantada a explosão desta longa, longa paixão recalcada à força de renúncia e que neste instante se satisfazia como cega. E, enquanto eu cedia a seus beijos insensatos, algo estranho despertava em mim, algo terno e quase maternal — o devotamento de uma mãe que, sorrindo a seu filho que chora, lhe oferece o seio de onde jorra o alimento: [...]
>
> Benno me libertou enfim com um gemido, como se acabasse de se ferir. Levantou-se de um salto, trêmulo, e me disse com uma expressão de arrebatamento apaixonado: "Eu te agradeço. Tu, o mais querido de todos os seres, eu te agradeço! Teria morrido sufocado e dilacerado se tu me houvesses repelido!"
>
> Ele não pensou, não sonhou um só instante, que eu não tinha compartilhado sua embriaguez. Fundir-se com o outro numa comunhão dos sentidos é também amor, claro, mas a um certo grau da paixão o amor se torna um egoísmo tão irrefletido que não tem mais nem uma única fibra sensível para o mundo exterior, mesmo que seja o mundo dos sentimentos do ser amado, e que toda dissonância perturbadora se torna impossível, pelo fato mesmo de que a gente não a recebe nem a percebe mais. A paixão amorosa é a última, a extrema solidão.

A união dos corpos, assim considerada, não é a melhor forma de comunhão entre os amantes: em razão mesmo do obstáculo do corpo. Este aparece como um terceiro elemento entre os amantes, um intruso que pode tolher a elaboração imaginativa necessária a todo amor que se quereria criativo. Assim, o afastamento dos corpos pode provocar até mesmo mais amor: pode depurar o amor. Nos *Cadernos íntimos dos últimos anos*, Lou reflete, aos 76 anos de idade, sobre épocas de seu passado amoroso:

> Um fato sempre me comoveu: após minha separação de um parceiro, sua ausência nada retirava ao amor que eu lhe tinha, mas lhe dava uma importância nova, pois ele escapava assim aos exageros deformadores que o amor superpunha à sua individualidade. Ele retomava sua individualidade própria e meu olhar sereno, sem colocar condições nem exigências, tinha por ele um interesse que se chama objetivo e não significa somente uma ausência de amor e de inclinações íntimas, mas uma atenção à realidade que nos cerca e da qual fazemos parte e que buscamos tornar hospitaleiras.

A constatação dessa solidão a que nos remete a paixão não nos deve entretanto entristecer. A fusão inteira do nosso ser com o outro, por mais querido que seja, não seria desejável. É preciso que sejamos cada vez mais nós mesmos, para poder ser um mundo para o outro. A relação erótica, remetendo-nos a nós próprios, é uma ocasião de constante renovação: cada vez ela inaugura em nós um ser novo; como um ato de linguagem, cada vez que eu falo a um *Tu*, é um *Eu* diferente que fala a um novo *Tu*: quando digo Eu, já não sou aquela que falava há pouco. A relação erótica é, assim, nela mesma, criação. E o amor um elemento de produção: somos a cada instante outros, encontramos no outro cada vez um elemento novo, diferente, desconhecido, misterioso até — o que dá à relação erótica sua riqueza:

> só aquele que permanece inteiramente ele próprio pode, com o tempo, permanecer objeto do amor, porque só ele é

capaz de simbolizar para o outro a vida, ser sentido como tal. Assim, nada há de mais inepto em amor do que se adaptar um ao outro, de se polir um contra o outro, e todo esse sistema interminável de concessões mútuas... e, quanto mais os seres chegam ao extremo do refinamento, tanto mais é funesto de se enxertar um sobre o outro, em nome do amor, de se transformar um em parasita do outro, quando cada um deles deve se enraizar robustamente em um solo particular, a fim de se tornar todo um mundo para o outro.

É preciso que a gente seja sempre, um para o outro, duas deliciosas surpresas fecundas. Aquele mundo da fábula de La Fontaine "Os dois pombos", que aconselha aos amantes: "Amantes, felizes amantes, vocês querem viajar? Que seja pelas margens próximas/ Sejam um para o outro um mundo sempre belo, sempre diverso, sempre novo./ Sejam um todo um para o outro, contem por nada o resto". E Lou analisa esta necessidade de renovação e da existência do mistério na relação amorosa:

> Pois, no seio mesmo da paixão, nunca se deve tratar de "conhecer perfeitamente o outro": por mais que progridam neste conhecimento, a paixão restabelece constantemente entre os dois este contato fecundo que não pode se comparar a nenhuma relação de simpatia e os coloca de novo em sua relação original: a violência do espanto que cada um deles produz sobre o outro e que põe limites a toda tentativa de apreender objetivamente este parceiro... É terrível de dizer, mas, no fundo, o amante não está querendo saber "quem é" em realidade seu parceiro. Estouvado em seu egoísmo, ele se contenta de saber que o outro lhe faz um bem incompreensível... os amantes permanecem um para o outro, em última análise, um mistério.

Assim, o amor não seria um encontro, mas uma busca. Não quer dizer que chegamos, mas que estamos próximos. Rilke perguntava-se na *Primeira elegia de Duino*: "Não é tempo daqueles que amam libertar-se do objeto amado e superá-los, frementes? Assim a flecha ultrapassa a corda, para ser no voo mais do que ela mesma". E nas cartas a um jovem poeta, em maio de 1904:

> Assim, para quem ama, o amor, por muito tempo e pela vida afora, é solidão, isolamento cada vez mais intenso e profundo. O amor, antes de tudo, não é o que se chama entregar-se, confundir-se, unir-se a outra pessoa. [...] O amor é uma ocasião sublime para o indivíduo amadurecer, tornar-se algo por si mesmo, tornar-se um mundo para si, por causa de um outro ser: é uma grande e ilimitada exigência que se lhe faz, uma escolha e um chamado para longe.

Se o amor é uma busca, se o estudo é uma busca, a arte uma busca, a vida inteira é também busca. E o amor e a paixão são a mola dessa busca. É preciso buscar com amor, com paixão. Amar a vida, amá-la mesmo e sobretudo quando ela chega ao fim, e o espírito e o corpo veem limitados seu campo de ação. Nos *Cadernos íntimos dos últimos anos*, Lou Andreas-Salomé dá um balanço de sua vida. Em fevereiro de 1934, isto é, três anos antes de morrer, ela escreve:

> Distingue-se entre os humanos aqueles que se sentem divididos em um passado e um futuro e aqueles que vivem o presente com cada vez mais densidade, sempre mais plenitude. Os orientais acham natural insistir menos sobre a morte do que se passa do que sobre a perfeição do que se acaba, como aprofundamento da realidade. Nós, ao contrário, começamos a ver aquilo que nos chega, apenas sob o aspecto sempre mais sinistro da morte — como tudo o que se observa de um olhar exterior, logo mortífero.

E um pouco mais adiante:

> Sempre não tive a ideia fixa de que a velhice me traria muito? Em meus jovens anos escrevi em algum lugar: primeiro

nós vivemos nossa juventude, em seguida nossa juventude vive em nós. Não sei bem, ainda hoje, o que eu queria dizer com isso outrora. Mas eu tinha realmente medo de não atingir a idade de viver esta experiência; eu o sabia profundamente, uma longa vida, com todas as suas dores, vale ser vivida. Claro, o valor da vida pode nos ficar escondido pelos desgastes sofridos pela nossa carne, nosso espírito [...] do mesmo modo que a juventude mais empreendedora pode se ver entravada em sua felicidade e em seu sucesso, por um fatal concurso de circunstâncias; mas, por além das perdas, a velhice adquire muito mais que a famosa aptidão à serenidade e à lucidez: ela permite que se chegue a uma plenitude mais acabada.

A velhice pode ser, assim, uma volta àquela espécie de paz inicial e retorno do indivíduo a um estado de não divisão, de fusão primitiva do eu para consigo mesmo, o corpo parece se acalmar relativizando-se, desse modo, a distância entre corpo e alma: uma volta certamente ao narcisismo inicial, de integração do Ser para consigo mesmo. Num ensaio de 1901, escrito aos 40 anos e intitulado *A velhice e a eternidade*, Lou afirmava: "O velho está liberto de todos os seus limites pessoais e escrúpulos mesquinhos. Retirado lentamente da vizinhança imediata dos outros seres vivos, ele se vê, progressivamente, reintroduzido no grande encadeamento universal".

É preciso amar a vida em todas as suas fases e amar até mesmo a morte. Aqui Eros e Thanatos se dão as mãos — são forças complementares e não contrárias. A morte é a redenção da vida individual, escreve Lou num artigo sobre o misticismo russo. Nossa morte não nos separa dos seres que amamos: ela nos entrega de modo mais completo a eles:

No dia em que eu estiver no meu leito de morte
— Faísca que se apagou —,
Acaricia ainda uma vez meus cabelos
Com tua mão bem-amada.

Antes que devolvam à terra
o que deve voltar à terra,
Pousa sobre minha boca que amaste
Ainda um beijo.

Mas não esqueças: no esquife estrangeiro
eu só repouso em aparência,
Porque em ti minha vida se refugiou
E agora sou toda tua. [Hino à morte]

A morte desfaz, assim, a distância entre os amantes, que agora vivem um no outro, sem que o individualismo os separe. A morte não é uma partida, mas uma volta: um retorno do indivíduo àquela união primitiva com as coisas. Por isso não a devemos temer.

A grande biografia de Lou Salomé ainda não foi escrita. Mas, pelo que dela nos resta, fica uma lição final de amor pela vida, de paixão pela vida, de totalização da vida. Por isso Lou desejou ser cremada e que suas cinzas fossem jogadas no jardim de sua casa, em Gottingen: para que seu corpo pudesse se incorporar à terra e ser transformado em planta e flor.

A PAIXÃO REVOLUCIONÁRIA

A ALEGORIA DA LIBERDADE

Jorge Coli

Para Olgária Mattos

> "*...en quelque sorte, c'est l'introduction de la réalité au milieu d'un songe*".
> Eugène Delacroix

O título dado a este texto foi provisório, e acabou ficando. Em realidade, não se trata de uma história da alegoria da liberdade através da arte, mas da reflexão sobre análise de *um* quadro de Eugène Delacroix: *A liberdade guiando o povo*. Como esta análise implica referências diversas e obriga a algumas voltas, para maior clareza dividi minha exposição em quatro partes.

Primeiro, vou falar das circunstâncias de criação do quadro, dos acontecimentos que estão ligados à sua produção. Depois, lembrarei a questão da alegoria moderna e, dentro dela, do tema da Liberdade. Em seguida, tratarei da representação do povo na arte, a partir da Revolução Francesa. E, enfim, da construção pictural própria a Delacroix, que permite a síntese desses diversos elementos num quadro.

PALAVRAS PNEUMÁTICAS

Proponho um tratamento, por assim dizer, concreto, que não faz apelo a uma discussão sobre o conceito de liberdade, mas tenta a aproximação de um objeto visual carregado de experiência vivida, ao mesmo tempo individual e coletiva, e, assim, portador de emoção e de memória. É por isso que deixo de lado o debate sobre a natureza teórica dessa Liberdade, o que seria falar não do quadro, mas de outra coisa. Delacroix não tinha um programa explícito a manifestar por imagem nem, certamente, uma definição límpida na cabeça.

Quando eu estava preparando esta pequena introdução veio-me ao espírito uma passagem de um grande romance italiano, *Malombra*, de Fogazzaro, escrito no fim do século XIX. Nesse trecho, quem fala é um exilado alemão, de 1848 — um certo Andreas Gothold Steinegge —, que se apresenta a si mesmo como tendo sido expulso de seu colégio por ter amado demais o vinho, expulso de sua família por ter amado demais as mulheres e expulso de sua pátria por ter amado demais a Liberdade. E diz que *Liberdade* é uma palavra pneumática. Como seu interlocutor não compreende, ele explica:

> O senhor não entende? De fato é um pouco difícil. Existem, caríssimo senhor Silla, palavras algébricas, palavras mecânicas e palavras pneumáticas. Vou explicar-lhe o que me ensinou um amigo fuzilado pelos malditos prussianos em 1848. As palavras algébricas descem do cérebro e são sinais de equação entre o sujeito e o objeto. As palavras mecânicas são formadas pela língua como articulações necessárias da linguagem. Mas as palavras pneumáticas vêm mesmo dos pulmões, soam como instrumentos musicais, ninguém sabe o que elas querem dizer e embriagam os homens. Se, ao invés de *Freiheit*, ao invés de *Libertà*, nós disséssemos uma palavra de dez sílabas, quantos heróis e quantos loucos a menos.[1]

O quadro de Delacroix se inscreve nessa forte corrente emocional que perpassa pelos movimentos políticos do século XIX. Mas não é apenas uma explosão que emerge do fundo das entranhas do artista, nem a expressão de uma subjetividade todo-poderosa que se manifesta no mundo. É uma construção utilizando elementos diversos, que vão muito além do que habitualmente se associa ao trabalho do pintor, isto é, pincel, telas e tintas. O resultado é uma imagem de modo algum transparente e imediata. Baudelaire dizia, de modo curioso mas significativo, que uma pintura construída harmonicamente consiste numa série de quadros superpostos. O que posso propor é cavar um pouco nessas camadas arqueológicas e tentar descobrir algumas coisas que estão sob essa imagem e que a tornaram possível.

UMA LEGITIMAÇÃO OFICIAL

A Liberdade guiando o povo, de Delacroix, data de 1830: é uma resposta aos acontecimentos políticos do verão desse mesmo ano — as chamadas "jornadas gloriosas",[2] que depuseram o rei Carlos X, e, com ele, a restauração dos Bourbon. Do ponto de vista da história dos movimentos populares, a revolução de 1830 é, sem dúvida, a menos expressiva.[3] Os acontecimentos são, brevemente, os seguintes: a Restauração, de espírito estreito e autoritário, tenta, em 1830, um golpe de Estado que trouxesse de volta um poder absoluto. Carlos X emite quatro decretos:

— supressão da carta constitucional;

— supressão da liberdade de imprensa;

— dissolução da Câmara dos Deputados;

— modificação da lei eleitoral, reservando o direito de voto aos grandes proprietários e excluindo comerciantes e industriais.

Trata-se, de um modo evidente, de um ataque frontal às liberdades burguesas, uma espécie de veleidade de retorno ao antigo regime absolutista. Em Paris, explodem protestos e uma insurreição popular à qual estão ligados elementos republicanos que são, nesse momento, em sua maioria, jovens e estudantes pouco estruturados.

O levante é visto com olhar simpático pela burguesia liberal, mesmo se os deputados da oposição não ousam se incorporar a ela. Pequeno detalhe revelador dessa simpatia: comerciantes e patrões de ateliês pagam o dia a seus operários e empregados para que se manifestem nas ruas. A revolta vai, no entanto, tomar grandes proporções e os combates são sangrentos: cômputo final — 800 insurretos e 200 soldados mortos.

Ao término dos acontecimentos, a oposição liberal recupera habilmente o movimento e encaminha a crise não para uma solução republicana — porque a República parece algo por demais assustador (o trauma do radicalismo jacobino ainda está presente) —, mas para uma solução monárquica.

Existia à mão um homem, o duque de Orleans, com um passado ligado à tradição revolucionária. Filho de Philippe Égalité, o príncipe que, em 1793, havia votado a morte de seu primo Luís XVI na Convenção, o próprio duque de Orleans nutrira simpatias jacobinas e participara de duas batalhas vitoriosas que a Revolução travara contra as forças prussianas e austríacas, a batalha de Valmy e a batalha de Jemmapes. Em 1830, seu passado revolucionário lhe confere certa legitimidade.

Durante o Terror, Luís Filipe se refugiara na Suíça, onde vivia dando aulas de inglês. Mas, em 1815, com a volta dos exilados, recupera a imensa fortuna dos Orleans. Mantém-se, ou é mantido, fora da política, gerindo seus cabedais e ligado à altíssima burguesia liberal e de oposição, os Laffite, os Perier, os grandes banqueiros da época.

De alta estirpe, mas de comportamento burguês, antigo revolucionário e atualmente vivendo de rendas, ele surge portanto como o homem perfeito para a nova situação. Thiers, posteriormente ministro sob a Monarquia de Julho, redige, em 1830, um panfleto-proclamação perfeitamente explícito:

"Carlos X não pode mais entrar em Paris, ele derramou o sangue do povo. A República nos exporia a divisões horríveis e a conflitos com o resto da Europa.

"O duque de Orleans é um príncipe devotado à causa da Revolução.

"O duque de Orleans nunca se bateu contra nós.

"O duque de Orleans estava em Jemmapes.

"O duque de Orleans defendeu, no fogo da batalha, a bandeira tricolor".

E o duque de Orleans vai se tornar, rapidamente, no dia 7 de agosto, Luís Filipe I, rei dos franceses. Sem que, em nenhum momento, tenha havido sequer a possibilidade de um governo republicano, para não dizer popular, como aconteceria em 1848 e durante a Comuna. Ajudado por essa alavanca que foram as manifestações de rua de 1830, Luís Filipe assegura facilmente a passagem de um regime repressor estreito não para uma nova república, mas para uma nova monarquia, capaz de permitir aos grandes homens de negócio governar comodamente.

Seria então possível perceber o quadro de Delacroix como uma obra celebrando o movimento popular sobre o qual Luís Filipe legitima seu poder. O que não devia desagradar o novo monarca, pois se sabe que no *Salon* de 1831 havia nada menos do que 23 pinturas consagradas ao tema da revolução de Julho. E sabe-se também que houve mesmo um projeto de decoração da sala do trono de Luís Filipe com episódios da revolta popular.[4]

Se acrescentarmos que Delacroix, com 33 anos em 1830, possui já uma carreira considerável que compreende obras muito célebres (*A barca de Dante*, *O massacre de Quios*, *A morte de Sardanapalo*); estivera, durante a Restauração, relativamente próximo do duque de Orleans — que comprara alguns quadros junto a ele e o beneficiará com a proteção do novo regime —, que a ele encomenda dois conjuntos decorativos (certamente os mais notáveis do século XIX), um para o *Palais* Bourbon (Assembleia), outro para o *Falais du Luxembourg* (Senado) — é então possível perceber a *Liberdade* como um quadro quase oficial, que vai no sentido do poder.

O POVO É PERIGOSO

A obra, entretanto, conhecerá uma curiosa fortuna. É comprada pelo mistério do Interior, em 1831, e exposta no Museu do Luxemburgo,[5] mas, em 1833, é retirada das salas e guardada nas reservas. Em 1839 é devolvida ao artista. Só reaparece em 1848, sob a Segunda República. O que acontecera? A situação social se degradara, e Luís Filipe, que tinha sido aplaudido pelos liberais, mas engolido como uma pílula amarga pelas classes populares e pelos republicanos, defrontará com levantes urbanos extremamente sérios. Em Lyon, logo em 1831, a revolta dos Canuts, tecelões que tomam a cidade: tudo termina com um cerco, uma batalha e um massacre. Em 1832, na região popular do Faubourg Saint-Antoine, em Paris, um movimento é seguido por violenta repressão. Em 1834, nova insurreição operária em Lyon, que vai ainda uma vez ensanguentar a cidade, e, em Paris, uma chacina violentamente feroz recai sobre o Faubourg Saint-Antoine, ilustrada por Daumier em uma de suas mais célebres litografias: *Le massacre de la rue Transnonaim.*

Enfim, a Monarquia de Julho percebe que andara brincando com fogo e que, nas novas circunstâncias, não só a legitimidade do quadro desaparece (porque o governo está massacrando as pessoas que estão representadas na obra) como ele se torna altamente indesejável: a barricada continua sendo uma ameaça ao poder, e a própria figura da Liberdade traz com ela lembranças ameaçadoras e identificações indesejáveis.

Isso será perfeitamente aclarado com o que se segue na história do quadro. Depois da Revolução de 1848, durante o Segundo Império, é novamente escondido. Em 1855, a França realiza sua primeira grande exposição industrial. Tratava-se, é claro, de exibir ao mundo os poderes da técnica e da indústria modernas, mas também de mostrar os esplendores da cultura francesa. Decide-se então fazer-se uma mostra dos grandes pintores vivos. Delacroix está naturalmente entre eles, mas a *Liberdade* não figura na lista dos quadros expostos. Delacroix protesta, e o conde de Niewekerke — uma espécie de ministro das Belas-Artes de então — responde, dizendo: "Altas razões, de meu ponto de vista, se opõem à exposição de um quadro representando a liberdade com um boné vermelho no alto de uma barricada e soldados franceses pisoteados pelos revoltosos".[6] O imperador Napoleão III intervém, e o quadro é exposto em 1855. Coisa curiosa: sondagens realizadas há alguns anos revelaram que, originalmente, o barrete frígio era de um vermelho vivo, escarlate. E que num dado momento, possivelmente por ocasião da mostra de 1855, Delacroix o tenha recoberto com o vermelho-marrom que conhecemos hoje, para disfarçar o tom gritantemente subversivo e para obter a exposição de sua pintura.

Mas imediatamente a seguir o quadro é novamente ocultado. Entrará para o Museu de Luxemburgo em 1863, ano da morte do pintor e período em que o Segundo Império tenta dar uma imagem mais liberal de si. Irá para o Museu do Louvre sob a Terceira República, em 1874.

A ALEGORIA MODERNA

Todos esses movimentos de eclipse da obra são interessantes, porque sintomáticos: o quadro possui elementos indesejáveis ao poder. O povo em revolta, certamente, mas também a figura da Liberdade, que parece assustar tanto com seu boné vermelho. Trata-se de uma imagem alegórica: personagem com alguns atributos encarnando uma ideia abstrata. Mas é preciso saber que essa alegoria de Delacroix, tão vigorosa do ponto de vista plástico e político, é realizada exatamente no momento em que há uma crise do discurso alegórico.

A linguagem alegórica do Antigo Regime era bastante codificada. Suas origens próximas se encontram na Renascença, na necessidade da expressão de ideias filosóficas e morais através das imagens, e também da celebração. Os poetas e artistas vão buscar no conhecimento dos eruditos imagens que possam exprimir as mensagens desejadas. Durante os séculos XV e XVI, não há uma linguagem sistematizada da alegoria ou, se ela existe, é ainda bastante "frouxa". Alguns compêndios — espécie de pequenos dicionários — são publicados durante o século XVI, mas a erudição humanista multiplica os símbolos e alusões. O resultado é, para nós, frequentemente enigmático, porque as chaves, parciais ou ligadas de modo excessivamente estreito a um programa iconográfico, se perderam. Os estudiosos que se ocupam de tais questões nesse período são obrigados a recolher indícios, proceder por deduções, associações, analogias: Erwin Panofsky comparou-se a Sherlock Holmes. Com efeito, o trabalho sobre a significação das imagens produzidas do início da Renascença ao fim do século XVI é intrincado; exige finura de análise, imensa erudição e brilhantes capacidades interpretativas. A riqueza de um pensamento que se produz como imagem (e não de um pensamento traduzido em imagens) atraiu a grande maioria dos estudiosos da iconologia moderna.

A situação se altera no momento da Contrarreforma e do absolutismo, quando a multiplicidade de linguagens simbólicas e particularismos bizantinos se tornam indesejáveis. O discurso alegórico tende então para a unificação e se torna capaz de celebrar, de afirmar verdades morais ou políticas de um modo universal. Um dos instrumentos mais importantes e eficazes para a cristalização desse código alegórico é a *Iconologia* do Cavaliere Cesare Ripa, editada nos últimos anos do século XVI. Ela retoma as referências à Antiguidade, as experiências simbólicas da Renascença, os precedentes tratados e textos literários modernos, refunde tudo isso e determina em cada imagem seus atributos e significações. Torna-se um instrumento extremamente cômodo para quem quisesse compor um discurso alegórico, um núcleo a partir do qual as imagens podiam ser concebidas e compreendidas num sistema coerente e coeso. E a necessidade desse dicionário era tal que o sucesso é imediato. Todos os tratados de iconologia posteriores ao Ripa estão sempre de algum modo ligados a ele e, na Europa inteira, sua *Iconologia* está presente, em múltiplas edições, traduções e adaptações. Quando Le Brun celebra Luís XIV em Versalhes, ele se serve do Ripa. Quando Bernini procede às suas grandes decorações romanas, é ao Ripa que faz apelo para a iconografia. Quando Vermeer — que é, no entanto, o pintor menos retórico que existe — pinta a *Alegoria da Fé*, utiliza também a *Iconologia* de Ripa. Está claro que os artistas tomarão liberdades com as diretrizes que encontram no compêndio, modificando, suprimindo, acrescentando símbolos. Mas ele parece ter sido o ponto primordial de referência para a linguagem alegórica dos séculos XVII e XVIII.[7]

Com a profunda transformação da cultura, operada no fim do século XVIII, essa linguagem, destinada a um público restrito e homogêneo, começa a caducar, a entrar em crise. O quadro de Declacroix, como veremos, é uma esplêndida solução, única e sem posteridade direta, no seio da crise da alegoria. Delacroix soube enfeixar elementos antigos e atuais, eruditos e populares, retomando a história recente da Liberdade como imagem e como aspiração política.

A LIBERDADE DOS DICIONÁRIOS

A Liberdade é, naturalmente, uma alegoria pouco frequente sob o Antigo Regime. Muito menos presente, por exemplo, do que a Verdade, que afirma a Fé autêntica e o Poder legítimo. Mas faz parte, ainda assim, do dicionário de Ripa.

Trata-se da Liberdade clássica, filosófica, que repousa sobre o domínio de si, sobre a ideia de que o homem só é livre quando domina suas paixões, os movimentos de sua alma. É representada por uma figura feminina, com um cetro na mão direita, significando o império que o homem tem sobre si próprio como senhor de suas paixões. O barrete frígio vem, nos conta Ripa, de um antigo costume dos romanos, que o faziam usar pelos escravos que seriam libertos. Por fim, aos pés da Liberdade se encontra um gato: não há, diz Ripa, animal mais independente e que suporte menos ficar aprisionado.

Muito rapidamente, o texto sobre a Liberdade da *Iconologia* vai lembrar que os romanos tinham uma outra imagem para essa ideia, mas distinta da visão filosófica que é interior ao espírito e distanciada da ação. Ele a chama de *Liberdade adquirida pelo valor*: uma liberdade ativa, que se obtém pela conquista. Ela possui uma arma na mão — uma clava —, um boné na outra, e aos pés uma canga quebrada.[8]

No fim do século XVIII houve uma tentativa tardia para modernizar o dicionário de Ripa. Tentativa fracassada, porque o código alegórico era indissociável do Antigo Regime e perdia então suas antigas funções. Trata-se da *Iconologie par figures, ou traité complet des Allégories, Emblèmes etc*, de Gravelot e Cochin, editada em 1791.[9] Mas essa reforma iluminista da *Iconologia* traz alguns elementos interessantes no que concerne à Liberdade. As figuras são nitidamente duas, obedecem a duas descrições diferentes, e ambas aparecem com o mesmo destaque.[10] A primeira é a liberdade filosófica, aquela descrita pelo Ripa: barrete frígio, cetro na mão direita, gato aos pés, e, o pré-romantismo ajudando, os pássaros que voam ao longe e o oceano infinito atrás significam a liberdade de partir, de viajar. Ao domínio de si acrescenta-se o mundo sem fronteiras e sem privilégios. Além disso, alguns instrumentos e alguns livros indicam que as artes e as ciências florescem sob a Liberdade.

Mas a modificação mais importante é a autonomia e o relevo dado à Liberdade ativa, aquela que é adquirida pelo valor. Algumas mudanças nos atributos são também significativas: a clava, anunciada pelo Ripa, foi substituída pela lança (a *pique* dos franceses), que é um instrumento de guerra mais leve. E é preciso lembrar que a marcha sobre Versalhes, no dia 5 de outubro de 1789, que trouxe a família real para Paris, contava com a presença de muitas mulheres, cuja principal arma era justamente a *pique*, como testemunha uma conhecida gravura da época. Assistimos aqui a uma primeira metamorfose de um dos atributos da Liberdade, que parece se originar, com muita clareza, de uma experiência contemporânea, ao mesmo tempo da ordem do político e do popular.[11]

Na ponta da lança se encontra o barrete frígio: veremos como essa associação ainda reaparecerá. A Liberdade pisa a canga partida; à volta dela existem personagens que ainda não se libertaram e carregam às costas o jugo: é possível vê-los como a figuração dos povos ainda não libertos pela Revolução. Se assim for, esta imagem alegórica incorpora a dimensão revolucionária: portanto, Liberdade e Revolução se superpõem num processo sincrético. O discurso passa a ser então muito claro: a Liberdade adquirida pelo valor, ativa, não se restringe ao espírito face a si mesmo: ela é coletiva, é a Liberdade dos povos, e pressupõe um esforço originado em si e por si, que não depende de fatores externos às suas forças — não é ela adquirida pelo (próprio) valor?

Ora, é extremamente fácil passar dessa segunda Liberdade, ativa, coletiva, para o quadro de Delacroix e fazê-lo derivar do modelo de Gravelot e Cochin. No fundo, basta substituir a canga pela barricada, a lança pelo fuzil, mais atual, e caracterizar os personagens que estão à volta da figura alegórica como o povo de Paris em revolta para obtermos o fundamento iconográfico do quadro.[12]

A ALEGORIA VIVIDA

Do dicionário de 1791 para a imagem de 1830, a passagem parece direta e sem complicações. Mas ela não é assim tão simples porque, entre as concepções de Gravelot e Cochin e a pintura de Delacroix, existe um tempo do que poderíamos chamar de prática transformadora em profundidade dos símbolos. No Antigo Regime, essas modificações eram, por assim dizer, superficiais: como já lembramos, o discurso alegórico estava restrito a uma elite de cultura relativamente homogênea e o vocabulário visual correspondia plenamente a ideias que eram tácitas. Agora, trata-se de veicular novas mensagens para um público infinitamente mais diversificado, para quem são necessárias referências eruditas, mas também símbolos atuais, populares ou coletivos. E os investimentos simbólicos produzidos pela experiência revolucionária e pelas novas situações culturais vão dar corpo, vão dar vida ao que eram outrora atributos convencionais. Já vimos o caso da *pique* do dicionário "contaminada" pelas armas reais das mulheres do 5 de outubro: o instrumento da manifestação política popular penetra na linguagem erudita do dicionário. Numa direção inversa, o boné da Liberdade deixa de ser um elemento do saber das elites. Sua fonte é o Ripa, mas ele sai da *Iconologia* e será usado nas ruas, pelos *sans-culottes* da Revolução Francesa. Reaparecerá, como supremo triunfo popular, na cabeça de Luís XVI, "coroado" assim rei dos franceses.

Émile Mâle, nos anos 30, deixou um texto que assinala,

pela primeira vez em nosso tempo, a importância do Ripa, numa obra intitulada *A arte religiosa do século XVII*. Ali se encontra muito bem sintetizada a mudança que sofreu o comportamento alegórico com o fim do Antigo Regime: "É nos primeiros anos do século XIX que os artistas cessaram de folhear o velho dicionário das alegorias, que por muito tempo lhes parecera indispensável. Houdon, morto em 1828, tinha ainda uma *Iconologia*, que hoje está na biblioteca da Sorbonne. Mas, bem antes dessa data, os nomes de Ripa e de Baudoin" (o tradutor da *Iconologia* em francês) "já estavam profundamente esquecidos. A alegoria não morreu com eles, pois a alegoria é imortal; a arte não poderia dispensar essas graves deusas que encarnam as grandes ideias pelas quais os homens morrem: Pátria, Ciência, Fé, Justiça. Na arte moderna, a alegoria não foi mais o signo de uma escrita consagrada, mas a criação de um espírito. Com frequência ela foi morna ou gelada, mas apareceu, por vezes, irradiante de pensamento e de emoção. Não se criaram mais alegorias com receitas, mas com a alma".[13]

Basta examinarmos algumas alegorias do tempo da Revolução ligadas à ideia da Liberdade, para verificarmos como elas vivem como seus atributos, de acordo com as necessidades, são acrescentados, modificados, como existem formas de sincretismo e desdobramento. Alguns exemplos:

1 — imagem desenhada por Prud'hon e gravada por Copia, de aspecto extremamente clássico, realizada com saber e segurança. É, de modo manifesto, derivada da Liberdade adquirida pelo valor, de Gravelot e Cochin. A lança foi substituída pelo machado e a canga não está mais aos pés, mas suspensa na mão esquerda do personagem. Na cabeça, o barrete frígio está acoplado a uma coroa de louros: a Liberdade se torna vencedora, triunfando sobre uma hidra que se encontra esmagada a seus pés. O monstro tem cabeças humanas, uma delas é coroada: trata-se de um símbolo novo que com frequência ressurge nas representações visuais da Revolução. Se algumas hipóteses de origem imediata puderam ser levantadas,[14] é evidente que o

dragão policéfalo remete mais remotamente à hidra de Lerna (e a Liberdade hercúlea poderá retomar — como na fig. 8 — a clava de Alcides), e conserva ressonâncias cristãs de S. Miguel Arcanjo derrotando o demônio-dragão ou da Virgem pisando na serpente, símbolo bíblico do pecado. Na Revolução, ele toma um novo significado, o da coalizão das forças reacionárias (Prússia, Áustria, Inglaterra, Igreja). O emblema é muito feliz, pois mostra que as diferenças nacionais da contrarrevolução — as cabeças — na realidade se resolvem num corpo só: o corpo da reação. A fim de que nenhuma ambiguidade paire, a gravura comporta, no alto, o título: *La Liberté*, e, embaixo, a inscrição: "*Elle a renversé l'Hydre de la Tyrannie, et brisé le joug du despotisme*".

2 — figuração muito próxima da precedente, empunhando aqui a clava, e triunfando sobre a Hidra derrubada.[15] Tem na cabeça o barrete frígio, mas levanta o braço esquerdo, que empunha uma coroa de louros, num gesto autônomo de se coroar a si própria. É uma Liberdade triunfante, e triunfante por ela mesma. Desse modo, mesmo que a canga tenha desaparecido, ela não é menos "adquirida pelo valor". Diante de tal gesto, aliás, é impossível não pensar no ato simbólico de Napoleão se autocoroando no momento da sagração.

3 — a Liberdade-Revolução (e depois República) estará presente em todos os papéis oficiais, mesmo os mais ínfimos, como vinhetas ou carimbos.[16] Nesse cabeçalho do *Caissier de vivres à l'armée de Sombre et Meuse*, a conjugação dos símbolos fala de per si. Note-se, sobre o pedestal, o nível, instrumento do pedreiro, representando a Igualdade segundo a nova *Iconologia* de Gravelot e Cochin: o antigo símbolo da Igualdade era uma balança, o que se prestava a confusões com Temis. Há, provavelmente, nessa escolha, alguma influência maçônica. Note-se, sobretudo, a superposição de significados. A imagem representa uma Igualdade-Liberdade que é também República vencedora, pois mantém a coroa a seus pés.

4 — a Liberdade pode conhecer também desdobramentos, e penetrar nas práticas as mais populares possíveis. Assim, o

célebre baralho do ano II da Revolução. Os reis e rainhas foram eliminados e substituídos, os primeiros por "gênios", as segundas por quatro Liberdades: da Imprensa, do Culto, das Artes e do Comércio. A Liberdade de Imprensa traz jornais debaixo do braço e empunha *pique* e boné, como no dicionário de Gravelot e Cochin. A execução é grosseira, denota técnica pouco requintada, um tanto desajeitada — um trabalho, evidentemente, do registro do "popular".

As próprias figuras humanas poderão desaparecer, e os atributos soltos se encarregarem do sentido geral. A exposição organizada, em 1978, em Saint-Germain-en-Laye sobre as faianças revolucionárias (coleção Louis Heitschel) mostrou um grande número de pratos pintados com símbolos isolados, e apenas um figurando a Liberdade como personagem. Talvez o caráter — eminentemente popular — dessas pinturas se acomodasse melhor à representação sumária de alguns objetos soltos[17] do que à complexidade da figura alegórica.

5 — as composições poderão ser também dramatizadas, muitas vezes com humor, num veio que os litógrafos do século XIX (particularmente Daumier) saberão explorar. Aqui, numa gravura de 1799,[18] uma figura feminina gorduchinha, inscrita num círculo, agarra-se ao seu barrete frígio que algumas cabeças coroadas querem arrancar. Seu rosto é sereno, os braços firmes e fortes, enquanto os personagens atrás dela gesticulam agitadamente, fazendo caretas de esforço. Indiscutivelmente, o barrete é o da Liberdade, mas a personagem feminina traz no pescoço uma medalha com a inscrição RF: *République Française*. Novamente o sincretismo se manifesta.

6 — na alegoria revolucionária não existe apenas uma "dissolução" da linguagem "erudita" na "popular", mas um diálogo entre ambas. Desse modo, a grande pintura não ficará indiferente às novas questões do discurso visual. Um dos melhores exemplos é o notável quadro de Régnault *Liberdade ou Morte*. A personificação da Liberdade é claramente indicada, pois tem o barrete frígio na mão direita, mas é também Igualdade, pois tem o nível do pedreiro na mão esquerda. E é também Fraternidade,

pois tem os fasces romanos aos pés, onde todas as varas, do mesmo tamanho, estão solidarizadas por um amarrio perfeito. É definitiva, para sempre, inabalável, pois no trono onde está sentada aparece esculpida uma serpente que morde a cauda, símbolo da Eternidade. Do outro lado do quadro, um esqueleto envolvido num manto, com uma foice: isto é, a Morte. No centro, um personagem alado, com chamas que lhe saem da fronte: um gênio. As asas estão suavemente coloridas de azul, branco e vermelho — trata-se, portanto, do gênio da França, que mostra as duas escolhas possíveis. Isto é, Liberdade, Igualdade, Fraternidade ou a Morte — discurso visual traduzindo o lema da constituição jacobina de modo preciso.[19]

Além das figuras pintadas, esculpidas, gravadas houve uma prática que é, digamos, mais viva da figura da Liberdade. A Revolução vai desenvolver um grande número de solenidades, procissões e festas nas quais as figuras alegóricas são de carne e osso. Mona Ozouf e Michel Vovelle,[20] entre outros historiadores, estudaram notavelmente o papel dessas cerimônias. Ficaram célebres os cultos à "deusa Razão", explorados pela reação para denunciar a impiedade republicana. Maurice Agulhon, o grande historiador da simbologia da República, mostrou[21] o papel fundamental da Liberdade nessas celebrações do Ser Supremo e da Razão.

Michel Vovelle analisou, de modo nuançado, a festa revolucionária na Provença, e lembra o papel simbólico das mulheres, que emerge desde 1790, para declinar a partir do ano IV da República. Das esposas e mães da boa burguesia, em túnicas brancas e com cintos tricolores, às jovens que, obedecendo a cerimoniais regimentados por textos, se transformam em Liberdades ou Razões (as primeiras muito mais frequentes do que as segundas; em todo caso, muitas vezes associadas por meio de processos de assimilação sincréticos), as alegorias adquiriam vida e deixavam uma lembrança coletiva profunda. É ainda Vovelle, em sua introdução às *Métamorphoses de la fête en Provence*, que, evocando Mistral, traça um retrato profundamente vivido dessas liturgias. Ele vale ser transcrito aqui:

"Há uma pesquisa a desenvolver, há um segredo a descobrir. E é Mistral que nos diz qual, no capítulo 9 de suas *Memori e raconte*: na véspera de 1848, a criança que ele é se inquieta a respeito das questões misteriosas que a velha Riquelle, uma velha de Maillane, coloca a seu pai sobre a esperada volta do 'tempo das maçãs vermelhas'. E é o pai, retornando à sua própria juventude, que explicará quem é a velha Riquelle, que não quer morrer sem ter visto o retorno daquele tempo. Em 93, no período do Terror, quando feriados religiosos e domingos foram abolidos, Riquelle, no frescor de seus dezesseis anos, era filha do prefeito jacobino da aldeia, um sapateiro. Soberba moça e por isso mesmo escolhida para encarnar a deusa Razão nas festas. E evoca as cenas, ainda agudamente revividas, em que Riquelle, sentada no altar-mor da igreja transformada em templo da Razão, se apresenta com o boné da Liberdade, a coxa meio nua, os seios ofertos. Tal é o espetáculo que numa época — bastante breve — os provençais se deram a si próprios: depois eles não o esqueceram, mas o esconderam ou o exorcizaram" (pp. 9 e 10).

Além do caráter profundamente "vívido" dessa alegoria em carne e osso, o texto de Vovelle traz um elemento fundamental das experiências revolucionárias do século XIX: a recorrência. A volta do tempo das maçãs vermelhas, isto é, a volta da Revolução (a verdadeira, a definitiva, de uma vez por todas, a que de algum modo satisfizesse as expectativas — vagas, mas emocionalmente intensas — levantadas desde o movimento de 1789) alimentou continuamente o imaginário das diversas esquerdas. Maurice Agulhon tratou, de modo magistral, esses aspectos em seu *1848 ou l'aprentissage de la République* — um dos mais estupendos livros sobre os movimentos revolucionários franceses do século passado.[22] A última frase do texto acima citado fala de "esconder", "exorcizar" — e não de "esquecer". O quadro de Delacroix é, em parte, um reviver, um reinstaurar, um tirar dos escaninhos ocultos da memória aquela figura com a "coxa meio nua e os seios ofertos" e reativá-la, ligando-a a um momento histórico preciso que, pela própria universalidade coletiva dos símbolos, é largamente ultrapassado ao se tornar a promessa de novas maçãs vermelhas.

Enfim, a Liberdade revolucionária se encontra, portanto, em todos os lugares. Ela se encontra no baralho, nas travessas e pratos, em caixas de charuto, em papéis oficiais, em almanaques populares, na grande pintura, na escultura. Ela toma corpo nas cerimônias revolucionárias. E essas cerimônias mostram que a Liberdade pode se misturar com a multidão.

É preciso notar, no entanto, que a Liberdade da Revolução Francesa, a Liberdade das festividades e das imagens, é uma Liberdade triunfante, afirmativa, que não indica a luta, mas a vitória. Ela é uma Liberdade coroada, que domina, impera. Ela faz parte de solenidades bem concatenadas. Ela oficializa documentos. São raras as Liberdades combativas, conquistadoras, na época revolucionária. Com uma grande exceção. Que é a Liberdade surgindo na última estrofe da *Marselhesa*.

LA BELLE DAME SANS MERCI

A *Marselhesa* era um canto primitivamente destinado ao Exército, um canto marcial, de conquista. Sua última estrofe diz o seguinte:

Liberdade! Liberdade querida
Combate com teus defensores
Sob nossas bandeiras, que a vitória
Acorra a teus acentos viris;
Que teus inimigos expirantes
Vejam teu triunfo e nossa glória.[23]

A *Liberdade* de Delacroix é desse tipo. Ela combate junto com seus defensores. Ela está misturada com a luta popular. Em 1830 não mostra apenas a corporalidade adquirida durante a Revolução, mas é animada por um princípio de conquista: o combate de rua. É preciso lembrar que barricadas não existiram em 1789, elas aparecem com as lutas populares no fim dos anos 20, e se manifestam com vigor nas jornadas de 30. A imagem da Liberdade vai se nutrir da exaltação das batalhas urbanas.

Auguste Barbier, poeta da revolução de 1830, cria, literariamente, uma personificação muito próxima da de Delacroix. Ao contrário deste último, Barbier era um republicano, e em seu poema, "La curée", denuncia a recuperação que havia sido feita pela grande burguesia das revoltas populares de julho e descreve assim a Liberdade:

É uma forte mulher, de mamas poderosas
Com voz rouca e duros atrativos;
Que, de pele bronzeada e fogo nos olhos,
Ágil, caminhando a passos largos,
Se compraz com o grito do povo e as brigas sangrentas.
[...]
Que só toma seus amores no populacho;
Que não entrega seu flanco vasto
Senão a quem é forte como ela;
E quer ser enlaçada
Por braços vermelhos de sangue.[24]

Há aqui uma guinada. Barbier nos permite chegar a uma análise feita por Mario Praz em *A carne, a morte e o diabo*,[25] que trata dessa imagem da Liberdade, inserindo-a na série do que ele chamou, inspirando-se em Keats, de *La belle dame sans merci*, criadas pelo século XIX — mulheres fascinantes e cruéis, que destroem os seres que as amam.

A Liberdade continua sendo política, mas possui também um outro modo de ser. Como "dama sem piedade", recusa os freios, as leis; fortemente sexualizada, ela própria é engendradora de desejos violentos e exige o sacrifício de vidas humanas. A Liberdade de Barbier quer brigas sangrentas e braços vermelhos de sangue, a de Delacroix avança sobre uma pirâmide de cadáveres. Poderíamos acrescentar que estamos, desse modo, no oposto das Liberdades clássicas — a do domínio sobre si —

porque a Liberdade/ *belle dame* diz, no fundo, que só se é livre quando se é inteiramente, radicalmente, submetido às paixões. Sexual ou política, tudo é paixão.

A Liberdade vista por Mario Praz desemboca num dos mitos contemporâneos: o da mulher fatal, o da beleza medúsica de Baudelaire. É fato que a *Liberdade sobre as barricadas* não só provoca paixões como exige — suprema prova — autossacrifícios. Nesse sentido, pertence à mesma família das mulheres fatais míticas, as Cleópatras do século XIX, a Carmen de Merimée/Bizet, as inúmeras Salomés *fin-de-siècle*, a Lulu de Wedekind e mitos hollywoodianos como Theda Bara, devoradora de homens, ou Marlene Dietrich, vampiresco anjo azul.

Não era a primeira vez que Delacroix trabalhava com uma alegoria quando pintou a *Liberdade*. O processo alegórico já estava presente em 1826, quando ele realiza um quadro político, empenhado na causa da Grécia, dominada então pelo império otomano: *A Grécia nas Ruínas de Missolonghi*.

Missolonghi fora diversas vezes assediada pelos turcos: durante um dos assaltos, em 1823, morrera lorde Byron. À lembrança do poeta — caro aos românticos e, mais particularmente, a Delacroix, que por várias vezes se inspirou em obras dele — acrescenta-se um episódio contemporaneamente imediato. Missolonghi fora arrasada em abril de 1826, quando pereceram os últimos resistentes com suas famílias. Como na *Liberdade*, Delacroix associa visualmente, embora de modo menos complexo, uma situação real (o invasor a cavalo, os edifícios em ruína) a um personagem alegórico — a Grécia — representado por uma mulher cujo gesto a transforma numa espécie de Verônica, mostrando pateticamente o desastre, como se dissesse *atendite et videte*. Ela exigiu o sacrifício de seus filhos, sacrifício sangrento, que aparece de modo sintético e forte, através do braço que sai dentre as pedras do primeiro plano. Um bloco, bem diante dos olhos do espectador, se encontra brutalmente manchado de sangue. Há aqui, muito provavelmente, um eco do "realismo" violento de Géricault. Como se pode ver, é muito fácil inserir este quadro na linhagem das belas damas sem piedade.

Além das obras de Delacroix, os exemplos poderiam se multiplicar ao infinito. Contento-me em lembrar uma pintura de Gustav-Adolf Mossa,[26] cuja arte tem profunda inspiração baudelairiana. O quadro a que me refiro se chama *Elle*, data de 1905: um personagem feminino nu, de formas opulentas, rosto infantil e um olhar imenso, hipnótico. O chapéu, acessório satânico e elemento de equilíbrio simétrico, é composto por corvos e caveiras.

Elle está próxima do poema das *Flores do Mal* intitulado justamente *Allégorie*, pelo olhar sem ódio ou remorso, como o de um recém-nascido, que enunciam os dois versos admiráveis:

Et dans ses bras ouverts, que remplissent ses seins.
Elle appelle des yeux la race des humains.

Raça dos humanos que aqui se apresenta na mesma disposição encontrada na *Liberdade* de Delacroix: *Elle* troneia em cima de uma pirâmide de homens que evidentemente massacrou. Criança monstruosa e gigantesca (é preciso lembrar o poema 19, de *Spleen e Idéal?*), inocente e cruel, fêmea desmesurada para tão minúsculos machos, que a atingem de modo irrisório: na perna, na coxa do personagem, estão impressas pequenas mãos de sangue, dos pigmeus destroçados que tentam atingi-la. O poema de Barbier dizia que a Liberdade queria ser enlaçada por braços vermelhos de sangue. Na imagem de Mossa, a situação é a mesma: apenas, os homens não "são fortes como ela", como cantam os *Iambes*. "*Cette vierge inféconde/ Et pourtant nécessaire à la marche du monde*", para citar ainda Baudelaire, de qualquer forma é a única triunfadora nas chacinas, políticas ou carnais.[27]

ANÔNIMOS E MORTOS

A *Marselhesa*, o poema de Barbier, a *Grécia* e a *Liberdade* de Delacroix, a pintura de Mossa possuem uma dualidade constante: a figura alegórica, de um lado; de outro, uma presença coletiva. Delacroix envolve sua deusa guerreira por aquilo que

Barbier chama de "povo" e "populacho". E podemos agora — depois de nossa sondagem, por assim dizer, "arqueológica" da representação da Liberdade — proceder a um trabalho semelhante no segundo elemento que compõe o quadro, isto é, a imagem do "povo". Proponho que tomemos a palavra de modo genérico, referindo-nos a pessoas indiferenciadas que não se destacam pelo poder, pela riqueza, nem sequer pelo talento. Como os personagens sem nome da *Liberdade guiando o povo.*

Poderíamos dizer que Delacroix se inspirou nos combatentes de 1830, vendo as pessoas lutando nas ruas, o que é bastante possível. Existem vários depoimentos dos acontecimentos de 1830 que descrevem uma população tal qual vemos na pintura,[28] que nos informam sobre sua origem profissional diferenciada, sobre a presença dos cadáveres em putrefação no calor forte do verão europeu, sobre a participação de garotos meio heroicos, meio brincalhões. A presença desses moleques foi real: mais tarde, em 1862, Victor Hugo os transformaria em mito literário nos *Miseráveis*, com o personagem de Gavroche.

Delacroix faz uma diferenciação profissional entre os combatentes pelo tipo de roupa que estão usando, e os especialistas já estabeleceram análises muito precisas indicando qual a atividade figurada em cada um deles.[29] Os garotos são dois, um mais visível, ao lado da Liberdade, outro que, abaixado, faz despontar a cabeça na extremidade esquerda da tela. A tradição heroica dos adolescentes havia sido exaltada durante a Revolução e nas campanhas de Bonaparte: Bara — que se transformou num dos mais sublimes quadros de David — e o tambor d'Arcole são dois dos exemplos mais célebres. Mais tarde, Hugo personalizará o *gamin* das barricadas através de Gavroche. Mas, na obra de Delacroix, eles não têm nome, elementos da multidão que combate. É sua inserção no coletivo que lhes atribui um sentido.

No primeiro plano, deitado, um nu — que nada tem em comum com as belas anatomias das escolas. Seco, magro, amarelado — poder-se-ia dizer realista. Acrescente-se o fato de que o despojamento total, que tende a abstrair a nudez do quotidiano para enobrecê-la, foi aqui evitado: não se trata realmente de um "nu artístico", mas de um cadáver sem calças do qual não foram sequer dissimulados os pêlos pubianos e que conserva ainda a camisa e uma meia num dos pés. Tudo isso tende a nos fazer acreditar que Delacroix se inspirou nos acontecimentos de rua.

Mas não é tão simples assim. Entre a pintura e as barricadas de 1830, houve alguma coisa de permeio: uma prática de representação do povo nas telas que, desde a Revolução de 1789, está ligada ao sofrimento e à morte. E que passa, essencialmente, através de dois grandes temas: o tema milenarista do dilúvio (e seu avatar, o naufrágio) e o tema da tragédia guerreira.

DILÚVIOS E NAUFRÁGIOS

Robert Rosemblum, um dos grandes especialistas da pintura dessa época, assinala a importância e a frequência do tema do dilúvio a partir da Revolução de 1789.[30] Tomemos um dos mais belos exemplos: *O dilúvio* de Girodet, pintado em 1806. Seu autor fora um aluno de David e se fascinava por algumas questões formais particulares, sobretudo pela relação mantida entre a luz e a matéria: de que modo a matéria reflete ou absorve a luz.[31] No fundo de seu quadro, um grande raio se torna a fonte luminosa: uma claridade rara. No primeiro plano, os personagens refletem-na e transfiguram sua epiderme num tom acobreado. Mas o que nos preocupa aqui é menos esse aspecto formal provocador de grande estranheza na obra do que a concepção da inundação universal. Ela não é motivo — como poder-se-ia esperar — para marinha tumultuosa, revolta das águas ou para virtuosidade traduzindo com *glacis* a imensidão líquida. Se dá, ao contrário, a valorização de uns poucos personagens, as águas aparecendo no fundo de modo indistinto.

O que interessa ao pintor são esses seres. Trata-se, provavelmente, de uma das primeiras vezes em que o tema principal de um quadro são algumas vítimas de uma catástrofe, tomadas de muito perto, e sem nome. Poder-se-ia bem ver esse conjunto de personagens como parte de uma composição mais vasta, um Juízo Final, um Incêndio de Troia (o velho sendo carregado pelo moço faz pensar em Eneias e Anquises; mais precisamente, o quadro parece se originar de um detalhe do *Dilúvio* de Michelangelo, na Capela Sistina, acoplado a um outro, extraído do *Incêndio de Borgo*, de Rafael) — mas aqui, nesta tela de 4,31 por 3,41 metros, os poucos personagens constituem o tema único. Nus, eles são inidentificáveis, a única referência possível é, pela sequência das gerações, a uma família.

Toda alusão histórica foi eliminada e o pintor trouxe os seres representados para o puro anonimato. Universais pela nudez, a eles se acrescenta uma pesada carga de sofrimento e morte. É esse tipo de "povo" que Girodet faz surgir.

Do dilúvio passa-se facilmente ao naufrágio. O mais célebre deles é certamente *A balsa da Medusa*, de Géricault, apresentado no Salão de 1819. Naufrágio, mas também metáfora política. O episódio é conhecido: um nobre que retoma postos e honras com a Restauração comanda uma frota nas costas da África. Por incompetência, a nau capitânia — a fragata *Medusa* — fica isolada e, por manobras completamente injustificadas, choca-se com o banco de Arguim, nas águas do Senegal. Charles Clément narra o final da história: "Uma balsa foi construída, e 149 vítimas foram ali amontoadas, enquanto o resto se precipitava nos barcos salva-vidas. Logo, as amarras foram rompidas, a balsa que deviam rebocar ficou sozinha na imensidão dos mares. Então a fome, a sede, o desespero armaram esses homens uns contra os outros. Enfim, no décimo segundo dia desse suplício sobre-humano, o *Argus* recolhia quinze moribundos".[32]

Sob a censura da Restauração (o quadro tivera de ser apresentado com o título neutro de *Um naufrágio*, embora o público soubesse perfeitamente do que se tratava), a obra aparece como forte metáfora política. Todos conheciam o episódio, publicado pelos jornais. Alguns sobreviventes escreveram com detalhes a narração aterradora. A crítica à incompetência do comandante se estende facilmente à crítica ao regime e termina por se generalizar. Michelet diria, mais tarde: "Géricault pinta seu quadro e o naufrágio da França [...] É a própria França, é toda a nossa sociedade que ele embarcou nessa balsa da Medusa,..".[33]

Como Delacroix mais tarde, Géricault realiza uma pintura que parte da atualidade. Mas, ao mesmo tempo, como no quadro de Girodet, são os personagens que surgem aqui exaltados, dominando a superfície da imensa tela. "*Il manque au* Naufrage de la Meduse *l'immensité de la mer...*", dizia Charles Blanc,[34] como acontecia já no *Dilúvio de* Girodet. Mas é justamente essa *mise-en-page* que sublinha a importância dos corpos. Géricault os monumentaliza pelo tratamento anatômico e pela composição piramidal. Exaltados plasticamente, é impossível nomeá-los, no entanto. Vítimas anônimas: novamente o "povo" surge associado ao sofrimento e à morte. Podemos já perceber uma rede de recorrências que se forma cujos pontos de coincidência são, por vezes, muito precisos. Aqueles cadáveres putrefatos que os médicos de 1830 haviam notado nas barricadas, e que Delacroix teria transposto em seu quadro, já encontramos em 1819 na *Balsa*: notem o personagem morto, no primeiro plano (canto inferior esquerdo), com as pernas abertas: anatomia "magra", "realista", novamente os pêlos pubianos aparecendo e conservando as meias — como na pintura de Delacroix.

Embora muito culto e requintado, Géricault — ao contrário de Delacroix — é um pintor muito pouco literário; em suas obras, as referências à História e à erudição praticamente não existem. No anônimo massacrado ele busca algo de essencial, que não passa pela cultura. Para os estudos da *Balsa*, vai ao necrotério pintar cadáveres. E produzirá então obras singularíssimas. Como o óleo do Museu de Montpellier, espécie de natureza radicalmente morta, composta por membros de ser humano. O anonimato chegou aqui à radicalização. A morte perdeu todo valor metafísico, todo valor literário, e ficou reduzida a pedaços de seres — não sabemos sequer se pertencem a um mesmo indivíduo, virou carniça esquartejada. Nenhum efeito "artístico", nenhum esforço para dramatizar o horror do tema: um trabalho consciencioso de constatação. Do mesmo modo, ele tratará as cabeças de guilhotinados ou os loucos sem história do hospício.

BATALHAS SEM GLÓRIA

Aos dilúvios e naufrágios pode-se acrescentar os desastres da guerra. Embora por algumas vezes a energia e a fúria dos combates sejam o tema principal (como na *Batalha de Nazareth* de Gros, da qual Géricault fez uma belíssima cópia que se encontra hoje no Museu Calvet, de Avignon), com frequência os quadros não retratam a exaltação militar. Gros, o mais genial dos pintores da epopeia napoleônica, deixou dois quadros célebres, significativos daquele aspecto. Sua relação com a morte não era apenas circunstancial — o assunto aparece assiduamente em sua obra, por vezes atingindo delicada sensibilidade romântica, cujo exemplo melhor é o retrato póstumo de Christine Boyer. Nos dois quadros a que nos referimos — *Os empesteados de Jaffa* e *A batalha de Eylau* — ele parece sugerir que o morticínio guerreiro talvez seja um mal necessário, mas é, sobretudo, um mal.

Nos *Empesteados*, Bonaparte aparece aureolado por um carisma quase sobrenatural, com um gesto de imposição (intrépida!) de mãos que lembra o dos reis taumaturgos capazes de curar as escrófulas ou, para ir mais longe, do próprio Cristo na ressurreição de Lázaro (cuja representação tradicional comporta sempre, desde tempos imemoriais, um personagem que leva o lenço ao nariz por causa do mau cheiro, como o faz Murat, atrás do general). Mas diante dele — e dos olhos do espectador — está a presença avassaladora da morte, nos corpos emaciados, corroídos pela epidemia.

Mais ainda, na *Batalha de Eylau*, Napoleão, embora ocupe o centro do quadro, não nos é apresentado como um comandante heroico. Ele está gordo, envelhecido, lívido. Mas o que conta para nós é a presença dos soldados mortos. A tela é muito grande, 5,33 por 8 metros; no primeiríssimo plano, diante dos olhos do espectador, Gros dispõe os cadáveres enregelados, em uniforme. Em realidade, a preocupação mais forte em ambos os quadros é a sorte trágica dos soldados anônimos que fazem parte desse "povo" indiferenciado, já manifestada pelas vítimas das águas.

Naturalmente, referindo-nos a guerras napoleônicas, é impossível não fazer menção ao *Fuzilamento do 3 de maio de 1808*, de Francisco Goya, quadro realizado em 1814, no momento da restauração de Ferdinando VII, no qual Liberdade e massacre estão associados. O que é a Liberdade? Esses personagens anônimos e em confusão, trucidados brutalmente pela ordem, pelos soldados perfeitamente perfilados, que se repetem em silhuetas precisas. Novamente a ideia do povo anônimo aparece, reforçada pelo episódio histórico, pois o levante de Madri fora essencialmente popular, sem heroicas lideranças. Mas a ausência de referências visuais específicas ao acontecimento (ainda mais tênues do que na *Liberdade* de Delacroix, que, no entanto, reduz a paisagem a um mínimo), a composição concentrada no contraste entre a ordem/opressão e a desordem/liberdade, universaliza extraordinariamente o quadro. A comparação com a *Liberdade guiando o povo* é rica, pois ela faz ressaltar o caminho diferente que a universalização toma. Delacroix felizmente exclui todo aceno a Luís Filipe, todo detalhe que pudesse explicitamente amarrar a obra à monarquia de Julho. Ao contrário, o princípio figurado é a ideia abstrata que se torna corpórea em meio à luta — é o princípio, e não o acontecimento circunstancial, que domina. A retórica de Delacroix é mais erudita, a de Goya, poderíamos dizer, mais "cenográfica". A primeira traz consigo muitas ambiguidades e ressonâncias. A segunda é certamente mais unívoca e direta.

É preciso lembrar também que Goya, mais do que nenhum outro artista, retratou as vítimas — ainda uma vez anônimas, cujos rostos chegam a desaparecer na luz difusa — da guerra, da velhice, das prisões, dos hospícios. Embora sua obra tenha demorado a penetrar no meio artístico internacional, ele enriqueceu — como Géricault, que provavelmente não conhecia seus quadros — a galeria das imagens de uma população que só se define pelo sofrimento e pela morte.

DIFICULDADES DA ALEGORIA MODERNA

A dificuldade, no projeto de Delacroix, era associar a ideia/alegoria, que pertence ao mundo do imaginário e do intelecto, à revolta de rua, acontecimento atual. O passado imediato dessas duas representações — a Liberdade "vivida" desde a Revolução Francesa e o "povo" vítima — fora denso: pela sua frequência, as múltiplas manifestações de cada uma delas se constituíram numa presença iconográfica vigorosa. Suas histórias, naturalmente, não foram perfeitamente paralelas, a imagem da Liberdade tendo alcançado um apogeu sob a Revolução para se ocultar em seguida e reaparecer graças às jornadas de 1830. Mas, às vésperas do quadro de Delacroix, ambas se haviam legitimamente alçado à estatura de iconografias modernas, vivas. Juntá-las, sem truques ou astúcias "habilidosos" de uma retórica visual fácil, é a questão resolvida por Delacroix.

No Antigo Regime, a mistura entre personagens reais e alegóricos se resolvia na medida em que a pintura — como as outras artes — tinha o poder de elevar os seres de carne e osso para o mundo superior dos heróis imortais. Para empregar uma expressão que Mircea Eliade utiliza num outro contexto, havia um tempo fraco — do quotidiano, dos vícios, da fragilidade, da nudez, da morte — e um tempo forte — da intemporalidade, das virtudes, do incorruptível, das perucas, da glória. As artes se encarregavam de fazer a passagem, servindo ao que seria a "verdadeira" História — a História imóvel dos feitos e dos ilustres que se repetem.

Luís XIV/Hércules/Apolo/Sol/Júpiter: quando Le Brun o representa em Versalhes, utiliza as leis do tempo forte, onde evoluem as alegorias: leis infinitamente mais prodigiosas do que as do nosso lamentável dia a dia. Na parte central da *Tomada de Gand*, o soberano tem os raios de Júpiter numa das mãos, o escudo de Minerva na outra. Como as três figuras alegóricas que o envolvem, não sente nenhuma dificuldade em voar, auxiliado pela águia, pássaro do deus maior, protegido por uma nuvem luminosa. Esse exemplo deixa claro o modo como a retórica visual do Antigo Regime incorpora homens e alegorias num mesmo mundo divino, fazendo assim com que os primeiros passem a ter a mesma natureza poderosamente mítica das segundas, sem que haja — e isto é evidentemente essencial — nenhuma ruptura. Ou antes, se a ruptura existe, ela se encontra no exterior da composição, na separação entre a arte e o mundo: é evidente que Luís XIV não é feito da substância própria ao comum dos mortais.

François Rude — numa das mais soberbas obras de escultura do século XIX, *Le départ des volontaires*,[35] que orna o Arco do Triunfo — veste os soldados de 1792 à moda da Antiguidade, o que permite uma relação mais fácil com a alegoria da guerra no topo da composição. Mas, ao mesmo tempo, o impacto e a presença do fato contemporâneo ficam consideravelmente atenuados: se a obra-prima de Rude em nada perde de sua força, a referência aos soldados de 92 é nula: precisamos do título para saber do que se trata.

Na alegoria moderna de Delacroix, "aspirar" o povo para esse mundo mítico seria um artifício dificilmente aceitável: os homens ali presentes não são heróis, não possuem as qualidades divinas dos reis, e, de qualquer forma, esse processo, ligado a uma concepção muito precisa do mundo e da História própria ao Antigo Regime, estava irremediavelmente desacreditado em 1830. Relacionar o "atual" e o "alegórico" foi, com certa frequência, um problema para os artistas do século XIX. A solução mais frequente e banal foi isolar os dois campos: criar no alto uma nuvenzinha no interior da qual evoluem seres míticos e simbólicos e reservar a parte inferior da tela para que contemporâneos, de redingote e cartola, realizem, de modo perfeitamente "realista" (descontando-se alguma eloquência excessiva dos gestos), atos dignos de nota. É o caso — para buscarmos um exemplo em nossa pintura — de *A ilusão do terceiro reinado* de Aurélio de Figueiredo, tela admiravelmente analisada por Alexandre Eulalio.[36] Essa articulação, por mais brilhante que seja o pintor, terá sempre o defeito das receitas convencionais.

ADEQUAÇÃO FORMAL

Delacroix aproxima sua deusa/Liberdade do povo que a rodeia, fazendo-a assemelhar-se a ele em certos aspectos. Além da arma — fuzil moderno, que poderia ser utilizado por um dos combatentes — ela pareceu "vulgar", "suja" a alguns de seus críticos contemporâneos. Mas, apesar de alguns indiscretos pelos nas axilas, é forçoso constatar que a Liberdade possui um perfil de medalha antiga: suas feições não são muito diferentes da *Medeia*, da qual Delacroix, entre 1838 e 1862, fez várias réplicas. Além disso, sua roupa e a nudez dos seios a tornam muito próxima — entre outras — da ultraclássica Liberdade de Prud'hon.[37]

Mais interessante é a relação que ela mantém com a multidão. O rosto é perfeitamente sereno; nenhuma exaltação está presente — apenas uma espécie de confiança grave. Sobretudo, existe um personagem que a contempla privilegiadamente: é o homem de lenço na cabeça que, caído sobre os destroços da barricada, apoia-se com esforço sobre os cotovelos e ergue os olhos para a Liberdade, como se, agonizante, ele a visse numa última aparição que daria sentido à sua morte. Ânimo, expectativa, esperança, aspiração: a Liberdade sobre as barricadas está, evidentemente, no espírito de cada combatente.

Mas, além desses aspectos, o quadro de Delacroix representa um momento de síntese perfeita, graças a um certo tipo de fazer pictural, que também tem sua história. A aparição da pintura neoclássica, cujo marco é, em 1784, *O juramento dos Horácios*, de David, significou a evacuação do barroco tardio, da pintura de Fragonard, Hubert Robert, Tiepolo, Maulpertsch etc. Essa arte brilhante, rápida, passava pelo aprendizado da virtuosidade e se resolvia numa "espontaneidade" altamente treinada. Vibrante, trabalhando com desenvoltura as matérias e as transparências, misturando o sólido e o luminoso, fazendo da pincelada o elemento ao mesmo tempo constitutivo do volume, da luz, da cor, da atmosfera, do movimento, ela possuía uma prodigiosa capacidade de dinamismo e fluidez.

A hegemonia neoclássica não a descarta completamente: ficam alguns "bolsões" de resistência no século XIX, raros, embora ilustres: Goya e Turner representam um prolongamento técnico do barroco tardio — em ambos os casos, embora em sentidos diferentes, ele é levado a consequências extremas. Mas, de um modo geral, o neoclassicismo é decisivo e determinante.

Sua proposição é, em todos os pontos, oposta às práticas precedentes. Trata-se de uma arte baseada no estudo dos contornos, dos volumes solidamente apreendidos pelo olhar, muito pensada e muito lenta. Digamos que, ao *far presto* do barroco, David opõe um *fare adagio*. Ele vai ensinar que a pintura é feita por etapas. Primeiro concebe-se, através de um esboço relativamente simples, o conjunto do quadro, para, em seguida, proceder-se a uma elementarização do todo, a um estudo aplicado de cada parte. Mesmo o corpo humano é desmembrado: estudam-se mãos, braços, pernas, bocas, olhos nas posturas ou expressões que serão as da execução definitiva. Daí a importância do estudo do nu: a anatomia funciona como um princípio unificador que garante a união das partes do corpo. As vestes, os panejamentos, são realizados separadamente, para, numa fase posterior, serem associados aos corpos. Os objetos, os acessórios são também tratados à parte, e o segundo princípio unificador dessa pintura é a perspectiva, rigorosa e geométrica: se a anatomia rege as leis da articulação das partes no corpo, a perspectiva rege as leis da situação dos objetos no espaço. Com frequência emprega-se o quadriculado, que permite a passagem do desenho para a tela — os personagens nus em primeiro lugar, com o contorno perfeito, que serão vestidos e coloridos numa etapa posterior. Esse processo é rigoroso: quando David representa o papa, por exemplo, na *Sagração*, primeiro o desenha sem roupa. E alguns quadros inacabados (como o *Juramento do jogo de pela*), com personagens modernos, como o gordo Mirabeau, de peruca e pelado, são, por vezes, irresistivelmente cômicos.[38] Mas essa anatomia, assim estudada, permitia uma verdade nas atitudes, uma energia na gesticulação sem as quais os seres se reduziriam a manequins.

Elementarização e unificação posterior. Um dos resultados é que se tem um olhar detalhado sobre o "real" — toda coisa ou ser representado é trabalhado e retrabalhado —, e isso vai dar uma carga muito importante à nitidez, à clareza dos objetos; cada um deles sobressaindo com muita força do conjunto. Que se examine O *Juramento dos Horácios*, *Brutus* ou a *Morte de Sócrates* de David: cada gesto é perfeitamente estudado, cada objeto estrategicamente colocado. Tudo é disposto em equilíbrios e tensões, as cores vivas acentuando os contrastes.

Se a pintura do barroco tardio era habilíssima em retratar o fluido, o efêmero, os fenômenos atmosféricos, o movimento, se os ruinistas eram capazes de apreender a passagem do tempo e os grandes decoradores do período eram mestres em fazer suas figuras voltearem no etéreo, a pintura neoclássica teve de abdicar a tudo isso, a esses efeitos nos quais — diga-se de passagem — ela não estava interessada. O resultado foi que, instaurada a solidez, a tensão, aboliu-se o movimento e, ao definir-se os objetos, eles foram extraídos da temporalidade. O olhar do pintor não abandona jamais o mundo sensível, mas, depurado, retificado por uma cuidadosa disposição, ele adquire o aspecto de uma vitrine. Mesmo o acidente — como os respingos de sangue na *Morte de Marat* — possui algo de eterno. Uma tela de David instaura o que eu chamaria de "o real no segundo grau", imagem cristalizada do mundo.

O processo de desconstrução/ reconstrução davidiano marcou profundamente as gerações posteriores, que tentaram escapar da tirania neoclássica. Ingres, por exemplo, vai chegar a soluções *sui generis*, desviando, de modo genial, a ortodoxia de David: se a elementarização é para ele algo não só fundamental como obsessivo, os meios unificadores — anatomia, perspectiva — são desdenhados: a única possível coerência na união das partes é a das linhas, que têm suas próprias e misteriosas leis. Daí — segundo as regras da anatomia — o aspecto monstruoso de seus personagens; daí — segundo as leis da perspectiva — a disposição inverossímil dos volumes no espaço que ele figura.

Numerosas histórias da arte fizeram muito facilmente de Delacroix um romântico revoltado contra a tradição neoclássica. É claro que as soluções de Delacroix divergem, muitas vezes, dessa tradição. Mas ele também lhe é devedor — a concepção prévia, em estudos preparatórios, dos elementos que entrarão na composição final é cuidadosamente feita, a disposição dos personagens muito pensada, e a definição, no resultado final (sobretudo nesta fase que vai até 1830), bastante nítida. Mas uma das preocupações que o distanciam da pintura neoclássica é a de reencontrar o movimento. E poderíamos dizer que essa dinâmica aparece como genética, inoculada no processo constitutivo do quadro. Na origem, estarão esboços de extraordinária rapidez, que obedecem o mover impulsivo da mão. O traço vivo, ausente na pintura de David, está inserido através dos esboços — as "primeiras ideias" — nas etapas de construção do quadro; seu dinamismo é um elemento primordial de síntese, de unificação. Associada aos efeitos de colorido e ao tratamento da luz (sempre, em Delacroix, prodigiosamente capaz de produzir ilusões de "terceira dimensão"), a composição adquire uma impressão de mobilidade poderosa: os personagens parecem avançar sobre o espectador.[39]

E isso Delacroix consegue sem abandonar o princípio davidiano do acabamento das partes, criando, ele também, um "real no segundo grau". E é nesse registro que, sem descompasso ou artifício, podem-se associar o povo e a Liberdade; é nesse terreno de encontro criado por um fazer pictural específico que a Alegoria desce do seu Empíreo e que os homens ascendem a uma universalidade bem mais ampla do que os episódios de 1830. Aliás, Delacroix não suprimiu referências claras: a data está lá, em evidência, e também, no fundo, surgem as torres da catedral de Notre-Dame. São, no entanto, detalhes menores: a cortina de fumaça e o céu azul se encarregam de criar um fundo abstrato. E assim o pintor, sem abandonar características precisas do acontecimento político que o motiva (como Goya o fizera em seu fuzilamento), vai além do episódio e obtém um alcance muito mais geral para sua imagem.

O próprio Delacroix poderá nos auxiliar para a conclusão. Em dois textos diferentes, mas que se completam perfeitamente, ele resume as questões de ordem formal que permitiram a existência do quadro:[40]

> Acontece, infelizmente muitas vezes, que a execução, ou dificuldades, ou considerações inteiramente secundárias fazem a intenção desviar. A ideia primeira, o esboço, que é, de certo modo, o ovo ou o embrião da ideia, está ordinariamente longe de ser completa; ela contém tudo, se se quiser, mas é preciso desembaraçar esse tudo, que não é mais do que a reunião de cada parte. O que faz desse esboço a expressão por excelência da ideia é não a supressão dos detalhes, mas sua completa subordinação aos grandes traços, que devem dominar sobre todas as coisas. A maior dificuldade consiste portanto em voltar, no quadro, a essa diluição dos detalhes, que, no entanto, são a composição, a própria trama do quadro...
>
> Que se, em meio a uma tal composição, introduzirdes uma parte feita com muito cuidado a partir do modelo, e se o fizerdes sem ocasionar um desacordo completo, tereis realizado a maior das proezas; de algum modo, é a introdução da realidade em meio a um sonho.

EXCERTOS DO DEBATE

Questão: Como você vê o naufrágio do *Esperança*, de Friedrich?

Jorge Coli: A tela é de 1824, contemporânea portanto da produção que examinamos aqui. Como a *Medusa*, ela parte de fatos reais, de episódios de uma expedição polar. Mas, é claro, embora ela possa ser inserida na temática dos naufrágios românticos, escapa daquilo que me interessava: a representação de um grupo anônimo como vítima. O neoclassicismo concentrara sua atenção na imagem do corpo humano e, à natureza, preferira os interiores arquitetônica e geometricamente definidos, onde a perspectiva pudesse ser perfeitamente controlada, através de uma visibilidade que repousa em linhas perfeitamente definidas. Por isso, ele exclui o tema da paisagem: a desordem acidental e "irracional" da natureza não lhe é adequada. Nesse sentido, se opõe ainda à pintura do fim do barroco, que desenvolveu — através da técnica do *far presto* — uma paisagem bastante nostálgica; Robert, Vernet, Guardi são alguns exemplos entre muitos outros. Ora, para a pintura neoclássica, ou dela derivada — como as de Girodet ou Géricault —, quando a paisagem é necessária pelo tema, ela é reduzida ao mínimo. Daí a extraordinária exaltação dos corpos que invadem as grandes superfícies pintadas e que acentuam assim as vicissitudes pelas quais passam os seres, e a redução dos elementos naturais. Em Friedrich é exatamente o oposto que se passa. O título de sua pintura já é significativo: *O mar de gelo*, e o espectador que a contempla pela primeira vez leva um certo tempo para descobrir o barco, minúsculo destroço entre os imensos blocos. Isto é — a natureza tem um papel primordial, o acento é colocado nela, em seus poderes, mistérios, forças, e não no homem. *O mar de gelo* não traz a representação de nenhum personagem: quando eles aparecem, em Friedrich, nunca estão ameaçados e se encontram no papel de contempladores. Embora com frequência suas paisagens sejam a da aridez do inverno, elas contêm muitas vezes elementos de renovação ou de resistência: os pinheiros, sempre verdes (que podem tomar o aspecto de uma catedral gótica natural), ou as ruínas o mais das vezes de edifícios religiosos — que sobrevivem aos rigores da estação inóspita, guardando um germe essencial de espiritualidade. Nos quadros franceses, a exaltação do corpo é acompanhada pela tortura que ele sofre — esse realismo brutal a que fiz referência — e que perpassa por todo o romantismo daquele país. O naufrágio do *Esperança* é altamente espiritualizado, as expedições polares são apenas uma fonte de inspiração distante; a *Balsa da Medusa* é a transposição — monumentalizada, heroicizada, se se quiser, mas isso pouco importa — de uma notícia de jornal. Como o que me interessava era o sofrimento das vítimas, deixei de lado Friedrich — assim como Turner, que alimenta também, de modo muito importante, a temática das tempestades e dos naufrágios.

Questão: Eu gostaria de saber algo a respeito do pintor do quadro *Elle*.

Jorge Coli: Gustav Adolf Mossa é um pintor que fez toda a sua carreira na cidade de Nice e que morreu velhinho nos anos 1970. Sua produção mais notável se situa nas primeiras décadas do século. A qualidade de seu traço e colorido é associada a uma imaginação das mais surpreendentes, que se liga, é claro — mas com enorme originalidade —, à produção decadentista *fin-de-siècle* e que é particularmente nutrida de Baudelaire. Viveu como uma celebridade local, e certamente deve ter sofrido um certo eclipse quando a sensibilidade às perversões preciosas passou de moda. Hoje ele está sendo revalorizado por exposições e pelos estudos de meu ex-colega da Universidade da Provença Jean-Roger Soubiran. Em todo caso, sua arte é de altíssima categoria, embora circule ainda num círculo de *happy fews*.

Questão: Nos quadros que você apresentou, a Liberdade é mostrada como uma coisa conquistada, sofrida. Enquanto a venda da Liberdade, o exercício da Liberdade é uma coisa boa para a sociedade, para todos nós. Esta contradição entre a representação e a venda ou o real da Liberdade, você poderia desenvolver aí, um pouco?

Jorge Coli: Eu não estou entendendo muito bem. O que você quer dizer é se podemos refletir, a partir do quadro de Delacroix, sobre a noção de Liberdade hoje?

Questão: É, hoje o exercício da Liberdade é colocado como uma realização social, pessoal, individual e tudo mais. Enquanto a alegoria que você mostrou é uma conquista sofrida, difícil... morte.

Jorge Coli: O que me interessa muito, no caso, é que a Liberdade, em tudo o que vimos, é uma coisa vivida e não uma coisa pensada — ou pelo menos não primordialmente. E que ela não tem definições muito claras. Foi por isso que citei aquele trecho de Fogazzaro no início. E devo dizer que não sei muito como é que se pode pensar a Liberdade hoje através de toda essa pintura do século XIX. Muitas análises simplistas já foram feitas dizendo que este tipo de Liberdade é a liberdade burguesa, ideológica, falsificada, "não racional" ou mesmo "não científica". E que se tem de acabar com esses mitos para conquistar a verdadeira Liberdade. Isto é, de meu ponto de vista, apenas criando novos mitos. Mas, francamente, não sei. Não sei que relação se possa manter entre a Liberdade no passado e a Liberdade hoje. Neste tipo de abordagem, mais do que a incidência direta sobre o atual, interessa-me o fato de que, quando se trabalha com um objeto cultural como as obras de arte, tem-se que remexer em coisas que fazem parte de domínios os mais diversos — que fazem apelos a emoções, paixões, mas também ao racional —, tudo isso se concentrando num grande amálgama. Daí a importância, para o trabalho dito intelectual, do emprego de instrumentos diferentes dos racionais, isto é, a sensibilidade, a intuição. Creio que esse é o grande desafio da obra de arte — e que é colocado no terreno da epistemologia. Não se trata de recuperar o "irracional" — expressão hoje tão banalizada — mas de canais que não passam forçosamente pelos circuitos da Razão. E a obra de arte — que exige a percepção do *je-ne-sais-quoi* e do *presque-rien*, para retomar dois títulos de Jankelevich — é desfigurada se utilizamos para compreendê-la uma metodologia da ordem do puramente racional, forçosamente esquemática e mecânica. Esse desafio dos objetos culturais é proposto particularmente ao saber "acadêmico", mesmo o que aparenta ser o mais "moderno", o mais "progressista" — saber que divide, compartimenta em "especializações" e que, portanto, é pouco adaptado para a compreensão dos fenômenos culturais. Esses impõem — cada um deles — sua abordagem específica e exigem sempre, para que possamos percebê-los com uma certa riqueza, a nossa circulação por setores os mais diversificados do saber.

Mas comecei por uma coisa, e acabei por outra, muito diferente. Enfim, a questão de pensar a Liberdade hoje, eu não sei. Talvez, trabalhando sobre esse tipo de representação, eu chegue a experimentar um pouco do que foi, no espírito das pessoas daquela época, a Liberdade. Não creio que chegue muito mais longe do que isso.

Questão: Será que o meio pelo qual a gente representa a Liberdade hoje em dia é diferente? Não sei se a gente representa por imagens, de maneira diferente, hoje em dia.

Jorge Coli: Tenho a impressão de que, no século XIX e numa parte do século XX, o princípio das grandes palavras que faziam as pessoas se moverem é — pelo menos em nossa cultura ocidental — alguma coisa menos presente hoje. Não sei se hoje as pessoas se motivariam muito em se levantar para morrer — não para fazer festa em torno de um acontecimento qualquer, festa patética da morte do Tancredo ou eufórica do Plano Cruzado — mas realmente para morrer por causa de uma palavra. Tudo isso é, no entanto, apenas uma impressão que não tem valor nenhum, e essa resposta me deixa também com um certo mal-estar. Porque não consigo nunca pensar as coisas do passado numa relação assim direta com o presente. É algo que, por vezes, as pessoas me cobram, mas não adianta, minha cabeça não funciona desse jeito. Da última vez, por exemplo, falei do ciúme no *Otelo* de Verdi, de Rossini, de Shakespeare. Alguns ouvintes também me perguntaram sobre o ciúme, hoje. E eu lá sei? Poderia ter desenvolvido, por exemplo, a reflexão sobre o ciúme e a ópera relacionando-a com a crise no casamento em nossos dias. Mas é algo que não consigo fazer. Isso me pareceria extremamente reducionista... e não consigo. Tenho uma certa apreensão em relação a esses objetos que examino ou aos textos que leio, procuro ver como as formas culturais circulam, como um certo pensamento ou sensibilidade podem se transformar. Talvez isso me dê alguns elementos para a compreensão do mundo contemporâneo, mas eu não saberia dizer muito claramente em palavras quais os elementos dessa compreensão.

Questão: Uma coisa que para mim ficou meio obscura é o seguinte: qual o significado da representação da Liberdade através da figura feminina? Para mim parece uma contradição que uma figura tão forte, poderosa, seja feminina, considerando a insignificância e a submissão da mulher na época.

Jorge Coli: Bem, o sexo das figuras alegóricas se determina, de modo geral, pelo gênero das línguas eruditas — o grego e o latim, das quais elas derivam. Num estudo conhecido, Panofsky[41] mostra, por exemplo, como este fato interveio na figuração da Ocasião e da Fortuna, através das palavras Kairos, Occasio e Fortuna. Mas o que é interessante é o fato de que o personagem feminino deva adquirir uma força máscula: a *Marselhesa* fala de seus *mâles accents*, e a Liberdade de Barbier é claramente uma virago. Além disso, há uma relação particular que a cultura do século XIX mantém com a mulher, uma relação de perplexidade, de interrogação, criando mitos que vão da virgem fragilíssima à fêmea/aranha, devoradora de machos — nas quais se inscrevem, evidentemente, as *belle dame sans merci*. Mas isso daria pano para manga de uma outra palestra.

Questão: O que você acha a respeito de Delacroix? Você acha possível que ele fosse, no momento em que estava pintando, espectador de si próprio e colocasse as pessoas como objeto do uso dele? Uma espécie de sadismo.

Jorge Coli: Não creio que haja aí a ideia de um puro manipulador. É preciso lembrar que ele está sendo afetado pelos acontecimentos que o envolvem, e, até 1830, sua pintura com frequência parte da atualidade política. Uma ideia muito interessante, é essa do sadismo, entretanto. Existe, em sua obra, um princípio de violência terrível. O massacre é recorrente em seus temas, massacres coletivos ou individuais. "*Delacroix, lac de sang hanté des mauvais anges*", escreveu Baudelaire, e certamente a volúpia sangrenta é um eixo fundamental em sua obra. Desse modo, a Liberdade não encontra apenas ressonância no tema das mulheres fatais, desenvolvido pelo século XX, mas naquelas produzidas no interior da própria obra do pintor, como no caso de *Medeia e seus filhos*, um quadro fortíssimo.

Questão: Mas, quando ele retrata o *Massacre de Quios*, trata-se de acontecimento real, enquanto a Medeia é um personagem literário.

Jorge Coli: Uma coisa não impede a outra. A violência na pintura de Delacroix é extramente presente, e ela passa pela atualidade e pela literatura — dois aspectos que se fundem em seu imaginário, e, por consequência, que se manifestam com muita intensidade em suas obras. Certamente não há pintor mais literário, mais amante dos livros que Delacroix. Mas ele poderia ter escolhido temas amenos: ele escolhe temas terríveis. Para voltar à questão que surgiu quando falávamos do romantismo francês e alemão há pouco, é que o romantismo francês se nutre de alguma coisa que poderíamos chamar de uma extraordinária brutalidade realista. Isso pode parecer contraditório, mas não é. Tomemos, por exemplo, Victor Hugo — seu universo é do mesmo tipo. O homem que ri é um ser que foi cruelmente — e horrivelmente — mutilado. Existe uma passagem dos *Miseráveis*[42] que descreve como Fantine, bela mulher na miséria, começa por vender seus cabelos para alimentar sua filha Cosette e em seguida arranca os dentes, também para vender. Victor Hugo a descreve na cama, com a boca sangrando e desdentada. É assim também que Géricault, de modo algum um pintor do literário ou de imaginário, se insere nesse mesmo espírito "sádico", de violência e brutalidade, que caracteriza tanto o romantismo francês. O mundo e o imaginário se nivelam diante desse princípio de crueldade.

NOTAS

1. Fogazzaro, Antonio, *Malombra*, Arnaldo Mondadori, 1971, p. 44.

2. Dias 27, 28 e 29 de julho.

3. Significativamente, como notou De Bertier de Sauvigny, a bibliografia sobre os movimentos de 1830 é parca. Damos aqui os títulos aos quais nos referimos: De Bertier de Sauvigny, Guillaume, *La révolution de 1830 en France*, Paris, Armand Colin, 1970. De Courson, Jean-Louis, 1830 *La révolution tricolore*, Paris, René Julliard, 1955. Jardin, A. Tudesy, A. J., *La France des notables*, Paris, Ed. du Seuil, 1973, 2 vols.

4. A legitimação de Luís Filipe pelos movimentos de 1830, seu poder emanando da revolta e do povo, foi um projeto ideológico de curtíssima duração, embora tenha deixado vários traços. Assim, *La Parisienne*, hino composto por Auber, com letra de Casimir Delavigne, tentou inutilmente substituir a *Marselhesa*, celebrando as "3 gloriosas". Mas "ce *chant ne dura ce que durent les roses*", disse Bassanville. Em todo caso, ele ilustra perfeitamente a vontade de assimilação entre o duque de Orleans, a revolta popular e a personificação da Liberdade. Eis duas estrofes significativas:

> "*Peuple français, peuple de braves,*
> *La Liberté ouvre ses bras.*
> *On nous disait 'Soyez esclaves'*
> *Nous avons dit 'Soyons soldats'.*
> [...]
> *Soldats du drapeau tricolore*
> *D'Orléans, toi tu l'as porté.*
> *Ton sang se mêlerait encore*
> *A celui qu'il nous a coûté.*
> (Citado por De Courson, op. cit., pp. 399-400.)

As escorregadas semântico-ideológicas não poderiam ser mais apropriadas: o povo, pela Liberdade, se torna soldado — o que permite passar à lembrança de Valmy e de Jemmapes, e fazer assim esse exército popular ser comandado pelo duque de Orleans! Particularmente saboroso é o condicional *se mêlerait encore*, que permite fazer de Luís Filipe um lutador nas barricadas, via passado-heroico-Valmy-Jemmapes.

5. Situado num pavilhão dos jardins do Luxemburgo, o museu que trazia o mesmo nome abrigou, durante o século XIX, a produção artística contemporânea: era uma espécie de museu de arte moderna da época.

6. Citado por Toussaint, Hélène, in *La Liberté guidant le peuple de Delacroix*, Paris, Édition de la Réunion des Musées Nationaux, 1982, p. 62. A história das vicissitudes do quadro se encontram no cap. 14 desse catálogo,

intitulado "Un tableau scandaleux", p. 60 e s. Sobre a sondagem que revela a diferença de tom no boné, cf. mesma obra, p. 62.

7. Não cabe aqui fazer uma história da alegoria moderna. Lembremos apenas que as codificações feitas em dicionários são publicadas ao longo do século XVI, a começar pelos *Hieroglyphica* de Horapolo, obra do V século a.C. retomada na Renascença. O compêndio de Pierio Valeriano e, sobretudo, os *Emblemata* de Alciati viriam enriquecer a lista, mas, para a alegoria na época do Absolutismo e da Contrarreforma, a obra essencial é mesmo a *Iconologia* de Ripa. Os dicionários posteriores, de Ricci, Corrozet, Petity, Delafosse e outros, derivam dessas fontes primeiras, e mais particularmente da *Iconologia* de Ripa. Para uma introdução ao problema, consultar o excelente manual de André Masson, *L'allégorie*, PUF, Paris, 1974. Sobre a importância e a descoberta do Ripa, cf. Mâle, Emile — L'ART *religieux du XVII siècle*, Armand Colin, Paris, 1984, capítulo IX. Sobre a capacidade de metamorfose dos símbolos, cf. Witkower, Rudolf — *Allegory and migrations of symbols*, Thames and Hudson, Londres, 1977. Não cabe aqui uma bibliografia completa sobre os estudos feitos a respeito das questões iconográficas ligadas à alegoria sob o Antigo Regime. A edição da *Iconologia* de Ripa que utilizo é a de sua tradução francesa no século XVII, por Baudoin; *Iconologie ou la science des emblèmes, devises etc. qui apprend à les expliquer, dessiner et inventer* — ouvrage *très utile aux orateurs, poètes, peintres, sculpteurs, graveurs et généralement à toutes sortes de curieux des Beaux-Arts et des Sciences. Enrichie et augmentée d'un grand nombre de figures avec des moralités, tirées la plupart de Cesar Ripa. Parj. B. de l'Académie Françoise. A Amsterdam, chez Adrian Braakman* [...] 1698. A edição francesa nos é particularmente interessante, porque é dela que deriva, diretamente, o dicionário de Gravelot e Cochin.

8. O texto completo que descreve a Liberdade no dicionário de Ripa, traduzido por Baudoin, é o seguinte: "*Sa figure est celle d'une femme vetue de blanc, ayant un sceptre en la main droite un bonnet en la gauche, & un chat près d'elle.*

Le sceptre signifie l'Empire de la Libertè qui ne le tient que de soy-même, estant comme elle est, une absolue possession d'Esprit, de Corps & de commoditez temporelles, qui nous incitem au bien par divers moyens: sçavoir l'Esprit par une grâce particulière de Dieu, le Corps par l'aide de la vertu, & la richesse par la direction de la prudence.

Elle est peint lavec un bonnet en main, dautant-que par une ancienne coustume les Romains le faisoient porter aux Esclaves qu'ils vouloient affranchir & mettre en libertè, après leur avoir razé les cheveux; cérémonie qui se faisoit d'ordinaire dans le temple de la Déesse Feronia.

L'on met un Chat a ses pieds parce-qu'il n'y a point d'animal qui aime tant la liberté que celuy-là, qui ne peut souffrir en aucune sorte d'estre enfermé; a cause de quoy quelques peuples & particulièrement les Bourguignons, le Portoient anciennement pour Devise en leurs Enseignes de guerre.

J'omets que parmy plusieurs Médailles de la Liberté il s'en trouve quelquer unes où elle se voit tenant d'une main une massue, & de l'autre un bonnet avec ces mots, Libertas Augusti ex Sc. ce qui signifie une liberté acquise par la valeur, comme il se remarque dans la Médaille d' Antonin Heliogabale, oú est ajouté un joug rompu. (p. 124-5, 1º vol. Foi conservada a ortografia de origem).

9. Edição atual por Minkoff Reprint, Genebra, 1972.

10. É interessante notar que o dicionário de Gravelot e Cochin traz um novo emblema — um neologismo alegórico — que está diretamente ligado à nossa questão: trata-se da alegoria da Insurreição. É significativo que ela possua, de modo geral, os mesmos atributos da Liberdade adquirida pelo valor; essa semelhança muito grande é possivelmente a causa de que o novo símbolo não tenha vingado. Ei-lo: "*On peut representer l'Insurrection sous l'emblême d'une femme irritée, coëffée d'une peau de lion, & s' appuyant sur une colonne, symbole de la force & du courage, elle foule aux pieds un joug rompu, jette avec indignation les chaines qu'elle vient de briser, tíent de la main droite une pique surmontée du bonnet de la liberté*" (emblema nº 88, v. 3. Foi respeitada a ortografia de origem).

11. Mais do que ninguém, Michelet sublinhou o papel dos símbolos e das mulheres durante a Revolução de 1789. Nos acontecimentos de 5 e 6 de outubro, referindo-se ao episódio da troca de laços (as *cocardes* brancas dos Bourbon ou negras da austríaca Maria Antonieta, substituindo as *cocardes* tricolores) do famoso banquete do 1º de outubro, oferecido em honra da Guarda Real e aos oficiais do Regimento de Flandres, fidelíssimos à monarquia, Michelet escreve: "*Les braves gardes nationaux de Versailles avaient grand-peine à se défendre. Un de leurs capitaines avait été, bon gré mal gré, affublé par les dames d'une enorme blanche: 'Ces cocardes changeront, dit-il fermement, et avant huit jours, ou tout est perdu'. Il avait raison; qui pouvait méconnaître ici la toute--puissance du signe? Les trois couleurs, c'était le 14 juillet et la victoire de Paris, c'etait la Révolution même*". (Michelet, Jules, *Histoire de la Révolution Française*, Paris, Robert Laffont, 1979, p. 225.)

Quanto às mulheres, lembremos apenas duas passagens das inúmeras que povoam a *História da Revolução Francesa*, ambas ligadas ao episódio de 5 e 6 de outubro:

"*Les hommes auraient-ils cependant marché sur Versailles, si les femmes, n'eussent precedé? Cela est douteux. Personne avant elles n'eut l'idée d'aller chercher le roi.* [...] *Ici, le peuple seul a l'iniciative; seul il s'en va prendre le roi comme seul il a pris da Bastille.*

Ce qu'il y a dans le peuple de plus peuple, je veux dire de plus instinctif, de plus inspire, ce sont, à coup sur, les femmes" (op. cit., p. 222).

Este trecho tem um extraordinário interesse, pois revela a assimilação profunda que Michelet percebia (e com ele certamente muito da *intelligentsia* romântica) entre o povo e a mulher, a quem falta apenas acrescentar a infância e a loucura, que o romantismo descobre como privilegiados possuidores de comportamento e saber instintivo. Há, portanto, uma "essência" feminina no povo: se vemos o quadro de Delacroix a partir dessa perspectiva, a ligação entre a figura alegórica e os personagens que a circundam possui um direito orgânico, ou melhor, ontológico. Essa passagem nos ajuda ainda mais a afastar o princípio de uma articulação artificiosa entre a alegoria e o real na tela de Delacroix.

A segunda passagem indica o papel "natural" das mulheres — particularmente das francesas — nos combates. Assim, a imagem feminina da Liberdade apenas ocupa, no quadro, o lugar que é indiscutivelmente seu: "Ces *choses ne se voient qu'en France*; *nos femmes font des braves et le sont. Le pays de Jeanne d'Arc et de Jeanne de Montfort, et de Jeanne Hachette, peut citer cent héroines. Il y en eut une à la Bastille, qui, plus tard, partit pour la guerre, fut capitaine d'artillerie*; *son mari était soldat. Au 18 juillet, quand le roi vint à Paris, beaucoup de femmes étaient armées. Les femmes furent l'avant-garde de notre Révolution*" (op. cit., p. 226, v. 1).

12. É impossível afirmar que Delacroix conhecesse o dicionário de Gravelot e Cochin, embora isso seja muito possível, mesmo provável.

13. Màle, Émile, op. cit. pp. 366, 367.

14. O excelente catálogo *L'Art de l'estampe et la Révolution Française*, Museu Carnavalet, Paris, 1977, indica fontes iconográficas imediatas para o monstro, particularmente as quimeras desenhadas por Desprez em 1770 (cf. p. 58).

15. A gravura, desenhada por Le Clerc e executada por Antoine Carrée, revelaria uma influência de Jean Goujon (*La fontaine des Innocents*), Poussin e Le Barbier, segundo o catálogo *L'art de l'estampe*... (op. cit., p. 14).

16. "*A. Boppe a montré* (Cf. *Les vignettes emblématiques sous la Révolution*, Paris, 1911), qu'avec la *Révolution sont apparus à profusion les entêtes de lettres sur les moindres correspondances administratives, procès-verbaux et papiers militaires*; *cela dans le désir de souligner la grandeur des nouvelles institutions et la stabilité du régime*". ("*L'art de l'estampe*"...,op. cit., p. 62).

17. Cf. o catálogo *Faiences révolutionnaires*, col. Louis Heitschel, Ville de Saint-Germain-en-Laie, ed. 1978.

18. Atribuída a E.A. Gibelin (cf. catálogo *L'art de l'estampe*... p. 14).

19. O quadro de Régnault, pintado durante a República Jacobina, só se termina sob o Termidor: pareceu então incomodamente anacrônico. Só se possui hoje uma pequena versão, a grande desapareceu. Cf. catálogo *De David à Delacroix — la peinture française de 1774 à 1830*, exposição no Grand Palais, Edição dos Museus Nacionais, 1974, pp. 573-4.

20. Ozouf, Mona — *La fête révolutionnaire 1789-1799*, Paris, Gallimard, 1976. Vovelle, Michel — *Les Metamorphoses de la fête en Provence de 1750 à 1820*, Aubier-Flammarion, 1976.

21. Agulhon, Maurice, *Marianne au combat*, Paris, Flammarion, 1979.

22. Idem, *1848 ou l'apprentissage de la République*, Paris, Seuil, 1973.

23. "*Liberté! Liberté chérie,*
Combats avec tes défenseurs.

Sous nos drapeaux que la victoire
Accoure à tes mâles accents;
Que tes ennemis expirants
Voient ton triomphe et notre gloire"

24. "*C'est une forte femme aux puissante mamelles,*
A la voix rauque, aux durs appas,
Qui, du brun sur la peau, du feu dans les prunelles,
Agile, et marchant à grands pas,
Se plaît aux cris du peuple, aux sanglantes mêlées.
[...]
Qui ne prend des amours que dans la populace,
Qui ne prête son large flanc
Qu'á des gens forts comme elle, Et qui veut qu'on l'embrasse
Avec des bras rouges de sang."

25. Praz, Mario, *La carne, la morte e il diavolo nella letteratura romantica*, Florença, Sansoni, 1966.

26. Sobre Mossa, cf. Soubiran, Jean-Roger, *Gustav Adolf Mossa et les symboles*, catálogo da exposição da Galerie Ponchettes, ed. da Direction des Musées de Nice, Nice, 1978. Note-se um detalhe curioso: se a Liberdade dos dicionários de iconologia tinha um gato aos pés porque ele era considerado atributo da alegoria, na obra de Mossa ele está entre as coxas da menina/gigante, exatamente no lugar do sexo. Os dicionários colocavam-no ladeando uma figura em pé; Manet colocou-o também aos pés, mas de uma figura feminina deitada, a *Olímpia*, cortesã dos tempos modernos. O gato adquire então misteriosa irradiação erótica, reforçada por seu papel nos textos baudelairianos. Enfim, Mossa o substitui ao sexo feminino, numa identificação evidente. É pouco provável que Manet conhecesse os dicionários alegóricos, já em desuso em sua época, mas é interessante constatar a constituição do gato como símbolo erótico moderno, ao mesmo tempo que perde a sua função de significar liberdade e independência. Notemos ainda que o gato de Mossa tem uma clara legitimação na linguagem popular: em francês *chatte* (*gata*) é um dos nomes mais correntes para se referir ao órgão sexual feminino.

27. Mario Praz (op. cit.) mostra, no capítulo 3 de seu livro, como o Marquês de Sade revela, às gerações posteriores, a alquimia sutil e perversa da mistura entre a dor e o prazer. Praz estabelece um rol imenso de seres magníficos e voluptuosos na pintura de Delacroix, que são atormentados, massacrados, agonizantes, doentes ou cruéis — culminando nessa Liberdade, deusa que caminha entre cadáveres. E termina por, de um modo extremamente convincente, mostrar que o universo visual instaurado por Delacroix, compreendendo os animais, as plantas, o próprio céu e as águas, é tratado com a mesma agitação dramática, sedutora e soturna de que são feitas as carnes que vibram no sofrimento. E lembra as análises de Baudelaire que falam de "*un caractère molochiste visible*", a respeito das obras de Delacroix, ou enumeram:

"*Les villes incendiées et fumantes, les victimes égorgées, les femmes violées, les enfants eux mêmes jetés sous les pieds des chevaux ou sous les poignards des mères délirants; tout cet oeuvre, disje, ressemble à un hymne terrible composé en l'honneur de la fatalité et de l'irrémédiable douleur*" (nota 122).

28. Esses depoimentos foram recolhidos por De Bertier de Sauvigny (op. cit.). Cf. particularmente os do dr. Poumiés de la Siboutie (pp. 141-3), do dr. Prosper Ménière (pp. 143-5), e do duque de Broglie (pp. 145-6). Quanto às cenas da revolução de 1830 descritas 30 anos depois por Victor Hugo, cf. Livro 1º da 5ª parte de *Os miseráveis*, particularmente o capítulo XV para a morte de Gavroche. Sobre a ideia de "povo" em 1830, cf. Hadjinicolau, Nicos: *La Liberté guidant le peuple de Delacroix devant son premier public*, in Actes de la Recherche em Sciences Sociales, nº 28, Paris, junho de 1979, pp. 12-14), onde o autor reúne várias definições dadas na época ao conceito.

29. Cf. Toussaint, Hélène, *La Liberté...*, pp. 47-51, para citar o estudo mais recente e minucioso a respeito. Hadjinicolau (op. cit., p. 21) lembra um particular interessante na representação do "povo" — o personagem de cartola, com fuzil na mão. Sabe-se hoje, indiscutivelmente, graças ao estudo de Hélène Toussaint, que se trata de um operário. "*Certains ont voulu reconnaître un bourgeois, voire un étudiant, dans l'homme coiffé d'un chapeau haut de forme. C'est là méconnaître les modes du temps, une telle coiffure est portée par tous les citadins quelle que soit leur origine sociale. Le large pantalon de celui-ci, sa ceinture de flanelle rouge, sont caracteristiques d'un ouvrier effectuant un labeur pénible* [...]. *L'homme au fusil est le compagnon, l'artisan, peut-être contremaître ou chef d'atelier qui ne répugne pas à mettre la main à l'ouvrage*" (p. 43). É verdade que muitas vezes, como nota Hadjinicolau, estudiosos recentes (e de peso, como Maurice Sérullaz) afirmam ver no personagem um "burguês". O único elemento da burguesia no quadro — mas particular pelas posições políticas a ele associadas — é o estudante *polytechnicien*, com seu *bicorne*, que se encontra no terceiro plano, na altura do ombro esquerdo do personagem de cartola. Como se sabe, esses estudantes republicanos tiveram um papel importante nas lutas de 1830. Uma belíssima pintura anônima do Museu Carnavalet retrata com fidelidade o combate de Rohan, no dia 28 de julho, e coloca em relevo o papel dos politécnicos nas barricadas (fig. 16).

30. Cf. Rosemblum, Robert, "La peinture sous le Consulat et l' Empire", in *De David à Delacroix*, op. cit., p. 170.

31. As experiências sobre a luz e matéria em Girodet não foram, até hoje, a meu conhecimento, suficientemente sublinhadas. Elas me parecem, no entanto, um dos pontos mais originais e sedutores na obra do pintor de Montargis. Com frequência, sua temática se presta, de modo muito adequado, a essas questões, quer no *Sono de Endimião*, onde o luar se materializa numa espécie de poeira prateada sobre a pele do adolescente, ou na *Danae*, cujo corpo se dissolve nos reflexos da chuva de ouro (e onde a luz pôde ser tratada de maneira muito diversificada no espelho ou na lâmpada, à esquerda do quadro),

quer seja na *Apoteose dos heróis franceses*, onde a distinção essencial entre os personagens ossiânicos e os contemporâneos está justamente no tratamento luminoso muito peculiar que lhes é atribuído — a matéria dos personagens da lenda é transfigurada por uma aura luminosa. Sobre Girodet, cf. Bernier, Georges — *Anne Louis Girodet*, Paris, Bruxelas, Jacques Damase, 1975.

32. *In Géricault raconté par lui-même et ses amis*, Pierre Cailler, ed. Genebra, 1947, p. 194.

33. Ibidem, p. 114.

34. Ibidem, p. 224.

35. Sobre as ressonâncias simbólicas da obra de Rude, cf. *La Sculpture Française au XIX Siècle*, catálogo da exposição do Grand Palais, 1986, Paris, ed. de la Réunion des musées nationaux, p. 170.

36. Cf. Eulalio, Alexandre, "De um capítulo do *Esaú e Jacó* ao painel do *Último Baile*", *Discurso 14*, Revista do Depto. de Filosofia da FFLCH da USP, São Paulo, Polis, 1983, e "Ainda reflexos do baile", in *Remates de Males*.

37. Hadjinicolau recolheu as críticas contemporâneas ao quadro, que fazem da *Liberdade* uma figura popular, suja, vulgar, horrenda, mesmo prostituída — das quais o texto mais célebre é o de Heine, sobre o "Salon" de 1831. Há aí, evidentemente, uma visão preconceituosa do mesmo tipo das que enegreceram as festas do Ser Supremo e da Razão nas igrejas, transformando-as em orgias, como nota Agulhon in *Marianne au combat*. O mesmo autor fará referência, em outro lugar, à "*vieille et solide tradition de dénigrement de la Révolution Populaire, d'après laquelle les rôles de la deésse de la Liberté ne sauraint être joués que par des femmes faciles*". A crítica politicamente conservadora não via o aspecto clássico da imagem, "rebaixando-a para um registro popular, o pretexto maior advindo do '*brun dans la peau*', como dizia o poema de Barbier e que a figura de Delacroix realmente possui, muito diferente do branco leitoso das belezas da burguesia. Hadjinicolau constata essa questão da cor da pele, mas aceita a imagem criada pela direita" — a Liberdade não é uma alegoria, é uma mulher do povo — apenas esse aspecto não é mais pejorativo: bem ao contrário, ele passa a ser altamente positivo. E, quando os historiadores da arte "burgueses" de hoje lembram o carater clássico da imagem (a comparação de Lee Johnson com a Vênus de Milo parece-me particularmente feliz), Hadjinicolau insinua que talvez isso seja má-fé ideológica — transformando-a numa imagem clássica, o popular fica afastado. Resta o fato de que esse aspecto clássico é realmente existente, e que o perfil grego, as vestes, a nudez dos seios, a monumentalidade não fazem dessa figura um personagem "real". Compreendê-la apenas como deusa, ou como *poissarde*, exclusivamente, é não perceber o princípio de ambiguidades sobre o qual o quadro é formado. Quanto ao detalhe dos pelos debaixo do braço da deusa, elemento "realista" sobre o qual Hadjinicolau constrói toda uma digressão sobre a sexualidade no século XIX, eu o cito confiando nos olhos do autor de *História da Arte e lutas de classes*. Porque devo confessar descobrir sobre as axilas da Liberdade apenas

uma depressão escurecida pela sombra e, por maiores esforços que faça, não consigo distinguir os pelos axilares. Mas talvez isso seja miopia ideológica de minha parte. Em todo caso, tudo isso mostra bem o terreno flutuante da história da arte, onde, por vezes, se pode ver o que se deseja.

Resta mencionarmos aqui o artigo de Eric Hobsbawm, "Sexe, symboles, vêtements et socialisme", *Actes de la Recherche en Sciences Sociales*, nº 23, setembro de 1978. Publicado também na revista *History Workshop*, deu origem a uma polêmica bastante longa. Hobsbawm toma o nu da Liberdade sem levar em conta a tradição das representações artísticas, dando-lhe um caráter exclusivamente sexual. O texto, por vezes rico, é com frequência mecânico e de uma ingenuidade desarmante. Maurice Agulhon apontou as falhas fundamentais do artigo in "Propos sur l'allégorie politique - en reponse à Eric Hobsbawm", in *Actes de la Recherche en Sciences Sociales nº 28*, junho de 1979. Talvez valesse a pena um dia retomar em discussão os detalhes do artigo do Hobsbawm, particularmente os ligados à questão da nudez, ainda mais que essas considerações — muito discutíveis — devem, em breve, ser traduzidas para o português. O texto do grande historiador social inglês demonstra como é possível se perder num terreno delicado como o das representações em imagens, e como essas representações exigem uma abordagem particular.

38. Para análise da técnica davidiana a reproduções numerosas de esboços e diferentes etapas, cf. Schnapper, Antoine, *David — témoin de son temps*. Friburgo, Office du livre, 1980.

39. Sobre o dinamismo que avança para o espectador, cf. a brilhante análise de Argan, Giulio-Carlo, *L'arte moderna, 1770/1970*, Sansoni, Florença, 1970, pp. 57-61.

40. Embora os textos sejam bastante posteriores à *Liberdade*. Delacroix, Eugène — *Journal*, Plon ed., 1950, tomo II, pp. 88 e 169.

41. Panofsky, Erwin, *Essais d'iconologie*, Paris, Gallimard, 1967, p. 108.

42. A passagem se encontra no capítulo X do 5º livro da 1ª parte de *Os miseráveis*. Eis um momento ilustrativo: "*En même temps elle sourit. La chandelle éclairait son visage. C'était un sourire sanglant. Une salive rougeâtre lui souillait le coin des lèvres, et elle avait un trou noir dans la bouche*".

A PAIXÃO REVOLUCIONÁRIA E A PAIXÃO AMOROSA EM STENDHAL

Renato Janine Ribeiro

Estamos acostumados, quando ouvimos falar em "paixão", a pensar num tipo apenas dela: o amor apaixonado. Nestas conferências, porém, o que se destacou foram os outros sentidos da paixão, a começar do principal, o de afecções da alma (no plural), que podem ser o medo, a esperança, a glória, a inveja, o ciúme etc. Mas por que, quando se fala em paixão, pensamos logo num arrebatamento amoroso? Essa identificação — que se impôs definitivamente no uso habitual da palavra — parece ser recente. Talvez date de Stendhal, talvez seja anterior a ele — mas, de qualquer forma, foi ele quem deu ao amor-paixão sua melhor e decisiva definição. Foi ele quem consumou a constituição da paixão como amor-paixão.

No seu livro *Do amor* (escrito em 1820), Stendhal construiu interessante tipologia do amor, nele ressaltando dois tipos principais, o amor-gosto e o amor-paixão.[1] O amor-gosto, diz, "reinava em Paris por volta de 1760... é um quadro em que tudo, até as próprias sombras, deve ser cor-de-rosa, no qual nada deve entrar de desagradável, sob nenhum pretexto e sob o risco de faltar com o uso, com o bom tom, com a delicadeza etc. Um homem bem-nascido conhece de antemão todos os procedimentos que deve ter e encontrar nas diversas fases desse amor: como nele nada é paixão ou imprevisto, muitas vezes tem mais delicadeza que o amor genuíno, pois tem, sempre, muito espírito; é uma fria e bonita miniatura, comparada com um quadro dos Carracci, e, enquanto o amor-paixão sempre nos arrasta contra nossos interesses, o amor-gosto sabe, sempre, a eles se conformar. É verdade que, se tiramos desse pobre amor a vaidade, bem pouco lhe resta; uma vez privado da vaidade, é um convalescente debilitado que mal consegue se arrastar".

O amor-gosto obedece a um código preciso. É um jogo que torna agradável e amena a vida, que nela introduz uma certa porção de prazer, mas que, por isso mesmo, jamais põe em xeque as posições ou os valores sociais. Ele, que prevaleceu durante o Antigo Regime, entrou, porém, em crise com a Revolução Francesa. Nos romances desse período, os amores em que se entra por jogo, conforme a boa tradição da *douceur de vivre*,[2] resultam logo em algo mais terrível, arrebatador. Assim sucede com Faublas, o personagem libertino dos romances de Louvet de Couvray, que inicia um caso de amor com a marquesa de B segundo um dos procedimentos mais excitantes, eroticamente, da literatura do século XVIII: o do "travesti". Vestido de mulher, o moço inexperiente é convidado pela marquesa a dormir em seu quarto; ela se surpreende ao ver que é um homem, porém o torna seu amante; até aí, nada de novo no quadro picante da literatura erótica do Setecentos. Mas a novidade é que ela se apaixona; o jogo converte-se em coisa séria, e não faltará tragédia à história.[3] Algo parecido lemos em *Adolfo*, romance de Benjamin Constant: para matar o tempo e distrair-se um pouco, Adolfo põe-se a cortejar Elenora, amante de um amigo seu — mas o sentimento logo os arrebata ao jogo, e, para o melhor e o pior, envolve a ambos.

Com a Revolução e o Império napoleônico houve um recuo do *gosto* ou, se quisermos, do bom gosto. Isso podemos notar já na busca da *glória* — que era, no Antigo Regime, a paixão por excelência, a que melhor mostrava o caráter ilusório de todas as paixões (Hobbes). A glória antes dependia das convenções sociais, das quais também dependia o amor. Ora, o arrebatamento marca a Revolução: recordemos um quadro como o de David, O *juramento do jogo da pela*, no qual vemos os deputados que juram exaltados dar à França uma constituição, erguendo-se nas cadeiras, vivendo um momento que é glorioso, histórico, porque recusa o comedimento. A glória, almejada, virá agora das batalhas revolucionárias, imperiais, que mudam o perfil do mundo, não mais da vida em sociedade; e mudará, também, a forma de travar batalhas. A arte da guerra no século XVIII era, acima de tudo, estratégia. O melhor general era o que menos batalhas travasse, e assim vencesse a guerra. Frederico, o Grande, rei da Prússia, enfrentou adversários superiores graças a um exército treinado em marchar bem e rápido. Dessa forma ele colocava o inimigo numa situação em que já nem tinha como lutar. A esse tipo de guerra provavelmente se deve que, quando a batalha era inevitável, ela obedecesse a regras de gosto: conhece-se a frase do general francês que oferece aos ingleses a primeira fila do seu exército, para que se inicie o combate: "Senhores ingleses, atirem primeiro!" E, por sinal, o código militar britânico, de cavalheirismo ímpar, proibia os soldados de se esquivarem dos tiros inimigos, deitando-se ou se escondendo: durante toda a luta deviam permanecer em formação, de pé, expostos — com seus uniformes coloridos — como bons e elegantes alvos.

Ora, tudo isso se modifica com a Revolução. As sucessivas coligações contra a França republicana e regicida nada mais têm em comum com as guerras dinásticas que, antes, opunham um rei a seu primo, por algumas poucas terras. Confrontam-se, desde a batalha de Valmy (1793), visões de mundo antagônicas, políticas em luta de morte. Os patriotas descalços que formam os exércitos revolucionários sabem que serão trucidados, caso o inimigo os vença. A guerra assim perde a galanteria e se resolve em enormes batalhas, nas quais o francês acomete com *fúria* (termo que Stendhal constantemente associará aos seus compatriotas) e morrem soldados às centenas de milhares. As campanhas napoleônicas cifram suas mortes numa escala que só a Primeira Guerra Mundial, e depois a Segunda, conseguirão ultrapassar. Enfim, desenvolve-se ainda, sobretudo na Espanha e contra os franceses, a *guerrilha* — na qual o inimigo não se apresenta com uniforme nem em formação regular, e que consiste portanto na maior das infrações ao código do gosto.

Se a glória assim se libertou do gosto, também o fez o amor — desde Rousseau, crítico implacável de uma sociedade identificada por ele à mentira. Um discípulo seu, Bernardin de Saint-Pierre, deixou um romance que ainda era popular na geração de nossos pais, *Paulo e Virgínia*: os apaixonados, separados pela diferença de posses, reencontram-se na morte. Fora da literatura, é famoso o destino de Léopoldine, filha de Victor Hugo, que se afoga passeando de barco com o marido: este, sem mais razão para viver, lança-se na água e morre com ela. Não se pergunta mais o que me convém fazer ante a perda de minha amada: simplesmente faço o que me resta, que é morrer também.

O amor assim larga o que nele era interesse, razão (se a pensarmos no seu sentido matemático de *cálculo*, como aparece no latim *ratio* e no grego *logos*). O amor-paixão é aquele que de certa forma me prejudica, ou que prejudica, pelo menos, a minha integração na sociedade — a minha imagem pública, externa. Assim se liberta um sentido outro de paixão: não tanto o que é afecção da alma; não só o que se opõe ao cálculo; mas o de paixão como o que é autêntico, genuíno, verdadeiro em nós. Quer dizer: paixão não será mais propriamente o que de fora nos ocorre, mas sim o que *dentro de nós* revela dimensão secreta e rica. Essa paixão é uma vitória da intimidade — o espaço que, a partir do final do século XVIII, se vai revelando como o da verdade expressa nos sentimentos, contraposto à falsidade resultante das racionalizações e dominações.

É o que veremos em Stendhal, que nasce — com o nome de Henri Beyle — em 1783 e morre em 1842, vivendo portanto a Revolução, o Império napoleônico, a Restauração conservadora e a monarquia liberal (repressora porém dos movimentos sociais) de Luís Filipe. Aos 19, 20 anos, ele quer ser o maior escritor do século que se inicia, e para isso mergulha nas obras dos empiristas, procurando entender como as paixões nascem e o que significam, e compreender o homem a partir do jogo passional. Aos 40, escreve *Do amor*, com o mesmo objetivo, o de conhecer o homem pensado como ser essencialmente de paixão. Trata-se de uma obra "de ideologia", como ele explica, referindo-se à ciência recente, fundada por Destutt de Tracy, que nada tem a ver com o sentido que o marxismo depois lhe deu. "Ideologia" era a ciência que mostra como se produzem as ideias; Stendhal vai investigar como se geram os sentimentos. Como, por que me enamoro? E nisso o seu interesse não é puramente teórico. Ele então vive em Milão e está apaixonado por Mathilde Dembroski, a quem chama de "Métilde". Um dia a moça viaja para Volterra, e não quer, por recato e receio de maledicência, que ele a siga. Mas a saudade fala mais alto; Henri Beyle quer vê-la, ainda que a distância; põe óculos escuros, barba postiça e, como numa opereta, parte para Volterra. Ela prontamente o reconhece, e proíbe-o de procurá-la; e jamais cederá a suas instâncias, a seus pedidos de perdão e protestos de amor. *Do amor* é então uma espécie de peça justificativa em que ele se desculpa; é também uma rememoração de seus bons momentos com ela; é uma carta de amor, longa, bela, tentando reconquistar Mathilde. Sem sucesso.

Estudar o amor-paixão é estudar como ele nasce: o apaixonamento. Isso Stendhal faz em páginas notáveis (*Do amor*, cap. II), definindo o seu objetivo: chegar a "uma descrição pormenorizada e minuciosa de todos os sentimentos que compõem a paixão chamada *amor*". Uma mulher me impressiona; eu penso quanto prazer me dará beijá-la, ela me beijar etc.; basta agora um grão de esperança (de que ela me ame), e nasce o amor. Começa então a primeira *cristalização*, imagem que Stendhal celebrizou: "Nas minas de sal de Salzburgo, joga-se, nas profundezas abandonadas da mina, um galho de árvore desfolhado pelo inverno; dois ou três meses depois, quando é retirado, está recoberto de cristalizações brilhantes: os menores ramos, os que não são mais grossos que a pata de uma avezinha, estão ornados com uma infinidade de diamantes, deslumbrantes; não é mais possível reconhecer o galho primitivo". É isso o que o apaixonado faz: "Basta ele pensar em uma perfeição, para vê-la no objeto a quem ama".

Mas o processo não termina aqui. Se nesse momento a mulher se entregasse, daria o maior prazer físico possível;

porém o amor não demoraria a terminar, por falta do que imaginar. Será preciso, para que ele se prolongue, nascer a dúvida, haver a frustração — e assim, na alternância de medos e esperanças, de fracassos e êxitos, é que irão ocorrendo sucessivas cristalizações, que dão sequência ao amor apaixonado.

Nesta análise, como dissemos, Stendhal tenta aplicar aos sentimentos implicados no amor o mesmo procedimento que Tracy utilizou para as ideias: mostrar-lhes a gênese, as operações. Quer dizer que, num sentido, Stendhal prolonga o empenho dos pensadores do século XVIII em deslindar os mecanismos mentais: iluminista, empirista, nosso autor desconfia das ilusões e aponta sempre, em suas obras, como elas funcionam. A sociedade, entende ele, está montada em grandes ilusões: as superstições que a Igreja difunde e as mentiras que os poderosos incutem servem de principal esteio à dominação. Ora, como podemos desmontar as ilusões, condenar uma sociedade que funciona segundo a mentira — e, ao mesmo tempo, valorizar essa outra ilusão que é o amor-paixão? Pois as cristalizações significam, simplesmente, que a felicidade se constitui sobre bases imaginárias, sobre as fantasias que projeto na pessoa amada, e não em cima de dados reais, objetivos. Stendhal imagina um rapaz que, entre uma mulher belíssima e outra com o rosto marcado pela varíola, se apaixona por esta — porque lhe recorda a amada, que morreu da mesma doença.

É nesse fino fio esticado que vai se desenvolver a principal inquietação de Stendhal. "*L'amour a toujours été pour moi la plus grande des affaires, ou plutôt la seule*": o amor sempre foi minha maior preocupação, ou melhor, a única. Mas tanto o escritor Stendhal quanto o homem que está sob esse pseudônimo viverão tensão constante, entre a emoção e o conhecimento. Porque, se Stendhal valoriza o *apaixonamento*, ele nada tem de romântico. Não usa os símiles fáceis para o amor — lua, estrelas. Não admite um uso desmedido da linguagem, o abuso de metáforas. Não se afirmou que seu ideal de estilo era a prosa precisa, concisa, enxuta do Código Civil?

Até é curioso como ele usa o *etc. etc.* Volta e meia alguma personagem sua faz um longo discurso, que dura às vezes meia hora ou mais; o que faz Stendhal? Edita; simplesmente conta as dez primeiras linhas do que foi dito e acrescenta "etc. etc", ou ainda: "E prosseguiu meia hora nesse tom". Não quer gastar papel, tempo, nem a inteligência, sua ou do leitor, na redundância. Dirá certa vez: "Se escrevesse para a glória, da página anterior eu faria dez páginas, em estilo grave, neológico e moral, e seria um distinto homem de letras".[4] Nessa recusa da repetição está presente não apenas um senso moral, também um gosto algo musical — dá-se o tom, o ritmo, a melodia, e isso basta; o leitor, ou o ouvinte, seguirá pelo tom.

Esse rigor na linguagem corresponde muito bem à crítica das ilusões e ao conhecimento da emoção apaixonada. Porque a paixão traz para nós um grande problema, talvez o mesmo que irá marcar, desde os dias de Stendhal, tudo o que é saber sobre o homem, saber em que somos ao mesmo tempo sujeito e objeto: conhecendo a paixão, o homem vê como ela se gera no que tem de fortuito — e, ao mesmo tempo, ele a vive como algo inexorável, de que não escapa se a vida valer a pena. Conhecer é dizer adeus a ilusões; mas se o ser do homem forem as ilusões?

Dessa forma a reticência de Stendhal face à paixão apenas atesta a força que ela possui: a paixão stendhaliana não é o sentimento de alguém que *quer* se apaixonar, de adolescentes amando o amor; ao contrário, é um sentimento maduro que somente surge naqueles que, antes, romperam com as ilusões da sociedade. São esses céticos, esses indiferentes à ambição que o amor irá colher. Mas o amor só os tomará *vencendo-os*, porque também descreem da paixão — outra ilusão, pensam. O apaixonado é exatamente alguém que lutou com todas as suas forças contra a paixão. Fabrício é rapaz bonito, amado das mais belas mulheres napolitanas, e, no entanto, a elas prefere seus cavalos. Lamenta-se: devo ser pessoa muito fria, insensível, para ver as loucuras que tal condessa faz por mim, e ainda assim só me aborrecer com ela. Porém, ele, uma vez apaixonado, fará por sua amada Clélia os maiores sacrifícios (*A Cartuxa de Parma*). O mesmo vale, no mesmo romance, para a duquesa Sanseverina e, em *O vermelho e o negro*, para a sra. de Rênal: o amor lhes chega com certa dificuldade, mas quando se enamoram é para a vida e a morte; e nenhuma dessas personagens, perdido o seu amor, tem forças para sobreviver a ele.

É preciso falar um pouco das técnicas. Já mencionei, a propósito da glória,[5] as técnicas que os homens dos séculos XVII e XVIII usavam para aumentar seus prazeres, sua alegria em viver etc. Foucault, num de seus últimos livros, tratou do "uso dos prazeres" na Antiguidade. Existem técnicas sutis, em várias culturas, para proporcionar maior prazer ou satisfação. E faz parte do iluminismo setecentista desvendar as técnicas ocultas das corporações, o que a *Encyclopédie* realiza mediante pranchas, imagens que revelam procedimentos secretos de fabricação — e, quando a corporação não é de ferreiros ou ourives, mas política ou espiritual, quando o saber que encerra não se exerce sobre a matéria, mas sobre as mentes, mediante uma análise, inteligente, subversiva, de seus truques, de sua prestidigitação: assim se desmascaram os milagres, como o católico, da transubstanciação na missa (a hóstia que se converte no corpo de Cristo), ou o político, dos segredos nos quais assenta o poder de Estado.[6]

E no amor, esse outro mistério, como ficarão as técnicas? Poderíamos ler *Do Amor* como um receituário, sugerindo modos pelos quais faço alguém apaixonar-se por mim. É certo que Stendhal bem gostaria de chegar a um tal saber. Eis a questão: como produzir paixão na pessoa a quem amo. Essa preocupação levará o nosso autor, ou melhor, mais propriamente o homem Beyle em sua vida do que Stendhal em sua obra, a uma dupla tentação, militar e matemática, de desvendar esses mistérios e dominá-los, convertidos (devo dizer: *reduzidos*) a técnicas. Tentação militar: como vencer a batalha do amor, cheia de fintas, de jogos, de manobras (voltaremos, depois, a essa imagem do amor como guerra). Isso vemos na segunda parte de *O vermelho e o negro*: Mathilde de la Mole, moça nobre, apaixona-se por Julien Sorel, o secretário pobre de seu pai, mas, depois de se entregar a ele, ela se afasta, enquanto o rapaz — não por causa da noite passada juntos, que foi fria, mas do próprio afastamento — se apaixona por ela. E Mathilde o trata tão mal que Julien só consegue êxito recorrendo ao que chama a "política russa", isto é, à estratégia que um amigo russo lhe dita para reconquistar a moça. Em suma: fingir que está gostando de outra mulher, conhecida de Mathilde, e escrever a essa pseudoamada uma série de cartas de amor. Como Julien não tem condições sequer de pensar, o amigo lhe dá 52 cartas de amor que tem em mãos, já usadas para seduzir uma inglesa; o rapaz as copia literalmente (o que traz alguns absurdos, como dizer Londres em vez de Paris — mas, como a sua suposta amada é muito devota, é fácil convencê-la de que ele estava tão exaltado com os temas espirituais sobre os quais discorria que até se esqueceu da cidade onde morava etc.), e obedece a indicações cênicas precisas: entregar a primeira carta vestindo um redingote de tal cor, enxugar uma lágrima furtiva, ostentar melancolia no rosto.[7] É, na obra de Stendhal, um dos momentos de maior humor, e isso justamente enquanto Julien Sorel, apaixonado, desdenhado, a cada instante namora o suicídio. A política russa funciona, e Mathilde, ciumenta, apaixonada, volta para Julien.

Há também um aspecto matemático nessa tentação de Beyle — o que é lógico, se lembrarmos que ele vive num tempo de avanço nas ciências, mais ainda, de crença em que elas possam trazer aos homens a solução de tantos problemas sociais, religiosos, políticos. Nesse intuito a Revolução instalou em cada capital de departamento uma Escola Normal; na de Grenoble o menino Henri Beyle teve boas notas em matemática.[8] Desse quadro cultural, talvez venha a vontade stendhaliana de introduzir o cálculo no amor. A beleza mais perfeita, diz ele, proporciona uma felicidade que posso medir, quem sabe, em quatro ou dez unidades de felicidade. Porém, depois de ver uma beldade ímpar, encontro uma mulher com o rosto desfigurado, mas que lembra a minha amada que morreu de varíola. A sua feiura valerá, então, dez, cem unidades de felicidade: a beleza foi vencida pelo amor, porque ela e ele são, apenas, promessa de felicidade.[9] No fundo, então, não é o amor que obceca Stendhal, como ele dizia numa frase que citei acima: é a felicidade, que tudo mede e avalia, inclusive o próprio amor. A importância do amor está em ser ele, como a boa música, a pintura, a guerra revolucionária (etc. etc.), um dos melhores veículos para a energia libertar-se, e fazer com que assim o homem tenha a felicidade.

A preocupação em quantificar favorece a abordagem científica, técnica portanto, do amor. E chegamos assim até um episódio cômico, o da carta que Beyle escreve a um amigo, ensinando-lhe um truque para possuir uma mulher de sociedade, não virgem, porém “honesta”, que aceite as carícias mas não o ato sexual: levar a mão ao pescoço dela, como que para estrangulá-la — assustada, distraída da defesa que fazia, ela cederá.

Mas de que valem todas essas técnicas? Se vão dar certo ou não, é impossível prever. Há atos planejados que resultam em fracasso, e impulsos que chegam a bom sucesso; assim como o contrário. Julien, desprezado por Mathilde após o primeiro encontro, ouve-a dizer “estou muito envergonhada de ter-me entregue ao primeiro que apareceu”; furioso, ele agarra num impulso irrefletido uma espada enferrujada, no escritório onde os dois se encontram, e já a tira da bainha quando cai em si: o que vou fazer, matar a filha de meu benfeitor? e que coisa mais ridícula, este gesto de melodrama! Então finge que está simplesmente examinando a espada, o que aliás seria ainda mais risível — desde quando um homem, ofendido, reage fazendo-se de perito em ferrugem... Ela, porém, fica radiante: Estive a ponto de ser morta por meu amante, coisa que não acontece há séculos! Infelizmente Julien não percebe o que Mathilde sente; desesperado, esconde-se no seu quarto: “Se, em vez de ficar escondido em um lugar afastado, ele vagasse pelo jardim e dentro do palacete, de modo a estar ao alcance dos encontros, talvez transformasse, num instante, em felicidade das mais vivas a sua atroz desgraça". Porém Stendhal conclui: "Mas a habilidade cuja falta censuramos a Julien teria excluído o movimento sublime de agarrar a espada, que naquele momento o fazia tão belo aos olhos de Mlle. de la Mole".[10]

Servem, então, as técnicas? Nem o jogo do amor, do Antigo Regime, que era um adestramento mais ou menos intuído, nem a ciência mais moderna, matemática, ou a estratégia nela apoiada garantem algum tipo de vitória no amor. No qual, aliás, a própria palavra *vitória* não vale. E afinal, na história de Julien, o amor de Mathilde parece ser o que menos conta; porque ele, transfigurado pelas suas últimas experiências, irá descobrir que o amor não pode ser jogo de encenação e campanha militar, essa mistura de teatro e guerra; o amor será uma entrega mais pura, tão simples e no entanto tão difícil, tão fácil e contudo tão fatal: porque entre o amante e a sociedade não há convívio possível.

Quem se apaixona, então? Se as técnicas falham tantas vezes, e mesmo quando funcionam não são capazes de dar acesso a um amor verdadeiro, o fundamental será saber não como gerar o amor a partir de uma intervenção externa (que é o princípio da técnica), porém como deixar essa riqueza íntima manifestar-se. Quem, então, se apaixona? Quem pode ter essa experiência notável que distingue a vida? Os apaixonados, e os incapazes de amar, se diferenciarão conforme o tipo de medo que cada qual pode sentir — porque no mundo de Stendhal é impossível não ter medo. O medo é experiência universal e decisiva que marca os homens — e ao mesmo tempo os divide em dois tipos.

O primeiro tipo de medo é o medo de perder a própria posição social. É o dos aristocratas que temem não só a decadência econômica como, mais ainda, uma nova revolução, com a volta da sua classe à guilhotina. Com isso o amor que tinham, antes da Revolução, pelo espírito, o engenho, a inteligência, converte-se em temor e terror: convenceram-se eles de que foi a liberdade de espírito, a mentalidade zombeteira em relação a tudo, que culminou na radicalização revolucionária. Por isso nada de inteligente (exceto a música de Rossini) se ouve nos salões da Restauração — morreu a fala, a conversa leve, brilhante, inteligente.

É esse também o medo dos burgueses ambiciosos como, na *Cartuxa*, o fiscal Rassi, que chega a ministro da Justiça de tanto bajular os poderosos — porém receando, sempre, que os *carbonaros* o punam por seus desmandos. No mesmo romance, o marquês Crescenti censura a mulher, porque, distraída, se senta nos piores lugares durante as festas da corte: como é que a senhora esquece que sou o homem mais rico de Parma, além de nobre, e que por isso minha esposa precisa ocupar lugar adequado à nossa posição? Ora, esse tipo de personagem se identifica plenamente com a sua posição social; não tem qualquer interioridade, qualquer vida própria além de seu poder, ou bens, ou imagem pública; e por isso não é suscetível a se apaixonar, a aceitar que seu afeto, sua felicidade, sua vida mesmo dependam de algo tão livre, tão incontrolável quanto o afeto de outra pessoa. Esse traço define muitos dos personagens secundários de Stendhal; esse traço: porque eles são caricatos, menos até por opção do autor do que por serem, eles, assim (na medida em que é possível, como creio, dizer que nas obras de Stendhal os personagens têm vida própria, e a impõe ao autor, enquanto este passeia, espelho na mão, pelas estradas que são seus romances). E a caricatura é tema dileto de Stendhal, que, nas páginas de abertura da *Cartuxa de Parma* mostra o seu nascimento em Milão, em 1795: arma subversiva, desmontagem dos poderosos em seus esquemas, destruição deles pelo riso.

O segundo medo é medo no amar, no ato de amar. Caracteriza personagens mais sensíveis, que começaram resistindo ao amor, descrendo desse sentimento que lhes parece mera ilusão, mentira. Caso notável é o de *Lamiel*, romance inacabado e póstumo. Lamiel é moça pobre que foi educada por uma duquesa cujo filho a ama. Ela não o ama, porém, nem a ninguém — até que conhece um criminoso, e se apaixona por ele: personagem inspirado, aliás, no grande assassino da época, Lacenaire, que viveu e morreu em guerra com a sociedade.[11] É justamente a capacidade de amar, de sentir o amor como perda e gozo, de temer não ser amado, que separa o sensível do medíocre. Experiência decisiva, e que por isso mesmo não sucede todos os dias: nada mais longe de Stendhal do que esses "eternos apaixonados", hoje por uma pessoa, amanhã por outra. Não; a paixão stendhaliana é revelação, é mudança na vida, e por isso implica um novo começo ou o fim da vida. Entregar-se à paixão é pôr a felicidade na dependência do outro, que se não corresponder fará, talvez, o *amor* aproximar-se de seu parente, a *morte*: como diziam os trovadores provençais, que Stendhal cita, *amor mors*. O amor apaixonado é energia, e esta abandonou a vida da boa sociedade, da *bonne compagnie*, da elite; a energia, diz Stendhal em 1811, hoje só está presente nas classes trabalhadoras, naquelas que lutam com as "verdadeiras necessidades". E mais tarde: "São somente as empregadinhas que saltam do sexto andar" (nesse andar, o último, elas moram em quartinhos exíguos): somente os pobres dão tal importância ao amor, ao sentimento, que por ele desdenham as conveniências e obediências sociais. O que vence a ilusão, a vida teatral é a verdade — que, por sua força, às vezes impõe a morte.

O que fará, então, quem tem energia? Porque o sensível não é a alma romântica, o poeta tísico, o entrevado, numa palavra, o indivíduo que sofre e padece; é o homem de energia. E para ele os tempos são difíceis. Até 1815 a sua carreira ideal seria a militar; mas com a Restauração, reduzido o exército ao meio-soldo, à disponibilidade mesquinha, a função militar está desprestigiada. Julien Sorel, no *Vermelho*, bem gostaria de ser oficial; não o podendo, tentará satisfazer a ambição dentro da Igreja — mas como? A carreira clerical, se serve bem à ambição, exige em troca a redução de toda e qualquer energia; Julien, no seminário de Besançon, conhece adolescentes como ele, mais pobres aliás, cuja maior felicidade é a perspectiva de comerem frango todo dia. Junto a eles, Julien comete tudo o que é erro; ele, que se julga hábil e hipócrita, exprime mau grado seu uma força, uma convicção que só o prejudica.[12] E a energia que ferve nele somente se realizará no amor, e isso depois de muita resistência.

Contudo, a própria energia não escapa ao medo. O melhor caso é o de Gina, a duquesa Sanseverina, que não tem medo de nada no mundo. Porém é apaixonada pelo sobrinho Fabrício (que, embora goste dela, não a ama), e constrói-se então uma intriga palaciana que põe a vida dele em risco para chantageá-la; assim, essa personagem, a mais corajosa de toda a obra stendhaliana, é amedrontada. O medo é teia que desta forma enlaça a todos, ou pelo apego à posição social, ou pela entrega livre do coração. No mundo em que Stendhal viveu, o medo se elevou a paixão por excelência.

A paixão amorosa executa uma espécie de *askesis*, a purificação de um indivíduo que, (é verdade), já dava bem pouca importância às ilusões que escoram a dominação. O amor não é redenção (Stendhal nada tem de místico), mas, rompendo com os condicionantes sociais e políticos, de alguma forma salva o amante do que o prende; a tal ponto que Fabrício pode sentir-se mais feliz — mais livre — na cadeia do que solto e honrado na corte de Parma. O apaixonado está em ruptura com o poder político. Pode até ser indiferente à política, o fato é que sua maneira de ser já corrói as bases do poder. Vemos isso quando Fabrício, chegado a Parma, vai apresentar seus respeitos ao soberano, Ernesto Ranúcio IV. O duque lhe pergunta como viveu em Nápoles, se os súditos desse reino são felizes, se amam o seu rei; Fabrício, embora não tenha nenhum gosto por política, faz uma defesa brilhante do absolutismo, dizendo que não importa, a um príncipe, se os súditos lhe têm amor ou medo: "é quase insolência o povo ostentar amor por seu rei" (porque nesse caso teria o direito de não mostrar amor, até mesmo de não o amar), "o que lhe deve é obediência cega". Até aí temos um discurso inteligente, radical em seu reacionarismo. Mas o interessante é a reação do duque de Parma, que vai adiante da superfície discursiva (o reacionarismo) para perceber o que perturba, o que ameaça a ordem constituída: a inteligência. O príncipe pensa: "Um homem espirituoso bem pode seguir os melhores princípios [os reacionários] e até de boa-fé — por algum lado ele sempre é primo-irmão de Voltaire e Rousseau".[13]

O pensamento assim rompe todo condicionante; ele tem esse terrível poder de libertação, de subversão, que faz do próprio reacionário — se inteligente — um revolucionário em potencial. A inteligência, ou a sensibilidade — melhor dizendo, "o espírito", que funde as duas, sendo inteligência no sensível, intuição luminosa —, vai desgarrando o homem de sua *persona*, de sua alienação nas máscaras sociais. Pois, se a dominação social e política se constrói baseada na mentira, todo homem inteligente é, por definição, um subversivo potencial. Temos aí exatamente o contrário do que Marx pensará do pensamento: para ele, graças à *sua* noção de ideologia, a atividade mental se engata em posições políticas às quais ela justifica, desenvolve, exalta — servindo elas de limites que o pensamento, como ideológico, não poderá transpor. Não é assim que Stendhal concebe o pensamento alerta: este é como uma viagem sem fim, de pícaro ou explorador, que, se descobre coisas, é porque são inesperadas. Recordemos a imagem do romancista como o homem que percorre as estradas com um espelho na mão e que não tem culpa (diz Stendhal) se ora reflete o azul do céu, ora a lama das estradas: escrever é viajar. Mas essa viagem pouco tem do otimismo das Luzes: Stendhal não espera, da razão, a utopia, ou a sociedade bem ordenada, ou a felicidade; os seus sensíveis são *happy few*, raros em qualidade e quantidade. E, mais importante, o pensamento em Stendhal, "o espírito", é essa fusão de inteligência e sensibilidade, de razão e intuição, tão diferente da razão iluminista, tão distinta também da ciência marxista.

Mas o que é mais subversivo é a indiferença às ambições, às querelas que constituem a base para a crença no Poder. Este existe enquanto alguém nele acredita — como por exemplo os cortesãos de Luís XIV, até os mais avessos ao monarca (Saint-Simon, em especial), que se desvaneciam quando o rei lhes dirigia um eventual sorriso. Descrer disso é desacreditar o poder. Não ter vaidade é estar imune à mentira, liberto da dominação.

Há mais, ainda. Na linguagem encontramos uma semelhança muito forte entre a conquista do poder e a de uma mulher — ainda hoje, no Brasil, fala-se em "ganhar uma mulher". Esse parentesco linguageiro data, pelo menos, dos séculos XVII e XVIII, e por óbvias razões: o amor-jogo era praticado por nobres, ou seja, militares de ofício. Leiamos *As relações perigosas*, de Laclos (1782), de preferência na perfeita tradução de Carlos Drummond de Andrade; na carta 85 um rapaz deseja conquistar a marquesa de Merteuil, para depois expor a sua reputação (de mulher absolutamente honesta) à risada pública; ele não sabe, por azar seu, que a Merteuil é uma conquistadora temível e simulada; ela monta uma armadilha para ele, seduzindo-o a seduzi-la, e quem termina como vítima é o rapaz. E no entanto, quando a marquesa conta a aventura, que já se encerrou com a sua vitória completa, refere-se ao jovem Prévan como seu "vencedor", que acometia a sua "fortaleza" (ela) e a conseguia "derrotar".[14] A linguagem é militar. Com o século XIX o símile permanece (e ainda hoje!), mas muda, *na literatura*, o seu sentido. Podemos vê-lo na *Pele de Onagro*, romance de Balzac (1831), que deve o título a uma pele mágica dotada de singular propriedade: realiza todos os desejos de seu proprietário; porém, a cada um deles, encolhe-se, e com ela a vida que resta ao dono. Este é Rafael de Valentin, moço de altíssima nobreza, mas pobre e tímido, que ao começar a ter fortuna, graças à pele, faz um longo discurso sobre a sua vida anterior. Na juventude, o que ele mais queria era ter uma amante: "Uma amante! isso seria a minha independência".[15] "Declaro-te com toda a franqueza, a conquista do poder ou de um grande renome literário me parecia um triunfo menos difícil a conseguir do que um sucesso junto a uma mulher de alta linhagem, jovem, inteligente (*spirituelle*) e graciosa. [...] Aprendi mais tarde que as mulheres não querem ser mendigadas; vi muitas, a quem eu adorava de longe e às quais entregava um coração a toda prova, uma alma capaz de se despedaçar por elas, uma energia que não se amedrontava nem com os sacrifícios nem com as torturas: elas pertenciam a bobalhões que eu não desejaria nem para porteiro [...]. Finalmente, guardando em mim ardores que me queimavam, possuindo uma alma semelhante à que as mulheres ambicionam encontrar, dominado por essa exaltação de que elas são ávidas e possuindo a energia de que se gabam os tolos, todas as mulheres foram perfidamente cruéis comigo" (pp. 80-1).

Um dos temas dessa obra de Balzac é a energia: Rafael passou alguns anos praticamente a pão e água, enfurnado numa água-furtada, meditando e escrevendo um tratado sobre o poder da vontade. Esse tema era, por sinal, muito caro a Balzac: a ideia de que a força de vontade possa mudar o curso das coisas, marcando o primado do espírito sobre a matéria, do homem sobre o mundo que o cerca, do indivíduo superior sobre a massa mundana. A timidez de Rafael, fazendo interiorizar-se a sua energia, deu-lhe força. A vontade é uma vitória sobre o desejo, pois este almeja objetos externos, e por isso a única satisfação que alcança é um *sursis*: a posse da mulher que me atrai, para dar um exemplo, só me sacia por um prazo limitado; volto depois a desejá-la, ou passo a querer outra mulher; e o mesmo vale para todos os objetos de desejo. Ao passo que a vontade requer um grande trabalho do homem sobre si mesmo, uma redescoberta, poderosa transmutação alquímica. Por isso Rafael são vários, ricos personagens: "Fui muitas vezes general, imperador; fui Byron, e depois... nada". Imagina-se Napoleão; embora Rafael fosse de nobreza muito antiga, discriminada pelo usurpador, embora o próprio Balzac tivesse simpatia pelos Bourbon mais que pelo corso, o fato é que a epopeia de Napoleão faz dele personagem modelar para todo admirador da energia. A suma da ambição de Rafael está, porém, em Byron — o grande poeta, dos amores célebres, totalmente indiferente às convenções sociais (publicou, sem medo ou vergonha, o seu caso de amor com a própria irmã), e ainda general dos gregos na sua guerra de independência, liberal, cristã, travada contra os turcos com a hostilidade das potências europeias. Existe nessa figura de Byron uma certa completude: o sucesso no amor, a indiferença à opinião, a glória militar, a glória também na morte, porque é lutando pela nobre causa helênica que ele há de morrer. Ser Byron, "e depois... nada": ideia, talvez, do gozo amoroso — à plenitude sucede o vazio, à posse a perda. (Como diz Proust, na posse sexual na verdade não se possui nada, não se possui ninguém.)

Porque o amor apareceu primeiro, a Rafael de Valentin, como uma operação de guerra. Apaixonou-se por Fédora, a quem chama "*la belle dame sans merci*", a dama bela e implacável, em uma palavra, nas últimas palavras do romance, "a sociedade" (p. 237). Ela não ama, e não dará a nenhum homem a felicidade. Rafael, porém, acabará descobrindo outro amor, o de Paulina, que o fará tão feliz quanto pode ser um homem que teme desejar porque seus desejos o matam. — A mesma operação de guerra aparece em Stendhal, quando Julien Sorel se diz: quando soarem dez horas da noite, pego na mão da sra. de Rênal, ou então subo a meu quarto e me mato. O mesmo Julien tem por heróis Napoleão e Danton — Danton, de quem se recorda o brado na organização da defesa contra os invasores da França: "É preciso audácia, mais audácia e ainda mais audácia". E essa ideia do amor tornado guerra chega ao auge na relação entre Julien e Mathilde — chega, também, à sua ruína. Ele é ambicioso e por isso faz de sua vida uma série de batalhas. Mas ela tem a mente tomada por romances e fantasias; é um Quixote do século XIX, se recordarmos o homem que toma o que lê por realidade, e seus fantasmas pelo mundo; por isso o amado tem de se conformar à imagem heroicíssima do ancestral de Mathilde, Bonifácio, executado por amor à rainha de Navarra. O amor de ambos vai existir enquanto perdurar essa tensão: o amor de Mathilde depende de sua insegurança, depende pois de Julien não a amar, ou pelo menos ocultar que a ama. Daí, é claro, o êxito da política russa. Daí, também, que ele deixe de amá-la tão facilmente: Mathilde, ainda no auge do sofrimento (a cena final do *Vermelho*, ela na gruta com os padres), representa uma dor, embora — talvez — a sinta;[16] e Julien, ao perder a ambição, a vontade de viver o mundo como guerra, também perde esse sentimento de amor bélico.

O amor guerreiro é então um fracasso. Por uma razão de princípio: o *próprio do amor não é o poder*. O amor é uma negação do poder, e é nesse ponto que a paixão, embora se nutra de fantasias e ilusões, torna-se arma vigorosa contra as ilusões, de outra natureza, que sustentam a dominação do homem pelo homem e, seu efeito mais grave, a infelicidade. Numa época que elevou o medo a paixão universal, estar apaixonado por uma pessoa é já um ato de rebeldia. Entre o amante e a sociedade a relação é de guerra, e não é à toa que o criminoso terrível, Lacenaire, se torna herói stendhaliano: na sua vida real ele disse: "Faço guerra à sociedade que me guerreia". O personagem apaixonado de Stendhal raras vezes terá esse ódio do assassino, mas terá o seu vigor, sua energia; e por outro lado a sociedade que se funda na infelicidade dos homens identificará a ameaça que ele representa, e lhe fará guerra sem tréguas. O amante porém só faz guerra a quem lhe perturba o amor, e não à pessoa amada; e, com isso, entre os dois se constrói um mundo diferente do social, do enervado e infeliz.

O amor desmascara os valores da sociedade e do mundo. A própria Revolução Francesa fracassou, talvez, porque não compactuou com os vícios dos homens (dizendo isso, declamando isso com uma veemência que lhe vem do coração, Julien consuma a sedução de Mathilde, quando ela ainda nada significa para ele): "Danton fez bem em roubar? perguntou-lhe bruscamente e com um ar que ia se tornando mais e mais feroz. Os revolucionários do Piemonte e da Espanha deveriam ter comprometido o povo através de crimes, dando, até a pessoas sem mérito, todos os postos do exército, todas as condecorações? As pessoas que portassem essas cruzes não receariam o retorno do rei? Seria o caso de pilhar-se o tesouro de Turim? Numa palavra, senhorita, disse ele aproximando-se dela com um ar terrível, o homem que quer expulsar a ignorância e o crime da Terra deverá passar como a tempestade, fazendo o mal quase por acaso?".[17]

E assim chegamos ao paralelo entre o herói revolucionário e o apaixonado. O herói da Revolução é Danton, guilhotinado; outro herói é Napoleão, também martirizado por longo e cruel degredo na ilha de Santa Helena. Foram homens imperfeitos (Danton roubou, Bonaparte traiu a causa republicana), mas que sofreram por suas qualidades, mais que por seus defeitos. A sua paixão de revolucionar o mundo tornou impossível para eles a vida rotineira numa sociedade em paz. O seu percurso trágico é o de tantos revolucionários que, depois de se acostumarem a viver num *tempo* fogoso, agitado, prenhe de novos mundos, não conseguem tolerar a pacificação, o vagar: é o caso, perto de nós, de Guevara, que larga um ministério em Cuba para ir morrer na Bolívia.

Mas talvez seja ainda mais trágico o herói apaixonado. Porque o revolucionário de algum modo ainda compactua com o mundo, com a sociedade que pretende salvar ou criar. Já o apaixonado está em conflito direto com a sociedade, com qualquer sociedade — conflito ainda mais grave porque sua arma é a indiferença, o descaso face aos poderes. Vivemos numa sociedade de *cant*, diz Stendhal, valendo-se da palavra inglesa que designa hipocrisia, mentira; quem libera a energia que possui, quem tenta vivê-la o quanto ela merece, supera a palavra com suas mentiras, mas com isso também se desliga da vida social, que assenta em discurso; escolhe a morte social, a morte de suas honras e riquezas, às vezes a própria morte. E no entanto, nesse destino difícil, árduo, o apaixonado é o mais feliz dos homens.

NOTAS

1. Os outros dois amores são "o amor físico" e "o amor de vaidade"; este último seria um pastiche do amor-jogo, existindo na França da Restauração

depois de perdida a condição principal do amor cor-de-rosa: ou seja, perdida a alegria de viver. Cf. *Do amor*, cap. 2; Wilson Louzada traduziu partes do livro em 1958, para a Livraria José Olympio.

2. "As gerações que não viveram o tempo anterior à Revolução não conhecem a douceur de *vivre*", a vida amena, doce. Essa frase de Talleyrand é famosa. Inspirou até, entre os anos 50 e 60, os títulos de dois filmes italianos: *La dolce vita*, de Fellini, e *Prima delia Rivoluzione*, de Bertolucci.

3. J. B. Louvet de Couvray, *Les amours du chevalier* de Faublas (1788).

4. Stendhal, "La comédie est impossible en 1836", *Revue de Paris*, 1836; in *Oeuvres complètes*, Genebra, 1972, tomo 46, *Mélanges II. Journalisme*, p. 266.

5. Cf., na mesma série de conferências, a que dei sobre a glória.

6. A ideia de que a realeza assenta em segredos, em mistérios como os divinos, é desenvolvida pelo rei Jaime I da Inglaterra, no começo do século XVI, embora já existisse antes dele; tratei desse tema em meu *Ao leitor sem medo* (S. Paulo, 1984), cap. 5.

7. *O vermelho e o negro* (1830), segunda parte, caps. 24 a 29.

8. Cf. a quase-autobiografia de Henri Beyle, *Vie de Henry Brulard.*

9. Cf. o cap. 17 de *Do amor.* Nele se encontra a frase famosa, "A beleza é apenas promessa de felicidade", que Baudelaire retoma no cap. 1 do *Peintre de la vie moderne.*

10. *O vermelho e o negro*, segunda parte, caps. 17 e 18.

11. O romance começa a ser escrito em 1839, e Stendhal vai lhe dando continuidade e impondo correções, de maneira intermitente, até sua morte. Lacenaire, executado em 1836, serviu de modelo para o personagem Valbayre.

12. *O vermelho e o negro*, primeira parte, esp. caps. 25 a 27.

13. *A cartuxa de Parma* (1839), cap. 7.

14. Essa tradução foi feita para a Editora Globo, de Porto Alegre (esgotada), e pertence agora às edições de Ouro (Rio de Janeiro, coleção Universidade, sem data).

15. H. de Balzac, *A pele de Onagro*, in *A comédia humana de Honoré de Balzac*, org. por Paulo Rónai, Porto Alegre, Editora Globo, vol. XV, 1959, p. 73. Nas citações fiz mudanças, poucas, necessárias à maior precisão do texto.

16. Contrastar, no final do *Vermelho*, a encenação de Mathilde ("essa pequena gruta magnificamente iluminada por uma infinidade de círios... vinte padres celebraram o ofício dos mortos... Mathilde apareceu... com um longo vestido de luto... Sozinha com Fouqué, quis enterrar com as próprias mãos a cabeça do amante...") e o singelo sofrimento do amigo ("Fouqué por pouco não enlouqueceu de dor"). Segunda parte, cap. 45.

17. *O vermelho e o negro*, segunda parte, cap. 9.

A PAIXÃO SILENCIADA

RAZÃO E PAIXÃO*

Sergio Paulo Rouanet

I

É preciso começar pelo começo, e o começo é quase sempre a Grécia. No tema do conflito — ou diálogo — entre a razão e a paixão, dificilmente encontraríamos um poeta grego mais representativo que Eurípides. Poderia escolher qualquer uma de suas peças para ilustrar o tema. Poderia, por exemplo, comentar o trecho em que Medeia, na iminência de matar os filhos, exclama: "Sei que crimes vou cometer, mas a cólera é mais forte que minha vontade".[1] No entanto, prefiro tomar como fio condutor uma tragédia em que essa interação é especialmente rica: *As bacantes*.

O personagem central é Dionisos, que na primeira cena é representado sob os traços de um jovem recém-chegado a Tebas, vindo da Ásia Menor, acompanhado de um cortejo de mulheres bárbaras, que constituem o coro. Dionisos vem introduzir seu culto em solo helênico, e se começa por Tebas é porque nascera nessa cidade, filho de Zeus com Sêmele, filha do rei Cadmos. Hera, a ciumenta mulher de Zeus, fulminara Sêmele com um raio, mas Zeus salva a criança, ainda no ventre materno, escondendo-a em sua coxa, onde se completa o processo de gestação. Dionisos escapa assim à fúria de Hera, e cresce na Ásia, onde é reconhecido e reverenciado como uma divindade. Ocorre que as irmãs de Sêmele, sobretudo Agavé, haviam declarado que Dionisos não era filho de Zeus, e sim de um mortal comum que havia seduzido Sêmele. Irado, Dioni-

* Devo a Gerson Machado Pires a ideia de usar *As bacantes* como fio condutor desta palestra.

sos castiga essas mulheres, enlouquecendo-as e induzindo-as a viver na montanha, o monte Citheron, praticando os ritos báquicos e usando as insígnias do deus — tirsos, cabeças coroadas de folhas. Para completar a punição, todas as outras mulheres de Tebas são igualmente castigadas com a loucura, e vão juntar-se, na montanha, às filhas de Cadmos. No meio tempo, Cadmos havia abdicado, entregando o poder ao neto, Penteu, filho de Agavé. Quando a peça se inicia, Dionisos explica que Penteu, como outrora Agavé, sua mãe, combatia seu culto, e portanto precisava ser punido. Na cena seguinte, aparece o profeta, Tirésias, que para diante do palácio real e, vestido com as insígnias do deus, chama Cadmos, que sai do palácio, também vestido como um adepto de Dionisos. Os dois estão a ponto de partir para a montanha, a fim de participar dos mistérios, quando aparece Penteu, acompanhado de soldados. O rei censura asperamente Tirésias e Cadmos, por terem se convertido ao deus estrangeiro, ameaça punir Tirésias, anuncia ter prendido várias das mulheres tebanas que se entregavam na montanha ao delírio dionisíaco, e promete que prenderá breve o estrangeiro da Ásia que estava provocando em Tebas todas essas calamidades. Tirésias e Cadmos, secundados pelo coro das mulheres bárbaras, advertem Penteu de que está cometendo uma impiedade contra o deus, cuja vingança poderá ser terrível. Em vão: Penteu se obstina, e Tirésias e Cadmos partem para a montanha. Na cena seguinte, entra o estrangeiro (Dionisos), acorrentado. Os servidores que o prenderam anunciam que as tebanas que haviam sido capturadas tinham se libertado miraculosamente. Começa um diálogo entre Penteu e Dionisos no qual o primeiro aparece como o cético que nega a divindade do segundo, e considera seu culto uma ameaça para a cidade, e Dionisos, disfarçado de mortal, se apresenta como um homem temente aos deuses e adverte Penteu contra o sacrilégio que pretende cometer. O rei não se deixa demover, e ordena que o estrangeiro seja preso nas estrebarias. Seguem-se prodígios, o palácio desaba, e Dionisos reaparece, livre, dizendo que havia escapado de Penteu e seus guardas.

O rei sai dos escombros, ainda arrogante e desafiando o estrangeiro. Nesse momento, entra um mensageiro contando os milagres que estavam se dando no monte Cithéron. Segundo sua narrativa, um grupo de pastores que tinha conduzido bois para pastarem na montanha havia descoberto as mulheres de Tebas, dirigidas por Agavé. As mulheres tinham acabado de acordar, e estavam realizando prodígios: umas tiravam água de um rochedo, tocando-o com o tirso, outras faziam brotar da terra leite e mel. Os pastores decidem então atacar as tebanas, para capturarem Agavé, restituindo-lhe seu filho, Penteu. No momento em que os pastores se mostram, Agavé corre, conclamando à luta suas companheiras. Os pastores fogem, e as mulheres se precipitam sobre o gado, despedaçando-o com suas mãos nuas, com a força sobre-humana que lhes dá o delírio. Seu furor não se aplaca, e atacam cidades vizinhas de Tebas, no sopé da montanha, destruindo as casas, roubando as crianças, e matando os habitantes. Terminado o massacre, voltam à montanha e lavam nos córregos as mãos ensanguentadas. Ouvido o relato, Penteu decide partir em expedição contra as tebanas, cujo delírio se alastrava como um incêndio, ameaçando de ruína a própria cidade. Dionisos recorre à astúcia para evitar a expedição. Promete a Penteu que trará as mulheres às cidades, sem violência, e seduz o rei com a perspectiva de que ele possa ver as orgias báquicas, sem qualquer risco. Penteu concorda, e Dionisos o convence a vestir-se de mulher, para poder misturar-se às tebanas, sem ser percebido. Para que Penteu não note que está caindo numa armadilha, Dionisos tira-lhe a razão. Há cenas de uma comicidade trágica em que Dionisos ajusta as vestes femininas de Penteu, que se mostra vaidoso e alegre por estar parecido com a mãe, e os dois partem em direção à montanha. Depois de algum tempo, chega um novo mensageiro, contando ao coro bárbaro a notícia espantosa: Penteu estava morto. Segundo ele, o rei e o estrangeiro tinham chegado à montanha, e Dionisos colocara Penteu na copa de uma árvore para que pudesse ver o espetáculo. As mulheres, insufladas pelo deus, descobriram a presença do sacrílego que queria observar os mistérios, desenraizaram a árvore com as mãos e atacaram o intruso. À frente das mulheres enfurecidas estava a própria mãe de Penteu, Agavé, a primeira a começar a arrancar-lhe os membros, apesar dos esforços da vítima para fazer-se reconhecer. No fim, Penteu fora completamente despedaçado, e Agavé havia se apoderado de sua cabeça, que ela pusera na ponta de uma lança. Terminado o relato, a própria Agavé entra em cena, trazendo a cabeça ensanguentada de Penteu, que, em sua loucura, ela confunde com uma fera, e vangloria-se diante de Cadmos, seu pai, por ter sabido vingar tão valentemente o deus ultrajado. Cadmos reage com tristeza, e Agavé começa gradualmente a sair do delírio, até que se dá conta de que está carregando a cabeça do próprio filho e percebe, para cúmulo do horror, que fora ela quem o matara. O coro bárbaro, que aplaudira o castigo, termina por apiedar-se de Agavé. Surge Dionisos, revelando-se como imortal, e anuncia a continuação do castigo. Agavé deverá errar sem destino pelo mundo. Quanto a Cadmos, será transformado em dragão, e juntamente com sua mulher partirá para a Ásia, onde comandará os bárbaros numa expedição contra a Grécia, inclusive contra o oráculo de Delfos, sendo salvo da vingança de Apolo pela intervenção de Ares. Agavé se retira, imprecando contra o deus, e Cadmos, resignado, parte com a mulher para cumprir seu destino.

Por que essa descrição tão minuciosa? Simplesmente porque a peça contém, a meu ver, toda a dialética da razão e da paixão, em suas múltiplas facetas, em suas ambiguidades e entrelaçamentos. Não se trata, com efeito, de um conflito simples entre a razão e a paixão, mas de uma interação mais ampla, que abrange dois tipos de razão e dois tipos de paixão.

O polo da razão é representado por Penteu, de um lado, e por Tirésias, de outro. O polo da paixão é representado por duas coletividades femininas, compostas pelas mênades, ou bacantes, isto é, as adeptas de Baco, ou Dionisos: as bacantes tebanas e as bárbaras.

II

Comecemos pela razão. Aparentemente, Penteu é a razão iluminista, que quer combater a superstição dionisíaca, livrando a cidade do irracional. O estrangeiro que se apresenta como adepto de Dionisos (na verdade, como sabemos, o próprio Dionisos) é visto como um charlatão que precisa ser desmascarado. Não era muito diferente a atitude de Voltaire e Diderot em sua cruzada contra os embustes do clero, iludindo a boa fé dos simples. A razão de Penteu se opõe à antirrazão da impostura e da religião. Quando ele descobre Tirésias e Cadmos vestidos com roupas do culto dionisíaco, tem uma reação de repúdio a esse comportamento irracional, ligado às forças obscuras do mito, que ele pretende destruir. "Fico rubro de vergonha, avô", diz ele a Cadmos, "vendo dois velhos perderem assim a razão."[2] Quando Cadmos quer persuadi-lo a adotar uma atitude menos ímpia, é repelido por Penteu, como se fosse um louco, juntamente com Tirésias: "Não te aproximes. Vai às Bacanais. Quanto a Tirésias, que te ensina a demência, eu o punirei".[3] Como no Iluminismo, há um combate entre as forças diurnas e noturnas. O pensamento esclarecido exige a luz do dia. O mito pertence ao reino da escuridão: Sarastro, solar, opondo-se à Rainha da Noite, mundo de trevas em que reina a superstição. "Esse culto", pergunta Penteu a Dionisos, "é celebrado de dia ou de noite?" Dionisos responde: "Quase sempre de noite; a obscuridade tem qualquer coisa de grandiosa".[4]

Tirésias é o vidente cego, que vê tudo sem enxergar nada. À primeira vista, sua razão é anti-iluminista. Ele defende os deuses que Penteu quer destronar. Sua sabedoria consiste na observância da tradição. Como todo contrailuminista, Tirésias combate o *raisonneur*, o intelectual niilista que abala com seus sofismas a ordem moral e social. Para ele, "de nada vale argumentar com as divindades. As tradições dos nossos pais, tão velhas como o tempo, e que eles nos deixaram como herança, não podem ser derrubadas por nenhum raciocínio, por maiores que sejam as sutilezas inventadas pelas inteligências mais profundas".[5]

Tirésias não é somente uma vítima inerme diante da zombaria de Penteu. Também ele pode ser "esclarecido". Ele pode usar contra o Iluminismo as próprias armas do Iluminismo. Assim, ele responde ao sarcasmo de Penteu sobre a afirmação de que Dionisos teria sido guardado na coxa de Zeus, depois de sair do ventre materno, explicando que tudo se deveu a um mal-entendido linguístico. Para proteger seu filho, Zeus havia oferecido à vingança de Hera um duplo de Dionisos, como refém (*ómeros*), palavra que o povo, em sua ignorância, havia confundido com coxa (*merós*). Para iluminista, iluminista e meio: Tirésias contrapõe à crítica de Penteu uma defesa baseada na filologia e na história. Além disso, Tirésias faz sua própria crítica. Se sua desrazão é denunciada por Penteu, ele por sua vez denuncia a loucura do rei. Assim, diz a este que ele é presa "da mais terrível das loucuras, para a qual não existe remédio".[6] Quando Penteu anuncia que vai prender o estrangeiro, Tirésias exclama, aterrado: "Infeliz! Não vês onde te arrastam tuas palavras? Agora estás demente; há pouco, eras apenas insensato".[7] Mas não haveria, então, equivalência formal entre as duas críticas: uma simples troca de insultos em que Tirésias é chamado de louco por ser adepto do deus, e Penteu, por demonstrar impiedade?

Um exame mais atento mostra que não há simetria entre as duas perspectivas. A crítica de Tirésias se situa num nível epistêmico mais elevado. Enquanto Penteu se limita a acusar Tirésias de louco, este acusa de louca a própria razão de Penteu. Para Tirésias, a loucura de Penteu está em que suas palavras parecem razoáveis, mas não o são. Sua loucura é um simulacro de razão, e não um simples delírio. Cadmos resume o essencial numa frase: "Tua razão é desrazão",[8] diz ele, dirigindo-se ao neto. Raciocinando, Penteu delira. Tirésias completa a crítica: "Tens a língua ágil e pareces razoável, mas não há em tuas palavras uma sombra de bom senso".[9] O saber de Tirésias inclui o de Penteu, e o supera. Ele sabe usar as armas da dialética como o mais agudo dos sofistas. Mas sua razão é mais rica que a de Penteu porque sabe o que ele não sabe: que a razão pode ser a simples máscara da demência. Ele está qualificado para esse saber porque tem duas qualidades que faltam a Penteu: o bom senso e o dom profético.

Como homem de bom senso, Tirésias sabe que a razão que exclui a paixão dionisíaca é uma razão insensata. Basta esse bom senso para mostrar a insanidade de uma atitude que exclui todos os momentos passionais, sem nenhuma necessidade de um saber esotérico. "Temo que Penteu traga o luto à tua casa", diz ele a Cadmos. "Não é o dom profético que me faz falar, são os fatos: ele é louco, e fala como louco".[10]

Mas, além disso, o poder profético existe. Como profeta, acostumado a interpretar as vísceras dos animais e o voo dos pássaros, Tirésias tem o hábito de distinguir, pela leitura dos sinais, a verdade além da mera aparência. Não nos esqueçamos de que foi Tirésias quem ajudou Édipo a decifrar o enigma da esfinge — o verdadeiro, e não o proposto pelo monstro, anos antes — revelando, no duplo crime, o segredo da peste que assolava Tebas. Como leitor de sinais, Tirésias foi o primeiro semiólogo; como desvendador de estruturas profundas, o primeiro psicanalista. Como semiólogo, e com seu fino olhar analítico, Tirésias percebe que a paixão reprimida por Penteu se vinga, infiltrando-se em seu discurso consciente, que mantém a forma racional, mas está de fato influenciado em seu conteúdo pelos determinismos do desejo.

Que paixão é essa? Em última análise, talvez não seja tão diferente da que foi decifrada pelo próprio Tirésias, na mesma cidade de Tebas, quando a calamidade que a acometia era a peste, e não o enlouquecimento das mulheres. Refiro-me, evidentemente, ao drama edipiano. Como Édipo-Rei, Penteu deseja unir-se à sua mãe, o que é simbolizado pelo ato de *voyeurismo* pelo qual pretende surpreender Agavé em seus transportes báquicos, e que se evidencia na cena terrível em que Dionisos diz a Penteu que ele será trazido da montanha nos braços de sua mãe, o que evoca dele o comentário revelador: "Tu queres levar-me às delícias".[11] Em Édipo, a maldição divina se manifesta pela concretização do incesto; em Penteu, por sua frustração. Dionisos priva Penteu desse prazer último, invertendo os papéis sexuais tanto do filho como da mãe: Penteu assume um aspecto feminino, e Agavé se comporta não como a mãe amorosa, mas como o pai castrador, que mutila o filho (despedaçamento dos membros) e o mata. Eurípides não nos diz se Tirésias levou essa análise às últimas consequências, mas deixa claro que ele percebe que a razão de Penteu é deformada pela paixão, e parece sensata, mas não o é.

A razão de Tirésias não é somente mais rica que a de Penteu, ela é também mais crítica.

Note-se, em primeiro lugar, que, quando Tirésias defende o culto de Dionisos invocando "as tradições dos nossos pais, tão velhas como o tempo", está se comportando mais como um sofista que como um conservador. Pois ele sabe (e Penteu sabe) que essa afirmação não se aplica ao culto dionisíaco, religião nova, ainda sem quaisquer raízes na tradição helênica. Recusando o novo, é Penteu, e não Tirésias, o verdadeiro tradicionalista.

Em segundo lugar, a razão de Penteu é fundamentalmente repressiva. Para ele, o reino da razão passa pelo sacrifício pulsional. Ele suspeita que as orgias báquicas têm uma dimensão, inaceitável, de desregramento dos sentidos, de promiscuidade erótica. Embriagadas pelo vinho, dom de Dionisos à humanidade, as mulheres se abandonam a todas as luxúrias. Segundo Penteu, as bacantes tebanas "se oferecem aos abraços carnais, a pretexto de serem mênades encarregadas dos sacrifícios. Mas preferem Afrodite a Baco".[12] Por isso, o rei põe a ferros as tebanas aprisionadas, e tenta agrilhoar o próprio Dionisos, realizando literalmente o que as morais ascéticas sempre recomendaram no plano metafórico: o acorrentamento das paixões pela razão. Vimos que Penteu quer prender por charlatanice o estrangeiro que se apresenta como adepto de Dionisos. Mas o fato de que esse impostor seja também um efebo de cabelos encaracolados, seduzindo todas as mulheres, só agrava o seu crime, na visão de Penteu: ele é a antirrazão que abre o caminho à mais anárquica das paixões, o amor. Em contraste, Tirésias exalta as virtudes benfazejas do novo deus, e, se nega que Dionisos inspira nas mulheres um comportamento desregrado, afirma que não é função do deus inspirar castidade a quem quer que seja. A razão de Tirésias não somente não condena as paixões, mas critica como irracional a razão que as rejeita — a razão de Penteu. Por isso, Tirésias avisa que "Cadmos, de quem escarneces, e eu mesmo nos coroaremos de hera e nos juntaremos aos coros: dançaremos, apesar dos nossos cabelos brancos".[13]

Em terceiro lugar, a razão de Penteu é a de um tirano. Quando o mensageiro vem anunciar o comportamento delirante das tebanas no monte Citheron, hesita em contar sua história, por temer o "caráter irascível e dominador de Penteu".[14] Eurípides não usa a palavra tirano, e sim "dominador", próprio de um rei (*basileus*). Segundo Platão, o homem tirânico é quem se submete mais completamente aos desejos e às paixões, entre as quais a paixão da cólera.[15] Um *basileus* dominado pela cólera não é um rei, portanto, é sim um tirano. Sua razão é uma razão tirânica, porque é a máscara de uma personalidade despótica. É uma razão atrofiada, e cega quanto a seus condicionamentos irracionais.

Chegamos, assim, a uma inversão da situação inicial. A razão de Penteu parecia livre e iluminista, a de Tirésias obscurantista e conservadora; concluída a análise, verificamos que a razão de Penteu é uma pseudorrazão, no plano cognitivo, e uma razão repressiva, no plano da práxis, em perfeito contraste, nesses dois planos, com a razão de Tirésias.

III

Quanto ao polo da paixão, vimos que ele está representado, de uma parte, pelas bacantes tebanas e, de outra, pelas bacantes estrangeiras, isto é, pelo coro.

À primeira vista, a paixão predominante, tanto nas tebanas como nas bárbaras, é o amor: amor cego, destrutivo, no primeiro caso, e amor simples, elementar, no segundo.

Mas um exame mais atento mostra que a verdadeira paixão das bacantes tebanas é o ódio. O que predomina é o ódio a Dionisos, que só se converte em amor quando o deus as enlouquece. Elas se tornam bacantes, não por amarem o deus, mas por o combaterem, e é esse ódio que Dionisos pune com a loucura. Sua agressividade contra o deus é convertida em agressividade cega contra homens e animais, e em Agavé se transforma numa agressividade homicida contra o próprio filho. E nisso que consiste a demência de Agavé: louca, ela se esqueceu de que seu verdadeiro inimigo é Dionisos, que é ele, e não Penteu, o verdadeiro objeto de seu ódio. Recuperando a razão, ela recupera o direito ao ódio. Cadmos teme o sofrimento de Agavé quando ela tomar consciência do seu crime involuntário: "Ai de mim! Quando perceberes o que fizeste, como será terrível tua dor! Se ficares até o fim no estado em que te encontras, não serás feliz, mas terás pelo menos a ilusão de não seres infeliz".[16] É verdade: mas com a tomada de consciência do castigo monstruoso, Agavé reconquista sua altivez. Enquanto Cadmos se resigna à sua sorte, Agavé curada enfrenta Dionisos — a vingança fora excessiva, acusa ela, e indigna de um deus, pois em seus ressentimentos os imortais não deveriam imitar os homens. Suas últimas palavras são de desafio aberto, e não deixam dúvida quanto à violência do seu ódio: "Conduzi-me, minhas guias, para que eu me reúna com minhas tristes companheiras de exílio. Caminhemos para onde o execrável Citheron não possa ver-me, em que meus olhos não possam ver o Citheron, e em que toda recordação do tirso tenha se apagado".[17] Em suma, podemos dizer que nas bacantes de Tebas o amor era a paixão manifesta, e o ódio, a latente.

Com as bacantes estrangeiras, tudo parece simples: elas amam Dionisos apaixonadamente. Tudo remete ao amor carnal, à histeria coletiva pela qual todas desejariam ser possuídas pelo deus. Desde a primeira cena, elas explicam ao espectador, como coro, que vieram da Ásia para gritar "evohé" em honra a Baco. Há uma passagem em que Dionisos, invisível, chama suas mênades, com o grito báquico: Io! Uma coreuta responde, com um convite ao amor digno de Sulamita, no *Cântico dos cânticos*: "Io, Io! Vem, senhor, vem ficar conosco! Dionisos está no palácio... Adoremo-lo!".[18] As amantes chamam o amante, abrasadas por uma paixão incendiária.

Temos assim as duas paixões fundamentais, ambas representadas pelas bacantes: a paixão da vida e a da morte — o amor e o ódio.

IV

Como se dá, agora, a interação entre a razão e a paixão? Numa primeira aproximação, estamos diante de quatro termos, que podem ser simbolizados por um quadrilátero.

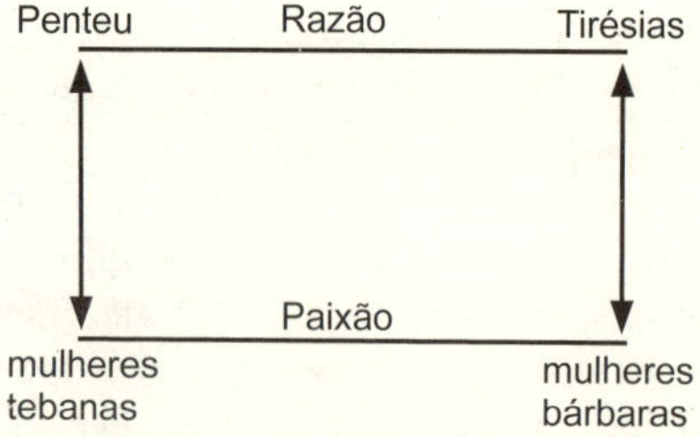

Com efeito, certas afinidades eletivas parecem impor-se de imediato. Penteu está vinculado às mulheres de Tebas, não somente pelo parentesco consanguíneo entre o rei e Agavé, como pelo fato mais fundamental de que, nos dois casos, a paixão predominante é o ódio a Dionisos. Por outro lado, Tirésias está vinculado ao coro bárbaro, tanto pela semelhança estrutural das opiniões "conservadoras" sustentadas pelo vidente e pelas mulheres estrangeiras como por sua relação emocional positiva com Dionisos.

Mas a análise se complica quando verificamos que a fratura dentro do polo da paixão é menos nítida do que parecia à primeira vista. A polaridade amor-ódio é real, mas não é absoluta.

Sabemos que o amor e o ódio são paixões complementares, e aprendemos a ver na ambivalência afetiva o segredo mais íntimo da nossa vida passional.

No caso das bacantes de Tebas, essa ambivalência não precisa ser deduzida: a alternância do ódio ao amor, e deste novamente ao ódio, é tematizada explicitamente por Eurípides. É nela que reside toda a força de Agavé como personagem trágico. Mas, independentemente de sua relação com Dionisos como ser amado e odiado, as tebanas não podem ser vistas, pura e simplesmente, como alegorias do ódio, porque elas aparecem na peça *também* como seres amáveis. Elas não se limitam a esquartejar homens e animais: aleitam cabritos e lobos recém-nascidos e fazem o vinho e o mel brotarem da terra.

O mesmo podemos dizer das mulheres bárbaras. Também elas não podem simbolizar exclusivamente o amor, porque não falta nelas uma dimensão de ódio. Há, em primeiro lugar, um ódio "racional", motivado, que é apenas o outro lado do seu amor por Dionisos. É o ódio contra aquele que ultrajou seu deus: Penteu. Nisso, sua violência não deixa nada a desejar à das tebanas: elas praticam, falando, o esquartejamento que as bacantes de Tebas executam na realidade. O coro bárbaro repete, em estribilhos implacáveis, quando Penteu parte para espionar Agavé: "Que venha a justiça! Que ela se manifeste! Que ela venha armada com sua espada, que ela o mate, que ela trespasse a garganta desse homem sem fé, sem justiça!"[19] Quando o mensageiro anuncia a morte de Penteu, elas se regozijam e triunfam. Mas não é esse ódio que nos interessa fundamentalmente. Estamos na pista de outro ódio, que não seja logicamente motivado, e que tenha como objeto o próprio ser amado. Podemos encontrar rastros dessa paixão latente na piedade que passam a sentir por Agavé quando ela entra com a cabeça do filho. Seu canto de triunfo é ambíguo: elas celebram a vitória de Baco, mas dizem, no final, sarcasticamente: "Belo combate, em que a mão de uma mãe mergulha no sangue do seu filho!"[20] No diálogo do coro estrangeiro com Agavé, transparece claramente a compaixão e, indiretamente, o ressentimento contra a crueldade do deus. Dionisos é um ser amado, e agora também temido, porque o que aconteceu com Agavé pode acontecer com qualquer das acólitas do deus: só há um passo do temor ao ódio.

As bacantes são ambivalentes também em outro sentido: quanto ao vetor social de sua paixão. À primeira vista, a paixão tebana é subversiva, porque viola deliberadamente as leis da cidade, e a asiática é conservadora, porque o coro das estrangeiras prega, incessantemente, o respeito aos bons costumes, o conformismo, o assentimento às opiniões da maioria e o desprezo pela ciência sediciosa, que leva à revolta e à impiedade. As bacantes de Tebas seriam, verdadeiramente, *pasionarias*, em guerra contra todos os tabus, e as bárbaras representariam a moralidade convencional.

Mas tampouco essa dicotomia se sustenta. No fim da peça, Agavé toma partido pelas leis do Estado, subvertido pelos intrusos da Ásia — falaríamos, hoje, em "agitadores externos" —, e as mulheres bárbaras juram "rejeitar as prescrições humanas estranhas à justiça natural", o que introduz uma nota dissonante e quase revolucionária em sua ideologia política.

Concluímos que a dualidade das duas paixões, embora indiscutível, é mais difusa que a dualidade das duas razões. Sabemos, sem sombra de dúvida, que a razão de Penteu está num campo, e a de Tirésias, em outro. O mesmo não ocorre no caso das paixões: o amor desliza no ódio, e vice-versa, por gradações insensíveis ou por passagens bruscas; a paixão pode visar à demolição do *status quo*, ou sua consolidação, ou as duas coisas ao mesmo tempo. Essa indiferenciação é expressa na própria homologia entre os dois grupos de mulheres. Umas são tebanas, outras estrangeiras, umas foram forçadas a seguir o deus, e outras presumivelmente aderiram ao seu culto por livre vontade, mas resta o fato básico de que são todas bacantes, seguindo os mesmos ritos e entoando os mesmos cânticos.

Apesar das diferenças entre as duas paixões, que são reais, elas são idênticas nisso: na divisão inaugural entre natureza e cultura, as duas estão do lado da natureza. Elas têm duas faces, uma que remete à paz, e outra à guerra — mas são duas faces da natureza: uma natureza pacificada e uma natureza hostil. A natureza pode ter uma faceta idílica, jardim de Bosch em que se cultivam as virtudes da dança e da inocência — as cenas edênicas das bacantes confraternizando com o mundo vegetal e animal. E pode ter uma face brutal, força cega a serviço da morte — as cenas de esquartejamento. Como natureza cordial ou natureza feroz, a paixão das tebanas e das bárbaras tem isso em comum: elas precisam de um outro de si mesmas para adquirirem uma identidade fixa. Precisam, em suma, da razão. É só quando passa da ordem da natureza para a da cultura, do registro da paixão para o da razão, que Agavé consegue, verdadeiramente, rebelar--se contra o deus bárbaro que a escravizara. É só quando a razão passa de algum modo a regulamentar seu delírio amoroso que as bacantes estrangeiras conseguem ver o deus como ele verdadeiramente é: um deus sedutor, mas vingativo e rancoroso. Dialogando com a razão, as paixões não se extinguem, mas se tornam por assim dizer menos nebulosas, mais sólidas, mais materiais: chegam à consciência de si como paixões.

Destacar as duas paixões fundamentais foi assim um passo importante, e continua sendo válida a afinidade de Penteu com a paixão destrutiva, e de Tirésias com a paixão amorosa, mas podemos agora, sem inconveniente, trabalhar com um conceito monístico de paixão, em vista de sua indiferenciação relativa: a paixão com a qual se relacionam Penteu e Tirésias é até certo ponto um *continuum* em que se mesclam o amor e o ódio, produzindo efeitos em larga medida equivalentes, o que não nos impedirá de acentuar uma ou outra paixão, sempre que o exigir a lógica da exposição. Nosso quadrilátero se reduz agora a um triângulo

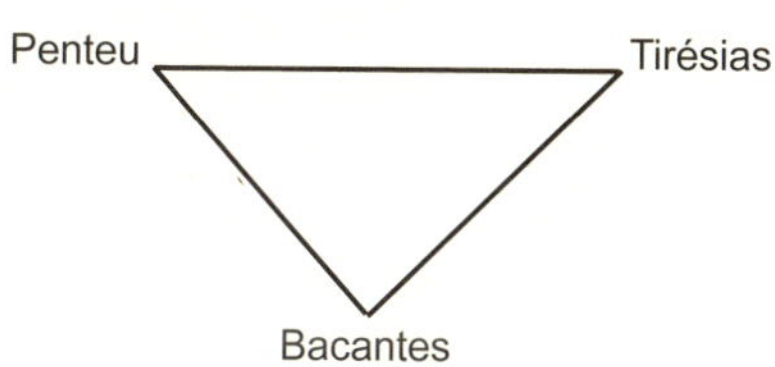

em que Penteu e Tirésias continuam representando a razão e as paixões passam a ser designadas, simplesmente, pelo coletivo "bacantes".

Resta definir mais rigorosamente como funciona, na peça, o confronto entre a razão e a paixão.

Eurípides deixa claro, em primeiro lugar, que a dicotomia opera em dois registros: o teórico e o prático. Com efeito, a paixão de Penteu subverte a objetividade do seu pensamento, ao passo que a objetividade se preserva no caso de Tirésias; e a razão de Penteu inibe a livre manifestação da paixão, ao passo que a de Tirésias autoriza essa manifestação.

Ele mostra, em segundo lugar, que, em sua interação com a paixão, a razão pode comportar-se, nos dois registros, seja de um modo sensato — a razão de Tirésias —, seja de um modo insensato — a razão de Penteu.

Podemos agora juntar todos os fios e fazer um balanço do que aprendemos com *As bacantes*.

A razão se define por sua forma de relacionar-se com as paixões, sejam elas agressivas ou amorosas. Essa relação pode ser cognitiva ou moral. No primeiro caso, o que está em jogo é a maior ou menor validade do conhecimento; no segundo, a maior ou menor independência do sujeito. No primeiro registro, coloca-se a questão da maior ou menor interferência dos condicionamentos afetivos no trabalho do pensamento; no segundo, da maior ou menor severidade da razão no controle e inibição do desejo. No registro cognitivo, a dialética razão-paixão funda um vínculo com a verdade; no segundo, com a liberdade.

Quando esse vínculo é negativo, isto é, quando a razão, influenciada pelos afetos, distorce ou bloqueia o conhecimento, e reprime ou libera a vida passional de um modo destrutivo, estamos diante do que chamarei a razão louca — a razão de Penteu. Interagindo com a paixão, a razão louca produz a falsa consciência, no plano cognitivo e a heteronomia, no plano moral.

Quando o vínculo é positivo, isto é, quando a razão está a serviço do conhecimento objetivo e de uma vida passional tão livre quanto possível, estamos diante da razão sábia — a razão de Tirésias. Interagindo com a paixão, a razão sábia produz o saber, no plano cognitivo, e a autonomia, no plano moral.

As duas formas de razão podem ser esquematizadas da seguinte maneira:

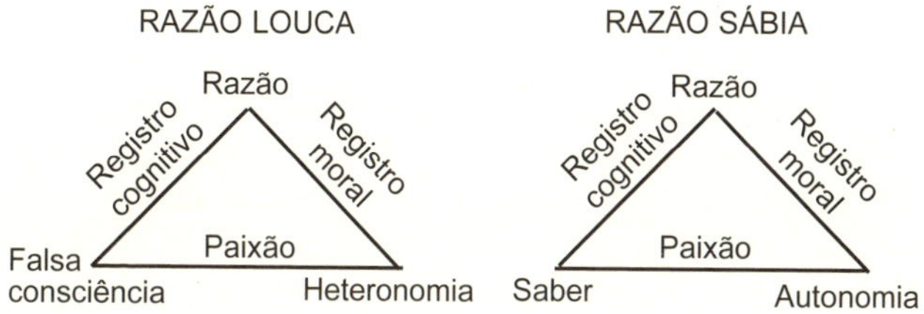

V

Podemos agora autonomizar-nos das *Bacantes*. Desprendemos da peça de Eurípides as categorias de que precisávamos para explorar mais a fundo a dialética razão-paixão: a razão como sede do conhecimento e também como polo da vida moral; e, recobrindo esses dois registros, a distinção entre a razão louca e a razão sábia.

Sem perdermos de vista o universo simbólico da tragédia, é tempo, portanto, de prosseguir nossa investigação recorrendo a outro fio condutor: a teoria de Freud, que mais que ninguém aprofunda os cruzamentos entre a paixão e a razão. Essa opção precisa ser justificada.

Freud estudou afetos que sempre foram considerados paixões, no sentido habitual, como o ciúme (em sua descrição da paranoia), a tristeza (o luto, em sua relação com a melancolia), ou a inveja (o Penisneid, em sua descrição da sexualidade feminina). Mas não são esses afetos que nos interessam, e sim os que se agrupam no conceito de pulsão. Bem sei que não há coincidência rigorosa entre pulsão e paixão, mas não seria inexato dizer que, se nem toda paixão é pulsão, no sentido altamente técnico que Freud deu a esse termo, as duas pulsões fundamentais de sua última teoria — Eros e Tânatos — têm analogias evidentes com a paixão do amor e a do ódio. Como as pulsões, as paixões estão no limite do somático e do psíquico, e mesmo quando se originam de estímulos do corpo só se tornam conscientes como representações mentais. Como não quero entrar numa discussão teórica do conceito de pulsão, um dos mais difíceis de Freud, limito-me a dizer que usarei o termo como sinônimo aproximativo de paixão. Tenho uma desculpa para isso no próprio Freud, que em sua última fase falava sem hesitar de "paixões de Id", querendo com isso referir-se às duas pulsões básicas.[21]

O modelo de Freud é especialmente fecundo para nossos fins, porque ele menciona explicitamente a interação entre razão e paixão, traduzindo-a na linguagem de sua segunda tópica: "O Ego representa o que chamamos a razão e a reflexão, enquanto o Id, pelo contrário, é dominado pelas paixões".[22] Ora, examinando essa interação, Freud inclui todas as dimensões que estudamos até agora.

Com efeito, o Ego é encarregado ao mesmo tempo do processo do conhecimento (registro cognitivo) e da regulamentação pulsional (registro moral). Por outro lado, ele pode funcionar como "razão louca", na medida em que é a sede da defesa, que distorce o conhecimento, e leva o indivíduo a inibir o impulso, não segundo atos racionais de avaliação, mas segundo operações inconscientes de rejeição automática; e como "razão sábia", na medida em que é a sede do pensamento e portanto a via para o saber, e pode autorizar conscientemente a gratificação do impulso, ou rejeitá-lo pela atividade racional do julgamento, e não pelos automatismos da defesa.

Além disso, é puramente freudiana a distinção entre as duas paixões básicas representadas pelos dois grupos de bacantes — o amor e o ódio — como é puramente freudiana a relativização dessa dicotomia, segundo a tese de que Eros e Tânatos frequentemente aparecem associados (*Vermischung*, ou *Legierung*).[23]

Passemos à análise da razão louca e da razão sábia.

A RAZÃO LOUCA

I

Vimos que a razão louca se dá, no registro cognitivo, quando a razão, interagindo com a paixão, deixa-se influenciar por ela, perdendo a objetividade necessária ao conhecimento e mergulhando na falsa consciência, isto é, uma incapacidade mais ou menos durável de conhecer.

Não estamos aludindo, bem entendido, aos fenômenos psicóticos. Na doença mental, há ruptura quase completa com a realidade, e é muito duvidoso que possamos falar, nesse caso, de razão louca: por mais coerente que seja o delírio, creio que em situações semelhantes estamos lidando, literalmente, com "dementes", com pessoas que perderam a razão. A razão só é louca, em nosso sentido, quando continua sendo razão. Não estamos nos referindo, sequer, a essa forma mitigada de desequilíbrio que é a neurose. Devemos desmedicalizar totalmente o termo.

Não se trata, tampouco, de uma simples *perturbado animi*, no sentido, por exemplo, em que Bacon dizia que a paixão é um "ídolo da tribo", que "impregna e infecciona o entendimento",[24] ou em que Locke dizia que devemos afastar as paixões, "para que nosso entendimento se conserve livre para julgar e a razão possa pronunciar-se imparcialmente".[25] Pois nesses exemplos a paixão é uma exterioridade evitável, que pode ser corrigida por atos individuais de vontade.

A razão louca, no sentido de falsa consciência, só pôde ser pensada no momento em que Engels a definiu como uma incapacidade cognitiva socialmente condicionada, isto é, como uma desqualificação intelectual não contingente, estrutural, cujas "verdadeiras forças motrizes (*Triebkraefte*)... permanecem ignoradas".[26]

Elas permaneceram ignoradas até que Freud completou a análise marxista, mostrando como as configurações externas de poder mobilizam o aparelho psíquico para bloquear ou deformar o processo do conhecimento. Obedecendo a sinais do mundo exterior, o Ego aciona dispositivos de defesa que levam o sujeito a fugir diante da percepção ou do pensamento, pela ação do princípio do prazer, que coloca provisoriamente fora de circuito o princípio da realidade.

Essa distorção ocorre, portanto, nos dois níveis principais em que se dá, para Freud, o processo do conhecimento: o da percepção, externa e interna, e o do pensamento.

A falsificação da percepção externa se verifica sempre que o mundo exterior, principalmente o mundo social das normas e instituições, é observado não como é em si mesmo, mas segundo a lógica dos processos internos. Tudo se passa como se a percepção se desse sob o signo do imaginário, e como se a instância encarregada da percepção fosse o Id, e não o Ego. É uma percepção regressiva, em geral ligada a dinamismos passados, da pré-história infantil do sujeito, pela qual se dá uma extrojeção de conteúdos arcaicos. Mas os sinais pelos quais o Ego aciona a defesa que provoca essa extrojeção vêm, paradoxalmente, da própria realidade exterior. Ela não quer ser vista em suas verdadeiras estruturas e programa o mundo interior para que ela se torne invisível: ela organiza sua própria invisibilidade, impondo uma forma de visão que não é adequada para a percepção de seus contornos reais.

No caso da percepção interna, a defesa por excelência é o recalque, cujo efeito é tornar invisíveis extensos fragmentos da vida psíquica do indivíduo. É em obediência a impulsos procedentes do mundo exterior, direta ou indiretamente (pela mediação do Superego), que o Ego dissimula as ideias e representações associadas a certos movimentos pulsionais, presentes e passados, mascarando impulsos atuais e inibindo a recordação de antigas vivências.

Quanto ao pensamento, sua função é coordenar as percepções externas com os conteúdos internos, a fim de produzir modelos cognitivos adequados à realidade. Geneticamente, o pensamento surge quando se dá a diferenciação entre os processos primários, dominados pelo princípio do prazer e pela tendência à descarga imediata das excitações, e os processos secundários, regidos pelo princípio da realidade, forma modificada do princípio do prazer, e que tem como função inibir e regulamentar os processos primários, impedindo uma descarga imediata. Consequentemente, o pensamento só pode operar através da exclusão do princípio do prazer, pois do contrário não poderá efetuar as conexões corretas. Mas essa tarefa não é fácil. Procedente dos processos primários, o pensamento pode a qualquer momento ser reconduzido à gravitação desses processos. Quando isso ocorre, ele passará a realizar falsas conexões, atraído pelo desejo, e evitará outras conexões, fugindo do desprazer. Esse papel de desorganização relacional é preenchido por certos mecanismos de defesa do Ego, como a racionalização, pela qual a razão, movida pelo desejo, incapaz de estabelecer uma conexão verdadeira entre atos e motivações, propõe uma falsa correlação, atribuindo aos atos motivos socialmente aceitáveis, extraídos dos valores oficiais, contidos na ideologia; ou o isolamento, outro mecanismo de defesa pelo qual as relações associativas em geral são rompidas ou reprimidas. Em todos esses casos, a distorção ocorre quando o pensamento, escapando ao princípio da realidade, é arrastado pela força de indução dos processos primários, mundo de bruxas em que não existe nem contradição, nem negação, nem causalidade, nem temporalidade. Também aqui é o mundo exterior que impele o Ego a acionar as defesas destinadas a sabotar a objetividade do pensamento.[27]

Em todos esses casos, podemos dizer que a razão, em seus distintos níveis, foi colhida nas malhas da paixão. A razão está louca, mas julga-se sensata. Como Penteu, ela delira, e acha que está raciocinando.

Pois a razão louca não está proibida de pensar. Ela pode refletir, de forma aparentemente coerente, sobre qualquer tema, inclusive o tema que nos interessa, o da dialética da razão e da paixão.

Numa primeira variante, ela pode abordar esse tema negando a existência do inconsciente e a influência perturbadora das paixões. No caso mais simples, a razão é louca porque se deixou arrastar, à sua revelia, pela paixão. No caso que nos ocupa agora, a razão nega, de todo, que exista algo do que libertar-se. Não é uma razão ingênua, mas uma razão arrogante. Sua loucura é *hubris*, excesso, demasia, não a loucura inocente da demência involuntária, mas a loucura narcísica de quem recusa, como fictícia, a influência dos condicionamentos passionais. Ora, a razão que rejeita o que nela é irracional acaba sucumbindo ao irracional. Ela se condena à perpetuação da falsa consciência. Se fosse preciso dar um nome a essa variedade de razão louca, diria que esse nome é o positivismo. Seu modelo é Penteu, antes de mergulhar no delírio induzido por Dionisos.

O irracionalismo é uma segunda variante. Se, no primeiro caso, a razão ignorava a paixão, neste ela exalta a paixão. O irracionalismo afirma que a razão não é a via principal para o saber: há vias superiores, como a intuição, o êxtase, a arte. O protótipo dessa atitude está em Nietzsche. Ele realiza uma crítica total da razão, em nome da paixão do poder, a *Wille zur Macht*, não em sua forma contemporânea, degenerada, niilista, mas em sua forma originária, heroica, assumindo o ponto de vista dos poderes ativos contra os poderes meramente reativos da modernidade decadente. Com Nietzsche, Dionisos volta uma segunda vez do exílio, mas dessa vez sem a dialética devastadora de Eurípides, que não critica a razão, mas a falsa razão. A aporia de Nietzsche é a de todos os irracionalistas contemporâneos, que querem criticar a razão a partir da própria razão, e com isso tiram o chão debaixo dos seus pés. É o caso de Heidegger e Derrida. O ponto de Arquimedes escolhido por Nietzsche para fazer sua crítica é tão pouco convincente como os escolhidos pelos irracionalistas posteriores. Em cada caso, é a razão que critica a razão, mesmo quando ela fala em nome de uma paixão mítica, originária, e nesse sentido é uma crítica autofágica, que arrasta na ruína da razão a própria razão que realiza a crítica. É uma razão suicida, e portanto uma razão louca. Também essa variante da razão louca está presente nas *Bacantes*. Ela consiste não em acolher a paixão, deixando-se moldar por ela e modificando-a, como faz o sábio, mas em *imitar* a paixão. De novo, o modelo é Penteu, *depois* da demência.

No momento de partir para o monte Citheron, Penteu, vestido de mulher, pergunta a Dionisos: "Devo segurar o tirso com a mão direita ou com a esquerda, para assemelhar-me mais a uma bacante?"[28] Não é a pergunta de um insano, no sentido clínico, porque tornar-se semelhante às bacantes era uma parte lógica do estratagema proposto por Dionisos, e por isso podemos falar ainda em razão, mas é sem nenhuma dúvida uma razão louca, em sua vertente irracionalista: ela é a *mímesis* da paixão, e não sua elaboração reflexiva.

II

Vimos que, no registro moral, a razão louca é aquela que, interagindo com a paixão, produz a heteronomia.

De modo geral, essa heteronomia se manifesta pela supressão injustificável da paixão. Estamos, assim, na situação oposta à do registro cognitivo: enquanto neste a loucura consistia em permitir que a paixão se infiltrasse no pensamento, no registro moral, ela consiste, via de regra, em submeter a paixão a inibições supérfluas.

Foi sob essa forma que o *tópos* da razão-paixão dominou o pensamento ocidental. Com raras exceções, como Espinosa, que definiu o homem como ser essencialmente passional, ou os filósofos iluministas, que atribuíram especial valor às paixões, podemos dizer que dos pré-socráticos aos estoicos, dos doutores da Igreja a Descartes, dos moralistas do século XIX aos neoconservadores de hoje, pensadores, teólogos e médicos têm preconizado o controle das paixões, principalmente a sexualidade, mesmo quando esse controle não obedecia a argumentos racionalmente plausíveis.

A razão era vista como soberana, e sua atividade policial decorria da vontade consciente do sujeito ético. Com Freud, torna-se possível pensar a repressão inconsciente.

O esquema básico é semelhante ao anterior: de novo, é o Ego, em resposta a sinais do mundo exterior, que decide que certos impulsos incompatíveis com os valores morais devem ser suprimidos, e efetua essa supressão através dos mecanismos de defesa, especialmente o recalque.

Desde o início de sua prática clínica, ele havia descoberto o caráter patogênico da repressão sexual: suas histéricas eram o testemunho vivo de que a moral vigente era inutilmente severa. Sexualmente insatisfeita, a mulher se refugia na neurose. A doença é o preço que pagamos pela civilização. As pulsões sexuais são sistematicamente recalcadas pelas pulsões do Ego, que representam a moral hegemônica. Nessa fase, a razão do Ego já é louca, porque a moralidade oficial era mais rigorosa do que necessário, e porque o controle da vida pulsional se realizava pela ação inconsciente do recalque, mas pelo menos a loucura ainda estava situada numa esfera acessível à ação corretiva do homem: nas normas vigentes, nas instituições externas.[29]

A partir de 1919, há um remanejamento da teoria das pulsões, sob a forma de um novo dualismo (pulsões de vida e de morte), e surge uma nova tópica: Ego, Id e Superego.[30] Freud fala agora, como vimos, das paixões do Id, e repete que o Ego é a sede da razão. Mas, se ele não tivesse ido além dessa divisão de trabalho entre as instâncias, não teria feito mais que traduzir em sua nova linguagem a velha antítese entre a razão e as paixões. Mas aqui intervém a novidade capital: como sede da razão, o Ego não se limita mais a receber instruções da realidade externa presente, mas também daquela parte da realidade externa que se depositou no Superego e que corresponde à normatividade social antiga, que se interiorizou na fase de liquidação do Édipo, através das prescrições e proscrições paternas. Esses preceitos não correspondem mais à moralidade real, tal como ela funciona no mundo exterior, e sim a uma moralidade arcaica, infantil, tanto mais rigorosa quanto menos consciente. Essa instância hipermoral é sádica, punitiva, "cultura pura da pulsão da morte", e não cessa de atormentar o sujeito com preceitos morais monstruosamente austeros, que alimentam uma culpabilidade insolúvel. O Ego recebe agora sinais para acionar a defesa, concretizando a repressão pulsional, de duas fontes: do mundo exterior, de onde vem a moralidade contemporânea e objetiva, e do Superego, de onde vem a moralidade passada e fantasmática. Mais que nunca, a razão do Ego é uma razão louca: ela já o era na primeira teoria das pulsões, porque a moral vigente era excessivamente repressiva, e o é especialmente agora, porque tem que obedecer, também, a preceitos em grande parte inconscientes, que perderam toda a atualidade e não são suscetíveis de nenhuma revisão. É essa razão louca que continua regendo o comportamento social do indivíduo e assegura a coesão da sociedade graças ao "mal-estar da civilização": pela culpa, quando já seria possível, em tese, substituir uma regulamentação pulsional através dessa paixão despótica por uma regulamentação pulsional decidida livremente por homens racionais. O homem continua heterônomo, apesar de já poder ser autônomo.

Mas existe outra forma de razão louca, no registro ético, igualmente geradora de heteronomia: a que, em vez de reprimir, preconiza e promove uma liberação pulsional dirigida, no interesse do poder. Marcuse criou o conceito de sublimação repressiva, pelo qual o sistema social existente encoraja uma liberação administrada das paixões, com vista à preservação do *statu quo*. Mas, muito antes disso, o fascismo já havia estimulado uma exteriorização parcial das paixões destrutivas, para gerar nas massas a agressividade antissemita. Era essa a função psicodinâmica dos comícios nazistas.

É também em Freud que encontramos o modelo para entender esse fenômeno. Em sua análise da psicologia coletiva, ele mostra que a massa, galvanizada pelo líder, regride a estágios caracterizados por uma intensa afetividade e por uma redução brutal da inteligência — a massa perde sua capacidade crítica e se transforma na *Urhorde*, na horda primitiva, anterior ao advento da vida civilizada.[31] Conhecemos essa *Urhorde*: é a composta pelas bacantes alucinadas, que fanatizadas por Dionisos despedaçavam homens, mulheres e crianças, como os SA de Hitler espancavam judeus e socialistas.

III

Uma palavra ainda sobre a realidade externa, que, como vimos, emite os sinais pelos quais o Ego louco é instruído a perverter o conhecimento e a inibir a ação: é uma realidade injusta, baseada na distribuição assimétrica do poder e da riqueza. É essa realidade, da qual Freud tinha perfeita consciência, que quer se tornar invisível, no plano da consciência, e invulnerável, no plano da ação. No registro do conhecimento, ela induz o Ego a distorcer, pela defesa, a percepção externa, a percepção interna e o pensamento; no registro ético, ela o leva a reprimir, também pela defesa, os impulsos disfuncionais para o sistema, ou os autoriza através da dinâmica da de-sublimação repressiva.

É por isso que a razão louca é necessariamente conformista, mesmo quando assume um aspecto anárquico, no caso de algumas tendências irracionalistas. Impondo um conhecimento truncado e administrando a vida das paixões de uma forma heterônoma, a razão louca é incapaz de se rebelar eficazmente contra o poder externo porque o poder interiorizado a impede de pensar e de agir.

A RAZÃO SÁBIA

I

Como órgão do conhecimento, a razão sábia, interagindo com a paixão, consegue o que a razão louca não consegue: ter acesso ao saber imparcial. É a tarefa do Ego, não como sede da defesa, mas como sede dos processos intelectuais: ele afasta as interferências afetivas e obtém um conhecimento fidedigno, tanto ao nível da percepção como de pensamento.

No caso do saber sobre o mundo objetivo das coisas, sob a jurisdição da ciência natural, essa exclusão não suscita problemas teóricos. Segundo Freud, a ciência exata é a renúncia mais completa ao princípio do prazer que foi dada ao homem:[32]

se a renúncia não ocorrer, e se a paixão impedir a articulação do discurso científico, não teremos, simplesmente, ciência, mas uma pseudociência que será facilmente desmascarada pela comunidade dos cientistas.

A dificuldade surge no caso do saber — espontâneo ou sistemático — sobre o homem e a sociedade. É essa, essencialmente, a área visada pelos mecanismos de defesa, e é aqui que se situa a problemática da falsa consciência. O Ego se torna especialmente vulnerável às investidas da realidade externa, e *como instância consciente e racional* tem que exercer uma vigilância rigorosa para impedir a ação desorganizadora dos condicionamentos passionais, deflagrada pelo mesmo Ego, *como instância inconsciente e irracional.* Somente o Ego, como agente do pensamento, pode opor-se ao Ego, como agente da defesa. O paradoxo é apenas aparente: afinal, o Ego que coopera com o psicanalista para o êxito da terapia é o mesmo Ego que se insurge contra ela, sob a forma da resistência.

Não há por que duvidar da capacidade do Ego de cumprir essa tarefa. A falsa consciência não é um destino inevitável de todos os homens. Do fato de que a realidade externa queira administrar a vida psíquica segundo os interesses do poder, não se segue que esse projeto seja invariavelmente bem-sucedido. Essa tese só seria admissível se concordássemos com Adorno em que o aparelho psíquico já foi integralmente anexado pela sociedade global, que agora prescinde do jogo das instâncias internas para assegurar a integração social, e que decide, sem a mediação dessas instâncias, o que pode ou não ser conhecido. Mas sabemos que, numa perspectiva freudiana, a tese do confisco pelo todo da psicologia individual é insustentável. Ela é o simples reflexo invertido, como pesadelo, de uma utopia funcionalista: o ajustamento perfeito da realidade externa à interna. Admiti-la seria privar de sua dialética o pensamento de Freud, que não se baseia na harmonia, e sim na contradição, e sabe que a vida pulsional não é domesticável, por mais refinados que sejam os mecanismos utilizados para induzir o consenso.

Não posso entrar, aqui, na questão de por que alguns indivíduos escapam à falsa consciência, mas não outros. A própria tradição marxista não dá uma resposta unívoca a essa pergunta: há indivíduos da classe operária que votaram em Hitler, e sabemos que a maioria dos líderes socialistas são intelectuais de origem burguesa. Os mecanismos da realidade externa que induzem o Ego a perturbar a consciência atuam para todos, e o máximo que posso dizer é que, de modo geral, um forte interesse de classe que estimule o indivíduo a ver a realidade como ela é em si mesma e um treinamento intelectual que tenha habituado o sujeito à disciplina necessária para buscar a verdade atrás da aparência constituem reforços importantes ao trabalho do pensamento, em sua tarefa de impedir que a ação dos mecanismos afetivos bloqueie o saber verídico.

Seja como for, permanece o fato básico de que, como agente do conhecimento, é tarefa da razão sábia afastar a influência perturbadora dos afetos.

Na primeira teoria das pulsões, a principal interferência vinha do princípio do prazer, que se infiltrava nos processos secundários, e impunha falsas conexões, evitando as verdadeiras, o que condenava a razão ao falso conhecimento. Como Freud não teorizou sobre o impacto cognitivo de sua segunda teoria das pulsões — pulsões da vida e da morte — limitei-me a explorar as intersecções entre o princípio do prazer e o pensamento. No máximo podemos especular que, como, no segundo dualismo, o papel de Eros passou a ser o de ligar e organizar, e não mais o de dissociar e subverter, é possível que, se Freud tivesse retomado esse tema, teria atribuído à pulsão da morte, e não à amorosa, a função de sabotar a objetividade do pensamento. Essa última hipótese é infinitamente mais atraente, porque nada está mais ligado à vida que o pensamento.

Mas mesmo se nos basearmos na primeira teoria, como fizemos, a ideia de afastar o princípio do prazer para que o pensamento possa transcorrer sem deformações não coloca Freud como inimigo do prazer. Tudo o que ele quer dizer é que para que o pensamento possa funcionar como pensamento, e não como intuição ou imaginação, não pode deixar-se perturbar, em sua trajetória, pela ação propulsiva e repulsiva do desejo e da aversão. Ele precisa ser imparcial, deixando-se guiar em seu movimento exclusivamente pelo princípio da realidade. Quanto ao mais, Freud sempre insistiu em que o princípio da realidade não se opõe ao princípio do prazer, mas é uma simples modificação desse princípio, e tem como único objetivo criar condições para um prazer mais seguro.

Excluir as paixões durante o trabalho do pensamento não significa que elas não desempenhem nenhum papel cognitivo. Na origem de todo saber está a paixão de conhecer, o que levou Espinosa, num certo sentido, a transformar a própria razão em paixão: existem desejos emanados da própria razão, na medida em que ela é movida por uma *libido cognoscendi*.[33] Além disso, sabemos que há processos cogitativos inconscientes, que podem ser comprovados sempre que encontramos, subitamente, a solução para um problema que tínhamos procurado obter em vão na véspera, o que sugere atividades mentais que se processam à nossa revelia. Freud gostava de citar uma frase de Schiller: "Não me parece útil que o entendimento sujeite à sua disciplina as ideias que afluem, como um guardião que impede a entrada a uma porta. Num espírito criador... o entendimento suspende sua vigilância diante da porta, as ideias irrompem em catadupas, e somente então pode ele supervisionar o conjunto".[34]

Mas a citação de Schiller não desmente a tese geral: mesmo que a exclusão do princípio do prazer não seja indispensável no caso da criação artística, ela é necessária quando pensamos teoricamente, pois, qualquer que seja a gênese das ideias, que podem efetivamente vir "em catadupa" do inconsciente, ou do pré-consciente, pensar é selecionar algumas ideias de preferência a outras, ligá-las segundo certas conexões, e não segundo conexões alternativas, o que supõe uma razão não perturbada por investimentos de desejo.

Mas não estou seguro, sequer, de que a regra seja inaplicável em certos tipos de criação artística. O exemplo mais brilhante de anti-intelectualismo na literatura talvez seja o de

Proust, que conseguiu reconstituir toda uma vida e uma época inteira através desse procedimento essencialmente extrarracional que é a memória involuntária. Mas ouçamos o que diz Proust em *Contre Sainte-Beuve*: "Cada dia dou menos importância à inteligência... O que a inteligência nos devolve sob a forma do passado não é o passado. Com efeito, como acontece com as almas dos defuntos em certas lendas populares, cada hora de nossa vida, assim que ela morre, se encarna e se esconde em algum objeto material. Ela permanece cativa para sempre, a menos que encontremos o objeto... Mas mesmo as verdades da inteligência... têm seu interesse. Essa inferioridade da inteligência, só a inteligência, apesar de tudo, pode comprová-la. Pois, se a inteligência não merece a coroa suprema, só ela pode outorgá-la. E, se na hierarquia das virtudes ela ocupa apenas o segundo lugar, só ela pode proclamar que o instinto deve ocupar o primeiro".[35]

A inteligência não teria podido evocar Balbec, mas sem a inteligência as "*jeunes filies en fleurs*" teriam permanecido eternamente no limbo, como uma simples reminiscência fadada a desaparecer com o desaparecimento de Marcel. Enquanto escrevia, Proust trabalhava, como o extraordinário escritor que foi, cortando, rasurando, escolhendo, excluindo, acrescentando, isto é, agindo segundo as regras dos processos secundários. É o que faz a razão sábia: quando necessário, ela sabe ser pura receptividade, deixar-se impregnar pela vida das paixões, escutar todas as vozes interiores, mas sabe também, no momento devido, fazer uma *époche* das paixões, excluindo-as enquanto durar o trabalho do pensamento.

Menciono, por escrúpulo, o que poderia ser uma exceção: o conhecimento adquirido durante o tratamento psicanalítico. Refiro-me, evidentemente, à relação de transferência. A relação clínica parte de um saber — o do analista — e visa induzir um saber — a tomada de consciência, pelo analisando, dos conteúdos esquecidos e recalcados. Mas esse saber passa necessariamente por uma relação afetiva. O conhecimento pressupõe a *inclusão* dos momentos passionais, e não se daria se eles fossem excluídos. O conhecimento transferencial estaria assim no outro extremo do conhecimento teórico. Como não sou psicanalista, deixo aos profissionais a elucidação desse tema. Permito-me acrescentar apenas uma nota de pé de página. Mesmo que aceitemos essa fonte não convencional de saber, é evidente que o psicanalista trabalha também em outro registro. Não sabemos graças a que mecanismos transferenciais e contratransferenciais Freud adquiriu seu saber sobre Dora; sabemos que quando transformou esse saber privado, subjetivo, num saber público, objetivo, incorporando-o, por exemplo, em sua metapsicologia, não há a menor dúvida de que seu trabalho intelectual estava sujeito às mesmas regras que o de qualquer cientista, e em primeira instância à regra da objetividade do pensamento, que só poderia ser assegurada com a exclusão das interferências afetivas.

É fácil compreender, agora, por que a razão sábia se distancia tanto do positivismo como do irracionalismo.

Ela se distancia da arrogância positivista, que revoga por decreto o inconsciente e rejeita a influência da afetividade sobre o conhecimento, porque mais que ninguém está consciente da fragilidade da razão. Ela aprendeu, com Freud, que a razão é um delgado verniz na superfície do córtex, recém-chegada numa economia pulsional muito mais antiga e sujeita a ser subvertida pelos poderes mais arcaicos do inconsciente. Ela reconhece esse perigo, percebe o espaço irracional que a cerca, e consequentemente está apta a libertar-se do irracional.

Ela se distancia, também, do irracionalismo, porque sabe que não há outro caminho para o conhecimento senão a razão. Nosso deus Logos, disse Freud, é pouco poderoso, mas é o único que temos.[36] A razão sábia tem consciência de que o homem é uma personalidade complexa, sensível e racional ao mesmo tempo, mas afirma que como sujeito cognitivo não tem outro instrumento a seu dispor senão o pensamento. Não acredita, por isso, em atalhos para a verdade — *élan vital*, simpatia, intuição, e, se reconhece que a arte exprime muito mais completamente o mundo que todos os tratados de filosofia, sabe que a verdade que ela contém permanecerá muda enquanto o pensamento discursivo não lhe der uma voz. É a aporia de Adorno, em sua teoria estética, que sabe que a arte é habitada pela *mímesis*, forma de relação sujeito-objeto mais autêntica que a estabelecida pela razão, mas que só graças à razão poderá ser desprendida da obra.

Mas para os que aprenderam com Marcuse que numa sociedade pacificada seria possível um novo tipo de conhecimento, através de uma nova sensibilidade e de uma nova razão, a tese de que só a razão abre o caminho ao conhecimento não precisa ser uma fonte de desconsolo. Não posso prometer, no final da trilha, um mundo órfico-narcisista, com faunos e ninfas copulando sobre grandes cogumelos, mas posso oferecer a perspectiva de uma razão mais ampla, não limitada apenas à verdade científica, e que inclua também a justiça e a beleza, restaurando assim a unidade da razão desmembrada, que Kant teorizou, como momentos autárquicos, em suas três críticas. Esse projeto já está em marcha, principalmente nos trabalhos de Jürgen Habermas.[37]

No meio-tempo, uma última palavra aos que temem a ditadura da razão: é tempo de arquivar de uma vez por todas a máxima obscurantista de que "cinzenta é toda teoria, e verde apenas a árvore esplêndida da vida". Ela só pode ser sustentada, paradoxalmente, pelas naturezas não passionais, insensíveis ao erotismo do pensar. Quem, lendo um poema de Drummond, um livro de Tolstoi ou um tratado de Hegel, acha que está se afastando da vida, não começou ainda a viver. Sem pensamento, a vida não é verde: é cinzenta. A vida do pensamento é uma parte integrante da verdadeira vida. Não é a razão que é castradora, e sim o poder repressivo, que deriva sua solidez da incapacidade de pensar que ele induz em suas vítimas. O fascismo se implantou através da difusão de uma ideologia vitalista reacionária, que proclamava o primado dos instintos vitais sobre a razão, e com isso inutilizou a razão, o único instrumento que permitiria desmascará-lo como a negação absoluta da vida.

II

No registro moral, como sabemos, a razão sábia, interagindo com a paixão, produz a autonomia. Isto significa que o Ego é suficientemente maduro para administrar sua vida passional sem levar em conta nem os imperativos irracionais da moralidade externa nem os imperativos, muito mais irracionais, da moralidade interiorizada no Superego. Ele é seu próprio tribunal, e só ele julga que impulsos podem ser atendidos, como e quando, ignorando todas as tutelas, internas ou externas. A razão louca regula a vida moral pela defesa inconsciente; a razão sábia, pelo julgamento intencional.

De modo geral, o veredicto desse tribunal é favorável à paixão. A razão sábia aprendeu, com Freud, que a paixão tem sido submetida a controles inutilmente severos e reconhece toda a importância da vida passional, tanto para o indivíduo como para a sociedade.

Ela se coloca, assim, na trilha do Iluminismo, que mais que nenhum outro período valorizou as paixões. Concorda, portanto, com Diderot, que afirma que, "sem as paixões, nada existe de sublime, nem nos costumes nem nas obras humanas",[38] e com Helvetius, que ensina que "as paixões são no mundo moral o que o movimento é no mundo físico: ele cria, destrói, conserva, anima tudo, e sem ele tudo está morto. Do mesmo modo, são as paixões que vivificam o mundo moral".[39]

Ao mesmo tempo, não pode aceitar sem reservas a opinião de Hume de que "a razão é e deve ser apenas a escrava das paixões e não pode pretender outra função senão a de servir-lhes e obedecer-lhes".[40] Para a razão sábia, a relação com as paixões só pode ser dialógica, e não autoritária, e, se não quer escravizar as paixões, não aceita ser escravizada. Ela sabe que em alguns casos a liberação passional pode não ser desejável. É o que ocorre, especialmente, no caso das paixões destrutivas, a serviço do poder e da repressão. A liberação passional que ela pretende é a que leva ao máximo de justiça e liberdade para todos e combate as formas que interferem com esse objetivo.

Mas, se a razão sábia sabe dizer *não*, esse *não* é racional e consciente. Certos impulsos devem ser inibidos, mas não pela defesa. Concorda, portanto, com Freud em que "é provável que o tempo já tenha chegado para que possamos... substituir os efeitos do recalque pelos resultados da operação racional da inteligência".[41] Freud tem um termo técnico para essa negação inteligente: *Urteilsverwerfung*, ou juízo de condenação, que substitui, nos Egos maduros, o mecanismo do recalque. "O recalque é substituído por um juízo de condenação... no passado, o indivíduo só conseguia recalcar a pulsão indesejável, porque era fraco e imperfeitamente organizado. Agora, que é maduro e forte, talvez consiga dominar sem danos o que lhe é hostil."[42]

Gostaria de ilustrar com uma citação de Erasmo esse duplo movimento da razão sábia, que favorece as paixões sempre que possível e as reprime quando necessário.

No *Elogio da loucura*, Erasmo distingue entre as paixões destrutivas, que estão na origem da loucura perversa, e as paixões benfazejas, que estão na raiz da loucura amável. No primeiro nível, o "elogio" é na verdade uma sátira; no segundo, é efetivamente um panegírico.

As paixões destrutivas — a cobiça, a gula, a avareza, o amor pela glória guerreira — movem o comportamento dos pedantes, dos grandes e poderosos. Induzem à loucura, no sentido pejorativo, que Erasmo faz girar diante do leitor, num carrossel ocupado por loucos e arquiloucos, como os personagens de uma dança macabra. Não falta nenhum figurante. Aparecem diante do público os caçadores, os arquitetos, os alquimistas, os jogadores, os devotos, os nobres, os negociantes, os gramáticos, os poetas, os jurisconsultos, os filósofos, os monges, os bispos, os papas, os reis, os militares, cada um mais louco que o outro, mais convencido de sua própria importância, confundindo seus desejos com a realidade, todos iludidos pelo amor de si mesmos, pela *philautia*.

Mas as paixões, diz Erasmo, são também indispensáveis à vida, e sem elas não há humanidade possível. Vale a pena citar o texto na íntegra. "As paixões não são apenas pilotos que conduzem ao porto da sabedoria os que a ele se dirigem; no caminho da virtude, são aguilhões e esporas que excitam a fazer o bem, por mais que isso desagrade a Sêneca, esse estoico empedernido que proíbe formalmente ao sábio toda paixão. Agindo assim, faz do homem uma estátua de mármore, sem inteligência e vazia de todo sentimento humano... Quem não fugiria com horror, como de um monstro e um espectro, de um homem surdo a todos os sentimentos da natureza, sem nenhuma paixão, tão inacessível ao amor e à piedade quanto o mais duro rochedo ou um mármore de Paros, a quem nada escapa, que não se engana nunca, que vê tudo com olhos de lince, que mede tudo com o esquadro, que não perdoa nada, que é o único razoável, o único rei, o único livre, o único tudo... que não faz questão de ser amado, que não ama ninguém, que ousa zombar dos próprios deuses, que condena como insensato tudo o que se faz na vida, e de tudo escarnece? Tal é o retrato do animal que passa por um sábio perfeito... Que cidade quereria fazer dele seu magistrado, que exército o desejaria por general? Digo mais, que mulher suportaria um tal marido, que anfitrião convidaria tal hóspede, que criado poderia tolerar um tal patrão? Não seria preferível escolher ao acaso entre os mais loucos um louco capaz de comandar ou de obedecer aos loucos, amado por seus semelhantes, que constituem a maioria, tolerante com sua mulher, jovial com seus amigos, conviva encantador, bom companheiro, enfim, a quem nada de humano fosse alheio?"[43]

Essa última "loucura" é a preconizada pela razão sábia. Ela é a favor de todas as paixões que tornem a vida mais humana, que reerotizem o mundo, que resgatem o prazer e a sensualidade, e recua, com horror, dos estoicos desapaixonados, semelhantes a estátuas de mármore — "*marmoreum hominis simulacrum... stupidum et a omni prorsus humani sensu alienum*". Mas recusa a paixão insensata que está na origem da tirania e da guerra: os loucos e arquiloucos do carrossel de Erasmo.

III

Capaz de conhecimento e de autonomia, a razão sábia é sempre crítica. Como órgão do conhecimento, ela sabe colocar fora de circuito as interferências afetivas que o poder mobiliza para se tornar invisível e consegue devassá-lo em suas estruturas reais. Ela está preparada, também, para desmascarar todas as formas de desrazão que se apresentam com a fachada da razão — a ideologia, pseudorrazão a serviço de uma classe, a racionalização, pseudorrazão a serviço do desejo. Ela sabe que a paixão que passa por razão é a forma mais virulenta da mentira, e por isso leva a sério o pensamento crítico de autores como Marx e Foucault, que mostram a presença, na razão oficial, de uma paixão infiltrada, que está a serviço de uma ordem social repressiva.

Como sede de uma vida moral autônoma, a razão sábia gera sua vida pulsional com inteira liberdade, ainda que seja num sentido contrário aos interesses do *statu quo*, coibindo as paixões que o poder desejaria liberar e liberando as paixões que o poder desejaria coibir.

No diálogo entre Penteu, que afirma a loucura de Tirésias e o censura por ter cedido à paixão dionisíaca, e Tirésias, que sabe que a razão que afirma essa loucura é ela própria louca, e que a paixão que anima Penteu desemboca na tirania, a razão sábia toma o partido de Tirésias.

IV

E, assim, terminamos como começamos: com *As Bacantes*, em que Eurípides traçou para o seu tempo, e o nosso, o modelo da razão sábia.

No fundo, é a razão do Iluminismo autêntico, cujo espírito não envelheceu, porque sua tarefa não foi concluída: expulsar os demônios do mito e da superstição, *e ao mesmo tempo* eliminar a repressão supérflua.

O que é o Iluminismo? Ouçamos a resposta de Kant. Ele consiste "na superação da minoridade, pela qual o próprio homem é culpado. A minoridade é a incapacidade de servir-se do seu próprio entendimento, sem direção alheia. O homem é culpado por essa minoridade quando sua causa não reside numa deficiência intelectual, mas na falta de decisão e da coragem de se servir da razão sem a tutela de outrem. *Sapere aude*! Tem coragem de usar tua razão! Eis a divisa do Iluminismo".[44]

Não há melhor resposta. Iluminismo é *Mündigkeit*, maioridade. Nela se condensam as duas críticas de Kant: a da razão pura, em que ele investigou as condições do conhecimento, e a da razão prática, em que ele investigou as condições da liberdade. A maioridade significa, no plano cognitivo, a conquista da verdade e, no plano moral, a conquista da autonomia. São os dois elementos da razão sábia.

Como herdeira do Iluminismo, a tarefa da razão sábia é *afastar* as paixões, assegurando a objetividade do saber, e *liberar* as paixões, sempre que essa liberação contribua para aumentar a autonomia do homem.

NOTAS

1. Eurípides, *Médéè*, in *Théatre Complet* (Paris, Garnier Flammarion, 1966) v. IV, p. 149.
2. Idem, *Les Bachantes*, ib., v. III, p. 57.
3. Idem, ibidem, p. 59.
4. Idem, ibidem, p. 63.
5. Idem, ibidem, p. 55.
6. Idem, ibidem, p. 58.
7. Idem, ibidem, p. 59.
8. Idem, ibidem, p. 59.
9. Idem, ibidem, p. 57.
10. Idem, ibidem, p. 59-60.
11. Idem, ibidem, p. 80.
12. Idem, ibidem, p. 56.
13. Idem, ibidem, p. 58.
14. Idem, ibidem, p. 70.
15. Platão, *La République*, Paris, Garnier Flammarion, 1966, p. 320.
16. Eurípides, op. cit., p. 89.
17. Idem, ibidem, p. 95.
18. Idem, ibidem, p. 66.

19. Idem, ibidem, p. 81.

20. Idem, ibidem, p. 85.

21. "O ego... influencia o Id, disciplina as suas paixões." Freud, *A Questão da Análise Leiga*, em *Gesammelte Werke*, Frankfurt, 1976, vol. XIV, p. 228. Ver também a citação seguinte.

22. Freud, *O ego e o id*, *GW*, v. XIII, p. 253.

23. Idem, *Psicanálise e teoria da libido*, *GW*, v. VIII, p. 233.

24. Francis Bacon, *Novum Organon*, in *The Works of Francis Bacon* (Stuttgart, 1963), v. 1 do texto latino, p. 168.

25. John Locke, *An Essay Concernig Human Understanding*, Nova York, Dutton, 1974, p. 221.

26. Friedrich Engels, carta a Mehring, in *Marx Engels Werk*, Berlim, Dietz Verlag, 1964, v. complementar n. 1, p. 216.

27. Ver Sérgio Paulo Rouanet, *A razão cativa*, São Paulo, Brasiliense, 1985.

28. Eurípides, op. cit., p. 79.

29. Ver, especialmente, Freud, *A moral sexual civilizada e o nervosismo moderno*, *GW*, v. VII.

30. Ver, principalmente, Freud, *Além do princípio do prazer*, e *O ego e o id*, *GW*, v. XIII.

31. Freud, *Psicologia de massas e análise do ego*, *GW*, v. XIII.

32. Idem, *Contribuições à psicologia da vida amorosa*, *GW*, v. VIII, p. 67.

33. "*Vera boni et mali cognitio... nullum affectum coercere potest sed tantum ut affectus consideratur.*" Espinosa. *Ethica Ordine Geometrica Demonstrata*, Paris, Librairie Philosophique J. Vrin, 1977, p. 32.

34. Citado por Freud, em *A interpretação dos sonhos*, *GW*, vs. II-III, p. 107.

35. Marcel Proust, *Contre Sainte-Beuve*, Paris, Gallimard, 1954, pp. 56 e 63.

36. Freud, *O futuro de uma ilusão*, *GW*, v. XIV, p. 378.

37. Jürgen Habermas, *Theorie des Kommunicativen Handels*, Frankfurt, Suhrkamp, 1981.

38. Diderot, *Pensées philosophiques*, Paris, Garnier, p. 32.

39. Helvetius, *De l'esprit*, Paris, Éd. Sociales, p. 140.

40. David Hume, *A Treatise of Human Nature*, Nova York, Everyman's Library, 1977, p. 127.

41. Freud, O *futuro de uma ilusão*, *GW*, v. XIV, p. 368.

42. Idem, *Sobre a psicologia*, *GW*, v. VIII, p. 57.

43. Erasmo de Rotterdam, *Laus Stultitas*, Darmstadt, Wissenschaftliche Buchegesellschaft, 1975, pp. 64-66.

44. Kant, *Was ist die Aufklärung*, in *Gesammelte Schriften*, Berlim, 1921, v. 8, p. 35.

A PSICANÁLISE E O DOMÍNIO DAS PAIXÕES

Maria Rita Kehl

I

Quero começar contando três lendas que me ajudaram a pensar sobre a psicanálise e as paixões. A primeira é bastante conhecida na sua versão moderna: é a história de Chapeuzinho Vermelho. Encontrei uma versão dessa história tal como devia ser contada antes do século XVIII, ou seja, antes que a revolução burguesa começasse a modificar o pensamento e o comportamento ocidentais, criando o que hoje estamos acostumados a considerar como a nossa civilização. Eis a história de Chapeuzinho... que os camponeses contavam em volta do fogo, nas noites compridas do inverno europeu:

"Certo dia a mãe de uma menina mandou que ela levasse um pouco de pão e de leite para sua avó. Quando a menina ia caminhando pela floresta, um lobo aproximou-se e perguntou-lhe aonde ia:

— Para a casa da vovó — ela respondeu.

— Por que caminho você vai, o dos alfinetes ou o das agulhas?

— O das agulhas.

Então o lobo seguiu pelo caminho dos alfinetes e chegou primeiro à casa. Matou a avó, despejou seu sangue numa garrafa e cortou sua carne em fatias, colocando tudo numa travessa. Depois, vestiu sua roupa de dormir e ficou deitado na cama, à espera.

Pam, pam.

— Entre, querida.

— Olá, vovó. Trouxe para a senhora um pouco de pão e leite.

— Sirva-se também de alguma coisa. Há carne e vinho na copa.

A menina comeu o que lhe era oferecido e, enquanto o fazia, um gatinho disse:

— Menina perdida! Comer a carne e beber o sangue da sua avó!

Depois, o lobo disse:

— Tire a roupa e deite-se na cama comigo.

— Onde ponho o avental?

— Jogue no fogo. Você não vai precisar mais dele.

Para cada peça de roupa — corpete, saia, anágua e meias — a menina fazia a mesma pergunta. E, a cada vez, o lobo respondia:

— Jogue no fogo. Você não vai precisar mais dela.

Quando a menina se deitou na cama, disse:

— Ah, vovó! Como você é peluda!

— É para me manter mais aquecida, querida.

— Ah, vovó! Que ombros largos você tem!

— É para carregar melhor a lenha, querida!

[...] Até que ela perguntou:

— Ah, vovó! Que dentes grandes você tem!

— É para comer melhor você, querida.

E ele a devorou."

E, para nossa decepção, a história acaba aí. Não tem o caçador que tira a menina da barriga do lobo, não tem a "moral da história", não tem redenção nenhuma. A história de Chapeuzinho... medieval é essa tragédia, em que a menina devora os restos da própria avó e depois, numa cena erótica escabrosa, se deita nua com o lobo e é devorada por ele.

Essa história não tem uma função moralizante (a curiosidade castigada, da menina que escolheu o caminho "mais perigoso"...). Não tem uma função apaziguadora (a criança se defrontando com suas fantasias perversas e aprendendo a dominá-las, como quer Bettelheim). É uma história de pura crueldade. Parece uma tentativa de fornecer um continente para algumas paixões ameaçadoras — a crueldade, a violência, a fome (que não é uma paixão mas pode mobilizar paixões intensas), a sexualidade incestuosa (o que é que este lobo/avó representa?) etc. De alguma forma, trata-se de uma lenda civilizadora, pois as civilizações são construídas sobre a matéria bruta das paixões; são tentativas de se estabelecer os domínios, de se dar forma às paixões.

Outra lenda que me interessa pertence ao século XII: a lenda do código do amor cortês. Segundo essa lenda, que vem com a tradição do Graal e do rei Artur, um cavaleiro bretão encontra o código do amor amarrado na pata de um falcão que ele deve levar como prova de dedicação à dama sua escolhida, depois de muitas provações e peripécias. Entre os 31 itens do código do amor do século XII — um código atualíssimo, cujo primeiro mandamento é: "A alegação do casamento não é uma desculpa legítima contra o amor" [!] —, encontrei três especialmente instigantes: "Menos come e menos dorme aquele que está cercado por pensamentos de amor", que estabelece uma espécie de oposição entre a fome amorosa e outras fomes e necessidades vitais mais ligadas à sobrevivência; "O amante não pode saciar-se do gozo do que ele ama", ou seja, a fome amorosa não está sujeita à saciedade. A matéria de que se alimenta o amor é volátil e aquilo que o amor deseja é sempre móvel: não há saturação no amor.

O terceiro item (nº 29 no código) nos parece de significado menos evidente do que os outros dois: "O hábito muito excessivo dos prazeres impede o nascimento do amor". O que significa isso? Hoje estamos mergulhados numa cultura que supervaloriza os prazeres. Uma cultura que se apoderou de algumas reivindicações libertadoras dos anos 60 e devolveu a resposta na forma de mercadorias: todos os prazeres que você puder imaginar estão à sua disposição no mercado. O que significa essa incompatibilidade entre o excesso de prazeres e o amor, expressa no código do amor cortês do começo da Idade Média? Voltaremos a esse ponto mais adiante.

A terceira e última lenda que se refere ao domínio das paixões é narrada por Freud no *Mal-estar na cultura* e conta como o homem primitivo se apoderou do fogo. O fogo já existia antes do homem, pela combustão espontânea. Quando o homem primitivo encontrava em seu caminho aquela estranha manifestação de energia da natureza, costumava praticar uma espécie de jogo ou ritual que consistia em apagar o fogo com o jato de sua urina. Uma espécie de relação sexual dramatizada em que o homem, com sua potência, dominava e apaziguava a força mágica e desconhecida que a natureza colocava em seu caminho. Até que o primeiro homem que renunciou a esse prazer sexual de segunda ordem em vez de apagar conservou o fogo e o levou para sua caverna, aprendendo seus segredos e se beneficiando com isto. (Não ocorreu a Freud que este primeiro homem, que renunciou a testar sua potência contra o fogo poderia ter sido uma mulher...) O que nos interessa nessa lenda é que, a partir de uma renúncia, o homem funda a civilização, estabelecendo, pela primeira vez, uma relação de domínio e apropriação de uma força natural, em troca de abandono de um prazer aparentado com os prazeres sexuais.

Essas histórias pertencem, de uma forma ou de outra, ao domínio das paixões. A proposta inicial desta palestra — *A psicanálise e o domínio das paixões* —, ao que parece, principalmente por estar incluída sob a retranca "A paixão silenciada", era a de uma abordagem que caracterizasse a psicanálise como agente dominador, submetedor das paixões. Uma abordagem bem em moda, aliás. Eu gostaria de me aproveitar do duplo sentido da palavra *domínio* e inverter essa proposta, abordando a psicanálise como uma forma de reflexão — e de prática — que tenta compreender e estabelecer quais são os domínios, *os territórios das paixões* e propiciar que o desejo se liberte de suas fixações primárias, podendo se mover mais livremente por esses territórios, muito mais amplos que o terreno (por si só, vastíssimo) da paixão sexual — a primeira que nos ocorre quando se pensa em paixão.

Esta é a proposta psicanalítica radical, embora muito da prática que se diz "psicanalítica" não tenha nada de radical. E é nos seus aspectos radicais que se funda minha paixão pela psicanálise, pela inteligência e sensibilidade do velho Freud, um dos grandes pensadores deste século, que nos deixou algo melhor do que guerra nuclear, lixo, poluição. Um parêntese: a paixão intelectual tem uma característica oposta à paixão sexual: enquanto esta quer exclusividade, aquela quer adesões. Quer ser compartilhada pelo maior número possível de pessoas: é o que eu pretendo conseguir aqui.

II

A matéria-prima de que se originam as paixões são as *pulsões* em duas grandes vertentes: Eros (pulsões de vida) e Thanatos (pulsões de morte). Nos parece evidente a relação entre pulsão e vida mas não a outra associação, pulsão/morte. Mesmo sabendo que a morte é a única certeza que temos sobre o destino de tudo o que é vivo. Mesmo constatando (Freud) que toda matéria viva tende a voltar ao estado inorgânico. Mesmo constatando que é a vida, e não a morte, que representa uma espécie de milagre, de improbabilidade da matéria. Hans Castorp, na *Montanha mágica*: "Que era, então, a vida? Era calor, o calor produzido pela *instabilidade preservadora da forma* [grifo meu]; era uma febre que acompanhava o processo incessante de decomposição e reconstrução de moléculas de albumina [...]. Não era matéria nem espírito. Era qualquer coisa entre os dois, um fenômeno sustentado pela matéria, tal qual o arco-íris sobre a queda d'água, e igual a chama. Mas, se bem não fosse material, era sensual até a volúpia e até o asco, o impudor da natureza tornada irritável e sensível a respeito de si própria, e a forma lasciva do ser".

Ainda que a vida, e não a morte, seja o fruto de uma improbabilidade extrema, nos parece mais fácil compreender as pulsões de vida do que as de morte. Por quê? porque estamos vivos, e a vida, "em seu caminho inevitável para a morte" (Gil) quer se perpetuar tanto quanto possível. Freud outra vez: "o organismo quer morrer — mas 'à sua maneira'"...

As manifestações mais primitivas das pulsões de vida são as da defesa da sobrevivência do indivíduo — que buscam manter o organismo nesse estado de preservação (e movimento) da forma. Que buscam o sono, o alimento, a excreção de toda a matéria tóxica do organismo; que buscam a água, o ar, o calor. A essas se mesclam as pulsões eróticas que buscam de certa forma essas mesmas coisas, em seu estado de fusão inicial com o corpo materno. O calor, o repouso, o alimento que Eros procura, ele procura sob a forma de contato com outro ser vivo — e seu poder de irradiação é tão violento que ele contamina (erotiza) o grupo das pulsões de vida. De tal forma que todas as funções vitais vão sendo carregadas de erotismo pela vida afora; e a tal ponto que a psicanálise batizou de Eros o conjunto das pulsões de vida.

Também parece estranho que entre as pulsões eróticas se encontre a agressividade. A tendência agressiva não é apenas, como poderia parecer, um componente das pulsões da morte; ao mesmo tempo, o que impele uma pessoa ao contato com outra(s), ou com o mundo em geral, não são somente impulsos amorosos, de fusão e aceitação. O contato agressivo pode ser, por exemplo, uma tentativa de modificar o outro, ou o mundo, para torná-los mais compatíveis com o princípio do prazer. O que é, no limite, uma tendência destrutiva, mas também representa a vocação humana para a rebeldia. Como disse Helio Pellegrino em sua palestra aqui: o homem é aquele ser para o qual "o mundo, tal como está, não serve"...

Outra função — a mais evidente — dos impulsos agressivos é a defesa perante a ameaça que o outro pode representar. Nesse sentido um dos pactos fundamentais de toda forma de convivência social dita civilizada é aquele que propõe (pela força ou pelo consenso; mas, em geral, o que é consenso algum dia se impôs pela força) a repressão de grande parte da agressividade em troca das vantagens da convivência. Mas os instintos não moram em departamentos estanques: ao contrário, formam uma espécie de trama sobre a qual se estrutura a psique. Assim, o preço que pagamos pelo pacto-de-não-agressão que funda a nossa (entre outras) civilização é o de um rebaixamento geral dos instintos de vida. Em "O por que da guerra?", Freud compara o processo de civilização da humanidade com o da domesticação de certos animais: "A este processo devemos o melhor do que alcançamos e também boa parte do que ocasiona nossos sofrimentos. Suas causas e origens são incertas; sua solução, duvidosa. [...] Talvez leve à *desaparição da espécie humana* (grifo meu) pois inibe a função sexual em mais de um sentido"...

Enquanto o vetor erótico impulsiona a vida humana ao contato, ao embate com o outro e com a realidade — impulsos, como se pode constatar, geradores de constantes tensões —, o outro vetor da trama pulsional impele o ser humano ao repouso, à entropia. É Thanatos, o grupo das pulsões de morte, que quer a abolição das tensões, o grau zero de energia. Quando Freud se pergunta sobre o que está "mais além do princípio do prazer", o que nos move para atividades repetitivas onde aparentemente não há satisfação de nenhum desejo, surge uma das hipóteses mais discutidas e frequentemente mal-entendidas da psicanálise: mais além do princípio do prazer está a tentativa do organismo de retornar ao inorgânico. Já que a vida é tensão, excitação, irritação da matéria. Já que o desejo não encontra satisfação definitiva e não para de renascer de suas satisfações efêmeras, Thanatos deseja a abolição do desejo; o retorno à matéria inanimada da qual um dia, por um acaso extremo, a vida se gerou da coesão improvável, e até hoje misteriosa, entre algumas moléculas. A vida é uma espécie de vitória sobre alguma coisa — sobre a força conservadora do inorgânico. Somos todos sobreviventes de nossa "vontade" de morrer. Sobreviventes porque o organismo, uma vez jogado à vida, quer se conservar assim e fazer seu próprio percurso até a morte. Morremos antes de saber como seria esse percurso. As atividades da vida nos tiram a vida antes que possamos saber qual seria o caminho ideal da matéria viva para a morte, a acomodação suave para este repouso gentil que não conhecemos, mas que está representado no inconsciente por todas as fantasias nirvânicas de relaxamento, de abolição das tensões, de paz.

E aqui está por que Thanatos não impera soberano sobre Eros. Porque a representação mais próxima do repouso absoluto que temos marcada pela experiência no nosso inconsciente não é a morte — já que ainda não morremos — e sim a vida intrauterina: a fusão perfeita com o corpo materno, quando não há desejo porque todas as necessidades estão sendo supridas continuamente. É desses nove meses de perfeição que o ser vivo tira a "memória" do repouso; e é por isso que, enquanto busca o repouso que pode ser a morte, está buscando também o repouso do contato, da fusão com o outro. É porque Eros e Thanatos no limite buscam *a mesma coisa* — o retorno a um estado anterior, prazeroso —, que não é um, nem outro, que move a vida, mas a tensão constante, dialética (Freud não usou esta palavra) entre os dois. O que mantém ligada a trama das pulsões é que eles todos são *conservadores*: e enquanto Thanatos busca o repouso Eros busca o estado de fusão narcísica com o outro (representante da mãe, no inconsciente) que nos promete a abolição da confrontação cansativa e ameaçadora com o mundo, inaugurada com o nascimento e só abolida na morte. Na fusão narcísica inicial com o corpo da mãe (assim como em momentos privilegiados da paixão...) o mundo desaparece: eu sou o mundo, o mundo é uma extensão de mim.

O estado narcísico da vida intrauterina, que a criança conserva na fantasia nos primeiros meses de vida até que alguma experiência de separação venha desiludi-la, é um estado em que o amor ainda não tem lugar. Diz Melanie Klein que, para o pequeno ser narcisista, tudo aquilo que é recebido como bom e prazeroso ele sente como sendo parte de si mesmo. Só quando alguma coisa frustra a criança é que ela a sente como sendo parte do mundo externo. "O bom sou eu; o mau é o não-eu" — é este o mundo do narcisismo. O primeiro sentimento de diferenciação criança-mundo é o ódio. Ela só vem a sentir amor por um objeto fora de si mesma depois de ter sido frustrada algumas vezes pela mãe. Só depois de algumas frustrações é que a criança consegue perceber que o objeto gratificante que ela pensava ser parte dela mesma não é. O objeto que satisfaz é o mesmo que frustra. O amado e o odiado são um só — ambivalência que nos acompanha pela vida toda. Ambivalência que é da essência de toda relação amorosa, pois todo objeto que satisfaz também frustra, e o absoluto não se recupera mais...

Se a frustração na vida adulta mobiliza às vezes todo o ódio de que somos capazes, nos é difícil imaginar (ou "lembrar?") a magnitude desse ódio no recém-nascido. A criança pequena é absolutamente dependente dos cuidados da mãe ou de seus substitutos, e a falta ou a demora desses cuidados é sentida por ela como uma ameaça à sua vida. A fome, por exemplo, uma sensação que o recém-nascido não conheceu na vida intrauterina, aparece para ele com uma violência aterradora; e o ódio que ele sente por não ser imediatamente alimentado/aplacado é diretamente proporcional a este terror. São demônios atacando o bebê a partir de dentro dele mesmo.

As fantasias e necessidades de uma criança recém-nascida estão sob o pleno domínio das paixões em seu "estado bruto", e, ao contrário da valorização romântica que costumamos fazer a respeito das paixões desenfreadas, a irrupção dessas excitações sem nenhum mecanismo psíquico mediador, controlador de sua intensidade, é sentida como extremamente desprazerosa. Daí que uma certa dose de repressão, de contenção das paixões é uma necessidade interna da psique, e o papel ideal dos adultos seria simplesmente o de ajudar a criança a lidar, a dar continente e ter um certo controle sobre suas emoções. Como a repressão que a sociedade nos obriga a fazer em geral é bem maior do que aquela necessária para lidarmos com nossas paixões, mantemos uma espécie de mistificação nostálgica do "estado natural" em que desejos, terrores e ódios são intensos. Em função de nossa pequena capacidade de sentir prazer, vivemos saudosos de um estado primitivo em que a satisfação dos desejos também era intensa, e ignoramos que fomos nós os primeiros agentes da contenção de nossas paixões: uma necessidade própria do ser humano, necessidade de sobrevivência psíquica do pequeno ser que teme naufragar no mar furioso de suas demandas furiosas.[1]

Estou tentando descrever os sofrimentos que são consequência dos primeiros embates do pequeno narcisista com o mundo, num momento da vida em que o desejo do absoluto ainda não foi abandonado e nem sequer abalado em sua onipotência. O desejo quer o repouso, o desejo quer o absoluto. Esse absoluto que foi a vida intrauterina, e depois, definitivamente perdido, sobrevive e renasce sempre nas fantasias inconscientes. Se pudesse, o desejo nos conduziria de volta à fusão total com o ser amado: *se pudesse*. Mas não pode. Porque a realidade, nossa inimiga desde sempre, é também a contraposição à onipotência do desejo e nos obriga a barganhar o absoluto em troca de muitas, de infinitas outras satisfações não absolutas que podemos obter pela vida. A realidade é inimiga da satisfação absoluta do desejo, mas o princípio de realidade dentro de nós, aliado do princípio do prazer, nos ensina os caminhos para a vida e para o amor em troca do abandono do narcisismo primário. É dessa brecha entre o *tudo* que se quer e aquilo que se pode que nascem as possibilidades de movimento do desejo, movimento que não cessa enquanto a vida não cessa.[2] Não existe objeto que satisfaça plenamente o desejo e é justamente por isso que ele não para de renascer de cada pequena satisfação, de cada pequeno repouso: é justamente por isso que a vida é tensão permanente, é movimento permanente: o que não encontro aqui, vou buscar noutro lugar; se não encontro o absoluto, sigo perseguindo tudo o que se aproxima das minhas representações da perfeição.

A essa impossibilidade de manutenção do estado narcísico do qual fomos expulsos com o nascimento, a psicanálise chama castração. Freud começou a utilizar esse conceito a partir da observação de fantasias angustiantes de seus pacientes, que expressavam literalmente o medo da perda do pênis, e este foi o primeiro sentido do complexo de castração. As associações pênis-falo/ falo-significante da falta nos levam a entender a castração como um outro corte: o corte que nos separou da nave-mãe e nos expôs nossa incompletude diante do universo. É o pensamento de Lacan que nos ajuda a trazer esse conceito para o terreno simbólico. Castração é perda, é falta, é limite imposto à onipotência do desejo. A diferença anatômica entre os sexos apenas simboliza, na infância, esta perda e favorece para o menino a ilusão de completude ao mesmo tempo em que o atira à angústia diante da possibilidade da perda (perda que ele *já* sofreu, mas nega) — enquanto favorece para a menina a desilusão em relação à sua completude no mesmo tempo em que a atira à inveja e às tentativas fálicas de restauração do narcisismo ferido. Mas na verdade não há solução para esta perda: castrados somos todos.

A ilusão do pequeno narcisista de que ele é um com a mãe, de que ele é tudo o que a mãe deseja e a mãe é tudo o que ele deseja, essa ilusão se rompe quando o desejo da mãe se move para outro lugar — um lugar a que chamamos *pai*, mas que pode ser qualquer outra instância da cultura que interdite o idílio entre a criança e a mãe. O pai é o agente da castração — mas, a rigor, quem castra é a mãe. *Se* a mãe recusa formar um todo narcísico com o filho; *se* a mãe aceita sua incompletude e permite que seu desejo não se detenha todo na criança; *se* a mãe suporta essa perda que é o parto quando a criança deixa de ser posse sua para se tornar posse da vida — então, ela castra. A mãe psicótica, a mãe que recusa sua incompletude e faz do filho seu falo, não castra. E mantém no inconsciente de seu filho, intacto, o narcisismo primário, diminuindo muito as chances de que o pai possa interditar sua onipotência. Pois, se mãe quer se fazer de completa com o filho, ela não deseja o pai; e o pai não desejado irrompe na cena idílica mãe-criança, ou como rival desprezível ou como inimigo aterrador — não como o portador amigável de um convite para que a criança renuncie ao mundo da natureza (do incesto) em troca do imenso repertório de possibilidades que é o mundo da cultura e do amor por outros seres humanos.

A castração é, portanto, essa ferida "moral", essa perda de uma ilusão paradisíaca em troca da qual se ganha a possibilidade de continuar vivendo — já que a manutenção da ligação umbilical com a mãe só pode levar à psicose ou à morte. A castração é a perda de um privilégio que *já se desfrutou*, perda que abre em troca um leque de possibilidades de se viver o novo. A conservação do narcisismo é que é a verdadeira perda porque é a manutenção (ilusória, ainda por cima: um mau negócio!) de um estado antigo que não permite que o desejo se mova. Nesses termos, a castração é um evento absolutamente progressista na nossa vida.

Mas é preciso relativizar a castração, que pode ocorrer de maneiras diferentes na história de vida de cada um. A situação extrema de castração — o abandono, o desamor, a mãe que não encontra absolutamente nenhuma gratificação narcísica contemplando a criança (a mãe para quem os filhos só representam evidências de sua própria castração); e do outro lado o pai que é portador de interdições absolutas e não aponta nenhuma saída para o desejo da criança, o pai opressivo, o pai indiferente, que abandona e não dá amor — essas situações de extrema castração não trazem nenhum benefício progressista para a vida da criança. Ao contrário, apresentam-lhe o mundo como um panorama tão ameaçador e/ou tão interditado que a libido infantil só encontra saída encerrando-se em si própria e abandonando ou rebaixando ao máximo todas as suas pretensões eróticas. São situações em que a castração não representa uma saída para o narcisismo da criança.

Todas essas situações vividas pela criança em seus primeiros contatos com suas demandas pulsionais e com as formas apaixonadas que essas pulsões vão adquirindo são revividas na paixão amorosa. A primeira fantasia que surge nas relações apaixonadas da vida adulta é a da restauração de nosso narcisismo primário; a primeira esperança do(a) apaixonado(a) é a de reencontrar no ser amado sua total completude. Na paixão amorosa espero encontrar este ser que me completa, cujos desejos são meus desejos — este ser que é igual a mim e que chegou para me salvar da condição solitária que é a própria condição humana: cada um de nós é um ser único diante do mundo. Só quando a paixão nesse primeiro momento, mergulhada em suas fantasias, sofre as primeiras desilusões, é que o amor pode se instaurar.

Não quero com isso endossar a oposição ideológica que se faz entre amor e paixão, em que a paixão é representada como um momento fulgurante — mas impossível — do encontro entre duas pessoas, enquanto o amor é visto como a água morna do dia a dia cinzento, com o qual somos obrigados a nos conformar. A verdade é que as fantasias do início de uma relação apaixonada não concedem existência própria ao outro, que se torna um depósito das fantasias mais arcaicas, um representante da possibilidade de restauração do narcisismo ferido, um outro eu-mesmo que deseja as mesmas coisas que eu e me resgata para sempre da condição da falta em que me encontro (que é a própria condição humana) para me elevar à condição dos deuses: a recuperação da onipotência.

Mas passado esse momento de felicidade plena (que também pode ser de intensa angústia, já que eu já "sei", por experiência, que o outro me escapará), a paixão amorosa tem de reviver a decepção infantil do recém-nascido que perde a condição de *único* no desejo da mãe: o outro volta a se mover. Ganha corpo, existência concreta para além das minhas fantasias apaixonadas. O outro não pode estar *sempre*; o outro não pode dar *tudo*; e, o que é pior: eu não posso lhe dar *tudo*. A realidade se instala mais uma vez entre os dois-que-tentavam-ser-um e revela o que estava sendo negado: a falta; mais uma vez e sempre, a falta.

Dessa decepção revivida na paixão amorosa — uma reedição das primeiras frustrações infantis — o outro pode ganhar vida própria, independência, existência para além do meu desejo onipotente. Ou seja, dessa decepção revivida pode nascer o amor. Ou não: da segunda vez em que o apaixonado se desencanta (revivendo sua primeira experiência de castração) ele pode escolher a morte. O "amor que mata", na verdade "paixão que mata", símbolo do amor romântico e recusa do morno e conformado amor burguês, é o amor que quis se manter apaixonado mas não aceitou a evidência de sua incompletude. Lamartine (um romântico!): "Um único ser vos falta e tudo fica despovoado". O mundo da desolação pela perda ou afastamento do ser amado que vive sua independência em relação a mim — o ser amado "absoluto" de quem o apaixonado passa a depender de maneira tão completa que sua falta faz do mundo um verdadeiro deserto —, este mundo pode ganhar vida, e o apaixonado pode descobrir que também tem condições de se mover dentro dele, se ele conseguir suportar a desilusão fundamental de não formar um todo indissociável com o objeto de seu amor. Do contrário, ele pode preferir a morte a viver num deserto. A sua morte, ou a morte do outro. A morte pode ser a outra face do princípio do prazer, quando ele não consegue se associar ao princípio de realidade. O domínio absoluto do princípio do prazer não propicia satisfações ao desejo a não ser na fantasia; fora da fantasia o mundo é um deserto onde o desejo não consegue encontrar seus objetos.

III

Entre as aspirações de satisfação total das pulsões e a satisfação parcial que a vida nos permite, há um excedente de energia que não obtém descarga — um excedente de excitação que não se aquieta porque não encontra o que o satisfaça plenamente. Quais os destinos desse excesso da energia que constitui a matéria-prima das paixões? Um recurso da psique para lidar com o excedente de energia que não pode ser descarregado — que não obtém repouso — já se incorporou ao repertório do senso comum: a repressão. Dela só se tem notícia quando é malsucedida. A repressão bem-sucedida não deixa traços. A malsucedida deixa os sintomas, tentativas canhestras da psique de dar expressão ao que não pode ser dito, de trazer à luz o que está mantido, à força, na obscuridade.

A histeria fundou a psicanálise, "doença" do desejo reprimido que se manifesta no corpo, onde o médico não encontra doença alguma. O "ataque histérico", misterioso para a medicina, foi para Freud a ponta do fio de Ariadne que ele seguiu para investigar o labirinto da alma humana. Falar da histeria como uma "doença da alma" para a medicina do século XIX era o mesmo que propor que a ciência recuasse às práticas de feitiçaria — mas foi a partir de conceitos desse tipo que a psicanálise nasceu como ciência nova de um objeto recém-descoberto: o inconsciente. E então as falas do corpo da histérica, as falas dos rituais "ridículos" do neurótico obsessivo começaram a fazer sentido como tentativas de retorno do reprimido.

O reprimido não é o *afeto*, a *energia* do desejo. Reprimida é a *ideia* a que o desejo se associa. O afeto não se reprime; fica livre e dissociado de seu conteúdo, ligando-se a outros conteúdos e desse modo formando os sintomas. A repressão dissocia o desejo de seu conteúdo, o que equivale a dizer que o neurótico *anseia*, mas não sabe pelo quê. Ainda que pense saber (os mecanismos de defesa do ego conseguem criar uma certa coerência entre a personalidade e seus "sintomas") — mas então, não entende por que não encontra prazer.

Ou seja: a repressão é um mecanismo insuficiente para dar conta do excesso de energia que não encontra meios de descarga. A repressão dissocia, aliena, faz da pessoa uma cega para seus desejos, ignorante sobre o que é bom para ela. Uma presa fácil de líderes totalitários, dos grandes pais autoritários que prometem alívio para as angústias de prazer que acompanham todas as tentativas de retorno do reprimido, em troca da obediência, da adesão total à sua liderança. A repressão é a condição da obediência: quem não sabe o que quer, quer aquilo que lhe dizem que ele deve querer. É tão simples assim, e é partindo desse raciocínio simples que Reich veio a entender a adesão do pobre povo alemão ao nazismo. A energia do reprimido desvinculada da ideia que lhe dá significado constitui a matéria *burra* das paixões: paixão alienada de seus conteúdos eróticos, facilmente capturável por propostas tanáticas: o "viva la muerte" do fascismo, a morte aos judeus (ao outro, ao diferente de mim) do nazismo, o suicídio romântico (ainda a melhor saída dentre essas três) do amor proibido.

Outro mecanismo de canalização do desejo que às vezes se combina com a repressão, mas não se confunde com ela, é o desvio de objeto, em que a ideia que representa o afeto não é abolida mas dirige-se a um objeto socialmente permitido — ou possível — em troca do objeto interditado. O terceiro destino das paixões é a transformação em seu contrário, que consistiria uma espécie de base psíquica para a hipocrisia. Transforma-se ódio em amor, amor proibido em repulsa, desejo sexual perverso em nojo. O ódio que ameaça o próprio sujeito do ódio (que pode ser punido, ser odiado em igual medida ou, o que é pior, pode destruir o objeto de seu amor que frequentemente é o mesmo objeto de sua agressividade) não pode ter sua energia eliminada mas pode ter seu conteúdo invertido, e então se transforma nesse tipo de amor excessivo, obsessivo, extremamente ativo que precisa de toda esta atividade para impedir que irrompa sua verdadeira face. É claro que as pessoas que "amam" segundo esta modalidade são capazes das formas de crueldade mais refinadas e mais sutis, assim como os ascetas reativos em relação a seus desejos considerados perversos são capazes das formas mais elaboradas e sutis de perversão. Porque nenhuma dessas formas de repressão, desvio ou negação das paixões são tão eficientes quanto deveriam ser para que elas desaparecessem sem deixar sinais de vida.

Por último quero me deter um pouco mais na sublimação, que é o mecanismo capaz de produzir os melhores subprodutos das paixões. O termo sublimação, como tantos outros conceitos em psicanálise, foi emprestado da física e significa a transformação do estado sólido para o estado gasoso da matéria. Essa é uma imagem perfeita do que ocorre na sublimação, quando o estado de concretude das paixões — que querem possuir, fundir, devorar, matar, aniquilar... — se transforma numa outra expressão, mais leve que o ar, que é a expressão simbólica desses mesmos desejos.

A sublimação exige alguns pré-requisitos, e o primeiro deles é que uma parte do desejo — a parte possível, compatível com o princípio de realidade — tenha sido satisfeita. A segunda condição, consequência da primeira, é a de que alguma renúncia verdadeira tenha ocorrido. Digo "renúncia verdadeira" em oposição aos mecanismos de negação do desejo que já mencionei. A renúncia parte não da negação do desejo mas do contato com ele e da constatação da impossibilidade de sua realização *plena*. É a alegria de se estar no mundo e de se pertencer à sociedade humana (fruto da satisfação de uma parte dos desejos), aliada à liberdade que se obtém renunciando-se ao que não pode obter satisfação (liberdade de não se permanecer fixado a objetos impossíveis), que possibilita a melhor sublimação, aquela que não opera para negar ou destruir as paixões mas para lhes dar alcance ilimitado no terreno da criação simbólica. É só no simbólico, a partir da renúncia do domínio concreto do princípio do prazer, que eu "posso tudo", posso viver de uma forma compatível com o pacto mínimo de renúncias que a cultura me exige (além desse mínimo, o resto das renúncias fica por conta da *mais-repressão* e da angústia de prazer que ela gera): um tipo de satisfação semelhante à onipotência das fantasias infantis. O amor materno — o amor da mãe que renunciou a seu narcisismo — é a primeira condição para a sublimação. "O amor, chão da liberdade", de Helio Pellegrino — já que não se pode renunciar ao que nunca se recebeu. Tanto a falta de amor quanto o excesso (aquele que não exige renúncia) fixam o sujeito ao objeto primário e não lhe permitem partir para outras possibilidades de satisfação dos desejos que o mundo lhe oferece.

A sublimação é, portanto, incompatível com o narcisismo,[3] já que sua condição é a renúncia ao objeto total e a busca incessante de outros objetos e outras formas de expressão/satisfação dos desejos pela vida afora. Do mesmo modo, a sublimação é incompatível com o excesso de repressão, já que essa proibição que a repressão impõe — de acesso aos conteúdos dos desejos — inibe a expressão, a liberdade, o contato com a subjetividade e com o mundo. A repressão não cega o sujeito apenas para si mesmo: ela o faz cego para o mundo, onde existe o risco permanente de ele deparar com algum representante daquilo que ele não pode nem ao menos saber que quer. A sublimação requer a possibilidade de expressão, mas não de *qualquer fala*; a fala neurótica, por exemplo, é uma fala vazia porque, neste caso, as palavras têm a função de negar o desejo; as racionalizações neuróticas não passam de mentiras bem construídas que escondem o que não pode ser dito. A fala da sublimação é fértil, criativa, porque parte de *algum contato* com o desejo. O poeta sabe de seu desejo; de *alguma forma*, ele sabe. Freud sempre deu razão aos poetas. Em muitos de seus textos ele parte de uma "verdade poética" — cita Goethe, Heine, Schiller (que chama de poeta-filósofo) para chegar a uma "verdade psicanalítica" — em *Mais além do princípio do prazer* ele termina por lamentar as limitações do cientista, que está condenado a trabalhar, pensar e pesquisar tanto para, afinal, chegar a conhecer aquilo que os poetas sempre souberam a partir de seus próprios sentimentos. Por outro lado, a criação da psicanálise não demonstra outra coisa senão imensa tarefa de sublimação a que se dedicou esse homem (e depois dele, tantos outros) partindo de pequenas intuições, do registro de seu próprio sofrimento, de seus próprios sonhos e frustrações, para depois ouvir e levar a sério os sonhos e o sofrimento de outras pessoas até criar o que hoje é um dos maiores patrimônios da cultura moderna, na tradição do Iluminismo e do Humanismo.

Mas nem a psicanálise deve nos iludir de que a sublimação seja a chave para a felicidade. Ela não passa de um mecanismo mais completo, mais "evoluído" de canalização do desejo não satisfeito (evoluído no sentido de que se aproveita melhor dos recursos do intelecto e da sensibilidade, ao invés de restringi-los, como fazem os mecanismos de defesa em geral). A sublimação criou a cultura, mas, por outro lado, a cultura não passa de um subproduto da infelicidade humana. A paixão bem-sucedida (assim como a repressão bem-sucedida) costuma ser silenciosa: raramente deixa marcas de sua passagem a não ser quando se transforma em saudade. A concretude é silenciosa. Só a falta tem necessidade da fala...

A sublimação não é o caminho da felicidade. Mas o encontro da sublimação com a paixão amorosa foi definido por Benjamin Péret como alternativa feliz para o beco sem saída que parece ser a paixão em seu estado narcísico. O *amor sublime* é o encontro da pulsão sexual do amor apaixonado, de toda a demanda de fusão com o outro que a sexualidade apaixonada contém, com os benefícios mais elevados da sublimação. Péret, em seu ensaio sobre o amor sublime, faz uma rápida história das formas que a relação amorosa foi tomando desde a Idade Média e conclui que a sublimação *dentro* da relação amorosa (não a sublimação *da* relação amorosa) só é possível nas civilizações em que o homem e a mulher se encontram em uma posição de igualdade social e intelectual. Em civilizações assim — como a nossa — é possível que o encontro entre o homem e a mulher ultrapasse as demandas iniciais da paixão, as demandas de fusão total do amor narcísico, do amor/morte, sem que a única saída seja reprimir e/ou negar a paixão no leito estreito do amor burguês, do amor de conveniência. É possível que os apaixonados ultrapassem suas fantasias narcísicas apaixonadas e se encontrem num outro plano além da sexualidade (mas não em detrimento dela), que é o plano da sublimação. O amor sublime é a possibilidade da troca (também) no plano simbólico. A possibilidade da poesia no encontro amoroso — não a poesia produzida pela frustração da paixão, mas a poesia *da* paixão. A transformação dos desejos que não podem se concretizar na paixão amorosa no desejo de uma outra coisa que a poesia (no sentido lato, não apenas no sentido da produção de poemas) pode realizar.

Para Péret o amor sublime seria a contrapartida do amor romântico, da paixão grandiosa mas impossível, do amor que não encontra nem limites sem possibilidades concretas e por isso leva à morte — na melhor das hipóteses, a morte do outro *em mim*. O amor sublime não abre mão da paixão, mas sabe transformar o impossível da paixão em possibilidade de troca simbólica. É quando o outro fala comigo, é quando dois universos simbólicos se tocam, se interpenetram, frutificam, se potencializam, é nesse caso que a paixão pode se tornar aliada do amor.

O amor por sua vez perde suas tonalidades cristãs que exige o rebaixamento do erotismo em nome da santidade da união, que exige a fidelidade e a obediência mútua, que propõe o conformismo e a responsabilidade como motivo mais sublime da união — o amor sublime recusa isto tudo, é amor de escolha e, portanto, amor de liberdade. É união com base em afinidades eletivas e, portanto, uma aliança a favor, e não contra, o voo livre de cada um pela vida. O amor sublime dá asas ao erotismo. Péret: "o desejo, longe de perder de vista a carne que lhe deu à luz, tende em definitivo a erotizar o universo!".

IV

A psicanálise tem sido acusada de não levar em consideração os fatores históricos na construção de seu modelo da psique. Não é verdade. O inconsciente, por exemplo, é uma espécie de arquivo secreto da história não oficial de cada ser humano — sendo que uma parte do que é considerado "secreto" ou proibido depende de cada época, de cada cultura. Mas a instância psíquica que mais depende das circunstâncias histórico-sociais é o superego, este grande assimilador das normas e valores vigentes, este regulador do comportamento (através do ego, que se comunica com ele) de acordo com o que cada cultura considera reprovável ou desejável. Assim, embora uma grande parte do que move as pessoas — a matéria instintiva que constitui as paixões — seja inerente ao que venho chamando condição humana, a forma que as paixões adquirem, a maneira como se expressam, a valorização positiva ou negativa de cada uma delas, tudo isso está permeado por essa modalidade de expressão do consenso e da visão de mundo de cada cultura que costumamos chamar de ideologia. O superego, portador da norma e da "moda", é tanto mais ideológico quanto mais neurótico o sujeito, ou seja: quanto menos independência ele tem para formar seus próprios julgamentos, quanto mais obediente ele for, quanto menos ousado para arriscar seus limites no mundo e verificar, a partir da experiência (que muitas vezes pode ser dolorosa), o que se pode ou não se pode fazer. Ou seja, o superego é tanto mais ideológico, moralista etc. quanto *menos livre* — mais neurótico — for o sujeito para criar um código ético que lhe pareça justo e adequado.

O superego é (também, mas não exclusivamente) ideológico. Assim, a expressão das paixões é permeada pela ideologia. Cada cultura tem seu próprio modo de apropriação das paixões: interessa-me entender como é que a cultura burguesa, na qual hoje estamos tão mergulhados que mal enxergamos seus contornos, se apropria das paixões para criar aquilo que Michel Foucault chama de *poder disciplinar*: o poder que age a partir de dentro (eu diria, a partir do inconsciente), expressão de um "desejo de obediência", desejo de adaptação à regra, que demora anos ou séculos para se estabelecer como estilo de civilização, e outros tantos anos/séculos para ser abalado.

Há um texto de Renato Janine Ribeiro — *O prazer da regra* — onde ele narra como, entre os séculos XV e XIX, a longa transição do feudalismo para o capitalismo foi acompanhada de lentas e profundas modificações no estilo de vida europeu, que passou da violência à *cortesia* como modo dominante de relação entre as pessoas. No século XVII, por exemplo, o cardeal Richelieu proíbe os duelos (modo corriqueiro da nobreza feudal resolver suas pendências) ao mesmo tempo em que cuida de detalhes menores, mandando substituir as mortíferas facas de ponta pelas facas arredondadas nos serviços de mesa. Duas medidas de alcance diferente e igual objetivo: impedir que os homens se matassem pela violência descontrolada das suas paixões.

A instauração da *cortesia* como modo de relacionamento predominante nas cidades dos regimes monarquistas (pós-feudalismo) representa uma mudança profunda em termos de psicologia social: trata-se de incentivar as pessoas a uma barganha. Sublimar as paixões — principalmente as agressivas — em troca do que chamamos as "vantagens secundárias" da participação no jogo da vida na corte.[4] Nas monarquias europeias recém-nascidas, o prazer passava a se situar no terreno das regras e não no das transgressões. "Fazer amena a vida é uma construção meticulosa do século XVIII", escreve Renato Janine. Expressar emoções "antissociais" como o ódio, a inveja, os ciúmes e até mesmo o desejo sexual, sem rodeios, situava o indivíduo fora dos mores da morte — e a corte (como espaço psicossocial) era o lugar desejável de se estar. As paixões passam a ter outros destinos: o refinamento das regras de etiqueta vai adquirindo um fim estético, o próprio cumprimento rigoroso e obsessivo da regra adquire valor de descarga das pulsões reprimidas e se torna tão mais rigoroso e obsessivo quanto mais o reprimido ameaça vir à luz. (Isto já são minhas inferências a partir das ideias contidas no texto de Janine.) Quando a "frivolidade" instaurada pela cortesia chega a um tal ponto que já não consegue dar conta das paixões reprimidas (que já não encontrem nenhum modo de expressão/satisfação direta) surge o romantismo trazendo um aspecto libertário — a reivindicação da paixão sexual e da paixão revolucionária — e um aspecto decadente — a erotização da morte como admissão do fracasso da civilização em relação à dominação das paixões.

A repressão sozinha é insuficiente para dar conta da domesticação das paixões mas conta com uma grande aliada que hoje, final do século XX, está muito mais adaptada às demandas das modernas sociedades de consumo onde o mercado dita a regra: a sedução. Trocar o prazer infantil da descarga imediata das pulsões pelo prazer das regras de convivência representa, por um lado, uma perspectiva de evolução psíquica e social: a saída da infância, a admissão da existência, da autonomia e dos direitos do outro; a introjeção de alguma lei e a possibilidade de algum prazer numa relação onde o outro não é simplesmente um objeto de descarga das minhas pulsões mas tem existência própria. Por outro lado, a sedução da corte/mercado (moderna) atua propondo uma barganha: a dos prazeres mais imediatos pelos prazeres do narcisismo secundário. E como toda sedução propõe uma facilitação para a realização dos desejos, esta vida interrompe, cedo demais, a procura de saídas civilizadas mas ao mesmo tempo menos neuróticas, para o desejo. Todos querem ser o mais nobre cavaleiro, a mais bela dama da corte. Se eu não posso amar e gozar do meu sexo; se não posso tentar transformar o mundo a partir de meu ódio; enfim, se não encontro um destino menos neurótico para minhas paixões, a civilização burguesa me propõe que invista libido em mim mesma.[5]

A barganha que fundou o estilo de comportamento desta

nossa cultura, e que veio se consolidando desde a substituição do poder feudal pelos regimes monárquicos absolutistas, foi a da troca da expressão livre e imediata das paixões pelas vantagens de uma convivência mais amena, por um lado, e pelas vantagens do prestígio de se viver à maneira da corte, mais perto do soberano (do poder — como escreveu La Boétie), por outro. Hoje, a corte é o mercado: esta entidade abstrata que não está em lugar nenhum mas nos aborda a partir de todos os lugares, como "centro" fictício de uma sociedade que não tem lugar central. Hoje a corte é o mercado e, mesmo no Brasil, onde só cerca de um terço da população interessa pelo seu potencial consumidor (ou seja: não somos uma sociedade capitalista avançada mas, de algum modo, uma forma desigual e perversa, participamos dela), a forma atual e eficaz de "domesticação" de todas as parcelas da população atingidas pela indústria cultural e pela publicidade — mesmo aquelas consideradas insignificantes como mercado consumidor — é a sedução: troque suas paixões por um objeto. Ou pelo desejo de possuir um objeto.

Na corte do século XVIII o lugar das paixões era ocupado pelo teatro vazio das paixões. Na corte/mercado do século XXI o lugar das paixões é ocupado pelo consumo. As relações prioritárias entre as pessoas vão sendo substituídas por relações prioritárias com o mercado e com a *moda* — esta obsessão pela pertinência ao "lugar onde todos estão" (e que não existe...). Hoje somos seduzidos para uma volta ao narcisismo: uma apropriação das demandas libertárias dos anos 60 (contra o moralismo e o bom comportamento das gerações pós-guerra) pelo mercado, que transforma essas demandas nas propostas narcisistas da sociedade de consumo: abaixo os restos da moral vitoriana em nós; tudo o que você deseja deve se realizar, contanto que você possa comprar. A indústria cultural é fetichista também no sentido psicanalítico do termo: o lugar da falta na lógica deve ser ocupado por uma variedade infinita de objetos. Aqui se encontra finalmente o sentido atualíssimo do 29º item do código do amor do século XII: "O hábito muito excessivo dos prazeres impede o nascimento do amor". É a proposta narcisista para a qual somos hoje seduzidos impedindo o contato com a falta e com o outro: todos os seus desejos ao alcance da mão. O reino do fim do desejo: "o amor é pros trouxas". Os riscos do amor, a ferida narcísica que se reabre no amor, ficam para os otários. Os espertos querem — e toda a cultura pós-moderna os leva a crer que podem — se locupletar, negar a falta, a carência. Uma volta à infância. O "proibido proibir" revolucionário dos anos 60 (que implicava um confronto arriscado com os agentes da proibição) se transforma em manha de filho mimado, no "levar vantagem em tudo" dos jovens *yuppies* do mundo capitalista.

Que pensam estar levando vantagem. Que não percebem que o "sistema de objetos" com que se ilude a falta é a morte em vida: a tentativa de estancar o movimento do desejo. O mercado se apropria de eros propondo o narcisismo; o amor de cada um por si mesmo. E se apropria de thanatos propondo aquilo que as classes média e alta consideram suas conquistas maiores: o conforto e a segurança. O lugar onde a vida, a tensão da vida não podem me atingir. O que é ilusório, evidentemente, já que a tensão da vida nos atinge também a partir de dentro. Mas evitar o contato com o de fora pode ser um jeito de evitar as "tentações", tudo o que me desperta a curiosidade e o desejo, e assim aplacá-lo. Dentro dos grandes cemitérios de elefantes da burguesia, imitados na medida do possível pela classe média, cercados de grades e guardas, protegidos por sistemas internos de comunicação, isolados do mundo, também o desejo fica circunscrito. Onde eros não impera, já se sabe: thanatos ganha terreno. Vivemos num mundo que nega a morte pela onipotência mas que é permanentemente seduzido para a morte — a morte no reino desse mundo.

Manutenção do narcisismo, recuperação ilusória da onipotência, negação da falta: dentro desse contexto o amor é visto como uma ameaça, porque reintroduz a evidência da falta. A intensa circulação do mercado sexual demonstra que o grande excluído não é mais o sexo, é o amor. É o contato revitalizador entre pessoas: um contato potencialmente "subversivo" porque os apaixonados são desobedientes, descobriram alguma coisa que vale mais do que a boa adaptação às normas da corte, são menos susceptíveis às barganhas e às propostas de renúncia da liberdade em troca da segurança. Os apaixonados "estão na chuva para se molhar" e ainda que possam cair na armadilha do amor burguês (no sentido original do termo, dos casamentos de conveniência, do bom comportamento, da manutenção da ordem familiar contra as mil faces do erotismo apaixonado), têm boas chances de encontrar a saída do amor sublime: o amor que potencializa os amantes para a criação e para a rebeldia.

O narcisismo não tem via de acesso à sublimação. Não tem via de acesso ao amor sublime, e por outro lado não possibilita a transformação dos outros impulsos, os impulsos agressivos, em suas formas sublimadas: a formulação de utopias, a luta política no sentido mais amplo possível, as tentativas de transformação do real, da criação de um caminho possível para a vocação humana inata para a rebeldia, em nome do princípio do prazer, matriz de todas as nossas aspirações de liberdade, do nosso inconformismo, de nossa vontade de inventar tudo o que for parecido com um paraíso terrestre.

Toda essa energia que não toma suas formas apaixonadas, nem suas formas sublimadas, se volta para o ego, o enamoramento estéril de cada um por si mesmo ou pela cópia mais parecida possível (aqui caberia um outro debate a respeito do homossexualismo ou pelo menos de uma de suas modalidades, a do espelhamento narcísico/negação da diferença e da castração, tanto para o homem quanto para a mulher). Mas, como já se viu, o excedente de energia que não se resolve nessas satisfações narcisistas se manifesta como sintoma. Eros e narcisismo: a demanda de amor que não encontra o caminho do amor, o desejo de contato que não se satisfaz no contato porque não aguenta as evidências da castração que o contato traz: o rebaixamento das energias vitais, da alegria erótica de viver, e o sintoma do fim deste século: a Aids, a disseminação da morte através do contato sexual, bem ali onde deveria ser o lugar privilegiado da vida.

Ainda que exista a hipótese (bem provável), recentemente

divulgada pela imprensa, do vírus da Aids criado em laboratórios norte-americanos com propósito de guerra bacteriológica contra minorias indesejáveis pela cultura Wasp,* não deixa de nos chamar a atenção a leitura metafórica dessa doença, síntese do império dos sentidos sem sentido que começa no século XVIII, com a substituição da dialética das paixões pelas vantagens secundárias da civilização. A doença que se instala onde deveria se instalar o amor consiste na perda de todas as defesas do organismo contra quaisquer doenças, o que é uma espécie de sintoma da introjeção da agressividade, que abandona seu potencial rebelde e transformador para adquirir um caráter suicida. O organismo destrói a si mesmo porque não sabe mais se defender pela agressividade nem se revitalizar no amor.

Por outro lado a negação onipotente da morte, a recusa da castração, encontra seu sintoma na paranoia do extermínio nuclear, evidência fantasmática da morte real que foi banida da nossa consciência; extermínio absoluto que nos acena lá de onde a onipotência atinge seu limite, a negação do outro, encerrado no "perigo soviético" (ou norte-americano, dependendo do ponto de vista), que ameaça a civilização do narcisismo. Anulação do outro cujo limite é a guerra nuclear, negação da morte cujo limite é a obsessão pela morte (que já está, de qualquer forma, inscrita em nosso inconsciente) em sua forma mais implacável, o extermínio sem esperanças de toda a humanidade.

Nesse quadro, a psicanálise é uma tentativa de reintegrar o que foi banido da consciência moderna (e pós) às custas da repressão e posteriormente da sedução consumista. Uma prática, a meu ver, atual e radical em relação às propostas civilizatórias/humanistas tradicionais.

* Wasp: *White, anglo-saxon and protestant*, brancos anglo-saxões protestantes. Designação para os norte-americanos que se consideram "legítimos" em relação aos diversos imigrantes de outras etnias.

V

A psicanálise nasceu em fins do século passado, a partir da tentativa de Freud (e também de Charcot e Breuer) de entender a "doença" da histérica: uma doença que não se encontra no corpo. A histérica do século XIX pode ser comparada à bruxa da Idade Média. São mulheres que tentam trazer à luz a misteriosa sexualidade feminina, considerada obscura e perversa desde que o cristianismo declarou o corpo da mulher como templo do pecado. Mas são tentativas a partir do inconsciente: a histérica não "sabe" o que expressa em seus sintomas. Não sabe — mas deixa boas pistas. Tanto que seu mal foi batizado com o nome do útero, o centro sexuado da mulher, e os "ataques histéricos" eram considerados manifestações do "útero errante", a sexualidade que sobe à cabeça da mulher.

O que Freud fez foi basicamente escutar a histérica. Aliado do desejo, Freud escutou a histérica com atenção e respeito, ao contrário da medicina de sua época, que "castigava" as crises de conversão a tapas e banhos frios, como se fossem birras de criança malcriada. Freud observou a histérica partindo do pressuposto de que ela tentava dizer alguma coisa. A mulher que perdia a visão em algumas circunstâncias mas não era cega, a paralítica que não era paralítica, a que era tomada por ataques sem nenhum foco epiléptico, essa mulher estava dizendo através do corpo alguma coisa que não conseguia dizer com palavras. Do desejo e de sua condenação. Do sexo, do amor, do ódio e da culpa. Freud refaz o caminho a partir da repressão até o inconsciente, ajudando a dar voz às paixões que, caladas, se manifestavam através dos sintomas. E quando a paciente pôde afinal expressar o desejo e a condenação — o conflito inconsciente — não precisou mais da conversão histérica. Mesmo que o desejo não possa sempre se realizar (e nem sempre se pode), ele não precisa mais ser negado. O corpo não precisa mais adoecer simbolicamente de uma sexualidade obscura, que não pode se conhecer, que é pura negação. Mesmo quando o desejo não pode se realizar, a histérica se liberta através da palavra que dá acesso ao que até então estava reprimido. Liberta-se do sintoma, que é a tentativa repetitiva e fracassada do retorno do reprimido.

Começando com a histeria, o objeto da psicanálise continuou sendo o inconsciente, o reprimido, "o instinto e seus destinos". Hoje o "doente-padrão" da psicanálise já não é a histérica. Não é este o sintoma dos nossos tempos; nem é a neurose obsessiva dos anos entre e pós-guerras. Não que essas modalidades todas tenham deixado de existir — a humanidade é variada, e infinitamente mais do que os tipos neuróticos puros nomeados pela ciência. Mas cada época produz seus emergentes, suas modalidades de defesas neuróticas mais adaptadas às normas e às modas. Eu diria que hoje a psicanálise não luta contra a histeria — luta contra o narcisismo.

A psicanálise é uma espécie de rito de passagem da nossa civilização. Ela propõe a passagem para a cultura, para a livre apropriação dos códigos dessa cultura. Propõe a passagem do narcisismo infantil para a genitalidade, a passagem da neurose para a criatividade — tanto a criatividade que é fruto do amor, a geração de outros seres humanos, quanto a criatividade que é fruto da sublimação. A psicanálise propõe a passagem do sintoma à palavra, pois o sintoma é uma tentativa de cura que não encontra outro meio de expressão.

Uma parte das reivindicações da paixão da década de 60 se transformou nas ideologias da paixão dos anos 70 e 80 (a outra parte talvez ainda espere outra oportunidade de se manifestar — outro momento de retorno do reprimido). A sociedade de massas precisa da "liberação" dos impulsos mas evita a reintegração de seus conteúdos. Assim, as paixões emburrecidas podem ser canalizadas para a obediência fanática, para a moda, para o consumo. As ideologias da paixão hoje se encontram com a vontade de boa adaptação; o herói pós-moderno é a antítese do herói romântico, a antítese do herói solitário que se ergue acima das normas e conveniências sociais em nome da vida vivida como liberdade de experiência, em nome do amor apaixonado, em nome da experiência poética. O herói romântico é antissocial e inviável: seu fim geralmente é trágico, em troca de uma vida incendiada. Talvez as explosões dos anos 60 tenham sido sua última expressão — o "herói" dos anos 80 aprendeu às custas do seu fracasso: ele quer *dar certo*. Avesso à solidão (sintoma do fracasso), o herói pós-moderno quer estar na moda, tem medo de ser devorado pela voracidade da história e, principalmente no Brasil, com seu eterno complexo de colônia, quer dizer "sim" a tudo o que traga o selo da posteridade.

A psicanálise caminha na direção oposta à da boa adaptação: caminha no sentido da individuação. Por isso está sempre um pouco fora de moda, apesar de sua extrema modernidade e radicalidade. É que ela é moderna e radical justamente porque encara sempre o conflito emergente, parte sempre do conflito mais atual (o que está mais próximo da consciência) em direção a suas raízes; o que é exatamente o contrário de dizer *sim* à propaganda da modernidade.

Até mesmo o lugar da psicanálise é um lugar fora da moda. Pode-se pensar erradamente que o lugar da psicanálise é o discurso, porque o veículo da relação analítica é a palavra. Mas o lugar da psicanálise é uma relação a dois, relação de transferência e contratransferência que outra coisa não é senão uma relação de amor. É nessa relação, sustentada pela garantia do amor do analista, que o analisando pode refazer os caminhos da sua libido desde as fantasias infantis de onipotência em que o analisando exige "tudo" do analista, quer que o analista possa pagar todas as dívidas que a vida tem com ele, até a possibilidade de uma relação de amor com o analista, que abre esta possibilidade para a vida do analisando. Um lugar fora de moda porque é absolutamente pessoal e intransferível, relação a dois onde só contam esses dois e tudo o que a sociedade lhes exige e promete tem que ficar de fora até que faça sentido de verdade para o analisando — se fizer.

E qual é o amor do analista? Não é amor de sedução. O psicanalista não tem que satisfazer o desejo do paciente, inclusive porque não deve deixar o paciente fixado nele além da dependência necessária para uma relação de cura. O amor do analista não é amor de mãe narcisista, sedutora, que deseja suprir seu filho e evitar sua castração. E também não é amor de pai temível, punitivo, que impede o filho de viver fora da sua sombra. O amor do analista só supre o paciente de uma necessidade fundamental: a de ser levado absolutamente a sério em suas demandas (o que não significa atendê-las), ser escutado com toda a atenção que ele merece. Nessa relação, o analista passa o tempo todo de um lugar a outro, do lugar que possibilita (porque escuta sem censura) ao lugar que castra (porque não pode dar além de seus limites). Nessa relação a libido refaz seus caminhos até a infância, trazendo à luz o que não pode se expressar, dando direito ao que esteve interditado e interditando o que estava à procura de limites. Nessa relação analista e analisando podem se apaixonar, podem se odiar, embora o analista deva manter um lugar diferente de seu paciente através de uma espécie de prática "zen", em que seu desejo não conta para que o desejo do paciente possa aparecer; enquanto o analisando deve poder expressar seu amor e seu ódio sem censura, o analista realiza permanentemente um trabalho de desapego em relação a seus desejos na análise. O único desejo legítimo do analista que vale para a análise é o de que seu paciente se cure, ou seja, se liberte dele. O analista quer que seu paciente possa fazer, em relação a ele, o que não pode fazer em relação a seus pais — dizer: "de você já recebi o suficiente, obrigado. Agora vou procurar lá fora o resto do que me falta".

O desejo do analista em relação ao analisando é também a fonte de seu temor; pois nessa relação a dois o analista *também* põe em risco permanente seu próprio narcisismo. Também o analista deve ser frustrado por seu paciente, que não está lá para satisfazê-lo, e sim para libertar-se. Também o analista deve abrir mão de sua onipotência, rever suas certezas centenas de vezes, considerar seus limites e sua ignorância, aceitar ser objeto do ódio — e não só do amor — de seu paciente, considerar que algumas (ou muitas) das críticas do analisando em relação a ele talvez sejam justas e não somente fruto de confusões transferenciais. E, finalmente, o analista se arrisca sempre ao abandono porque quando um analisando entende profundamente a proposta libertadora da psicanálise ele se torna radical na sua exigência e não hesita em abandonar o analista que ficar aquém de sua enorme vontade de compreender e se libertar.

O analista adaptativo está aquém da proposta da psicanálise; quer seu paciente obediente a ele e aos códigos do sucesso social; quer que seu paciente bem adaptado e bem-sucedido o gratifique narcisicamente. Do outro lado, o analista "surdo" é prisioneiro do seu terror em relação aos riscos que essa relação a dois implica. Não consegue ouvir o sofrimento de seu paciente porque está tapado para todo e qualquer sofrimento, pretende estar acima dele e evita tudo o que possa apontar para a sua própria dor, que ele esperou ter superado para sempre através da sua própria análise.

Só quando o analista se coloca em iguais condições com o seu paciente em relação aos perigos da análise é que a análise acontece: um longo e imprevisível percurso (porque único, não padronizado) cheio de desilusões. Afinal, a psicanálise é a prática da desilusão. Vivemos num mundo que rompeu com o inconsciente e, para compensar, valoriza, de forma sedutora, as fantasias. Mas o mundo da fantasia é impotente, é um mundo de permanente frustração. A fantasia só é progressista quando aceita deparar com a realidade e testar suas possibilidades (e, aí, deixa de ser fantasia!). A psicanálise aponta permanentemente para a desilusão, para a perda das fantasias, perda dos domínios da infância onipotente. Uma desilusão que nos coloca diante da nossa condição: somos humanos, somos mortais, somos solitários, somos incompletos. Mas, uma vez aceitas as determinações fundamentais da condição humana, uma vez rompidos com os domínios da fantasia, se abrem para nós as possibilidades infinitas do domínio das paixões: nem a onipotência, nem a submissão, mas a conquista do território humano. O mais vasto território por onde o desejo pode se mover.

NOTAS

1. A contenção/repressão/canalização das paixões desenfreadas e ameaçadoras para a psique são tarefas do Ego, o grande organizador da vida psíquica, mediador das demandas do princípio do Prazer em obediência às restrições do princípio de Realidade. O Ego joga no time de Eros, da organização, da viabilização da vida. Representa a vitória do princípio organizativo sobre o princípio entrópico: nossa maneira conectada, organizada, de estar no mundo. A instância de confronto permanente entre Eros e Thanatos é o Id, caldeirão das pulsões, refúgio do princípio do prazer onde ele ainda não foi alterado pelo contato com o real.

2. Dessa brecha entre desejos e realidade, dos embates entre a onipotência do desejo e os limites da realidade, nasce a inteligência. Para Piaget, a inteligência se desenvolve a partir do primeiro obstáculo que o mundo interpõe entre o desejo da criança e sua satisfação. Começa a se desenvolver aí, evolui a cada novo obstáculo que aprendemos a superar e se torna, para o resto do percurso da nossa vida, parte essencial do nosso ser: característica do *humano*, recurso privilegiado sobre a natureza externa e sobre nossa "animalidade" — o barro biológico de que somos forjados.

3. Com isso quero dizer que não há sublimação, nem excedente de energia a ser sublimado se a pessoa permanece fixada em suas demandas eróticas primitivas, girando em torno de si mesma e reconstruindo de maneira alucinatória o todo perfeito do qual foi desligada com o nascimento. O que não significa uma incompatibilidade completa entre a sublimação e o narcisismo, já que o objetivo da sublimação também é a obtenção de *alguma gratificação narcísica*. O produto da sublimação é uma espécie de espelho de narciso, e a aprovação social que se pode obter a partir dele também satisfaz e alimenta o narcisismo.

Mas a conquista dessas formas derivadas de satisfação narcísica pela sublimação requer no mínimo que o sujeito deixe, ao menos por alguns períodos de sua vida, de girar em torno de si mesmo. Alguma renúncia é necessária. Até mesmo para o psicótico (uma doença do narcisismo) que, em momentos privilegiados, sublima — e não são poucos os exemplos de artistas e criadores com passagens psicóticas pela vida. Mas o psicótico que permanece psicótico não sabe se aproveitar da sublimação para deixar a psicose. É importante reconhecer, mas não mistificar, o "artista louco", já que o mergulho na loucura enterra as possibilidades de criação artística. O psicótico, em surto, se transforma em sua própria obra — um personagem de si mesmo. Nijinsky, louco, parou de dançar. Artaud parou de escrever peças. Transformaram-se em personagens de si mesmos. Perderam seus objetos.

4. Vantagens secundárias da civilização, mas não só secundárias. A convivência amena, a aprovação pela instância (superior, superegoica) da corte, de imediato podem ser apenas gratificações secundárias. A longo prazo, a instauração de normas relativamente corteses de convivência representa uma

espécie de passo da nossa civilização para longe da condição animal. Fábio Landa: "É a possibilidade da convivência entre machos, só possível nas sociedades humanas. Nos agrupamentos animais só um macho sobrevive como macho. Os outros são banidos ou submetidos (o que equivale a dizer, castrados) pelo mais forte".

Acho que outras civilizações, antes da instauração da corte setecentista, resolveram de outras formas a questão de convivência entre machos, em condições de igualdade e cooperação. Os exemplos da Grécia clássica e da tradição dos cavaleiros medievais são só os mais conhecidos. A diferença — e o avanço — representado pelas normas de cortesia a partir do século XVIII é a presença da mulher. A convivência amena entre homens na presença da mulher, numa sociedade em que a mulher vem sendo cada vez mais valorizada.

Essas reflexões dão margem a uma série de outras perguntas. Por exemplo, sobre a violência feminina. Por que as mulheres — que também se odeiam, se invejam, disputam o macho — não se matam, ou se matam com muito menos frequência? Pura repressão? Ou somos "naturalmente" civilizadas?... Ou então: qual a modalidade feminina da violência? Já foi "domesticada" pelas civilizações modernas, ou ainda não?...

5. O investimento maciço da libido no próprio Ego de uma forma normatizada pela sociedade, na forma de uma *linguagem* (diferente da psicose) — a estetização da aparência pessoal e do comportamento corteses, equivalente ao que Susan Sontag denominou nos anos 70 como o estilo *camp* de sensibilidade e comportamento, não deixa de ser uma modalidade de sublimação. Transformação da energia concreta do desejo em algum produto simbólico. Em todo caso, trata-se de uma forma precária de sublimação já que seu único produto é o próprio indivíduo, "estetizado", e a libido não se expande para além dos limites do corpo.

REFERÊNCIAS

PARTE I:

Robert Darnton, *O grande massacre de gatos*. Cap. 1, "Histórias que os camponeses contavam". Rio de Janeiro, Graal, 1986.

Benjamin Péret, *Amor sublime, ensaio e poesia*. São Paulo, Brasiliense, 1986.

Freud, *O mal-estar na civilização*. Madri, Biblioteca Nueva, 1973.

PARTE II:

Thomas Mann, *A montanha mágica* (*reflexões sobre a morte*). Rio de Janeiro, Nova Fronteira, 1980, p. 309.

Gilberto Gil, "O cérebro eletrônico" (1971).
Freud, *Mais além do princípio do prazer.* Madri, Biblioteca Nueva, 1973.
Idem, *O porquê da guerra (carta a Albert Einstein).* Madri, Biblioteca Nueva, 1973.
Idem, *Introdução ao narcisismo.* Madri, Biblioteca Nueva, 1973.
Melanie Klein, *Inveja e gratidão.* Rio de Janeiro, Imago, 1974.

PARTE III:

Wilhelm Reich, *Psicologia de massas do fascismo.* Porto, Escorpião, 1974.
Marcuse, *Eros e civilização.*
B. Péret, op. cit.
Freud, *Mais além do princípio do prazer.*
Freud, *O instinto e seus destinos.* Madri, Biblioteca Nueva, 1973.
Hélio Pellegrino, *Édipo e a paixão* (ver p. 351 neste livro).

PARTE IV:

Renato Janine Ribeiro, *O prazer da regra* (Folhetim nº 454, *Folha de S. Paulo*).
J. Huizinga, *O declínio da Idade Média.* São Paulo, Verbo/Edusp, 1978.
R. Darnton, op. cit.
Etienne de La Boétie, *Discurso da servidão voluntária.* São Paulo, Brasiliense, 1981.
Jean Baudrillard, *O sistema dos objetos.* São Paulo, Perspectiva, 1968.

PARTE V:

Freud, *Estudos sobre a histeria.* Madri, Biblioteca Nueva, 1976.
Freud, *O instinto e seus destinos,* op. cit.
Fabio Landa, *Supervisões em psicanálise.*

BENJAMIN: POLÍTICA E PAIXÃO

Kátia Muricy

A modernidade tem as suas paixões particulares. Em Baudelaire, são elas que particularizam o conteúdo de beleza presente na vida moderna. A relação entre a paixão e a política pode ser feita, em Walter Benjamin, no horizonte de sua análise sobre a modernidade e, em especial, sobre a obra poética de Baudelaire. É uma dessas paixões modernas que animam o poeta em um dos mais famosos poemas de *As flores do mal*, o soneto "A uma passante". Neste poema, "o amor se reconhece como estigmatizado pela cidade grande":[1]

A rua ensurdecedora urrava ao meu redor.
Alta e esbelta, toda de luto, majestosa na dor,
Uma mulher passou, a mão vaidosa
Erguendo, balançando a bainha e o festão.

Ágil e nobre, com pernas de estátua.
Eu, crispado como um extravagante, bebia
No seu olho, lívido céu que gera o furacão,
A doçura que fascina e o prazer que mata.

Um clarão... e a noite depois! — Fugidia beleza,
De olhar que me fez renascer,
Será que só te verei de novo na eternidade?

Tão longe daqui! Tão tarde! Talvez nunca!
Pois ignoro para onde vais e não sabes para onde vou.
Ó tu que eu teria amado, ó tu que sabias disto.[2]

A massa urbana aparece no poema como condição de existência do amor do poeta. A aparição da mulher se dá como um choque, os muitos a que se submete a percepção do citadino. Não se trata de um envolvimento romântico, no qual um tempo mais lento constituiria a paixão. É, antes, a crispação de um desejo súbito, imperioso. O tema real do soneto seria, para Benjamin, o da "função da massa na existência do erótico". A paixão que nasce desse encontro, quase um esbarrão no tumulto da rua, tem o seu ponto alto no "talvez nunca". Oferecida e subtraída pela multidão, a passante desperta no solitário citadino um amor que, segundo a admirável fórmula de Benjamin, não é mais à primeira vista: mas à última vista. O amor à última vista tem no que poderia ser tomado como a sua frustração — a perda da amada — a condição de sua existência. A fugidia e anônima beleza faz renascer e mata, aparece e já se perde. É um instantâneo erótico.

A mulher que apaixona o poeta está vestida de preto. Na época de Baudelaire, o preto é a cor da moda. No seu texto de crítica artística sobre o salão de 1846, o poeta indicara a conveniência das roupas pretas como expressão da "estrutura espiritual pública, representada por uma infinda procissão de papa-defuntos: papa-defuntos políticos, papa-defuntos eróticos, papa-defuntos particulares". Também porque, acrescenta, "nós todos sempre temos algum enterro pela frente...".[3]

No encontro erótico do poema, o momento da sedução — proporcionado pela massa que permite a ousada troca de olhares anônimos — é também o momento da despedida: "ignoro para onde vais e não sabes para onde vou".

Esse aspecto de transitoriedade é a marca moderna do belo. Descrevendo, em tom de manifesto, o "pintor moderno", Baudelaire refere-se a Constantin Guys: "Ele buscou por toda parte a beleza transitória, fugaz, da nossa vida presente. O leitor nos permitiu chamá-la de modernidade".[4]

Entre as paixões modernas, uma esclarece, na sua expressão radical, esse conteúdo de transitoriedade. Mais do que isto, é a paixão própria da modernidade: o suicídio. "A modernidade, escreve Benjamin, deve estar sob o signo do suicídio, que sela um querer heroico que não faz concessões à atitude que lhe é hostil. Tal suicídio não é desistência, mas heroica paixão. É a conquista da modernidade no âmbito das paixões."[5]

Baudelaire, na sua teoria do moderno, indicara como o suicídio, a "paixão particular da vida moderna", de exceção na Antiguidade, passa, na modernidade, por uma sinistra democratização.[6] Contemporâneo das teorias do poeta foi o fascínio pela ideia do suicídio nas massas trabalhadoras urbanas. É este fascínio que explica, nos exemplos de Benjamin, a popularidade de uma litografia da época representando o suicídio de um operário inglês desempregado. Ou o apuro dramático do operário que se enforca na casa de Eugène Sue, deixando a explicação que escolhera morrer na casa de quem sempre defendera os trabalhadores. Ou, ainda, o exemplar suicídio de Adolphe Boyer, um tipógrafo que lutara para que as antigas corporações de artesãos itinerantes se organizassem em modernas associações de operários. Sem êxito, este representante e vítima da modernidade suicida-se exortando, em uma carta aberta, seus companheiros a lhe seguir o exemplo.

A suposição de W. Benjamin de que a modernidade esteja sob o signo do suicídio ultrapassa a eloquência desses testemunhos. Ela se explica no uso que faz da categoria do Mesmo, em sua análise da modernidade. Categoria fundamental de sua reflexão, ela lhe permite representar os elementos específicos da modernidade na imagem de um Eterno Retorno do Mesmo. Assim vista, a humanidade está condenada à danação: "Tudo o que ela pode esperar como novo se revelará como sendo uma realidade já desde sempre presente".[7]

Se o mundo moderno é, por um lado, o mundo da revolução tecnológica e o da liquidação das formas tradicionais da cultura, é também, por outro lado, o mundo do desencontro fatal entre esse desenvolvimento da técnica e uma ordem social que não se renova. É um mundo que se agarra a formas culturais que já não acompanham as transformações pelas quais passa e que se recusa a representar a realidade impositiva da mercadoria. Esse desequilíbrio determina uma constante e intercambiável expressão do velho no novo: a construção de fantasmagorias.

O mundo dominado por suas próprias fantasmagorias é a repetição do Mesmo, ou seja, a modernidade. Que a morte, a transitoriedade sejam a sua paixão e beleza, explica-se na eternidade dessa repetição: "A humanidade estará presa a uma angústia mítica enquanto houver nela lugar para a fantasmagoria".[8]

A análise da modernidade em Benjamin considera a ação do fetichismo da mercadoria sobre a imaginação e sobre o pensamento. O que lhe interessa não é a origem econômica desse fetichismo; é a reação dos homens à modernidade que eles produziram. É a dialética da experiência no momento da destruição das tradições milenares pelo dinamismo do capitalismo moderno.

Segundo Benjamin, os escritores, os artistas, não reagem imediatamente às transformações da sociedade, mas sim àquelas da estrutura da experiência. A experiência aparece como um conceito de mediação entre a estrutura econômica da sociedade e a criação artística.[9]

Na modernidade, ocorre uma ruptura da experiência, entendida como tradição. "É verdade, escreve Baudelaire, que se perdeu a grande tradição e que a nova ainda não foi feita."[10]

Esta análise da modernidade sob a categoria do Mesmo é, propriamente, uma "teologia do inferno": "Trata-se de ver que a face do mundo, precisamente no nível da última novidade, permanece o Mesmo em todas as coisas. Esta é a lei da eternidade do inferno. Determinar a totalidade dos traços nos quais se grava a modernidade equivaleria a representar o Inferno".[11]

Na produção capitalista de mercadorias, diferentes valores de uso se tornam idênticos no valor-preço. Esvaziados de seus conteúdos concretos, tornam-se fetiches em um processo onde a novidade do produto adquire uma inusitada importância, só comparável à exigência de sua repetição em uma produção de massa. Diversos fenômenos da vida moderna se estruturam da mesma forma, na mesma repetição do Idêntico. A "massa" ou a "multidão", acontecimento moderno que corresponde ao desaparecimento histórico do indivíduo diferenciado, é um exemplo. A compreensão moderna de indivíduo resulta mais da atomização da massa pelas técnicas de controle: o indivíduo que se constitui aí é o número do documento de identidade, a ordem do Mesmo.

A moda é outra forma, e eloquente, do Idêntico na aparência da novidade. Também o trabalho mecânico feito por gestos, por movimentos sempre iguais, admiravelmente representado na coreografia proletária de *Metrópolis* ou na patética comicidade de Chaplin dos *Tempos modernos*. Mais radicalmente, e de forma inevitável, a modernidade acalenta o Mesmo na neurose, "o artigo de massa na economia psíquica".[12] Na teoria do Eterno Retorno de Nietzsche e de A. Blanqui, Benjamin vê transportar-se para o cósmico a categoria do Mesmo, quando a própria História se torna um artigo de massa.[13] A noção de progresso — objeto da crítica definitiva de Benjamin nas famosas teses sobre o conceito de História — esconderia essa condição de repetição do Mesmo, com benefícios para uma estratégia política fundamentalmente conservadora.

A reprodução fotográfica e fílmica é uma outra aparição do Mesmo. No entanto, a invenção dessas técnicas redimensionará as formas de arte tradicionais e o próprio conceito de obra de arte. Nelas, se rompe a unicidade da experiência que definia a beleza da obra de arte aurática. Fotografia e cinema, reproduzindo pessoas, coisas e acontecimentos, num tempo atomizado, elaboram a nova percepção moderna, sob o modelo do choque. Cortes, aproximações, acelerações: o olhar natural submete-se à máquina que lhe abre insondáveis perspectivas.

É nas produções estéticas, nas novas formas artísticas derivadas do desenvolvimento tecnológico que Benjamin encontrará a expressão de verdade da época moderna. Mas é, em especial, a poesia de Baudelaire, chave que encontra na leitura de Benjamin a sua fechadura, que abrirá as portas para a compreensão crítica da modernidade. Aí o conceito de modernidade ganha uma aparente ambivalência que enriquecerá a sua análise. A modernidade não é só a repetição do idêntico. Na estética, para Benjamin, ela é a consciência dos artistas que a expressam criticamente.

Na segunda metade do século XIX, início da modernidade para Benjamin, ocorre uma tensão entre o desenvolvimento das forças produtivas e das técnicas, por um lado, e, por outro, a cultura que não acompanha este desenvolvimento e que volta as costas à realidade do mercado: "(seus) produtos estão a ponto de serem encaminhados ao mercado como mercadorias. Mas eles ainda vacilam no limiar".[14]

No espaço dessa vacilação, Benjamin desenha as figuras que irão representar a fantasmagoria poética de Baudelaire, expressão crítica da modernidade: o *flâneur*, o herói, a boêmia. Essas figuras encarnam as paixões modernas e são também as transfigurações do poeta em Baudelaire. O *flâneur* é o desocupado: ele se permite não fazer nada em um mundo onde o privilégio do ócio não é mais reconhecido sequer na classe dirigente, que se afana nos negócios. Não se submetendo às exigências de horários, o *flâneur* é uma figura essencialmente transgressora: o seu passeio, ao sabor da imaginação e do desejo, é uma manifestação não intencional contra o tempo da indústria. Além disso, o *flâneur* também se recusa aos deveres do consumidor. Ele não vai "às compras". Perambula pelas Passagens, embriagado pela multidão produtiva.

A arquitetura das Passagens parece ter sido criada para a *flânerie*; a importância deste espaço é decisiva em Benjamin, que faz da Passagem uma *imagem dialética* da Paris oitocentista. As Passagens, ao mesmo tempo que anunciam as grandes lojas, transformam a rua em interior: procuram familiarizar o homem, segundo Benjamin, com o universo glacial das mercadorias: passagem para a modernidade.

A literatura chamada "fisiologia", de grande sucesso na época, tem a mesma função. As "fisiologias", classificando os homens da rua em tipos originais, pitorescos, procuravam dissimular a angústia moderna diante da uniformização das multidões e, mais fundamentalmente, esconder a hostilidade básica nas novas formas de relação entre os homens, determinadas pela concorrência.

A cidade se torna, sob a concorrência cada vez mais aguda, um terreno de caça. Um conhecimento especial dos tipos citadinos é condição para a sobrevivência. É nesse contexto, o mesmo que organiza, com o saber estatístico, o controle da população, que Benjamin explica o nascimento, com E. A. Poe, da novela policial. Este novo gênero literário tem como condição de possibilidade a presença das grandes massas urbanas. Seu sucesso, ao contrário da apaziguadora literatura dos fisiologistas, está ligado a sua expressão dos "aspectos inquietantes e ameaçadores da vida citadina", onde a multidão é vista como o "asilo do criminoso".

Mas a multidão não é só o asilo do proscrito ou do erotismo moderno; ela é também o narcótico do *flâneur*. Benjamin não deixa dúvidas quanto à natureza dessa embriaguez: "a embriaguez na qual o *flâneur* se abandona é a da mercadoria levada pela torrente dos fregueses".[15]

O *flâneur*, que não é o consumidor, identifica-se com a mercadoria; nela ele se encarna "como estas almas errantes que procuram um corpo", de que fala Baudelaire.[16]

Não distinguindo o seu lugar na economia de mercado, não compreendendo a sua força de trabalho como mercadoria, o artista "entra em empatia" com a mercadoria, confunde-se com ela. Ao desconhecer esta "natureza mercantil da sua força de trabalho", o artista protela a sua ida ao mercado e faz disto um prazer, mas no caminho vende-se como a prostituta: "Esta santa prostituição da alma que se dá inteiramente, toda poesia e caridade, ao imprevisto que se mostra, ao desconhecido que passa".[17]

É no contexto do heroísmo que Baudelaire irá situar as paixões modernas. É a partir delas que ele define a beleza moderna e esta se articula com o épico. Há um "lado épico da vida moderna", das paixões propriamente citadinas, que os artistas seus contemporâneos não enxergam: "O espetáculo da vida mundana e de milhares de existências desordenadas que vivem nos subterrâneos de uma cidade grande — dos criminosos e das prostitutas —, a *Gazette des Tribunaux* e o *Moniteur* provam que apenas precisamos abrir os olhos para reconhecer o heroísmo que nos é peculiar".[18] Escapa aos contemporâneos do poeta a expressão da beleza moderna, esta "beleza particular inerente às novas paixões". No texto do Salão de 1845, Baudelaire anuncia o "verdadeiro pintor": o que "saberá arrancar o lado épico da vida atual, e nos fará ver e compreender, com linhas e cores, como somos grandiosos e poéticos em nossas gravatas e em nossas botas de verniz".[19]

É na imagem de herói que Baudelaire decalca a sua imagem de artista. Descrito como um "solitário dotado de uma imaginação ativa, sempre viajando pelo grande deserto de homens", o artista moderno deverá "extrair da moda o que ela pode conter de poético no histórico; arrancar o eterno do transitório".[20]

A imagem da modernidade se mistura à da Antiguidade em Baudelaire. A modernidade deve ser valorizada para que, um dia, ela se tome Antiguidade Clássica. Tal é o objetivo, para o poeta, das artes. Se a beleza moderna é, pela expressão das paixões citadinas, particularização de algo eterno e absoluto, este absoluto está na Antiguidade.

Para viver a modernidade é preciso, portanto, ser um herói antigo e nada se aproxima mais da tarefa do herói antigo do que a de dar forma à modernidade. Mas, nas suas várias faces modernas — o proletário, o suicida, o dândi, a prostituta, o apache —, o que encontramos é, antes, um papel de herói. A heroicidade moderna é paródica; o épico é aí um *desempenho* do papel de herói. Na modernidade heroica, tomada como um drama barroco (*Trauerspiel*), distribuem-se os papéis do herói.

Não é na teoria da modernidade de Baudelaire, contudo, que Benjamin irá encontrar a melhor manifestação das fantasmagorias do Segundo Império. É na sua poesia, considerada como alegoria.[21]

É na *Origem do drama barroco*[22] que Benjamin estuda explicitamente essa categoria fundamental do seu pensamento. Com o conceito de alegoria, pretendia forjar um "conceito paralelo e corretivo do conceito de símbolo", dominante na estética desde o romantismo. O símbolo, como conceito totalizante, harmonizava, no belo, o moral; na estética, o ético. A essa totalidade orgânica do símbolo, a alegoria opõe os fragmentos sem forma de sua escrita. Ela apresenta a face mórbida da História, no que esta comporta de doloroso e de falho. Na alegoria, a significação importa mais do que a beleza; ela mantém afinidades com a destruição da aura na sua recusa da bela aparência, da harmonia, da totalidade acabada. Nesse sentido, a alegoria é constitutiva da criação moderna. Obras alegóricas também têm afinidades com a crítica: elas se oferecem à crítica como ocasião de revelação de sua verdade. Assim, obras alegóricas só são belas na medida em que contêm uma verdade digna de ser objeto do conhecimento. O artista, como alegorista, é um teórico em potencial.

"A visão alegórica se funda sempre sobre um mundo fenomenal desvalorizado." Essa desvalorização tem causas e formas particulares. O sentimento que corresponde à experiência moderna de desvalorização do mundo fenomenal, o sentimento de catástrofe permanente, é o *spleen*. A resposta a esse sentimento é a melancolia heroica de Baudelaire: sua poesia como a "mímese da morte", de que fala Benjamin. Nessa alegoria moderna, a figura-chave é a lembrança: "Tenho mais lembranças que se tivesse mil anos", escreve o poeta.

A "mímese da morte" é a expressão radical do sentimento de transitoriedade, pelo qual o moderno é aproximado do antigo. Benjamin nos fornece a imagem espacial dessa proximidade: a Paris destruída pelas reformas urbanas de Haussmann, revelando em suas ruínas a "caducidade da grande metrópole". Como a passante que suscitara, em um só movimento, a paixão e a perda, a edificação da moderna Paris revela a morte em seus escombros: "A modernização da cidade faz aparecer sua antiguidade e torna Paris alegórica".[23]

No poema "O cisne", a melancolia do poeta diante de Paris em ruínas encontra sua forma clássica: sua angústia é a de Andrômaca na Troia destruída. Na velha Paris destruída, nas obras das novas avenidas que se abrem, revelam-se a antiguidade e a verdade do moderno: a catástrofe, a morte.

Paris mudou! porém minha melancolia
É sempre igual: torreões, andaimarias, blocos,
Arrabaldes, em tudo eu vejo alegoria,
Minhas lembranças são mais pesadas que socos.[24]

Na construção destas alegorias, Baudelaire calcula cada efeito da linguagem, do ritmo, da versificação. Nela ele faz irromper inesperadas palavras prosaicas, imagens banais do cotidiano; a sua técnica é, para Benjamin, a do conspirador: surpresa, agilidade, choque.

Baudelaire participa daquele *pathos* rebelde dos conspiradores profissionais, elementos que Marx encontrou na boêmia parisiense. Nas anotações de seu diário, Baudelaire registra suas impressões da revolução de 1848: "Minha embriaguez em 1848. De que natureza era esta embriaguez? Gosto da vingança. Prazer natural da demolição [...] O 15 de maio. Ainda o gosto da destruição. Gosto legítimo se tudo o que é natural é legítimo. Os horrores de junho. Loucura do povo e loucura da burguesia. Amor natural do crime".[25] Essa postura de Baudelaire exemplifica o que Benjamin chama de "metafísica do provocador", com sua peculiar estrutura psíquica: "Essa raivosa ira — *la rogne* —, esse rancor havia sido a estrutura psíquica que alimentara meio século de lutas de barricadas nos conspiradores profissionais de Paris..."[26]

É a paixão — a ira, o rancor — que alimenta o trabalho de levantar barricadas, exemplo que Benjamin dá, citando Fourier, de "trabalho não assalariado mas apaixonado". A construção de barricadas é a apropriação do espaço urbano pela população rebelada. Mais do que isto, é a transgressão de uma ordem, que inscreve espacialmente a dominação, e a criação de uma nova ordem em um espaço de resistência. "A barricada está, de fato, entre os traços permanentes do movimento conspiratório. Tem para si a tradição revolucionária."[27]

É no contexto da boêmia conspiradora que comparece a figura de Auguste Blanqui, na análise da modernidade de Benjamin. A elevada opinião que ele faz do líder da revolução de 1848 nos introduz na compreensão da política em Benjamin.

Se a modernidade é o "inferno do Mesmo", ela é também a possibilidade, para os homens, de se libertarem do mito que caracteriza a História. Permite também aos homens libertarem-se da herança cultural como fardo imobilizante das possibilidades criativas do presente, para a apropriação de seus valores com vista às necessidades deste presente.

A política é a via que permite essa liberação. Em última instância, a política é uma categoria teológica em Benjamin: "Arrancar a política das malhas do mundo profano" é a tarefa revolucionária.

Esse conteúdo teológico se esclarece pela valorização da questão da felicidade, tema inabitual na tradição da filosofia política e decisivo no pensamento político de Benjamin. Encontramo-lo no *Fragmento político-teológico*, como um imperativo da História: "A ordem do profano deve se erigir sobre a ideia de felicidade".[28] Encontramo-lo também como critério para a avaliação do progresso das transformações históricas. Mais do que isto, a felicidade, como aspiração, é o fator indispensável para a ação política. Se a luta de classes é pela garantia da subsistência ou do conforto, pela liberdade, somente o desejo de felicidade pode mobilizá-la.

A política se erige sobre a ideia de felicidade e esta não é o reino de deus ou a sua promessa; é uma categoria de aproximação do reino no presente, sob a marca da fugacidade. "O reino de Deus não é o *telos* da *dynamis* histórica; ele não pode ser proposto como sua meta."[29]

O messiânico em Benjamin é tomado em um sentido muito específico. Sua compreensão articula-se com a ideia de acaso, de fugacidade: a natureza é o seu modelo. "A natureza é messiânica por sua eterna e total fugacidade."[30]

Assim, o Messias se anuncia no processo histórico; ele é, antes, a metáfora do acaso.

A humanidade possui este "dilacerante e explosivo impulso de felicidade" que Benjamin encontrou como o tema insistente da obra de Proust.[31] É este impulso de felicidade que nos remete ao passado, pois a imagem de felicidade relaciona-se à época a que pertencemos e que nos escapa. A nossa *promesse* de *bonheur* constrói-se com o passado. Somos incapazes de invejar o futuro. É o que poderia ter sido que mobiliza o nosso desejo. A experiência de felicidade, a "iluminação profana" está vinculada à salvação do passado. A tarefa da política "arrancada das mãos profanas" não é a de construção do futuro, mas a de apropriação do passado — em função do presente. Trocar o olhar histórico sobre o passado por um olhar político supõe o abandono da compreensão da História como um processo inteligível e a adoção de uma visão trágica do tempo.

Libertar-se da História é livrar-se do *Mito*. A modernidade, exacerbando a repetição do Mesmo, traz para a cena os mitos arcaicos que a Antiguidade figurara e o Iluminismo disfarçara. Entre esses, a História entendida como *telos*.

A sagacidade do Messias — esta irrupção do acaso — é enfrentar esses mitos como paródias, tomando a História como uma narrativa cujo sentido é dado pelo narrador, segundo as necessidades do presente. A política como *promesse de bonheur* é astúcia e arrogância; é ela a paixão que pode nos arrancar do círculo do Mesmo e, nas ruínas da História, enfrentar o Mito, como os pequenos heróis dos contos de fada: "O conto de fadas ensinou há muitos séculos à humanidade, e continua ensinando hoje às crianças, que o mais aconselhável é enfrentar as forças do mundo mítico com astúcia e arrogância. O feitiço libertador do conto de fadas não põe em cena a natureza como uma entidade mítica, mas indica a sua cumplicidade com o homem liberado. O adulto só percebe essa cumplicidade ocasionalmente, isto é, quando está feliz; para a criança, ela aparece pela primeira vez no conto de fadas e provoca nela uma sensação de felicidade."[32]

1ª edição Companhia das Letras [1987] 13 reimpressões
1ª edição Companhia de Bolso [2009]

Esta obra foi composta pela Verba Editorial
em Janson Text e impressa pela Prol Editora Gráfica em ofsete
sobre papel Pólen Soft da Suzano Papel e Celulose

NOTAS

1. Benjamin, Walter, *Das Paris des Second Empire bei Baudelaire* e *Über einige Motive bei Baudelaire*, in *Gesammelte Schriften* I, 2, Frankfurt a. M., Suhrkamp, 1977, pp. 511 e 605. Traduções adotadas: *A Paris do Segundo Império em Baudelaire*, de Flávio R. Kothe, in *Walter Benjamin*, São Paulo, Ática, 1985; Sur *quelques thèmes baudelairiens*, de Maurice de Gandillac, in *Poésie et révolution*, Paris, Denoël, 1971, e *Sobre algunos temas en Baudelaire*, de Jesús Aguirre, in *Poesia y capitalismo*, Madri, Taurus, 1980.

2. "La *rue assourdissante autour de moi hurlait./ Longue, mince, en grande deuil, douleur majestueuse,/ Une femme passa, d'une main fastueuse/ Soulevant, balançant le feston et l'ourlet;/ Agile et noble, avec sa jambe de statue./ Moi, je buvais, crispé comme un extravagant,/ Dans son oeil, ciel livide où germe l'ouragan,/ La douceur qui fascine et le plaisir qui tue./ Un éclair... puis la nuit! Fugitive beauté/ Dont le regard m'a fait soudainement renaître,/ Ne te verrai-je plus que dans l'éternité?/ Ailleurs, bien loin d'ici! trop tard!* jamais *peut-être!/ Car j'ignore où tu fuis, tu ne sais où je vais,/ Ô toi que j'eusse aimée, ô toi qui le savais!*"

3. Baudelaire, Charles, *Critique artistique*, *Le salon de 1846*, in *Oeuvres Complètes*, Paris, Gallimard, 1961 (col. Pléiade).

4. Baudelaire, Charles, *L'artiste moderne*, in *Oeuvres Complètes.*

5. Benjamin, Walter. *A Paris do Segundo Império em Baudelaire*, op. cit.

6. Baudelaire, Charles. *De l'héroïsme de la Vie Moderne* in Oeuvres *Complètes.* Os exemplos de Benjamin sobre a democratização do suicídio aparecem no referido *A Paris do Segundo Império em Baudelaire.*

7. Benjamin, W., *GS*, V, v. 1, 1982, p. 61.

8. Idem, ibidem.

9. A noção de *experiência* (*Erfahrung*) é uma das noções capitais da teoria da cultura de Benjamin. A ela se junta a noção de *vivência* (*Erlebnis*). A experiência está relacionada à memória, individual e coletiva, ao inconsciente, à tradição. A vivência relaciona-se à existência privada, à solidão, à percepção consciente, ao choque. Nas sociedades modernas, o declínio da experiência corresponde a uma intensificação da vivência. *Cf.* o citado *Sur quelques thèmes baudelairiens* e *Der Erzähler*, *O narrador. Considerações sobre a obra de Nikolai Leskow*, trad. de Sérgio Paulo Rouanet, in *Walter Benjamin. Obras escolhidas*, São Paulo, Brasiliense, 1985.

10. Baudelaire, Charles. *De l'héroïsme de la Vie Moderne*, in *Oeuvres Complètes.*

11. *GS*, V, 2, p. 676, 1982.

12. *GS*, I, 2, p. 662.

13. A análise do texto de Blanqui, *L'eternité par les astres*, descoberto por Benjamin em 1937, encontra-se em *GS*, V, 1, pp. 76-7.

14. Benjamin, Walter. *Paris, die Hauptsdadt des XIX Jahrhunderts. Paris,*

capital do século XIX, trad. de Flávio R. Kothe, in *Walter* Benjamin, São Paulo, Ática, 1985.

15. Benjamin, Walter. *Paris do Segundo Império*, op. cit.

16. Baudelaire, Charles. *Oeuvres Complètes.*

17. Idem, ibidem.

18. Idem, ibidem.

19. Idem, ibidem.

20. Idem, ibidem.

21. Benjamin pretendia escrever um capítulo introdutório a estes que compõem *Paris do Segundo Império em Baudelaire* e que seria chamado de *Baudelaire Alegorista*. Deveria também escrever um capítulo final, "A mercadoria como objeto poético". Os fragmentos de *Central* Park os manuscritos das *Passagens* podem reconstituir essas intenções. Cf. Rainer Rochlitz: "Walter Benjamin — Une Dialectique de l'Image", *Critique*, 1982.

22. Benjamin, Walter. *Ursprung des Deutschen Trauerspiels*; *A origem do drama barroco alemão*, *GS*, I, 1, p. 203, trad. de Sérgio Paulo Rouanet, São Paulo, Brasiliense, 1984.

23. Benjamin, Walter. *Paris do Segundo Império*, op. cit.

24. "*Paris change! mais rien dans ma mélancolie/N'a bougé! palais neufs, échafaudages, blocs/ Vieux faubourgs, tout pour moi devient allégorie/ Et mes chers souvenirs plus lourds que des rocs*". Trad. de Jamil Almansur Haddad in *As flores do mal*, Difel, 1964.

25. Baudelaire, Charles, *Mon Coeur Mis à Nu* in *Oeuvres Complètes.*

26. Benjamin, Walter, *A Paris do Segundo Império em Baudelaire*, op. cit.

27. Idem, ibidem.

28. Benjamin, Walter, *GS*, II, v. 1, p. 203. *Fragment Théologique-Politique*, trad. de Maurice de Gandillac in *Mythe et Violence*, Paris, Denoël, 1971.

29. Idem, ibidem.

30. Idem, ibidem.

31. Benjamin, Walter, *Zum Bilde Prousts*, *GS*, II, v. 1, p. 310; *A imagem de Proust*, trad. de S. P. Rouanet in *Walter Benjamin*, *Obras escolhidas.*

32. Benjamin, Walter. *Der Erzähler*, *GS*, II, v. 2, p. 438, *O narrador*, *considerações sobre a obra de* Nikolai Leskow, trad. de S. P. Rouanet, in *Walter Benjamin*, *Obras escolhidas*, São Paulo, Brasiliense, 1985.

Gérard Lebrun, filósofo, foi professor titular da USP e do programa de pós-graduação em lógica e filosofia da ciência da Unicamp. É autor de *Kant et la fin de la métaphysique* (Armand Colin, 1970), *La patience du concept* (Gallimard, 1972) e *O que é poder* (Brasiliense, 1984). Dele, a Companhia das Letras publicou *O avesso da dialética*: *Hegel à luz de Nietzsche* (1988), além de ensaios em *O desejo* (1990) e *A crise da razão* (1996). Morreu em Paris em 1999, aos 69 anos.

Marilena Chaui é professora titular do Departamento de Filosofia da USP. Publicou, entre outros, *A nervura do real*: *imanência e liberdade em Espinosa* (Companhia das Letras, 1999), *Da realidade sem mistério ao mistério do mundo* (Brasiliense, 1999), *Brasil*: *mito fundador e sociedade autoritária* (Perseu Abramo, 2000), *Introdução à história da filosofia*: *dos pré-socráticos a Aristóteles* (Companhia das Letras, 2002), *Política em Espinosa* (Companhia das Letras, 2003), além de ensaios em *O olhar (1988)*, *O desejo* (1990), *Artepensamento* (1994), *A crise da razão* (1996), *Brasil 500 anos*: *a descoberta do homem e do mundo* (1998), *A outra margem do Ocidente* (1999) e *Ética* (2007), todos pela Companhia das Letras.

José Américo Motta Pessanha foi professor de filosofia na UFRJ e FGV-RJ e diretor do Centro Cultural São Paulo. Escreveu, entre outros, "Clarice Lispector: o itinerário da paixão" (*Cadernos Brasileiros*, 1965, republicado em *Remate de males*, 1989) e "A teoria da argumentação ou Nova Retórica", em *Paradigmas filosóficos da atualidade* (Papirus, 1989). Dele, a Companhia das Letras publicou ensaios em *O olhar* (1988), *O* *desejo* (1990), *Tempo e história* (1992), *Artepensamento* (1994) e *Ética* (2007). Morreu em 1993.

Renato Janine Ribeiro é professor de filosofia política e estética da USP, mestre pela Sorbonne e doutor pela USP. Publicou, entre outros livros, *A marca do Leviatã* (Ática, 1978), *A etiqueta no Antigo Regime* (1ª edição, Brasiliense; 4ª edição, Moderna, 1999), *Ao leitor sem medo — Hobbes escrevendo contra o seu tempo* (1ª edição, Brasiliense; 2ª edição, UFMG, 1999), *A sociedade contra o social: o alto custo da vida pública no Brasil* (Companhia das Letras, 2000) e ensaios em *O olhar* (1988), *Tempo e história* (1992), *Artepensamento* (1994), *Libertinos libertários* (1996), *O avesso da liberdade* (2002), *O homem-máquina: a ciência manipula o corpo* (2003) e *Ética* (2007), todos pela Companhia das Letras.

Renato Mezan é doutor em filosofia e psicanalista, é professor titular na pós-graduação em psicologia clínica da PUC-SP. É autor, entre outros, de *Freud: a trama dos conceitos* (Perspectiva, 1982), *Psicanálise e judaísmo: ressonâncias* (Imago, 1995). Dele, a Companhia das Letras publicou *Tempo de muda: ensaios de psicanálise* (1998), *Interfaces da psicanálise* (2002) e *Freud, pensador da cultura* (2006), além de ensaios em *A sedução e suas máscaras* (1988), *O olhar* (1988), *O desejo* (1990), todos pela Companhia das Letras.

Olgária Matos é professora aposentada de filosofia política na USP. Publicou, entre outros, *Rousseau: uma arqueologia da desigualdade* (MG Editores Associados), *Paris 1968: as barricadas do desejo* (Brasiliense, 1981) e *Os arcanos do inteiramente outro: a escola de Frankfurt, a melancolia e a revolução* (Brasiliense, 1995), além de ensaios em *O desejo* (1990), *A crise da razão* (1996), *Rede imaginária* (1991), *O avesso da liberdade* (2002) e *Civilização e barbárie* (2004), todos pela Companhia das Letras.

Sérgio Cardoso é professor de filosofia política e teoria das ciências humanas na USP. Publicou "A representação maquiavélica da história: estudo das 'Istorie fiorentine' " (1978) e "A crítica da antropologia: Lévi-Strauss, Claude Lefort e Pierre Clastres", além de artigos para periódicos e publicações especializadas. Participou dos livros *A crise da razão* (1986), *O olhar* (1988) e *A outra margem do Ocidente* (1999), todos pela Companhia das Letras.

José Miguel Wisnik é professor de literatura na USP. Publicou *Coro dos contrários: A música em torno da Semana de 22* (Duas Cidades, 1978), *O nacional e o popular na cultura brasileira: música, com Ênio Squeff* (Brasiliense, 1982) e *Sem receita — ensaios e canções* (Publifolha, 2004). Pela Companhia das Letras lançou *O som e o sentido* (1989; reeditado com CD em 1999), *Veneno remédio* (2008) e teve ensaios publicados em *O olhar* (1988), *Poetas que pensaram o mundo* (2005) e *Ética* (2007).

Jorge Coli é professor de história da arte no Departamento de História da Unicamp. Mestre pela Universidade de Provence e doutor pela USP. Publicou *O que é arte* (Brasiliense, 1985), *Van Gogh: a noite estrelada* (Brasiliense, 1985), além de ensaios em *Artepensamento* (1984), *Libertinos libertários* (1986), *O olhar* (1988), *O desejo* (1990), *Poetas que pensaram o mundo* (2005) e *Ética* (2007), todos pela Companhia das Letras.

Michel Lahud, mestre em filosofia pela Universidade de Provence, foi professor de filosofia na Unicamp. Publicou, entre outros, *A propósito da noção de dêixis* (Ática, 1979) e *A vida clara: Linguagens e realidade segundo Pasolini* (Companhia das Letras, 1993). Morreu em 1992.

Benedito Nunes é autor, entre outros, de *Introdução à filosofia da arte* (Dominus/EDUSP, 1966), *O dorso do tigre* (Perspectiva, 1969), *Leitura de Clarice Lispector* (Quíron, 1973), *Oswald* *canibal* (Perspectiva, 1978), *No tempo do niilismo e outros ensaios* (Ática, 1993) e *O Nietzsche de Heidegger* (Pazulim, 2000).

PAULO LEMINSKI, poeta e romancista, colaborou nas principais revistas e jornais do país. Publicou, entre outros, *La vie en close* (Brasiliense, 1991), *Melhores poemas de Paulo Leminski* (Global, 1996) e *Metamorfose: Uma viagem pelo imaginário grego* (Iluminuras, 2000). Morreu em 1989.

HÉLIO PELLEGRINO, psicanalista, poeta e jornalista, formou-se em medicina e especializou-se em psiquiatria pela UFMG. Fez seus estudos como psicanalista na Sociedade Psicanalítica do Rio de Janeiro. Publicou *A burrice do demônio* (Rocco, 1988) e *Minérios domados* (Rocco, 1993). Morreu em 1988.

LUIZ RENATO MARTINS é professor do Departamento de Artes Plásticas da ECA/USP. É autor de *Conflito e interpretação em Fellini* (EDUSP, 1994) e de ensaios publicados em *O olhar* (1988) e *O desejo* (1990), ambos pela Companhia das Letras.

LUZILÁ GONÇALVES FERREIRA é doutora em literatura e professora da UFPE. Publicou, entre outros, *Os rios turvos* (Rocco, 1993), *Humana, demasiada humana* (Rocco, 2000) e *No Tempo Frágil das Horas* (Rocco, 2004).

SERGIO PAULO ROUANET é doutor em ciência política pela USP, é autor de *Édipo e o anjo* (Tempo Brasileiro, 1981), *A razão cativa* (Brasiliense, 1990). Pela Companhia das Letras publicou *As razões do Iluminismo* (1997), *O espectador noturno* (1998), *Os dez amigos de Freud* (2003) e *Riso e melancolia* (2007), além de ensaios em *O olhar* (1988), *A crise da razão* (1996), *A outra margem do Ocidente* (1999) e *O avesso da liberdade* (2002).

MARIA RITA KEHL é psicanalista, ensaísta, doutora em psicanálise pelo Departamento de Psicologia Clínica da PUC-SP, autora de ensaios publicados na imprensa e em coletâneas e também dos livros *A mínima diferença* (Imago, 1996), *Deslocamentos do feminino* (Imago, 1998), *Processos primários* (Estação Liberdade, 1996) e *Sobre ética e psicanálise* (Companhia das Letras, 2002). Organizou a coletânea *Função fraterna* (Relume-Dumará, 2000) e participou dos livros *O olhar* (1988), *O desejo* (1990) e *Libertinos libertários* (1996), da Companhia das Letras.

KATIA MURICY é mestre pela Universidade Católica de Louvain, doutora em filosofia pela UFRJ e professora de filosofia na PUC-RJ. É autora, entre outros, de *Alegorias da dialética* (Relume-Dumará, 1988). Pela Companhia das Letras lançou *A razão cética: Machado de Assis e as questões de seu tempo* (1988) e teve ensaio publicado em *O olhar* (1988).